Violation Fortune Crime
Verdict Summary
——based on 326 cases research

侵犯财产罪裁判精要

——以326个案例为研究基础

刘树德 著

The life of law doesn't lie in logic, but experience.

—— Oliver Wendell Holmes ——

人民法院出版社

图书在版编目（CIP）数据

侵犯财产罪裁判精要——以326个案例为研究基础/刘树德著.
—北京：人民法院出版社，2016.9
ISBN 978-7-5109-1560-4

Ⅰ.①侵… Ⅱ.①刘… Ⅲ.①侵犯财产罪-审判-研究-中国
Ⅳ.①D924.355

中国版本图书馆CIP数据核字（2016）第212314号

侵犯财产罪裁判精要——以326个案例为研究基础

刘树德 著

责任编辑：朱鹏伟
出版发行：人民法院出版社
地　　址：北京市东城区东交民巷27号（100745）
电　　话：（010）67550580（责任编辑） 67550558（发行部查询）
　　　　　65223677（读者服务部）
客服QQ：2092078039
网　　址：http://www.courtbook.com.cn
E-mail：courtpress@sohu.com
印　　刷：保定彩虹印刷有限公司
经　　销：新华书店

开　　本：787×1092毫米 1/16
字　　数：480千字
印　　张：34
版　　次：2016年9月第1版 2016年9月第1次印刷
书　　号：ISBN 978-7-5109-1560-4
定　　价：88.00元

"常解常新"的侵犯财产罪
——犯罪解释论角度的四维回应（代序）

财产犯罪是常见多发的犯罪，2013年，全国各级法院审结侵犯财产犯罪案件30.3万件，判处罪犯39.8万人。[①] 从犯罪解释论的角度来讲，财产犯罪又是问题较多，"常解常新"的篇章。[②] 本文拟从下列四个方面审视财产罪解释论的新回应。

一、宪法的修改

现行宪法自1982年颁布以来，已经有了四次修正，下列条款的修改对财产罪的解释会产生直接或者间接的影响，具体包括：

1.1988年4月12日第七届全国人民代表大会第一次会议通过的《中华人民共和国宪法修正案》第1条规定："宪法第11条增加规定：'国家允许私营经济在法律规定的范围内存在和发展。私营经济是社会主义公有制经济的补充。国家保护私营经济的合法的权利和利益，对私营经济实行引导、监督和管理。'"第2条规定："宪法第10条第4款'任何组织或者个人不得侵占、买卖、出租或者以其他形式非法转让土地。'修改为：'任何组织或个人不得侵占、买卖或者以其他形式非法转让土地。土地的使用权可以依照法律的规定转让。'"

---

① 参见2014年《最高人民法院工作报告》（2015年《最高人民法院工作报告》没有单独列明全国法院审结侵犯财产罪案件数量）。

② 此点从学界近期出版的学术专著就可看出，例如，金泽刚、张正新：《抢劫罪详论》，知识出版社2013年版；魏海：《盗窃罪研究——以司法扩张为视角》，中国政法大学出版社2012年版；游涛：《普通诈骗罪研究》，中国人民公安大学出版社2012年版；陈洪兵：《财产罪的竞合及解释论》，中国政法大学出版社2014年版，等等。

2. 1993年3月29日第八届全国人民代表大会第一次会议通过的《中华人民共和国宪法修正案》第5条规定："宪法第7条：'国营经济是社会主义全民所有制经济，是国民经济中的主导力量。国家保障国营经济的巩固和发展。'修改为：'国有经济，即社会主义全民所有制经济，是国民经济中的主导力量。国家保障国有经济的巩固和发展。'"

3. 1999年3月15日第九届全国人民代表大会第二次会议通过的《中华人民共和国宪法修正案》第14条规定："宪法第6条：'中华人民共和国的社会主义经济制度的基础是生产资料的社会主义公有制，即全民所有制和劳动群众集体所有制。""社会主义公有制消灭人剥削人的制度，实行各尽所能，按劳分配的原则。'修改为：'中华人民共和国的社会主义经济制度的基础是生产资料的社会主义公有制，即全民所有制和劳动群众集体所有制。社会主义公有制消灭人剥削人的制度，实行各尽所能、按劳分配的原则。''国家在社会主义初级阶段，坚持公有制为主体、多种所有制经济共同发展的基本经济制度，坚持按劳分配为主体、多种分配方式并存的分配制度。'"第16条规定："宪法第11条：'在法律规定范围内的城乡劳动者个体经济，是社会主义公有制经济的补充。国家保护个体经济的合法的权利和利益。''国家通过行政管理，指导、帮助和监督个体经济。""国家允许私营经济在法律规定的范围内存在和发展。私营经济是社会主义公有制经济的补充。国家保护私营经济的合法的权利和利益，对私营经济实行引导、监督和管理。'修改为：'在法律规定范围内的个体经济、私营经济等非公有制经济，是社会主义市场经济的重要组成部分。''国家保护个体经济、私营经济的合法的权利和利益。国家对个体经济、私营经济实行引导、监督和管理。'"

4. 2004年3月14日第十届全国人民代表大会第二次会议通过的《中华人民共和国宪法修正案》第21条规定："宪法第11条第2款'国家保护个体经济、私营经济的合法的权利和利益。国家对个体经济、私营经济实行引导、监督和管理。'修改为：'国家保护个体经济、私营经济等非公有制经济的合法的权利和利益。国家鼓励、支持和引导非公有制经济的发展，并对非公有制经济依法实行监督和管理。'"第22条规定："宪法第13条'国家保护公民的合法的收入、储蓄、房屋和其他合法财产的所有权。’‘国家依照法律规定保护公民的私有财产的继承权。’修改为：‘公民的合法的私有财产不受侵犯。’‘国家依照法律规定保护公民的私有财产权和继承权。’‘国家为了公共利益的需要，可以依照法律规定对公民的私有财产实行征收或者征用并给予补偿。’”

上述条款体现了宪法对公有经济（包括国有经济、集体经济）和非公有经济平等对待、公共财产和个人财产平等保护的主旨和精神。[①] 作为宪法的下位法——刑法（包括立法和司法解释）理应跟进宪法的修改。凡是与宪法上述精神相违背的刑法条款理应作出修改，即使不需要作出修改的，解释时也应审视结论的合宪性。例如，挪用型财产犯罪中挪用资金罪与挪用公款罪、侵占型财产犯罪中职务侵占罪与贪污罪，分立的合理性何在，后者相比于前者重罚的依据是否需要作出新的解释，这样的解释即“后者不仅侵犯财产权，而且侵犯公共性职务”，是否充足；盗窃罪、诈骗罪的法定刑配置与贪污罪（以盗窃、诈骗为手段）的法定刑的配置是否符合罪责刑相适应的原则；司法实践中，无论是刑事立案、起诉还是审判（定罪与量刑），不平等地对待侵犯公共财产犯罪行为和侵犯非公共财产犯罪行为，除立法的不合理性外，是否就与执法理念完全没有关联，等等。

二、市场经济体制的深化

经济体制改革目标的确立经历了一个发展的过程。[②] 党的十二大提出，“计划经济为主、市场调节为辅”；1984 年 10 月 20 日通过的《关于经济体制改革的决定》提出，“社会主义经济是公有制基础上有计划的商品经济”；1987 年党的十三大提出，“国家调节市场，市场引导企业”；1992 年党的十四大提出，“我国经济体制改革的目标

---

① 2013 年 11 月 12 日十八届三中全会通过的《关于全面深化改革若干重大问题的决定》指出，“产权是所有制的核心。健全归属清晰、权责明确、保护严格、流转顺畅的现代产权制度。公有制经济财产权不可侵犯，非公有制经济财产权同样不可侵犯。国家保护各种所有制经济产权和合法利益，保证各种所有制经济依法平等使用生产要素、公开公平公正参与市场竞争、同等受到法律保护，依法监管各种所有制经济。”

② 参见高尚全：《改革只有进行时——对 3 个三中全会改革决定的回顾》，人民出版社 2013 年版，第 3 页以下。

是建立社会主义市场经济体制”；1993年3月29日《宪法修正案》第7条规定：“宪法第15条：‘国家在社会主义公有制基础上实行计划经济。国家通过经济计划的综合平衡和市场调节的辅助作用，保证国民经济按比例地协调发展。’‘禁止任何组织或者个人扰乱社会经济秩序，破坏国家经济计划。’修改为：‘国家实行社会主义市场经济。’‘国家加强经济立法，完善宏观调控。’‘国家依法禁止任何组织或者个人扰乱社会经济秩序’”；1993年11月14日党的十四届三中全会通过的《关于建立社会主义市场经济体制若干问题的决定》提出，“建立社会主义市场经济体制，就是要使市场在国家宏观调控下对资源配置起基础性作用”；2003年10月14日党的十六届三中全会通过的《关于完善社会主义市场经济体制若干问题的决定》提出，“按照统筹城乡发展、统筹区域发展、统筹经济社会发展、统筹人与自然和谐发展、统筹国内发展和对外开放的要求，更大程度地发挥市场在资源配置中的基础性作用，增强企业活力和竞争力，健全国家宏观调控，完善政府社会管理和公共服务职能，为全面建设小康社会提供强有力的体制保障”；2013年11月12日党的十八届三中全会通过的《关于全面深化改革若干重大问题的决定》指出，“经济体制改革是全面深化改革的重点，核心问题是处理好政府和市场的关系，使市场在资源配置中起决定性作用和更好发挥政府作用。市场决定资源配置是市场经济的一般规律，健全社会主义市场经济体制必须遵循这条规律，着力解决市场体系不完善、政府干预过多和监管不到位问题”，“建设统一开放、竞争有序的市场体系，是使市场在资源配置中起决定性作用的基础。必须加快形成企业自主经营、公平竞争，消费者自由选择、自主消费，商品和要素自由流动、平等交换的现代市场体系，着力清除市场壁垒，提高资源配置效率和公平性”。

从这些表述来看，市场在经济体制中的作用越来越重要。按照马克思的“经济基础决定上层建筑”的观点，刑事立法尤其是涉及经济领域的刑法规范有必要作出调整，以适应保护市场经济顺利运行的需要。就财产犯罪而言，有必要将其保护的对象从静态意义上的财产权扩展到动态意义上的财产权。在立法未作出如同我国台湾地区“刑法”那样区分“财物”和“财产性利益”分设不同罪名之前，从解释论的角度，可以对我国刑法侵犯财产罪相关个罪中“财物"进行扩大解释即包括"财产性利益"。[1]

三、网络社会的形成

随着信息技术和互联网的日新发展，不仅我国的经济、政治、文化、社会等受到深刻的影响，而且既相对独立又嵌入现实社会的"网络社会"也开始形成。网上购物、网上支付、网上监督、网上聊天、网络游戏等已成为众多民众的生活习惯和方式，网上银行、电子商务、电子娱乐等日益成为新兴产业。据中国互联网网络信息中心发布的报告显示，截至2013年底（2014年是我国接入国际互联网20周年），我国网民规模突破6亿，手机用户超过12亿；2013年我国网络购物用户达到3亿，电子商务交易规模突破10万亿元人民币。这些数据证明我国已是"网络大国"。[2] 与此同时，网络管理日益显得重要，尤其是网络安全有必要上升到国家战略。[3] 2013年11月12日党的十八届三中全会通过的《关于全面深化改革若干重大问题的决定》指出，"坚持积极利用、科学发展、依法管理、确保安全的方针，加大依法管理网络力度，加快完善互联网管理领导体制，确保国家网络和信息安全"。2014年2月27日，中央网络安全和信息化领导小组成立，习近平总书记担任组长。

如同现实社会存在着犯罪一样，"网络社会"中的危害行为也已出现，需要得到刑法的规制。2000年9月25日国务院发布的《互联网信息服务管理办法》第15条规定，互联网信息服务提供者不得制作、复制、发布、传播含有相关内容的信息，并于第20条作了照应式规定，即"构成犯罪的，依法追究刑事责任"；2000年12月28日

① 2005年12月1日全国人大常委会法制工作委员会《对关于公司人员利用职务上的便利采取欺骗等手段非法占有股东股权的行为如何定性处理的批复的意见》指出，"根据刑法第92条的规定，股份属于财产。采用各种非法手段侵吞、占有他人依法享有的股份，构成犯罪的，适用刑法有关非法侵犯他人财产的犯罪规定"。此处立法工作机构将"股份"认定为"财产"，就是很好的例证。

② 参见韩洁、高洁：《"维护网络安全"上升到国家战略的意味》，载《新华每日电讯》2014年3月9日。

③ 2013年5月15日至18日短短四天时间里，全国就连续发生6起编造虚假爆炸信息威胁民航安全的事件，造成北京、上海、广州等地共22架次航班返航、备降或者延迟起飞，给民航企业和广大乘客造成重大损失。参见刘吟秋：《严惩造谣传谣，维护社会秩序》，载《人民法院报》2014年3月11日。

全国人大常委会通过的《关于维护互联网安全的决定》第1条、第2条、第3条、第4条、第5条分别从利用互联网实施的侵害互联网安全、侵害国家安全和社会稳定、侵害个人、法人和其他组织的人身、财产等合法权利以及其他危害行为方面作了照应式规定，即“构成犯罪的，依法追究刑事责任”；2012年12月28日全国人大常委会通过的《关于加强网络信息保护的决定》第1～10条对网络服务提供者、其他企业事业单位、组织、个人、有关主管部门等保护网络信息安全及保障公民、法人和其他组织的合法权益，维护国家安全和社会公共利益的义务行为及禁止性行为作了明确规定，并在第11条作了照应式规定，即“构成犯罪的，依法追究刑事责任”。1997年《刑法》第六章“妨害社会管理秩序罪”第一节“扰乱公共秩序罪”第285条第1款规定非法侵入计算机信息系统罪、第2款规定非法获取计算机信息系统数据、非法控制计算机信息系统罪、第3款规定提供侵入、非法控制计算机信息系统的程序、工具罪，第286条规定破坏计算机信息系统罪，同时第287条作了概括式规定，“利用计算机实施金融诈骗、盗窃、贪污、挪用公款、窃取国家秘密或者其他犯罪的，依照本法的有关规定处罚”。最高人民法院单独或者联合相关部门陆续出台司法解释细化相关涉及网络方面的犯罪的标准，例如，2004年9月3日最高人民法院、最高人民检察院制定的《关于办理利用互联网、移动通讯终端、声讯台制作、复制、出版、贩卖、传播淫秽电子信息刑事案件具体应用法律若干问题的解释》，2010年2月2日最高人民法院、最高人民检察院制定的《关于办理利用互联网、移动通讯中断、声讯台制作、复制、出版、贩卖、传播淫秽电子信息刑事案件具体应用法律若干问题的解释(二)》，2010年8月31日最高人民法院、最高人民检察院、公安部出台的《关于办理网络赌博犯罪案件适用法律若干问题的意见》，2011年8月1日最高人民法院、最高人民检察院制定的《关于办理危害计算机信息系统安全刑事案件应用法律若干问题的解释》，2013年9月6日最高人民法院、最高人民检察院制定的《关于办理利用信息网络设施诽谤等刑事案件适用法律若干问题的解释》，2013年9月18日最高人民法院、最高人民检察院制定的《关于审理编造、故意传播虚假恐怖信息刑事案件适用法律若干问题的解释》，等等。

从上述立法和司法解释来看，涉网犯罪具体包括以下类型：一是以信息网络及其信息、数据为犯罪对象的网络犯罪，例如非法侵入计算机信息系统罪、破坏计算机信息系统罪、非法获取计算机数据罪、非法控制计算机信息系统罪、为非法侵入、控制计算机信息系统提供程序、工具罪，等等；二是以网络作为犯罪工具和手段实施普通犯罪，例如利用网络实施金融诈骗、敲诈勒索、诽谤、侮辱、煽动颠覆政权等罪。[①] 这两种犯罪类型均可能出现在侵犯财产罪之中；从解释论的角度，实践中争论较大的问题主要是虚拟财产能否成为侵犯财产罪相关个罪的犯罪对象，目前存在肯定说[②]和否定说[③]。

① 有学者将网络犯罪分为"对象型网络犯罪"（又称"纯正网络犯罪"）和"工具型网络犯罪"（又称"不纯正网络犯罪"），参见戴长林主编：《网络犯罪司法实务研究及相关司法解释理解与适用》，人民法院出版社2014年版，第3页。若按此分类，盗窃虚拟财产的犯罪，就会同时归属于两种类型之中。

② 参见杨立新、王中合：《论网络虚拟财产的物权属性及其基本规则》，载《国家检察官学院学报》2004年第6期；于志刚主编：《网络空间中虚拟财产的刑法保护》，中国人民公安大学出版社2009年版，第23页。

③ 参见侯国云：《论网络虚拟财产刑事保护的不当性——让虚拟财产永远待在虚拟世界》，载《中国人民公安大学学报（社会科学版）》2008年第3期。

四、劳动教养制度的废止

劳动教养制度从登台到废止经历了较长的一个历史阶段，[①] 曾经在我国特定历史阶段发挥了重要作用，但随着经济社会的发展、依法治国基本方略的推进、宪法人权保障原则的落实、国际公约义务的履行，其不合理性日益显现。经过学界、实务界及其他社会各界的共同努力，党中央在充分汲取2004年、2008年两轮司法改革经验的基础上，审时度势，决定废止劳教制度。2013年11月12日党的十八届三中全会通过的《关于全面深化改革若干重大问题的决定》提出，“废止劳动教养制度，完善对违法犯罪行为的惩治和矫正法律，健全社区矫正制度”。2013年12月28日第十二届全国人民代表大会常务委员会第六次会议通过了《关于废止有关劳动教养法律规定的决定》，其内容具体包括：“一、废止1957年8月1日第一届全国人民代表大会常务委员会第七十八次会议通过的《全国人民代表大会常务委员会批准国务院关于劳动教养问题的决定的决议》及《国务院关于劳动教养问题的决定》。二、废止1979年11月29日第五届全国人民代表大会常务委员会第十二次会议通过的《全国人民

① 具体包括：(1) 1955年“劳动教养”首次登上历史舞台；(2) 1957年第一届全国人大常委会第78次会议通过了国务院《关于劳动教养问题的决定》；(3)“文革”期间劳教暂停；(4) 1979年经全国人大常委会批准，国务院公布了《关于劳动教养的补充规定》，明确教养期限为1～3年；(5) 1980年国务院发布通知，有轻微违法犯罪行为、尚不够刑事处罚需要进行强制劳动的人，一律送劳动教养；(6) 1982年经国务院批准转发公安部《劳动教养试行办法》，确立了“劳动教养管理委员会”制度；(7) 1986年第六届全国人大常委会通过《治安管理处罚条例》，增加三种可以适用劳动教养的情况；(8) 1990年全国人大常委会通过《关于禁毒的决定》规定，强制戒除后又吸食、注射毒品的，可以实行劳动教养；(10) 1991年全国人大常委会通过的《关于严禁卖淫嫖娼的决定》规定，“因卖淫嫖娼被公安机关抓获后又卖淫嫖娼的，实行劳动教养”；(11) 2000年《立法法》规定，“限制人身自由的强制措施和处罚”只能由“法律”设定。对劳教制度提请审查的呼声再次响起；(12) 2005年全国人大常委会计划审议《违法行为矫治法》草案，但草案未提交审议；(13) 2010年全国人大常委会再次计划审议《违法行为（教育）矫治法》草案；(14) 2011年最高人民法院等十部委印发通知，在四个城市进行劳教改革试点，试点期限为一年；(15) 2012年1月1日《行政强制法》正式生效，其第10条规定，“限制公民人身自由的行政强制措施，只能由法律设定”；(16) 2013年1月全国政法工作会议提出2013年将推进劳教制度改革，停止使用劳教制度；(17) 2013年11月12日中共中央十八届三中全会通过《关于全面深化改革若干重大问题的决定》，决定废止劳动教养制度；(18) 2013年12月28日第十二届全国人民代表大会常务委员会第六次会议通过了《关于废止有关劳动教养法律规定的决定》。

代表大会常务委员会批准国务院关于劳动教养的补充规定的决议》及《国务院关于劳动教养的补充规定》。三、在劳动教养制度废止前，依法作出的劳动教养决定有效；劳动教养制度废止后，对正在被依法执行劳动教养的人员，解除劳动教养，剩余期限不再执行。"

劳教制度的废止，并不意味着其调控的对象不再受任何法律规范的规制。针对劳教制度废止后法律体系的修改完善，学界存在不同的意见，主要包括以下方案：（1）在不对现行刑法进行结构性调整的前提下，梳理原相关劳动教养制度规定规范的行为，分别归入刑法和治安管理处罚法；（2）在犯罪分层（例如，划分重罪、轻罪、违警罪）的基础上，将部分原劳动教养制度规定规制的行为分别归入轻罪或者违警罪，其余的归入治安管理处罚法；（3）单独制定违法行为教育矫治法；（4）单独制定保安处分法，等等。按照中央有关司法体制改革的决策部署，立法机关和司法机关分别从立法和司法解释层面为劳教制度的废止作了系列的准备工作。就侵犯财产罪方面，2011 年 2 月 25 日全国人大常委会通过的《刑法修正案（八）》第 39 条为盗窃罪增设了"入户盗窃、携带凶器盗窃、扒窃"的成罪条件，第 40 条为敲诈勒索罪增设了"多次敲诈勒索"的成罪条件。这些条件均与"数额较大"并列，意味着盗窃罪、敲诈勒索罪成罪条件的放宽，部分盗窃、敲诈勒索行为没有达到"数额较大"的，也构成犯罪。最高人民法院、最高人民检察院先后修订司法解释，降低成罪的数额标准，例如，2011 年 3 月 1 日公布的《关于办理诈骗刑事案件具体应用法律若干问题的解释》规定诈骗罪的"数额较大"为"3000 元至 1 万元以上"，2013 年 4 月 2 日公布的《关于办理盗窃刑事案件适用法律若干问题的解释》规定盗窃罪的"数额较大"为"1000 元至 3000 元以上"，并规定具有特定情形的，"数额较大"的标准可以确定为 500 元至 1500 元以上；2013 年 4 月 23 日制定的《关于办理敲诈勒索刑事案件适用法律若干问题的解释》规定敲诈勒索罪的"数额较大"为"2000 元至 5000 元以上"，并规定具有特定情形的，"数额较大"的标准可以确定为"1000 元至 2500 元以上"。显然，上述立法机关对相关罪状的修改和司法机关对相关罪数额标准的调整，体现了第一种意见的思路。[①] 这些立法修改和司法解释的变化，必然会影响司法个案的裁判解释。

上述宪法修改、市场经济体制建立、网络社会形成、劳动教养制度废止，必然会直接对刑事立法产生影响，进而对刑事法的解释产生影响。即使某些刑事立法不需要做文字性的修改，但其解释也应有所变化。也就是说，解释者只有对上述方面作出合理的回应，方能最大程度的发挥刑法的功能与效用。

① 正如陈忠林教授指出的，尽管第十二届全国人大常委会于2013年10月底公布的五年立法规划仅包括“社区矫正法”，而没有“违法行为教育矫治法”的安排，但是两部法律有本质区别：违法行为教育矫治法是针对轻微违法行为人员，在封闭隔离的环境里予以教育；社区矫正法的适用人员是处以假释、缓刑、保外就医的犯罪人员，是在开放的社区内实施的，因此，仍有必要按照十八届三中全会的精神，“完善对违法犯罪行为的惩治和矫正法律，健全社区矫正制度”。参见王瑞锋：《劳教废止后五大待解问题：寻衅滋事会否滥用》，载《新京报》2013年11月16日。

目　录

第一章 抢劫罪

《刑法》第263条规定："以暴力、胁迫或者其他方法抢劫公私财物的，处三年以上十年以下有期徒刑，并处罚金；有下列情形之一的，处十年以上有期徒刑、无期徒刑或者死刑，并处罚金或者没收财产：(1) 入户抢劫的；(2) 在公共交通工具上抢劫的；(3) 抢劫银行或者其他金融机构的；(4) 多次抢劫或者抢劫数额巨大的；(5) 抢劫致人重伤、死亡的；(6) 冒充军警人员抢劫的；(7) 持枪抢劫的；(8) 抢劫军用物资或者抢险、救灾、救济物资的。"①

一、抢劫罪的行为要件

抢劫罪的行为要件是以暴力、胁迫或者其他方法使被害人处于不能反抗、不敢反抗或者不知反抗的状态，强取公私财物或者逼迫他人交付公私财物。此处的"暴力方法"是指对被害人实施有形力，

① 此外，下列条款与抢劫罪有关，即《刑法》第17条第2款规定："已满14周岁不满16周岁的人，犯故意杀人、故意伤害致人重伤或者死亡、强奸、抢劫、贩卖毒品、放火、爆炸、投毒罪的，应当负刑事责任"；第56条第1款规定："……对于故意杀人、强奸、放火、爆炸、投毒、抢劫等严重破坏社会秩序的犯罪分子，可以附加剥夺政治权利"；第81条第2款规定："对累犯以及因杀人、爆炸、抢劫、强奸、绑架等暴力性犯罪被判处十年以上有期徒刑、无期徒刑的犯罪分子，不得假释"；第127条第2款规定："抢劫枪支、弹药、爆炸物或者盗窃、抢夺国家机关、军警人员、民兵的枪支、弹药、爆炸物的，处十年以上有期徒刑、无期徒刑或者死刑"；第267条第2款规定："携带凶器抢夺的，依照本法第263条的规定定罪处罚"；第269条规定："犯盗窃、诈骗、抢夺罪，为窝藏赃物、抗拒抓捕或者毁灭罪证而当场使用暴力或者以暴力相威胁的，依照本法第263条的规定定罪处罚"；第289条规定："聚众'打砸抢'，致人伤残、死亡的，依照本法第234条、第232条的规定定罪处罚。毁坏或者抢走公私财物的，除判令退赔外，对首要分子，依照本法第263条的规定定罪处罚。"

足以压制被害人反抗的行为。暴力的对象既可以是直接控制财物者，也可以是有权处分财物的人、管理财物的人、财物的辅助占有者以及当场的、与被害人有着亲密关系的人。

此处的"胁迫方法"，是指以当场实施暴力相威胁，使被害人产生恐惧心理而不敢反抗。胁迫的内容是当场立即对被害人实施暴力，其只要使被害人以为行为人会当场实施暴力即可，而并不意味着被害人不交付财物或者进行反抗时，行为人就必然实施暴力。胁迫的方式既可以是通过持刀、持械、持枪、持炸弹等行为表达，也可以通过语言显示。行为人面对被害人打砸财物，迫使被害人交付财物的，也属于以暴力相威胁。"当场实施暴力"的限定，有利于区分抢劫的胁迫与以下两种情形：一是以将来实施暴力相威胁；二是以当场实施非暴力内容（例如损毁名誉）进行威胁。

此处的"其他方法"是指除暴力、胁迫以外的造成被害人不知反抗或者无法反抗的强制方法，实践中有用药物麻醉、用酒灌醉、利用催眠术催眠、将清醒的被害人乘其不备锁在屋内致其与财产隔离、利用被害人的性羞耻心（如拿走别人衣服）等等。此外，2005年7月16日最高人民法院《关于审理抢劫、抢夺刑事案件适用法律若干问题的意见》（下称《"两抢"意见》）指出："对于驾驶机动车、非机动车（以下简称'驾驶车辆'）夺取他人财物的，一般以抢夺罪从重处罚。但具有下列情形之一，应当以抢劫罪定罪处罚：(1）驾驶车辆，逼挤、撞击或强行逼倒他人以排除他人反抗，乘机夺取财物的；（2）驾驶车辆强抢财物时，因被害人不放手而采取强拉硬拽方法劫取财物的；（3）行为人明知其驾驶车辆强行夺取他人财物的手段会造成他人伤亡的后果，仍然强行夺取并放任造成财物持有人轻伤以上后果的。"

【案例1】经审理查明：2012年3月12日20时30分许，被告人蒋某驾驶摩托车，沿某区奉浦大道尾随前方骑电动车的被害人余某至某桥西侧100米处时，采用逼停、拦截等方法，当场从被害人余某处劫得价值人民币612元的白色诺基亚5230型手机1部后逃逸。

法院认为：被告人蒋某以非法占有为目的，采用胁迫方法强行劫取公民财物，其行为显已触犯刑律，构成抢劫罪。被告人蒋某能自愿认罪，可酌情从轻处罚。依照《刑法》第263条之规定，判决如下：被告人蒋某犯抢劫罪，判处有期徒刑三年，并处罚金人民币3000元。

至于如何判断上述方法行为达到了足以压制对方反抗的程度，具体存在主观说（即以被害人的主观心态为基准）和客观说（即以一般人的主观心态为基准）的分歧。显然，在目前的科学状况下完全以“主观心态”为基准来加以判断明显存在局限性，宜综合暴力、胁迫的程度、样态、手段、时间、空间、被害人的自身情况（年龄、性别、体格等）等诸多因素进行个案判断。

此处的“强取财物”或者“逼迫交付财物”是指基于上述方法行为而将他人财物转移给自己占有或者第三人占有。也就是说，方法行为与当场取得财物（目的行为）之间存在因果关系的，方可构成此罪。例如，行为人对被害人实施暴力，被害人并非因受到压制而是基于怜悯交付财物的，就只可能构成抢劫罪未遂，而不是抢劫罪既遂；行为人基于其他目的实施暴力行为（例如强奸）致人昏迷或者死亡，随后产生非法占有他人财物的意图，进而取走财物的，不构成抢劫罪。

二、抢劫罪的对象要件

抢劫罪的对象是公私财物，既包括私人财物，也包括公共财物（公司、企业、单位财物），例如，“李某等抢劫案”（案例2）和“王某某抢劫案”（案例3）。

【案例2】经审理查明：2009年1月26日凌晨，被告人李某、李某某与李甲、王甲（均已判刑）等人，经事先预谋，携带大力钳、刀、封箱带等工具，驾驶面包车至某市闵行区仙霞西路延伸段道路工程工地，采用蒙面、持刀威胁等方式捆绑被害人牛某、邓某、刘某、夏某等人，并将欲报警的牛某砍伤后，割断并劫取被害单位上海某集团上海建设机场道路工程有限公司设置于该工地内总价值人民币58158.90元的某Vl50型电缆线973.5米、某Vl20型电缆线215米。后被告人及其同伙在逃离现场时将运赃车辆丢弃。经鉴定，被害人牛某遭锐器作用致左手拇、食、中指创伤、伴肌腱、神经、血管断裂，左大腿创伤伴股直肌断裂、左髌骨骨折，构成轻伤。2011年11月25日、28日，被告人李某、李某某先后向公安机关投案自首。

法院认为：被告人李某、李某某结伙他人，以非法占有为目的，采用暴力手段劫取公司财物，数额巨大，并致一人轻伤，其行为均已构成抢劫罪，且属共同犯罪。被告人李某、李某某能主动自首归案，依法可减轻处罚。依照《刑法》相关规定，判决如下：（1）被告人李某某犯抢劫罪，判处有期徒刑九年，剥夺政治权利一年，并处罚金人民币15000元；（2）被告人李某某犯抢劫罪，判处有期徒刑九年，剥夺政治权利一年，并处罚金人民币15000元。

【案例3】经审理查明：某日上午，被告人王某某伙同李某某、孙某（均已判刑）经预谋，决定至某市某路某号某大酒店某楼抢该酒店的营业款，并进行了分工。当日11时25分许，被告人王某某及李某某、孙某携作案工具，按约定潜入上述地点伺机作案。当该酒店收银员胡某携带装有营业款的纸袋乘电梯至某楼，走出电梯欲到财务部办公室交款时，孙某即上前佯装问路，王某某即乘隙从胡某的身后用手卡住胡某的颈部实施抢劫。胡某在反抗过程中，纸袋被撕破，袋内的两包营业款散落在地。王某某在抢得其中一包装有人民币100493元的营业款后，沿酒店员工通道朝楼下逃窜，在底楼停车场被该酒店保安人员人赃俱获。被告人王某某及孙某乘隙逃逸。某日被告人王某某到公安机关投案。

法院认为：被告人王某某伙同李某某、孙某，以非法占有为目的，采用暴力的手段，劫取公司现金人民币10万余元，数额巨大，其行为已构成抢劫罪，且系共同犯罪，应予处罚。被告人孙某在共同犯罪中起次要作用，系从犯，依法予以减轻处罚。鉴于被告人王某某系自首，依法予以减轻处罚。依照《刑法》相关规定，判决如下：被告人李某某、孙某犯抢劫罪，判处有期徒刑三年，并处罚金人民币3000元。

实践中，具体应注意以下问题：一是抢劫财产性利益的，按抢劫罪处理，例如，行为人暴力抢劫唯一的借款凭证予以销毁，乘客使用暴力迫使出租车司机放弃出租车费等等，均可构成抢劫罪。二是抢劫违禁品的，按抢劫罪处理。《“两抢”意见》指出，以毒品、假币、淫秽物品等违禁品为对象，实施抢劫的，以抢劫罪定罪，例如“缪建强等抢劫家”（案例4）和“陈锦杰、陈培竹抢劫案”（案例5）”；抢劫的违禁品数量作为量刑情节予以考虑。抢劫违禁品后又以违禁品实施其他犯罪的，应以抢劫罪与具体实施的其他犯罪实行数罪并罚。抢劫赌资、犯罪所得的赃款赃物的，以抢劫罪定罪，但行为人仅以其所输赌资或所赢赌债为抢劫对象，一般不以抢劫罪定罪处罚。构成其他犯罪的，依照刑法的相关规定处罚。三是抢劫罪没有数额较大的限制，抢劫少量财物是否按抢劫罪处理，有必要综合考虑全案事实来加以判断，例如，“李某抢劫案”（案例6）。四是抢劫特定主体的财物。《“两抢”意见》指出，为个人使用，以暴力、胁迫等手段取得家庭成员或近亲属财产的，一般不以抢劫罪定罪处罚；构成其他犯罪的，依照刑法的相关规定处理；教唆或者伙同他人采取暴力、胁迫等手段劫取家庭成员或近亲属财产的，可以抢劫罪定罪处罚。

【案例4】经审理查明：1998年10月11日中午，被告人缪建强、廖海彬共谋盗窃贩毒人员李美权、蒋红霞、龙春生（均另案处理）的毒品，如果盗窃不成就找人来抢。13日12时许，缪建强在攀枝花见李、蒋、龙购买毒品后，藏匿隐蔽，不宜下手，遂与暗中跟随到攀枝花的廖海彬再次商议抢劫事宜。尔后，缪、廖二人先后三次打电话约被告人彭某某到峨嵋火车站抢毒品。彭随即找到被告人杨影、童信辉、陈培荣，在威远县恩源百货店购买两把匕首后，租车于当晚赶到峨嵋火车站，住在该站铁路招待所。22时许，被告人彭某某将杨、童、陈叫至房间，进行具体分工。14日凌晨6时许，当攀枝花到峨嵋的622次列车进站后，被告人彭某某、杨影、童信辉、陈培荣按照被告人缪建强、廖海彬的指认，在车站广场分别实施抢劫。彭某某冒充警察，和杨影一道将已上中巴车的李美权带下车，强行搜身，彭将李刺伤；童信辉将已上中巴车的龙春生带下车，采用语言威胁的手段抢得海洛因142.6克；陈培荣由于认错了人，抢劫未果。案发后，被告人彭某某、杨影、童信辉、陈培荣被当场抓获；彭某某协助公安人员将被告人缪建强、廖海彬抓获。

某铁路运输中级法院于1999年5月26日作出判决：(1) 被告人缪建强犯抢劫罪，判处有期徒刑十五年，剥夺政治权利五年，并处罚金5000元……

一审判决后，六被告人未提起上诉，判决发生法律效力。

【案例5】经审理查明：2011年12月16日23时许，被告人陈锦杰与苏某某、江某某、黄某某在厦门市思明区岭兜佳园3号楼1303室打扑克以“诈金花”的方式进行赌博。至次日凌晨1时许，黄某某输钱离开，由被告人陈培竹接替黄某某与其他三人继续赌博。3时许牌局结束时，被告人陈锦杰以被害人苏某某打牌作弊为由，要求苏某某归还所赢的钱，苏某某不同意，即遭到被告人陈锦杰、陈培竹二人殴打，苏某某被迫将身上的人民币5600元放置在屋内床上。陈锦杰对苏某某搜身后，陈培竹将钱拿走，后一同离开现场。因江某某称其和黄某某二人当晚也输了钱，并向被告人陈培竹讨要输掉的人民币3000元，被告人陈锦杰、陈培竹遂将人民币3000元交给江某某，其余的钱二人分掉。2011年12月26日，陈锦杰、陈培竹被公安机关抓获，归案后均如实供述上述事实。在审理期间，被告人陈锦杰、陈培竹的亲属代二被告人退缴非法所得人民币5600元。

法院认为：被告人陈锦杰、陈培竹仅因怀疑被害人赌博作弊而采用暴力手段劫取高于其所输金额的赌资，其行为均已构成抢劫罪。二被告人基于共同的犯罪故意，共同实施了抢劫的犯罪行为，系共同犯罪。二被告人当庭表示自愿认罪，并积极退赃，可酌情从轻处罚。依照《刑法》相关规定，判决如下：(1) 被告人陈锦杰犯抢劫罪，判处有期徒刑三年，缓刑三年，并处罚金人民币2000元；(2) 被告人陈培竹犯抢劫罪，判处有期徒刑三年，缓刑三年，并处罚金人民币2000元。

【案例6】经审理查明：2012年4月11日凌晨2时30分许，被告人李某携带菜刀1把至某区三林路683号好德便利店超市内，持刀威胁超市营业员，勒令营业员交出钱款，因营业员不给钱，被告人李某便劫得超市熟玉米1根后逃逸。当日2时50分许，被告人李某返回超市，向接到报警后正在超市内调查取证的民警投案自首，如实供述了上述犯罪事实。

法院认为：被告人李某以非法占有为目的，采用暴力胁迫手段，劫取公民财物，其行为已构成抢劫罪。对于辩护人提出被告人李某系犯罪未遂的意见，本院认为抢劫罪中的财物不仅仅指金钱，还包括物品等等。本案中的玉米价值虽不大，但它也是有价值的商品。被告人在劫取钱款不成的情况下并没有彻底放弃犯罪，转而索要玉米；被告人获得玉米并非是被害人赠与，而是前述暴力威胁手段延续下的劫财行为，该玉米是李抢劫所得，李的行为属犯罪既遂。被告人李某能够主动投案自首，当庭也能够自愿认罪，同时考虑到被告人年纪尚轻，此次犯罪系初犯，出于生活所迫；虽有持刀情节，但抢劫的手段有所控制，并未造成被害人身体伤害等情节；虽劫到财物，但抢劫的对象有所节制，仅抢劫到少量财物1根玉米。综合考量上述情节、因素后依法对被告人李某减轻处罚。对于辩护人提出对被告人宣告缓刑的意见，本院认为，抢劫罪侵犯的是财产权利和人身权利双重客体，本案中李某劫取的玉米价值甚小，对于超市来说损失甚微，但李深夜持刀架在被害人脖子处实施抢劫，给被害人造成的人身危险性远远超过财物本身的价值，给社会带来了不安全因素，具有严重的社会危害性，故不宜对李宣告缓刑。依照《刑法》相关规定，判决如下：被告人李某犯抢劫罪，判处有期徒刑十个月，罚金人民币1000元。

三、抢劫罪的主观要件

抢劫的故意，是指行为人明知自己的抢劫行为会发生侵犯他人人身与财产的危害结果，并且希望或者放任此种结果的发生。抢劫罪是侵犯双重客体的犯罪，对人身危害结果和财产侵害结果会存在不同的意志（希望或者放任）心态。抢劫罪属于侵犯财产罪，同样要求主观要件要以“非法占有为目的”。

四、抢劫罪的主体要件

抢劫罪的主体为一般主体，同时《刑法》第17条第2款规定，“已满14周岁不满16周岁的人，犯故意杀人、故意伤害致人重伤或者死亡、强奸、抢劫、贩卖毒品、放火、爆炸、投毒罪的，应当负刑事责任”，已满14周岁不满16周岁的人可以成为第236条抢劫罪的主体，也可以成为其他有关条款规定的抢劫罪的主体。值得注意的是，2006年1月11日最高人民法院《关于审理未成年人刑事案件具体应用法律若干问题的解释》规定：“已满14周岁不满16周岁的人盗窃、诈骗、抢夺他人财物，为窝藏赃物、抗拒抓捕或者毁灭罪证，当场使用暴力，故意伤害致人重伤或者死亡，或者故意杀人的，应当分别以故意伤害罪或者故意杀人罪定罪处罚。”最高人民检察院研究室2003年4月18日《关于相对刑事责任年龄的人承担刑事责任范围有关问题的答复》指出，“相对刑事责任年龄的人实施了刑法第269条规定的行为的，应当依照刑法第269条的规定，以抢劫罪追究刑事责任。”

五、抢劫罪的停止形态

关于抢劫罪的停止形态，学界和实务界就以下问题存在分歧：一是基本型抢劫罪的既未遂标准。有的认为，抢劫罪侵犯双重客体，可以行为是否侵害了他人的人身权利为标准。有的认为，抢劫罪属于侵犯财产罪，应以行为人取得（控制）被害人财物为既遂标准；

造成轻伤但未取得财物的，依然属于抢劫未遂。[①] 二是加重型抢劫罪的既未遂标准。有的认为，抢劫致人重伤、死亡的，即使没有占有他人财物的，也是既遂。有的认为，抢劫致人重伤、死亡但未取得财物的，属于结果加重犯的既遂，但基本犯仍然未遂；入户抢劫、在公共交通工具上抢劫等行为，没有取得被害人财物的，属于抢劫未遂；多次抢劫但均未遂的，也属于抢劫未遂；抢劫数额巨大的，不存在未遂。[②]三是关于转化型抢劫罪的既未遂标准。日本学界存在四种观点：其一通说认为，先前的盗窃既遂时，才成立事后抢劫的既遂；其二认为，不管盗窃既遂与否，只要行为人出于特定目的实施了暴力、胁迫，就成立事后抢劫既遂；其三认为，盗窃罪的既遂不等于事后抢劫的既遂；只有当行为人最终取得了财物，才成立事后抢劫既遂；其四认为，在行为人已经取得财物的场合，只要为了窝藏赃物而对他人实行暴力、胁迫，就成立事后抢劫的既遂；出于逃避逮捕或者毁灭罪迹的目的实施暴力、胁迫时，只有通过暴力、胁迫取得了财物，才成立事后抢劫既遂。[②]

就司法实务而言，按照《“两抢”意见》的规定，抢劫罪侵犯的是复杂客体，既侵犯财产权利又侵犯人身权利，具备劫取财物或者造成他人轻伤以上后果两者之一的，均属抢劫既遂；既未劫取财物，又未造成他人人身伤害后果的，属抢劫未遂。抢劫罪的加重要件中，除“抢劫致人重伤、死亡的”之外，其余七种处罚情节同样存在既遂、未遂问题，其中属抢劫未遂的，应当根据刑法关于加重情节的法定刑规定，结合未遂犯的处理原则量刑。[③]

【案例7】经审理查明：被告人王某于2012年4月30日16时40分许，至某市南京西路某号某大酒店门口，尾随被害人缪某进入酒店二楼大堂男盥洗室内，趁缪某不备之机，用随身携带的电脑硬盘多次击打缪某头部，欲抢劫

①② 参见张明楷：《刑法学》（第4版），法律出版社2011年版，第860页。

② 转引自张明楷：《刑法学》（第4版），法律出版社2011年版，第861页。

③ 2016年1月6日最高人民法院《关于审理抢劫刑事案件适用法律若干问题的指导意见》（以下简称《抢劫指导意见》）指出，对以数额巨大的财物为明确目标，由于意志以外的原因，未能抢到财物或实际抢得的财物数额不大的，应同时认定“抢劫数额巨大”和犯罪未遂的情节，根据刑法有关规定，结合未遂犯的处理原则量刑。

缪斜背的1只黑色背包内的财物（内有人民币30万余元）。缪某大声呼救并欲拉开盥洗室门逃出，劫财不成的王某立即逃离现场。在逃离途中，王某从酒店二楼的楼梯上跌倒至酒店大门前的上街沿处，被后面跑来的缪某摁住。随后，在附近执勤的民警循声赶至现场，将王某抓获，并当场缴获作案用的电脑硬盘1块。经上海市公安局损伤伤残鉴定中心鉴定：被鉴定人缪某因外伤致头部头皮多处疤痕累计长8cm以上，鼻骨左侧骨折伴明显移位，左眼眶内侧壁骨折等损伤，构成轻伤。

法院认为：被告人王某以非法占有为目的，采用暴力劫取他人财物，致使一人轻伤，其行为已构成抢劫罪，应予刑事处罚。被告人王某虽然使用暴力手段意欲劫取数额巨大的财物，但实际上并未劫得被害人的财物，故依法不构成“抢劫数额巨大”。被告人王某到案后能如实供述罪行，可以从轻处罚，且在本院审理期间，经法庭主持并在家属帮助下，与被害人就民事赔偿内容达成调解，赔偿了被害人的经济损失，得到了被害人的谅解，确有悔罪表现，同时在庭审中亦能自愿认罪，均可酌情从轻处罚。依照《刑法》相关规定，判决如下：被告人王某犯抢劫罪，判处有期徒刑四年，并处罚金人民币4000元。

从此案判决结果来看，该法院没有按照抢劫罪的未遂处理。

【案例8】经审理查明：2012年3月18日3时许，被告人邱某某经预谋，至上海市宝山区某小区被害人张某某住处，采用攀爬方式入室，在翻摸屋内衣物口袋内钱款时，被张某某当场发觉。邱某某为抗拒抓捕，返还其窃得的现金90元且咬伤张某某致其左肩部皮肤破损，经鉴定构成轻微伤。后张某某将邱某某抓获并报警。

法院认为：被告人邱某某以非法占有为目的，入户实施盗窃被发现，为抗拒抓捕而在户内实施暴力，致人轻微伤，其行为已构成抢劫罪，应予处罚。被告人邱某某的犯罪行为因意志以外的原因未能得逞，系犯罪未遂，可以比

> 照既遂犯减轻处罚。根据《刑法》第269条、第263条第(1)项、第23条之规定，判决如下：被告人邱某某犯抢劫罪，判处有期徒刑四年六个月，并处罚金人民币5000元。

从此案判决结果来看，该法院以最终没有得到财物为由按抢劫罪未遂处理。

> **【案例9】**经审理查明：2011年11月23日下午，被告人崔某某驾车带领程某、何某某、王某（另行处理）等人至某区山阳镇戚家墩路178号雪园饭店处，指示三人至饭店三楼游戏机房采用遥控器操纵赌博机的方法进行诈骗，在骗得人民币2000元并有价值人民币8000元的筹码尚未兑换时被被害人李某某识破。李某某为阻止崔某某逃跑，趴在崔所驾驶轿车的引擎盖上，被告人崔某某不顾李某某安危仍强行发动车辆，并加速逃离以抗拒抓捕，直至某区山阳镇松卫南路龙皓路路口闯红灯时与其他车辆相撞，后停车逃离现场。
>
> 法院认为：被告人崔某某诈骗他人钱款，在被被害人察觉并趴在其驾驶车辆引擎盖上阻止其逃离时，仍发动车辆加速行驶并撞击其他车辆，将被害人置于危险处境，属为抗拒抓捕而当场使用暴力，其行为已构成抢劫罪。被告人崔某某已着手实施犯罪，因意志以外的原因未能得逞，系犯罪未遂，可以比照既遂犯减轻处罚。被告人崔某某到案后如实供述自己的罪行，可以从轻处罚。依据《刑法》相关规定，判决如下：被告人崔某某犯抢劫罪，判处有期徒刑二年，并处罚金人民币2000元。

从此案判决结果来看，该法院以最终是否控制财物为准来认定转化型抢劫的既未遂。

此外，实践个案中还涉及加重型抢劫罪是否存在犯罪预备以及犯罪预备阶段的犯罪中止形态问题，例如，“姚涛非法持有枪支、抢劫案”（案例10）。笔者认为，此情形不宜按加重情节来处理。理由是，加重抢劫罪构成要件，除具备抢劫的基本形式要件以外，在定性上尚需具备相关的实质构成性要件。此案中的“非法持有枪支”

行为尚属于犯罪预备行为，不宜评价为加重情节中的“持枪抢劫”的实行行为。

【案例10】经审理查明：2011年12月11日下午，被告人姚涛从男青年谢某处取得一支长枪和2枚子弹。当天晚上，被告人姚涛与男青年邹某、“郑某”[①] 携带枪支和子弹到蔡甸区永安街九真山的树林里试发了一发子弹。2011年12月19日凌晨1时许，被告人姚涛与邹某、“郑某”携带枪支和子弹在蔡甸区蔡甸街宏源宾馆吸食毒品“麻果”之后，三人通谋持枪和匕首去蔡甸街幸福路中学对面一门面店子抢毒品“麻果”。当三人行至该门店时，见里面人多而放弃。随后遇到巡逻民警而逃窜。至蔡甸街汉乐村肖家湾与汉沙公路交汇路口时，被告人姚涛将枪支和子弹扔在路边田里，三人返回宏源宾馆。邹某和“郑某”随后又前去找回枪支和子弹，回宾馆途中被巡逻民警查获。经鉴定，查获的枪支系以火药为动力的射钉器改制枪，认定为枪支；子弹为自制子弹。

法院认为：被告人姚涛违反枪支管理规定，非法持有枪支；通谋抢劫，携带枪支到达抢劫地点后因害怕而放弃犯罪，其行为已分别构成非法持有枪支罪和抢劫罪，应追究其刑事责任。被告人姚涛对非法持有枪支罪自愿认罪，可以酌情从轻处罚。被告人姚涛在抢劫犯罪的过程中自动放弃犯罪是犯罪中止，没有造成损害应当免除处罚，故公诉机关关于被告人姚涛系抢劫的犯罪预备，可以免除处罚的公诉意见，本院不予采纳。依照《刑法》相关规定，判决如下：被告人姚涛犯非法持有枪支罪，判处有期徒刑一年；犯抢劫罪，免予刑事处罚，决定执行有期徒刑一年。

六、抢劫罪的罪数形态

实践中，抢劫罪的罪数形态主要涉及以下情形：

1. 抢劫与故意杀人。2001年5月26日最高人民法院《关于抢

① 部分案例为改写案例，用“××某”表示人名，下同——编者注。

劫过程中故意杀人案件如何定罪问题的批复》规定，行为人为劫取财物而预谋故意杀人，或者在劫取财物过程中，为制服被害人反抗而故意杀人的，以抢劫罪定罪处罚。行为人实施抢劫后，为灭口而故意杀人的，以抢劫罪和故意杀人罪定罪，实行数罪并罚。

2. 抢劫与故意伤害、强奸、绑架、非法拘禁①、强制猥亵、（暴力型）侮辱等。2005 年 7 月 16 日最高人民法院《“两抢”意见》指出，行为人实施伤害、强奸等犯罪行为，在被害人未失去知觉，利用被害人不能反抗、不敢反抗的处境，临时起意劫取他人财物的，应以此前所实施的具体犯罪与抢劫罪实行数罪并罚；在被害人失去知觉或者没有发觉的情形下，以及实施故意杀人犯罪行为之后，临时起意拿走他人财物的，应以此前所实施的具体犯罪与盗窃罪实行数罪并罚；绑架过程中又当场劫取被害人随身携带财物的，同时触犯绑架罪和抢劫罪两罪名，应择一重罪定罪处罚。

3. 抢劫与以违禁品实施其他犯罪。2005 年 7 月 16 日最高人民法院《“两抢”意见》指出，抢劫违禁品后又以违禁品实施其他犯罪的，应以抢劫罪与具体实施的其他犯罪实行数罪并罚。

【案例 11】原判认定：2011 年 12 月 22 日 22 时许，被告人范某某至某市拱墅区祥符街道武林电器市场西侧小路旁，假借问路拦住被害人王某（女），将被害人王某推倒在地进行强制猥亵，期间以暴力殴打、威胁等方式劫得被害人王某放在背包内价值人民币 2128.83 元的三星牌 i9000 型手机一只。

原审法院以抢劫罪，判处被告人范某某有期徒刑三年六个月，并处罚金人民币 4000 元；以强制猥亵妇女罪，判处其有期徒刑一年；两罪并罚，决定执行有期徒刑四年，并处罚金人民币 4000 元。

宣判后，被告人范某某不服，提起上诉。

二审法院经审理查明：上诉人范某某将被害人王某推

① 1995 年 10 月 23 日最高人民法院研究室《关于对非法占有强迫他人卖血所得款物案件如何定性问题的意见函》指出，被告人以非法占有为目的，强迫被害人卖血后占有卖血所得款物的行为，构成抢劫罪；其间实施的非法剥夺被害人人身自由的行为，应作为抢劫罪从重处罚酌情节予以考虑。

倒在地，在对王某的头面部实施殴打后，抢走其手机，后又摸其胸部及下身。

二审法院认为：上诉人范某某以非法占有为目的，采用暴力、胁迫手段强行劫取被害人财物，其行为已构成抢劫罪。且在实施抢劫完毕后，又强制猥亵被害人，其行为还构成强制猥亵妇女罪，应两罪并罚。原判定罪正确，量刑适当，审判程序合法。依照《刑事诉讼法》相关规定，裁定如下：驳回上诉，维持原判。

此案一审法院与二审法院对案情表述尤其是抢劫与强制猥亵的先后存在不同，会影响罪数形态的认定（兼容犯还是典型的数罪）。

七、转化型抢劫

此处的“转化型抢劫”具体指两种情形：一是行为人实施盗窃、抢夺等行为过程中转变为抢劫的情形，例如，“岳某某抢劫案”（案例12）。二是《刑法》第269条所规定的情形。最高人民法院《“两抢”意见》指出，行为人实施盗窃、诈骗、抢夺行为，未达到“数额较大”，为窝藏赃物、抗拒抓捕或者毁灭罪证当场使用暴力或者以暴力相威胁，情节较轻、危害不大的，一般不以犯罪论处；但具有下列情节之一的，可依照刑法第269条的规定，以抢劫罪定罪处罚：(1) 盗窃、诈骗、抢夺接近“数额较大”标准的；(2) 入户或在公共交通工具上盗窃、诈骗、抢夺后在户外或交通工具外实施上述行为的；(3) 使用暴力致人轻微伤以上后果的；(4) 使用凶器或以凶器相威胁的；(5) 具有其他严重情节的。根据2016年1月6日最高人民法院《抢劫指导意见》的规定，盗窃、诈骗、抢夺财物数额明显低于“数额较大”的标准，又不具有《“两抢”意见》第5条所列5种情节之一的，不构成抢劫罪。

【案例12】经审理查明：2008年4月4日晚10时许，被告人岳某某伙同李某某、马某某（均已判决）经预谋后，至崇明县某镇某滩某造船厂某工程工地盗窃槽钢。在盗窃过程中，被看守工地的被害人龚某某发现，龚遂阻止。李某某见状，即冲上前对龚实施殴打。为防止龚报案，李某某与马某某一起将龚看守在工地上临时搭建的工棚内，被告人岳某某回去开车。后三人将工地上堆放的价值人民币4054元的槽钢27根、镀锌管17根劫走。次日下午2时许，被告人岳某某伙同李某某、马某某将劫得的槽钢、镀锌管销赃给崇明县某乡某镇附近的一废品收购部，得款人民币2400元。

法院认为：被告人岳某某伙同他人实施盗窃犯罪时，使用暴力手段劫取财物，其行为已构成抢劫罪。鉴于被告人岳某某系初犯，在共同犯罪中犯罪情节相对较轻，且在庭审中能自愿认罪，量刑时酌情予以从轻处罚。依照《刑法》相关规定，判决如下：被告人岳某某犯抢劫罪，判处有期徒刑三年，并处罚金人民币3000元。

【案例13】经审理查明：2012年6月21日2时许，被告人陆某某携带尖嘴钳、手套等工具，至上海市浦东新区商城路1025弄8号门口，在攀爬电线杆欲盗窃电线时，被巡逻至此的社保队员王某某发现。被告人陆某某为抗拒王某某的抓捕，使用拳打脚踢的方式，致被害人王某某额部头皮挫伤、颈部皮肤擦划伤、胸部皮肤挫伤及四肢多处擦划伤。经鉴定，被害人王某某的伤势已构成轻微伤。被告人陆某某被当场抓获，到案后如实交代了上述事实。

法院认为：被告人陆某某以非法占有为目的，实施盗窃行为后当场使用暴力抗拒抓捕，致一人轻微伤，其行为已构成抢劫罪。被告人陆某某实施抢劫犯罪因意志以外的原因而未得逞，系犯罪未遂，依法可减轻处罚；到案后能坦白罪行，赔偿了被害人的经济损失，并取得了被害人的谅解，依法可从轻处罚。依照《刑法》相关规定，判决如下：被告人陆某某犯抢劫罪，判处有期徒刑二年，罚金人民币2000元。

八、抢劫罪的加重要件

抢劫罪的加重要件包括以下情形：

（一）入户抢劫

入户抢劫，是抢劫罪八种加重要件构成之一。2000年11月22日最高人民法院《关于审理抢劫案件具体应用法律若干问题的解释》第1条规定，“入户抢劫”是指“为实施抢劫行为而进入他人生活的与外界相对隔离的住所，包括封闭的院落、牧民的帐篷、渔民作为家庭生活场所的渔船、为生活租用的房屋等进行抢劫的行为。”《“两抢”意见》指出，“入户抢劫”的认定应当注意以下三个问题：一是“户”的范围。“户”在这里是指住所，其特征表现为供他人家庭生活和与外界相对隔离两个方面，前者为功能特征，后者为场所特征。一般情况下，集体宿舍、旅店宾馆、临时搭建工棚等不应认定为“户”，但在特定情况下，如果确实具有上述两个特征的，也可以认定为“户”。二是“入户”目的的非法性。进入他人住所须以实施抢劫等犯罪为目的。抢劫行为虽然发生在户内，但行为人不以实施抢劫等犯罪为目的进入他人住所，而是在户内临时起意实施抢劫的，不属于“入户抢劫”。三是暴力或者暴力胁迫行为必须发生在户内。这些规定为实践个案相关问题的处理提供了依据，但是尚有若干问题值得进一步研究。

其一，关于“户”的含义

1. 上述解释对“户”的外延采取明示加概括式的方式从不同侧面，包括空间（“封闭的院落”）、“户主”（牧民、渔民）、“权属”（“为生活租用”）予以列举。实践个案中，有的依照此规定处理，有的参照此规定处理，有的作了不同的处理。具体包括：一是从“户主”来看，“户”既包括厝、敖包、窑洞等不同式样的房屋，也包括供特定人用的住所，例如，和尚住的庙。二是从“空间”来看，“户”除“封闭院落”以外，还包括“阳台”，例如，“郭岳武抢劫案”（案例14）。三是从“权属”来看，“户”既包括为长时期生活租用的房屋，例如，“叶某甲抢劫案”（案例15），也包括外出旅游临时租的房，例如，“邹静夫等抢劫案”（案例16）。

【案例14】 原判认定：2011年6月4日日凌晨1时许，被告人郭岳武携带折叠刀具到某市东昌路某某小区准备实施盗窃。在该小区明某某楼顶踩点后，被告人从楼顶攀爬潜入被害人潘某勇的住宅某某轩25J房。被害人醒来发觉质问被告人并上前欲抓住被告人，被告人遂手握刀具威胁被害人进行反抗，并在反抗中用刀具划伤被害人的颌部、手部。被害人的儿子听到其父求助后上楼合力将被告人控制住，从被告人手上夺下刀具并报警。公安人员接警后赶到案发房间将被告人抓获归案。经法医检查、鉴定，被害人潘某勇构成轻微伤。另查明，2011年9月5日，被害人潘某勇向本院提交了对被告人郭岳武的谅解书，表示被告人的家属对其受伤给予了一定的补偿，请求法院对被告人郭岳武从轻处罚。

原审法院认为：被告人郭岳武无视国家法律，携带凶器入户盗窃后，为抗拒抓捕当场使用暴力，致人轻微伤，其行为已构成抢劫罪。被告人郭岳武在实施入户盗窃的过程中被被害人发现，当被害人对其抓捕时实施反抗，此时其行为的犯罪性质由盗窃转化为抢劫；因犯罪地点已进入被害人生活居住的场所，故以入户抢劫论处。被告人郭岳武已经着手实施犯罪，因其意志以外的原因而未得逞，系犯罪未遂，可以比照既遂犯减轻处罚。被告人郭岳武归案后能如实供述自己的罪行，系坦白，依法可以从轻处罚。被告人郭岳武持刀具实施犯罪并造成被害人轻微伤，人身危险性和社会危害性较大，酌情从重处罚。被告人郭岳武对其行为性质的辩解不影响对其认罪态度的认定。鉴于被告人郭岳武认罪态度较好，且积极赔偿了被害人的损失，并取得了被害人的谅解，酌情从轻处罚。依照《刑法》相关规定，以被告人郭岳武犯抢劫罪，判处有期徒刑三年零二个月，并处罚金人民币2000元。

宣判后，原审被告人郭岳武上诉提出：其并没有进入被害人的室内，是被被害人拉入室内的，不应以入户抢劫论处。

二审法院经审理查明的事实、认定的证据与原审一致。

二审法院认为：上诉人郭岳武携带凶器入户盗窃，为抗拒抓捕当场使用暴力，致人轻微伤，其行为已构成抢劫罪。上诉人郭岳武在实施入户盗窃的过程中因被被害人发现为抗拒抓捕而实施反抗，致被害人轻微伤，应当认定为入户抢劫。上诉人郭岳武已经着手实施犯罪，因其意志以外的原因而未得逞，系犯罪未遂，可以比照既遂犯减轻处罚。上诉人郭岳武归案后能如实供述自己的罪行，系坦白，依法可以从轻处罚。鉴于上诉人郭岳武认罪态度较好，且积极赔偿了被害人的损失，并取得了被害人的谅解，酌情从轻处罚。关于上诉人郭岳武提出其系被拉入被害人室内，不构成入户抢劫的上诉理由，经查，上诉人郭岳武为实施盗窃从被害人所住楼顶进入属于被害人生活居住的阳台，即属入户。当翻窗进入卧室的过程中被发现后实施反抗致被害人轻微伤，其行为由入户盗窃转化为入户抢劫。原判认定事实清楚，证据确实、充分，定罪准确，量刑适当，审判程序合法。依照《刑事诉讼法》相关规定，裁定如下：驳回上诉，维持原判。

【案例15】经审理查明：2009年7月31日晚上，被告人叶某甲伙同徐某某、车某某（均已判刑）经事先预谋和踩点，由被告人叶某甲跟踪观察、报告罗某某行踪及负责叫车接应，由徐某某、车某某溜门进入杭州市萧山区某某镇农贸市场东大门对面罗某某的租房一楼厨房间内，等候罗某某回来时抢劫罗某某。次日凌晨，被害人罗某某回来经过厨房时，徐某某、车某某采用木棒及拳头击打罗某某，后用胶布绑住罗某某的手脚、用手套堵住罗某某的嘴巴，抢走罗某某的重51克的黄金项链一截、人民币3000元、振华欧比牌手机1部，共计价值人民币15805元。在抢劫过程中，致被害人罗某某轻微伤。案发后，被告人叶某甲退赔罗某某人民币3万元。2011年11月24日，被告人叶某甲到公安机关投案，并如实供述了自己参与抢劫的事实。

法院认为：被告人叶某甲结伙他人，以非法占有为目的，采用暴力手段当场劫取他人财物，其行为已构成抢劫罪，系共同犯罪。被告人叶某甲结伙他人进入他人租房内实施抢劫，应当认定为入户抢劫。被告人叶某甲犯罪后自动投案，如实供述自己的罪行，系自首，可以减轻处罚；

其能退赔被害人的经济损失，可酌情从轻处罚。综上，对被告人叶某甲予以减轻处罚。虽然被告人叶某甲在共同犯罪中的作用相对较小，但尚不足以区分为从犯，被告人叶某甲的辩护人提出被告人叶某甲系从犯的辩护意见，不予采纳。依照《刑法》相关规定，判决如下：被告人叶某甲犯抢劫罪，判处有期徒刑七年，并处罚金人民币7000元。

【案例16】经审理查明：2001年11月1日，被告人邹静夫的朋友袁仪强与其联系，告知被害人叶静及一女伴将来海口，让其代为承租一间房子给叶静及其女伴来琼期间居住。当晚8时许，邹静夫带着被告人赵军及牟必绍（在逃）联系承租了海口市秀英村17号民宅二楼的一套房子。此间，经赵军提议，邹等三人共同密谋并商定抢劫叶静及其女伴的财物。分手后，赵军伙同牟必绍到海口市华侨新村路口夜市场购买水果刀一把备用。此间，邹静夫叫袁仪强前往秀英村17号民宅二楼看房并取走房间钥匙，袁离开时告知叶静将于次日入住该房。次日早晨5时许，袁仪强将刚抵海口的叶静及被害人何同瑞接往秀英村17号民宅，后于上午7时许离开。当天上午8时许，赵军与邹静夫、牟必绍在其租住的海口市侨中里26号住处会合后，携带水果刀1把及废旧电线、透明胶等作案工具前往秀英村17号民宅。途中，邹静夫给袁仪强打电话核实叶静确已入住后，邹等3人随即赶到秀英村17号民宅楼下。接着，邹静夫留在楼下放哨，赵军、牟必绍潜入该民宅二楼用钥匙开门后闯入房间，持刀威胁叶静及何同瑞，后用电线捆绑手脚并用透明胶封住嘴巴，抢劫何同瑞的摩托罗拉8088型手机（价值人民币2970元）及照相机（价值人民币320元）各1部、人民币700元、美金221元、日元22000元、台币100元、秘鲁币200元及身份证1张；叶静通讯录1本及身份证1张，随后逃离现场。作案后，邹静夫拿走通讯录及身份证，并分得赃款人民币200元、美金20元、日元1000元、秘鲁币100元；牟必绍分得赃款人民币200元及照相机1部，其余赃款、物则存放于赵军处留待分赃。此后，赵军销赃劫取的手机得款人民币400元，并将美金200元、日元20000元交由其妻子拿到中国银行琼山支行兑换得人民币2941.06元。破案后，从邹静夫处追回赃款人民币145元、美金20元、日元1000元、秘鲁币100元及通讯录1本、身份证2张分别发还二被害人。另从赵军处追回赃款美金1元、日元1000元、台币及秘鲁币各100元。

法院认为：被告人邹静夫、赵军无视国法，结伙持刀入户抢劫他人财物，其行为均已构成抢劫罪，均应依法惩处。被告人赵军归案后能如实供述其罪行，有悔罪表现，依法予以从轻处罚。依照《刑法》相关规定，判决如下：(1) 被告人邹静夫犯抢劫罪，判处有期徒刑十二年，剥夺政治权利三年，并处罚金人民币5000元；(2) 被告人赵军犯抢劫罪，判处有期徒刑十年，剥夺政治权利三年，并处罚金人民币3000元。

2. 上述解释对“户”的内涵作了四方面的界定，“他人（的）”“生活的”、“与外界相对隔离的”“住所”。

(1)“他人（的）”。此是从“权属”的角度来界定“户”。实践个案中涉及行为人、被害人、户主三方面的关系。有的是被害人与户主同一，实践个案大多为此种类型，例如，“黄良武等抢劫案”(案例17)，有的是被害人与户主不同，例如，“吴玉乐、曾小福、甘世庆抢劫案”（案例18)，有的是行为人与被害人系共同的户主，例如，“王运杰等抢劫案”（案例19)，有的是户主与行为人同一，例如，“张荷芬等抢劫案”（案例20)。此时要注意结合“入（户)”的非法性来进行分析，① 例如，户主与他人共谋来抢劫户内的外来其他人的钱财的，就不存在“非法进入”的因素，因而不构成“入户抢劫”，而是一般抢劫。

【案例17】 原判认定：陈贻合（另作处理）因与江某发生打架而对江怀恨在心，便纠合了被告人杨小兵、黄良

① 根据2016年1月6日《抢劫指导意见》的规定，因访友办事等原因经户内人员允许入户后，临时起意实施抢劫，或者临时起意实施盗窃、诈骗等犯罪而转化为抢劫的，不应认定为“入户抢劫”。

武和“禁军”（在逃）密谋殴打江某报复。被告人杨小兵购买了西瓜刀一把后，于2003年10月28日晚11时许，陈贻合带领被告人杨小兵、黄良武和“禁军”三人来到佛山市南海区里水新联桥西旧村79号对面江某租住的出租屋，向三人指认了该处后先行离开。两被告人等三人叫开门后，被告人杨小兵先踢了江某一脚，用西瓜刀指吓江，质问江为什么要打他的兄弟，被告人黄良武和“禁军”则站在两边抓住江的双手，被告人杨小兵从江的裤袋里搜走现金1850元。后在江某的哀求下，两被告人等三人还给江200元后携带其余赃款逃离现场。破案后，赃款无法起回。

原判认为：被告人杨小兵、黄良武以非法占有为目的，结伙采用暴力和胁迫的手段，入户强行劫取公民财物，其行为均已构成抢劫罪。两被告人在法庭上均自愿认罪，可酌情从轻处罚。依照刑法相关规定，判决如下：（1）被告人杨小兵犯抢劫罪，判处有期徒刑十年，剥夺政治权利三年，罚金1000元；（2）被告人黄良武犯抢劫罪，判处有期徒刑十年，剥夺政治权利三年，罚金1000元。

上诉人黄良武上诉称，其没有打被害人和搜被害人的身，钱是被害人自己拿出来的，被害人的住处是一间很小的出租屋，其抢劫不算入户抢劫。

二审经审理查明的事实、认定的证据与一审相同。

二审法院认为：上诉人黄良武、原审被告人杨小兵无视国家法律，以非法占有为目的，结伙入户采用暴力手段强行劫取公民财物，其行为均已构成抢劫罪。至于本案是否属于“入户抢劫”的问题，虽然被害人的住处是一间比较小的出租屋，但法律并无限定“入户抢劫”中“户”的大小标准，被害人的住处仍然属于被害人生活的与外界相对隔离的住所，符合法律规定的“户”的特征，故上诉人关于本案不属“入户抢劫”的辩解没有法律依据，不予采纳。鉴于上诉人黄良武、原审被告人杨小兵在法庭上均自愿认罪，可酌情从轻处罚。原审判决认定事实清楚，适用法律正确，量刑适当，审判程序合法。依照《刑事诉讼法》相关规定，裁定如下：驳回上诉，维持原判。

【案例18】经审理查明：被告人吴玉乐、曾小福、甘世庆于1998年5月7日上午9时许，经合谋后窜至上海市嘉定区华亭镇北新村梅园组居民季秋华家，谎称与其素不相识且在季秋华家做油漆工的安徽籍老乡周银朱欠其人民币1000元未还。吴玉乐首先殴打周。之后，吴玉乐、曾小福对周的胸、腿部拳打脚踢，被告人甘世庆在旁以语言威胁，逼迫周交出钱款。后周银朱通过季秋华借得人民币1000元交给吴玉乐。三名被告人劫得钱财后，在逃逸途中被公安人员抓获。周银朱经验伤诊断，胸、腿部软组织挫伤。

一审法院认为：三名被告人至居民住宅内实施抢劫，不论是对该家庭人员还是对其他人员抢劫，都应认定为入户抢劫。检察院指控被告人入户抢劫的事实清楚，证据确实、充分。被告人吴玉乐、曾小福系主犯，被告人甘世庆系从犯，应当分别处罚；被告人吴玉乐在庭审中不如实供述犯罪事实，在量刑时一并予以体现。依照《刑法》相关规定，分别以抢劫罪判处被告人吴玉乐有期徒刑十三年，剥夺政治权利二年，并处罚金人民币3000元；判处被告人曾小福有期徒刑十二年，剥夺政治权利二年，并处罚金人民币3000元；判处被告人甘世庆有期徒刑十年，剥夺政治权利二年，并处罚金人民币2000元。责令被告人吴玉乐、曾小福、甘世庆退赔人民币1000元，发还被害人周银朱。

宣判后，被告人吴玉乐不服，提起上诉。

二审经审理查明的事实、认定的证据与一审一致。

二审法院经审理认为：被告人吴玉乐、曾小福、甘世庆为敲诈安徽籍老乡钱财，闯入居民季秋华家的客厅，对正在季家做油漆工作的周银朱实施抢劫。从犯罪侵害的对象看，三名被告人的行为是对特定的正在居民家中工作的被害人实施抢劫，而不是对居民一家实施抢劫。虽然三名被告人闯入了被害人工作的居民住所，并对居民住所内的公民实施了抢劫，但是，由于三名被告人主观上没有对住户实施抢劫的犯罪故意，客观上也没有实施任何对住户居民抢劫的行为，住户居民的人身和财产安全均没有受到侵害，该户居民甚至没有感觉到任何遭抢劫的威胁。因此，被告人的这种“入户”实际上是进入被害人的工作场所，而非抢劫犯罪所指向的居民的住所。显然，三名被告人的行为不具备入户抢劫犯罪“入户”的构成要件，根据主客观一致的原则，三名被告人的行为构成抢劫罪，但不构成入户抢劫犯罪。原审法院认定三名被告人的行为构成入户抢劫缺乏事实依据。吴玉乐上诉认为其行为不构成入户抢劫的意见应予采纳。原审法院认定被告人的行为构成入户抢劫并依照处罚入户抢劫的法律对被告人量刑明显不当，依法应予纠正。依照刑事法相关规定，判决撤销原判对被告人的量刑，维持原判对赃款的处理，以抢劫罪判决被告人吴玉乐有期徒刑七年，并处罚金人民币2000元，剥夺政治权利一年；曾小福有期徒刑五年，并处罚金人民币1500元，剥夺政治权利一年；甘世庆有期徒刑三年，并处罚金人民币1000元。

【案例19】原判认定：经被告人王运杰提议，被告人王运杰、李建良伙同董万华（在逃）预谋对李柯柯实施抢劫。2009年10月7日凌晨，被告人王运杰将被告人李建良、董万华带至其与被害人李柯柯暂住的位于杭州市拱墅区大关南二苑12号301室住房。被告人李建良及董万华假装用胶带捆绑被告人王运杰，翻乱屋内财物。凌晨2时许，被害人李柯柯回家，被告人李建良及董万华即采用捂嘴、捆绑、蒙眼、言语威胁等方式，劫得被害人李柯柯的诺基亚手机一部、建设银行卡一张及身份证等物品，并威逼被害人说出银行卡的密码。后被告人李建良等取走卡内存款人民币55100元。赃款被被告人王运杰、李建良及董万华瓜分。归案后，被告人王运杰协助公安民警抓获了其他犯罪嫌疑人。

原判认为：被告人王运杰、李建良入户劫取他人财物的行为构成抢劫罪，且数额巨大。同时被告人王运杰系累犯，且具有立功情节。依照刑法相关规定，以抢劫罪，分别判处被告人王运杰有期徒刑十二年六个月，剥夺政治权利二年，并处罚金人民币30000元；判处被告人李建良有期徒刑十年六个月，剥夺政治权利一年，并处罚金人民币20000元；非法所得人民币55100元，责令二被告人退赔。

上诉人王运杰称，其对抢劫事实无异议，但案发地系其与被害人共同承租的，其对该住所具有合法的居住权，故不能认定其系入户抢劫；且被害人已出具谅解书，但原判未采证该证据，请求改判。

二审经审理查明：原判认定原审被告人王运杰、李建良伙同他人进入被害人住所，并使用暴力劫取财物的事实清楚，证据确实、充分。

二审法院认为：上诉人王运杰、原审被告人李建良共同以非法占有为目的，采用暴力手段劫取他人财物的行为均已构成抢劫罪，且系入户抢劫，又系数额巨大。上诉人王运杰系有期徒刑刑满释放后5年内再犯应当判处有期徒刑以上刑罚之罪，系累犯，应从重处罚。其归案后协助公安民警抓获其他犯罪嫌疑人，有立功情节，依法可予从轻处罚。对于上诉人王运杰及其辩护人针对原判认定其系入户抢劫而提出的诉辩意见，经审理认为，入户抢劫与一般抢劫的本质区别，在于入户抢劫在侵犯他人人身权和财产权之外，又实际侵犯了他人家庭生活的安全性、私密性和他人住宅不受侵犯的权利。本案案发地杭州市拱墅区大关南二苑12号301室虽系上诉人王运杰与同居女友即被害人李柯柯的共同居住地，但对于被害人李柯柯而言，原审被告人李建良和董万华以抢劫为犯罪目的入户对李柯柯实施抢劫，李柯柯的生活安全性、私密性以及住宅不受侵犯的权利实际已被侵害，且本案系共同犯罪，上诉人王运杰应当对不超出其犯罪故意的犯罪后果承担共同的刑事责任，因而上诉人王运杰应当对原审被告人李建良等人入户抢劫的加重后果承担刑事责任。原判定罪及适用法律正确，量刑适当，审判程序合法。依照《刑事诉讼法》相关规定，裁定如下：（1）驳回上诉人（原审被告人）王运杰的上诉；（2）维持原判。

【案例20】经审理查明：被告人张荷芬与被害人张根新系朋友关系，被害人张根新来京鉴定文物，受邀暂住张荷芬位于北京市西城区校场口9号院3号楼1006房间的家中。张荷芬伙同被告人张杰、崔雷达、崔国忠，于2007年6月20日17时许，在张根新所住房间内，对张进行殴打并抢走其藏传佛教唐卡一轴（经鉴定价值人民币6500元）。后张荷芬、张杰、崔雷达被查获，崔国忠在家人陪同下主动投案。

法院认为：被告人张荷芬、张杰、崔雷达、崔国忠以非法占有为目的，使用暴力方法劫取他人财物的行为，侵犯了公民的财产权利和人身权利，均已构成抢劫罪，且系入户抢劫，依法应予惩处。鉴于张荷芬、张杰、崔雷达当庭认罪态度较好，均可酌情从轻处罚；崔国忠在家长带领下自动投案，并如实供述自己的犯罪行为，系自首，且犯罪时未满18周岁，依法对其减轻处罚。依照《刑法》相关规定，以抢劫罪分别判处张荷芬有期徒刑十年，并处罚金人民币20000元，剥夺政治权利二年；判处张杰有期徒刑十年，并处罚金人民币20000元，剥夺政治权利二年；判处崔雷达有期徒刑十年，并处罚金人民币20000元，剥夺政治权利二年；判处崔国忠有期徒刑五年，并处罚金人民币5000元。

判决后，被告人张荷芬、张杰提起上诉，在二审期间申请撤回上诉。二审法院依法裁定准许上诉人张荷芬、张杰撤回上诉。

（2）“生活的”。此是从“功能”角度来界定“户”。下列问题值得进一步研究：

一是同时具有“生活”“经营”和“生产”等正当功能的场所是否认定为“户”。实践个案中包括以下情形：养蜜蜂房、工棚、门卫室、粮食收购站、废品站、仓库、杂货店等等。

【案例21】原判认定：2000年6月7日晚11时许，被告人杨波伙同杨湘国、蒋仁刚（均另案处理）、罗冬明、陈崇保（均已判刑）携带砍刀、起子、钳子等作案工具，分乘三辆摩托车窜至会同县高椅乡槐枧村行窃一家南杂店。[①]店老板夫妇杨大富和向玲被惊醒后，罗冬明、陈崇保、杨波闯入店内，罗冬明持砍刀将杨大富砍伤。后杨波等五人乘摩托车逃离现场。经法医学鉴定，被害人杨大富的伤属重伤，构成七级伤残。2010年3月5日，杨波在亲属的陪同下投案自首，并赔偿了被害人杨大富的损失，得到了被害人的谅解。

原审判决被告人杨波犯抢劫罪，判处有期徒刑七年，并处罚金5000元。

原审被告人杨波提起上诉：(1)其行为不构成转化型抢劫罪；(2)由于意志以外的原因没有抢劫到财物，应认定为抢劫未遂；(3)本案不构成入户抢劫；(4)造成被害人重伤的行为非上诉人所为，不应由上诉人承担抢劫致人重伤的责任；(5)没有给被害人造成伤害，在共同犯罪中起次要作用，应认定为从犯；(6)一审量刑过重，请二审法院从轻处罚。

二审法院经审理查明：2000年6月7日，杨湘国以有人欠其钱为由，邀约上诉人杨波及罗冬明、陈崇保、蒋仕刚等人帮其收账。当晚11时许，五人携带砍刀、起子、钳子等作案工具，分乘由杨湘国租来的三辆摩托车，从洪江区洪江大桥出发窜至会同县高椅乡槐枧村。杨湘国要三名摩托车司机在村口等候，自己则带杨波、罗冬明、陈崇保、蒋仕刚往村里走，边走边对四人说："今晚我们不是来收账，是来偷我哥哥家旁边的一家南杂店。"杨湘国安排杨波、罗冬明、陈崇保三人将南杂店窗户撬开后入室盗窃，一旦发现老板惊醒，就到店门口等候，待老板开门时冲进去，拿刀逼老板出钱。四人均表示同意。杨湘国指认被害人杨大富夫妇的南杂店后，杨波、罗冬明、陈崇保、杨湘国轮流用砍刀、起子、钳子撬该店窗户。睡在店内的杨大富、向玲夫妇被惊醒后，杨波、罗冬明、陈崇保便跑到店

① 即指小卖部，在部分省市称为南杂店——编者注。

门口等候。当杨大富打开店门查看时，罗冬明持刀撞门而入，陈崇保、杨波也随后进入。罗冬明、陈崇保分别用事先准备好的砍刀、木棒砍打杨大富，杨大富顺手拿起放在柜台上的一把刀进行抵挡。杨波则拿篱笆块和手执扁担的向玲对打。打斗中，杨大富被罗冬明持砍刀砍伤多处，罗冬明亦被杨大富砍伤。数分钟后，杨波听见罗冬明、杨大富都在喊“哎哟”，向玲大喊“救命”，杨波便转身拉着罗冬明往门外跑，杨波在往外跑的时候被杨大富砍伤右耳。后杨波、罗冬明、陈崇保、杨湘国、蒋仕刚等五人乘摩托车逃离现场。经法医学鉴定，杨大富的伤属于重伤，构成七级伤残。案发后，杨波外逃。2010 年 3 月 5 日，杨波在亲属的陪同下到会同县公安局投案自首。2010 年 4 月 15 日，杨波委托其父亲杨起跃与被害人杨大富自愿达成民事赔偿协议，赔偿了被害人杨大富的损失，得到了被害人的谅解。

二审法院认为：上诉人杨波伙同杨湘国、罗冬明、陈崇保、蒋仕刚等人使用暴力手段抢劫他人财物，其行为已构成抢劫罪，且具有入户抢劫、抢劫致人重伤的严重情节。在共同犯罪中，杨波起主要作用，是主犯。杨波犯罪后投案自首，并主动赔偿被害人的经济损失，取得了被害人的谅解，确有悔罪表现，依法可以减轻处罚。杨波上诉提出“本案不构成入户抢劫”的理由，经查，本案的案发地点既是被害人的经营场所，又是被害人家庭生活的起居场所，且案发时是深夜，被害人已停止营业，南杂店已转为家庭生活状态，与外界相对隔离，此时南杂店具备了刑法意义上“户”的特征，杨波等人的行为应认定为入户抢劫。原判认定的事实清楚，证据确实充分，审判程序合法，但量刑偏重。依照刑事法相关规定，判决如下：（1）撤销某县人民法院（2010）会刑初字第 15 号刑事判决；（2）上诉人杨波犯抢劫罪，判处有期徒刑五年，并处罚金人民币 5000 元。

需指出的是，除生活功能之外，“经营”等功能可能面向公众。

此时往往需要根据行为发生的时间是在经营期间还是在非经营期间来加以判断是否属于“入户抢劫”。[①] 例如，“代贺喜抢劫案”（案例22）是在经营期间，不属于“入户抢劫”，“程岗抢劫案”（案例23）是在非经营期间，属于“入户抢劫”。

【案例22】 经审理查明：2006年1月15日15时许，被告人代贺喜伙同崔世锋、詹俊杰（均已判刑）、甘勇（另案处理）经预谋后，乘坐甘勇驾驶的豫SA2936号轿车窜至信阳市鸡公山管理区李家寨镇张万英废品收购店门前，崔世锋、詹俊杰以买袋子为由与张某某搭话，代贺喜乘机入内盗窃张某某人民币5000余元后被张某某发觉并抓住代不放，代贺喜为挣脱张某某而当场使用暴力，后与崔世锋、詹俊杰乘上甘勇驾驶的轿车一并逃窜。案发后，甘勇的亲属退赃4000元给被害人。

法院认为：被告人代贺喜伙同他人盗窃公民财物被发现后，为抗拒抓捕而当场实施暴力，其行为已构成抢劫罪。起诉书指控被告人代贺喜的行为属“入户抢劫”，经查，被害人张某某经营的废品收购站属商住两用的房屋，被告人实施盗窃时正值收购站营业时间，且从被害人指认现场的证据上来看，代贺喜当场实施暴力的地点系张某某存放货物的经营场所，故公诉机关指控被告人入户抢劫的证据不足，本院不予支持。被告人辩解没有殴打被害人，其行为系盗窃。经查，本案同案犯甘勇的供述及被害人张某某的陈述、证人陶某某、陈某某证言与被告人的供述，能够证实被告人代贺喜实施盗窃后被张某某发觉的犯罪事实；同时结合被害人的伤情部位，能够印证被告人代贺喜为挣脱张某某而当场使用暴力予以脱逃的犯罪事实，被告人的辩

① 根据2016年1月6日《抢劫指导意见》的规定，对于部分时间从事经营、部分时间用于生活起居的场所，行为人在非营业时间强行入内抢劫或者以购物等为名骗开房门入内抢劫的，应认定为“入户抢劫”。对于部分用于经营、部分用于生活且之间有明确隔离的场所，行为人进入生活场所实施抢劫的，应认定为“入户抢劫”；如场所之间没有明确隔离，行为人在营业时间入内实施抢劫的，不认定为“入户抢劫”，但在非营业时间入内实施抢劫的，应认定为“入户抢劫”。

解缺乏证据支持且与本院查明事实不符，故不予支持。根据其犯罪的具体情节和对社会的危害程度，依照《刑法》相关规定，判决如下：被告人代贺喜犯抢劫罪，判处有期徒刑三年，并处罚金5000元。

【案例23】经审理查明：（1）2008年10月14日凌晨，被告人程岗伙同李某某（已少管）、翟某某、刘某某（在逃）等人，在永城市陈四楼煤矿南门东侧被害人韩兆永的住处，被告人程岗及其女朋友刘某某在外放风，其同伙人李某某、翟某某、刘某某三人进入室内，手持锯条，以言语相威胁，劫取韩兆永现金2100元、帝豪烟一条、大红鹰烟3盒。作案后，被告人程岗分得赃款200元。（2）2008年10月20日凌晨，被告人程岗伙同李某某、翟某某、刘某某等六人，窜至某市东城区第三初级中学，被告人程岗及刘某某在墙外，其同伙人李某某等四人翻墙进入学生宿舍，采取暴力手段，共劫取在校学生李春宇、田森森、朱凯等人现金200余元，饭卡两张。作案后，被告人程岗分得赃款70元。

法院认为：被告人程岗伙同他人使用暴力手段，劫取公民财物，其行为构成抢劫罪。对于辩护人提出的不属于入户抢劫的辩护意见，合议庭评议认为，被害人韩兆永的住处虽然具有住所和经营两个方面的特征，但是被告人程岗等人选择的作案时间是在深夜，被害人韩兆永及其家人正在睡眠休息时间，不是在经营时间。在这种特定的条件下，应当认定为入户抢劫。根据被告人程岗犯罪的事实、犯罪的性质、情节和对于社会的危害程度，依照《刑法》第263条第（1）项、第25条第1款之规定，判决如下：被告人程岗犯抢劫罪，判处有期徒刑八年，并处罚金2000元。

二是不具有生活功能的场所、偶尔用于生活的场所或者用于经营、生产的场所不认定为“户”，例如，“空置的出租屋”“非长期居住生活的住所”“仅用于餐馆经营，而非其生活住所的房间”“家庭式旅馆”“宾馆”“游戏厅供员工休息和值班看店之用的房间”“共同租用的售书处”，等等。

【案例24】原判认定：（1）被告人郑海杰、郑雷、于麦厂，经商量策划后，于2007年8月30日凌晨2时许，窜到增城市新塘镇港口一马路，采取攀爬水管、爬窗入户的方式，事先进入位于该路段的文华文具店二楼，在被害人王某、张某娜共同租住的203出租屋内躲藏，待被害人王某、张某娜回来时，三被告人采取箍颈、搜身等暴力手段，共同抢走了被害人王某、张某娜的人民币1200多元、摩托罗拉牌E398型手机1台（价值人民币640元）、黑色直板大屏幕手机1台及戒指1枚。抢劫后，三被告人将赃物销赃，所得赃款共同分赃。（2）被告人郑海杰、郑雷、于麦厂，于2007年9月9日凌晨0时许，携带水果刀2把、封口胶1卷等作案工具，再次窜到上述地点伺机抢劫时，被被害人王某、张某娜发现并报警，后三被告人被抓获归案。

原审法院认为：被告人郑海杰、郑雷、于麦厂的行为均已构成抢劫罪。公诉机关指控三被告人的抢劫定性为“入户抢劫”不当，应予纠正。鉴于三被告人的第二次抢劫属犯罪预备，可以酌情从轻处罚。依照《刑法》相关规定，作出如下判决：（1）被告人郑海杰犯抢劫罪，判处有期徒刑四年，并处罚金1000元；（2）被告人郑雷犯抢劫罪，判处有期徒刑四年，并处罚金1000元；（3）被告人于麦厂犯抢劫罪，判处有期徒刑四年，并处罚金1000元。

某市人民检察院抗诉认为：三名被告人的行为应认定是“入户抢劫”，应处十年以上有期徒刑，原判对犯罪事实认定错误导致判决适用法律不当，量刑畸轻，请求二审法院依法判处。

二审法院经审理查明：（1）2007年8月30日凌晨2时许，原审被告人郑海杰、郑雷、于麦厂经合谋抢劫后，到增城市新塘镇港口一马路，采取攀爬水管、爬窗的方式，进入位于该路段的文华文具店二楼203房内躲藏。当共同租住该房的被害人王某、张某娜回来时，三名原审被告人采取箍颈、搜身等暴力手段，共同抢得了被害人王某、张某娜的人民币1200多元、摩托罗拉牌E398型手机1台（价值人民币640元）、黑色直板大屏幕手机1台及戒指1枚等财物。上述三名原审被告人将赃物销赃后，所得赃款共同分用。（2）2007年9月9日凌晨，原审被告人郑海杰、郑雷、于麦厂，携带平头刀、水果刀各1把、封口胶1卷等作案工具，再次窜到上述楼房准备伺机抢劫时，被王某、张某娜发现并报警，公安人员将三人抓获归案。另查明，被害人王某和张某娜是分别来自安徽省和河南省的外来务工人员。她们租住的文华书店二楼203房是一间有独立房门的单间，房内间隔出一个洗手间，并放置了一张双层铁架床和电风扇等物品。

二审法院认为：原审被告人郑海杰、郑雷、于麦厂以非法占有为目的，共同采用暴力手段劫取公民财物，其行为均已构成抢劫罪。对于抗诉机关提出三名原审被告人的行为应当属于“入户抢劫”的意见，本院认为，刑法意义上的“户”表现为供他人家庭生活和与外界相对隔离两方面特征。本案中的案发地点文华书店二楼“203房”虽然为独立门户，具备了“与外界相对隔离”这一场所特征，但其并不具备“供他人家庭生活”这一功能特征，理由如下：（1）租住涉案房屋的两名被害人均是外来打工人员，她们先后进入该房屋租住，两人之间并不具有家庭成员关系。（2）涉案房屋是屋主为了方便出租而在一个独立单间内间隔出一个洗手间的房屋，里面没有独立厨房，不能实现供家庭生活的全部功能。（3）涉案房屋是一个独立单间，里面仅放置一张双层铁架床供两被害人睡觉所用，承租的被害人之间并没有相对独立的空间。由此可见，三名原审被告人所实施抢劫的文华书店二楼“203房”是属于两被害人共同休息和活动的公共场所，并不属于刑法意义上的“户”，因此，三名原审被告人的行为不属于“入户抢劫”，抗诉机关的抗诉意见本院不予支持。原判认定的事实清楚，证据确实、充分，适用法律准确，量刑恰当，审判程序合法。依照《刑事诉讼法》相关规定，裁定如下：驳回抗诉，维持原判。

三是具有生活功能的场所，被用于非法活动的，是否认定为“入户抢劫”。实践个案中作了不同处理，例如，“杨春生等抢劫案”（案例25）中“出租屋用于卖淫”，“姚某等抢劫案”（案例26）中“非法传销聚集点”，“张明育等抢劫案”（案例27）中“堂屋用于赌博”，均没有认定为“入户抢劫”；“林铁军等抢劫案”（案例28）中“民居用于卖淫”，“虎加能等抢劫、盗窃案”（案例29）中“家居用于毒品交易”，“陈日初等抢劫案”（案例30）中“住宅用于赌博”，均认定为“入户抢劫”。笔者认为，此种场所一旦为非法活动所用，就不应再次认定为《刑法》第263条所保护的“户”，进而也不能将上述情形定性为“入户抢劫”。

【案例25】原判认定：案发前，被告人杨春生联系好两名女子杜某某、李某某进行性交易。之后，被告人杨春生、彭定忠预谋一起嫖妓后，再将嫖资抢回来。2007年10月10日晚10时许，由杨春生携带绳子、封箱胶、弹簧刀等工具，与彭定忠一起来到某市天河区骏景花园骏怡轩H座404房（骏景花园骏景路35号4楼）杜某某、李某某的住处进行性交易。在进行完性交易后，被告人杨春生、彭定忠均各自给了对方500元。次日凌晨5时许，被告人杨春生首先将杜某某捆绑、封口，持弹簧刀胁迫杜某某说出钱的存放位置，从杜某某的钱包内劫取了人民币400元，接着杨春生又进入彭定忠的房间，两人一起将李某某进行捆绑、封口，杨春生又持弹簧刀威胁李某某交出钱财，此时杜某某趁机挣脱逃出大门，两名被告人听到响声后也跟着逃跑。被告人杨春生、彭定忠在逃跑途中被人赃并获。

原审法院认为：被告人杨春生、彭定忠结伙入户以暴力抢劫他人财物，其行为已构成抢劫罪。被告人杨春生是主犯，应当按照其所参与的全部犯罪处罚。被告人彭定忠是从犯，依法应当减轻处罚。被告人杨春生是累犯，依法应当从重处罚。依照《刑法》相关规定，作出如下判决：(1) 被告人杨春生犯抢劫罪，判处有期徒刑十二年，剥夺政治权利四年，并处罚金人民币1000元；（2）被告人彭定忠犯抢劫罪，判处有期徒刑八年，并处罚金人民币1000元；（3）缴获的作案工具绳子2条、封箱胶1卷、弹簧刀1把，予以没收。

上诉人杨春生上诉称：其与同案人和被害人间确有嫖宿关系，被害人租住的出租屋实为营利性场所，故其在屋内抢劫不构成入户抢劫，请求二审法院予以改判。上诉人彭定忠上诉称：原判对其量刑过重，请求二审法院予以改判。

二审法院经审理查明：2007年10月10日晚上8时许，上诉人杨春生联系到被害人杜某某进行嫖宿。当晚9时许，上诉人杨春生纠合上诉人彭定忠预谋到被害人杜某某、李某某住处嫖宿后再抢回嫖资。当晚10时许上诉人杨春生携带绳子、封箱胶、弹簧刀等工具，与上诉人彭定忠一起去到某市天河区骏景花园骏怡轩H座404房（骏景花园骏景路35号404房）被害人杜某某、李某某的住处嫖宿。在进行第一次性交易后，上诉人杨春生、彭定忠均各自付给被害人500元。次日凌晨5时许，上诉人杨春生采取捆绑、封口、用刀威胁的方式，胁迫被害人杜某某交出其付出的嫖资人民币500元，并从被害人杜某某钱包强行取走人民币400元，接着又进入上诉人彭定忠所在的房间，与上诉人彭定忠一起对被害人李某某进行捆绑、封口。当上诉人杨春生持刀威胁被害人李某某交出嫖资500元时，被害人杜某某挣脱捆绑跑出大门，两上诉人听到声响随即逃离被害人的房间，在逃跑途中被骏景花园的保安员人赃并获。

二审法院认为：上诉人杨春生、彭定忠以使用暴力的方式劫取他人财物，其行为均已构成抢劫罪，依法应予惩处。关于上诉人杨春生提出其行为不是入户抢劫的意见，经查，杨春生、彭定忠分别与两被害人进行性交易的场所系被害人租住的住所，在为达到双方进行性交易的目的使用该房屋期间，该房屋显然不具有“供他人家庭生活”的“户”的功能，故杨春生、彭定忠在该住所内实施抢劫的行为不属于入户抢劫。上诉人杨春生提起犯意，积极物色作案对象，准备作案工具，在实施抢劫时起主导作用，在共同犯罪中起主要作用，是主犯，应当按照其所参与的全部犯罪处罚。上诉人彭定忠受上诉人杨春生的纠合参与作案，在抢劫过程中配合上诉人杨春生捆绑被害人，在共同犯罪中起次要作用，是从犯，依法应当从轻处罚。上诉人杨春生曾因犯罪被判处有期徒刑以上刑罚，刑罚执行完毕以后，五年内再犯应当判处有期徒刑以上刑罚之罪，系累犯，依法应当从重处罚。原审判决认定的基本事实清楚，定罪准确，审判程序合法；唯认定上诉人属入户抢劫欠当，适用法律有误，本院均应予纠正。依照刑事法相关规定，判决如下：（1）维持某区人民法院（2008）天法刑初字第310号刑事判决第一、二项对上诉人杨春生、彭定忠的定罪及罚金刑部分和第三项；（2）撤销某区人民法院（2008）天法刑初字第310号刑事判决第一、二项对上诉人杨春生、彭定忠的有期徒刑及剥夺政治权利的量刑部分；（3）上诉人杨春生犯抢劫罪，判处有期徒刑四年，并处罚金人民币1000元；（4）上诉人彭定忠犯抢劫罪，判处有期徒刑三年，并处罚金1000元。

【案例26】经审理查明：（1）2004年5月16日20时许，被告人姚某、吴某在老火车站附近的一个小饭店吃饭时商量冒充警察抢传销人员的财物，二人同意后又叫上另一名男子（姓名、住址不详，在逃），三人乘坐出租车来到唐山市路北区沿河东楼小区，准备进入增2楼4门501室实施抢劫，因敲门后无人应答，三人便下楼，在该楼门口处遇见田胜雄、刘相林、丁美林，被告人姚某、吴某及另一男子谎称是警察，将该三人截住，并让三人靠墙站好，对三人实施搜身，从田胜雄身上抢走中兴牌A300型手机一部及挎包一个，包内有领带一条、手机充电器一个、手机电池一块。经鉴定，被抢挎包价值人民币33元，手机价值人民币960元。（2）2004年6月3日20时许，被告人姚某找到被告人吴某并提议去路北区再次抢劫传销人员的财物，但为了预防被传销人员殴打，吴某以出去玩为由，叫来了被告人张某、韩某、耿某。五人在姚某的带领下乘坐出租车来到唐山市路北区河北四号小区的一个网吧门口，姚某、吴某又以到朋友家玩去为由，将毫不知情的被告人张某、韩某、耿某骗上楼，其中被告人耿某在上到第三层楼时，自己毅然决定回到楼下，没有继续上楼，因为耿某以前在学校时曾听吴某说过抢劫传销人员财物的事情。2004 年 6 月 3 日，他一上车就感到事情不妙，但想下车为时已晚，现看到姚某、吴某带着张某等人往楼上走而没有去所谓的网吧去玩，更加印证了自己的猜测，由于意识到吴某等人可能要去抢传销人员的财物，所以他在没有和任何人商量的前提下自己回到楼下待着。姚某、吴某等四人来到 102 楼 1 门 501 室，被告人姚某隔着门听里面的动静，好像里面没人，几个人就在门外待着，此时正好上来一男一女，门就开了，姚某首先尾随跟进去，吴某、张某、韩某也先后进屋。当时屋里至少有七八名传销人员，其中有一名女性。姚某、吴某进屋后开始翻东西，吴某还负责登记传销人员的住址和姓名。在此过程中，姚某、吴某曾说过我们是公安局的，你们的证件、物品明天到公安局来拿的语言表述。在整个抢劫过程中，被告人张某、韩某一直在屋里站着，没有参与抢劫行为，被告人韩某也没有任何语言表述，张某曾告诉过吴某有一名传销人员衣服里有手机，致使此部手机被吴某搜走。被告人耿某在楼下待着的过程中，发现有二名穿着打扮像搞传销人员，所以跑上楼告诉姚某楼下还有两名传销人员。姚某和吴某在翻东西的过程中，有人向吴某要证件，二人唯恐事情败露，带领张某、韩某二人逃跑，传销人员发现事情不对，赶紧追赶，把吴某在逃跑过程中抓获。移送公安后，其余四被告人相继落网。在这次抢劫过程中，共抢得白色 EAGLE 手机，白色 TCL 手机，红色三星手机各一部及手机充电器、身份证、士兵证、电话本等物品，价值总计人民币 720 元。

法院认为：被告人姚某、吴某两次以暴力、胁迫的手段抢劫他人财物，其行为已构成抢劫罪，且是这起共同犯罪的主犯。对于公诉机关提出二被告人具备冒充军警人员入户抢劫的法定加重情节的意见，本院认为，从本案来看，姚某等四名被告人进入的是里面人员为天南海北的传销人员，且是没有任何亲属关系的男女，人数多达八九个人，屋里只有一张床，所以不能认定为刑法所规定的户的范畴，而应认定为传销人员的非法聚集点。依照《刑法》相关规定，判决如下：(1) 被告人姚某犯抢劫罪，判处有期徒刑八年，并处罚金5000元；(2) 被告人吴某犯抢劫罪，判处有期徒刑七年，并处罚金5000元；(3) 被告人张某犯抢劫罪，判处有期徒刑二年，缓刑三年，并处罚金2000元；(4) 被告人韩某犯抢劫罪，免予刑事处罚，并处罚金1000元；(5) 被告人耿某犯抢劫罪，免予刑事处罚，并处罚金1000元。

【案例27】经审理查明：2002年5月2日下午，吴畏（另案处理）、叶凡林、叶凡胜、钱雪平、王开兵等人在小池镇新华村王屋组王开宝家堂屋内聚众赌博。当晚20时许，被告人张明育与吴畏联系时，吴畏称其输了钱，请被告人等前去将钱强行要回来。随即，被告人张明育、洪建峰、殷要胜、罗海龙伙同韦正华、张德生、马健（另案处理）乘出租车赶至王开宝家。进屋后，被告人洪建峰手持砍刀砍在牌桌上并威胁说："今天哪个赢了我吴畏哥的钱，都给我吐出来。"随后被告人等人采取持刀威胁、扇耳光等手段将叶凡林等人所赢吴畏的赌资4000余元抢走。之后被告人张明育等逃至小池镇"小池宾馆"，并将赃款全部交给随后赶到的吴畏。

某县人民法院认为：被告人张明育、洪建峰、殷要胜、罗海龙以非法占有为目的，伙同他人采用暴力胁迫的手段抢劫他人赌资，其行为符合抢劫罪的特征，构成抢劫罪。本案四被告人受人之邀帮助同案人强行索回赌资，进入聚众赌博且相对公开的王开宝家堂屋，又未侵犯户主人身、财产权利，故不宜以"入户抢劫"处理。对辩护人提出的本案不构成"入户抢劫"的辩护意见予以采纳。被告人殷要胜能如实交代自己的罪行，且有一定的悔罪表现，故辩护人提出被告人殷要胜受他人邀约参与抢劫，且在抢劫中所起作用小、认罪态度好，请从轻处罚的意见予以采纳。根据《刑法》相关规定，作出如下判决：（1）被告人张明育犯抢劫罪，判处有期徒刑5年，并处罚金人民币1000元；（2）被告人洪建峰犯抢劫罪，判处有期徒刑四年，并处罚金人民币1000元；（3）被告人殷要胜抢劫罪，判处有期徒刑三年，并处罚金人民币1000元；（4）被告人罗海龙犯抢劫罪，判处有期徒刑三年六个月，并处罚金人民币1000元。

【案例28】原判认定：2008年7月6日晚18时30分许，被告人王华锋、林铁军、沈吴建经预谋，携带刀具、胶带等，至上海市浦东新区耀华路87弄18号1202室孙甜甜的住处，采用持刀威胁及用胶带绑住被害人手脚等手段，劫得被害人孙甜甜放在住处的人民币4500元等物。

原判认为：被告人王华锋、林铁军、沈吴建以非法占有为目的，入户采用暴力、胁迫手段，劫取公民财物，其行为均已构成抢劫罪。依照《刑法》相关规定，以犯抢劫罪分别判处被告人王华锋有期徒刑十年六个月，剥夺政治权利二年，罚金人民币12000元；被告人林铁军有期徒刑十年三个月，剥夺政治权利二年，罚金人民币11000元；被告人沈吴建有期徒刑十年，剥夺政治权利二年，罚金人民币10000元。

上诉人林铁军上诉称：本案案发地是被害人用于其从事卖淫活动的场所，因而该住所丧失了家庭生活所应当具备的私密性和安全性，不能认为是“入户抢劫”中的“户”。原判认定上诉人林铁军、原审被告人王华锋、沈吴建“入户抢劫”与事实不符。原审被告人王华锋的辩护人认为，原判决以入户抢劫认定缺乏依据，量刑过重。由于本案的被害人身份的特殊性，使得被害人的住所性质与刑法之入户抢劫中的“户”的性质截然不同。本案案发地的性质其实就是被害人的卖淫场所。卖淫场所不具有一般户所应具备的“供家庭生活居住”和“与外界相对隔离”的特征，因此，原审被告人王华锋的行为不构成入户抢劫。

经二审审理查明的事实、认定的证据与原审相同。

二审法院认为：上诉人林铁军、原审被告人王华锋、沈吴建相互勾结，以非法占有为目的，入户采用暴力、胁迫手段，劫取公民财物，其行为均已构成抢劫罪，依法应予处罚。经查，本案案发地本为民居，且有证据证实系被害人等日常生活的住所，无论被害人是否将该住处兼作其他用途，该处均具有“户”的性质。上诉人林铁军经与原审被告人王华锋、沈吴建事先共谋，并准备了抢劫作案的工具，以入室抢劫为目的进入该处，在其中对被害人实施暴力抢劫，其行为已构成入户抢劫。依照《刑事诉讼法》相关规定，裁定如下：驳回上诉人林铁军的上诉，维持原判。

【案例29】原判认定：(1) 2008年7月24日凌晨1时许，被告人虎加能伙同马步虎（在逃）以乘坐李洪祥的三轮车为名，在者海镇开发路殴打李洪祥后，暴力抢走李洪祥的粉红色杂牌手机一个和现金人民币7元，经鉴定该手机价值人民币800元。(2) 2008年5月份一天凌晨2时左右，虎加能伙同锁志明预谋窜到者海镇瓦窑村委会赵明良家，暴力抢走毒品海洛因2颗和现金人民币120元后分赃挥霍。(3) 2008年7月16日凌晨，虎加能伙同他人窜到者海镇阿依卡村委会崔贵发家，盗走7.5千瓦电机一台、多功能碾米机一台、手推车一台、碾米机铁架子一台，经鉴定被盗物品价值人民币5000元。(4) 2008年7月17日晚上，虎加能、锁志明伙同他人窜到者海镇者海村委会大石桥，将者海镇陆兴村委会鲍正辉停放于肥肠火锅店门口一辆家用车的二只电瓶盗走，经鉴定被盗电瓶价值人民币700元。(5) 2008年7月份的一天晚上，虎加能、锁志明伙同他人窜到者海镇新店子村委会，将村委会用于为村民修沼气的钢模盗走200多公斤，经鉴定该钢模价值人民币700元。(6) 过了两个晚上，虎加能伙同他人再次窜到者海镇新店子村委会，分两次将村委会用于为村民修建沼气池的钢模盗走400多斤，经鉴定该钢模价值人民币1400元。(7)2008年7月份的一天，锁志明伙同他人窜到者海水泥厂，盗走废旧钢管200余公斤，经鉴定该废旧钢管价值人民币1300元。

原审法院依照《刑法》相关规定，作出判决：(1)被告人虎加能犯抢劫罪，判处有期徒刑十二年，并处罚金人民币1000元，犯盗窃罪，判处有期徒刑二年，并处罚金人民币7000元，数罪并罚总和刑期十四年，决定执行有期徒刑十三年，并处罚金人民币8000元；(2)被告人锁志明犯抢劫罪，判处有期徒刑十年，并处罚金人民币1000元，犯盗窃罪，判处有期徒刑二年，并处罚金人民币7000元，数罪并罚总和刑期十二年，决定执行有期徒刑十一年，并处罚金人民币8000元。

宣判后，被告人虎加能上诉提出，原判认定的第二桩事实中，受害人在家中贩卖海洛因，其家与公共场所没有区别，不应认定为入户抢劫，要求对其从轻处罚；被告人锁志明上诉提出，原判认定的第二桩事实中，受害人的家是毒品交易场所，不应认定为入户抢劫，其在本案中是从犯，原判量刑畸重，要求对其重新量刑。

二审经审理查明：原审判决认定上诉人（原审被告人）虎加能两次参与抢劫、四次参与盗窃，盗窃财物价值人民币7800元；上诉人锁志明一次参与抢劫、四次参与盗窃，盗窃财物价值人民币7700元的事实清楚，证据充分。

二审法院认为：上诉人（原审被告人）虎加能、锁志明以暴力手段和秘密窃取的方法非法占有他人财物，二人的行为均已构成抢劫罪和盗窃罪，应实行数罪并罚。上诉人虎加能两次参与抢劫，其中一次系入户抢劫，四次参与盗窃，盗窃财物价值人民币7800元；上诉人锁志明一次参与抢劫，系入户抢劫，四次参与盗窃，盗窃财物价值人民币7700元。上诉人虎加能、锁志明深夜到受害人赵明良家实施抢劫的行为符合刑法关于入户抢劫的规定，二上诉人提出受害人的家是毒品交易场所，不应认定为入户抢劫及锁志明提出其在本案中是从犯的上诉理由不能成立，不予采纳。原审判决认定事实清楚，定罪准确，量刑适当，审判程序合法。依照《刑事诉讼法》第189条第（1）项之规定，裁定如下：驳回上诉，维持原判。

【案例30】 经审理查明：2002年6月上旬，被告人陈日初伙同冯贤江、冯建应、“阿斌”（均另案处理）密谋抢劫赌场，商定由陈日初、“阿斌”负责纠集人员，冯贤江、冯健应分别负责提供作案工具和寻找作案目标。后冯健应得知位于佛山市顺德区北滘镇林头居委会圩地街11号住宅有一赌场，被告人陈日初便纠集被告人霍建初、黄忠健、黄宗铭、蔡健文（均另案处理）伺机作案，并在冯健文的带领下到上述地点进行踩点。同年7月3日下午3时许，被告人陈日初、霍建初与冯贤江、黄忠健、黄宗铭、蔡健文携带自制散弹枪、自制钢珠枪各两支及两把长刀，分乘两辆摩托车窜到上述地点，翻越围墙进入二楼。被告人陈日初、霍建初各持一把长刀，蔡健文、黄宗铭各持一支自制钢珠枪，冯贤江、黄忠健各持一支自散弹枪冲下一楼天井处，由黄忠健喝令在场赌徒不许动，在场赌徒即四处逃窜。期间赌徒李锦芳被黄忠健等人开枪击伤，并被被告人陈日初持刀砍伤手、背部，造成重伤。共抢得现金人民币一万多元、金项链一条及黄金坠吊一个（共价值人民币6913.56元）、摩托罗拉V3688手机一台（价值人民币1260元）。

法院认为：被告人陈日初、霍建初无视国家法律，以非法占有为目的，结伙作案，持枪入户抢劫他人财物，致一人重伤，其行为均已构成抢劫罪，且情节严重。被告人霍建初刑满释放后5年内又犯应处有期徒刑以上刑罚之罪，是累犯，依法应从重处罚。被告人陈日初归案后协助司法机关抓获同案人，有立功表现，依法予以从轻处罚。被告人陈日初的辩护人辩称陈有立功情节，应予从轻处罚的意见，依法有据，予以采纳。依照刑法相关规定，判决如下：（1）被告人陈日初犯抢劫罪，判处无期徒刑，剥夺政治权利终身，并处没收个人全部财产；（2）被告人霍建初犯抢劫罪，判处有期徒刑十五年，剥夺政治权利五年，并处罚金人民币 15000 元。

(3)“与外界相对隔离的”。此是从“空间”角度来界定“户”。实践中个案往往在兼具生活、经营等多重功能的场所中需要借此作为认定是否为“入户抢劫”的依据。例如，“魏培明等人抢劫案”(案例 31) 中“芳芳商店是以营业为目的开设的公开营业场所，虽部分区域兼有生活功能，但不具有居民私人住宅相对封闭性的特征”，没有认定为“入户抢劫”；“戚自强抢劫案”(案例 32) 中“拆迁房系被害人居住的与外界相对隔离的住所”，认定为“入户抢劫”。

【案例 31】 原判认定：2002 年 3 月 19 日，被告人魏培明、岳雷、岳向海 3 人预谋对位于上海市嘉定区马陆镇石岗村的芳芳商店进行抢劫，并为此准备了仿真玩具手枪、封箱胶带、尼龙绳和三棱刮刀等犯罪工具。当晚 11 时 30 分许，魏培明 3 人乘店内无顾客之机，携带犯罪工具进入商店后，用仿真玩具手枪、三棱刮刀顶住店主陈云飞头部及胸部，对其进行威胁，并强行将商店卷帘门关上，用透明封箱带捆住陈云飞，封住其嘴巴和眼睛，随即魏培明从该店营业箱内劫得现金 450 元。岳向海持三棱刮刀冲入商店的内侧卧室，对睡在床上的陈云飞妻子黄益芳进行威胁，逼其交出钱款，并在陈云飞的衣服口袋内及衣橱顶部劫得现金人民币 900 余元。这时，民警接报警后赶到，当场将魏培明、岳向海 2 人抓获，岳雷逃离现场后于次日凌晨被抓获归案。

某区人民法院认为：被告人魏培明、岳向海、岳雷以非法占有为目的，采用暴力手段抢劫公民财物，已构成抢劫罪。魏培明三人抢劫对象为尚在营业中的商店，不属于法律规定的“户”之范畴，故岳雷的辩护人关于各被告人的行为不应认定为入户抢劫的辩护意见予以采纳。本案是一起有预谋有分工的共同犯罪，暴力程度相对较大，社会危害严重，故在量刑时酌情从重处罚；但魏培明三人归案后认罪态度尚好，量刑时亦应一并予以考虑。依照《刑法》相关规定，于2002年7月17日判决：（1）被告人魏培明犯抢劫罪，判处有期徒刑八年，剥夺政治权利二年，并处罚金人民币2000元；（2）被告人岳向海犯抢劫罪，判处有期徒刑八年，剥夺政治权利二年，并处罚金人民币2000元；（3）被告人岳雷犯抢劫罪，判处有期徒刑八年，剥夺政治权利二年，并处罚金人民币2000元。

判决后，被告人魏培明等三人均服判，没有提起上诉。

某区人民检察院以一审判决没有按入户抢劫认定有误，对各被告人应处以10年以上有期徒刑为由提出抗诉。

某市第二中级人民法院经审理查明的事实、认定的证据与一审相同。

某市第二中级人民法院认为：从本案魏培明等人的犯罪动机和目的看，抢劫行为是针对被害人经营的店铺的。该店铺地处临街，采取的是随时服务的经营方式，魏培明等人就是以购物为由进入店铺的。且被害人的店铺中用于生活的区域处于非封闭状态，生活设施都是临时性的，同时还堆放有部分货物，与用于经营的区域缺乏明显的隔离，不具备刑法中“户”的主要特征，不能认定为“入户抢劫”，故对检察机关的抗诉意见不予支持。依照刑事法相关规定，于2002年10月28日裁定：驳回抗诉，维持原判。

二审裁定发生法律效力后，某市人民检察院以某区人民法院和某市第二中级人民法院的判决、裁定确有错误为由，于2003年4月4日再次以审判监督程序向某市高级人民法院提出抗诉。某市人民检察院的主要抗诉理由是：（1）魏培明三人在经“踩点”确认被害人夫妇晚间宿于店内后，选择深夜作案，且在被害人停止营业之际闯入行劫，表明主观上具有“入户抢劫”的故意，其抢劫行为的指向应认定为“户”。（2）被害人拉下卷帘门的行为表明，此时的芳芳商店已从公开的营业场所转为与外界相对隔离的家庭生活场所，且客观上被害人的妻女已经上床并入睡，故魏培明三人所侵犯的场所已完全具有“户”的生活功能和特征。（3）魏培明三人找借口趁被害人不备而闯入店内，具有非法侵入性，在侵入后，又强行拉下卷帘门，使之与外界隔离的情况下，对被害人使用暴力进行抢劫，而且还进入内侧卧室劫得900余元，其行为不仅侵犯了公民个人的人身安全，而且还危及到公民的家庭财产和安全，其客观行为和实际危害均符合“入户抢劫”的特征。

某市高级人民法院认为：芳芳商店系被害人公开营业的商店，该店有工商管理机关核发的营业执照，故不应认定其为居民的住宅，而是认定其为营业场所。该店由连成一体的三间店面房组成，内部各房间之间没有明确的隔离，其中两间分别用于放置货架或作为门市，另一间内有一张床和一具液化气灶具，同时也堆放着数袋大米、货架和冰柜，以上情况说明店内的生活区域与营业场所没有明确的分隔，生活功能和营业功能的区分不明显。刑法“入户抢劫”中的“户”，是指公民的私人住宅，即公民以居住、生活为目的，与外界相对隔离的场所。作为刑法意义上的“户”，应当是以生活为目的或主要以生活为目的设立的场所，而其他为生产、经营、学习设立的场所，则不宜认定为“户”。芳芳商店是以营业为目的开设的公开营业场所，虽部分区域兼有生活功能，但不具有居民私人住宅相对封闭性的特征。本案事实表明，魏培明三人在实施抢劫时，芳芳商店还在营业之中。魏培明等人是以抢商店的营业款为目的而实施犯罪，犯罪意图和指向明确。被害人的卧室仍然是商店的一部分，与商店的经营区域不处于封闭的状态，故不能以魏培明等人在此亦实施了抢劫就认定构成入户抢劫。根据本案事实，魏培明、岳向海、岳雷三人虽共谋抢劫，并共同以暴力威胁为手段实施了抢劫财物的行为，均已构成抢劫罪，但尚不能认定魏培明、岳向海、岳雷三人的具体行为构成了“入户抢劫”。依照《刑事诉讼法》相关规定，于2003年10月15日裁定：（1）驳回抗诉；（2）维持某市第二中级人民法院（2002）沪二中刑终字第511号刑事裁定和某区人民法院（2002）嘉刑初字第180号刑事判决。

【案例32】 经审理查明：（1）2004年12月21日夜，被告人戚自强伙同他人窜至某市溪口镇武岭门旁一拆迁房内，采用殴打、言语威胁、搜身等方法抢得程金民人民币5280元。在逃离现场前，被告人戚自强又留给程金民人民币150元，实际抢得人民币5130元。

法院认为：被告人戚自强以非法占有为目的，伙同他人采用暴力、胁迫等方法，入户抢劫他人财物，其行为已构成抢劫罪。被告人戚自强实施抢劫的现场系被害人居住的与外界相对隔离的住所，该作案现场符合入户抢劫犯罪构成要件中对户的认定条件，被告人戚自强的犯罪行为系入户抢劫，对其辩护人所提出的辩护意见不予采纳。依照《刑法》相关规定，判决如下：被告人戚自强犯抢劫罪，判处有期徒刑十年，剥夺政治权利二年，并处罚金5000元。

（4）“住所”。此是从“属性”角度来界定“户”。有观点认为，“户”是“家庭住所”。[①] 实践个案中存在不同的处理，例如，“工地住房”“养猪场的简易房”“大学食堂宿舍”“农场皮革厂生活区的住处”“中医院宿舍区的房间”“学生共同租住的私人住房”“养殖场宿舍”“暂住地”，认定为“入户抢劫”；“无亲属关系的多人为生活租用的房屋”“电器有限公司集体宿舍”“共同租赁的宿舍”，没有认定为“入户抢劫”。笔者认为，“户”具备前述特征外，还应限定为供家庭生活所用的相对固定和封闭的场所。学校、医院、厂区等供学生24小时住的宿舍，就不应认定为此处的“户”；学校、医院、厂区等专门供职工生活用的家属区的住所，则可认定为此处的“户”。

【案例33】 经审理查明：（1）2003年1月19日晚10时许，被告人倪建祥伙同何开现、冉茂友、冉江山（均已判刑）窜至重庆市黔江区正阳火车站工地工人住区，以向受害人要烟钱为由，进入工人邹永周住房，从室内拿起铁锤、木棒、剪刀等凶器，先后对邹永周及其家人实施威胁、

① 参见张明楷：《刑法学》（第4版），法律出版社2011年版，第862页。

搜身、搜家等手段，当场抢走现金600余元，四人将赃款予以均分。

法院认为：被告人倪建祥伙同他人以非法占有为目的，乘夜进入被害人生活起居的工地住房，采用暴力、威胁手段，强行劫取他人财物，其行为已构成抢劫罪。其归案后认罪态度较好，具有悔罪诚意，且系初犯，予以酌情从轻处罚。被告人倪建祥的辩护人提出被告人的行为不应认定为入户抢劫，经查，被告人倪建祥伙同他人实施抢劫的地点，系建筑工人在建设铁路、火车站工程中较长时间内生活、住宿的场所，与外界相对隔离，且具有家庭生活的功能特征，并非“临时搭建的工棚”，应认定为铁路工人的生活起居地，系刑法规定的户，故被告人倪建祥的行为应认定为入户抢劫。依照《刑法》相关规定，判决如下：被告人倪建祥犯抢劫罪，判处有期徒刑十年，剥夺政治权利一年，并处罚金5000元。

【案例34】经审理查明：(1) 2007年7月20日夜，被告人孙利勇堂弟孙伟伟（已判刑）谎称与本单位同事徐某有矛盾，让孙利勇教训徐某。孙利勇持自制假枪伙同被告人张广玉持斧头一块到徐某的住处，两人用口罩蒙面，叫开门后，逼令室内众人面孔朝下，趴在床上，孙利勇喝问出谁是徐某后，张广玉先用斧头朝徐某腿部敲击一下。徐某疼醒后，孙利勇又持假枪照徐某背部砸了数下，孙利勇随后以假枪相威胁，向徐某要钱。徐某被迫从包中拿出4800元、CECT彩屏手机一部。孙利勇又向其他被害人进行威胁，索要钱及手机，其中范东栩交出400元；张旭恒交出250余元；文龙交出300元及一部直板诺基亚手机；张建京交出摩托罗拉翻盖手机一部。孙伟伟为防止他人怀疑也主动交出400余元。在孙利勇向被害人逼要钱物时，张广玉手持斧头站在屋内以语言恐吓被害人。孙利勇、张广玉抢走现金5750余元及三部手机后，二人迅速逃离现场。(2) 2008年春夏之交一天晚上8时许，被告人孙利勇伙同孙伟伟在睢阳区新城办事处前陈村李庄，盗窃孙海光的小鸟牌电动车一辆，经物价鉴定，价值1900元。(3)2008年夏天一天夜里9时许，孙利勇伙同孙伟伟、孙海光（另案处理）在睢阳区新城办事处前陈村李庄盗窃吴坤家小水泵一台，价值600元。

被告人孙利勇的辩护人提出辩护意见，孙利勇没有抢劫的预谋，系临时起意，孙利勇作案的房屋，不是被害人日常生活居住所用的房屋，系共同租赁的宿舍，不属于法律规定的“户”的范畴，不构成入户抢劫，被告人也没有对被害人造成严重伤害。孙利勇在盗窃共同犯罪中是从犯，应当从轻处罚。

法院认为：被告人孙利勇、张广玉以非法占有为目的，当场使用暴力和以暴力相威胁，当场劫取公私财物，其行为均已构成抢劫罪，二人为抢劫罪共犯。被告人张广玉事先虽无与被告人孙利勇实施抢劫犯罪的预谋，但其全程参与了抢劫共同犯罪行为，协助孙利勇完成了强行劫取他人财物的行为，其行为亦构成抢劫罪。关于被告人辩解及辩护人不构成“入户”抢劫和被告人张广玉不构成犯罪问题，经查，……本抢劫案涉及的案发现场，不符合“户”的供他人家庭生活的功能特征，故被告人孙利勇、张广玉抢劫行为，不构成入户抢劫。辩护人不构成入户抢劫的辩护意见成立，本院予以采纳；辩护人关于张广玉不构成犯罪的辩护意见不能成立，本院不予采纳。被告人张广玉自动投案，如实供述了自己的主要犯罪事实，可认定构成自首，依法可予以从轻处罚。被告人孙利勇，以非法占有为目的，伙同他人秘密窃取公私财物，数额较大，其行为构成盗窃罪。被告人孙利勇一人犯抢劫和盗窃二罪，应数罪并罚。依照《刑法》相关规定，判决如下：(1)被告人孙利勇犯抢劫罪，判处有期徒刑八年五个月，并处罚金5000元；犯盗窃罪，判处有期徒刑六个月，并处罚金1000元，数罪并罚合并执行有期徒刑八年六个月，并处罚金6000元；(2)被告人张广玉犯抢劫罪，判处有期徒刑六年，并处罚金5000元。

其二，关于“入户”的非法性

2005年7月16日最高人民法院《“两抢”意见》从正反两方面对“入（户）”的主观面作了解释，实践个案中大多均按这些规定来认定是否属于“入户抢劫”。例如，[①]“王某抢劫案”中“抢劫的目的”，“董某等强奸、抢劫案”中“强奸的目的”，“方敏非法侵入住宅、抢劫案”中“非法侵入住宅的目的”，均认定为“入户抢劫”；“喻纯中故意伤害、抢劫案”中“伤害目的进入，临时起意抢劫”，“王某强奸、抢劫案”中“强奸目的进入，临时起意抢劫”，“蔡慧通抢劫、强奸案”中“无证据证明以抢劫目的进入，临时起意抢劫”，均没有认定为“入户抢劫”。同时，“秦红抢劫案”中“无证据证明进入被害人家中的目的具有非法性”，“谢某雄等抢劫案”中“依监护人身份进入不具有非法性”，“龚守江抢劫案”中“经同意后进入，临时起意抢劫”，“白宝龙抢劫案”中“经同意进入嫖娼，临时起意抢劫”，“梁建威抢劫案”中“索要报酬进入，临时起意抢劫”，也没有认定为“入户抢劫”；但是，“江某抢劫案”和“金德清抢劫案”中“以欺骗的方法进入户内抢劫”，被认定为“入户抢劫”。笔者认为，此主观目的的限定，具体包括两方面：一是必须是有“户”的标准；二是必须在“入户”之前同时形成非法目的，可认定为“入户抢劫”。

【案例35】经审理查明：2011年3月20日晚23时许，被告人王某在网上搭识被害人冯某后欲实施抢劫，遂携带电击器至被害人冯某位于某市中山北路3856弄2号2310室的暂住处。入室后，被告人王某拿出携带的电击器开到电击状态威胁被害人冯某，抢得被害人冯某人民币800元及一部价值人民币323元的金立牌I8型手机。后被告人王某又威逼被害人冯某将桌上的一台价值人民币1500元的海尔牌T68型笔记本电脑及一部价值人民币235元的金立牌V109型手机放进其携带的电脑包内并携带赃款赃物逃逸。2011年3月31日，被告人王某在暂住地某市龙漕路1弄1号1502室被公安人员抓获，并查获被抢的笔记本电脑及手

① 文中提到的案例参见案例35～47。

机二部。

法院认为：被告人王某以非法占有为目的，采用胁迫的方法，入户强行劫取他人财物，其行为已构成抢劫罪。被告人王某及其辩护人提出，王某进入室内是为了嫖娼，实施抢劫是入室后临时起意，且作案现场实质上是经营性场所，不构成入户抢劫。经查，被害人冯某的陈述证实，中山北路3856弄2号2310室是向他人租借的，该房屋厨卫设备齐全，她的日常生活起居都在屋内，属于为生活租用的房屋，符合刑法上关于户的场所特征和功能特征，应认定为刑法意义上的“户”。而且，被告人王某在公安机关的多次供述与被害人冯某的陈述能够相互印证，证实被告人王某为实施抢劫而携带作案工具进入被害人冯某的住处，入室后即实施抢劫，抢劫行为发生在户内，其入户目的具有非法性，应认定为入户抢劫。被告人王某及辩护人的相关辩解与辩护意见与业已查明的事实不符，均不予采纳。被告人王某庭审中对其入户目的非法性予以否认，该当庭供述与其到案后的多次稳定供述及被害人的陈述均不相符，故不具有如实供述犯罪事实的从轻情节。依照《刑法》相关规定，判决如下：被告人王某犯抢劫罪，判处有期徒刑十年，剥夺政治权利一年，并处罚金人民币10000元。

【案例36】经审理查明：2007年7月15日晚，被告人董某、周某在赵家塬村街道碰见该村妇女胡某，遂产生与其发生性关系的念头，二人便尾随其后。胡某回家关门后，二被告人采取欺骗手段进入胡某家中。董某用胳膊卡住胡某的脖子将其拉到窑内放在沙发上，将胡某殴打后奸淫。周某对胡某实施强奸，因本身生理原因而未能得逞，便对胡某进行殴打、猥亵。董某找来蒸馍用的布和纱巾蒙面，在胡某住的窑洞内桌子、衣柜等处乱翻，在衣柜上找到一把杀猪刀。周某找到一件小孩T恤衫蒙面，用杀猪刀架在胡的脖子上索要钱财。二被告人劫得现金108元、三袋半油菜籽。期间，董某在炕上再次将胡某强奸。当晚二人将油菜籽装上胡某家的架子车，拉到甘井街道油坊以342元出售。董某共得赃款229元，周某共得赃款221元。破案后，被抢财物已追回发还被害人。

法院认为：被告人董某、周某违背妇女意志，采用暴力手段强行与妇女发生性关系，其行为构成强奸罪。因两被告人均有奸淫的目的，虽然被告人周某在着手实施强奸后因生理原因而未能得逞，但其性质仍属轮奸。被告人董某、周某以非法占有为目的，采用持刀威迫等手段，抢劫他人现金及财物，其行为构成抢劫罪。二被告人以实施强奸的非法目的进入他人住宅，并在他人住宅内实施抢劫行为，属于“入户抢劫”。辩护人认为对二被告人应按普通抢劫量刑的观点不予支持。被告人周某犯罪时不满18周岁，且属强奸未遂，应当减轻处罚。依照《刑法》相关规定，判决如下：（1）被告人董某犯强奸罪，判处有期徒刑十年，犯抢劫罪，判处有期徒刑十一年，并处罚金人民币6000元。数罪并罚，决定执行有期徒刑十六年，并处罚金人民币6000元，剥夺政治权利三年；（2）被告人周某犯强奸罪，判处有期徒刑七年，犯抢劫罪，判处有期徒刑七年，并处罚金人民币5000元。数罪并罚，决定执行有期徒刑十年，并处罚金人民币5000元。

【案例37】原判认定：（1）2008年5月20日凌晨3时许，被告人方敏与“阿雄”（另处理）经合谋盗窃后，携带螺丝刀、剪刀等作案工具，前往广州市番禺区洛浦街绿茵岛花园听涛二街33号被害人崔某某的住处，乘无人之机，使用上述工具撬开窗户，入内盗走被害人的华帝牌热水器、DVD机各一台等物后离开现场。（2）2008年5月26日凌晨4时许，被告人方敏与“阿雄”经合谋盗窃后，携带剪刀、旅行袋等作案工具，前往番禺区洛浦街绿茵岛花园听涛二街29号被害人招某某的住处，乘无人之机，用上述工具撬开窗网铁支入内，盗走DVD机一台，由“阿雄”带走。其后，被告人方敏继续在房内翻找财物放入旅行袋内，并在房内睡觉。当日早上9时许，被告人方敏被前来打扫卫生的何某某发现后即持螺丝刀刺向何某某，但被制服。

原判认为：被告人方敏无视国家法律，为实施盗窃，以破坏性手段非法侵入他人住宅，其行为已构成非法侵入住宅罪；被告人方敏还以非法占有为目的，入屋实施盗窃犯罪被发现后，为抗拒抓捕而当场使用暴力，其行为已构成抢劫罪，且构成入户抢劫。被告人方敏一人犯数罪，依法应当数罪并罚。依照《刑法》相关规定，作出判决如下：(1) 被告人方敏犯非法侵入住宅罪，判处有期徒刑一年；被告人方敏犯抢劫罪，判处有期徒刑十年三个月，并处罚金10000元，剥夺政治权利三年，决定执行有期徒刑十年六个月，罚金10000元，剥夺政治权利三年。(2) 缴获的作案工具旅行袋一个、手套一双、电筒一个，予以没收销毁。

宣判后，原审被告人方敏不服，提起上诉。

二审法院经审理查明的事实、认定的证据与一审一致。

二审法院认为：上诉人方敏无视国家法律，为实施盗窃，以破坏性手段非法侵入他人住宅，其行为已构成非法侵入住宅罪；其还以非法占有为目的，入屋实施盗窃犯罪被发现后，为抗拒抓捕而当场使用暴力，其行为已构成抢劫罪，且属于入户抢劫。上诉人方敏一人犯数罪，依法应当数罪并罚。原审判决认定的事实清楚，证据确实、充分，适用法律及定罪准确，审判程序合法。依照《刑事诉讼法》相关规定，裁定如下：驳回上诉，维持原判。

【案例38】原判认定：2006年1月16日18时许，被告人喻纯忠在重庆市巴南区木洞镇汪家坪村村民郝廷模家吃喜酒时与郝廷模的亲戚等人在打金花时发生纠纷。为此，被告人喻纯忠不服气，打电话告知其儿子喻强（另案处理）。2006年1月17日凌晨1时许，喻强邀约“喝飘”“懒牛”（另案处理）等七人携带砍刀、铁棍等工具回到家中。被告人喻纯忠与喻强、“喝飘”“懒牛”等共计九人，来到木洞镇汪家坪村郝廷模、郝明国（郝廷模的父亲）家中。在被告人喻纯忠的指使下，持砍刀、铁棍等工具对在郝廷模、郝明国家中留宿的被害人游勇、徐祖宽、李贵忠、郝廷伟、郝永渝、谢贵兰、陈家英等人实施殴打，被害人游勇右手拇指被打伤。随后，被告人喻纯忠及喻强、“喝飘”“懒牛”等人在郝廷模、郝明国家中，又以将郝永渝手砍断相威胁，从被害人谢贵兰（郝廷模之妻）处抢得人民币 800 元后方才离去。经法医鉴定，被害人游勇右手拇指指骨开放性骨折，属重伤。

原判认为：被告人喻纯忠为了报复泄愤，带领多人进入公民住宅，持械殴打他人身体，致人成重伤；随后又采用暴力相威胁的手段，劫取公民财物，情节严重，其行为已构成故意伤害罪、抢劫罪。依照《刑法》相关规定，判决如下：被告人喻纯忠犯抢劫罪，判处有期徒刑十年，剥夺政治权利一年，并处罚金人民币 4000 元；被告人喻纯忠犯故意伤害罪，判处有期徒刑四年，决定执行有期徒刑十二年，剥夺政治权利一年，并处罚金人民币 4000 元。

宣判后，上诉人喻纯忠不服，以其行为不构成抢劫罪、原审法院量刑过重等为由，提出上诉。

经二审审理查明的事实、认定的证据与一审相同。

二审法院认为：上诉人喻纯忠为报复泄愤，带领多人进入公民住宅，持械殴打他人身体，造成其中一人重伤、多人软组织损伤的严重后果，其行为已构成故意伤害罪；上诉人喻纯忠随后又临时起意，采用暴力相威胁的手段，劫取公民财物，其行为已构成抢劫罪。原审法院对于上诉人喻纯忠进入公民住宅持械殴打他人后临时起意实施的抢劫，定性为入户抢劫，属于适用法律不当，量刑过重，本院依法应予纠正。依照刑事法相关规定，判决如下：（1）撤销某区人民法院（2006）巴刑初字第 7 号刑事附带民事判决书；（2）上诉人（原审被告）人喻纯忠犯抢劫罪，判处有期徒刑三年，并处罚金 2000 元；犯故意伤害罪，判处有期徒刑四年，决定执行有期徒刑五年，并处罚金 2000 元。

【案例 39】经审理查明：（1）2009 年 2 月 24 日 0 时

许，被告人王某至某区新桥镇新闵村明兴路“丽水华庭”工地旁被害人赵某某的暂住处，采用捂头等方法欲对赵某某实施奸淫，后因被害人赵某某的反抗、呼救及其丈夫的及时赶到而未得逞。(2) 同年2月25日6时许，被告人王某再次至被害人赵某某的暂住处，采用捆绑等方法，强行对赵某某实施奸淫，后又持头盔等物将被害人赵某某殴打致轻微伤，并劫走价值人民币100元的康佳牌D306型移动电话机1部。2009年2月26日，公安人员将被告人王某抓获并扣押了赃物康佳牌D306型移动电话机1部（已发还被害人）。

法院认为：被告人王某违背妇女意志，使用暴力手段，强行与妇女发生性关系，之后又以非法占有为目的，劫走被害人财产，其行为已分别构成强奸罪和抢劫罪。被告人王某犯两罪，依法应当数罪并罚。关于被告人王某是否构成“入户抢劫”的问题，经查明，被告人王某的抢劫行为虽然发生在被害人赵某某的住所内，但其起先“入户”的目的是为了奸淫被害人赵某某，而不是以实施抢劫犯罪为目的“入户”，在户内实施强奸犯罪后，又临时起意实施抢劫的，不应以“入户抢劫”认定，故公诉机关指控被告人王某具有“入户抢劫”情形不当。被告人王某在有期徒刑执行完毕后5年内再犯应当判处有期徒刑以上刑罚之罪，系累犯，依法应当从重处罚。被告人王某能自愿认罪，故对其酌情从轻处罚。综上，根据被告人王某犯罪的事实、性质、情节和对社会的危害程度等，依照《刑法》相关规定，判决如下：被告人王某犯强奸罪，判处有期徒刑六年，剥夺政治权利一年；犯抢劫罪，判处有期徒刑五年，剥夺政治权利一年，并处罚金人民币5000元；决定执行有期徒刑十年，剥夺政治权利二年，并处罚金人民币5000元。

【案例40】原判认定：被告人蔡慧通与被害人谢某原是男女恋爱关系，后双方于2008年2月分手。2008年3月21日21时许，被告人蔡慧通携带铁丝、塑料绳等作案工具，趁谢某不在家之机，用尚未退还谢某的钥匙打开房门，潜入谢某暂住的广州市天河区棠下儒林西街5号401房躲藏。当谢某下班回家卧床休息时，被告人蔡慧通用水果刀顶住谢某背部进行暴力威胁，用衣物将谢某双眼蒙住，并用绳子、铁丝将谢某的手脚捆绑后实施了强奸。随后，被告人蔡慧通将谢某的居民身份证及房间内的财物电脑主机、三菱手机、OPPO型MP4播放器各1台和数码相机2G内存卡1张（上述物品共价值2390元）抢走。当天，被害人谢某向公安机关报案。2008年3月31日，被告人蔡慧通经被害人谢某电话相约后被带到公安机关审查，如实交代了自己的罪行。案发后，上述物品已缴获并发还被害人谢某。被害人谢某表示对被告人的行为予以谅解。经法医鉴定，被害人谢某的伤情属轻微伤。

原判认为：被告人蔡慧通非法进入被害人的住所，违背妇女意志，以暴力手段与妇女发生性关系并抢劫他人财物，其行为构成强奸罪和抢劫罪。被告人蔡慧通一人犯两罪，依法应数罪并罚。被告人蔡慧通犯罪后因形迹可疑，被公安机关盘问后，主动交代自己的罪行，其行为应视为自首，可以减轻处罚。被害人于案发后表示对被告人的行为予以谅解，对被告人可以酌情从轻处罚。依照《刑法》相关规定，判决如下：被告人蔡慧通犯抢劫罪，判处有期徒刑四年，并处罚金人民币2000元；犯强奸罪，判处有期徒刑二年六个月。数罪并罚，决定执行有期徒刑五年，并处罚金人民币2000元。

宣判后，被告人蔡慧通上诉称：其没有非法占有被害人财物的想法，且涉案财物是其与被害人同居期间购买，原审认定其入户抢劫错误；其与被害人感情很好，没有刻意伤害被害人，且被害人已表示谅解，原审判决量刑过重，请求改判。辩护人提出原审判决量刑过重，应予改判，理由如下：（1）蔡慧通自首后即主动带侦查人员缴回涉案物品，没有造成被害人财产损失，主观上没有占有被害人财物的目的，且涉案财物是蔡慧通与被害人同居时共同购买使用；（2）蔡慧通有被害人住处钥匙，实施强奸后拿走被害人财物是为了制造抢劫假象，原判认定入户抢劫不当；

(3) 被害人已表示谅解。

二审法院经审理查明的事实、认定的证据与一审相同。

二审法院认为：上诉人蔡慧通非法进入被害人的住所，违背妇女意志，以暴力手段与妇女发生性关系并抢劫他人财物，其行为构成强奸罪和抢劫罪，依法应予惩处。对于上诉人蔡慧通及辩护人提出本案不是入户抢劫、原判认定错误的意见，经查，尽管上诉人蔡慧通是在没有征得被害人同意的情况下，擅自非法进入被害人的住处，使用暴力及暴力胁迫的方法强奸被害人后当场抢走被害人的财物，但蔡慧通在归案后供述其进入被害人住处的目的是与被害人复合，在强奸被害人后，被害人多次要求其尽快离开时，其才将涉案财物装入事先准备的背包。现有证据不足以证实蔡慧通在进入被害人住处时是以抢劫为目的。本院认为，对于行为人不以实施抢劫等犯罪为目的进入他人住所，而是在户内临时起意实施抢劫的，抢劫行为虽然发生在户内，但不应认定为入户抢劫。上诉人蔡慧通一人犯两罪，依法应数罪并罚。上诉人蔡慧通犯罪后因形迹可疑，被公安机关盘问后，主动交代自己的罪行，其行为应视为自首，可以从轻处罚。原审认定基本事实清楚、证据确实、充分，唯认定上诉人蔡慧通是入户抢劫不当，本院予以纠正。依照刑事法相关规定，判决如下：(1) 维持某区人民法院 (2008) 天法刑初字第883号刑事判决对上诉人蔡慧通的定罪部分；(2) 撤销某区人民法院 (2008) 天法刑初字第883号刑事判决对上诉人蔡慧通的量刑部分；(3) 上诉人蔡慧通犯抢劫罪，判处有期徒刑三年六个月，并处罚金2000元；犯强奸罪，判处有期徒刑二年六个月；总和刑有期徒刑六年，并处罚金2000元，决定执行有期徒刑四年六个月，并处罚金2000元。

【案例41】 经审理查明：2007年8月14日上午10时许，被告人秦红到重庆市黔江区黄溪镇山洋村6组唐从波家找唐从波，见只有唐从波的母亲苏凤兰和二个小孩在家，便要求在其家中休息，苏凤兰答应了被告人秦红的请求。

被告人秦红就到唐从波家寝室休息。后被告人秦红趁苏凤兰外出之机，将其存放在枕头下的一部黑色直板手机揣进口袋。接着当被告人秦红将从箱子里窃取的1060元现金清点完毕，正欲揣进自己口袋之时，被外出回来的被害人苏凤兰发现并抓住，被告人秦红用力强行挣脱，并在唐从波家堂屋捡起一根木棒和亮出一根带黑花点的布绳，对被害人苏凤兰以进行殴打和捆绑相威胁，从而阻止被害人苏凤兰的追赶，并将现金和手机拿走逃离现场。其盗窃得来的现金被其开支，手机被公安机关提取并发还给失主。

法院认为：被告人秦红以非法占有为目的，采用秘密手段窃取他人财物，在实施盗窃行为的过程中为了抗拒被害人的抓捕而当场使用暴力相威胁，其行为已构成抢劫罪。对于某区人民检察院指控被告人秦红的行为构成“入户抢劫”的指控，经查，被告人秦红是在征得受害人同意后进入其家中，在受害人家中休息时，乘被害人外出之机实施的盗窃行为，被告人秦红进入被害人家中的目的无证据证明其具有非法性，本着有利于被告人的原则，其行为不宜认定为“入户抢劫”，故该指控本院难以支持。被告人秦红归案后，认罪态度较好，具有悔罪诚意，且系初、偶犯，予以酌情从轻处罚。根据《刑法》第269条、第263条、第52条之规定，判决如下：被告人秦红犯抢劫罪，判处有期徒刑五年，并处罚金3000元。

【案例42】 原判认定：被害人易某毛是1995年6月6日出生，被告人易某应与被害人易某毛系父女关系，被告人谢某雄与被害人易某毛是亲戚关系。被害人黄某与易某毛系同乡，二人相识。黄某暂住易某毛租住于罗湖区某某岭下村145栋602室的居所。2010年5月初，被告人谢某雄、易某应因得知易某毛与男友苏某同居怀孕后遭苏某抛弃，便密谋对苏某索取财物，遂纠集犯罪嫌疑人邹某鹏（另案处理）及另两名犯罪嫌疑人（另案处理）赶至深圳易某毛住所，并由易某毛带去找苏某，而未果。被告人谢某雄便提议虚构致易某毛怀孕的人是暂住易某毛住所的黄某所为，索取黄某财物，易某应、邹某鹏等人表示同意。同年5月8日10时许，上述五人遂携匕首、铁棍、铁钳等作案工具进入易某毛住处，并踹开易某毛卧室的房门。被告人谢某雄、易某应等人见被害人黄某在易某毛的床上熟睡，即对黄某进行拍照。被告人谢某雄、犯罪嫌疑人邹某鹏等人对黄某进行殴打。被告人易某应故意指责黄某致易某毛怀孕。后被告人易某应、谢某雄和犯罪嫌疑人邹某鹏等人拿走易某毛人民币2000元，并劫取了黄某放在身上的农业银行卡一张及人民币300元。被告人易某应、谢某雄和犯罪嫌疑人邹某鹏等人对黄某进行殴打，威逼黄某讲出银行卡密码。其后，被告人易某应、谢某雄和犯罪嫌疑人邹某鹏等人威逼黄某致电其姐筹款人民币50000元，黄某无奈之下致电其姐姐筹款。被告人易某应、谢某雄和犯罪嫌疑人邹某鹏等人对黄某、易某毛、童某某进行看押，等待黄某的姐姐送款。当日18时许，被告人易某应、谢某雄和犯罪嫌疑人邹某鹏等人等候黄某的姐姐送款期间因担心黄某的姐姐报警，遂携赃逃离现场。当日23时44分许，被告人谢某雄在番禺市将黄某卡内2100元人民币取走。经鉴定，黄某所受损伤构成轻微伤。

原判认为：被告人易某应、谢某雄以非法占有为目的，使用暴力手段，劫取他人财物，其行为已构成抢劫罪。本案中，被告人易某应、谢某雄等人对被害人黄某实施犯罪的场所为易某毛所租住的居所，黄某只是临时暂住，并非黄某的住所地，且易某毛在案发当时不满十八周岁，被告人易某应是易某毛的父亲，作为易某毛的法定监护人，进入该住所不具有非法性。上述二被告人在易某毛所租住的居所内实施的犯罪行为，不宜认定为“入户抢劫”。在共同犯罪中，被告人易某应、谢某雄相互配合积极实施犯罪，所起作用相当，不区分主从犯。被告人易某应虽犯罪后自动投案并如实供述自己的罪行，但庭审中翻供，否认所指控的犯罪事实，不能认定为自首。被告人易某应曾被判处有期徒刑，刑罚执行完毕后在五年内再犯新罪，是累犯，应当从重处罚。被告人易某应、谢某雄持械抢劫，致被害人黄某轻微伤，酌情从重处罚。依照《刑法》第263条、第25条第1款、第65条第1款的规定，判决如下：（1）被告人易某应犯抢劫罪，判处有期徒刑四年零六个月，并处罚金人民币2000元；（2）被告人谢某雄犯抢劫罪，判处有期徒刑三年零六个月，并处罚金人民币2000元。

宣判后，原审被告人谢某雄不服，提起上诉。

二审法院经审理查明：原审被告人易某应系易某毛（1995年6月6日出生）的父亲，上诉人谢某雄系易某毛的堂姐夫。被害人黄某与易某毛系同乡，案发时暂住在易某毛租住于罗湖区某某岭下村145栋602室的居所。2010年5月初，原审被告人易某应、上诉人谢某雄得知易某毛与男友苏某同居、怀孕后遭抛弃，便密谋向苏某索取财物，并纠集犯罪嫌疑人邹某鹏（另案处理）及另两名犯罪嫌疑人（另案处理）赶至深圳易某毛住所，由易某毛带去找苏某，但因苏某出差而未果。上诉人谢某雄便提议虚构是黄某致易某毛怀孕的，向黄某索取财物，易某应、邹某鹏等人表示同意。同年5月8日10时许，上述五人遂携匕首、铁棍、铁钳等作案工具进入易某毛住处，见被害人黄某在易某毛的床上睡觉，即对黄某进行拍照、殴打，并故意指责黄某致易某毛怀孕。后拿走黄某放在身上的农业银行卡一张及人民币300元，并威逼黄某讲出银行卡密码。然后，原审被告人易某应、上诉人谢某雄等人威逼黄某拿出人民币50000元。无奈之下，黄某只好致电其姐要求筹款人民币50000元。当日18时许，原审被告人易某应、上诉人谢某雄等人因担心黄某的姐姐报警，逃离现场。当日23时44分许，上诉人谢某雄在番禺市将黄某卡内2100元人民币取走。经鉴定，黄某所受损伤构成轻微伤。

二审法院认为：上诉人谢某雄、原审被告人易某应以非法占有为目的，使用暴力当场劫取他人财物，其行为已构成抢劫罪。在共同犯罪中，上诉人谢某雄、原审被告人易某应均积极实施犯罪，所起作用相当，不宜区分主、从犯。原审被告人易某应曾因犯罪被判处有期徒刑，刑罚执行完毕后在5年以内再犯应当判处有期徒刑以上刑罚之罪，是累犯，应当从重处罚。原判认定事实清楚，证据确实、充分，定罪准确，量刑适当，审判程序合法。依照《刑事诉讼法》相关规定，裁定如下：驳回上诉，维持原判。

【案例43】原判认定：2003年7月下旬的一天，被告人龚守江因和同事张志威有矛盾，便纠合了杜涛、王朋（均已判刑）向张寻仇，未果。后龚将其欲报复张一事告知被害人高某某。过了几天，龚守江得知张志威已离开工作单位，便怀疑是高某某向张通风报信。同月21日晚20时许，被告人龚守江与杜涛、王朋窜入佛山市南海区黄岐泌冲泌二新村高某某租住的出租屋，拿起高放在电脑旁的一部三星A408手提电话（价值1552元），翻查电话中的通话记录，看到有与张志威的通话记录，借口高某某向张通风报信，阻碍他们找张的麻烦，挡了他们的财路，便抢走该手提电话，并要高拿存折作为补偿。高某某称存折在厂里，在翻出租屋内物品给被告人等看证明没有存折时，不慎将放在鞋盒的人民币1600元翻出。高某某不愿将钱交给三人。杜涛在屋内拿起一个铁锤砸了高的左肩一下后把铁锤交给被告人龚守江，随手又拿起一把剪刀，王朋掏出一把匕首，三人一起威胁高某某。高某某与三人发生扭打，被杜涛用剪刀刺伤背部（经法医鉴定为轻微伤）。被害人高某某被逼至窗口，无奈之下将手中的1600元钱扔出窗外，并大声呼救。龚守江等三人即跑到楼下捡钱后逃匿。被告人等三人各分得赃款500元，抢得的手提电话由龚守江独占。

原判认为：被告人龚守江以非法占有为目的，伙同他人采用暴力和胁迫手段强行劫取他人财物，其行为已构成抢劫罪。公诉机关认定被告人的行为属入户抢劫不当，因被告人等人是在取得被害人的同意下进入其出租屋的，且被告人等人是入户后发现被害人有通风报信的嫌疑才临时起意劫取被害人的财物，故不属于入户抢劫行为。被告人等人的行为致被害人受轻微伤，据此酌情对其从严处罚。依照《刑法》相关规定，判决如下：被告人龚守江犯抢劫罪，判处有期徒刑五年六个月，罚金2000元。

宣判后，上诉人龚守江以量刑过重为由提出上诉。

二审法院经审理查明的事实、认定的证据与一审相同。

二审法院认为：上诉人龚守江以非法占有为目的，伙同他人采用暴力手段强行劫取私人财物，其行为已构成抢劫罪。原审判决认定事实和适用法律正确，量刑适当，审判程序合法，依照《刑事诉讼法》相关规定，裁定如下：驳回上诉，维持原判。

【案例44】 原判认定：2003年2月21日晚11时许，被害人唐某某（卖淫小姐）在三亚市西河西路第一市场路口碰见被告人白宝龙，问其是否需要小姐，白宝龙表示同意并双方讲好价钱后，唐某某随即将白宝龙带到唐租住的三亚市新民街134号住所。二人进房后，白宝龙就抱住唐，唐则要求白先交钱后“做事”（指发生性关系），白宝龙随即将唐压在床上并从其右裤袋里拿出一把小刀顶住唐的腹部，威胁道：“你知道我是谁，我从大陆逃来的，我要消费，把身上的钱拿出来。”随后，白用左手抓住唐的头发把唐扯起来，右手持刀架在唐的脸部，唐因害怕就从右裤袋内拿出70元，白一看说不够，唐又从后裤袋拿出一部摩托罗拉0681型手机。白宝龙则拉开上衣左口袋，叫唐把钱和手机放进去。唐照办后，白又要求唐拿够100元，唐则要求白松开刀，等她从挂在门后的衣服里拿钱，白见此就把小刀拿开。这时，唐的男友邓新年因听到房里有争执的声音就在门外敲门并喝道：“你们在里面干什么?”唐趁机开门跑出去，白则甩开进来想抓他的邓新年跑下楼去，唐某某在后高喊：“抢劫了”。楼下群众闻声将冲下楼的白宝龙抓获，当场从白身上缴获唐被抢的手机及作案工具小刀一把。破案后缴获手机已退还唐某某。经评估唐被抢手机价值人民币300元。

原判认为：被告人白宝龙无视国家法律，以非法占有为目的，采用暴力手段强行劫取他人财物，其行为已构成抢劫罪，应依法处罚。对公诉机关指控被告人白宝龙入户抢劫不予支持。依照《刑法》相关规定，以被告人白宝龙犯抢劫罪，判处有期徒刑七年，并处罚金人民币3500元。

宣判后，被告人白宝龙不服，提起上诉。

二审经审理查明：原判认定上诉人（原审被告人）白宝龙于2003年2月21日晚11时许在三亚市新民街134号被害人唐琼梅的住处持刀抢劫被害人唐琼梅的犯罪事实清楚，证据充分。

二审法院认为：上诉人（原审被告人）白宝龙无视国家法律，以非法占有为目的，采用暴力手段强行劫取他人财物，其行为已构成抢劫罪。原判认定事实清楚，证据确实、充分，定性准确，量刑适当，审判程序合法，适用法律正确。依照《刑事诉讼法》相关规定，裁定如下：驳回上诉，维持原判。

【案例45】原判认定：2002年5月间，黎某强叫江某雄帮忙向巴某福追收欠款7.6万元，江遂叫其男朋友张某武帮忙，张又叫了被告人梁建威及吴少聪与黎某强、江某雄等人先后二次到增城找巴某福追收欠款，均未果。同年9月27日20时许，被告人梁建威伙同吴少聪、阿初及二名男子（均在逃）窜到佛山市南海区桂城街道办事处南约村委第一住宅区92号，以曾经帮过张、江为由向张索要1万元，并由阿初及二名男子对张进行殴打。张不答应，被告人等五人遂抢去张的27元和强迫张写下欠阿聪1万元并以摩托车、手机作抵押的欠条。之后，被告人等五人抢走了张某武的速卡迪“太子”型125C摩托车一辆、西门子3618型手机一台及江某雄的玉坠一块，物品总价值4679.75元。28日中午，被告人与吴少聪等五人再次到上述地点向张索要1万元时被抓获。破案后未能缴回上述财物。

原判认为：被告人梁建威以非法占有为目的，伙同他人采用暴力手段入户强抢他人财物，其行为已构成抢劫罪。依照《刑法》相关规定，以被告人梁建威犯抢劫罪，判处有期徒刑十年，剥夺政治权利三年，罚金1000元。

宣判后，原审被告人梁建威不服，提起上诉。

二审经审理查明的事实、认定的证据与一审相同。另查明：被害人张某武叫上诉人梁建威、吴少聪为其女朋友江某雄的工友黎某强追收欠款，两次追收未果，没有给报酬。上诉人得知江某雄收到黎某强给的1万元追债费后，伙同吴少聪、阿初及二名男子于2002年9月27日20时许，到被害人张某武住宅，向被害人张某武索要1万元报酬，引起争吵。由阿初及两名男子殴打被害人，抢去张某武27元人民币，强逼被害人立下欠阿聪1万元并以摩托车、手机作抵押的欠条后，将摩托车、手机、玉坠共价值4679.75元的物品抢走。上诉人当时站在厅与房门处，知道房内有人争吵、打张某武，听到吴少聪说没钱就拿摩托车抵押，看见张某武写欠条。尔后，上诉人与吴少聪乘坐抢来的摩托车先于另三名同案人离开现场。次日中午，上诉人与吴少聪等共五人再次到上述地点向被害人索款时被抓获。

二审法院认为：上诉人梁建威以非法占有为目的，伙同他人采用暴力手段劫取他人财物，其行为已构成抢劫罪。上诉人梁建威虽然未入房对被害人实施殴打，但上诉人在门口已经意识到同案人在房内殴打并逼被害人拿钱出来，知道同案人吴少聪驾驶的是被害人的车而乘坐离开现场。次日，上诉人又伙同吴少聪等人再次找被害人要钱，上诉人无疑是抢劫共犯。上诉人梁建威与吴少聪找被害人的目的是为了索要他们认为应得的报酬，上诉人等人进入被害人住所索要报酬未果，临时起意并实施抢劫，并非通过入户的手段达抢劫之目的。因此，原判按“入户抢劫”在十年以上量刑不当。依照刑事法相关规定，判决如下：(1)维持某区人民法院（2003）南刑初字第761号判决中对上诉人梁建威的定罪和罚金部分；(2)撤销某区人民法院（2003）南刑初字第761号判决中对上诉人梁建威的量刑和剥夺政治权利部分；(3)上诉人梁建威犯抢劫罪，判处有期徒刑五年，罚金1000元。

【案例46】经复核确认：2010年10月14日晚，被告人江某、同案被告人沈宽弟（已判刑）因没钱花，江某提议抢劫其朋友沈某霞的爷爷被害人沈某庭手上的金戒指，沈宽弟即表示同意，并商定掐死沈某庭后抢走金戒指。次日凌晨0时许，江某、沈宽弟到诏安县南诏镇西门街县前街沈某庭家，江某利用沈某庭认识他而敲开沈的房门，二被告人进门后在沈某庭家里喝酒，江某编造借口向沈借钱，沈拿给江某20元。喝完酒后，二人走入卫生间商定由江某先动手。随后江某起身假装离去，趁沈某庭站起来时，用手掐住沈某庭脖子，并将其按倒在地。沈宽弟随即帮忙按住沈某庭双手，后换由江某按住沈某庭双脚，沈宽弟掐其脖子直至不能动弹。沈宽弟叫江某从卫生间拿来一条毛巾，用毛巾继续勒其脖子，江某乘机抢走沈某庭手上一枚金戒指，接着由江某用毛巾勒沈某庭脖子直至确认其已死亡。二人随即在沈某庭家搜得现金26元，及他人遗留在沈某庭家的一部三星翻盖手机。离开前，二人将沈某庭抬上床，并盖上被子、打开风扇，制造其自然死亡假象。离开时，二人带走放有作案用的毛巾的垃圾桶，丢弃在沈某庭家附近的路上，将在沈某庭家触摸过的塑料水杯、茶杯及身份证件等物品丢弃在城隍庙戏台前，又将抢得的手机折断后丢弃在南诏镇武庙门口前。当天上午，江某到诏安县南诏镇江厝寨“辉龙金铺”将抢来的金戒指变卖得赃款1088元，所得全部赃款由二人共同挥霍。经法医鉴定：死者沈某庭颈部受挤压（扼压）而引起机械性窒息死亡。经鉴定：金戒指价值为人民币1093元，三星牌翻盖手机价值为人民币180元；20元纸币系机制假币。附带民事原告人沈某发与被告人江某的家属在庭外达成民事调解协议，江某的家属一次性赔偿沈某发人民币66000元，沈某发自愿申请撤回对江某的附带民事诉讼，并不再追究江某的民事连带责任，同时沈某发向一审法院提交书面谅解书，对江某的犯罪行为予以一定程度谅解并建议法院不要对其适用死刑立即执行。

法院认为：被告人江某伙同同案被告人以非法占有为目的，共同预谋并劫取财物价值1279元，其行为已构成抢劫罪，属入户抢劫，并致一人死亡。被告人江某在共同犯罪中起主要作用，系主犯，率先提起杀人抢劫犯意、与同案被告人一同掐死被害人、负责销赃。其抢劫杀人犯意坚决，手段残忍，且具有犯罪前科，出狱后又实施严重暴力犯罪，纠集未成年人参与抢劫杀人，主观恶性、社会危害性、人身危险性大，论罪应当判处死刑。鉴于被告人江某亲属代为赔偿被害人亲属经济损失，其行为得到被害人亲属一定程度的谅解，归案后有一定的悔罪表现，原判对其判处死刑不立即执行适当。依照《刑事诉讼法》相关规定，裁定如下：核准某市中级人民法院（2011）漳刑初字第31号以抢劫罪判处被告人江某死刑，缓期二年执行，剥夺政治权利终身，并处没收个人全部财产之刑事附带民事判决。

【案例47】经审理查明：2004年8月初，被告人金德清与邓兴华到私渡镇红星村二组玩耍时，认识了该组村民杨素才、李志英夫妇。金德清先后三次到杨素才家，称其母亲也姓杨，他和杨素才是老婊关系。在双方闲谈中，被告人得知李志英的弟弟李跃洲和她关系不好，并详细了解了李跃洲的居住环境、家庭成员及经济情况。2004年8月17日晚，被告人金德清来到李跃洲家，谎称姓邓，本县钟家沟街上人，在山西包的铁矿，李跃洲儿子在他矿上干活，这次回来找工人过去干活，骗得李跃洲的信任。当晚，被告人留宿李跃洲家并和李同睡一张床上。凌晨三时许，被告人乘李跃洲熟睡之际，卷起被子并用膝盖顶住李的胸部，手持匕首向其要钱，李说没有钱，被告人即用匕首在李的脸上划了两刀。李试图夺匕首时，双手被割伤。李怕伤及性命，谎称起来找钱，将抽屉和柜子都打开让被告人看，并说确实没有钱。被告人便追问所卖三轮车的钱，李说车是借钱买的，卖车的钱已经还账了。被告人不相信，拿起木椅朝李头部猛击数下。李跃洲为了引起邻居的警觉，保全性命，谎称有两千元钱在外面猪圈边上的猪草池子下面，即带着被告人到对门邻居唐永贵家卧室外故意将窗子弄响，又到唐永贵家灶房门上将扁桶弄响。这时唐永贵开灯查看，被告人见势不妙，朝李跃洲腰部猛击一砖头后逃走。

法院认为：被告人金德清以非法占有为目的，以欺骗方法进入李跃洲住宅，采取暴力手段劫取财物，并致李跃洲身体两处轻伤、三处轻微伤，其行为已构成抢劫罪。被告人虽未劫得财物，但入户抢劫，致人轻伤，应为抢劫既遂；且金德清曾因犯罪被多次判刑，刑满释放后不思悔改，继续犯罪，应当予以从重处罚。依照《刑法》相关规定，判决如下：被告人金德清犯抢劫罪，判处有期徒刑十二年，并处罚金4000元，附加剥夺政治权利三年。

其三，关于“入户盗窃”转化为“入户抢劫”

《刑法》第269条规定了犯盗窃、诈骗、抢夺罪转化为抢劫的情形。2000年11月22日最高人民法院《抢劫罪解释》第1条规定：“对于入户盗窃，因被发现而当场使用暴力或者以暴力相威胁的行为，应当认定为入户抢劫。”2005年7月16日《“两抢”意见》指出，入户实施盗窃被发现，行为人为窝藏赃物、抗拒抓捕或者毁灭罪证而当场使用暴力或者以暴力相威胁的，如果暴力或者暴力胁迫行为发生在户内，可以认定为“入户抢劫”；如果发生在户外，不能认定为“入户抢劫”。2016年1月6日《抢劫指导意见》指出，入户盗窃、诈骗、抢夺后，为了窝藏赃物、抗拒抓捕或者毁灭罪证，在户内当场使用暴力或者以暴力相威胁的，构成“入户抢劫”。实践个案中，下列情形宜认定转化为“入户抢劫”：一是入户盗窃，并在户内当场实施暴力的，例如，“刘某抢劫、盗窃案”（案例48）；二是入户盗窃，户内被发现后逃跑过程中实施暴力，例如，“姜某某抢劫、盗窃案”（案例49）。

【案例48】原判认定：（1）抢劫。2011年9月3日凌晨，被告人刘某爬窗进入淳安县千岛湖镇龙门路谢某住处，窃取现金人民币60元、FUJIYA数码相机1只（价值人民币49元），被谢某发现后，被告人刘某为抗拒抓捕在客厅内将谢某推倒在地。经鉴定，被害人谢某被推倒致其第12椎体压缩性骨折，已构成轻伤。（2）盗窃。2011年10月11日凌晨，被告人刘某爬窗进入淳安县千岛湖镇龙门路解某住处，窃取现金人民币60余元、三星手机1只（价值人民币1688元）。（3）盗窃。同年10月17日晚上，被告人刘某爬窗进入淳安县千岛湖镇高志弄李某住处，窃取现金人民币1350余元、苹果手机1只（价值人民币1939元）及华硕笔记本电脑1台（价值人民币200元）。案发后，公安机关从被告人刘某处扣押FUJIYA数码相机1只、三星手机1只、华硕笔记本电脑1台。华硕笔记本电脑已发还被害人。

原判认为：被告人刘某以非法占有为目的入户实施盗窃，被发现后为抗拒抓捕而在户内当场使用暴力致人轻伤，其行为已构成抢劫罪，且属入户抢劫；其以非法占有为目的，入户盗窃，数额较大，其行为已构成盗窃罪。两罪应予并罚。被告人刘某在刑满释放后五年内再犯应当判处有期徒刑以上刑罚之罪，系累犯，应当从重处罚。依照《刑法》相关规定，以抢劫罪判处被告人刘某有期徒刑十三年，剥夺政治权利二年，并处罚金人民币25000元；以盗窃罪判处有期徒刑一年，并处罚金人民币2000元；并罚执行有期徒刑十三年六个月，剥夺政治权利二年，并处罚金人民币27000元。

宣判后，被告人刘某不服，提起上诉。

二审法院经审理查明，原判认定的事实清楚，证据确实、充分。

二审法院认为：原判定罪及适用法律正确，量刑适当，审判程序合法。依照《刑事诉讼法》相关规定，裁定如下：驳回上诉，维持原判。

【案例49】经审理查明：（一）抢劫事实。2010年9月17日0时许，被告人姜某某推门进入杭州市萧山区汪某某家，接着上二楼窃得汪某某放于裤袋内的现金2570元。当被告人姜某某准备逃离现场时，被汪某某发觉。汪某某遂起身抓捕被告人姜某某。被告人姜某某在下楼逃跑过程中，为抗拒抓捕，与汪某某发生搏斗，致汪某某轻微伤。后被告人姜某某被汪某某当场制服，所窃现金被缴获。（二）盗窃事实。（1）2008年6月份的一天晚上，被告人姜某某翻墙进入萧山区姜某甲家，窃得现金800元及利群牌香烟1

条，共计价值1000元。(2) 2008年6月26日凌晨，被告人姜某某翻墙进入萧山区姜某甲家，窃得现金1564元。(3) 2009年4月份的一天晚上，被告人姜某某推门进入萧山区鲍某某家，窃得现金1219元。(4) 2010年8月份的一天晚上，被告人姜某某推门进入萧山区顾某某家，窃得现金3000元。(5) 2010年9月14日凌晨，被告人姜某某翻墙进入萧山区胡某某家，窃得现金2950元。(6) 2010年9月18日凌晨，被告人姜某某翻墙进入萧山区沈某家，窃得现金1170元。综上，被告人姜某某盗窃6次，窃得财物总计价值10903元。案发后，部分赃款已由被告人姜某某退还给被害人。被告人姜某某归案后，如实供述了司法机关尚未掌握的以上其大部分盗窃事实。另查明，被告人姜某某精神发育迟滞（轻度），系限制责任能力人。

法院认为：被告人姜某某以非法占有为目的，进入他人住所窃取财物，在现场被他人发觉后，为抗拒抓捕，当场使用暴力，其行为已构成抢劫罪，系入户抢劫。被告人姜某某以非法占有为目的，秘密窃取他人财物，数额较大，其行为已构成盗窃罪。对被告人姜某某应两罪并罚。被告人姜某某因意志以外原因劫取财物未得逞，抢劫犯罪系未遂，可以比照既遂犯从轻或减轻处罚。被告人姜某某系限制责任能力人，可以从轻或减轻处罚。被告人姜某某归案后如实供述了司法机关尚未掌握的其较重的盗窃罪行，对其盗窃犯罪应当从轻处罚。被告人姜某某多次入户盗窃，对其盗窃犯罪应当酌情从重处罚。被告人姜某某在庭审中自愿认罪，可以酌情从轻处罚。依照《刑法》相关规定，判决如下：被告人姜某某犯抢劫罪，判处有期徒刑四年六个月，并处罚金5000元；犯盗窃罪，判处有期徒刑十个月，并处罚金2000元。两罪并罚，决定执行有期徒刑五年，并处罚金7000元。

此外，实践中值得注意以下几种情形：一是入户盗窃犯意直接转化为入户抢劫故意的，就不再适用《刑法》第239条的规定，而是直接适用《刑法》第236条“入户抢劫”的规定，例如，“胡科文抢劫案”（案例50）。二是入户抢劫犯意转化为绑架的，可考虑按吸收犯处理，例如，“杨某等抢劫、绑架案”（案例51）。三是入户施加暴力或者威胁的目的是劫取户外财物的，不宜认定为“入户抢劫”，而属于一般抢劫，例如，“吴大桥等抢劫案”（案例52）。

【案例50】经审理查明：2011年11月23日上午，被告人胡科文携带起子、水果刀，至常州市武进区湟里镇中干埠头村1号蔡明勇暂住地，欲进入户内盗窃，在撬门时被蔡某某的妹妹蔡某甲发现，被告人胡科文随即掐住蔡某甲的喉咙，逼迫其打开房门进入室内，并对其进行搜身、言语威胁，共劫得人民币30元及价值人民币356元的手机2部、电视机1台。案发后，价值人民币356元的手机2部已追缴并发还被害人。另查明，被告人胡科文归案后如实供述了本案事实。

法院认为：被告人胡科文以非法占有为目的，采用暴力、胁迫手段，在公民住所内劫取财物，其行为已构成抢劫罪，系入户抢劫。其归案后能如实供述自己的罪行，依法可从轻处罚。公诉人认为被告人胡科文归案后如实供述自己的罪行可从轻处罚、建议判处有期徒刑十至十一年等量刑意见恰当，本院予以采纳。为严肃法制，惩治罪犯，保障公民人身权利和财产所有权不受侵犯，维护社会治安秩序，依照《刑法》相关规定，判决如下：被告人胡科文犯抢劫罪，判处有期徒刑十年，剥夺政治权利三年，并处罚金人民币5000元。

【案例51】经审理查明：2008年1月19日中午，被告人杨某提议并与被告人郭某合谋后，至无锡市惠山区长安街道水泵厂，采用持刀殴打、威胁等手法，欲向被害人廖某某劫取钱财，后因廖某某的表哥姚沅彬赶来劝阻等原因而未得逞。后二被告人又继续找廖某某欲再行实施抢劫犯罪，因找不到廖某某。两被告人又经合谋，于2008年1月20日凌晨1时许，持砍刀踢门闯入无锡市惠山区长安街道惠巷医疗器械水泵厂姚伍妹（女，41岁，系廖某某之母）

的宿舍，被告人杨某将砍刀交给郭某，自己取得屋内菜刀1把，两被告人找廖某某不得，即向姚伍妹谎称“廖某某欠郭某1500元钱”，以此为由要姚伍妹替子还钱。索要未果后，被告人郭某即将刀架在姚伍妹的次子廖秀停的脖子上，提出交付人民币900元，不拿钱就杀害廖秀停。姚伍妹见状，拿出随身的50元人民币。两被告人嫌少，又继续以杀害廖秀停相威胁逼迫姚伍妹。见姚伍妹再拿不出钱款，两被告人即向姚伍妹索得上述人民币50元并将廖秀停作为人质带走，责令姚伍妹于当日上午10时前交付剩余赎金人民币850元。

某区人民法院认为：被告人杨某、郭某以非法占有为目的，采用暴力手段欲劫取他人钱财，因意志以外的原因未得逞，其行为均已构成抢劫罪，属未遂；继而又以勒索财物为目的，以暴力手段控制并绑架人质，其行为均又构成绑架罪。对被告人杨某、郭某所犯数罪，依法应予以并罚。公诉机关指控两被告人犯绑架罪的罪名成立，应予支持，但对两被告人属入户抢劫的指控罪名及情节，经查，两被告人提出要姚伍妹替子还钱不成后，其犯意即发生了转化，实施了用刀架在廖秀停的脖子上，将廖秀停作为人质予以控制，以此向其亲属勒索赎金的行为，当场取得部分赎金人民币50元，该行为属于绑架过程中的一部分，不应单独作为抢劫罪予以重复评价，故本院对入户抢劫之指控不予支持。被告人杨某、郭某犯两罪时均未满18周岁，属未成年人犯罪，应依法从轻或减轻处罚；两被告人所犯抢劫罪属未遂，可比照既遂犯从轻或减轻处罚。又因其归案后均有一定的悔罪表现，可酌情予以从轻处罚。综上情节，本院决定对两被告人犯抢劫罪、绑架罪均予以减轻处罚。对被告人杨某、郭某的辩护人提出的“未成年人犯罪；认罪态度较好；建议减轻处罚”的辩护意见，经查属实，本院予以采纳。依照《刑法》相关规定，做出如下判决：(1) 被告人杨某犯抢劫罪，判处有期徒刑一年，并处罚金人民币1000元；犯绑架罪，判处有期徒刑六年，并处罚金人民币2000元，决定执行有期徒刑六年六个月，并处罚金人民币3000元；（2）被告人郭某犯抢劫罪，判处有期徒刑一年，并处罚金人民币1000元；犯绑架罪，判处有期徒刑五年六个月，并处罚金人民币1500元，决定执行有期徒刑六年，并处罚金人民币2500元；（3）犯罪所得赃款人民币50元予以追缴，发还被害人；犯罪工具砍刀一把予以没收，上缴国库。

【案例52】经审理查明：2006年3月23日上午，被告人吴大桥、吴孟伏、易建国由被告人易建国带路对挖掘机停放工地进行踩点。次日凌晨1时许，被告人吴大桥、吴孟伏、易建国、吴胜利四人携带改装的射钉枪、水果刀、手套、手电、塑料袋、胶带纸等作案工具，乘由被告人吴大桥、易建国租用的1台平板拖车，窜至望城县丁字镇何桥村毛塘组华电铁路中铁五局工地附近。为防止惊动看守挖掘机的农户，四名被告人步行到达工地。根据事先分工，被告人易建国用事先配置的挖掘机钥匙把挖掘机开上平板拖车，被告人吴大桥、吴孟伏、吴胜利则进入看守挖掘机的农户杨团力家，被告人吴大桥持改装射钉枪，被告人吴孟伏持水果刀，被告人吴胜利持手电，由被告人吴大桥对被害人杨团力、李运兰进行暴力威胁，同时由被告人吴大桥动手将被害人杨团力、李运兰、杨森林、王兴兰全家四人的手、脚、嘴用胶带纸和绳子进行捆绑，接着被告人吴大桥再次威胁被害人“莫报案，否则一枪打死你崽，为你崽伢子准备一副棺材”，被告人吴孟伏则将电话线扯断以防止被害人报警，三名入室的被告人将被害人杨团力家门自外反捆住后乘拖车离开现场。当日中午1时许，挖掘机被拖至湖北省武汉市江夏区安山镇马法公路1公里处，即普安村二组路段正准备销赃时，被跟踪追来的望城县公安局人赃俱获。经价格鉴定：被抢的日本小松PC200—6型挖掘机价值308000元。经枪支鉴定：送检的枪支为射钉枪改装而成，具有以火药为动力发射金属弹丸的非军用枪支结构。

某市中级人民法院认为：被告人吴大桥、吴孟伏、易建国、吴胜利以非法占有为目的，采取持刀、枪威胁以及

> 捆绑他人等手段，劫取他人财物，其行为均已构成抢劫罪，且数额巨大。在共同犯罪中，被告人吴大桥、吴孟伏、易建国、吴胜利均起主要作用，均系主犯。被告人吴胜利辩称其在本案中起次要作用，系从犯，经查，被告人吴胜利既参与了本案抢劫犯罪的策划过程，又按分工联系了销赃，且作案过程中还控制了被害人，故在共同犯罪中起主要作用，应认定为主犯。依照《刑法》相关规定，判决如下：（1）被告人吴大桥犯抢劫罪，判处无期徒刑，剥夺政治权利终身，并处没收个人全部财产；（2）被告人吴孟伏犯抢劫罪，判处有期徒刑十五年，剥夺政治权利三年，并处罚金30000元；（3）被告人易建国犯抢劫罪，判处有期徒刑十四年，剥夺政治权利三年，并处罚金20000元；（4）被告人吴胜利犯抢劫罪，判处有期徒刑十年，并处罚金10000元。

最后，实践个案对《抢劫罪解释》中“可以”的理解值得进一步研究，例如，“朱俊慧抢劫案”（案例53）中“因其所实施暴力行为情节较轻，尚未造成严重后果，故不认定其行为属《刑法》所规定的入户抢劫”。在笔者看来，凡是符合入户盗窃转化为入户抢劫条件的，宜先认定为“入户抢劫”，考虑到罪责刑相适应原则，认定为“入户抢劫”量刑太重的，宜按照特殊减轻制度来进行处理，而不宜直接适用《抢劫罪解释》的“可以”条款，不认定为“入户抢劫”。

> **【案例53】**原判认定：2007年1月26日晨9时许，被告人朱俊慧窜至广州市白云区石井街鸦岗村庆民街15巷12号被害人李件生及其兄长家人共同租住的一处二层民房，撬锁进入该房内进行盗窃。当朱俊慧进入该房二楼李件生租住房内盗窃时，被下班回来的李件生发现，李件生即上前抓捕朱俊慧，朱俊慧以拳打脚踢等暴力反抗抓捕，后被李件生及随后赶来的群众、治安人员制服。案发后，被害人李件生的伤情未作鉴定。
>
> 某区人民法院认为：被告人朱俊慧盗窃公民财物，为抗拒抓捕而当场使用暴力，其行为构成抢劫罪。被告人朱

俊慧抢劫未遂，依法可从轻处罚。依照《刑法》第269条、第263条的规定，判决如下：（1）被告人朱俊慧犯抢劫罪，判处有期徒刑四年，并处罚金1000元；（2）缴获的钢筋等作案工具，予以没收。

宣判后，被告人朱俊慧不服，提起上诉。

二审经审理查明的事实、认定的证据与一审一致。

某市中级人民法院认为：被告人朱俊慧入户实施盗窃被发现，为抗拒抓捕而当场使用暴力，其行为已构成抢劫罪。但因其所实施暴力行为情节较轻，尚未造成严重后果，故不认定其行为属《刑法》所规定的入户抢劫。另其因意志以外原因致犯罪未能得逞，属犯罪未遂，依法可从轻处罚。原判认定事实清楚，证据确实、充分，定性准确，量刑适当。依照《刑事诉讼法》相关规定，裁定如下：驳回上诉，维持原判。

（二）在公共交通工具上抢劫

2000年11月17日最高人民法院《抢劫罪解释》第2条规定，“在公共交通工具上抢劫”，既包括在从事旅客运输的各种公共汽车，大、中型出租车，火车，船只，飞机等正在运营中的机动公共交通工具上对旅客、司售、乘务人员实施的抢劫，也包括对运行途中的机动公共交通工具加以拦截后，对公共交通工具上的人员实施的抢劫。2016年1月6日《抢劫指导意见》指出，“在公共交通工具上抢劫”，既包括在处于运营状态的公共交通工具上对旅客及司售、乘务人员实施抢劫，也包括拦截运营途中的公共交通工具对旅客及司售、乘务人员实施抢劫，但不包括在未运营的公共交通工具上针对司售、乘务人员实施抢劫。以暴力、胁迫或者麻醉等手段对公共交通工具上的特定人员实施抢劫的，一般应认定为“在公共交通工具上抢劫”。因此，“在公共交通工具上抢劫”具体分为两大类型：一是在从事旅客运输的各种公共汽车，大、中型出租车，火车，船只，飞机等正在运营中的机动公共交通工具上对旅客、司售、乘务人员实施的抢劫。二是对运行途中的机动公共交通工具加以拦截后，对公共交通工具上的人员实施的抢劫，例如，“罗某某抢劫案”（案例54）。此种情形既包括拦截后上交通工具抢劫，也包括拦截后在交通工具下抢劫。

【案例54】原判认定：2000年2月29日，被告人罗某某和帅某某、潘某某、祝某某、王某某、姜某某（均已判决）等六人来到常山县城，由祝某某等人提议晚上到公路上拦客车以卖香烟的形式进行抢劫，并准备了刀、棍、香烟等工具，被告人罗某某等人亦表示同意。当晚9时许，被告人罗某某一行六人在常山县何家乡文图村口樟树底路段，拦下由江西省乐平市开往浙江省义乌市的赣H11888号卧铺大客车。六人上车后，被告人罗某某持棍守住车门，潘某某持砖、刀控制驾驶员，姜某某等人给乘客分发香烟，帅某某等人持棍胁迫40余名乘客每人拿出50元钱购买香烟，并不时用棍敲打床栏杆以示威胁。乘客刘某某、许某某、徐某某等人因不愿给钱或者给钱不足50元而遭殴打。被告人罗某某等人劫得现金1700余元后下车逃离现场。

原判以抢劫罪判处被告人罗某某有期徒刑六年三个月，并处罚金2000元。

宣判后，上诉人罗某某不服，提起上诉。

二审法院经审理查明的事实、认定的证据与一审一致。

二审法院认为：上诉人罗某某以非法占有为目的，结伙他人在公共交通工具上以贩卖香烟为名，采用暴力、胁迫手段，劫取财物，其行为已构成抢劫罪，且属共同犯罪。在共同犯罪中，上诉人罗某某起次要、辅助作用，属从犯，依法予以减轻处罚。原判适用法律正确，量刑适当。审判程序合法。依照刑事法相关规定，裁定如下：驳回上诉，维持原判。

需指出的是，2005年7月16日最高人民法院《“两抢”意见》第2条指出，“公共交通工具承载的旅客具有不特定多数人的特点……或者在小型出租车上抢劫的，不属于在公共交通工具上抢劫。”此前实践个案将在小型出租车上抢劫的，也认定为“在公共交通工具上抢劫”，例如“侯学超抢劫案”（案例55）和“周武抢劫案”（案例56）。

【案例55】经审理查明：1999年9月3日晚，被告人侯学超、徐红军、刘振兴（后二人均在逃）在三亚市丹州小区幢202房预谋抢劫作案，并准备了作案工具尖刀、钢筋铁锤、绳子。同年9月4日晚8时许，侯等三人窜到三亚市文化宫处拦了一部车牌号码为琼B-5540的红色捷达出租车开往三亚市金鸡岭岭北新村。当车行驶至离岭北新村路口100米左右时，刘振兴让停车，徐红军用钢筋铁锤击打司机刘光仁的头部，同时，刘振兴拿刀顶住刘光仁的胸口，侯学超用刀顶住刘光仁的脖子。当刘光仁准备推开车门逃跑时，徐红军又用铁锤再次猛击司机刘光仁的头部，铁锤脱手后，又用绳子勒刘光仁的脖子，同时，刘振兴用刀朝刘光仁的身上猛扎，侯学超向刘光仁身上猛刺一刀，刺伤刘光仁的右手臂。刘光仁被勒昏后，侯学超趁机抢走刘光仁的BP机一个（号码为8278111-99348），刘振兴抢走人民币80元，得逞后三人逃离现场。当晚10时许，侯被公安干警在作案现场附近抓获。刘光仁的伤势经法医鉴定为轻伤。

法院认为：被告人侯学超无视国家法律，以非法占有为目的，伙同他人持刀在公共交通工具上抢劫，抢走被害人财物并致被害人轻伤，其行为已构成抢劫罪，应依法惩处。依照《刑法》相关规定，判决如下：被告人侯学超犯抢劫罪，判处有期徒刑十三年，剥夺政治权利三年，并处罚金人民币3000元。

【案例56】经审理查明：2000年3月24日凌晨，被告人周武在某区长沙钢厂加油站附近，拦乘李某某驾驶的一辆牌照为湘AX7014的出租车至某市高桥大市场。当车行驶至赤新路立交桥下右边巷子时，被告人周武强行向被害人李某某索要烟钱，同时威胁说，“给不给，要我打你几下才舒服喽”，并顺势用左手打了被害人一耳光，从李某某手中抢得人民币210元后逃离现场。赃款被其挥霍一空。

法院认为：被告人周武无视国法，采用暴力、胁迫的手段在公共交通工具上抢劫他人财物，其行为已构成抢劫罪，应予处罚。被告人周武认罪态度较好，可酌情从轻处罚。依照《刑法》相关规定，判决如下：被告人周武犯抢劫罪，判处有期徒刑十年，剥夺政治权利一年，并处罚金2000元，没收非法所得210元。

实践中值得注意以下问题：

一是“在公共交通工具上抢劫”的“抢劫方法”。行为人在公共交通工具上以暴力方法和以当场实施暴力相威胁的胁迫方法实施抢劫，均属于“在公共交通工具上抢劫”。但是，行为人以麻醉等非暴力型方法在公共交通工具上抢劫的，宜分具体情况来认定是否属于“在公共交通工具上抢劫”。凡是采用麻醉等其他方法针对公共汽车不特定多数人或者特定多数人（二人或者以上）实施抢劫的，可认定为“在公共交通工具上抢劫”；若采用麻醉方法针对一人实施抢劫的，不宜认定为“在公共交通工具上抢劫”，例如“陶某抢劫案”（案例57）。

【案例57】原判认定：2004年5月23日，被告人陶某与被害人金某在云南省永胜县经他人婚姻介绍认识后，于5月25日共同从昆明乘上开往上海的K80次旅客列车14号车厢，准备去浙江金某家成婚。在列车上，陶利用为金某冲泡方便面的机会，在面里投放了3粒三唑仑安眠药片，金某食用后不久便昏昏欲睡。陶某见机将金某搀扶至14、15号车厢的连接处让其躺下。当金某昏睡后，陶趁机劫取了金某裤袋中的钱包，包内有人民币500余元及陶某本人的身份证等物。列车停靠安顺站时，陶某下车逃逸，2004年6月4日被抓获归案。

原判认为，被告人陶某使用药物麻醉的方法，使被害人不知反抗，并当场劫取被害人的钱财占为已有，其行为已构成抢劫罪。依照《刑法》第263条的规定，以抢劫罪判处陶某有期徒刑四年，并处罚金人民币3000元。

宣判后，被告人陶某不服，提起上诉。

二审法院经审理查明的事实、认定的证据与一审相同。

二审法院认为：被告人陶某使用投放安眠药的方法，

趁被害人昏睡之机，从其身上攫取了装有财物的钱包后下车逃跑，该行为符合抢劫罪的法律特征，应以抢劫罪论处。关于对陶某的量刑，本院认为，原判根据罪刑相当的原则，按照普通抢劫犯罪对陶某所作出的定罪量刑并无不当。“在公共交通工具上抢劫”这种情节加重犯罪应当只包括使用了暴力或者以实施暴力相威胁的抢劫犯罪，而不包括在公共交通工具上利用麻醉方法进行的抢劫，因为这种抢劫一般不具有抢劫的公然性和不特定性的特征。其一，被告人陶某实施的麻醉抢劫不具有公然性。陶某是一名26岁的女青年，其经他人婚姻介绍认识了被害人金某后，答应嫁给金某并同意跟随金某回乡成亲。金某在支付了介绍费后怕陶反悔，就扣押了陶的身份证放在自己的钱包内。在途中，陶建议俩人先回陶家，但没有得到金某的同意，于是，陶便产生了用药物麻醉金某后取回身份证并趁机逃跑的念头。在列车上，陶利用为金某冲泡方便面的机会，将3粒三唑仑安眠药片放入其中，并趁金某食用后昏睡之机，取回了自己的身份证并劫取了人民币500元。根据当时的条件，陶某完全可以将金某的手机和行李等物品全部劫走，但其并没有实施。而金某在食用方便面后只是昏睡了一段时间，没有对金某的身体造成其他损害后果。虽然该行为发生在运行中的旅客列车上，但陶在实施犯罪时行为较有节制，主观恶性较小，其抢劫行为并不具有公然性的特征。其二，被告人陶某的犯罪对象具有特定性。因被告人陶某与被害人金某是经他人婚姻介绍后认识的，所以互相之间有着特定的关系。在列车上，陶将三唑仑药片放入金某食用的方便面中，并催促金某当面吃下。嗣后，陶趁金某昏睡以及其他旅客不知不觉的情况下劫取了金某的钱款后逃跑，其犯罪所侵害的对象仅限于对特定个人的人身权利和财产权利。正因为其犯罪对象的特定性和作案手段的隐蔽性，其既没有对交通工具上其他不特定的多数人的人身和财产权利构成威胁，更没有对公共交通运输秩序及安全造成威胁，这与在其他场合发生的抢劫罪的基本犯行为并无二致，故应将其排除于“在公共交通工具上抢劫”之外。因此，被告人陶某的行为构成一般抢劫罪，其辩称原判量刑过重的理由不能成立。原判认定陶某犯抢劫罪的事实清楚，证据确实、充分，适用法律正确，量刑适当，审判程序合法。依照刑事法相关规定，裁定如下：驳回上诉，维持原判。

二是在无营运资质的交通工具上抢劫，是否属于“在公共交通工具上抢劫”。在2016年1月6日《抢劫罪指导意见》未出台前的司法实践中，法院没有将在无营运资质的交通工具上抢劫的情形，认定为“在公共交通工具上抢劫”。[①] 例如，“罗雄权等抢劫案”（案例58）。在笔者看来，“公共交通工具”是否取得营运资质是道路交通安全法调整的问题，“在公共交通工具上抢劫”作为加重情节的立法理由在于“公共交通工具承载的旅客具有不特定多数人的特点”，因此，即使公共交通工具没有营运资质，行为人在其上抢劫的，也属于“在公共交通工具上抢劫”。

【案例58】 经审理查明：2004年6月3日凌晨3时许，被告人罗雄权、卢斯明、陈伟杰伙同一黑衣男子（另案处理）经合谋后，驾驶一辆无营运资质的中型客车（牌号为粤Y·08605）到某市芳村区窖口客运站附近，由陈伟杰驾驶汽车，罗雄权假扮乘务员，卢斯明与黑衣男子假扮乘客，将被害人郑来云、薛莲英骗上车。行驶途中卢斯明以郑来云碰跌其眼镜为由要求郑来云赔偿损失，并与同案黑衣男子持小刀、铁棍等作案工具，对郑来云、薛莲英实施殴打、搜身，致郑来云轻微伤，抢得两被害人人民币800元、爱立信无线移动电话机1台、银戒指1枚及工商银行储蓄卡等物品。行至某市白云区同德街粤溪村时，罗雄权、卢斯明将两被害人推下车。后三被告人在回到同德街鹅掌坦西街一停车场时被跟踪追捕的公安人员抓获。

某区人民法院认为：被告人罗雄权、卢斯明、陈伟杰无视国家法律，以非法占有为目的，互相配合，利用机动

① 2016年1月6日《抢劫指导意见》指出，对于虽不具有商业营运执照，但实际从事旅客运输的大、中型交通工具，可认定为“公共交通工具”。接送职工的单位班车、接送师生的校车等大、中型交通工具，视为“公共交通工具”。

车辆采取持械殴打、搜身等暴力手段强行劫取公民财物，三被告人的行为已构成抢劫罪。被告人罗雄权、卢斯明、陈伟杰结伙选择凌晨时机利用行驶中的机动车辆抢劫，使被害人陷入孤立无援和求助不能的境地，论情节应当从重处罚。但公诉机关认定三被告人在公共交通工具上抢劫不当，理由是：本案被告人利用的中型客车没有取得道路运输管理机构颁发的旅客运输经营许可，该车不是合法的旅客运输车辆，也不是合法的公共交通工具；《刑法》第263条以“在公共交通工具上抢劫”作为抢劫罪的加重情节，主要是针对利用公共交通工具抢劫的犯罪会侵犯不特定的多数旅客的生命财产安全，而本案被告人利用的车辆不能获得正常的营运机会，因此三被告人利用这种非法营运的车辆抢劫，一般只能侵犯不特定的少数旅客的生命财产安全，受害人的范围较窄，故三被告人的行为不宜认定为“在公共交通工具上抢劫”。依照《刑法》相关规定，作出判决如下：(1) 被告人罗雄权犯抢劫罪，判处有期徒刑八年，并处罚金2000元；(2) 被告人卢斯明犯抢劫罪，判处有期徒刑七年六个月，并处罚金2000元；(3) 被告人陈伟杰犯抢劫罪，判处有期徒刑五年，并处罚金2000元。

三是“在公共交通工具上抢劫”是否要求抢劫时有多人（至少3人）在公共交通工具上。2005年7月16日最高人民法院《“两抢”意见》第2条只是指出，“公共交通工具承载的旅客具有不特定多数人的特点”，没有对此作进一步的解释。有学者认为，在公共交通工具（如火车）上抢劫一名乘客的财物的，也属于在公共交通工具上抢劫。[①] 此处的“一名乘客”是指整个交通工具上除司售、乘务人员以外仅1名乘客，还是（抢劫）仅针对多人在场情形中的一名乘客，也不明确。实践个案中，在公共交通工具上针对特定一人实施抢劫的，有的未被认定为“在公共交通工具上抢劫”，但是，“王卫东等抢劫案”（案例59）中法院则主张“行为人在公共交通工具上不论是抢劫某个特定的人还是抢劫多人，对认定该种行为属于在公

① 参见张明楷：《刑法学》（第4版），法律出版社2011年版，第863页。

共交通工具上抢劫没有实质影响”。在笔者看来，结合《“两抢”意见》中“在小型出租车上抢劫的，不属于在公共交通工具上抢劫”予以考虑，“在公共交通工具上抢劫”的在场人数宜作如下理解：一是公共交通工具上没有乘客，行为人在车上专门抢劫司售、乘务人员的，不属于“在公共交通工具上抢劫”（类似于行为人抢劫小型出租车司机）；二是公共交通工具上有乘客，行为人利用下车之际抢劫售票人员的，不属于“在公共交通工具上抢劫”，例如，“何加盛抢劫案”（案例60）；三是公共交通工具上有乘客，行为人在车上针对特定一人实施抢劫的，依据抢劫行为是否足以对他人产生畏惧感来加以具体认定是否属于“在公共交通工具上抢劫”，例如，“李政、侍鹏抢劫案”（案例61）。

【案例59】原判认定：2004年8月5日下午，被告人王卫东、张祁伦及郭燕云、曾东辉（均已送劳动教养）预谋到公共汽车上去盗窃作案。随后四人来到赣州市章贡区红旗大道赣州市人民医院对面的候车亭等候公共汽车。15时许，四人见路过的109路公共汽车上人多，即登上该车。上车后，曾东辉坐在被害人黄小荣的左边，被告人张祁伦站在黄小荣的右边，被告人王卫东及郭燕云坐在黄小荣的后面。车启动后，曾东辉欲偷黄小荣上衣口袋里的钱包，被黄小荣发现而未遂。接着，郭燕云又偷黄小荣挂在腰间的“波导”1500型手机，得手后被黄小荣发现并夺回。这时，王卫东强行从黄小荣手中抢过手机，并随即对黄小荣进行语言威胁，张祁伦则用手按住黄小荣的肩膀，迫使黄小荣不敢反抗。随后，四人下车离去。经鉴定，被抢的“波导”1500型手机价值480元。王卫东将该手机销赃得款140元，王卫东、张祁伦各分得35元。

原判认为：被告人王卫东、张祁伦以非法占有为目的，在公共交通工具上采用暴力、胁迫手段劫取公民财物，其行为已构成抢劫罪。二被告人在城市公共汽车上实施抢劫，属于在公共交通工具上抢劫。王卫东曾经因故意犯罪被判处有期徒刑以上刑罚，又在假释期满之日起五年内犯应当判处有期徒刑以上刑罚之罪，是累犯，应当从重处罚。依照《刑法》第263条第（2）项、第25条第1款、第65条的规定，以抢劫罪判处被告人王卫东有期徒刑十一年，罚金5000元；以抢劫罪判处被告人张祁伦有期徒刑十年，罚金4000元。

宣判后，被告人王卫东上诉提出，刑法严厉打击在公共交通工具上抢劫的立法本意，主要是侵害行为的实施会对社会不特定的大多数人构成人身威胁，其主观恶性和社会危害性都大于对某个特定人员和特定交通工具的抢劫，情节特别恶劣，所以在量刑上提高了一个档次。本案中，其抢劫对象有针对性，对交通工具上其他不特定的多数人并未构成威胁，没有直接向被害人实施暴力，手段表现缓和，程度较轻，非法占有少量钱财，对社会危害性不大，请求二审法院撤销原判，依法改判。

二审法院经审理查明的事实、认定的证据与一审相同。

二审法院认为：上诉人王卫东、张祁伦以非法占有为目的，在公然夺取他人财物后，为抗拒抓捕而当场使用暴力、以暴力相威胁，其行为已构成抢劫罪。王卫东、张祁伦提出其行为属于转化型抢劫的上诉意见成立。法律规定对在公共交通工具上实施抢劫犯罪的行为人判处重刑的立法目的，主要是为了打击车匪路霸欺压旅客、抢劫财物、扰乱运输秩序的犯罪活动，以保护旅客在旅途中的财产和人身安全。行为人在公共交通工具上不论是抢劫某个特定的人还是抢劫多人，对认定该种行为属于在公共交通工具上抢劫没有实质影响。同时，行为人在公共交通工具上抢劫或者在公共交通工具上由盗窃、诈骗或抢夺转化而成的抢劫，均属于我国《刑法》规定的在公共交通工具上抢劫。张祁伦在王卫东实施抢夺犯罪后按住被害人的身体制服其反抗从而逃离现场，表明其在主观上具有与王卫东一样非法占有被害人财物并抗拒抓捕的共同犯罪故意，在客观上其实施的行为与王卫东实施的犯罪行为互相配合，符合我国《刑法》规定的共同犯罪的构成要件。原判认定事实清楚，定罪准确，量刑适当，审判程序合法。虽然原判漏引《刑法》第269条，但是这一缺陷对于本案当事人的定罪量刑没有实质影响。依照《刑事诉讼法》相关规定，裁定如下：驳回上诉，维持原判。

【案例60】原判认定：2007年1月31日，被告人何加盛乘坐由东莞市虎门开往广州的粤S34702号牌客运车。当日20时许，该车行驶至增城市新塘镇“太阳城”大酒店对面一中巴站停车时，被告人何加盛即持一把短刀，抢劫正在客运车上的售票员梁振月的挂包（内有人民币2060元），车主梁守平见状上前制止，被被告人何加盛持刀刺伤左手（经法医鉴定为轻伤），后被告人何加盛下车逃跑时，被治安协管员抓获归案。

原审法院依照《刑法》相关规定，判决被告人何加盛犯抢劫罪，判处有期徒刑十年，剥夺政治权利三年，并处罚金2000元。

宣判后，原审被告人何加盛不服，提出上诉。

二审法院经审理查明：2007年1月31日，上诉人何加盛由深圳乘车至广西南宁，中途被换乘由东莞市虎门开往广州的粤S34702号牌客运车。当日20时许，该车行驶至增城市新塘镇“太阳城”大酒店对面一中巴站停车时，上诉人何加盛得知该车不能到达广西南宁，遂与售票员梁振月发生争执，并持一把短刀，抢劫其挂包（内有人民币2060元），车主梁守平见状上前制止，被上诉人何加盛持刀刺伤左手（经法医鉴定为轻伤）。何加盛抢劫财物未果即下车逃跑，后被治安协管员抓获归案。

二审法院认为：上诉人何加盛以非法占有为目的，持刀抢劫公民财物，并致一人轻伤，其行为已构成抢劫罪。上诉人何加盛因为中途被换车而又没有到达目的地且在索要票款未果的情况下实施抢劫，其针对的是售票员及其收取票款的钱包，况且当时中巴已经靠站停车，大部分乘客已下车，上诉人何加盛的抢劫行为针对的是特定对象，其没有对其他旅客的人身、财产安全构成威胁，应当认定为一般抢劫行为，一审法院对其适用《刑法》第263条第（2）项的规定有误，应当予以纠正。上诉人何加盛及其辩护人辩称其不属于在公共交通工具上抢劫的意见可以采纳，其余辩解、辩护意见据理不足，不予采纳。依照刑事法相关规定，判决如下：(1) 维持某市人民法院（2007）增法刑初字第371号刑事判决中对上诉人何加盛的定罪部分；(2) 撤销某市人民法院（2007）增法刑初字第371号刑事判决中对上诉人何加盛的量刑部分；(3) 上诉人何加盛犯抢劫罪，判处有期徒刑四年，并处罚金人民币1000元。

【案例61①】经审理查明：(1) 2004年9月10日下午7时30分许，被告人李政在某市中央门长途汽车站以拉客为名，将被害人马景海带至幕府西路江南加油站相房村2号。之后，被告人李政拦下除车主林增发、驾驶员胡志军外另有一名乘客的皖A—53842长途客车，并带被害人上车。此时被告人侍鹏伙同侍锋、毕爱军（二人皆另案处理）尾随上车，并将被害人安排在车后部。四人在要求被害人买票过程中，对马景海进行暴力殴打、语言威胁，强行劫取其人民币8640元，并威胁不许报案。下车后，四人进行分赃，被告人侍鹏、侍锋、毕爱军各分得2000元，被告人李政分得余款。(2) 2005年2月6日下午2时30分许，被告人李政和侍鹏在本市下关区南京商厦门口以拉客为名，将被害人顾桂和带至幕府西路金大加油站。被告人李政拦下车上只有驾驶员尤永一人的苏K—09486长途客车后带被害人上车，以同样手段逼迫顾桂和先后拿出人民币计250元。

某区人民法院认为：被告人李政、侍鹏以非法占有为目的，在公共交通工具上采用暴力、胁迫方法，劫取他人财物，其行为已构成抢劫罪，应依法予以惩处。被告人李政曾因犯罪被判处有期徒刑，刑罚执行完毕后五年内再犯应当判处有期徒刑以上刑罚之罪，系累犯，应当从重处罚。被告人侍鹏有立功表现，依法应减轻处罚。依照《刑法》

① 此案第二起事实除司机外没有其他乘客，行为人仅针对一名被害人实施抢劫，不宜认定为“在公共交通工具上抢劫”。

相关规定，判决如下：（1）被告人李政犯抢劫罪，判处有期徒刑十二年，剥夺政治权利二年，并处罚金人民币5000元；（2）被告人侍鹏犯抢劫罪，判处有期徒刑九年，剥夺政治权利一年，并处罚金人民币5000元。

一审宣判后，被告人李政、侍鹏均未提起上诉，下关区人民检察院也未提起抗诉，判决已发生法律效力。

四是转化型的“在公共交通工具上抢劫”的具体认定。[①]这同时涉及《刑法》第269条、第263条加重情节的适用。此种转化型的“在公共交通工具上抢劫”具体包括两种类型：一是在公共交通工具上实施盗窃、诈骗、抢夺，并在公共交通工具上当场实施暴力或者以暴力相威胁，例如“赵某盗窃转化抢劫案”（案例62）、“王振东诈骗转化抢劫案”（案例63）、“张红喜抢夺转化抢劫案”（案例64）；二是在公共交通工具上实施盗窃、诈骗、抢夺，并在公共交通工具外当场实施暴力或者以暴力相威胁，例如“赵某抢劫案”（案例65）。

【案例62】经审理查明：2011年1月8日14时45分许，被告人赵某在某市一辆开往人民北路方向的松江10路公交车上，趁被害人蓝某不备，从其衣袋内窃得价值人民币1200元的三星GT－S5628型手机一部。当被害人发觉并从被告人赵某处夺回手机欲报警时，被告人赵某与李元海（另案处理）对被害人实施殴打后逃逸。同年4月5日，被告人赵某因现行扒窃嫌疑被公安机关抓获，后因吸毒被处强制隔离戒毒二年。期间，公安机关经侦查，发现被告人赵某有上述犯罪的重大嫌疑，于2011年7月7日将被告人赵某抓获。

法院认为：被告人赵某在公共交通工具上扒窃，为抗拒抓捕而对被害人当场使用暴力，其行为已触犯刑律，构成抢劫罪，应依法追究其刑事责任。鉴于被告人赵某能如

① 2016年1月6日《抢劫指导意见》指出，在公共交通工具上盗窃、诈骗、抢夺后，为了窝藏赃物、抗拒抓捕或者毁灭罪证，在公共交通工具上当场使用暴力或者以暴力相威胁的，构成“在公共交通工具上抢劫”。

实供述犯罪事实并当庭自愿认罪，故可依法从轻和酌情从轻处罚。为保护公民人身及合法财产所有权不受侵犯，根据《刑法》相关规定，判决如下：被告人赵某犯抢劫罪，判处有期徒刑五年，并处罚金人民币5000元。

【案例63】经审理查明：1998年10月29日上午，被告人王振东与其同伙（另案处理）在江苏省高邮市文游台北侧的公路上先后窜上扬州至淮阴的苏K04051号客车，虚构事实，以无价值的秘鲁币冒充美元，骗取被害人魏言奎等六人人民币6850元及金项链一条，其中魏言奎被骗人民币4500元。后被害人魏言奎得知被骗，抓住正欲逃离客车的被告人王振东的一名同伙，当即遭到被告人王振东及其同伙的殴打，魏的面部、右肋部受轻微伤。被告人王振东在其同伙逃跑后欲钻车窗跳车时，被魏言奎等人抓获并扭送至当地派出所。

某市人民法院认为：被告人王振东以非法占有为目的，诈骗公民私人所有的财物，后为抗拒抓捕而当场使用暴力，致被害人轻微伤，其行为已构成抢劫罪，且属共同犯罪，应予惩处。被告人王振东刑满释放后五年内又犯应当判处有期徒刑以上刑罚之罪，系累犯，应从重处罚。鉴于其当庭能够坦白悔罪，可以酌情从轻处罚。依照《刑法》相关规定，于1999年2月9日作出判决如下：被告人王振东犯抢劫罪判处有期徒刑九年六个月，剥夺政治权利三年，并处罚金5000元。

宣判后，被告人王振东未提起上诉，判决已经生效。

【案例64】原审认定：2001年2月23日13时30分许，被告人张红喜与施进停、张国勤（二人均已判刑）、张保国（现在逃）预谋后，在郑州开往漯河的长途客车上，由被告人张红喜以玩魔术赌输赢为名设置赌局，其余三人佯装押钱参赌，诱骗乘客高延翔参与赌博。在此过程中，高延翔欲押注2000元时被同事劝阻。被告人张红喜见状，趁高延翔不备，将其手中的2000元现金夺走。被害人高延翔向被告人张红喜索要被抢现金时，施进停、张国勤、张保国即对高延翔进行殴打，被告人张红喜趁机携赃款下车逃跑。现赃款未追回。

原判认为：被告人张红喜与他人一起在公共交通工具上，以非法占有为目的，趁人不备，公然夺取他人财物，数额较大，又为窝藏赃物而当场使用暴力，其行为已构成抢劫罪。依照《刑法》相关规定，判决如下：被告人张红喜犯抢劫罪，判处有期徒刑十年零六个月，并处剥夺政治权利一年，罚金10000元。

宣判后，被告人张红喜不服，提起上诉。

二审法院经审理查明的事实、认定的证据与一审相同。

二审法院认为：被告人张红喜伙同他人在实施诈骗、抢夺犯罪过程中，为窝藏抢夺到手的赃物而当场使用暴力，其行为已构成抢劫罪。但一审对张红喜在十年以上量刑的理由，经查，张红喜及其同案的上述犯罪行为虽然实施在公共交通工具上，但从诈骗到抢夺再到抢劫，全部行为均针对高延翔一人实施，并未危及到其他乘客的财产、人身安全和运营安全。本案系转化型抢劫，结合考虑张红喜的行为实际和对同案人的量刑实际，对张红喜在十年以上的量刑明显不当，应予纠正。依照刑事法相关规定，判决如下：张红喜犯抢劫罪，判处有期徒刑五年，并处罚金5000元。

经再审查明的事实、认定的证据与原审一致。

再审法院认为：原审被告人张红喜伙同他人在实施诈骗、抢夺犯罪过程中当场使用暴力，其行为已构成抢劫罪。关于对原审被告人张红喜的量刑问题，因本案属于转化型抢劫，原审被告人张红喜伙同他人的犯罪行为指向对象是特定的人，即唯一参赌的被害人，并未危及到客车上其他乘客的财产、人身安全和客车的营运安全。故原二审认定事实清楚，证据确实、充分，定罪准确，量刑适当，适用法律正确，审判程序合法。依照《刑事诉讼法》相关规定，经本院审判委员会讨论，裁定如下：维持本院（2005）郑刑一终字第211号刑事判决。

【案例65】 经审理查明：2011年1月1日7时许，被告人赵某为扒窃携带了刀片在上海市嘉定区某某公路某某村车站，乘上嘉唐华支线公交车伺机盗窃。当车行驶至某某大道大石皮车站时，赵某见被害人曾某某手挽透明塑料包上车，即靠近曾某某，用刀片划开包底部，窃走曾某某钱包1只。曾某某发现被窃后，当即将站在其身旁的赵某抓住，赵某趁公交车停靠菊园车站时欲下车逃逸。曾某某紧随下车，继续拉住赵某。赵某为摆脱曾某某，数次挥、甩手臂，用手中的刀片将曾某某右手划伤后逃逸。经鉴定，曾某某被他人持刀划伤致右手拇长伸肌腱断裂，目前右手拇指活动受限，已构成轻伤。公安人员经侦查、伏击，于2011年1月12日抓获了被告人赵某。

法院认为：被告人赵某在公共交通工具上实施盗窃后，为抗拒抓捕，在交通工具外当场使用暴力，致被害人轻伤，其行为已构成抢劫罪。被告人赵某关于其只是扒窃、未抢劫的辩解，本院认为，被告人赵某虽然只有盗窃的故意，但其在实施盗窃过程中，为抗拒抓捕当场使用暴力，致人轻伤，依照相关法律规定，已转化为抢劫，故被告人的辩解不予采纳。依照《刑法》相关规定，判决如下：被告人赵某犯抢劫罪，判处有期徒刑五年，剥夺政治权利一年，罚金人民币5000元。

此外，针对实践中行为人实施盗窃、诈骗、抢夺财物未遂或者数额未达到较大的，是否转化存在不一致认识，2005年7月16日最高人民法院《“两抢”意见》第5条指出，“行为人实施盗窃、诈骗、抢夺行为，未达到‘数额较大’，为窝藏赃物、抗拒抓捕或者毁灭罪证当场使用暴力或者以暴力相威胁，情节较轻、危害不大的，一般不以犯罪论处；但具有下列情节之一的，可依照刑法第269条的规定，以抢劫罪定罪处罚：（1）盗窃、诈骗、抢夺接近‘数额较大’标准的；（2）入户或在公共交通工具上盗窃、诈骗、抢夺后在户外或交通工具外实施上述行为的；（3）使用暴力致人轻微伤以上后果的；（4）使用凶器或以凶器相威胁的；（5）具有其他严重情节的”。

五是携带凶器在公共交通工具上抢夺能否认定为“在公共交通工具上抢劫”。实践个案有的将此种情形认定为“在公共交通工具上抢劫”，例如“李春林抢劫案”（案例66）。在笔者看来，《刑法》第267条第2款“携带凶器抢夺的，依照本法第263条的规定定罪处罚”，是一种法律拟制。此处的“携带凶器抢夺”限于行为人没有将凶器加以显示，且未被被害人察觉的情形，也就是说，行为人将随身携带凶器有意加以显示、能为被害人察觉到的，应直接适用《刑法》第263条的规定定罪处罚（2005年7月16日最高人民法院《“两抢”意见》第4条），因此，在公共交通工具上携带凶器抢夺且没有直接使其他乘客产生畏惧感的，不宜认定为“在公共交通工具上抢劫”。

【案例66】原判认定：2010年9月21日16时许，被告人李春林乘坐81路公交车来到南梧路望州路路口的停靠站时，被告人李春林趁坐在一旁的被害人时某某不备之机，用手从其身后将被害人戴在脖子上的带有吊坠的黄金项链扯断抢走，被害人时某某发现后和其丈夫在公交车上将被告人李春林制服，并从被告人李春林身上搜出一把弹簧刀。经鉴定，被告人李春林携带的弹簧刀为管制刀具，被抢的金项链案发时价值人民币2674元。

原判认为；被告人李春林以非法占有为目的，携带管制刀具在公共交通工具上抢夺他人金项链，其行为已构成抢劫罪。依照《刑法》相关规定，判决如下：被告人李春林犯抢劫罪，判处有期徒刑十年，并处罚金人民币3000元。

宣判后，被告人李春林提起上诉称：其行为应定为抢夺罪，其携带水果刀是用于削水果，在抢夺时没有用于威胁被害人，没有对被害人造成危害，没有抢到财物，是犯罪未遂，且归案后认罪态度好，有悔罪表现，其母亲年老多病，请考虑上述情节对其从轻处罚。

经二审审理查明的事实、认定的证据与一审一致。

二审法院认为：上诉人（原审被告人）李春林以非法占有为目的，携带管制刀具在公共交通工具上抢夺他人金项链，其行为已构成抢劫罪。对于上诉人李春林上诉提出的理由，经查，由于李春林在抢夺时扯断被害人的金项链，致部分金项链被他人捡走无法追回，已造成被害人实际经济损失。法律规定携带管制刀具实施抢夺的以抢劫罪定罪量刑，在公共交通工具上实施抢劫的，处十年以上有期徒刑，原审法院对上诉人李春林判处有期徒刑十年依法有据，并无不当。原审判决认定事实清楚，定性准确，适用法律正确，量刑适当，审判程序合法，应予以维持。依照《刑事诉讼法》第189条第（1）项之规定，裁定如下：驳回上诉，维持原判。

六是“在公共交通工具上抢劫”有别于“在公共交通工具上的强拿硬要”。笔者认为，实践中要注意从抢劫罪与寻衅滋事罪的构成要件的异同来加以区分，例如，“戚红伟寻衅滋事案”（案例67）。

【案例67】经审理查明：（1）2008年12月26日，被告人戚红伟窜至其叔戚克付食用菌厂的住室内，盗窃戚克付现金15000元。（2）2009年1月25日18时许，被告人戚红伟、宋治宾在准备乘坐城里通往勒马的公共汽车时，以被害人郭某某、简某某放鞭炮时炸到了自己为由，对二被害人进行殴打，并将二被害人拉上通往勒马的公共汽车后，戚红伟借口要打电话强行要过被害人郭某某的手机装入自己口袋，后被告人宋治宾向二被害人索要现金，并打了被害人郭某某，被害人被迫交出现金60余元。在车上，宋治宾为索要财物并殴打了另一乘车人刘某某。

法院认为：被告人戚红伟、宋治宾在公共场所，因琐事动辄随意殴打他人，欺辱弱小，并将被害人强行拉上公交汽车，在公共交通工具上实施暴力，强拿硬要他人财物，严重扰乱了社会秩序，其行为均已构成寻衅滋事罪，系共同犯罪。被告人戚红伟以非法占有为目的，秘密窃取他人财物，数额巨大，其行为已构成盗窃罪。案发后，被告人戚红伟家人已主动将被盗财产全部退赔，可酌情予以从轻处罚。被告人戚红伟一人犯数罪，应数罪并罚。被告人宋治宾刑满释放后不足五年，又故意犯罪，属累犯，应从重处罚。依照《刑法》相关规定，判决如下：（1）被告人戚红伟犯寻衅滋事罪，判处有期徒刑四年六个月；犯盗窃罪，判处有期徒刑三年，并处罚金5000元，合并执行有期徒刑六年，并处罚金5000元；（2）被告人宋治宾犯寻衅滋事罪，判处有期徒刑五年。

（三）抢劫银行或者其他金融机构

最高人民法院《抢劫罪解释》第3条规定，“抢劫银行或者其他金融机构”，是指抢劫银行或者其他金融机构的经营资金、有价证券和客户的资金等。抢劫正在使用中的银行或者其他金融机构的运钞车的，视为“抢劫银行或者其他金融机构”。实践中，此种加重情节具体分为：

1. 抢劫银行的经营资金、有价证券和客户的资金等。此处的银行包括总行、分行、支行、储蓄所，例如，“谈林军抢劫案”（案例68）。

【案例68】经审理查明：2000年6月6日早9时许，被告人谈林军在家中同母亲发生争吵，其母当时被气昏。谈林军叫来邻居照看母亲，自己骑着摩托车到外面借钱，准备将母亲送往医院。在谈林军未能借到钱骑车返回家的途中，路过湟源县农行西门坡储蓄所时，见该所内有一女工作人员正在上班，遂产生抢劫之念。后谈林军从自家厨房内拿上菜刀，藏在怀中，骑着摩托车又返回进入该储蓄所内，乘无其他人之机向正在营业的两名女工作人员借钱被遭到拒绝后，便从怀中拿出菜刀威胁。两名工作人员一边抗拒一边打电话报警。谈林军见状，便向营业人员告知自己姓谈。

某县人民法院认为：被告人谈林军以非法占有为目的，以暴力、胁迫等方法，闯入银行储蓄所实施抢劫的行为构成抢劫罪。根据《刑法》相关规定，作出判决如下：被告人谈林军犯抢劫罪，判处有期徒刑三年，并处罚金2000元。

宣判后，被告人谈林军不服，提起上诉。

某市中级人民法院经审理查明：2000年6月6日9时许，上诉人谈林军因与其母发生争吵致其母伤心昏厥。谈林军为送其母去医院治疗，在向他人借款未果的情况下，路过湟源县农行西门坡储蓄所时，产生抢劫犯意，便回家拿了一把菜刀藏在怀中返回该储蓄所，先向工作人员提出借钱，遭拒绝后，又站在柜台外持凶器威胁工作人员，要其交出钱来。在银行严密防范和及时报警的情况下，谈林军逃离现场。后回家告知其母，主动提出要投案自首，并在亲友的陪同下到公安机关自首。

某市中级人民法院认为：上诉人谈林军在其母昏倒后，为送其母去医院治疗借钱不成的情况下，产生抢劫犯意，并实施了以持刀威胁的方法，抢劫银行储蓄所的行为，但由于其意志以外的原因而未得逞，其行为确已构成抢劫（未遂）罪。一审判决认定事实清楚，证据确实，但认为抢劫银行的行为是法定加重情节的抢劫犯罪，不存在未遂。经审理认为，该理解脱离了《刑法》总则关于犯罪既遂、未遂、中止的法律规定，一审认定的理由和检察院的意见于法无据，不予支持。上诉人谈林军持刀进入储蓄所，主观上有抢劫的故意，客观上实施了抢劫的行为，虽没有伤人也没有抢到财物，但其犯罪行为已实施终了，犯罪未得逞是因工作人员报警，迫使其逃离现场，并非自动放弃犯罪。故辩护人意见不能成立，不予采纳。鉴于上诉人谈林军犯罪时不满18周岁，犯罪动机单纯，主观恶性较小，未造成严重后果，犯罪后主动投案自首，如实交代犯罪事实，具有真诚悔罪表现，依法应减轻处罚，并适用缓刑。依照刑事法相关规定，作出如下判决：（1）撤销某县人民法院（2000）源刑初字第23号刑事判决；（2）上诉人谈林军犯抢劫罪，判处有期徒刑三年，缓刑三年，并处罚金2000元。

2. 抢劫证券、保险、基金等金融机构的经营资金、有价证券和客户的资金等。

3. 抢劫正在使用中的银行或者其他金融机构的运钞车，具体是指抢劫运钞车中的经营资金、有价证券和客户资金，而不是抢劫运钞车本身和驾驶运钞车人的财物。[①] 实践中应注意以下几点：

其一，此种加重情节中抢劫的对象“经营资金、有价证券和客户的资金等”必须处在银行或者其他金融机构的实际控制状态，若行为人抢劫的是客户携带的前来准备储蓄的钱款，不能认定为抢劫金融机构，例如，“曾贤勇抢劫案”（案例69）。

【案例69】经审理查明：2001年3月1日下午，被告人曾贤勇携带斧头行至贵阳市富水北路中国工商银行富水北路支行营业厅内，见贵阳市海天房产开发公司女职员罗练拿出现金放在柜台准备办理存款业务时，便将其现金27600元全部抢走，在逃匿时被群众于厅内当场抓获，并被搜出随身携带的斧头一把。

某市中级人民法院认为：被告人曾贤勇携带凶器抢夺他人财物，数额巨大，其行为已构成抢劫罪。被告人曾贤勇将被害人的钱抢劫后在逃匿的时候被抓获，其犯罪行为已经实施完毕，应属犯罪既遂。依照《刑法》相关规定，于2001年6月12日作出判决如下：被告人曾贤勇犯抢劫罪，判处死刑，剥夺政治权利终身，没收个人全部财产。

宣判后，被告人曾贤勇不服，提起上诉。

某省高级人民法院经审理查明的事实、认定的证据与一审相同。

二审法院认为：上诉人曾贤勇携带凶器进入金融机构劫夺储户资金，数额巨大，其行为已构成抢劫罪。原判定罪准确，审判程序合法。鉴于曾贤勇在犯罪中对被害人的人身未造成任何伤害，在被抓捕时没有持械反抗，本案尚未造成严重后果，根据罪刑相适应原则，原判量刑过重。依照刑事法相关规定，于2001年11月29日作出刑事判决如下：（1）维持某市中级人民法院（2001）筑刑一初字第75号刑事判决对被告人曾贤勇的定罪部分，撤销其量刑部

① 参见张明楷：《刑法学》（第4版），法律出版社2011年版，第862页。

分；（2）上诉人（原审被告人）曾贤勇犯抢劫罪，判处无期徒刑，剥夺政治权利终身，并处没收个人全部财产。

其二，行为人盗窃、诈骗、抢夺银行或者其他金融机构的经营资金、有价证券和客户的资金等，为窝藏赃物、抗拒抓捕或者毁灭罪证而当场使用暴力或者以暴力相威胁的，宜根据“当场”的具体情形分别处理：第一，凡是在银行或者金融机构内实施暴力或者以暴力相威胁的，按抢劫金融机构的加重情节处理；第二，凡是在银行或者金融机构的延伸场所实施暴力或者以暴力相威胁的，宜按普通的转化型抢劫处理。

其三，携带凶器抢夺银行或者其他金融机构的经营资金、有价证券和客户的资金等，宜按抢劫金融机构的加重情节处理。

（四）多次抢劫或者抢劫数额巨大

1. 多次抢劫。2005 年 7 月 16 日最高人民法院《“两抢”意见》指出，此处的“多次抢劫”是指抢劫三次以上。该《意见》还指出，对于“多次”的认定，应以行为人实施的每一次抢劫行为均已构成犯罪为前提。也就是说，每次抢劫的停止形态，不影响次数的认定，[①] 例如，“谭国旧等抢劫案”（案例 70）中每次既遂，“何仕兵抢劫案”（案例 71）中一次预备，“傅浩辰抢劫案”（案例 72）和“刘某抢劫案”（案例 73）中一次未遂，“袁少锋等抢劫案”（案例 74）中一次中止。

【案例 70】经审理查明：（1）被告人谭国旧于 2006 年 6 ~7 月间，先后伙同蒲德仁、陈德强、蒲亚南、符亚清、谭亚军、谭少杰、蒲亚京、谭亚县、符亚清、兰亚县、蒲亚壮、苏亚四等人，持刀在公共交通工具上抢劫作案三次，抢得财物折合人民币 17385 元。（2）被告人谭亚车于 2006 年 7 月 20 日下午 4 时许，伙同兰亚县、蒲战龙在三亚半岭水库抢劫作案一次，抢得财物折合人民币 8171 元。另查

① 有观点认为，免予刑事处罚的犯罪中止不宜计算次数，参见《人民司法》2012 年第 11 期。

明：案发后，经三亚市公安局追逃工作组做工作，被告人谭亚车积极提供线索，协助工作组于2007年2月24日凌晨将犯罪嫌疑人谭少杰抓获（谭少杰于2007年8月14日被某院以犯抢劫罪判处有期徒刑十一年），并于2007年9月28日在其兄谭关辉的陪同下到三亚市公安局荔枝沟派出所投案自首；被告人谭国旧于2007年10月5日在其兄谭朝明的陪同下到三亚市公安局荔枝沟派出所投案自首。

法院认为：被告人谭国旧、谭亚车以非法占有为目的，与同伙采用暴力手段强行劫取他人财物，其行为均已构成抢劫罪，应依法处罚。被告人谭国旧参与在公共交通工具上抢劫作案三次，共抢得财物折合人民币17385元，属多次抢劫，且抢劫数额巨大；被告人谭亚车参与抢劫作案一起，抢得财物折合人民币8171元。被告人谭国旧在共同犯罪中起主要作用，是主犯；其犯罪后自首，可以从轻或减轻处罚。被告人谭亚车在共同犯罪中起次要作用，是从犯。其犯罪后自首，且有立功表现，可以从轻或减轻处罚。被告人谭国旧、谭亚车自愿认罪，亦可酌情予以从轻处罚。依照刑事法相关规定，判决如下：（1）被告人谭国旧犯抢劫罪，判处有期徒刑十二年，并处罚金人民币5000元，剥夺政治权利三年；（2）被告人谭亚车犯抢劫罪，判处有期徒刑一年，并处罚金人民币1000元。

【案例71】原判认定：（1）2002年7月12日晚上10时许，被告人何仕兵伙同“河南仔”（在逃）携带方铁窜到广州市白云区石井镇广清高速公路朝阳入口处，以租乘摩托车为由，将摩托车司机蒋某某骗至南海市和顺镇白岗姓姜村东面基耕路，被告人何仕兵即用手卡住蒋某某的脖子，“河南仔”则用铝合金棒猛打蒋的头部。由于蒋的反抗，被告人等2人继续对蒋进行殴打，致蒋受伤（经法医鉴定属轻微伤），然后抢走蒋某某的人民币12元及长江牌125C摩托车1辆、诺基亚6150手提电话机1台、钱包1个，物品共价值人民币4250元。抢后，将手机销售得赃款100元。破案后，缴回摩托车发还被害人。（2）2002年7

月15日晚上11时许，被告人何仕兵伙同“河南仔”携带2条方铁窜到广州市白云区石井镇广清高速公路朝阳入口处，以租乘摩托车为由，将摩托车司机邓某某骗至南海市和顺镇广和路棠溪小路，用方铁对邓某某的头部、脸部、小腿等进行殴打，致邓受伤（经法医鉴定属轻伤），然后抢走邓某某的人民币104元及新陵牌原装摩托车1辆（价值2511元）。抢后，赃款由被告人等2人分占，摩托车由“河南仔”占用。(3) 2002年8月6日晚上7时许，被告人何仕兵伙同姚勇（另作处理）携带刀和铁管窜到广州市白云区石井镇广清高速公路朝阳入处，以租乘摩托车为由，将一摩托车司机骗到和顺镇广和路棠溪路口，准备实施抢劫。由于该司机不肯驾车进入小路，使被告人等2人无法下手。当晚11时许，被告人何仕兵伙同姚勇在里和公路，采用同样的方法，将一摩托车司机骗到和顺镇港志金属制品厂门口，准备实施抢劫，由于该司机不肯驾车进入小路，使被告人等2人无法下手。2002年8月7日，被告人何仕兵因涉嫌抢劫被抓获后，如实供述公安机关尚未掌握其在同年7月12日、15日的抢劫犯罪事实。

原判认为：被告人何仕兵的行为已构成抢劫罪。被告人何仕兵先后2次为抢劫犯罪制造条件，是犯罪预备，可以比照既遂犯从轻处罚。被告人何仕兵因抢劫被羁押后，如实供述司法机关尚未掌握的同种较重的罪行，应当从轻处罚。鉴于被告人何仕兵在抢劫过程中，将两被害人殴打致伤，手段恶劣，应酌情从严处罚。依照《刑法》相关规定，以抢劫罪判处被告人何仕兵有期徒刑十二年，剥夺政治权利三年，罚金5000元。

宣判后，被告人何仕兵不服，提起上诉。

二审法院经审理查明的事实、认定的证据与一审一致。

二审法院认为：上诉人何仕兵以非法占有为目的，伙同他人多次采用暴力手段劫取公民财物，其行为已构成抢劫罪。上诉人何仕兵其中先后2次为抢劫犯罪制造条件，是犯罪预备，可以比照既遂犯从轻处罚。上诉人何仕兵因抢劫被羁押后，如实供述司法机关尚未掌握的同种较重的罪行，依法应当从轻处罚。鉴于上诉人何仕兵在抢劫过程中，将两被害人殴打致伤，手段恶劣，应酌情从严处罚。上诉人何仕兵上诉所提意见，经查，上诉人在实施4次抢劫犯罪中，确实只有2次抢劫既遂，另2次属犯罪预备。但根据有关规定，对犯罪预备的抢劫犯罪次数也应计入行为人抢劫的总数，而抢劫3次以上即应认定为多次抢劫。原判认定事实和适用法律正确，量刑适当，审判程序合法。依照《刑事诉讼法》相关规定，裁定如下：驳回上诉，维持原判。

【案例72①】经审理查明：（1）2007年3月15日凌晨2时许，被告人傅浩辰尾随被害人刘洋至北京市石景山区鲁谷招待所对面人行便道上，将被害人摔倒并殴打，抢劫被害人刘洋的中兴牌G218型CDMA手机1部，价值人民币350元。被告人傅浩辰还造成被害人刘洋头面部、腹部多处软组织挫伤。（2）2007年3月20日凌晨1时许，被告人傅浩辰尾随被害人龚丽君至北京市石景山区永乐东小区14号楼下，采取殴打手段，抢劫被害人书包1个，内有裙子布袋等物，价值人民币23元，后在被害人与路人的追赶下，被告人傅浩辰将抢劫的包丢弃后逃跑。（3）2007年3月29日凌晨0时许，被告人傅浩辰尾随被害人赵昔容至北京市石景山区永乐西小区19号楼下，采取摔倒、踢打腹部等手段抢劫被害人赵昔容的挎包，因遭到反抗未能得逞，包内有人民币270元及三星牌D808型手机1部（手机、提包共价值人民币2430元），在被害人赵昔容的朋友赶到现场后，将被告人傅浩辰抓住移交随后赶到的民警。

法院认为：被告人傅浩辰无视国法，为满足私欲，以非法占有为目的，使用暴力手段多次进行抢劫活动，其行为已构成抢劫罪，应依法惩处。因被告人傅浩辰在多次抢劫活动中有一次系犯罪未遂，对该起犯罪依法可从轻处罚；又因其能自愿认罪，对其全部犯罪行为在量刑时可再酌情

① 该案裁判理由明确指出针对该起抢劫未遂从轻处罚。

予以从轻处罚。依照《刑法》相关规定，判决如下：被告人傅浩辰犯抢劫罪，判处有期徒刑十年，剥夺政治权利二年，并处罚金人民币20000元。

【案例73[①]】经审理查明：被告人刘某与汤某某、刘某某、滕某、刘某义、邵某、李某某（均已判刑）等人结伙或分别结伙，于2002年8月至10月间，先后多次以成交鱼粉为名，抢劫被害人财物。具体分述如下：(1) 被告人刘某与汤某某、刘某某、李某某等人结伙，经事先预谋，于2002年8月24日晚，由汤某某以成交鱼粉为名，将浙江嘉善船民陆某某骗至某市南站码头，后被告人刘某及汤某某、刘某某、李某某等人登上陆某某、谢某某、任某某驾驶的小船并围住上述人员，采用以语言相威胁及持菜刀、钢锯威逼的方法，劫得陆某某人民币12000元及价值人民币400元的三星牌600C型移动电话机1部，赃款、赃物被分用殆尽。(2) 被告人刘某与汤某某、刘某某、李某某等人结伙，经事先预谋，于2002年9月13日晚，由汤某某以成交鱼粉为名，将浙江嘉善船民何某某骗至某市南站码头，后被告人刘某及汤某某、刘某某、李某某等人登上何某某、沈某某驾驶的小船，采用上述同样方法，劫得何某某人民币8500元及沈某某价值人民币840元的三星牌188型移动电话机1部，赃款、赃物已被分用殆尽。(3) 被告人刘某与汤某某、刘某某、滕某、刘某义、邵某、李某某等人结伙，经事先预谋，于2002年10月4日晚，由汤某某以成交鱼粉为名，将浙江嘉善船民钱某某约至某市上粮七库码头，后上述人员登上钱某某、潘某某驾驶的小船，对钱某某等人实施殴打，欲抢劫财物，钱某某等人当即奋力反抗并高声呼救，被告人刘某及汤某某、刘某某、滕某、刘某义、邵某、李某某等人即逃离现场。综上所述，被告人刘某参与抢劫3次，劫得财物共计价值人民币21740元。

法院认为：被告人刘某与他人结伙，以非法占有为目

① 该案裁判理由只是笼统地将“未遂”作为从轻处罚情节。

的，采用暴力、胁迫的方法，多次抢劫公民财物，数额巨大，其行为已构成抢劫罪。在本案第（3）节事实中，被告人刘某等人由于意志以外的原因而抢劫未得逞，属未遂，且到案后被告人刘某能如实供述犯罪事实，可予以从轻处罚。依照《刑法》相关规定，判决如下：被告人刘某犯抢劫罪，判处有期徒刑十年，剥夺政治权利三年，并处罚金人民币10000元。

【案例74】原判认定：（1）2009年7月20日晚11时许，被告人袁义超、袁少锋、袁朋帅预谋后，到登封市区嵩山路五金公司招待所，手拿匕首、绳子准备对五金公司招待所的值班人员捆绑后实施抢劫，因发现该招待所内人员较多而放弃。（2）2009年7月20日23时许，被告人袁义超、袁少锋、袁朋帅预谋后，在登封市区嵩山路与中岳大街交叉口处，拦截乘坐被害人卢某某驾驶的豫ACT064富康出租车，以到登封市大金店袁桥村为名，将卢某某骗至袁桥村河旁，被告人袁义超、袁少锋手持匕首强行劫取卢会娟现金140余元、诺基亚7360手机一部。经鉴定，手机价值180元。（3）2009年8月初某日晚，被告人袁义超、袁少锋预谋后，在登封市区嵩山路，拦截乘坐被害人李某某驾驶的出租车，以到登封市大金店镇袁桥村为名，将李某某骗至袁桥村河旁，手持匕首强行劫取李某某现金200余元。（4）2009年8月7日23时30分许，被告人袁义超伙同郭某某（另案处理）预谋后，在登封市爱民路“牵手网吧”门口处，拦截乘坐被害人胡某某驾驶的豫ATC036出租车，以到登封市大金店镇袁桥村为名，将胡某某骗至袁桥村河旁，强行抢走胡某某现金400元。

原判以抢劫罪分别判处被告人袁义超有期徒刑十二年，并处罚金人民币3000元；判处被告人袁少锋有期徒刑十年，并处罚金人民币2000元；判处被告人袁朋帅有期徒刑五年，并处罚金人民币1000元。

宣判后，被告人袁少锋、袁朋帅不服，提起上诉。

二审法院经审理查明的事实、认定的证据与一审一致。

二审法院认为：上诉人（原审被告人）袁少锋、袁朋帅、原审被告人袁义超以非法占有为目的，使用暴力威胁手段强行劫取他人财物，其行为均已构成抢劫罪。关于袁少锋上诉称量刑过重的理由，经查，上诉人袁少锋参与抢劫犯罪3起，本应按照《刑法》第263条第（4）项所规定的加重情节对其处罚，在十年以上量刑幅度内量刑。但其参与的第一起犯罪系犯罪中止，且未造成任何损害后果，依法应当免除处罚，按照多次抢劫这一加重情节量刑则对依法应当免除处罚的中止犯罪实际进行了处罚，无法体现该中止情节的处理，故不应按照《刑法》第263条第（4）项规定的加重情节对上诉人处罚，对上诉人应按照其犯罪的实际危害后果并考虑该起犯罪中止的情节，在十年以下量刑。原判认定事实清楚，证据确实充分，审判程序合法，但对三被告人的量刑不当，依法应予改判。依照刑事法相关规定，判决如下：（1）维持某市人民法院（2010）登刑初字第38号刑事判决对上诉人（原审被告人）袁少锋、袁朋帅、原审被告人袁义超的定罪部分；（2）撤销某市人民法院（2010）登刑初字第38号刑事判决对上诉人（原审被告人）袁少锋、袁朋帅、原审被告人袁义超的量刑部分；（3）上诉人（原审被告人）袁少锋犯抢劫罪，判处有期徒刑八年，并处罚金人民币2000元；（4）上诉人（原审被告人）袁朋帅犯抢劫罪，判处有期徒刑三年零六个月，并处罚金人民币1000元；（5）原审被告人袁义超犯抢劫罪，判处有期徒刑十一年，并处罚金人民币3000元。

2005年7月16日最高人民法院《“两抢”意见》指出，“多次的认定”要“综合考虑犯罪故意的产生、犯罪行为实施的时间、地点等因素，客观分析、认定”。实践中，在不同的时间、不同的地点、针对不同的人实施抢劫的，次数的认定比较清楚，例如，“张甲抢劫案”（案例75）。在相同的时间或者相同的地点针对不同的人或者相同的对象实施抢劫的，次数的认定容易出现分歧，或者不同的诉讼机关或者诉讼参与人针对同一案件的次数认定存在不同意见，例如，“马一平抢劫案”（案例76），或者不同的案件针对类似的情形作了不同的认定，例如，“霍庆军抢劫案”（案例77）。为此，该《意见》指出，对于行为人基于一个犯意实施犯罪的，如在同一地点同时对在场的多人实施抢劫的；或基于同一犯意在同一地点实施连续抢劫犯罪的，如在同一地点连续地对途经此地的多人进行抢劫的；或在一次犯罪中对一栋居民楼房中的几户居民连续实施入户抢劫的，一般应认定为一次犯罪。

【案例75】经审理查明：（1）2007年5月9日凌晨1时许，被告人张甲与牛某某、张乙、张丙、张丁、李某乙（均已判刑）等人结伙，经事先预谋，在杭州市萧山区新塘街道某某村被害人郑某某夫妇经营的某某餐厅包厢内，采用打耳光、摔酒瓶、持砍刀及钢管等工具威胁的方式，从被害人郑某某处劫得现金300元。（2）2007年5月10日晚，被告人张甲与牛某某、张乙、张丙、李某乙等人结伙，经事先预谋，在杭州市萧山区新塘街道某某村的路边，采用钢管及拳脚殴打的方式，对被害人方某某、李某甲、陈某甲、冯某某实施抢劫，劫得被害人方某某现金100元及手机1只（价值无法鉴定），劫得被害人冯某某东信EG755手机1只，劫得被害人李某甲现金20元及中天659型手机1只，劫得被害人陈某甲现金20元，共计价值843元。（3）2007年5月12日晚，被告人张甲与牛某某、张乙、张丙、李某乙、董某某（已判刑）、建某（另案处理）等人结伙，在杭州市萧山区衙前镇某某村，经商量决定分组实施抢劫，其中被告人张甲与牛某某、李某乙为一组，张乙、张丙、董某某、建某为一组。后张乙、建某在衙前镇某某村被害人陈某乙租房边，采用拳打脚踢的方式，劫得被害人陈某乙现金190元、首信牌手机1只，共计价值465元；在衙前镇某某村工业园路上，采用拳打脚踢的方式，劫得被害人唐某某现金700元、CECT牌黑色手机1只，共计价值1338元；张乙、建某与张丙、董某某会合后又在杭州市萧山区瓜沥镇某某热电厂旁的桥边，采用拳打脚踢的方式，劫得被害人刘某某现金645元、托普牌手机1只，共计价值980元，并将被害人刘某某及其自行车扔进河里。所抢财物上述七人共同分赃、挥霍。（4）2007 年 5 月 13 日晚上，被告人张甲与牛某某、张丙、张乙、李某乙、王某（已判刑）等人结伙，经事先预谋，在杭州市萧山区浦阳镇某某自然村边的江堤上，采用拳打脚踢及持钢管相威胁的方式对被害人范某某进行抢劫，因被害人范某某身上没有财物而抢劫未得逞。几人后继续寻找抢劫对象，在江堤上前行约 300 米路左右，遇到被害人许某某，遂采用钢管及拳打脚踢的方式对被害人许某某实施抢劫，后因附近有人骑摩托车经过而未得逞。在抢劫过程中将被害人许某某打伤。经鉴定，被害人许某某的伤势已构成轻微伤。当晚，被告人张甲与牛某某、张乙、张丙、李某乙、王某等人又乘车至杭州市萧山区浦阳镇某某村某某自然村的小路上，采用持钢管及拳打脚踢的方式，劫得被害人吴某某现金 150 元、CECT 牌 V688 型手机 1 只，共计价值 915 元。在抢劫过程中将被害人吴某某打伤。经鉴定，被害人吴某某的伤势已构成轻伤。2011 年 9 月 22 日，被告人张甲主动到公安机关投案，并如实供述自己的抢劫事实。

法院认为：被告人张甲结伙他人，以非法占有为目的，采用暴力、胁迫手段强行劫取他人财物，其行为已构成抢劫罪，系共同犯罪。被告人张甲多次抢劫，依法应处十年以上有期徒刑。被告人张甲部分抢劫因意志以外的原因而未得逞，系犯罪未遂，对该部分犯罪可以比照既遂犯从轻或减轻处罚。被告人张甲案发后自动投案并如实供述自己的罪行，系自首，可以从轻或者减轻处罚。依照《刑法》相关规定，判决如下：被告人张甲犯抢劫罪，判处有期徒刑十一年六个月，剥夺政治权利二年，并处罚金 11000 元。

【案例 76】经审理查明：（1）2006 年 2 月 10 日晚 23 时 30 分许，被告人马一平伙同杨鑫平、王新亮（均已判刑）、郝宝明、孙金龙（均另案处理）驾车在 110 国道万全段周家河铁道桥东的土路上，拦截由西向东行驶的内蒙古包头市司机高虎东，闫冰杰驾驶的车牌号为蒙 32361 解放半挂货车，用事先携带的消防斧、砍刀将该车车窗玻璃打碎后，采用殴打、威胁的手段抢劫高虎东现金700余元及一部诺基亚3200型手机。约半小时后，五人在该地点拦截由西向东行驶的内蒙古集宁市司机张文义驾驶的车牌号为蒙A23692解放货车，采用相同的手段抢劫该车司机张文义和潘建勇现金2800余元及诺基亚3310型手机一部。事后，被告人马一平分得赃款660元。经万全县物价局价格认证中心作价，诺基亚3200型手机价值870元，诺基亚3310型手机价值150元。(2) 2006年2月21日凌晨2时许，被告人马一平伙同杨鑫平、王新亮、郝宝明携带消防斧、砍刀等作案工具租乘怀安县柴沟堡镇冀建永驾驶的晋B12376出租车在110国道周家河铁道桥附近的土路上预备抢劫作案时，被万全县公安局巡警发现后追至怀安县柴沟堡镇火车站附近弃车逃跑。被告人抢劫作案二次（其中一起属犯罪预备），抢劫财物值4500余元。被告人马一平的近亲属已将全部赃物退出。

法院认为：被告人马一平以非法占有为目的，采用暴力、胁迫手段强行劫取他人财物，其行为已构成抢劫罪，本案属共同犯罪。公诉机关起诉书中所指控的第一、二起犯罪，是行为人基于同一犯意在同一地点连续地对途经此地的货车进行抢劫。根据最高人民法院《关于审理抢劫、抢夺刑事案件适用法律若干问题的意见》中关于多次抢劫的认定规定，应按照一次抢劫对待。被告人马一平的第二次抢劫属犯罪预备，可以比照既遂犯从轻、减轻或者免除处罚。被告人马一平归案后认罪态度较好，积极退赃，确有悔罪表现，可对其酌情从轻处罚。根据《刑法》相关规定，判决如下：被告人马一平犯抢劫罪，判处有期徒刑三年零六个月，并处罚金5000元。

【案例77[①]】 经审理查明：(1) 1993年5月18日晚11时许，被告人霍庆军携带匕首伙同徐某某、葛某某、贾某某（三人均已判刑）酒后窜至襄城县茨沟乡三里沟村的公

① 该案裁判理由明确将“一个晚上连续实施的抢劫”认定为多次。

路上，对紫云镇黄柳村黄某某驾驶的小拖进行拦截后，霍庆军、徐某某即上前对黄某某进行殴打。霍庆军手持匕首照住黄某某的心口要钱，并抢得现金7元，后又从黄某某的衣兜里搜出现金180元。(2) 1993年5月19日凌晨零时许，被告人霍庆军携带匕首伙同徐某某、葛某某、贾某某窜至襄城县城关镇汝河大桥，对湛北乡的吴某某驾驶的三轮车拦截后，徐某某、贾某某即上前对吴某某进行殴打，霍庆军从吴某某身上搜出现金15元。后霍庆军又上到三轮车车斗，殴打坐在车上的侯某某等二人，并抢走侯某某现金3元。(3) 1993年5月19日凌晨3时许，被告人霍庆军携带匕首伙同徐某某、葛某某、贾某某窜至襄城县湛北乡七里店村许南公路，将两个卖菜的人拦截后，霍庆军即上前先后对二人进行殴打，并当场抢得现金2元，眼镜一副。尔后又窜至湛北乡七里店村许南公路西边，对骑自行车的李某某进行拦截后，霍庆军以李某某骑车碰住自己为由，手持匕首逼李某某跪下，用膝盖顶李某某的胸部和头部，贾某某用手打李某某的脸，霍庆军又从李某某的身上抢走现金14.1元。

法院认为：被告人霍庆军伙同他人以非法占有为目的，当场使用暴力手段多次劫取他人财物，其行为已构成抢劫罪。在共同犯罪中，被告人霍庆军起主要作用，系主犯。被告人霍庆军辩护人辩称被告人霍庆军悔罪态度较好，且积极退赃、支付受害人治疗费，系初犯，有酌定从轻处罚的意见，予以采纳。被告人霍庆军伙同他人在1993年5月19日凌晨3时许在襄城县湛北乡七里店村许南公路，实施的两次抢劫行为，可以认定为一次犯罪。但被告人霍庆军伙同他人分别在襄城县茨沟乡三里沟村公路上、襄城县城关镇汝河大桥实施的抢劫犯罪，不能认定为一次抢劫犯罪。故被告人霍庆军的辩护人辩称的被告人在同一晚上连续实施的多次抢劫犯罪，应认定为一起犯罪，并处三年以上十年以下的有期徒刑的意见，没有事实和法律依据，不予采纳。依照《刑法》相关规定，判决如下：被告人霍庆军犯抢劫罪，判处有期徒刑十年，剥夺政治权利二年。

2. 抢劫数额巨大。关于“抢劫数额巨大”的认定标准，《抢劫罪解释》第4条规定，参照各地确定的盗窃罪数额巨大的认定标准执行。抢劫的财物的计算，凡是抢劫的相关司法解释没有明确规定的，也宜参照类似的有关盗窃、诈骗等罪的司法解释规定的计算方法和标准来进行。此外，行为人抢劫的故意明确指向数额巨大财物，但最终未实际取得数额巨大财物的，宜同时适用加重情节和未遂情节进行处理。

此外，按照《“两抢”意见》第6条的规定，抢劫信用卡后使用、消费的，其实际使用、消费的数额为抢劫数额；抢劫信用卡后未实际使用、消费的，不计数额，根据情节轻重量刑。所抢信用卡数额巨大，但未实际使用、消费或者实际使用、消费的数额未达到巨大标准的，不适用“抢劫数额巨大”的法定刑。为抢劫其他财物，劫取机动车辆当作犯罪工具或者逃跑工具使用的，被劫取机动车辆的价值计入抢劫数额；为实施抢劫以外的其他犯罪劫取机动车辆的，以抢劫罪和实施的其他犯罪实行数罪并罚。抢劫存折、机动车辆的数额计算，参照执行《关于审理盗窃案件具体应用法律若干问题的解释》的相关规定。

（五）抢劫致人重伤、死亡

关于“抢劫致人重伤、死亡”的认定，下列问题值得研究：

第一，“抢劫致人重伤、死亡”的罪数形态，具体包括两种观点：（1）此处的“致人重伤、死亡”限于过失，与之相适应，其属于结果加重犯。① 2005年7月16日最高人民法院《“两抢”意见》也持这种观点，其第10条指出，《刑法》第263条规定的八种处罚情节中除“抢劫致人重伤、死亡的”这一结果加重情节之外，其余七种处罚情节同样存在既遂、未遂问题。（2）此处的“致人重伤、死亡”既可以是故意（包括直接故意和间接故意），也可以是过失，与之相适应，其并不一定是结果加重犯。②2001年5月22日最高人民法院《关于抢劫过程中故意杀人案件如何定罪问题的批复》规定：行为人为劫取财物而预谋故意杀人，或者在劫取财物过程中，为制

①② 转引自张明楷：《刑法学》（第4版），法律出版社2011年版，第863页。

服被害人反抗而故意杀人的，以抢劫罪定罪处罚。行为人实施抢劫后，为灭口而故意杀人的，以抢劫罪和故意杀人罪定罪，实行数罪并罚。这间接地肯定了此处“抢劫致人重伤、死亡”并不限于结果加重犯。在笔者看来，“抢劫致人重伤、死亡”具体包括下列情形：

(1) 抢劫行为过失地致人重伤、死亡的，即行为人故意地实施抢劫的方法行为和取财行为，过失地造成被害人重伤或者死亡的，属于典型的结果加重犯，例如，“曹镜华抢劫案”(案例78)。

【案例78】经审理查明：2008年3月21日17时许，被告人曹镜华驾驶无牌摩托车一辆，到广州市白云区江高镇新广花路水沥村路段，见被害人黄健铭持手机，乘坐其父亲驾驶的粤A HR342号摩托车途经此处，即驾车靠近被害人黄健铭并强行夺取被害人黄健铭手中索尼爱立信W600C移动电话机一台（价值人民币1046元），并致该车倒地。被害人黄健铭摔倒后死亡。经法医鉴定，被害人黄健铭系重度颅脑损伤死亡。

法院认为：被告人曹镜华以非法占有为目的，明知驾驶车辆强行夺取他人财物会造成他人伤亡的后果，仍然强行夺取并造成财物持有人死亡，其行为已构成抢劫罪。被告人曹镜华曾因犯抢劫罪被判刑，在刑满释放后五年内再犯抢劫罪，是累犯，依法应当从重处罚。被告人曹镜华论罪应当判处死刑，但鉴于被告人主观上并非直接追求被害人的死亡结果，作案手段亦非残忍，因此，可不对被告人曹镜华判处死刑立即执行。依照《刑法》相关规定，判决如下：被告人曹镜华犯抢劫罪，判处死刑，缓期二年执行，剥夺政治权利终身，并处没收个人全部财产。

(2) 行为人故意实施的抢劫行为与被害人的重伤、死亡结果之间有着直接的联系，但行为人对重伤、死亡结果没有过失，也属于结果加重犯，例如，行为人对具有特殊体质的被害人实施抢劫，引发死亡。对于暴力追赶被害人的情形，有学者认为，为抢劫他人财物而追赶他人，致他人撞上汽车死亡的，按抢劫致人死亡论处。[①] 在笔者看来，此种情形中行为人对被害人被汽车撞死的结果在主观上可能存在无过失、过失、间接故意三种，宜视具体的追赶场景加以认定。其中若行为人对被车撞死的结果在主观上没有过失，要进一步分析抢劫行为与死亡结果之间的因果关系（即“归因”），并借鉴德国的客观归责理论来进行处理（“归责”），[②] 例如“谢某等抢劫案”（案例79）。

【案例79】经审理查明：2005年10月2日晚上9时许，被告人谢某、秦某、袁某、韩某四个人预谋抢劫。被告人谢某驾驶一辆嘉陵125型摩托车附载被告人秦某、袁某、韩某从枣庄市薛城区陶庄镇向枣庄市薛城区行驶，行驶至枣庄市薛城区泰山路北的盘龙河大桥附近，被告人秦某、袁某、韩某下车用被告人袁某携带的砍刀从路边砍杨树枝作为作案工具。后三人上车，由被告人谢某驾驶摩托车继续南行上盘龙河大桥，被告人谢某驾车沿桥逆行，行驶至正在打手机的被害人张运清身边时，被告人秦某伸手去抢张运清的手机。由于没有抓住，手机掉落在地上。后被告人谢某又驾车返回从南向北朝被害人张运清驶去，被害人张运清向桥西跑去，被告人秦某、袁某、韩某下车携带刀具、杨树枝上前追赶。四被告人对被害人张运清形成围堵。在追赶途中被告人秦某、袁某、韩某对张运清进行殴打，被害人张运清在躲避中摔倒，后越过大桥上的栏杆，跳入河中，溺水身亡。

法院认为：被告人谢某、秦某、韩某、袁某以非法占有为目的，采用暴力殴打手段强行劫取他人财物，并造成被害人死亡的后果，其行为均已构成抢劫罪。四被告人在抢劫的过程中分别实施了围堵、追赶、殴打的行为，在客观上造成了被害人死亡的结果，被害人虽然是溺水死亡，但这种死亡结果是因四被告人的围堵、追赶、殴打行为迫

① 参见黎宏：《刑法学》，法律出版社2012年版，第728页。

② 参见陈兴良：《刑法知识论（学术史）》，中国人民大学出版社2012年版，第326页以下。

使其跳水而造成的，二者之间有因果关系，这种结果的发生是因为四被告人的过失造成，四被告人的行为符合抢劫致人死亡的加重情形，应在十年以上量刑。四被告人犯罪时均是未成年人，依法减轻处罚。被告人谢某、秦某在判决宣告以后，刑罚执行完毕以前，发现在判决宣告以后还有其他犯罪没有判决，对新发现的罪作出判决后，与原判决所判处的刑罚实行数罪并罚，决定执行刑罚。四被告人如实供述犯罪事实，自愿认罪，酌情从轻处罚。根据《刑法》相关规定，判决如下：（1）被告人谢某犯抢劫罪，判处有期徒刑九年，并处罚金40000元；与原判决的刑罚实行数罪并罚，决定执行有期徒刑十五年，并处罚金70000元……

行为人故意实施抢劫行为，故意地致人重伤或者死亡，既包括间接故意，例如，行为人抢劫过程中已明知被害人有病，为实现劫取财物目的仍放任死亡结果发生；行为人抢劫过程中将被害人推下山崖；行为人采用飞车的危险方法抢劫放任伤亡结果发生等等，例如，“陈石坤等抢劫案”（案例80）；也包括直接故意，例如，为劫取财物而预谋故意杀人，或者在劫取财物过程中，为制服被害人反抗而故意杀人，例如，“黄某抢劫案”（案例81）。需指出的是，尽管2001年5月22日最高人民法院《关于抢劫过程中故意杀人案件如何定罪问题的批复》对上述行为规定“按抢劫罪论处”，但实践中有的个案仍实行数罪并罚，例如，“陈永军抢劫、故意杀人案”（案例82）和“冀月生故意杀人、抢劫案”（案例83）。

【案例80】经审理查明：被告人陈石坤、夏章锋、冉洪全三人在甘肃打工时相识。2001年9月23日，三被告人从甘肃来到陕西南郑县大河坎镇，入住在大河宾馆。被告人陈石坤提出抢劫一辆出租车，被告人夏章锋、冉洪全二人表示同意。三人商谋后，被告人陈石坤、冉洪全购买了绳子、毛巾等作案工具。次日中午，三名被告人以要到陕西镇巴县购买天麻为名骗租南郑县大河坎镇朱松华驾驶的陕F－13016号红色桑塔纳出租车。被告人夏章锋支付定金后，三人从南郑县大河坎镇出发。当晚，当车行至210国道1368公里+500米处时，被告人陈石坤回头示意冉洪全，冉便以需要小便为名让朱松华停车。朱松华停车后，三名被告人将其推拉下车，共同将其打下路边15米高的山崖后，由被告人陈石坤驾车，三人共同逃离现场。三被告人抢劫作案后，销赃未果，将出租车藏于冉洪全之姐家田里并用包谷杆掩盖，后被公安机关查获。2001年11月7日，被害人朱松华的尸体，在210国道1368公里+500米处路边的山崖下被发现。2007年2月3日，被告人陈石坤被抓获归案，同年2月9日被告人夏章锋被抓获归案。2007年2月15日，被告人冉洪全向重庆市城口县公安局投案。

法院认为：被告人陈石坤、夏章锋、冉洪全以非法占有他人财物为目的，合谋抢劫他人财物，并在抢劫过程中致人死亡，其行为均已构成抢劫罪。被告人陈石坤首起犯意，被告人夏章锋、冉洪全积极参与，且共同将被害人推、打下山崖，三人在共同犯罪中均为主犯。关于认为被害人朱松华不是在被抢劫过程中致死的辩护意见，经查，根据尸检报告，被害人朱松华系高空坠崖致全身多处骨折、疼痛性休克并气胸、呼吸功能衰竭死亡，根据查明的事实证实，被害人朱松华系在被抢过程中由陈石坤、夏章锋、冉洪全三人推打下山崖，其死亡与陈石坤等人将其推打下山崖的行为有直接因果关系，故应认定是在抢劫过程中所致，辩护人的该辩护意见不能成立，本院不予采纳。依据《刑法》相关规定，判决如下：（1）被告人陈石坤犯抢劫罪，判处死刑，缓期二年执行，剥夺政治权利终身，并处罚金人民币20000元；（2）被告人夏章锋犯抢劫罪，判处死刑，缓期二年执行，剥夺政治权利终身，并处罚金人民币18000元；（3）被告人冉洪全犯抢劫罪，判处有期徒刑十五年，剥夺政治权利三年，并处罚金10000元。

【案例81】原判认定：1999年11月4日晚，被告人黄某在其家中与陈某某（共同作案人，1986年5月13日出生）预谋杀人抢劫摩托车。次日，被告人黄某携带一把土制匕首，与陈某某一同到长泰县城。傍晚6时许，两人雇请受害人李龙发的摩托车回枋洋。当行至尚吉村大桥附近路段时，被告人黄某以抽烟为借口叫李龙发停车。在准备继续上路时，被告人黄某趁李龙发发动摩托车之机，持刀猛刺李龙发后颈部一刀。李龙发被刺转身反抗，又被刺二刀。尔后，被告人黄某和陈某某逃离现场。李龙发受轻微伤（偏重）。

某县人民法院认为：被告人黄某为劫取他人财物而故意非法剥夺他人生命，其行为构成故意杀人罪。被告人黄某在实施犯罪过程中，因意志以外的原因而未得逞，是犯罪未遂，依法可以比照既遂犯减轻处罚；犯罪时未满18周岁，依法应当减轻处罚。根据《刑法》第23条、第17条第2款、第3款的规定，对被告人黄某依法减轻处罚。依照《刑法》相关规定，判决如下：被告人黄某犯故意杀人罪，判处有期徒刑六年。

宣判后，上诉人（原审被告人）黄某不服，提起上诉。

二审法院经审理查明的事实、认定的证据与一审相同。

二审法院认为：上诉人黄某为了抢劫他人财物而纠集陈某某，经预谋后，采取先杀死被害人再抢其财物的暴力手段，其行为已构成抢劫罪。由于被告人意志以外的原因而未将被害人杀死及抢走财物，属犯罪未遂。由于被告人黄某的主观目的是要抢劫，先杀人是为了排除其抢劫障碍所采取的一种手段，其行为应定抢劫罪。原判认定被告人黄某犯故意杀人罪，定性不当，应予更正。依照刑事法相关规定，做出如下判决：（1）撤销某县人民法院（2000）泰刑初字第15号刑事判决；（2）上诉人（原审被告人）黄某犯抢劫罪，判处有期徒刑三年。

【案例82】经审理查明：2009年10月8日10时，被告人陈永军驾车从甘南县来到富拉尔基区，以还被害人高敏手机款为由将被害人约至富拉尔基区向阳桥头。高敏上车后，陈永军见高敏佩带黄金首饰便产生抢劫之念。陈永军威胁高敏，从高敏处抢得诺基亚1208型手机一部（价值人民币230元)、诺基亚2610型手机一部(价值人民币150元)、现金1400元、黄金项链一条(价值人民币3614元)、黄金耳钉一对(价值人民币556元)、黄金戒指两枚(价值人民币1112元)。后陈永军以杀死高敏威胁让高敏想办法拿钱,高敏给其父亲打电话,其父高彦向高敏的银行卡汇款人民币5000元。陈永军取得了银行卡及取款密码后,恐高敏报案,遂产生杀人之念,将高敏拽下车拖至林地里,用双手扼住高敏颈部致其昏迷。陈永军认为高敏已死,驾车逃离现场。因高敏清醒后已将银行卡挂失,陈永军到银行取款时银行卡被提款机吞掉。陈永军将所得赃物全部卖掉,赃款被挥霍。被告人陈永军于2009年11月2日在甘南县长山乡被公安机关抓获。

法院认为:被告人陈永军故意非法剥夺他人生命,以非法占有为目的,采取暴力手段劫取财物,其行为已构成故意杀人罪、抢劫罪。陈永军故意杀人后,因意志以外原因而未得逞,具有未遂情节,可以比照既遂从轻处罚。陈永军犯数罪,应对其数罪并罚。依照《刑法》相关规定,判决如下:被告人陈永军犯故意杀人罪,判处无期徒刑,剥夺政治权利终身;犯抢劫罪,判处有期徒刑八年,并处罚金人民币20000元;数罪并罚,决定执行无期徒刑,剥夺政治权利终身,并处罚金人民币20000元。

【案例83】原判认定:1999年12月22日凌晨4时许,被告人冀月生在其所租寇庄南街亲贤乡政府宿舍16号庞乐祥院内南房中,与其同居女友被害人赵树英,别名“赵静”,因经济问题发生纠纷。被告人冀月生为阻止赵树英吵闹,用手扼住其颈部,并用枕头堵住口鼻。发现赵树英被扼死后,被告人冀月生用床单将尸体包裹后藏于床下,抢走其随身携带的人民币400元、摩托罗拉传呼机一台,并将所抢赵树英的存折在银行取款19500元,后逃离太原。2000年6月底,被告人冀月生在西安市向段建民表示想回太原市投案,段建民在回太原后听说冀月生有杀人嫌疑,遂向冀月生亲友提供了冀月生在西安的住址,并告知被告人冀月生的亲友冀月生有投案的想法，冀月生亲友遂与正在追捕被告人冀月生的公安人员取得联系，后办案人员决定由段建民带领，直接赴西安将被告人冀月生抓获。

原判认为，被告人冀月生目无国法，因琐事竟故意非法剥夺他人生命，并以非法占有为目的，劫取被害人财物，其行为已构成故意杀人罪和抢劫罪，且抢劫数额巨大。被告人冀月生的犯罪行为论罪应当判处死刑，但其在犯罪行为暴露前表示自首，并在其亲友带领公安人员将其抓获后，如实供述了自己的犯罪行为，认罪态度较好，可视为自首情节，对被告人冀月生判处死刑，可不予立即执行。依照《刑法》相关规定，以被告人冀月生犯故意杀人罪，判处死刑，缓期二年执行，剥夺政治权利终身；犯抢劫罪，判处有期徒刑十二年，并处罚金20000元，决定执行死刑，缓期二年执行，剥夺政治权利终身，并处罚金20000元。

检察机关提起抗诉，认为一审法院认定原审被告人冀月生具有自首情节，缺乏事实和法律依据，显属适用法律错误，量刑畸轻。

二审法院经审理查明的事实、认定的证据与一审一致。

二审法院认为：被告人冀月生目无国法，因琐事竟故意地非法剥夺他人生命，并以非法占有为目的，劫取被害人财物，其行为已构成故意杀人罪和抢劫罪，且抢劫数额巨大。被告人冀月生在其犯罪行为暴露前有自首的意思表示，在其亲友带领公安人员将其抓获后，对致死被害人的犯罪事实如实供述，可视为自首情节。原审判决定罪准确，量刑适当，审判程序合法。依照《刑事诉讼法》相关规定，裁定如下：驳回抗诉，维持原判。

下列情形中，行为人的抢劫行为与被害人的重伤、死亡结果尽管有某种联系，但重伤、死亡结果发生的主因在于被害人自身因素或者其他介入因素，不宜按“抢劫致人重伤、死亡”处理：因抢劫行为引起被害人自杀的；被害人为夺回财物追赶抢劫犯过程中摔地重伤、死亡的；抢劫犯离开现场后被害人不小心摔下致使重伤、死亡的；抢劫犯为抢劫财物追赶被害人，碰巧被阳台上掉下的花盆砸中致使重伤、死亡的，等等，例如，“曾某等抢劫案”（案例84）。

【案例84】经审理查明：2007年7月17日上午，曾某、凌某预谋后，将从高新区紫荆北路27号8栋3单元一网吧内出来的蔡磊带至大世界商业广场三楼一正在装修的空坝处，对蔡殴打、索财。蔡磊被迫交出2元钱后，二被告人继续索要和殴打，并追撵蔡磊，蔡磊为逃避殴打在翻越三楼护栏时坠楼身亡。2007年7月28日，民警将二被告人抓获。

法院认为：被告人曾某、凌某的行为已构成抢劫罪。本案属共同犯罪，二被告人均积极实施犯罪行为，其地位、作用大致相当，可不区分主从。但被告人曾某提出犯意、首先使用暴力，罪责较凌某大，量刑时应有所区别，故对辩护人提出区分主从犯的意见不予采纳。关于本案是否适用“抢劫致人重伤、死亡的”加重情节，本案发生了被害人死亡的结果，死亡结果也与被告人的抢劫行为有一定的联系，但本院认为不应适用加重处罚情节，理由如下：(1)从抢劫行为本身看，抢劫行为实质上是一种双重行为，由实施暴力、胁迫或其他人身强制的方法行为和获取财物的目的行为构成，就《刑法》第263条所规定的“抢劫致人重伤、死亡”应理解为方法行为，即在使用暴力、胁迫或其他强制方法时造成被害人重伤或者死亡。本案被害人系为逃避殴打，翻越栏杆时坠楼而死亡，并非二被告人拳打脚踢等暴力行为直接造成。此外，也并非二被告人强逼着被害人翻越护栏，案发现场为大世界商业广场顶层天井式露台，有两处楼梯通往二楼，并非封闭场所；同时，在被害人翻越栏杆时，二被告人尚距离被害人有五米左右，紧迫性也不十分明显。(2)从与刑法其他条文比较看，《刑法》在强奸罪的量刑标准中，将强奸致人重伤、死亡和造成其他严重后果区分开来，由此可印证致死中的“致”只能是直接的实施行为所致，而非由于某行为所引起或导致的某种情形的出现。(3)从因果关系的角度看，刑法上的因果关系主要是必然的直接的因果关系，行为和结果之间存在着必然的、内在的、合乎规律的联系。本案二被告人的抢劫行为及拳打脚踢，并不会必然、合乎规律地引起被害人死亡结果的发生。被害人死亡结果的发生是在事件发展过程中，由于偶然原因（被害人选择翻越护栏和失足）的介入而导致。综上，本院认为，对被告人曾某、凌某不适用加重处罚情节而应当在三年以上十年以下的幅度内处罚。对被害人死亡的后果在量刑时可作为酌定从重处罚情节予以考虑。量刑时本院还考虑以下情节：（1）被告人曾某犯罪时未满16周岁，被告人凌某犯罪时未满15周岁，均属未成年人犯罪，应依法从轻或者减轻处罚。（2）被告人家属已积极赔偿了死者家属的经济损失或为赔偿积极准备条件，并取得死者家属的谅解，可酌定从轻处罚。（3）被告人曾某、凌某归案后认罪态度好，可酌定从轻处罚。综上，本院根据案件具体情况，结合被告人的认罪、悔罪表现以及社会及家庭监管条件，认为对被告人曾某、凌某适用缓刑，确实不致再危害社会。依照《刑法》相关规定，判决如下：（1）被告人曾某犯抢劫罪，判处有期徒刑三年，缓刑四年，并处罚金人民币500元；（2）被告人凌某犯抢劫罪，判处有期徒刑二年六个月，缓刑三年，并处罚金人民币500元。

第二，“抢劫致人重伤、死亡”中引起重伤、死亡结果的原因行为有无限定。日本学者存在三种学说：（1）“手段说”认为，伤亡结果的原因行为必须是抢劫中的暴力、胁迫等手段行为；（2）“机会说”认为，伤亡结果的原因行为必须是在抢劫机会中所实施的行为，且仅此就够；（3）“关联说”认为，伤亡结果的原因行为必须是在抢劫机会中实施的，并与抢劫具有一定关联性、牵连性的行为。[①] 在笔者看来，伤亡结果的原因行为必须是“抢劫”行为，具体包括普通抢劫的方法行为和劫财行为，例如，“伍超抢劫案”（案例85）、转化型抢劫中的暴力或者以暴力相威胁行为，例如，“瞿均均抢劫案”（案例86）、携带凶器抢夺的行为，例如，“武衡丰抢劫

① 参见［日］西田典之：《刑法各论》，日本弘文堂2010年第5版，第181页。

案”（案例87）、事后抢劫中的方法行为。但下列情形不宜按“抢劫致人重伤、死亡”处理：转化型抢劫中先前的盗窃、诈骗、抢夺行为致人死亡的；抢劫后逃跑行为致人重伤、死亡的；抢劫后又实施杀伤行为致人重伤、死亡的，例如，“李某等抢劫、故意伤害案”（案例88）；抢劫后为灭口而杀害的，例如，“崔某抢劫、故意杀人、放火案”（案例89）；警察追赶抢劫犯被车撞身亡的，例如，“金海亮等抢劫案”（案例90）；行为人实施伤害、强奸等行为致人重伤、死亡，在被害人未失去知觉，利用被害人不能反抗、不敢反抗的处境，临时起意劫取他人财物的，等等。

【案例85】经审理查明：2010年11月26日晚，被告人伍超在耒阳市火车站公路口附近一米粉店吃粉时与女青年谢某某相识。随后二人来到火车站斜对面的宏源宾馆开房。被告人伍超和被害人谢某某在房间发生一次性关系后，伍超问谢某某多少钱，谢某某讲要200元，伍超便拿出200元给谢某某。伍超出门到外面转了一会儿回来后，与谢某某再次发生性关系。次日凌晨3时许，伍超与谢某某从宏源宾馆出来，到西湖公园附近又转了一会儿，沿城北路准备返回宾馆时，伍超认为谢某某从其身上要走了200元钱，还提出要帮她买衣服，不划算，想把钱弄回来。于是，当二人走到城北路与白沙路交汇处的华欣公寓建筑工地时，伍超掏出随身携带的弹簧刀朝被害人谢某某头部乱刺，谢某某喊了几声后被刺倒地，伍超骑在谢某某身上继续用刀刺其头、颈部等处。在用刀刺谢某某时，伍超自己的右手食指亦被回弹的弹簧刀卡断。这时，在工地守材料的李某某听到女子尖叫声后，拿出手电筒照看，伍超便收起弹簧刀，抢过谢某某身上的挎包和一个白色塑料袋往五一路方向逃，跑到灶市永联制衣厂路段，伍超打开抢来的挎包，将包内的500余元现金及5部手机拿走。2010年12月3日，耒阳市公安局民警在衡阳169医院将伍超抓获。被抢5部手机被全部追回。经鉴定，被害人谢某某的伤势为重伤。被抢手机总价值2157元。

原判认为：被告人伍超以非法占有为目的，采取用弹簧刀刺伤被害人的手段，当场劫取谢某某随身财物，并致人重伤，其行为已构成抢劫罪。被告人能自愿认罪，且其亲属赔偿了被害人大部分损失，取得了对方谅解，可酌情从轻处罚。依照《刑法》相关规定，判决如下：被告人伍超犯抢劫罪，判处有期徒刑十年，剥夺政治权利一年，并处罚金4000元。

宣判后，原审被告人伍超不服，提起上诉。

二审法院经审理查明的事实、认定的证据与一审相同。

二审法院认为：上诉人伍超以非法占有为目的，采取用弹簧刀刺伤被害人的手段，当场劫取被害人随身钱财，并致被害人重伤，其行为已构成抢劫罪。原判认定事实清楚，证据确实、充分，定罪准确，量刑适当，审判程序合法。依照《刑事诉讼法》相关规定，裁定如下：驳回上诉，维持原判。

【案例86】经审理查明：2005年4月25日22时许，被告人瞿均均头戴黑色头套，手戴白手套窜至洪江市江市镇卫生院隔壁涂文珍（曾用名涂小玲）家中行窃时，被回家的涂文珍发现，涂文珍立即抓住瞿均均不放。在拉扯过程中涂文珍将瞿均均的头套扯了下来，瞿均均随即拾起一木棒将其击倒。同时，将听到动静赶到二楼的涂文珍公公朱光才、婆婆毛满妹两人击伤。上述行为致使涂文珍头部损伤（轻伤），致使朱光才严重的颅脑损伤（重伤），左尺骨骨折（轻伤）、右尺骨骨折（十级伤残）；致毛满妹右颧骨骨折（轻伤）、颜面部多处软组织挫裂伤（轻伤）、双侧颞、顶、额部硬膜下积液（轻伤）。后因邻居易春芳母女听到动静赶来，被告人瞿均均随即逃离现场。案发后，被告人瞿均均先逃至洪江市双溪镇找唐某借款100元和到怀化市找朋友杨某借款200元，然后潜逃至深圳。2011年5月20日，被告人瞿均均主动向洪江市公安局投案，并如实供述自己的犯罪事实。

法院认为：被告人瞿均均以非法占有为目的，窜至他人家中行窃被发现后，为抗拒抓捕当场使用暴力致人重伤，其行为已构成抢劫罪。被告人瞿均均系严重破坏社会秩序的犯罪分子，可以附加剥夺政治权利。被告人瞿均均犯罪后自动投案，如实供述自己的罪行，是自首。对于自首的犯罪分子，可以从轻或者减轻处罚。依照《刑法》相关规定，判决如下：被告人瞿均均犯抢劫罪，判处有期徒刑十一年十一个月，剥夺政治权利一年，并处罚金人民币10000元。

【案例87】经审理查明：（1）2005年1月4日晚上22时许，被告人武衡丰携带管制刀具弹簧刀到广州地铁东山口站附近伺机作案。当看见被害人徐卫琳从地铁东山口站C门进入地铁站时，被告人武衡丰即跟随上前用力拉扯抢走被害人徐卫琳手持的手提包（内有价值人民币1308元的三星X608型手机一部、人民币400多元等款物），后迅速逃离现场，致使被害人徐卫琳跌倒在台阶上受伤，经送医院抢救无效死亡。经法医鉴定，被害人徐卫琳系因头部被钝性暴力作用造成严重颅脑损伤而死亡。（2）2005年1月7日晚上19时许，被告人武衡丰再次携带管制刀具弹簧刀到广州市较场东路附近伺机作案，当看见被害人陈雪莲进入广州地铁烈士陵园站A门时，被告人武衡丰即上前抢走被害人陈雪莲手持的手提包（内有人民币600多元、价值人民币230元的摩托罗拉T190手机1部），后逃离现场。

法院认为：被告人武衡丰以非法占有为目的，携带管制刀具弹簧刀进行抢夺，数额较大，并造成一人死亡的严重后果，其行为已构成抢劫罪，依法应予严惩。依照《刑法》相关规定，判决如下：被告人武衡丰犯抢劫罪，判处死刑，缓期二年执行，剥夺政治权利终身，并处没收个人全部财产。

【案例88】原判认定：2010年10月7日晚，被告人李某、代某来到舟山市普陀区沈家门街道游泳池路54号被告人许某及其女友被告人郑某暂住处玩。期间，郑某与董某电话联系购买毒品事宜，因经济拮据无钱购买毒品的许某、李某、代某即产生了抢劫念头。四被告人经过商量，约定由李某、代某实施抢劫，郑某假装不知情同时被抢，许某租好车在外等候接应。当晚10时许，董某与郑某联系后送来毒品。郑某开门后，事先守候在附近的李某、代某立即跟上并用随身携带的匕首顶住董某腰部迫使其进入屋内。李某佯装威胁郑某蹲在房内角落，李某、代某先后从董某身上劫得人民币1600余元、冰毒10克、麻古若干及手机2部，又假装从郑某处劫得手机1部。抢劫实施完毕后，李某、代某因不满董某被抢后说话语气，又对董拳打脚踢，用匕首朝董某的左大腿各捅了一刀，造成董某左股动脉完全断裂，左股四头肌、股静脉、股神经部分断裂，失血性休克的重伤后果。李某、代某离开现场，坐上许某租来的轿车后逃至沈家门街道鲁家峙大桥。李某、代某、许某将劫得的赃款和毒品进行了分配，并将劫得的手机丢入海中。

原审法院以抢劫罪判处被告人李某有期徒刑四年，并处罚金人民币2000元，以故意伤害罪，判处其有期徒刑三年六个月，决定执行有期徒刑七年，并处罚金人民币2000元；以抢劫罪判处被告人代某有期徒刑四年，并处罚金人民币2000元，以故意伤害罪，判处其有期徒刑三年六个月，决定执行有期徒刑七年，并处罚金人民币2000元；以抢劫罪，判处被告人许某有期徒刑三年六个月，并处罚金人民币2000元；以抢劫罪，判处被告人郑某有期徒刑三年二个月，并处罚金人民币2000元。

宣判后，被告人郑某不服，提起上诉。

二审法院经审理查明的事实、认定的证据与一审相同。二审还查明：被告人李某曾因犯盗窃罪，于2009年9月22日被某区人民法院判处有期徒刑六个月，缓刑一年，并处罚金人民币1000元，缓刑考验期限至2010年10月11日止。李某在缓刑考验期限内犯新罪。

二审法院认为：原审被告人李某、代某以非法占有为目的，伙同他人采用暴力胁迫手段强行劫取被害人财物；在抢劫实施完毕后又共同故意用刀伤害被害人身体，致人重伤，二人的行为均已分别构成抢劫罪、故意伤害罪，应数罪并罚。原审被告人许某、上诉人（原审被告人）郑某以非法占有为目的，伙同他人采用暴力胁迫手段强行劫取被害人财物，二人的行为也均已构成抢劫罪。原判定罪正确，对代某、许某、郑某量刑适当，审判程序合法。但一审法院没有认定李某在缓刑考验期限内犯新罪，未撤销前罪所判缓刑有误，鉴于上诉不加刑原则，二审不予改判。依照刑事法相关规定，裁定如下：驳回上诉，维持原判。

【案例89】经审理查明：2008年7月6日13时许，被告人崔某翻墙进入本村代某某家行窃时发现代某某及其女儿李某在家，便威逼代某某给其钱，代某某将其手上戴的黄金戒指给崔某，并让崔某把自己的诺基亚手机拿走。崔某仍不满足，将代某某拽到客厅并把代某某手脚捆上。后在屋内搜现金时，代某某呼喊。崔某从东屋窗台上拿一秤锤，照代某某头部猛击数下，恐其不死，又用手卡代某某脖子，直至其不会动。因抢劫时被代某某的女儿李某看见，崔某为灭口又将哭后睡着的李某用手卡死。后将代某某的尸体拖到东屋卧室床上，拿着黄金戒指、手机和代家的钥匙翻墙逃离现场。当晚21时许，崔某再次翻墙进入代某某家，将沙发上的垫子、衣服及从其他房屋找的被子、编织袋扔到东屋床上、地上，用酒洒在编织袋上点燃后，将堂屋门串条从外面串上，然后翻墙逃离现场。案发现场被害人房屋被烧毁。经法医鉴定结论为：(1) 代某某系被他人持钝器打击头部致失血性休克死亡，死后焚尸；(2) 李某系机械性窒息死亡，死后焚尸。

法院认为：被告人崔某以非法占有为目的，采取暴力手段入户劫取他人财物，致人死亡；为灭口又故意非法剥夺他人生命；故意放火危害公共安全，其行为已分别构成抢劫罪、故意杀人罪、放火罪。依据《刑法》相关规定，判决如下：被告人崔某犯抢劫罪，判处死刑，剥夺政治权利终身，并处没收个人全部财产；犯故意杀人罪，判处死刑，剥夺政治权利终身；犯放火罪，判处有期徒刑七年。决定执行死刑，剥夺政治权利终身，并处没收个人全部财产。

【案例90】原判认定：广州大道中嘉诚公寓附近的公交站，常有一伙男青年在此抢夺或抢劫他人财物，广州市越秀公安分局便衣大队派出警力进行伏击。2007年7月5日21时50分许，当一辆280路公交车停靠该站上下时，被告人金海亮即上车并趁被害人林沛能不备抢去其手机（价值人民币687元），同案被告人李俊则假装投币上车，阻挡车门关闭，使被告人金海亮得手后顺利从前门下车逃跑。当被告人金海亮携赃意欲跑向在公交车前方驾驶摩托车予以接应的被告人钟志安时，在此跟踪伏击的陈世豪等四名便衣警察立即亮明身份并上前抓捕，被告人金海亮见状即转身跑向马路对面，陈世豪紧追其后。在马路中间绿化带处，陈世豪追上并抓住金海亮，随即两人扭打在一起。在扭打中，金海亮猛地摔打、挣脱逃跑，陈世豪则随身紧追意欲抓捕，但在闪入广州大道由南往北方向快车道时，陈世豪被路过的一辆小车撞伤（经抢救无效死亡）。被告人金海亮则将抢得的手机弃置路旁继续逃跑，随即被警察和群众抓获。被告人李俊和钟志安也被伏击的警察当场抓获。

某市中级人民法院认为：被告人金海亮、被告人钟志安、李俊无视国家法律，以非法占有为目的，乘人不备，公开夺取他人财物，数额较大，被告人金海亮为抗拒抓捕而当场使用暴力，其行为已构成抢劫罪，被告人钟志安、李俊的行为均构成抢夺罪。被告人李俊归案后协助公安机关抓获了同案人，有立功表现，依法可从轻处罚。依照《刑法》相关规定，判决如下：被告人金海亮犯抢劫罪，判处有期徒刑八年，并处罚金人民币3000元；被告人钟志安犯抢夺罪，判处有期徒刑二年，并处罚金人民币2000元；被告人李俊犯抢夺罪，判处有期徒刑一年，并处罚金人民币1000元。

宣判后，被告人金海亮不服，提起上诉。

某省高级人民法院经审理查明的事实、认定的证据与一审一致。

某省高级人民法院认为：上诉人金海亮、原审被告人钟志安、李俊无视国家法律，以非法占有为目的，乘人不备，公开夺取他人财物，数额较大。金海亮在被抓捕的过程中当场使用暴力抗拒抓捕，金海亮的行为已构成抢劫罪，李俊、钟志安的行为构成抢夺罪，依法应予以惩处。李俊在归案后，有立功表现，依法可以从轻处罚。原审判决认定事实清楚，证据确实、充分，定罪准确，量刑适当，审判程序合法。依照《刑事诉讼法》相关规定，裁定如下：驳回上诉，维持原判。

第三，“抢劫致人重伤、死亡”中“（致）人”的认定。实践中要注意以下几点：一是“致人死亡”不包括抢劫过程中致同伙死亡或者因分赃分歧而互相杀伤。抢劫过程中致同伙死亡的，宜按（普通）抢劫罪和相关罪名处理。二是重伤、死亡者与被劫取财物者是否必须为同一人。实践中个案处理不一致，例如，“尹从斌抢劫案”（案例91）和“建章抢劫案”（案例92）。笔者认为，不能要求两者系同一人，但是，被致重伤或者死亡者与被劫取财物者之间的关系、地位要足以影响到财物控制状态的转移，否则，不宜按此加重情节处理。

【案例91】原判认定：2001年3月28日下午，被告人尹从斌伙同柳青山（已判决）等人到故县镇安底村陈某辉饭馆向其索要现金1000元。陈某辉迫于无奈，请其吃饭、喝酒。期间，被告人尹从斌和柳青山把陈某辉叫到旁边巷子里，再次向其索要钱财并对其威胁、恐吓，后柳青山用匕首将陈某辉腹部刺伤，尹从斌向陈某辉妻子江某嫒索要红梅烟一条、石林烟、沙河烟各五盒。经法医鉴定，陈某辉胃破裂、大网膜多处挫伤；外伤性血气胸，其伤情评定为重伤。

某市法院认为：被告人尹从斌伙同他人以非法占有为目的，采取暴力、胁迫手段强行劫取他人钱财，且致人重伤，其行为已构成抢劫罪。依照《刑法》相关规定，判决被告人尹从斌犯抢劫罪，判处有期徒刑十年，剥夺政治权利1年，并处罚金5000元。

宣判后，原审被告人尹从斌不服，提起上诉。

二审法院经审理查明的事实、认定的证据与原判相同。

二审法院认为原判认定原审被告人尹从斌犯抢劫罪事实清楚，证据确实、充分，定罪准确，量刑适当，适用法律正确，审判程序合法。依照《刑事诉讼法》相关规定，裁定如下：驳回上诉，维持原判。

【案例92①】 经审理查明：被告人韩建章伺机抢劫溧水县南京控特电机有限公司的赵冬妹夫妻，并准备尖刀一把。2003年4月3日晚11时许，被告人韩建章携带尖刀蒙面窜至溧水县南京控特电机有限公司，翻窗入门卫室，持刀对熟睡的门卫林治中（男，51岁），猛捅数刀，致其死亡。随即又冲入被害人赵冬妹夫妇的住所，持刀猛刺二人，并逼迫二人交出钱财。后被告人韩建章劫得人民币1500余元和价值人民币700元的诺基亚3310型手机一部。被告人韩建章作案后逃跑，于次日被公安机关抓获。

法院认为：被告人韩建章以非法占有为目的，采用暴力手段入户劫取他人钱财，并致一人死亡，一人轻伤，其行为已构成抢劫罪。被告人韩建章进入赵冬妹夫妇住处实施抢劫，应认定为入户抢劫。被告人韩建章为了排除抢劫障碍，将门卫林治中杀害，是事先经过预谋的，并非一时冲动。被告人韩建章的辩解意见不予采纳。依照《刑法》相关规定，判决如下：被告人韩建章犯抢劫罪，判处死刑，剥夺政治权利终身，没收个人全部财产。

第四，“抢劫致人重伤、死亡”的共犯。行为人共同实施抢劫致人重伤、死亡的，均要按此加重情节进行处理，例如，“王建华抢劫案”（案例93）。若其中一人临时起意实施伤害行为致人重伤死亡的，其他人不宜适用此加重情节，例如，“杨军等故意杀人、抢劫案”（案例94）。凡是证据能分清责任的，宜根据具体情况进行量刑；若现有证据无法分清责任的，亦应共同适用此加重情节，例如，“曹日潮抢劫案”（案例95）；若现有证据不能证明死亡结果与共同抢劫行为之间有因果关系的，则均不适用此加重情节，例如，“黄某

① 此案宜定故意杀人罪和（普通）抢劫罪，实行数罪并罚。

等抢劫案”（案例96）。

【案例93】经审理查明：2008年3月23日晚11时许，被告人王建华伙同同案人张强（另案处理）经预谋抢劫后，携带作案工具水果刀到某市白云区太和镇和乐路鲁记商行内，假意购买烟酒，由被告人王建华持刀威胁被害人张某红，同案人张强持刀捅刺前来阻止的被害人鲁敦华并致其死亡，共同抢得人民币300多元后逃离现场。

法院认为：被告人王建华以非法占有为目的，结伙以暴力手段劫取他人财物，并致一人死亡，其行为已构成抢劫罪。对于被告人的辩解和辩护人的辩护意见，经查，现有证据证实被告人王建华与同案人经合谋后共同持刀实施犯罪，其对持刀抢劫可能会造成致人死亡的后果有所预见，其与同案人有共同抢劫故意和抢劫行为。同案人在抢劫中造成致人死亡的后果，其亦应当承担共同的刑事责任。依照《刑法》相关规定，判决如下：被告人王建华犯抢劫罪，判处有期徒刑十三年，剥夺政治权利四年，并处罚金人民币10000元。

【案例94】经审理查明：2001年11月份，被告人杨军数次向李国松提议抢劫“小姐”钱财，后李国松同意，二人准备了电话线和胶带等工具。12月10日晚7时许，杨军打电话联系其所认识的高文（女，35岁，辽宁省沈阳市人），将其骗至李国松与魏丽（在逃）的暂住处。后乘高文不备，由杨军勒住高文的颈部将其摁倒，杨军、李国松二人用电话线、胶带将高文捆绑，当场从其身上抢劫现金60元、西门子3508手机一部、宝诺牌手表一块。当晚，由李国松看守高文，杨军伙同魏丽窜至高文住处，用抢劫的钥匙打开高文的房间，抢劫照相机一部、红、灰色密码箱各一只（内有衣物若干），以上物品共计价值977元。自12月10日晚至12月11日晚，三人轮流看管高文。11日晚7时许，被告人杨军、李国松借三轮摩托车欲将高文抛至野外，在路上，被告人杨军为灭口，将高文用电话线勒死，后将尸体抛至滨孤路挑河桥下。2001 年 12 月 17 日，被告人杨军、李国松在李国松的暂住处被公安机关抓获。

法院认为：被告人杨军、李国松以非法占有为目的，采用暴力手段强行劫取他人财物，其行为均已构成抢劫罪。被告人杨军在抢劫得逞后，为灭口而故意杀死被害人，非法剥夺他人生命，其行为又已构成故意杀人罪。在杨军、李国松二人预谋抢劫时，商定将被害人抢劫后放走，但在具体实施中，被告人杨军临时起意，怕事情败露而故意杀害被害人，对此被告人李国松并不知情，故李国松不构成故意杀人罪，且对其抢劫罪不应适用抢劫致人死亡的加重情节，公诉机关的指控成立，予以支持。依照《刑法》相关规定，判决如下：（1）被告人杨军犯故意杀人罪，判处死刑，剥夺政治权利终身；犯抢劫罪，判处有期徒刑十年，并处罚金 5000 元；数罪并罚，决定执行死刑，剥夺政治权利终身，并处罚金 5000 元；（2）被告人李国松犯抢劫罪，判处有期徒刑十年，并处罚金 5000 元。

【案例 95】经审理查明：2005 年 8 月 11 日 22 时许，被告人曹日潮伙同沈志文（已判刑）、萧杰洪（已判刑）、张伟凌、“音记”（均另案处理）经预谋抢劫后，驾驶两辆摩托车至广州市白云区均禾街长虹村牌坊附近，萧杰洪与张伟凌驾驶摩托车在附近守候望风接应，曹日潮与沈志文、“音记”三人下车持刀抢劫被害人周显荣和余某某。沈志文、“音记”负责抢劫周显荣，并持刀捅伤周显荣，曹日潮先以持刀威胁的方法对余某某实施抢劫，抢得价值人民币 808 元的三星 S508 型移动电话 1 部，后与沈志文、“音记”共同围攻被害人周显荣，周显荣因反抗被刺多刀，当场死亡（经法医鉴定，被害人周显荣系被他人用锐器刺伤胸背部，造成胸主动脉破裂，致失血性休克死亡）。被告人曹日潮等五人即逃离现场。

法院认为：被告人曹日潮伙同同案人以非法占有为目的，结伙使用暴力方法抢劫他人财物，致一人死亡，其行为已构成抢劫罪。现有证据可以证实曹日潮抢劫女被害人余某某后，又参与抢劫男被害人周显荣，在致人死亡的责任难以分清的情况下，曹日潮应对被害人的死亡结果与同案人共同承担责任。鉴于曹日潮在押期间如实供述司法机关未掌握的不同种罪行，以自首论，依法可以从轻或者减轻处罚。依据《刑法》相关规定，判决如下：被告人曹日潮犯抢劫罪，判处无期徒刑，剥夺政治权利终身，并处没收个人全部财产。

【案例96】经审理查明：2006年10月29日晚上八九点，被害人韦超在某海区蛟川街道临江小区“1+1”网吧门口盗窃自行车时，被被告人黄某等人发现并抓获，被告人黄某即采用拳打脚踢等手段对韦超实施殴打。被告人李某得知此事后，即赶至现场，并采用掴耳光等手段对韦超进行殴打。后被告人黄某又纠集李杰、刘高照、王朋（均另案处理）前来帮忙。经商量，黄某等人决定向韦超敲诈钱财。然后，被告人黄某、李某伙同李杰、刘高照、王朋押着韦超穿过临江小区，经临江小区18号、渡驾桥185号、渡驾桥78号等处，沿途采用皮带抽打、头撞墙等手段对韦超进行殴打，后至渡驾桥14－3号附近一排铁窗子房子旁，又采用皮带抽打、头撞铁窗等手段对其进行殴打，并从韦超身上劫得现金人民币20元，用于购买白大红鹰香烟1包，供共同抽吸。接着，被告人黄某、李某等人继续押着韦超经新屋俞家20号、仁里桥、五里牌234号，穿过镇宁东路将韦超带至镇宁东路北侧20米处一土堆附近，采用皮带抽打、拳打脚踢等手段再次对韦超进行殴打。随后，被告人黄某、李某等人又带着韦超穿过虹桥新村西侧的绿化带至某区蛟川街道中一生态园池塘边，再次殴打韦超，并将韦超被逼脱下的裤子、鞋子抛入池塘，后又将韦超推入该池塘中，韦超则趁机逃脱，被告人黄某等人追逐未果。次日8时许，被害人韦超的尸体在位于某区镇骆东路1258号的欧易（英特姆）液压有限公司门前绿化带上被人发现。尸体上身反穿米黄色圆领短袖衬衫，下身穿深蓝色棉织运动裤，双脚穿黑色胶底布鞋，身旁有一件灰色女式外套

(上述衣、裤、鞋与10月29日晚，韦超被殴打时的衣、裤、鞋不同)。经法医尸体检验后认定，韦超系他人钝性暴力作用头部致重型颅脑损伤死亡，死亡时间距检验时间约9~11小时（检验时间为10月30日早上8~11时)。案发后，被告人黄某在罪行尚未被司法机关发觉，仅因形迹可疑，被公安机关盘问、教育后，主动交代了全部罪行。

法院认为：被告人黄某、李某以非法占有为目的，伙同他人采用殴打等暴力手段劫取财物，其行为均已构成抢劫罪。由于被害人韦超被殴打后的逃脱地（某区蛟川街道中一生态园一池塘）距死亡地（某区镇骆东路1258号的欧易液压有限公司门前绿化带）有一定距离；法医鉴定所确定的被害人死亡时间跨度大，而根据现有证据，无法确定被害人死亡的准确时间；又因被害人韦超死亡时身上衣着与其家属、证人及被告人等描述的其案发当天的衣着不同，故不能排除被害人韦超被殴打逃脱后因第三人行为的介入或者其他特殊事件的发生而导致其死亡的合理怀疑，因此被告人等的殴打行为与被害人死亡之间缺乏刑法意义上的因果关系，故公诉机关关于被告人等殴打抢劫致被害人死亡的指控，证据不足，本院不予认定。依照《刑法》相关规定，判决如下：（1）被告人黄某犯抢劫罪，判处有期徒刑二年，并处罚金人民币500元；（2）被告人李某犯抢劫罪，判处有期徒刑二年六个月，并处罚金人民币500元。

（六）冒充军警人员抢劫

关于“冒充军警人员抢劫”的认定，[①] 应注意以下问题：一是“冒充”的含义。有学者认为，冒充包括假冒和充当，“充当”就是真正的军警人员显示真实身份，因而，军警人员显示其身份抢劫的，

① 2016年1月6日《抢劫指导意见》指出，认定“冒充军警人员抢劫”，要注重对行为人是否穿着军警制服、携带枪支、是否出示军警证件等情节进行综合审查，判断是否足以使他人误以为是军警人员。对于行为人仅穿着类似军警的服装或仅以言语宣称系军警人员但未携带枪支、也未出示军警证件而实施抢劫的，要结合抢劫地点、时间、暴力或威胁的具体情形，依照常人判断标准，确定是否认定为“冒充军警人员抢劫”。

应认定为冒充军警人员抢劫。[1] 有学者认为，所谓“冒充”是指通过着装、出示假证件或者口头宣示而让人信以为真的行为。至于真军警人员抢劫，从保护法益为《刑法》的根本任务的立场出发，根据举轻以明重的原则，比照“冒充军警人员抢劫”处理，军警人员伙同他人抢劫的，应当比照“冒充军警人员抢劫”的条款加重处罚。[2] 有学者认为，冒充限于没有军警身份人员冒充军警人员，因而，真军警人员抢劫的，根据罪刑法定原则，仅按一般抢劫罪论处。[3] 二是“军警人员”的外延。有学者认为，“军警人员”是指“现役”军人、武装警察、公安和国家安全机构的警察、司法警察，不包括其他执法人员或者司法人员。[4] 实践个案也持此种观点，例如，“陈振锦等抢劫案”（案例97）。

【案例97】原判认定：（1）被告人陈振锦伙同赵刘富、赵汝华和“阿广”（另案处理）于2005年1月14日凌晨1时许，驾乘一辆挂着假牌的小轿车，并由赵刘富、赵汝华、“阿广”穿着军装，假冒军人，在某市北二环高速公路海南出口处附近，故意与被害人李某清驾驶的丰田汽车（车牌号码为：粤YF1068）发生碰撞。尔后，四被告人强行截停被害人李某清的汽车，殴打李某清，共同抢得现金人民币3000元及黄金项链1条（价值人民币29841元）。（2）被告人陈振锦伙同谢建春、谢辉明、吴照彬于2005年4月28日晚上8时许，在某市环城公路往荔湾方向三窖出口附近，以上述同样的方式，冒充军人，并故意制造与被害人冯某坤驾驶的瑞风汽车（车牌号码为：粤XL0217）发生碰撞，后殴打和胁迫被害人冯某坤，共同抢得现金人民币1500元。（3）被告人陈振锦伙同谢建春、谢辉明、吴照彬于2005年4月28日晚上10时许，在佛山市南海区盐步穗盐

① 参见张明楷：《刑法分则的解释原理》（第2版），中国人民大学出版社2011年版，第67页以下。

② 参见黎宏：《刑法学》，法律出版社2012年版，第728页。

③ 参见陈兴良：《规范刑法学》，中国政法大学出版社2003年版，第502页。《抢劫指导意见》指出，军警人员利用自身的真实身份实施抢劫的，不认定为“冒充军警人员抢劫”，应依法从重处罚。

④ 参见黎宏：《刑法学》，法律出版社2012年版，第728页。

路附近，以上述同样的方式，冒充军人，并故意制造与被害人陈某煜驾驶的江铃货车（车牌号码为：桂 E10106）发生碰撞，后殴打和胁迫被害人陈某煜，共同抢得现金人民币 500 元和诺基亚 3120 型手机 1 部（价值人民币 1138 元）。(4) 被告人陈振锦伙同谢建春、谢辉明、吴照彬于 2005 年 4 月 28 日晚上 11 时许，在某市珠江大桥收费站附近，以上述同样的方式，冒充军人，并故意制造与被害人何某安驾驶的五菱面包车（车牌号码为：粤 AFM849）发生碰撞，后殴打和胁迫被害人何某安，共同抢得 LG650 型手机 1 部（价值人民币 1794 元）。案发后，该赃物手机被公安机关缴获。(5) 被告人覃尚华伙同覃尚真、赵刘富、赵汝华于 2005 年 4 月 28 日晚上 8 时许，在某市白云大道新体育馆附近，以上述同样的方式，冒充军人，并故意制造与被害人张某武、许某鹏、林某杰驾乘的瑞风汽车（车牌号码为：粤 A3W530）发生碰撞，后胁迫三被害人，共同抢得三被害人的现金人民币 600 元及三星 508 型手机 1 部、诺基亚 3810 型手机 1 部、摩托罗拉 V600 型手机 1 部（以上物品共计价值人民币 3690 元）。综上所述，被告人陈振锦参与抢劫 4 次，抢得财物共计价值人民币 37773 元；被告人谢建春、谢辉明、吴照彬均参与抢劫 3 次，抢得财物共计价值人民币 4932 元；被告人赵刘富、赵汝华均参与抢劫 2 次，抢得财物共计价值人民币 37131 元；被告人覃尚华、覃尚真均参与抢劫 1 次，抢得财物共计价值人民币 4290 元。

原判认为：被告人陈振锦、赵刘富、赵汝华、谢建春、谢辉明、吴照彬、覃尚华、覃尚真无视国家法律，采取暴力、胁迫的手段，抢劫他人财物，其行为均已构成抢劫罪。各被告人在共同犯罪中均积极参与，无明显主次之分。依照《刑法》相关规定，判决如下：(1) 被告人陈振锦犯抢劫罪，判处有期徒刑十三年，并处罚金人民币 20000 元，剥夺政治权利四年……

宣判后，原审被告人陈振锦、赵刘富等不服，提起上诉。

二审法院经审理查明的事实、认定的证据与一审一致。

二审法院认为：上诉人陈振锦、赵刘富、赵汝华、谢建春、谢辉明、吴照彬、覃尚华、覃尚真无视国家法律，以非法占有为目的，冒充军人劫取他人财物，其行为均构成抢劫罪……对于各上诉人及其辩护人提出本案的定性不应定性为抢劫罪，而是敲诈勒索罪及认定冒充军人抢劫的证据不足的上诉、辩护意见，经查，冒充军警是指通过着装、出示假证件或者口头宣称等行为假冒现役军人、武装警察、公安和国家安全机构的公安民警以及人民法院、人民检察院、监狱等部门的司法警察。只要行为人抢劫时有冒充军警人员的行为表示，无论被害人对这种冒充行为是否以假当真还是未被蒙骗，均不影响对冒充军警人员抢劫的认定。本案中，各上诉人为了非法占有他人的合法财产，利用他人面对军人不知反抗、不懂反抗的心理状态，驾驶小汽车，穿着军服，在交通道路寻觅作案对象。当被害人驾车变道时，即加速上前用所驾驶的小汽车碰擦被害人汽车的尾部，进而以殴打或带回部队处理等方式对被害人当场进行胁迫，并当场劫取他人财物。综上所述，各上诉人的行为均符合假冒军人抢劫的要件，构成抢劫罪。依照《刑事诉讼法》相关规定，裁定如下：驳回上诉，维持原判。

在笔者看来，“冒充军警人员”具体包括以下情形：（1）没有军警身份者冒充具有军警身份，例如，“胡朝远抢劫案”（案例98）；（2）具有此种身份（军人或者警察）冒充彼种身份（警察或者军人）。此处的“冒充”可以通过身穿军警人员服装，例如，“关雄飞抢劫案”（案例99）、亮出军警人员证件、口头声称系军警人员，例如，“贾献平抢劫、故意伤害案”（案例100）的方式（一种或者一种以上方式）来实施，（冒充的）“军警人员”不需要现役身份。单纯地驾驶警车、使用警棍、手铐等警具器械等不足以使人误以为其系军警人员的，不宜认定为“冒充军警人员”。

【案例98】经审理查明：2008年7月份，被告人胡朝远因工作薪酬问题对其所在的被害单位广州市天懿企业管理有限公司产生不满。2008年7月19日凌晨3时许，经预谋，被告人胡朝远伙同同案人“阿强”（另案处理）驾驶一辆别克轿车到被害单位位于某市天河区天河东路252号的“天懿美容美发店”，由被告人胡朝远利用其员工身份诱骗在该店内守夜的被害人刘三打开店门。后胡朝远与同案人“阿强”进入该店内，由“阿强”冒充警察，持枪状物威胁刘三，当场抢走被害人刘三的诺基亚手机1部以及该店内的新国都K350型收款POS机1台、高科牌电话机1部、摩托罗拉V3i手机1部、组装电脑2套、电脑主机1台、IBM牌T22型笔记本电脑1台、组合音响一套（经鉴定，上述物品共价值人民币25937元），后被告人胡朝远畏罪潜逃。2009年8月25日，被告人胡朝远在重庆被当地公安机关抓获归案，缴回上述部分赃物。另查明：案发后，被告人胡朝远的家属已代替其赔偿被害单位经济损失，被害单位对被告人表示谅解。

法院认为：被告人胡朝远伙同他人以非法占有为目的，使用暴力胁迫手段劫取他人财物，其行为已构成抢劫罪。依照《刑法》相关规定，判决如下：被告人胡朝远犯抢劫罪，判处有期徒刑十年，剥夺政治权利三年，并处罚金人民币5000元。

【案例99】原判认定：2007年7月25日，被告人关雄飞伙同樊连山（已判刑）、杜小林（另案处理）租用路某某的豫RC5017长安之星面包车，预谋在社旗县城抢劫。当晚22时许，樊连山等人身穿警服冒充警察，在社旗县城北高杆灯南100米附近，将途经此处的被害人李中强挟持到车上，并用电警棒威胁李中强，让李中强交出随身携带的银行卡等财物，并以查询银行卡是否为李中强所有为名，让李中强说出银行卡的密码。后关雄飞等人在社旗县农业银行的自动取款机上取走李中强银行卡账户内的现金1900元。后在樊连山等人驾驶面包车并挟持着李中强走到社旗县一高中附近时，被正在巡逻的社旗县公安局民警发现，樊连山、关雄飞和杜小林三人弃车逃跑。

原判认为：被告人关雄飞伙同他人以暴力、胁迫的方法抢劫公私财物，其行为已构成抢劫罪。关雄飞在刑罚执行完毕以前，发现还有其他罪没有判决，应当实行数罪并罚。考虑到关雄飞在庭审中能够主动认罪，且在2007年7月被抓获后能够坦白该起犯罪，自愿接受审判，故在数罪并罚中酌情处以较轻的处罚。依照《刑法》相关规定，判决如下：被告人关雄飞犯抢劫罪，判处有期徒刑十年，并处罚金人民币2000元。与2007年12月18日某区人民法院以抢劫罪判处关雄飞有期徒刑十一年，并处罚金人民币3000元，合并为有期徒刑二十一年，并处罚金人民币5000元。决定执行有期徒刑十七年，并处罚金人民币5000元。

宣判后，上诉人（原审被告人）关雄飞不服，提起上诉。

经二审审理查明的事实、认定的证据与一审相同。

二审法院认为：上诉人（原审被告人）关雄飞伙同他人以暴力、胁迫的方法抢劫公私财物，其行为已构成抢劫罪，且系冒充军警人员抢劫的情形。原判认定事实清楚，定罪准确，量刑适当，审判程序合法，证据确实充分，处理适当。依照《刑事诉讼法》相关规定，裁定如下：驳回上诉，维持原判。

【案例100】经审理查明：（1）抢劫罪部分。张军朝、李云根（均已判刑）伙同黄书栋（另案处理）等人预谋抢劫由人力三轮车从安阳火车站送往河南利华制药有限公司的生产原料，并先期进行了踩点。尔后由张军朝邀来张军才和贾献平共同实施。2003年12月1日下午4时许，同案犯张军朝携带两幅手铐，带领被告人贾献平和张军才等人，乘坐一辆面包车，尾随从安阳火车站货场用三辆人力三轮车分载一吨薯蓣皂素往河南利华制药有限公司送货的安运十公司职工李某某、刘某某、王某某三人。当行至安阳市高新技术产业开发区六孔桥南侧时，冒充公安人员，以查缉毒品的名义，拦劫李某某等三人，强行带上手铐，押上面包车，并用塑料胶带缠住三人的口和眼。之后，将李某某等三人拉至河南省淇县桥盂乡后释放；同案犯张军朝则伙同另外人员，将抢劫的三辆人力三轮车及货物，送往距107国道不远处的接应点，由于慌张将其中一辆人力车翻入路边河沟内。按照分工，黄书栋事先租好小卡车已在接应点等候，装上抢劫的货物后，由同案犯黄书栋带路将货物转移至河南省鹿邑县；同案犯李云根则负责租好车辆接上张军朝等人，一路跟随小卡车共同转移货物。被抢货物一吨薯蓣皂素，经鉴定价值37万元，除现场附近找回15袋（价值11.1万元）外，其余货物未追回。（2）故意伤害罪部分。2003年11月，在河北省峰峰矿务局九龙矿承揽运输业务的天源运销处合伙人焦建民、田付强、王德贵、刘同改、张玉兰（五人均已被判刑）因经营纠纷欲伤害王某某，经预谋每人出资5000元，共25000元交给同案犯李云根，李云根答应找人教训王某某。李云根与武海军（已被判刑）联系后，将武海军的电话告知田付强，由田付强与武海军直接联系。武海军与张军朝联系后，二人又向田付强索要资金5000元。经过踩点确认王某某的住址后，由张军朝指使的张军才、贾献平等三人，分别各自携带菜刀在2003年11月20日晚19时许，守候在河北省峰峰矿区教委家属楼下，持刀将驾车回家的王某某头、面、背和腰部多处砍伤，经鉴定损伤程度为重伤。

法院认为：被告人贾献平伙同他人冒充公安人员抢劫他人财物，价值37万元，数额巨大，其行为已构成抢劫罪；被告人贾献平故意伤害他人身体，致人重伤，其行为已构成故意伤害罪。针对辩护理由，经查，虽然被告人贾献平事先未参与抢劫犯罪的预谋及踩点，但在明知实施抢劫他人货物的情况下实施了控制被劫人员的环节，应当以抢劫罪定罪处罚。在实施抢劫的过程中，使用警用器械，并声称是公安人员查缉毒品，其应为共同犯罪承担责任。被告人称其所持冒充警察证据不足的理由与查明的事实不符，本院不予采纳。依照《刑法》相关规定，判决如下：被告人贾献平犯抢劫罪，判处有期徒刑十年，剥夺政治权利二年，并处罚金人民币20000元；犯故意伤害罪，判处有期徒刑四年；决定执行有期徒刑十二年，剥夺政治权利二年，并处罚金人民币20000元。

实践中要注意以下问题：一是冒充军警人员“执法”（例如，抓赌、抓毒、抓嫖、查车）过程中的抢劫。按照《“两抢”意见》第9条的规定，行为人冒充正在执行公务的人民警察“抓赌”“抓嫖”，使用暴力或者暴力威胁没收赌资、赌具或者罚款的行为，以抢劫罪定罪处罚，并应适用此加重情节，例如，“李楠等抢劫案”“缪建强等抢劫案”“向冬梅抢劫案”“谭飞等招摇撞骗、抢劫案”（案例101~104）；但是行为人冒充治安联防队员“抓赌”“抓嫖”，使用暴力或者暴力威胁没收赌资、赌具或者罚款的行为，以抢劫罪定罪处罚，不适用此加重情节。按照《“两抢”意见》第9条的规定，行为人冒充正在执行公务的人民警察“抓赌”“抓嫖”，没收赌资或者罚款的行为，构成犯罪的，以招摇撞骗罪从重处罚，例如，“冯永兵等抢劫、招摇撞骗案”（案例105）。当然，实践中有可能因涉及想象竞合而按诈骗罪论处，例如，“马健等诈骗、抢劫案”（案例106）；行为人冒充治安联防队员“抓赌”“抓嫖”、没收赌资或者罚款的行为，构成犯罪的，以敲诈勒索罪定罪处罚。

【案例101】原判认定：(1)被告人李楠通过王汉民在郑州召集到陈龙海、龚保卫、王水涛、唐族柱、龚亚飞（另案处理）等人准备去抓赌。2010年3月14日凌晨3时许，被告人李楠、王汉民、王水涛、陈龙海、龚保卫、唐族柱伙同顿海民（另案处理）等人到封丘县一赌场。李楠在场外电话指挥，王汉民、陈龙海、龚保卫、王水涛、唐族柱等人身穿警服，携带警棍、手铐等警用装备进入封丘县城关乡王某某家三楼赌博现场冒充省公安厅工作人员，当场抢走人民币89000余元及手机10余部。后又给组织赌博的李某某戴上手拷，带至长垣县与封丘县交界处的大堤上踹了几脚放走。所得赃款、赃物由李楠分发给每个人。经鉴定，诺基亚7100S型、三星B5702C型等8部手机价值5380元。(2)2009年12月31日夜，被告人李楠、王汉民等人在郑州市南三环汽贸园对面齐晖钢材市场百货商店内冒充警察抓赌，抢走被害人宋某某等人现金3500余元，并将宋某某带到车上拉到郑州市管城区小王庄派出所附近放走。(3) 2010年3月份的一天夜里，被告人李楠、王汉民伙同熊义亮（另案处理）等人在郑州市管城区南曹乡金代李村工业区劳保店内冒充警察抓赌，抢走被害人常某某等人现金3000余元，并将常某某带到车上拉到郑州市中博家具市场附近放走。

某市中级人民法院认为：被告人李楠、王汉民、王水涛、陈龙海、龚保卫、唐族柱的行为均已构成抢劫罪。依照《刑法》相关规定，判决如下：(1) 被告人李楠犯抢劫罪，判处无期徒刑，剥夺政治权利终身，并处没收个人全部财产……

宣判后，被告人李楠、王汉民、王水涛、龚保卫、陈龙海、唐族柱不服提起上诉。

二审法院经审理查明的事实、认定的证据与一审相同。

二审法院认为：上诉人李楠、王汉民、王水涛、陈龙海、龚保卫、唐族柱以非法占有为目的，冒充警察抓赌，使用暴力、暴力胁迫，抢劫数额巨大，其行为均已构成抢劫罪，应依法惩处。原审判决定罪准确，量刑适当，审判程序合法。依照《刑事诉讼法》相关规定，裁定如下：驳回上诉，维持原判。

【案例102】经审理查明：1998年10月11日中午，被告人缪建强、廖海彬共谋盗窃贩毒人员李美权、蒋红霞、龙春生（均另案处理）的毒品，如果盗窃不成就找人来抢。13日12时许，缪建强在攀枝花见李、蒋、龙购买毒品后，藏匿隐蔽，不宜下手，遂与暗中跟随到攀枝花的廖海彬再次商议抢劫事宜。尔后，缪、廖二人先后三次打电话约被告人彭某某到峨嵋火车站抢毒品。彭随即找到被告人杨影、童信辉、陈培荣，在威远县恩源百货店购买两把匕首后，租车于当晚赶到峨嵋火车站，住在该站铁路招待所。22时许，被告人彭某某将杨、童、陈叫至房间，进行具体分工。

14日凌晨6时许，当攀枝花到峨嵋的622次列车进站后，被告人彭某某、杨影、童信辉、陈培荣按照被告人缪建强、廖海彬的指认，在车站广场分别实施抢劫。彭某某冒充警察，和杨影一道将已上中巴车的李美权带下车，强行搜身，彭将李刺伤；童信辉将已上中巴车的龙春生带下车，采用语言威胁的手段抢得海洛因142.6克；陈培荣由于认错了人，抢劫未果。案发后，被告人彭某某、杨影、童信辉、陈培荣被当场抓获；彭某某协助公安人员将被告人缪建强、廖海彬抓获。

某铁路运输中级法院经审理后于1999年5月26日作出判决：被告人缪建强犯抢劫罪，判处有期徒刑十五年，剥夺政治权利五年，并处罚金5000元；被告人廖海彬犯抢劫罪，判处有期徒刑十四年，剥夺政治权利四年，并处罚金4000元；被告人彭某某犯抢劫罪，判处有期徒刑七年，并处罚金3000元；被告人杨影犯抢劫罪，判处有期徒刑七年，并处罚金3000元；被告人童信辉犯抢劫罪，判处有期徒刑三年，并处罚金2000元；被告人陈培荣犯抢劫罪，判处有期徒刑一年，并处罚金1000元。

判决后，六被告人未提起上诉，判决发生法律效力。

【案例103】经审理查明：1998年5月初，段刚、杨洪辉预谋抢劫三陪女，由杨冒充嫖客，被告人向冬梅去找三陪女，段刚冒充警察进行抢劫。5月21日，被告人向冬梅在海口雅梦苑歌舞厅找到被害人龚某（化名苏蓉），向谎称有台湾人找小姐陪玩三四天，每天付人民币1500元，龚同意。次日中午，被告人向冬梅约龚某到奥斯罗克酒店杨洪辉已开好的房间内，将龚介绍给杨，称杨是台湾来的朋友，然后就离开房间，接着段刚冒充警察闯入该房，以杨、龚卖淫嫖娼为由，当场抢走龚的诺基亚3810型手机一部、雷达牌女式手表一块、金戒指一枚、金项链一条及钥匙。之后，被告人向冬梅与段刚一块窜至龚某的住处，段刚用劫来的钥匙打开房门，从龚某的房内搜走人民币800元，男式手表一块及手机电池、充电器等物。23日段又索取龚

“说情费”人民币5000元。

法院认为：被告人向冬梅明知同案犯段刚、杨洪辉预谋抢劫而协助他们，以欺骗手段为其二人提供抢劫对象，且与段刚一同到被害人住处搜取财物，其行为已构成抢劫罪，应予以惩处。依照《刑法》相关规定，判决如下：被告人向冬梅犯抢劫罪，判处有期徒刑五年，并处罚金人民币1000元。

【案例104】原判认定：2006年5月间，被告人谭飞、宋伟、朱丽华、王云龙伙同同案人袁朝刚（另案处理）经密谋以后，分别购买作案工具迷彩色三菱吉普车、假军车牌照（广K32107）、假军服、头盔、警棍以及证件等物，伪装成军队纠察人员，以查假军车为名骗取和抢劫公民财物。有证据证明的犯罪为如下三宗：（1）2006年5月7日凌晨2时许，被告人谭飞、宋伟、朱丽华、王云龙、同案人袁朝刚伪装成军队纠察人员，驾驶上述假军车，窜至佛山市南海区里和公路佛山一环桥底，以检查假军车为名，采取持警棍威胁方式取得被害人何某某现金400元以及诺基亚牌2100型手提移动电话机1台（经鉴定，物品价值341.60元）。（2）2006年5月8日凌晨2时许，被告人谭飞、宋伟、朱丽华、王云龙、同案人袁朝刚驾驶上述假军车窜至佛山市南海区广和大桥收费站出口处，以上述方式取得被害人周某某的波导牌VS9型手提移动电话机1台（经鉴定，物品价值770.62元）。（3）2006年5月12日凌晨3时许，被告人谭飞、宋伟、朱丽华、王云龙、同案人袁朝刚驾驶上述假军车窜至广州市萝岗区开创大道与宏远路交汇处附近，冒充军队纠察人员对被害人索要财物未得逞后，采取强行搜身的方式取得被害人王某某的现金924元、诺基亚牌3210型手提移动电话以及摩托罗拉牌C157型手提移动电话机各1台（经鉴定，物品共价值683元）。随后，四被告人被公安人员人赃并获。

原判认为：被告人谭飞、宋伟、朱丽华、王云龙伙同他人采取冒充军队纠察人员以查处假冒军车的名义非法获取财物，损害了公民的人身权利、财产权利和武装部队的威信。其中，被告人谭飞、宋伟、朱丽华、王云龙于2006年5月12日冒充军队纠察人员对被害人索要财物未得逞后，采取强行搜查的暴力手段非法取得财物，其行为均已构成抢劫罪。由于被告人于2006年5月7日和2006年5月8日冒充军队纠察人员对被害人实施“罚款”的过程中，并未采取明显的暴力或胁迫手段，其行为主要表现为冒充军队纠察人员的身份骗取财物，其行为均构成招摇撞骗罪。依法应对四被告人判处抢劫罪和招摇撞骗罪数罪并罚。

被告人宋伟、朱丽华、王云龙三人不服，提起上诉。

二审法院裁定驳回上诉，维持原判。

【案例105】经审理查明：（1）2005年12月份的一天晚上，被告人冯永兵经王林斌纠集，伙同王林斌、朱广茂冒充警察在温岭市牧屿镇青年路108号以嫖娼要罚款为由向一男子索得人民币1050元及诺基亚2100手机一只（价值人民币332元）。（2）2006年2月11日晚上，被告人冯永兵、阮鹤经王林斌纠集，伙同王林斌、朱广茂携带电警棍、手铐，驾驶挂假武警牌照的轿车到温岭市牧屿镇寻找目标，因朱广茂临时有事，四人遂回到黄岩。随后，被告人冯永兵、阮鹤与王林斌又驾车到台州市路桥区路桥街道石浜快餐店门口，以警察盘问的名义将张双成等三人带上车，因其中二人身上没钱，即被放行。三人在车上对张双成进行殴打，抢得CECTGD800手机一只（价值人民币637元）、存折一本。接着三人又把张带到临海市沿江镇孔呑水库，采用殴打、浸水等手段迫使张说出存折密码。在此过程中，三人还抢得现金人民币300元。同月13日，被告人阮鹤伙同王林斌在中国农业银行黄岩院桥支行取走存折上的人民币3500元。被告人阮鹤分得300元。案发后赃款赃物均被追回并发还给被害人。被告人冯永兵、阮鹤归案后协助公安机关抓获其他犯罪嫌疑人各一人。

法院认为：被告人冯永兵、阮鹤伙同他人冒充警察，采用暴力手段当场劫取财物，同时被告人冯永兵又伙同他人冒充警察招摇撞骗，被告人冯永兵的行为已分别构成抢劫罪、招摇撞骗罪，应实行数罪并罚。被告人阮鹤的行为已构成抢劫罪。被告人冯永斌、阮鹤在共同犯罪中起次要作用，系从犯，且归案后有立功表现，依法予以减轻处罚。二被告人认罪态度较好，均酌情从轻处罚。依照《刑法》相关规定，判决如下：（1）被告人冯永兵犯抢劫罪，判处有期徒刑五年，并处罚金人民币2000元，犯招摇撞骗罪，判处有期徒刑一年六个月，决定执行有期徒刑六年，并处罚金人民币2000元；（2）被告人阮鹤犯抢劫罪，判处有期徒刑五年，并处罚金人民币2000元。

【案例106】 原判认定：（1）被告人马健与彭贺林在云南相识后，马健提议冒充警察诈骗车辆，彭表示同意。2009年2月中旬，二人先后窜至安徽省淮北市购买了警察制服等工具伺机作案。2月21日，二人着警察制服，在该市杜集区矿山集镇东外环路北侧700米处，拦截魏春雷驾驶的车号牌皖F－07778号本田雅阁轿车。马健让魏打开后备箱，见有一副汽车号牌，二人谎称让魏到交警大队接受处理，驾车逃离现场。经价格鉴定：该轿车价值14.5万元。案发后，该车被追回。（2）同年3月底，马健又邀约彭贺林从云南来到阜阳市，二人计议入室抢劫，并购买了手铐和安眠药等作案工具。同年4月，二人驾驶骗来的本田轿车窜至蚌埠市，先后到金叶苑别墅区等住宅小区，跟踪并选定作案目标。当月24日下午，马、彭驾车到该市龙湖香都小区守候。当被害人何军农的丈夫、孩子离家后，二人着警服闯进何家，用手铐反铐何双手、胶带纸蒙住何双眼。马搜出银行存折，彭问出密码并到附近的工商银行取出9000元，返回何家。马将准备好的安眠药兑上红酒让何喝下，见何没有反应，二人携带劫得的9000元现金和价值8654.90元的数码相机、手机、手镯、戒指、情侣表等财物逃离现场。何挣脱捆绑，给其丈夫龙强打电话说家里被抢劫，龙强回家后报警。案发后，被追回的部分财物已发还何军农。

原判认为：被告人马健、彭贺林以非法占有为目的，冒充警察诈骗、入户抢劫各一起，其行为均分别构成诈骗罪、抢劫罪，依法应当数罪并罚。其二人诈骗财物价值145000元，数额巨大。又使用诈骗的财物进行犯罪活动，情节特别严重；入户抢劫的财物价值17654.90元，数额巨大。依照《刑法》相关规定，认定被告人马健犯诈骗罪，判处有期徒刑十年，并处罚金人民币50000元；犯抢劫罪，判处无期徒刑，剥夺政治权利终身，并处罚金人民币10000元。决定执行无期徒刑，剥夺政治权利终身，并处罚金人民币60000元。被告人彭贺林犯诈骗罪，判处有期徒刑十年，并处罚金人民币50000元；犯抢劫罪，判处有期徒刑十三年，并处罚金人民币10000元，决定执行有期徒刑二十年，并处罚金人民币60000元。

宣判后，被告人马健、彭贺林不服，提起上诉。

二审法院经审理查明的事实、认定的证据与一审一致。

二审法院认为：上诉人马健、彭贺林以非法占有为目的，冒充警察诈骗、入户抢劫各一起，其行为分别构成诈骗罪、抢劫罪，依法应当数罪并罚。二人诈骗财物价值145000元，数额巨大，情节特别严重；入户抢劫的财物价值17654.90元，数额巨大。原判事实清楚，证据确实、充分，定罪准确，量刑适当，审判程序合法。依照《刑事诉讼法》相关规定，裁定如下：驳回上诉，维持原判。

二是行为人预谋冒充军警人员抢劫，处在犯罪预备阶段因意志以外原因停止的，不宜适用此加重情节。例如，“尹建光等抢劫、盗窃案”（案例107）。这主要是由加重构成要件的性质来考虑的。加重构成要件区别于基本构成要件的关键在于实行行为要素的变化。犯罪预备行为尚不能直接评价为加重构成要件的预备行为，仅评价为基本构成要件的预备行为，就足以体现其社会危害性的大小。

【案例107】经审理查明：2010年六七月份，被告人尹建光、孙六辉预谋冒充警察查车实施抢劫。被告人尹建光、孙六辉购买了手枪、弩、手铐、警服、警帽、口罩、胶带、手套、撬锁工具等作案工具。被告人尹建光在网上联系被告人范鹏一同作案。2010年10月下旬，被告人尹建光、孙六辉到洛阳与被告人范鹏会合后，三被告人于2010年10月26日凌晨2时许，将在洛阳市洛龙区安乐镇王庄村新源旅馆门口停放的智某林的五菱之光面包车盗走，准备用作实施抢劫犯罪的交通工具，并由孙六辉、范鹏将车开到汝州。当天晚上，被告人尹建光、孙六辉、范鹏在汝州会合后，驾驶盗窃的五菱之光面包车，携带枪支、警服等作案工具沿207国道汝州至鲁山方向寻找作案目标，因未发现作案目标返回汝州。次日上午，孙六辉驾驶盗窃车辆在汝州市城垣路与南环路交叉口处被汝州市公安局交通警察查获。经平顶山市公安局物证鉴定所鉴定，涉案枪支在送检条件下不能确定是否具有杀伤力。经汝州市价格认证中心鉴定，被盗五菱之光面包车价值22800元。案发后，孙六辉协助公安机关抓获了被告人尹建光、范鹏，被盗面包车被追退被害人，并赔偿被害人3000元。

法院认为：被告人尹建光、孙六辉、范鹏结伙以非法占有为目的，预谋冒充警察实施抢劫，准备了手枪、警服、手铐等作案工具，实施了抢劫踩点，并盗窃车辆，数额巨大，其行为已分别构成抢劫罪、盗窃罪，且系二人以上共同故意犯罪。被告人尹建光、孙六辉、范鹏为了实施抢劫犯罪，准备工具、制造条件，是犯罪预备，依法可从轻、减轻或免除处罚。被告人孙六辉协助公安机关抓获同案犯，是立功，依法可从轻或减轻处罚。被告人范鹏在共同犯罪中起次要或者辅助作用，是从犯，依法应从轻或减轻处罚。三被告人归案后均认罪态度较好，可酌情从轻处罚。三被告人在判决宣告前一人犯数罪，依法应当数罪并罚。依照《刑法》相关规定，判决如下：（1）被告人尹建光犯盗窃罪，判处有期徒刑三年零八个月，并处罚金8000元；犯抢劫罪，判处有期徒刑二年零五个月，并处罚金2000元；两罪并罚，决定执行有期徒刑五年零一个月，并处罚金10000元……

三是共犯对“冒充军人”没有共同故意的，不宜适用此加重情节，仅按一般抢劫罪的共同犯罪处理。例如，“李水森、蔡加庆抢劫案”（案例108）。

【案例108】经审理查明：1998年10月8日，被告人李水森、蔡加庆到泉州游玩时，李的钱包被人抢劫。当晚7时许，两人回到漳州，李水森提出雇请摩托车回长泰并抢劫载客摩托车主的钱，沿途要用普通话讲。蔡加庆表示同意。之后，两人雇请了张振光的摩托车，李水森身着迷彩服坐在中间，蔡加庆坐在后面。沿途李水森均以普通话与张振光交谈，张振光问李水森“是不是坦克旅的老兵”？李回答“是”，蔡加庆未作表示。途中，李水森以付车费为由要求停车。当蔡加庆在付车费时，李水森从背后用左手扼住张振光的脖子，右手持水果刀顶住张的腰部，并打了张的脸部一下，抢走张振光人民币300元。后两被告人逃离现场。2003年3月1日，被告人李水森向长泰县公安局投案并协助公安机关抓获了被告人蔡加庆。

某县人民法院认为：被告人李水森、蔡加庆以非法占有为目的，采用暴力、胁迫手段，冒充军人劫取他人人民币300元，其行为已构成抢劫罪。被告人李水森在共同犯罪中起主要作用，系主犯；犯罪后自动投案，如实供述自己的罪行，系自首，可以从轻或减轻处罚。被告人李水森投案后协助公安机关抓获被告人蔡加庆，具有立功表现，可以从轻或减轻处罚。被告人蔡加庆在共同犯罪中起次要作用，系从犯，应当从轻或减轻处罚。两被告人认罪态度好，有悔罪表现，可以酌情从轻处罚。依照《刑法》相关规定，于2003年4月29日作出判决如下：（1）被告人李水森犯抢劫罪，判处有期徒刑五年，并处罚金人民币1000元；（2）被告人蔡加庆犯抢劫罪，判处有期徒刑五年，并处罚金人民币1000元；（3）被告人李水森、蔡加庆的非法所得人民币300元，予以追缴，上交国库。

宣判后，被告人蔡加庆不服，提出上诉称：没有充分的证据证明他与被告人李水森冒充军人共同实施抢劫，抢劫情节一般，原审不应以重刑判处他与被告人李水森相同的刑罚。

某市中级人民法院认为：上诉人蔡加庆、被告人李水森以非法占有为目的，采用暴力、胁迫手段，劫取他人钱财人民币300元，其行为已构成抢劫罪。被告人李水森在共同犯罪中起主要作用；上诉人蔡加庆在共同犯罪中起次要作用。被告人李水森犯罪后自动投案，有自首情节，并协助公安机关抓获同案犯蔡加庆及在二审期间又检举他人犯罪，经查属实，具有立功表现，可以减轻处罚。上诉人蔡加庆系从犯，且归案后认罪态度好，有悔罪表现，可以依法减轻处罚。上诉人蔡加庆与其辩护人诉称，原审没有充分的证据证明蔡加庆与被告人李水森冒充军人共同实施抢劫，故抢劫的情节一般，不应以重刑判处的理由和意见为依据，本院予以采纳。检察机关指出，两被告人没有共同冒充军人抢劫的主观犯意及在实施抢劫过程中没有以军人的身份威胁、恐吓对方，抢劫情节一般，原审适用法律不当的意见正确，应予以支持；提出被告人李水森在二审期间又检举他人犯罪，具有立功表现的意见，经查属实，本院予以采纳。依照《刑事诉讼法》相关规定，于2003年7月11日作出判决如下：(1) 撤销某县人民法院（2003）泰刑初字第32号刑事判决；(2) 被告人李水森犯抢劫罪，判处有期徒刑二年，并处罚金人民币1000元；(3) 上诉人蔡加庆犯抢劫罪，判处有期徒刑二年，并处罚金人民币1000元；(4) 上诉人蔡加庆、被告人李水森非法所得人民币300元予以追缴，上缴国库。

（七）持枪抢劫

关于“持枪抢劫”，2000年11月17日最高人民法院《抢劫罪解释》第5条规定“持枪抢劫”，是指行为人使用枪支或者向被害人显示持有、佩带的枪支进行抢劫的行为。“枪支”的概念和范围，适用《枪支管理法》的规定，例如，“曾某等抢劫案”“袁化为抢劫案”（案例109～110）。此处的“枪支”必须是能够发射子弹的真枪，例如，“涂永平等抢劫案”（案例111），不包括失去性能的枪支、不能发射子弹的仿真枪支及其他假枪，例如，“邝启壬等抢劫案”“姜滨等抢劫案”（案例112～113），但是，实践个案曾有将持有失去性能的枪支认定为“持枪抢劫”的，例如，“周玉扬抢劫案”（案例114）。笔者认为，此类加重构成要件持的“枪”中是否装有子弹，并不影响持枪抢劫的认定，例如，“龚放贵等抢劫案”（案例115）。

【案例109】经审理查明：2010年8月7日，被告人曾某携带一把疑似手枪（自称于2010年8月5日从其舅舅李某某的住处拿得）、一把弹簧刀伙同被告人付某、曾某某（另案处理）乘坐其舅舅李某某（另案处理）驾驶的奇瑞小车到达株洲市。2010年8月8日，被告人曾某、付某、曾某某在株洲市天元区寻找抢劫目标，途中曾兵一人走散；同日21时左右，被告人曾某、付某看见正在株洲市天元区粤华大酒店前坪停车（车牌号湘BF0168）的被害人颜某，被告人曾某随即坐上车副驾驶位，持疑似手枪抵住颜某的腰部，付某随后在后座持弹簧刀架在颜某的脖子上实施抢劫，共抢得人民币1680元、一台黑色摩托罗拉A1600翻盖手机及4包软芙蓉王香烟，并要求颜某驾车往长沙方向行驶。当车行驶至株洲市石峰区田心北门十字路口附近时，被告人曾某、付某下车准备搭乘路人黎某的摩的逃跑，被害人颜某乘机倒车将被告人曾某、付某撞倒在地，被告人曾某所持的疑似手枪及枪中的弹夹和一粒子弹也被撞落。随后，被告人付某爬起逃离现场，被告人曾某捡起疑似手枪持枪威胁搭乘路人殷建跃的电动车逃走，弹夹和子弹遗落在现场。另依法查明：被告人曾某遗留在逃跑现场（株洲市石峰区田心北门十字路口附近马路）的弹夹、子弹经株洲市公安局刑事科学技术研究所鉴定：送检的1发疑似子弹认定为弹药，送检的疑似弹夹系仿照德国生产的沃尔沃特型手枪弹夹改制，具有手枪弹夹的完整结构。摩托罗拉A1600黑色翻盖手机经株洲市价格认证中心鉴定，价值925元。破案后，公安机关从被告人付某处查获被抢摩托罗拉手机，并发还被害人颜文明。

法院认为：被告人曾某、付某以非法占有为目的，采取暴力、威胁方法劫取他人财物，其行为均已构成抢劫罪。在共同故意犯罪中，被告人曾某是主犯；被告人付某起次要作用，是从犯，依法从轻处罚。被告人曾某、付某归案后自愿认罪，且部分被抢物品已由公安机关追回，对两名被告人可酌情予以从轻处罚。虽然作案现场遗留下来的弹夹、子弹经鉴定系弹药并具有弹夹的完整结构，但被告人曾某抢劫时所使用的疑似手枪没有找到，也没有其他证据能够证明该疑似手枪符合《中华人民共和国枪支管理法》中所规定的“枪支”的概念和范围，本案不宜定性为持枪抢劫。被告人曾某的辩护人提出，公诉机关指控持枪抢劫的证据不足，被告人曾某认罪态度较好，该辩护意见成立，本院予以采纳。依照《刑法》相关规定，并经本院审判委员会讨论决定，判决如下：（1）被告人曾某犯抢劫罪，判处有期徒刑六年五个月，并处罚金9000元；（2）被告人付某犯抢劫罪，判处有期徒刑四年五个月，并处罚金6000元。

【案例110】原判认定：2009年8月13日17时许，被告人袁化为携带一把塑料手枪窜至当阳市建安小区四栋四楼卢晓琴家客厅内，采用持塑料手枪威胁、脚踢等方式抢走卢晓琴黄金项链1条、现金35元。被告人袁化为作案后在逃跑时被周围群众抓获。经鉴定，卢晓琴被抢黄金项链价值3604元。

某市人民法院认为：被告人袁化为以非法占有为目的，进入被害人居住的室内以暴力和胁迫手段抢劫财物，其行为已构成抢劫罪。公诉机关指控被告人系持枪抢劫，因无对被告人所持塑料手枪的鉴定结论来证明涉案枪支是否属于《枪支管理法》的枪支范围，故不予认定。鉴于被告人归案后并不否认其抢劫行为，且当庭认罪，故可酌情从轻处罚。依照《刑法》相关规定，判决如下：被告人袁化为犯抢劫罪，判处有期徒刑十一年，附加剥夺政治权利一年，并处罚金1000元。

宣判后，原审被告人袁化为不服，提起上诉。

二审法院经审理查明的事实、认定的证据与一审一致。

二审法院认为：上诉人袁化为以非法占有为目的，入户采用暴力手段劫取公民财物，其行为已构成抢劫罪，依法应予惩处。原审法院根据上诉人的犯罪事实、性质、情节及对社会的危害程度依法所作出的判决，事实清楚，证据确实充分，定罪及适用法律正确，量刑适当，审判程序合法。依照《刑事诉讼法》相关规定，裁定如下：驳回上诉，维持原判。

【案例111】经审理查明：（1）2003年11月26日凌晨零时许，被告人涂永平、谢三华、涂美胜、林必华、梁家稳、林伟华、林水金、黄荣标伙同谢细岳（另案处理）密谋后，由林必华驾驶一辆挂假警牌的面包车，载着其余被告人携带手铐、封口胶、绳子等作案工具，窜到佛山市澜石镇魁奇二路与桂澜路交界处，冒充警察查车，被告人谢三华等人指挥车辆靠边查验，被告人涂永平手持一支自制手枪，被告人林伟华手持一支玩具长枪威胁司机卢炯华，后谢三华、涂永平等人将卢强行押上面包车并实施捆绑、封口等手段，抢走卢驾驶的重型牵引车（车牌粤XA2224，价值人民币276023元）及车上冷轧钢卷（价值人民币306496元），由被告人黄荣标、林伟华、梁家稳将车开走并将货物运到指定地点，后由被告人梁家稳联系将冷轧钢卷以9万元的价格售出，赃款由该九人分占。案发后公安机关追回被丢弃的赃车并发还给被害人。（2）2003年12月23日凌晨零时许，被告人涂永平、谢三华、林必华、涂美胜、林伟华、林水金、黄荣标伙同谢细岳密谋后携带上述作案工具窜到佛山市澜石镇魁奇路与桂澜路交界处，欲冒充警察以上述手段抢劫被害人张业坤、廖平彪驾驶的重型牵引车（车牌：己C22163，价值人民币156600元）及车上冷轧钢卷，后因张、廖驾车强行冲卡而未得逞。（3）同月24日凌晨零时许，被告人涂永平、谢三华、涂美胜、林必华、梁家稳、林伟华、林水金、黄荣标伙同谢细岳密谋后，由梁家稳等候消息，其余的人携带同样的作案工具窜到佛山市澜石镇魁奇路与桂澜路交界处，冒充警察查车，以上述分工合作手段抢走被害人张国建驾驶的重型牵引车（车牌：粤LQ1615，粤L0002挂，价值人民币258321元）及车上冷轧钢卷91814公斤（价值人民币480336元），得手后梁家稳联系销赃但未果。案发后赃物已追回并发还给被害人。

法院认为：被告人涂永平、谢三华、涂美胜、林必华、梁家稳、林伟华、林水金、黄荣标无视国家法律，有分有合，结伙冒充军警人员，多次（其中一次未遂）持枪抢劫他人财物，数额巨大，其行为均已构成抢劫罪……关于被告人涂永平、谢三华的辩护人均提出本案不构成持枪抢劫，因为所涉短口径手枪不属于枪支，认定被告人使用枪支或向被害人显示枪支的证据不足的意见，经查，枪支检验鉴定书已经证实现场缴获的短枪为经发令枪改制的自制双管手枪，且结构稳定，以火药为动力发射枪弹，击发、发射等动作可靠。根据性状分析，完全符合我国《枪支管理法》第46条所规定的“枪支”的定义。被告人涂永平在第一宗犯罪中在拦截车辆的过程中拿着手枪，在第三宗犯罪中是拿着手枪并指吓被害人，这有被害人的陈述、被告人自己的供述以及其他同案被告人的供述可以证实，涂永平的行为属于向被害人显示持有的枪支进行抢劫的行为，应认定为持枪抢劫。依照《刑法》相关规定，判决如下：1. 被告人涂永平犯抢劫罪，判处无期徒刑，剥夺政治权利终身，并处没收个人全部财产……

【案例112】经审理查明：2002年9月6日，被告人邝启壬在被告人陆怀林租住的开平市水口镇东方红村委会泮华里四巷890号，向被告人陆怀林和当时也在出租屋的被告人农应伟提出去抢劫其认识的浙江老板李顺锡，被告人陆怀林、农应伟表示同意。同月8日中午，被告人邝启壬纠合李细荀、郭源胜（均另案处理），与被告人陆怀林、农应伟一齐去到开平市三埠曙光路李顺锡的办事处，跟踪李顺锡下班以确定李居住的地方。同月10日14时许，被告人邝启壬与李细荀、郭源胜聚集在水口镇金宝旅店2205房再次商量抢劫，还先后购买了3把西瓜刀、1圈封口胶和4副手套。17时许，被告人邝启壬与李细荀、郭源胜开2辆摩托车分别载着被告人陆怀林、农应伟去到开平市三埠凤阳路18号3幢李顺锡的居住地。被告人邝启壬因认识李顺锡而在楼下附近等候，李细荀持被告人邝启壬交给的自制火药枪，郭源胜与被告人陆怀林、农应伟则分别持西瓜刀上到李顺锡居住的804房。因房门关紧无法进入，4人便上到天台守候。19时许，当李顺锡的房门打开时，4人即冲入房间，持刀枪威胁当时正在客厅吃饭的李顺锡、曹山、陈君强、李晓霞。李细苟将李顺锡按倒在地，还用枪柄打了2下李顺锡的右眼部，4人从事主身上及房间内共搜得价值人民币45345元的瑞士金饰钻表1块、白金钻戒指1枚、18K黄金项链1条（含观音玉坠1个）、18K黄金手链1条、仿劳力士手表8块、石英表1块、白金镶黄绿色玉戒指1枚、日产Z18型手机1部和现金人民币1000元。当时反锁在房间的李潜龙（李顺锡的儿子）见状即打110报警。公安人员迅速赶到现场，当场将正下楼逃跑的被告人陆怀林、农应伟抓获，追回的部分款物已退还给事主。

法院认为：被告人邝启壬、陆怀林、农应伟无视国家法律，结伙以暴力和胁迫的方法入户抢劫他人财物，数额巨大，其行为均已构成抢劫罪。被告人持自制火药枪进行抢劫，案发后，公安人员在追缉时，犯罪嫌疑人朝公安人员开了多枪，被告人所持的枪起了很大的作用。但经鉴定被告人所持的自制火药枪没有杀伤力，依照有关司法解释，不能认定为持枪抢劫。被告人农应伟刑满释放后五年内又犯罪，是累犯，应当从重处罚。依照《刑法》相关规定，判决如下：（1）被告人邝启壬犯抢劫罪，判处有期徒刑十五年，剥夺政治权利五年，并处罚金人民币10000元；（2）被告人农应伟犯抢劫罪，判处有期徒刑十三年，剥夺政治权利四年，并处罚金人民币5000元；（3）被告人陆怀林犯抢劫罪，判处有期徒刑十二年，剥夺政治权利三年，并处罚金人民币3000元。

【案例113】经审理查明：（1）2005年12月26日23时许，被告人姜滨、张文波伙同他人经预谋后，以嫖宿黄某某为由，将黄某某带至某市丰台区丰管路1号院9号楼地下室19号房间，持塑料仿真枪、冒充民警，抢劫其普天牌小灵通移动电话机1部，价值人民币100元。赃物未起获。(2) 2005年12月27日2时许，被告人姜滨、张文波伙同他人经预谋后，在某市丰台区六里桥广安天园招待所105房间内，持塑料仿真枪、冒充民警，抢劫被害人李光超的人民币300元及诺基亚3120型移动电话1部（价值人民币300元）、王会杰的人民币510元及诺基亚3100型移动电话1部（价值人民币550元）。赃款、赃物均未起获。(3) 2005年12月29日10时许，被告人姜滨、张文波、赵洪涛经预谋后，以谈生意为由，将被害人郝树林骗至某市丰台区洪湖水宾馆9058号房间，持塑料仿真枪对郝树林威胁，并将其手脚捆绑后殴打，抢走其人民币370元。赃款未起获。

法院认为：被告人姜滨、张文波、赵洪涛无视国法，以非法占有为目的，其中被告人姜滨、张文波冒充民警，多次抢劫公民财物，被告人赵洪涛使用暴力手段抢劫公民财物，三被告人的行为均已构成抢劫罪，应予处罚。被告人张文波曾因犯罪被判处有期徒刑，但其仍不思悔改，在刑满释放后五年内再犯新罪，系累犯，依法予以从重处罚。鉴于三被告人认罪态度较好，故对三被告人均酌情予以从轻处罚。依照《刑法》相关规定，判决如下：(1) 被告人姜滨犯抢劫罪，判处有期徒刑十年，剥夺政治权利二年，并处罚金人民币20000元；(2) 被告人张文波犯抢劫罪，判处有期徒刑十一年，剥夺政治权利二年，并处罚金人民币22000元；(3) 被告人赵洪涛犯抢劫罪，判处有期徒刑四年，并处罚金人民币8000元。

【案例114】经审理查明：(1) 1999年6月28日下午，被告人周玉扬窜至三亚市水产渔需物资公司办公楼对面。5时30分许，周玉扬看见吴元卫从该办公楼出来，便产生了抢劫吴元卫的念头。周叫来一个“临高仔”（基本情况不详），指着吴元卫说：“你对那人说我有事找他，叫他到楼后面找我。”过了一会儿，吴到楼后找到周玉扬。吴问周：“你找我有什么事?”周说：“你跟我到楼梯口。”两人到楼梯口后，周从裤袋里掏出已准备好的双管火药枪指着吴说：

“你假精，你要注意点。”接着用枪托朝吴后背猛打二下，并从吴的裤袋里和裤腰上抢走人民币50元和一台BP机（价值人民币339元），随后逃离现场。因吴元卫被抢时曾说该机是“旗杆孟”（基本情况不详）的，七月三日周便将该机给“旗杆孟”交还吴元卫。（2）1999年9月13日下午5时许，被告人周玉扬和“阿包”（在逃）以卖毒品给彭福桂为由，将彭骗到市水产公司宿舍楼小巷内，彭交30元钱给周，周接过钱后从裤袋里掏出双管火药枪指着彭的胸部，“阿包”从彭的裤袋里搜走人民币400元。周将30元交还彭后和“阿包”一起逃离现场。所得赃款，两人各得100元，其余两人用来买毒品共同吸食。（3）1999年9月14日晚9时许，被告人周玉扬窜到市水产码头路口，看到林军路过，便冲上前将林军拉到市水产渔需物资公司办公楼巷口。周从裤袋里掏出双管火药枪指着林的头部说：“你现在拿钱出来。”林军说：“不要这样嘛。”周说：“你不给钱，我就搜你的身。”说完周从林身上搜走人民币50元及三小包海洛因，尔后逃离现场。海洛因自己吸食，50元用来买毒品吸食。（4）1999年9月16日晚10时许，被告人周玉扬窜到市水产码头路口，又看到林军路过，便冲上前将林军拉到市水产渔需物资公司办公楼巷口。周掏出火药枪指着林的头部，搜林的身，没有搜到任何财物，使用火药枪砸了林的头部两下，林大喊“救命”。其朋友吴多昌听到喊声后便赶过来抱住周玉扬，林军趁机夺下周的火药枪，周见状便慌忙逃离现场。

法院认为：被告人周玉扬无视国家法律，以非法占有为目的，持抢多次劫取他人财物，其行为已构成抢劫罪，应依法惩处。辩护人所提出的“周玉扬抢劫时使用的火药枪因机械性能差已失去击发作用，不属于法律界定的枪支范围；其主观上因没有持枪伤害的故意，后果上也不可能给被害人带来杀伤，故不能认定为持枪抢劫”的辩护意见与事实、法律不符，不能成立，不予支持；所提周玉扬抢劫的对象均与其认识或与其同案犯认识，以及枪支失去性能作用，主观恶性及社会危害性相对较轻的辩护意见可以作为量刑时酌定考虑情节。依照《刑法》相关规定，判决如下：被告人周玉扬犯抢劫罪，判处有期徒刑十五年，剥夺政治权利五年，并处罚金人民币3000元。

【案例115】 原判认定：2007年11月12日13时许，被告人龚放贵、刘稳良伙同同案人“小孩”“阿兵”，在某市海珠区后滘西大街，持枪把被害人温锡禄挟持上同案人驾驶的面包车，强行将其带至汕尾市海丰县鹅埠南乡村由被告人叶潭光提供的房屋内，抢走温锡禄随身携带的人民币2100元、三星SGH－D608型移动电话1台（价值人民币1461元）和银行卡3张，并逼迫温锡禄讲出银行卡密码，致被害人温锡禄受伤（经法医鉴定，属轻微伤）。同月13日2时许，被告人龚放贵用其中的1张银行卡提取现金人民币7500元。得手后，龚放贵因形迹可疑，被公安人员盘问后主动交代自己的罪行，并协助公安人员于同日将被告人刘稳良、叶潭光抓获，缴获了赃款8300元、赃物三星SGH－D608型移动电话1台、银行卡和作案工具枪支。

原判认为：被告人龚放贵、刘稳良、叶潭光以非法占有为目的，以持枪、暴力的方法当场劫取被害人的财物，致被害人受伤，其行为均已构成抢劫罪。被告人龚放贵、刘稳良是主犯，被告人叶潭光是从犯，依法可减轻处罚。被告人龚放贵有自首、立功表现，依法对其减轻处罚。被告人龚放贵、刘稳良到案后认罪态度尚好，可酌情从轻处罚。依照《刑法》相关规定，判决如下：（1）被告人刘稳良犯抢劫罪，判处有期徒刑十年，剥夺政治权利三年，并处罚金人民币10000元；（2）被告人龚放贵犯抢劫罪，判处有期徒刑八年，并处罚金人民币8000元；（3）被告人叶潭光犯抢劫罪，判处有期徒刑四年，并处罚金人民币5000元。

宣判后，原审被告人龚放贵上诉提出，其在作案过程中使用的钢珠枪无弹丸、没有杀伤力，不属于持枪抢劫。

二审法院经审理查明的事实、认定的证据与一审一致。

二审法院认为：上诉人龚放贵、原审被告人刘稳良、叶潭光以非法占有为目的，伙同他人以持枪、暴力的方法当场劫取公民财物，其行为均已构成抢劫罪。关于上诉人龚放贵提出其不属于持枪抢劫的意见，经查，上诉人及其同案人在作案过程中使用的枪支虽然没有证据证实有子弹，但其中一支属于以气体为动力发射弹丸的非军用枪支，符合《中华人民共和国枪支管理法》关于枪支范围的规定，属于相关司法解释关于持枪抢劫的定义，有无弹药并不影响持枪抢劫行为的构成，上诉人的意见据理不足，不予采纳。上诉人龚放贵、原审被告人刘稳良是主犯；原审被告人叶潭光是从犯，依法可减轻处罚。上诉人龚放贵因形迹可疑被公安人员盘问后主动交代自己的罪行，并协助公安人员抓获同案人，应当认定为自首、立功表现，依法对其减轻处罚。上诉人龚放贵、原审被告人刘稳良案发后认罪态度较好，可酌情从轻处罚。原审判决认定的事实清楚，证据确实充分，适用法律及定性准确，审判程序合法，量刑适当。依照《刑事诉讼法》相关规定，裁定如下：驳回上诉，维持原判。

实践中应注意的是：一是携带枪支抢夺的，如没有显示枪支，不能适用此加重情节，而只能适用《刑法》第267条第2款处理。二是凡盗窃、诈骗、抢夺罪，为窝藏赃物、抗拒抓捕或者毁灭罪证而当场使用暴力或者以使用枪支相威胁的，宜同时适用《刑法》第229条和此加重情节，即按持枪抢劫论处，例如，“刘某某等盗窃、抢劫案”（案例116）。三是抢劫用的“枪支”没有提取到案，但有其他证据证实的持枪抢劫，不影响持枪抢劫的认定，例如，“符不招等抢劫案”（案例117）。四是行为人持枪在犯罪预备阶段中止犯罪的，不宜以“持枪抢劫”论处，例如，“姚涛非法持有枪支、抢劫案”（案例118）。

【案例116】经审理查明：2008年12月至2009年1月期间，被告人刘某某、周某某等人经预谋后多次分别结伙在本区实施盗窃，由被告人周某某事先联系车辆，被告人沈某某在明知系盗窃的情况下，仍驾驶车辆参与运输赃物至被告人周某某位于某区惠南镇的暂住地。具体犯罪事实分述如下：(1) 2008年12月25日凌晨，被告人刘某某、周某某至某区老港镇沈港大治河管理站内的上海渊峰螺纹工具有限公司，用携带的大力钳剪断窗栅翻窗进入厂房，窃得铁屑三百余千克，再由被告人沈某某驾驶货车将铁屑运至被告人周某某暂住地，次日销赃得款人民币800元。(2) 2008年12月31日凌晨，被告人刘某某、周某某等人至某区惠南镇六灶湾村勤俭610号上海南良螺纹工具厂，用携带的大力钳剪断门锁后进入厂房，窃得铁屑七百余千克，再由被告人沈某某驾驶货车将铁屑运至被告人周某某暂住地，次日销赃得款人民币1050元。(3) 2009年1月8日凌晨，被告人刘某某、周某某等人至某区老港镇沈港大治河管理站内的上海渊峰螺纹工具有限公司，窃得铁屑一千五百余千克，再由被告人沈某某驾驶货车将铁屑运至被告人周某某暂住地，次日销赃得款人民币3600元。(4) 2009年1月11日凌晨，被告人刘某某、周某某等人至某区惠南镇四墩村华治大治河路88号上海铭世针织有限公司，用携带的大力钳剪断窗栅进入厂房，窃得各式袜子数蛇皮袋和数箱，再由被告人沈某某驾驶货车将袜子运至被告人周某某暂住地，次日销赃。(5) 2009年1月14日凌晨，被告人刘某某、周某某又至上海铭世针织有限公司，用携带的毒鸭肉毒死看门狗，用大力钳剪断窗栅进入厂房实施盗窃，被告人刘某某将6078双各式袜子（合计价值人民币19036元）扔出窗口，被告人周某某则将袜子装进事先准备的蛇皮袋欲运离现场。因被巡逻的联防人员徐某某等人发现，被告人刘某某为抗拒抓捕，使用随身携带的枪支（经鉴定以火药发射为动力，可以击发并具有杀伤力）向徐射击致伤。经鉴定，徐某某被他人用自制火药枪击伤左侧颌面部致穿透创、左上颌窦前壁骨折及金属异物存留于左上颌窦内，行左上颌窦异物取出术等治疗，构成轻伤。被告人周某某在逃离现场途中因形迹可疑被盘查，后主动交代了公安机关尚未掌握的上述盗窃犯罪事实；被告人刘某某于当日13时许被公安人员抓获；2009年2月4日，被告人沈某某接电话通知后至公安机关自动投案，并如实供述了上述犯罪事实。案发后，公安机关已将扣押的6078双袜子发还给失窃单位；涉案枪支已经被收缴。在本院审理期间，被告人刘某某在家属的帮助下对被害人徐某某赔偿了人民币5000元。

法院认为：被告人刘某某、周某某、沈某某以非法占有为目的，分别结伙秘密窃取公司财物，其中被告人刘某某、沈某某参与盗窃财物价值人民币5000余元，数额较大；被告人周某某参与盗窃财物价值人民币24000余元，数额巨大，均已构成盗窃罪。被告人刘某某在实施盗窃犯罪过程中，为抗拒抓捕当场使用枪支致一人轻伤，已构成抢劫罪……被告人刘某某在实施盗窃过程中，为抗拒抓捕当场使用枪支对抓捕人员的头面部进行枪击，致人轻伤，应当认定持枪抢劫，故辩护人提出被告人刘某某的行为不构成盗窃罪及持枪抢劫的意见，与本案的事实和法律规定不符，本院不予采纳……依照《刑法》相关规定，判决如下：（1）被告人刘某某犯抢劫罪，判处有期徒刑十年六个月，剥夺政治权利二年，罚金人民币12000元；犯盗窃罪，判处有期徒刑一年，罚金人民币3000元；决定执行有期徒刑十一年三个月，剥夺政治权利二年，罚金人民币15000元；（2）被告人周某某犯盗窃罪，判处有期徒刑二年三个月，罚金人民币8000元；（3）被告人沈某某犯盗窃罪，判处有期徒刑八个月，罚金人民币2000元。

【案例117】经审理查明：2000年8月中旬，被告人符不招、孙小江、劳帮松、王泽文、王圣青与王学多（在逃）在劳帮松的家里喝酒时，被告人符不招提出伺机抢劫居住于其村附近之香蕉基地的大陆籍民工王德和的钱财，各被告人等人均表示同意。同月23日下午6时许，上述被告人与王学多又聚集在和正村符立民家喝酒。酒后，被告人符不招又再次提议对王德和进行抢劫。当晚9时许，被告人符不招回家取出四支双管短火药枪，分给被告人孙小江、劳帮松、王泽文及同伙王学多各一支。尔后，被告人符不招等六人蒙面窜到和正村附近的香蕉基地王德和、刘桂贤夫妇的住所，由王学多踢门，五被告人及同伙王学多先后冲进屋里，用短火药枪指着王德和夫妇进行威胁。被告人孙小江还在屋内拿了一把菜刀砍伤王德和的左腿，后将王德和夫妇捆绑一起，抢走王德和的现款人民币250元及风仕达红色二轮摩托车一辆。后将该车售给红华农场的王祖兵。破案后，该车已追回退还被害人。

法院认为：被告人符不招、孙小江、劳帮松、王泽文、王圣青无视国法，持枪入户以暴力手段当场劫取他人财物，其行为均已构成抢劫罪，依法应予严惩。被告人劳帮松、王泽文的辩护人还辩护称，本案用于抢劫的枪支没有提取到案，无法作枪支性能鉴定，因此不能认定为持枪抢劫。经查，五被告人及同伙王学多共同持枪抢劫的事实，除了各被告人均有供述在案外，被告人孙小江还供认了在实施抢劫前，各被告人均动手给枪支装好火药及上好引信，被害人王德和、刘桂贤也证实三被告人及同伙王学多持枪行抢。被告人的供述及被害人的陈述，均证明了被告人持多支短火药枪行抢的基本事实。依照《刑法》相关规定，判决如下：(1) 被告人符不招犯抢劫罪，判处有期徒刑十五年，剥夺政治权利五年，并处罚金人民币5000元……

（八）抢劫军用物资或者抢险、救灾、救济物资

此加重情节的主要立足点在于抢劫对象的特殊性。此处的“军用物资”是指武装部队正在使用或者准备使用的物资；“抢险、救灾、救济物资”是指已确定用于抢险、救灾、救济的物资或者正在用于抢险、救灾、救济的物资。实践中要注意的是，只有行为人明知是军用物资或者抢险、救灾、救济物资而抢劫的，方可适用此加重情节。

第二章　盗窃罪

《刑法》第264条规定："盗窃公私财物，数额较大的，或者多次盗窃、入户盗窃、携带凶器盗窃、扒窃的，处三年以下有期徒刑、拘役或者管制，并处或者单处罚金；数额巨大或者有其他严重情节的，处三年以上十年以下有期徒刑，并处罚金；数额特别巨大或者有其他特别严重情节的，处十年以上有期徒刑或者无期徒刑，并处罚金或者没收财产。"① 第196条第3款规定："盗窃信用卡并使用的，依照本法第264条的规定定罪处罚。"第265条规定："以牟利为目的，盗接他人通信线路、复制他人电信码号或者明知是盗接、复制的电信设备、设施而使用的，依照本法第264条的规定定罪处罚。"第210条第1款规定："盗窃增值税专用发票或者可以用于骗取出口退税、抵扣税款的其他发票的，依照本法第264条的规定定罪处罚。"第253条第2款规定："犯前款罪而窃取财物的，依照本法第264条的规定定罪从重处罚。"

一、盗窃罪侵犯的法益

关于盗窃罪侵犯的法益，国外存在不同的学说。

一是限缩盗窃罪外延的"法律财产说"（德国）或者"本权

① 此条经2011年2月25日《刑法修正案（八）》第39条修订，1997年《刑法》第264条规定："盗窃公私财物，数额较大或者多次盗窃的，处三年以下有期徒刑、拘役或者管制，并处或者单处罚金；数额巨大或者有其他严重情节的，处三年以上十年以下有期徒刑，并处罚金；数额特别巨大或者有其他特别严重情节的，处十年以上有期徒刑或者无期徒刑，并处罚金或者没收财产；有下列情形之一的，处无期徒刑或者死刑，并处没收财产：（1）盗窃金融机构，数额特别巨大的；（2）盗窃珍贵文物，情节严重的。"

说”（日本）。前者认为，财产罪的本质是侵害民事法（民法）上的权利。凡是不受民事法保护的财物，诸如不法原因给付的财物，如嫖客给妓女的预付款、行贿者给受贿者的贿赂、赌博者支付的赌资、无效债权、采用盗窃等非法手段取得的财物，刑法均不作为法益加以保护。依此观点，第三者盗取不法原因给付的财物的，不构成盗窃罪。① 后者认为，财产罪保护的法益是所有权及其他本权（即合法占有的权利，如担保物权、抵押权、租赁权等）。也就是说，财产犯的法益只限于在民法上有权原的利益（作为形式的保护法益论的本权说），财产犯的成立只限于具有实质的财产侵害的场合（作为实质的保护法益论的本权说）。依此观点，以不法手段取回自己所有而由他人不法占有的财物，不成立财产罪；第三者从盗窃犯处盗窃自己的财物、债权人在合同期满后窃回财产的，不成立盗窃罪。②

二是扩展盗窃罪外延的“经济财产说”（德国）或者“占有说”（日本）。前者认为，凡是有经济价值的利益，均可成为财产罪的保护法益；相反，没有经济价值的东西，即使是民事法律保护的权利，也不能成为财产罪侵犯的对象。依此观点，第三者采用非法手段从盗窃犯手中取得赃物的，构成财产罪；权利人不通过法律程序直接从盗窃犯处窃回财产的，也可构成盗窃罪。③ 后者认为，财产罪的保护法益只是行为人对财物事实上的占有本身。也就是说，财产犯的法益不限于在民法上具有权原的利益，他人没有合法根据占有的利益乃至非法利益，均可成为财产犯的法益（作为形式的保护法益论的占有说）。依此观点，行为人以不法手段取回自己所有而由他人不法占有的财物的，成立财产罪。④

三是综合的“法律的·经济的财产说”（德国）或者修正的“本权说”与“占有说”（日本）。前者认为，只有法秩序承认和保护的且具有经济价值的利益，方成为财产罪的保护法益。⑤ 后者中的

① 参见刘明祥：《财产罪比较研究》，中国政法大学出版社2001年版，第9页。

② 参见张明楷：《刑法学》（第3版），法律出版社2007年版，第698页。

③ 参见刘明祥：《财产罪比较研究》，中国政法大学出版社2001年版，第9～10页。

④ 参见张明楷：《刑法学》（第3版），法律出版社2007年版，第699页。

⑤ 参见刘明祥：《财产罪比较研究》，中国政法大学出版社2001年版，第10页。

“扩张的本权说”认为，应把不被法秩序直接非难而享有的财产上的利益作为财产罪的保护法益，若不需要通过民事诉讼就可判断为违法的占有，本权者从占有者处取回财物的，不构成财产罪；若必须通过民事诉讼方能确定是否属于正当权限的占有，宜纳入财产罪的保护范围。[①]“修正的本权说”认为，所有权及其他本权与占有双方均属于保护法益（第一原则）；本权与占有相冲突的场合，只有能够对抗本权的适法的占有，才受法的保护，违法的占有应在本权面前让步（第二原则）；只是单纯的占有被理解为存在保护法益（第三原则）。依此观点，第三者从盗窃犯处窃取赃物的，构成盗窃罪，而失窃者窃回被盗赃物的，不构成盗窃罪。[②]“平稳的占有说”认为，只有从一般人或者行为者的立场来看被认为是大致平稳的占有，方属于财产罪的保护法益。依此观点，即使是不合法的占有，相对于第三者而言属于平稳的占有，而盗窃犯对窃取之物的占有开始就是不平稳的，不能对抗本权者，本权者从盗窃犯处窃回自己的财物的，不构成盗窃罪。[③]

我国学界主要存在三种学说：一是“所有权说”，认为财产犯罪的法益是财产所有权，“大多数财产个罪均是对所有权全部权能的侵犯，对所有权整体的侵犯”。[④] 二是“占有状态说”，认为无论是基于善意的无本权的占有，还是基于恶意的无本权的占有，均宜纳入财产罪的保护法益。[⑤] 三是“本权占有综合说”，认为财产犯的法益首先是财产所有权及其他本权，其次是需要通过法定程序改变现状（恢复应有状态）的占有；但在非法占有的情况下，相对于本权者恢复权利的行为而言，该占有不是财产犯的法益。[⑥]

上述不同的学说主要影响到下列情形的定性处理，即行为人针

① 参见刘明祥：《财产罪比较研究》，中国政法大学出版社2001年版，第13~14页。

② 参见刘明祥：《财产罪比较研究》，中国政法大学出版社2001年版，第14~15页。

③ 参见刘明祥：《财产罪比较研究》，中国政法大学出版社2001年版，第15~16页。

④ 参见高铭暄主编：《刑法学》，法律出版社1982年版，第208页。

⑤ 参见赵秉志主编：《刑法学各论研究述评1978~2008》，北京师范大学出版社2009年版，第378页。

⑥ 参见张明楷：《刑法学》（第3版），法律出版社2007年版，第702页。

对不法原因给付物、他人占有之下的自有物、使用不法手段取得的物、法律禁止持有的违禁物等实施特定侵犯财产行为，是否构成特定的侵犯财产罪。从实践个案来看，上述学说及观点均有反映，总的来说，侵犯财产罪包括盗窃罪的保护法益呈现出扩大的趋势（见下文的“对象要件”部分）。

二、盗窃罪的行为要件

基于各国刑法对财产罪具体罪名的设置有别，盗窃罪的内涵与外延的界定也随之存在差别。大致而言，最广义的盗窃罪是一个涵盖偷窃、盗用、诈骗等多种侵犯财产的犯罪行为的概念，如1968年《英国盗窃罪法》、1962年《美国模范刑法典》中的盗窃罪；广义的盗窃罪是包含盗窃、抢夺、抢劫行为在内的概念，例如，1994年《法国刑法典》中的盗窃罪；狭义的盗窃罪是指窃取、抢夺他人财产的行为，例如，德国、日本刑法典中的盗窃罪；最狭义的盗窃罪是指窃取他人财物的行为，例如，俄罗斯、中国刑法典中的盗窃罪。[①] 我国现行刑法的侵犯财产罪是从不同的主观目的（非法占有、使用、毁坏）、不同的行为（抢劫、盗窃、抢夺、诈骗、敲诈勒索等）、不同的财物支配关系（被害人支配、行为人支配）等多个维度考虑，设置了系列具体罪名，包括抢劫罪、盗窃罪、诈骗罪、抢夺罪、聚众哄抢罪、侵占罪、职务侵占罪、挪用资金罪、挪用特定款物罪、敲诈勒索罪、故意毁坏财物罪、破坏生产经营罪、拒不支付劳动报酬罪。笔者认为，盗窃罪的界定必须采取系统解释的方法，既有利于区别此罪与其他财产罪的界限，又能周延地保护财产法益。盗窃罪，是指以非法占有为目的，盗窃数额较大的公私财物，或者多次盗窃、入户盗窃、携带凶器盗窃、扒窃的行为。

（一）（普通）盗窃

何谓盗窃，传统观点即“秘密说”认为，盗窃罪在客观上表现为秘密窃取公私财物的行为，是指犯罪分子采取自认为不使财物所

---

① 参见刘明祥：《财产罪比较研究》，中国政法大学出版社2001年版，第181～182页。

有者、保管者（或者经手者）发觉的方法，暗中窃取其财物；[①] 或者认为，“是行为人采用的自认为不使他人发觉的方法占有他人财物（即使客观上已被他人发觉或注视，例如被公安人员暗中监视，也不影响其盗窃性质的认定）”。[②] 近期，部分学者作了不同于传统观点的界定，即主张“平和说”，有学者认为，盗窃是指采用非暴力的平和方法，破坏他人财物的占有的行为；[③] 有学者认为，盗窃就是采用非暴力的平和方式，破坏财物的原有的占有而建立新的占有，从而使自己或者第三人成为该物的主人。[④] 笔者赞同“平和说”，[⑤] 即盗窃是指采取非暴力的平和方法，使他人对财物的占有状态在未介入占有人意志前提下受到破坏，并使财物转移至自我或者第三人支配的行为。结合我国刑法对侵犯财产罪的规定，具体从以下方面来加以把握：

1. *非暴力的平和方法*。此点主要是立足于区分盗窃罪与暴力型的抢劫罪（包括暴力和以暴力相威胁，不包括平和的其他方法）、抢夺罪（包括对物的力和对人的一定程度的力，即未达到抢劫罪暴力的最低限）、敲诈勒索罪（限于暴力相威胁）等。此外，从行为侧面来说，还应注意以下几点：（1）盗窃针对的是他人占有，而不是改变自我事前的占有，否则构成侵占罪；（2）盗窃对他人占有的破坏，没有占有人对占有状态的改变意思表达（即占有人对占有状态的改变未介入意志表达），此点虽与抢夺罪相同，但不同于抢劫罪的“被迫交出”、诈骗罪的“受欺骗基础上的自愿交出”、敲诈勒索罪

---

① 参见高铭暄主编：《刑法学》（修订版），法律出版社1984年版，第488～489页；高铭暄主编：《中国刑法学》，中国人民大学出版社1989年版，第512页；

② 参见高铭暄主编：《新编中国刑法学》，中国人民大学出版社1998年版，第772～773页。

③ 参见黎宏：《刑法学》，法律出版社2012年版，第742～743页。

④ 参见阮齐林：《刑法学》（第4版），中国政法大学出版社2011年版，第537页。

⑤ “秘密窃取说”与“平和窃取说”的异同，参见张明楷：《盗窃与抢夺的界限》，载《法学家》2006年第2期；吴林生：《平和窃取说之批判——兼与张明楷教授商榷》，载《法学》2010年第1期；魏海：《盗窃罪研究——以司法扩张为视角》，中国政法大学出版社2012年版，第222页。两种学说争论的焦点在于对“公然以平和方式获取财物行为”（有别于“以秘密方式平和获取他人财物”“以公然对人实施暴力方式获取财物”和“以公然对物实施暴力方式获取财物”）的定性，即定性是盗窃罪还是抢夺罪，参见沈琪：《论公然以平和方式取财行为的性质》，载《中国检察官》2009年第7期。

的“受威胁交出”；[1]（3）盗窃对他人占有的破坏，没有利用职务上的便利，否则，就构成职务侵占罪、贪污罪。

从实践来看，“平和说”比“秘密说”更能周延地保护财产罪法益。盗窃行为具体包括三种形式：（1）绝对秘密型窃取，即不为行为人以外的其他人所觉察到的窃取行为；（2）相对秘密型窃取，即行为人以外的其他人（包括财物占有人）已经觉察，但行为人自以为其他人没有发现的窃取行为；（3）非秘密型窃取，即行为人明知财物占有人已经察觉而以平和手段取走财物，[2] 例如，“张某等盗窃案”（案例1）。

【案例1[3]】 经审理查明：被告人张某与其丈夫李某一起进城打工，后因其怀孕而行动不便，便辞职在家养胎。张某在一次与人闲聊中，听说孕妇犯法不受刑事处罚，便信以为真。随后，张某便想通过自己是孕妇的特殊身份而“自食其力”，为其丈夫分担一些家庭负担。2007年9月8日，张某等四人雇了一辆三轮车在绸缎店外等候，而她们不做任何伪装，进了绸缎店以后，也未和店员们有任何语言交流。当着众多店员的面，径直抱起绸缎就往门外的三轮车上装。她们的这种反常行为，让在场的店员们误以为她们是老板找来的搬运工，就未予制止。店员们的不作为更是加剧了张某等人的自信，就更加有恃无恐地将店里的绸缎往三轮车上装，来来回回搬了好几趟，将三轮车装满后，大摇大摆地离开。经查，张某等人共搬走价值5万元的高级绸缎。

江苏省建湖县人民法院判决认定张某等人构成盗窃罪。

2. 破坏他人对财物的占有。

首先，要区分民法上的占有和刑法上的占有。第一，民法上的

---

① 有学者将盗窃界定为“以非法占有为目的，违反被害人的意志，将他人占有的财物转移给自己或第三者的行为”，参见张明楷：《许霆案的刑法分析》，载《中外法学》2009年第1期。该界定就将抢夺、抢劫行为也包括在盗窃之中。

② 参见孙国祥主编：《刑法学》，科学出版社2008年版，第523页。

③ 参见罗真：《公开盗窃行为之定性》，载 http：//www.chinacourt.org/html/article/200810/07/324236.shtml，最后访问时间：2016年5月10日。

占有可以是规范上、观念上的占有，而刑法上的占有必须是事实上的占有。[①] 第二，《物权法》与《刑法》对“非法占有”的保护的着眼点有别。《物权法》第245条对占有人的保护不附加任何条件，“意味着非法占有的事实也受法律保护”，[②] 意在为判定归属提供法律规则，为促进物尽其用提供制度保障，并维护私权关系。《刑法》将“非法占有”纳入某些财产罪的保护法益，“出于维护公共秩序的考虑，司法机关可以临时承认非法占有人的现实占有是正当的，可以给予临时保护”。[③]

其次，要从主客观两方面来判断刑法上的现实占有。[④] 第一，占有的客观方面是实际支配或者控制，一般从以下方面来加以判断，即财物是否被人采用物理手段加以掌控，或者从社会生活的一般常识和规则的角度来看财物是否处于被他人支配或者控制的状态。实践中，下列情形均可认定为“占有”：（1）财物处于他人的物理支配力量所涉及的排他性场所之内，如财物主人随身携带、在场亲自监控、借助器械工具加以支配、置财物于自家住宅或者办公处所，等等；（2）财物不处于他人物理力量支配力量所涉及的排他性场所之内，但根据一般社会常识加以推定为他人现实占有，此种推定一般应综合考虑财物自身的大小、形状、移动难易程度、价值高低、财物所处位置的偏僻程度、人流多少、财物与被害人之间的空间距离远近、失去联系的时间长短等因素。例如，具有回到主人身边习性的动物即使离开主人，在一定条件下应认定为其主人现实占有；（3）他人的遗忘物、遗失物、抛弃物在一定条件下可被认为转归第三人占有。例如，财物被遗忘在朋友家的，由朋友占有；游人向公园水池内抛洒的硬币，由公园管理者占有；（4）死者生前的财物在一定条件下应认定为转归继承人、

① 参见黎宏：《论财产犯中的占有》，载《中国法学》2009年第1期。另有学者认为，“刑法上对于事实上的支配也是根据社会一般观念判断的，民法上的某些观念占有也可能被认定为刑法上的占有”，参见张明楷：《刑法学》（第3版），法律出版社2007年版，第725页。

② 参见于海涌、丁南主编：《物权法》（第3版），中山大学出版社2007年版，第309页。

③ 参见［意］萨尔瓦多·里科波诺：《罗马法中关于占有关系的理论——兼论现代法学理论及立法》，贾婉婷译，载《比较法研究》2009年第3期。

④ 参见黎宏：《论财产犯中的占有》，载《中国法学》2009年第1期。

财产管理人占有。例如，死者随身携带的财物转归继承人、宅主、医院、旅店经营者、出租车主占有（当死者处在这些空间之内）；(5）无形财产、虚拟财产的占有，一般根据载体的占有来加以推定，例如，登记的权利人、实际保管账号、密码的人就会被认定为占有人。第二，占有的主观方面是占有人必须具有实际上排他性地控制该财物的意思，一般从以下方面来加以把握：（1）占有意思只要求占有人意识到自己正在支配、控制某物，而不要求达到正在将某物占为己有的程度；（2）占有意思的排他性并不意味着他人完全失去了该占有，完全有可能存在双重或多重占有；①（3）占有意思除了以语言、文字或者行为等形式直接表现外，还可以基于一定的条件加以推定；（4）占有意思不要求必须对各个财物都具有具体的、明确的、持续的支配意识，只要是抽象的、概括的意思就可；（5）占有意思的主体不要求必须具有意思能力，具有民事权利能力的自然人或者单位均可。②

再次，要准确把握特定情形下的占有认定：

第一，主从关系中的占有。针对存在主从地位关系的数人之间（如雇主与雇工、店主与店员）对财物占有的认定，日本学界存在三种观点：一是共同占有说，认为应该把占有概念的事实性（下位者占有）与社会性（上位者占有）综合起来考虑，肯定共同占有成立；二是上位者占有说，认为下位者不过是上位者占有财物的辅助者，是上位者占有财物的手段；三是区别说：（1）作为辅助占有者的场合，下位者对财物的支配隶属于上位者，下位者对财物只是物理的、机械的支配，是上位者占有财物的手段；（2）作为共同占有者的场合，下位者对财物有一定的处分权，在某种程度上被认为是从属的占有者；（3）作为独立占有者的场合，如果从属的占有者被委托对财物行使处分权，则财物的占有就应该归属于这种从属的占

① 从实践来看，主要包括以下情形：一是行为人实际控制财物当时并没有排除受害人在同一时空也在一定程度上实际控制该财物的情形；二是行为人实际控制财物当时并没有排除相关人员，如有关国家机关和第三人（公安人员和见义勇为者）在同一时空也在一定程度上实际控制该财物的情形；三是行为人控制财物当时已经完全排除了受害人及相关人员在同一时空对该财物的实际控制的情形。

② 参见魏海：《盗窃罪研究——以司法扩张为视角》，中国政法大学出版社2012年版，第151~152页。

有者。[1] 我国学者的主张类似“区别说”,[2] 实践个案未对此作出明确的立场选择，例如，“陈某盗窃案”（案例2）。

【案例2[3]】经审理查明：2008年9月20日，裘某将现金人民币90万元、港币70万余元交给周某，要求周某在某宾馆房间内保管。为了更好的保管巨额财产，周某在裘某的默许下邀请陈某到宾馆一起看管财物。后陈某见财起意，趁周某熟睡之机，窃走全部现金，悄然离开宾馆逃至外地。案发后，公安机关追回人民币18万余元及全部港币，其余部分被陈某挥霍或去向不明。

原审以盗窃罪判处被告人周某无期徒刑，剥夺政治权利终身，并处没收个人全部财产。

一审宣判后，被告人周某及其辩护人提出上诉，原判认定周某的行为构成盗窃罪不当，周某系与陈某共同为裘某保管该笔款项，周的行为应构成侵占罪，要求二审法院依法改判。

二审经审理查明的事实、认定的证据与一审一致。

二审法院认为：被告人周某以非法占有为目的，采用秘密手段窃取他人财物，数额特别巨大，其行为已构成盗窃罪，依法应予惩处。鉴于周某系利用熟人关系接触财物，趁人熟睡之机窃取财物，其行为的社会危害性和犯罪的主观恶性相对较小，其归案后悔罪态度较好，可予酌情从轻处罚。周某及其辩护人提出原判量刑过重，要求从轻处罚的理由成立，予以采纳。原判定罪正确，审判程序合法。

① 参见刘明祥：《财产罪比较研究》，中国政法大学出版社2001年版，第47～48页。

② 参见张明楷：《刑法学》（第3版），法律出版社2007年版，第725～726页。

③ 本案在处理过程中存在以下意见：其一认为，陈某系财物的共同占有人，在周某熟睡时，视为周某主动将财物交由陈某暂时保管，即陈某临时单独占有财物。陈某将自己占有的财物占为己有，构成侵占罪。其二认为，陈某采取秘密窃取的手段，排除其他人对共同保管他人财物的占有，非法取得财物的独立占有权，构成盗窃罪。其三认为，陈某的行为同时构成盗窃罪和侵占罪，成立想象竞合犯，择一重罪论处，其中，陈某本人占有的一半财物属于侵占罪的对象，而他人占有的一半系盗窃罪的对象。参见周德金：《窃取共同保管物的行为定性》，载《人民法院报》2009年10月28日。

依照刑事法相关规定，判决如下：（1）撤销浙江省杭州市中级人民法院［2009］浙杭刑初字第64号刑事判决中对被告人周某的量刑部分，维持判决的其他部分；（2）被告人周某犯盗窃罪，判处有期徒刑十四年，剥夺政治权利三年，并处罚金人民币5万元。

第二，平行关系中的占有。针对存在平等地位关系的数人之间的占有认定，具体存在三种意见：其一认为，对于共有财产的使用、处分，应经全体共有人的同意，未经他人同意而擅自窃取、盗卖共有物的，等于盗窃他人财物。① 对此，日本学界通说和判例的基本立场是按盗窃罪处理。其二认为，在对等、平等者之间成立共同控制关系，其中一方避开另一方实施非法占有财物的行为，属于侵占而非盗窃。② 其三认为，根据共同占有存在紧密性程度的差异又可分为两种情形，一是数人分别占有的组合等于共同占有，即每个人均没有实现全部占有，而是共同对财物进行支配，互不排除对方对财物进行实质性支配，此种情形中一方违反他方的意思，排除他方对财物的占有，构成盗窃罪；二是数个占有人均可单独接触占有物，占有人之间基于相互信赖自愿将自己的占有份额交由他人占有，此种情形下一方盗卖共同占有物的，构成侵占罪。③ 2013年4月2日最高人民法院、最高人民检察院《关于办理盗窃刑事案件适用法律若干问题的解释》（以下简称《办理盗窃罪解释》）第8条规定：“偷拿家庭成员或者近亲属的财物，获得谅解的，一般可不认为是犯罪；追究刑事责任的，应当酌情从宽。”④ 实践中存在按盗窃罪论处的个案。

【案例3】经审理查明：2011年3月15日晚，被告人

---

① 参见高铭暄、王作富主编：《新中国刑法的理论与实践》，河北人民出版社1988年版，第584页。

② 参见刘明祥：《论刑法中的占有》，载《法商研究》2000年第3期。

③ 参见黎宏：《论财产犯中的占有》，载《中国法学》2009年第1期。

④ 1997年11月4日最高人民法院《关于审理盗窃案件具体应用法律若干问题的解释》（以下简称《盗窃罪解释》）第1条第4项规定，偷拿自己家的财物或者近亲属的财物，一般可不按犯罪处理；对确有追究刑事责任必要的，处罚时也应与在社会上作案的有所区别。

范国栋到永春县东关镇中池街其大姨妈蔡某某家做客并住宿。第二天上午8时许，将被害人蔡某某放在餐厅冰箱上的农业银行存折本及银行卡一张盗走，后利用该银行卡先后六次从永春县、南安市农业银行自动取款机取走卡内钱款11700元。2011年3月20日，被告人范国栋通过将现金存入该银行卡账号的方式退还被害人蔡某某6000元。

另查明，被害人蔡某某于2011年3月24日向永春县公安局东关派出所报案，并在本案审理期间对被告人的行为表示谅解；被告人范国栋因吸毒于2011年4月6日被永春县公安局抓获，并处行政拘留三天，2011年4月8日因涉嫌犯盗窃罪被刑事拘留。

法院认为：被告人范国栋以非法占有为目的，秘密窃取他人财物，价值11700元，数额较大，其行为已构成盗窃罪，依法应予惩处。被告人盗窃亲属财物，且得到被害人谅解，予以从轻处罚；被告人案发前（被害人未报案前）主动退还部分赃款，具有一定的悔罪表现，予以从轻处罚；被告人归案后，如实交代犯罪事实，自愿认罪，也予以从轻处罚；被告人曾因吸食毒品被行政处罚，强制戒毒，且所盗窃款项部分用于购买毒品吸食，予以从重处罚。依照《刑法》相关规定，判决如下：被告人范国栋犯盗窃罪，判处有期徒刑一年二个月，并处罚金人民币1500元。

【案例4】 经审理查明：2009年10月23日上午，被告人吴丽群为偿还赌债，在其母亲家中将价值人民币24679元的金首饰偷出。被告人吴丽群、喻友朋先是将该上述首饰藏匿于被告人喻友朋的租住地，后分别卖给南昌县莲塘镇财富金银珠宝行和恒泰典当有限公司。案发后，被告人吴丽群告诉其母黄菊妹家中失窃首饰是自己偷的。黄菊妹报案后，被告人吴丽群、喻友朋由黄菊妹送至公安机关，并如实供述了自己的犯罪事实。

江西省南吕县人民法院认为：被告人吴丽群以非法占有为目的，秘密窃取他人财物，数额巨大，其行为已构成盗窃罪。被告人喻友朋明知是盗窃而来的赃物而予以窝藏，其行为已构成掩饰、隐瞒犯罪所得罪。被告人吴丽群、喻友朋案发后到公安机关投案，并如实供述了自己的犯罪事实，属自首，对被告人吴丽群可依法减轻处罚，对被告人喻友朋可依法从轻处罚。被告人吴丽群盗窃自己家中财物，可酌情从轻处罚。审理中，被告人吴丽群、喻友朋能自愿认罪，亦可酌情从轻处罚。依照刑事法相关规定，判决如下：（1）被告人吴丽群犯盗窃罪，判处拘役三个月，并处罚金人民币 1 万元；（2）被告人喻友朋犯掩饰、隐瞒犯罪所得罪，判处有期徒刑九个月，并处罚金人民币 15000 元。

一审宣判后，被告人吴丽群、喻友朋在法定期限内未提出上诉，检察机关也未提出抗诉，一审判决已经发生法律效力。

【案例 5】 原判认定：2007 年 9 月 4 日 8 时许，被告人古永贵到广州市荔湾区黄沙大道 7 号 1005C 房，盗得被害人古六雄（被告人古永贵的堂叔）一个保险柜（内有人民币 155500 元、存折和证件等）。得手后，被告人古永贵将保险柜运到其租住地，用磨光机割开保险柜，将其中 70000 元存入其同学的银行账号内。次日，公安机关在广州粤宝汽车公司抓获被告人古永贵，缴回全部赃款赃物，发还被害人古六雄。

原审法院认为：被告人古永贵盗窃公民财物，数额特别巨大，其行为已构成盗窃罪。鉴于被告人古永贵是初犯，认罪态度较好，赃款已全部缴回，且被害人表示原谅，酌情对其从轻处罚。依照《刑法》相关规定，判决如下：被告人古永贵犯盗窃罪，判处有期徒刑十年，剥夺政治权利三年，并处罚金 5000 元。

宣判后，被告人古永贵上诉提出：（1）被害人古六雄系其堂叔，其曾住在古六雄家中，可视为古六雄的家庭成员，认定为近亲属，不应按普通的盗窃罪追究刑事责任；（2）被害人明确表示不愿追究其责任；（3）全部赃款已缴回，且认罪态度较好，请求二审法院依法对其减轻处罚。

二审法院经审理查明：上诉人古永贵在广州白云工商高级技工学校就读期间，除在校寄宿外，还在堂叔古六雄家中生活，因古六雄家中失窃被怀疑而感到委屈，决定寻机报复。2007年9月4日上午，上诉人古永贵到广州市荔湾区黄沙大道7号1005C房古六雄的家中盗走一个保险柜（内有现金155500元、存折和证件等），将保险柜搬到其租住的出租屋，用磨光机锯开保险柜取出现金7万多元，将其中7万元存入同学刘某尧的银行账户。刘某尧向上诉人古永贵借钱，上诉人古永贵同意刘某尧从7万元存款中提取5000元。次日，上诉人古永贵在广州粤宝汽车公司实习时被公安机关抓获。上诉人古永贵被抓后，主动带公安人员到出租屋起回保险柜及现金85500元，刘某尧主动退还上诉人古永贵存入其银行账户的65000元及借用的5000元，全部赃款赃物已发还被害人古六雄。另查明，被害人古六雄得知盗窃是上诉人古永贵所为后，向公安机关申请撤回报案，表示原谅古永贵的错误行为，请求司法机关不要追究其法律责任。二审期间，被害人古六雄亦强烈要求本院对上诉人古永贵从宽处理。

二审法院认为：上诉人古永贵以非法占有为目的，秘密窃取他人财物，数额特别巨大，其行为已构成盗窃罪。考虑到上诉人与被害人系亲属关系，一段时间内共同生活过，可视为家庭成员。上诉人古永贵是在校学生，因受亲属的误解感到委屈而以盗窃亲属财物的方式来泄愤，反映其心智尚未成熟，主观恶性不深，且归案后认罪悔罪，未给被害人造成实际损失，社会危害性不大，以及被害人强烈要求对上诉人古永贵从宽处理等实际情况，根据上诉人古永贵的犯罪事实、情节和社会危害性及悔罪表现，决定对上诉人古永贵作减轻处罚并适用缓刑。原审判决认定的事实清楚，证据确实充分，定罪准确，审判程序合法，惟适用法律及量刑不当，本院依法予以改判。依照刑事法相关规定，判决如下：（1）维持广州市荔湾区人民法院［2008］荔法刑初字第36号刑事判决的定罪部分；（2）撤销广州市荔湾区人民法院［2008］荔法刑初字第36号刑事判决的量刑部分；（3）上诉人古永贵犯盗窃罪，判处有期徒刑三年，缓刑四年，并处罚金人民币1000元。

【案例6】经审理查明：2007年8月2日，被告人肖飞利用帮姑父屈直安在网上买卖股票，熟悉屈直安股票账户及密码的机会，将屈直安账户内的ST仁和、中材科技两支股票以74000元的价格售出，并将资金转入屈直安的建设银行卡内。次日，肖飞用盗走的屈直安的建设银行卡将74000元取走使用。同年8月20日肖飞被公安机关查获。

法院认为：被告人肖飞盗窃存款74000元，数额特别巨大，其行为已构成盗窃罪。被告人肖飞犯罪时未满18周岁，应当依法从轻或者减轻处罚。鉴于被告人肖飞盗窃亲属的财物，且亲属在审判过程中也对被告人肖飞的行为予以原谅，同时，被告人肖飞系初犯，在犯罪后有悔罪表现，对被告人肖飞适用缓刑确实不致再危害社会。依照《刑法》相关规定，判决如下：被告人肖飞犯盗窃罪，判处有期徒刑二年，缓刑四年，并处罚金人民币2000元。

第三，委托受托关系中的占有。针对受托保管、搬运被装在容器且盖有封印或被锁住的财物过程中占有的认定，日本存在三种学说：① 一是受托者占有说，认为委托者既然将财物交给受托者保管、搬运，财物的整体已与委托者分离，转由受托者掌握控制。受托者无论是取得被包装物的整体还是抽取其中的内容物，均属于侵占；二是委托者占有说，认为受托者并不能拆封、开锁，更不能对里面所装的物品进行处分，因而实质上对财物没有支配权。受托者无论是取得被包装物的整体还是抽取其中的内容物，均属于盗窃；三是区别说，认为包装物整体已由受托者现实地支配，即由受托者占有，而内容物仍由委托者支配。受托者取得包装物整体的，属于侵占；

① 参见刘明祥：《财产罪比较研究》，中国政法大学出版社2001年版，第50页。

只是抽取内容物的，属于盗窃。[①] 我国学者有的主张“受托者占有说”，[②] 有的主张“区别说”，[③] 有的主张根据双方关系的信赖程度、对包装物整体及内容物的占有控制程度的不同，分别认定为委托者占有、受托者占有或者共同占有。[④]

第四，形式实质关系中的占有。针对因登记公示制度或者实名登记制度而出现的形式（登记者）控制者与实质控制者不一致中的占有认定，我国学者主张，应当坚持实质占有为现实占有、实质（事实）权利优于形式（法定）权利的原则进行处理。[⑤]

> **【案例7[⑥]】**经审理查明：被害人苏某与被告人晏某原系朋友关系，苏某借晏某的身份证在银行开户存款10.1万元，存折、密码由苏某保管，后被告人晏某得知苏某在其实名的银行账户上有数万元存款，就背着苏某用自己的身份证向银行申请挂失，并重新办理存折、设置密码，分两次将账户上的存款及利息取走，事后晏某退回8.8万元。
>
> 法院认为：被告人晏某利用银行储蓄习惯及相关法律法规的规定，在无存折情况下，凭实名制身份证件挂失存折、重新申办存折、设置密码，从而将苏某所有的存款秘

① 日本还有观点认为，包装物系由委托者和受托者共同占有，按照侵害共同占有的处理原则，或者属于盗窃罪与侵占罪的观念竞合，按重罪盗窃罪处理，或属于盗窃罪与侵占罪的法条竞合，按侵占罪论处，参见刘明祥：《财产罪比较研究》，中国政法大学出版社2001年版，第51页。

② 参见刘明祥：《财产罪比较研究》，中国政法大学出版社2001年版，第53页。

③ 参见张明楷：《刑法学》（第3版），法律出版社2007年版，第725～726页。

④ 参见魏海：《盗窃罪研究——以司法扩张为视角》，中国政法大学出版社2012年版，第161～162页。

⑤ 参见魏海：《盗窃罪研究——以司法扩张为视角》，中国政法大学出版社2012年版，第165～166页。

⑥ 本案在审理过程中还有以下三种意见：其一认为，晏某用虚构的存折挂失理由重新申领存折、设定密码，从财产管理人即银行手中取得财产，构成诈骗罪；其二认为，苏某鉴于对晏某的信任借用晏某身份证设立账户存款，晏某也就因实名存款制度而享有相应的如挂失、更换存折、设置密码等对该笔存款的管理权，晏某违背苏某的意愿将存款占为己有，构成侵占罪；其三认为，苏某与晏某之间已经形成保管合同关系，但双方对晏某在何种条件下行使挂失、重新申办存折、设置密码等各项权利不明确。晏某单方面不经苏某同意，采取合法行为取走实名制账户下存款，明显属于违约，不构成犯罪，宜通过民事诉讼加以解决。参见颜华、郑强：《挂失并取走自己账户下的他人款项构成何罪》，载《中国审判》2010年5月。

密占为己有，构成盗窃罪。依照《刑法》相关规定，判决如下：被告人晏某犯盗窃罪，判处有期徒刑十年六个月，并处罚金5万元。

3. 使财物转至自我或者他人支配。此是盗窃罪（包括其他占有型财产罪）区别于故意毁坏财物罪的一个方面。“使自我或者他人支配财物”意味着原物的继续存在，“毁坏”意味着原物的状态或者价值发生改变。这有利于区分以下两种情形：一是以非法占有目的盗窃他人财物，导致他人财物的当场损毁；二是以毁坏目的盗窃他人财物后加以损毁或者利用，前者构成盗窃罪，后者构成故意毁坏财物罪。

（二）多次盗窃

关于“多次盗窃”的构成要件地位，学界存在分歧：有学者认为，“盗窃数额较大”与“多次盗窃”并列属于成罪标准，各自在内容上应当区别，不能雷同或交叉。雷同就没有并列两个标准的必要；交叉则势必导致重合部分难以抉择应当适用的标准。① 有学者认为，“多次盗窃”和“数额较大”之间的关系为：数额较大 = 多次盗窃 + 一定数额（其他情节），两者之间有着内在的辩证统一性。如果是“多次盗窃”行为，应先进入“多次”评价范畴；如果是单个行为“数额较大”或“多次盗窃”中的单个盗窃行为“数额较大”，应进入“数额较大”的评价领域。② 有学者认为，数额标准和次数标准之间应当具有排斥性，只有当数行为中任一行为均未达到数额较大，而且数行为累计数额亦未达较大标准时，才能以次数标准来认定数行为是否构成盗窃。③ 有学者认为，只要“多次盗窃”累计数额达到较大的，就应当适用“数额较大”的成罪标准；只有“多

① 参见黄祥青：《认定多次盗窃的事实与法理依据》，载《人民司法》2009年第9期。

② 参见刘一亮、祝光杜：《盗窃罪中“多次盗窃”的重新解读》，载《警官文苑》2008年第1期。

③ 参见廖帅军：《“多次盗窃”若干问题初探》，载《上海市政法管理干部学院学报》2000年第1期。

次盗窃”累计数额没有达到较大的，才适用“多次盗窃”的成罪标准。[①] 在笔者看来，两者均属于盗窃罪的基本构成，属于数学意义上的交集关系，两者的交集部分为“多次盗窃达到数额较大”，各自又有不交集的部分，例如一次盗窃数额较大、多次盗窃未达到数额较大。

按照《办理盗窃罪解释》第3条的规定，此处“多次”，是指二年以内三次或者三次以上。关于“次”的判断，存在以下不同意见：其一认为，“次”应按“同时同地规则”加以认定，即行为人在一个相对集中的时间和相对固定的地点进行连续犯罪的，只能认定为一次犯罪。[②] 其二认为，“次”是指在同一时间、同一地点，在侵害行为侵害能力范围针对所有对象的单个侵害行为。[③] 其三认为，对于基于一个盗窃犯意、在特定时空范围内实施的连续扒窃行为等，不宜作重复侵害行为评价，应认定为一次盗窃；对于出于数个独立的盗窃犯意、在明显时段里反复实施，且由此足以判断行为人已经盗窃成性的扒窃行为等，应当认定为多次盗窃。[④] 前述第一、二种观点对“多次盗窃”的主观面有所忽视，而第三种观点则对“多次盗窃”的主观面限制过严。[⑤] 笔者认为，刑法规范意义上的“次”的判断有别于自然意义上的“次”，应同时兼顾主客观面，对基于一个明确的、独立的故意而实施一个盗窃行为，认定为“一次”，同时对基于一个概括的故意或者连续的故意实施了多个盗窃行为的，也认定为“一次”。[⑥]即“多次盗窃”具体分为两种类型：一是习性型的“多次盗窃”；二是非习性型的“多次盗窃”。

---

① 参见魏海：《盗窃罪研究——以司法扩张为视角》，中国政法大学出版社2012年版，第294页。

② 参见贺平凡：《论刑事诉讼中的数量认定规则》，载《法学》2003年第2期。

③ 参见王飞跃：《论我国刑法中的“次”》，载《云南大学学报（法学版）》2006年第1期。

④ 参见黄祥青：《认定多次盗窃的事实与法理依据》，载《人民司法》2009年第9期。

⑤ 该论者主张行为人是否形成盗窃习性，是司法认定“多次盗窃”的实质依据或者内在标准，参见黄祥青：《认定多次盗窃的事实与法理依据》，载《人民司法》2009年第9期。

⑥ 有学者认为，“基于一个概括的犯意，而完整地实施的一系列连贯的盗窃动作，即为一次盗窃”，参见马家福、刘一亮：《刑法关于“多次盗窃”的重新解读》，载《福建公安高等专科学校学报》2007年第5期。

实践中还应注意以下几点：第一，一年内受过公安机关行政处罚的盗窃行为是否计算为“次数”。学界基于禁止重复评价原则的不同理解，对此情形作出了肯定或否定的不同处理。[①] 笔者赞同应计入“次数”的做法，但行政处罚的拘留或者罚款应折抵刑期或罚金。第二，“多次盗窃”中的每次盗窃的停止形态是否有特别要求。有学者主张，盗窃预备行为、盗窃中止行为不宜计入盗窃次数，盗窃未遂行为应当计入盗窃次数。[②] 笔者认为，只要有证据能够证明盗窃预备行为、中止行为、未遂行为的存在，就均应计入次数，至于最后是否作为犯罪处理即是否适用《刑法》第 13 条但书，宜作综合判断。第三，“多次盗窃”中的盗窃场所是否还限定为“户”或者“公共场所”。实践中，曾基于对 1997 年 11 月 4 日最高人民法院《关于审理盗窃案件具体应用法律若干问题的解释》第 4 条规定，即“对于 1 年内入户盗窃或者在公共场所扒窃 3 次以上的，应当认定为‘多次盗窃’”的不同理解，对“多次盗窃”的场所是否限定为“户”或“公共场所”而存在分歧。显然，按照《刑法修正案（八）》修改后的第 264 条规定，“多次盗窃”中的盗窃场所没有特别要求。

（三）入户盗窃

实践中，关于“入户盗窃”的认定，应注意以下问题：

1. “户”的范围。在最高司法机关未作出正式解释之前，可参考“入户抢劫”的类似解释规定。2000 年 11 月 17 日最高人民法院《抢劫罪解释》第 1 条规定，“入户抢劫”，是指为实施抢劫行为而进入他人生活的与外界相对隔离的住所，包括封闭的院落、牧民的帐篷、渔民作为家庭生活场所的渔船、为生活租用的房屋等进行抢劫的行为。2005 年 7 月 16 日最高人民法院《“两抢”意见》指出了“户”的范围。“户”在这里是指住所，其特征表现为供他人家庭生活和与外界相对隔离两个方面，前者为功能特征，后者为场所特征。一般情况下，集体宿舍、旅店宾馆、临时搭建工棚等不应认定为“户”，但在特定情况下，如果确实具有上述两个特征的，也可以认

① 参见魏海：《盗窃罪研究——以司法扩张为视角》，中国政法大学出版社 2012 年版，第 287～288 页。

② 参见魏海：《盗窃罪研究——以司法扩张为视角》，中国政法大学出版社 2012 年版，第 288～289 页。

定为“户”。在个案处理中，既要注意区分“户”与“室”（如办公室、教室）、“店”（如商店、旅店）、“库”（如仓库、车库）、“园”（如校园）在空间上的异同，更应从功能上加以把握，以便对临时生活的居所、前店后院、商住两用的场所等特殊情形的准确认定。

2. “入户”的非法性。实践中有以下不同主张：其一认为，入户盗窃限于以盗窃为目的进入户内盗窃。其二认为，不论入户前有无盗窃故意，只要入户后盗窃的，就是入户盗窃。也就是说，入户盗窃包括合法进入后的临时起意的盗窃。其三认为，入户盗窃包括以盗窃、抢劫、诈骗、抢夺等侵犯财产罪的目的进入后盗窃，不包括以其他目的或者动机进入后临时起意盗窃。其四认为，入户盗窃包括以犯罪为目的进入后盗窃，不包括以非犯罪目的进入后临时起意的盗窃。笔者认为，基于刑法分则采用法条竞合的立法技术，盗窃特定对象（如枪支、弹药、爆炸物）的不按盗窃罪论处，因此，“入户盗窃”宜限定为以非法占有为目的进入后盗窃。

3. “入户盗窃”的着手。有学者认为，应根据室内有人或无人，以及行为人是否知晓室内有无人，分别采取不同的认定着手实行标准，即进入无人居住的室内盗窃，只要一进入室内，就是着手；侵入有人居住的室内盗窃，则以开始物色财物为着手；撬门扭锁、凿墙挖洞，尚未进入室内者，不应认定为着手。① 也有学者认为，盗窃行为是一种控制状态的转换，即将他人合法控制的财物变成本人非法控制，破坏财产所有人或保管人对财产的合法控制状态本身，就应该是盗窃罪的实行行为的一个组成部分。“破门”就是盗窃罪的着手，因为财产所有人将东西放在家里，关锁上门，就是对财物的一种控制状态。② 显然，从盗窃罪保护的法益来看，只要对占有状态存在危殆或者侵害的危险性（即使无人在室内，依然推定户主的占有存在）就是着手，后一种观点更为可取。

4. “入户盗窃”的对象。刑法之所以将“入户盗窃”规定为盗窃罪的入罪情节，目的在于强化对户内所有成员的人身权利、财产权利以及住宅自由权、隐私权的法律保护力度，并且保障其对户的

① 参见刘明祥：《财产罪比较研究》，中国政法大学出版社2001年版，第190~191页。
② 参见陈兴良：《口授刑法学》，中国人民大学出版社2007年版，第285~286页。

安全的信赖利益。[1]“入户盗窃”的对象应限于处在以户为生活场所的人的控制下的财物，而不包括处于临时进入户内人员控制下的财物。例如，行为人非法入户盗窃为户主装修的某装修工的控制下的财物，就不属于入户盗窃，但是若盗窃的是装修工离开后留在户内的财物（即视为户主临时控制）的，则构成入户盗窃。

（四）携带凶器盗窃

关于“携带凶器盗窃”的认定，应注意以下问题：

1. “凶器”的范围。最高司法机关未作出正式的解释之前，可参照“携带凶器抢夺”的类似解释，2000 年 11 月 17 日《抢劫罪解释》第 6 条规定，“携带凶器抢夺”，是指行为人随身携带枪支、爆炸物、管制刀具等国家禁止个人携带的器械进行抢夺或者为了实施犯罪而携带其他器械进行抢夺的行为。《办理盗窃罪解释》第 8 条第 3 款规定：“携带枪支、爆炸物、管制刀具等国家禁止个人携带的器械盗窃，或者为了实施违法犯罪携带其他足以危害他人人身安全的器械盗窃的，应当认定为‘携带凶器盗窃’。”“凶器”[2] 包括管制型器具（如枪支、管制刀具）和功能型器具（即要根据具体的用途来判断是否属于凶器，如菜刀、斧子）。

2. “携带”[3] 的含义。“携带凶器”宜从主客观两方面进行把握：首先，客观上应具有随时可能使用或者当场能够及时使用的特点，即具有随时使用的可能性，[4] 且实际上没有显示或者使用凶

① 参见袁剑湘：《论入户抢劫中“户”的界定——兼论入户时的犯罪目的》，载《河北法学》2010 年第 4 期。

② 有学者将其概括为“性质上的凶器”和“用法上的凶器”，参见张明楷：《刑法分则的解释原理》，中国人民大学出版社 2004 年版，第 271 页。

③ 日本学者认为，“携带”是指在从事日常生活的住宅或者居室以外的场所，将某种物品带在身上或者置于身边附近，将其置于现实的支配之下的行为。参见［日］松宫孝明：《刑法各论讲义》，日本成文堂 2006 年版，第 720 页。

④ 参见张明楷：《刑法分则的解释原理》，中国人民大学出版社 2004 年版，第 270 页。

器；[①] 其次，主观上具有准备使用的意识，具体包括两种情况：一是在事前就为盗窃准备使用而携带；二是事前为其他目的准备使用而携带，但在事中转为盗窃目的而使用。

（五）扒窃

何谓“扒窃”，学界存在不同意见：其一认为，所谓扒窃，是指从别人身上偷窃财物。[②] 其二认为，扒窃是指在公共场所窃取（包括秘密窃取和公开窃取）他人随身携带的财物的行为。扒窃成立盗窃罪，客观上必须具备以下条件：一是行为发生在公共场所，二是所窃取的应是他人随身携带的财物，亦即他人带在身上或者置于身边附近的财物。[③] 其三认为，扒窃是指在公共场所秘密窃取他人随身携带财物的行为。[④]《办理盗窃罪解释》第8条第4款规定：“在公共场所或者公共交通工具上盗窃他人随身携带的财物的，应当认定为‘扒窃’。”上述观点的主要分歧表现在以下方面：

1. 扒窃的方式，是限于秘密窃取还是包括平和的公开窃取（见前文，不再赘述）在内。

2. 盗窃的场所是否必须限定于公共场所，如有此限定，又如何判断公共场所。实践中下列情形均被认定为“扒窃”（案例8～18）：

> **【案例8】** 经审理查明：被告人张某、刘某于2012年7月10日7时许，在某市某方向的某公交车上，结伙扒窃作案。张某拉开被害人杨某的挎包拉链，从中窃得HUAWEIU8660型移动电话机一部（价值人民币570元），并立即将赃物传给刘某。得手后，二人于当日8时许，又在某

① 针对“携带凶器抢夺”，有学者认为，此处的“携带凶器”是指在实施抢夺行为时随身携带的凶器，并显露在外的行为，参见周道鸾、张军主编：《刑法罪名精释》（第3版），人民法院出版社2007年版，第520页；还有学者认为，“携带凶器抢夺”并不要求行为人显示凶器（将凶器暴露在身体外部），也不要求行为人向被害人暗示自己携带凶器，参见张明楷：《刑法学》（第3版），法律出版社2007年版，第720页。

② 参见黎宏：《刑法学》，法律出版社2012年版，第744页。

③ 参见张明楷：《刑法学》（第4版），法律出版社2012年版，第881页。

④ 参见 陈家林：《论刑法中的扒窃——对刑法修正案（八）的分析与解读》，载《法律科学》2011年第4期；王东海：《扒窃的理性界定》，载《中国检察官》2012年第10期（下）。

方向的某公交车上，张某拉开被害人付某的背包拉链，从中窃得钱包一只（内有人民币155元），并立即将赃物传给刘某。二人下车后被执勤民警人赃俱获，缴获的赃款、赃物已发还被害人。

法院认为：被告人张某、刘某以非法占有为目的，结伙在公交车上扒窃他人财物，二人行为均已触犯刑律，应以盗窃罪追究其刑事责任。其中，张某在共同犯罪中起主要作用，系主犯，应按照其所参与的全部犯罪处罚。刘某起次要作用，系从犯，应从轻处罚。张某系累犯，应从重处罚。两名被告人到案后能如实供述自己的罪行，依法均可从轻处罚。依照刑法相关规定，判决如下：(1) 被告人张某犯盗窃罪，判处有期徒刑七个月，并处罚金人民币1000元；(2) 被告人刘某犯盗窃罪，判处拘役五个月，并处罚金人民币1000元。

【案例9】经审理查明：2012年5月20日14时许，被告人邬某在某市某路公交车某站，趁被害人龚某上车不备之际，窃得其衣袋内一部价值人民币430元的“GSM双频数字”移动电话机，后被执勤民警当场人赃俱获。

法院认为：被告人邬某以非法占有为目的，在公交车站上扒窃公民钱财价值人民币430元，其行为已触犯刑律，构成盗窃罪，依法应予刑事处罚。鉴于被告人邬某到案后能如实供述自己的罪行，且能当庭自愿认罪，故可依法和酌情从轻处罚。依照《刑法》第264条、第67条第3款之规定，判决如下：被告人邬某犯盗窃罪，判处拘役四个月，并处罚金人民币1000元。

【案例10】经审理查明：(1) 被告人黄某于2011年9月15日17时许，在某市一辆开往豆市街复兴东路方向的某路公交车后门处，趁被害人林某不备之际，将其拎包拉链拉开，并从中窃得钱包一个（内有人民币1200元及被害人身份证、银行卡等物）后逃逸。(2) 被告人黄某还于2012年4月13日上午8时30分许，在某市一辆开往田林新村方向的某市某某路公交车后门处，趁被害人盖某不备之际，将其背包拉链拉开，并从中窃得钱包一个（内有人民币500元及被害人身份证一张），后被公安人员人赃俱获。

法院认为：被告人黄某以非法占有为目的，在公共场所扒窃他人财物，其行为已触犯刑律，构成盗窃罪。念其到案后能如实供述自己的罪行，故可依法从轻处罚。根据《刑法》第264条、第67条第3款、第64条之规定，判决如下：被告人黄某犯盗窃罪，判处有期徒刑十个月，并处罚金人民币1000元。

【案例11】经审理查明：被告人张某于2012年5月24日8时许，在某市高墩街34弄附近的马路菜场上，趁被害人施某不备之际，窃得其随身携带的塑料袋内的黑色票夹一只（经估价鉴定，价值1元），票夹内有现金145元、“来伊份”伊点卡、“某一城”卡、商银通申付卡、得仕卡、联华OK卡等有价卡片及提货券等物，经核上述卡券内余额共计1460.85元，后被执勤民警当场人赃俱获。

法院认为：被告人张某以非法占有为目的，扒窃他人财物，其行为已构成盗窃罪，依法应对被告人予以刑事处罚。被告人张某系累犯，依法应当从重处罚。被告人当庭自愿认罪，可酌情从轻处罚。依照《刑法》第264条、第65条第1款之规定，判决如下：被告人张某犯盗窃罪，判处有期徒刑八个月，并处罚金人民币1000元。

【案例12】经审理查明：2012年6月28日11时许，被告人刘海军窜至洪江市黔城镇中心市场一卖杨梅摊子处，趁被害人陈少华弯腰买杨梅之时，伸手将陈某后裤兜里的钱包扒窃走，钱包内有人民币601.3元及银行卡等物品。被告人刘海军将陈某的钱包拿在手中欲转身离开时，被陈某的朋友谢某发现，谢某将被告人刘海军拿钱包的手臂抓住，并把钱包打落在地。陈某将钱包捡回后，与谢某一起将被告人刘海军扭送至公安机关。

法院认为：被告人刘海军以非法占有为目的，扒窃他人财物，其行为已构成盗窃罪。被告人刘海军已经着手实行犯罪，由于其意志以外的原因而未得逞，是犯罪未遂。对于未遂犯，可以比照既遂犯从轻或者减轻处罚。被告人刘海军虽不具有自首情节，但是能如实供述自己的罪行，且当庭自愿认罪，依法亦可从轻处罚。根据《刑法》第264条、第23条、第67条第3款、第52条、第53条的规定，判决如下：被告人刘海军犯盗窃罪，判处拘役三个月，并处罚金人民币2000元。

【案例13】经审理查明：被告人阿某与孙某经事先预谋，于2012年4月2日19时许至某市西藏中路、宁海东路附近，阿某趁被害人汪某行走不备，从汪上衣左侧口袋内窃得价值人民币1258元的OPPO T703型移动电话机一部，后转身给在身后望风接应的孙某藏匿。后两被告人又至某市福州路、广西中路附近，用相同手法窃得被害人候某价值人民币204元的CPPCA5型移动电话机一部。在两被告人欲搭乘出租车离开时，被一路跟踪的执勤民警人赃俱获。

法院认为：被告人阿某伙同孙某以非法占有为目的，扒窃他人财物，其行为均已构成盗窃罪，应予刑事处罚。两名被告人共同故意实施盗窃犯罪行为，系共同犯罪，应共同承担相应的刑事责任。其中，被告人阿某在共同犯罪中起主要作用，系主犯；被告人孙某在共同犯罪中起次要作用，系从犯，应当从轻处罚，且孙某到案后能如实供述罪行，可从轻处罚，同时在庭审中亦能自愿认罪，可酌情从轻处罚。依照《刑法》相关规定，判决如下：（1）被告人阿某犯盗窃罪，判处有期徒刑九个月，并处罚金人民币1000元；（2）被告人孙某犯盗窃罪，判处有期徒刑六个月，并处罚金人民币1000元。

【案例14】经审理查明：2012年6月29日18时30分许，被告人张某在某市南京东路X号某广场二楼ZARA专卖店收银柜台处，趁被害人不备之际，从其随身背包内窃

得价值人民币87元的FRENCECONNECTION长款皮夹一只，内有人民币380元。张某得手逃离时，被尾随的执勤民警人赃俱获。

法院认为：被告人张某以非法占有为目的，扒窃他人财物，其行为已触犯刑律，构成盗窃罪。念其能如实供述自己的犯罪事实，可以从轻处罚。根据《刑法》第264条、第67条第3款之规定，判决如下：被告人张某犯盗窃罪，判处拘役四个月，并处罚金人民币1000元。

【案例15】经审理查明：2012年6月17日3时许，被告人解某在某市某路138号五楼某KTV大厅内，趁被害人沈某在大厅沙发上睡觉之际，窃得被害人放在左侧裤子口袋内的一部价值人民币2880元的白色苹果牌iphone4型手机。当天上午，被告人解某主动至公安机关投案，到案后如实供述了上述犯罪事实。

法院认为：被告人解某以非法占有为目的，扒窃他人财物，数额较大，其行为已构成盗窃罪，依法应予处罚。被告人解某主动向公安机关投案，并如实供述犯罪事实，系自首，依法可从轻处罚。被告人解某在被司法机关取保候审期间能遵纪守法，确有悔罪表现，可对其酌情从轻处罚，并适用缓刑予以考验。依照《刑法》相关规定，判决如下：被告人解某犯盗窃罪，判处有期徒刑一年，缓刑一年，并处罚金人民币1000元。

【案例16】经审理查明：被告人甄某于2012年5月16日凌晨2时30分许，在某市金陵中路某酒吧门口花坛处，趁被害人张某醉酒躺在花坛上休息不备之际，从张上衣袋内窃得苹果iPhone4s 16GB MD239ZP/A白色移动电话机一部（经估价鉴定，价值人民币3510元），后被酒吧保安及群众发现并抓获。

法院认为：被告人甄某扒窃他人财物，其行为已构成盗窃罪。被告人甄某到案后如实供述自己的罪行，可从轻处罚；自愿认罪，可酌情从轻处罚。依照《刑法》第264

条、第67条第3款、第64条之规定，判决如下：被告人甄某犯盗窃罪，判处有期徒刑一年六个月，并处罚金人民币2000元。

【案例17】经审理查明：（1）2012年2月25日13时许，被告人王某在新晃侗族自治县新晃镇某药房门口从被害人甘某身上扒窃得现金人民币100元；（2）2012年5月9日18时许，被告人王某在新晃侗族自治县新晃镇龙溪广场公厕附近将0.04克海洛因以100元人民币的价格卖给吸毒人员王某。

法院认为：被告人王正云以非法占有为目的，在公共场所扒窃他人财物的行为，已构成盗窃罪；被告人王正云无视国家对毒品管理的法律法规，非法贩卖毒品海洛因给他人的行为已构成贩卖毒品罪。被告人系累犯，应当从重处罚；鉴于被告人王某犯罪后认罪态度较好，可酌情从轻处罚；被告人王正云犯数罪，应当数罪并罚。依照《刑法》相关规定，判决如下：被告人王正云犯盗窃罪，判处拘役五个月，并处罚金人民币1000元；犯贩卖毒品罪，判处有期徒刑七个月，并处罚金人民币1000元；决定执行有期徒刑十个月，并处罚金人民币2000元。

【案例18】经审理查明：2011年10月16日14时许，被告人阿某在某市某号附近，趁被害人周某不备，从其上衣左侧口袋内窃得HTC牌HERO100型移动电话机一部（价值人民币900元），后被公安人员人赃俱获。

法院认为：被告人阿某以非法占有为目的，扒窃他人财物，其行为已触犯刑律，应以盗窃罪追究其刑事责任。鉴于被告人阿某到案后如实供述自己罪行，依法可以从轻处罚。依照《刑法》第264条、第67条第3款之规定，判决如下：被告人阿某犯盗窃罪，判处拘役六个月，并处罚金人民币1000元。

在笔者看来，扒窃并不要求发生在“公共场所”。理由是：第一，从刑法渊源来看，《明律》和《大清律例》在窃盗条中规定“掏摸者罪同”。“掏摸”即扒窃。① 第二，主张限定于“公共场所”者往往从立法起草的说明中寻找依据，“扒窃行为往往采取掏兜、割包等手法，严重侵犯公民财产和人身安全，扰乱公共场所秩序。且技术性强，多为屡抓屡放的惯犯，应当予以严厉打击”，“扒窃案件在实践中的发案率越来越高，团伙作案、流窜作案、惯犯作案较多，反侦查能力较强，并且扒窃手段趋于多样化、智能化，还有一些犯罪分子在公共场所专门针对一些弱势群体大肆扒窃，十分猖獗，严重危及人民群众的财产安全和生活秩序”。② 此种说明也只能作为相关解释的参考，未必就能得出“扒窃”限于公共场所的结论。③ 第三，公共场所的判断标准不一。例如，有学者认为，“公共场所”即为不特定人可以进入、停留的场所以及有多数人在内的场所。只要行为发生在公共场所，即使公共场所的人不是很多（例如，在公共汽车上只有少数几人时），也不影响扒窃的成立。④ 有学者认为，公共场所只是“不特定或特定的多数民众能够进出的场所”，“在凌晨空无一人或仅有数人的车站”也应认定为扒窃概念中的公共场所。⑤ 还有学者认为，扒窃行为发生的公共场所应具备场所的开放性和人员的多数性的特征。所谓开放性，是指人群经常聚集、供公众使用或服务于人民大众的活动场所；所谓多数性，是指扒窃时有多数人在场。例如，夜深人静的公园、关门打烊歇业的酒吧等没有多人在场的情况下，就不能认定为扒窃的公共场所。⑥

3. 扒窃的对象是否限定于随身携带的财物以及如何界定“随身

---

① 参见刘柱彬：《中国古代盗窃罪概念的演进及形态》，载《法学评论》1993年第6期。

② 参见全国人大常委会法制工作委员会刑法室编：《中华人民共和国刑法修正案（八）条文说明、立法理由及相关规定》，北京大学出版社2011年版，第141页、第143页。

③ 尽管立法起草说明中存在“掏兜、割包等手法”“且技术性强”“多为屡抓屡放的惯犯”等表述，但正如有学者指出的，扒窃并不要求携带凶器、扒窃财物不限于体积微小的财物、扒窃并不要求具有技术性、扒窃不要求行为人具有惯常性，参见张明楷：《刑法学》（第4版），法律出版社2012年版，第881页。

④ 参见张明楷：《刑法学》（第4版），法律出版社2012年版，第881页。

⑤ 参见陈家林：《论刑法中的扒窃——对刑法修正案（八）的分析与解读》，载《法律科学》2011年第4期。

⑥ 参见王东海：《扒窃的理性界定》，载《中国检察官》2012年第10期（下）。

携带”。关于“随身携带”，具体有以下观点：其一是“物理接触说”，认为随身携带的财物只能是被害人贴身放置在口袋中或者包中的财物；其二是“紧密接触说”，认为扒窃的对象应限定于被害人身体紧密接触的财物以及被害人物理力控制范围之内的财物；其三是“随时支配可能性说”，认为随身携带的财物是指被害人带在身上或放置于身边附近，其随时可能现实支配的财物；其四是“目光可能可及说”，随身携带的财物是指被害人带在身上或者放置于身边附近，处于被害人目光可能可及之处的一切财物。[①] 在笔者看来，立法者将“扒窃”独立出来且不进行数额较大的限制，主要考虑行为对象（“多次盗窃”在于行为次数、“入户盗窃”在于行为地点、“携带凶器盗窃”在于行为方式）与普通盗窃有所区别。

实践中原则上宜采取严格解释的立场，笔者认为扒窃的对象具体包括：（1）紧密连接身体的衣物、背包、手提箱等的内存物，例如，裤兜之内的财物、肩挎包内的财物、手拉杆箱内的财物等等，而仅依赖目光可触及之物，例如，打篮球时将钱包放在篮球架下、乘客放于别人座位的行李架上的财物，等等，均不宜作为扒窃的对象。（2）处于被害人意识控制之下的身体附近之物，例如，被害人有意识地放在身旁、脚底、座位下等手脚随时可触及地方的财物（即使睡着也仍属于有意识控制）；若财物因被害人的无意识动作或者其他原因暂时性地脱离了被害人实际控制（即自然意义上已经失控，但规范意义上仍在控制），则不宜作为扒窃的对象。例如，被害人躺在椅子上睡着之际将置于身旁的财物弄至椅子下，此时被害人在规范意义上仍控制着该财物，但自然意义上已不控制该财物，该财物只能是普通盗窃的对象。“邓某扒窃案”（案例19）中，邓某窃取时财物仍处在张某裤袋中，属于扒窃的对象；若张某的手机和钱包在“手淫”过程中非由邓某有意的原因而掉落，邓某予以窃取的，则属于普通盗窃。“黄某扒窃案”（案例20）中第一起事实“挂在座椅背上的背包”、第二起事实中“放在身旁椅子上的皮包”（行为人移动椅子至角落对此不产生影响），“张某扒窃案”（案例21）中

---

① 参见任素贤、秦现锋：《扒窃的入罪要件及司法认定》，载《上海法治报》2012年4月18日第5版；王东海：《扒窃的理性界定》，载《中国检察官》2012年第10期（下）。

"紧邻身体右侧的旁边座位上的一只棕色LV拎包"，均属于"处于被害人意识控制之下的身体附近之物"。

【案例19①】 邓某（女）在公园遇到张某（男），双方谈好以10元的价格进行色情按摩（手淫）交易。二人同行至某偏僻处，张某半脱下裤子，坐在邓某的大腿上。邓某为其进行"按摩"过程中发现张某裤袋中的手机和钱包外露，遂趁张某不备将其窃取。交易结束后张某离开公园后发现财物丢失，遂返回将邓某扭送报案。经鉴定，涉案财物价值930元。

【案例20②】 经审理查明：2011年7月16日12时许，被害人黄某在某酒店二楼会议厅内参加朋友子女考取大学的酒宴，被告人陶某作为该厅服务员，利用服务便利条件，趁人不备，从黄某挂在座椅背上的背包内窃得5600元。同月18日19时许，被害人周某在该酒店二楼包厢内吃饭，随手将皮包放在身旁的椅子上。被告人陶某利用服务的便利先将放置有周某皮包的椅子移至角落，后趁人不备，从周某的皮包内窃得1万元。

一审法院认为：被告人陶某利用工作便利，在空间相对封闭、人员相对特定的场所，窃取被害人置于身旁包内的存款，其行为不符合扒窃的一般特征，属于普通盗窃……

宣判后，检察机关提起抗诉，认为原判将扒窃认定为普通盗窃定性不准确，并导致量刑畸轻。

二审法院认为：原审判决将被告人陶某的扒窃认定为普通盗窃系错误，遂撤销原判，认定为扒窃型盗窃，提高了量刑幅度。

---

① 参见吴加朋：《〈刑法修正案（八）〉中"扒窃"的司法实践认定》，载《中国检察官》2011年第7期。

② 参见任素贤、秦现锋：《扒窃的入罪要件及司法认定》，载《上海法治报》2012年4月18日。

【案例21】经审理查明：2012年4月23日5时20分许，被告人张某在某市某路55号东方网点网吧，趁被害人彭某上网之际，窃得被害人彭某放于紧邻身体右侧的旁边座位上的一只棕色LV拎包（内有一部价值人民币1817元的苹果iphone4手机、一部价值人民币4780元的佳能EOS600D数码相机、一只LV长款票夹及现金人民币600元），被害人彭某当场发现并追赶，被告人张某逃至某路503弄小区时被过路群众当场人赃俱获。

法院认为：被告人张某以非法占有为目的，采用秘密窃取的方法，扒窃公民财物，数额巨大，其行为已构成盗窃罪，依法应予处罚。关于辩护人提出被告人张某将被害人放于旁边座位未贴身放置的拎包窃走的行为不符合扒窃的特征，故应对被告人张某以普通盗窃论处的意见，经查，被告人张某窃得被害人放于紧邻身体右侧的旁边座位上的拎包后被被害人当场发现，该拎包处于被害人实际占有及控制范围之内，其行为符合扒窃的特征，应对被告人张某以扒窃论处，故辩护人提出的相关辩护意见，不予采纳。鉴于被告人张某到案后能如实供述自己的罪行，依法可从轻处罚。依照《刑法》第264条、第67条第3款之规定，判决如下：被告人张某犯盗窃罪，判处有期徒刑三年，并处罚金人民币3千元。

三、盗窃罪的对象要件

现行刑法规定盗窃罪的对象要件是“公私财物”。部分学者注重从财物的属性角度来加以界定，具体包括：（1）“三属性说”认为，作为盗窃罪的对象必须同时具有经济价值、具有可支配性、属于动产。[①]（2）“四属性说”认为，作为财产的物具体包括客观性、有用性、稀缺性和可控性。[②]（3）“五属性说”认为，作为盗窃罪的对象必须同时具有经济价值、具有可支配性、属于动产、具有相对法定

① 参见王作富主编：《刑法分则实务研究》（下），中国方正出版社2003年版，第1235～1236页。

② 参见于志刚主编：《网络空间中虚拟财产的刑法保护》，中国人民公安大学出版社2009年版，第80～91页。

性、为他人所占有。[①] 正如民法学者指出的，随着计划经济向社会主义市场经济的转变，经济条件发生了巨大变化，表现在：经济形态由“相对静态”到“频繁交易”；价值目标由“归属”到“利用”；利益实现由“自主管理”到“价值支配”。[②] 此种经济基础的变化反应到上层建筑——立法领域，就是宪法、民法、刑法等不断深化和拓展对财产关系及财产权的规制和保护。

与之相适应，作为财产犯罪包括盗窃罪的对象——财物的内涵属性和外延范围也处在不断变化过程之中，具体来说有如下重大变化：（1）财物的经济属性，即“有用性”，存在“主观说”（即根据财物所有人或者占有人的主观感受来判断某物是否具有以及多大价值和效用）、[③]“客观说”（即根据该物能否流通、交换或者一般人对物本身所固有的使用价值和交换价值能否认同来判断效用和价值）[④] 和“综合说”（即必须兼顾主观和客观价值与效用）。[⑤]（2）财物的物理属性，存在“有体性说”（具有形体之物，方属于财物）、[⑥]“持有可能性说”（凡具有持有或者事实上支配可能者即可为财物）、[⑦]“管理可能性说”（包括“事务管理可能性说”和“物理管理可能性说”，前者认为无形能源、债权、发明权等均属于财物，后者认为不具有物理管理可能性的债权不属于财物）、[⑧]“可控性说”（即能够被人占有并收益，同时排除他人获得物品上的利益的，就是财物，包括一切能够被特定主体所支配的有形财产，包括动产和不动产、无

---

① 参见赵秉志主编：《疑难刑事问题司法对策》，吉林人民出版社1999年版，第1084～1088页。

② 参见马骏驹、梅夏英：《财产权制度的历史评析和现实思考》，载《中国社会科学》1999年第1期。

③ 参见蔡墩铭主编：《刑法分则论文选辑》（下），台湾地区五南图书出版公司1984年版，第724页。

④ 参见王礼仁：《盗窃罪的定罪与量刑》（第2版），人民法院出版社2008年版，第87页；刘明祥：《财产罪比较研究》，中国政法大学出版社2001年版，第28页。

⑤ 参见魏海：《盗窃罪研究——以司法扩张为视角》，中国政法大学出版社2012年版，第38～39页。

⑥ 参见林山田：《刑法特论》，台湾地区三民书局1978年版，第205页。

⑦ 转引自王礼仁：《盗窃罪的定罪与量刑》（第2版），人民法院出版社2008年版，第111～112页。

⑧ 参见［日］香川达夫：《刑法讲义》（各论），日本成文堂1996年版，第486页。

形财产、虚拟财产、财产性利益等)。[①] (3) 财物的法律属性，具体包括财物的权属性和合法性两个方面。其中，“他人之物”的判断具体存在“从属说”(主张从民法上来解释财物的他人性，即只有他人在民法上具有所有权的财物才能评价为“他人之物”) 和“独立性说”(主张从刑法自身的特点来作判断，即只要他人具有在社会观念上应予尊重的经济利益就可认定为“他人之物”)。[②]

从实践来看，盗窃罪的对象范围不断突破传统观点，具体包括：

1. 不动产。传统观点认为，不动产不能成为盗窃的对象。[③] 主要理由是，一是不动产具有不可移动性，二是不动产所有权关系的转移或者变更，必须通过严格的法律程序才能完成，因而不动产只能被“窃占”而不能被“窃取”。[④] 不过后来观点有了变化，认为我国刑法没有明文规定盗窃的财物仅限于动产，从有利于保护公私财产权利，以不对财物作限于动产的限制解释为宜，盗卖他人或单位的不动产的，应以盗窃罪论处。[⑤] “无论是窃占不动产还是窃取动产，均是行为人以秘密的方式非法控制支配他人财物而使他人无法实现自己的财产权利。”[⑥]

【案例22[⑦]】 经审理查明：被告人林某假冒中国铁通公司工作人员，伪造证明将中国联通公司的两处发射铁塔，分别高达30米和50米，整体盗卖给废品店老板，价值共计455913元。

广东省梅县人民法院以盗窃罪判处被告人林某有期徒

① 参见于志刚主编：《网络空间中虚拟财产的刑法保护》，中国人民公安大学出版社2009年版，第89页；邓超：《财产犯罪原理论》，中国政法大学2007年博士学位论文，第28页。

② 参见［日］前田雅英：《刑法各论讲义》(第2版)，日本东京大学出版社1995年版，第166页。

③ 参见高铭暄主编：《刑法学》，法律出版社1982年版，第486页；高铭暄主编：《中国刑法学》，中国人民大学出版社1989年版，第512页；

④ 参见赵秉志：《侵犯财产罪》，中国人民公安大学出版社2003年版，第150页。

⑤ 参见高铭暄主编：《新编中国刑法学》(下册)，中国人民大学出版社1998年版，第772页。

⑥ 参见赵秉志主编：《刑法学各论研究综述(1978～2008)》，北京师范大学出版社2009年版，第380页。

⑦ 参见梅州市中级人民法院研究室编：《梅州法院案例》2009年第10期。

刑十一年，并处罚金5万元。

【案例23[①]】 1998年10月27日，被告人刘某化名吴某，称房屋产权已经归自己，要许某将坐落在江苏省吴江市松陵镇原松陵化工厂旧厂房拆除。至11月4日，许某已拆除房屋480多平方米及部分围墙，被告人刘某将其中一幢90多平方米的办公楼拆除后卖给松陵镇人张某，得款1800元，又把铁大梁卖给松陵镇收废品的曹某，得款2000元。经对出售后的房屋建筑材料进行估价，价值39000余元。

2. 无形财产。正如有学者指出的，一切无形财产，除刑法已经规定为特定犯罪外，均可以成为盗窃罪对象。[②] 实践中，盗窃无形能源（如电力、煤气、天然气）的，均按盗窃罪论处。

【案例24】 经审理查明：被告人邬双美从1988年1月起，以“用电量比别人有较大出入，不搞清楚不交钱”为由，连续二个月不交纳其所开的加工厂的用电费，电力部门多次下达欠费停电通知书后，被告人仍拒交电费。后来，电力部门于同年3月8日停止供电，并对被告人的电表进行了检查，发现其电表有一定误差。于是按照有关规定并经镇政府、区司法办及邬双美协商同意，给邬双美退电1150度。于同年4月9日恢复供电，并校正了电表。但被告人仍拒交所欠电费，从1988年1月至1989年9月9日，共拖欠拒交电费877.7元。为此，桃源县电力局于1989年9月9日对被告人邬双美的电表拆除销户，停止供电。被告人在既不办理申请用电手续，又未经电力部门批准，于同

① 该案在处理中存在不同意见：其一认为，被告人刘某构成诈骗罪，主要理由是，刘某具有非法占有的故意，采用化名并虚构房屋产权已归自己的事实，使张某、曹某以为刘某是房屋所有人，于是自愿购买被拆除的房屋材料。刘某得款3800元，侵犯了购买人的利益。其二认为，被告人刘某构成盗窃罪。主要理由是，被告人盗窃不动产上附着物，即拆除房屋所得的建筑材料的行为，已构成盗窃罪。参见王礼仁：《盗窃罪的定罪与量刑》（第2版），人民法院出版社2008年版，第118页。

② 参见张明楷：《刑法学》（第3版），法律出版社2007年版，第704页。

年9月21日非法强行在供电部门的线路上接线用电，虽经电力部门和有关管理人员多次劝阻和采取停电措施，仍不拆除，不交纳电费，至1992年1月21日，共盗窃国家电力26404度，价值5055.73元。

湖南省桃源县人民法院认为：被告人邬双美无视国家法律，在供电部门的线路上非法接线用电而盗窃国家财产的行为，已构成盗窃罪，且数额巨大，应依法予以惩罚。依照《刑法》第152条之规定，作出如下判决：被告人邬双美犯盗窃罪，判处有期徒刑五年。

【案例25】 经审理查明：被告人顾某某在经营位于某市浦东新区沪南公路琼泉浴室（系个体工商户）时，擅自在供电企业的供电设施上接线，盗窃电力作为浴室的生产、生活用电。2011年1月至3月间，被告人顾某某窃得电力共计人民币21000余元。2011年3月30日晚，某市浦东供电公司工作人员在线路检查时发现琼泉浴室存在窃电情况后报警，被告人顾某某被公安人员抓获。到案后，被告人顾某某如实供述了上述盗窃犯罪事实。案发后，被告人顾某某向供电企业补交了电费及罚款共计人民币89900元。

法院认为：被告人顾某某以非法占有为目的，擅自在供电企业的供电设施上接线用电，盗窃电力，数额巨大，依照《刑法》第264条的规定，其行为已构成盗窃罪。被告人顾某某到案后能如实供述犯罪事实，可以从轻处罚。被告人顾某某能自愿认罪，积极退赃和缴纳罚款，可以酌情从轻处罚。依照《刑法》相关规定，判决如下：被告人顾某某犯盗窃罪，判处有期徒刑三年，缓刑三年，罚金人民币1万元。

【案例26】 经审理查明：2000年5月1日，被告人吴某与陈某甲（已判刑）租用杭州市萧山区萧山某某机械锻造厂厂房，合伙开办萧山某某铸件厂，在未取得营业执照等必需手续的情况下开始生产经营。至2001年1月，该厂出现了严重亏损。为节约成本，减少亏损，被告人吴某与陈某甲商量后，在该厂变电房采用搭线绕越用电计量装置的办法窃电。2001年2月至6月期间，被告人吴某与陈某甲累计生产钢坯1801.14吨，其所需电共计1080684千瓦时，而仅缴纳128226千瓦时的电费，共计窃电952458千瓦时，价值363839元。被告人吴某因本案于2001年6月29日被公安机关决定刑事拘留并上网追逃，其于2011年11月17日到福建省福州市公安局螺洲派出所投案，并如实供述了自己的主要窃电事实。案发后，公安机关从被告人吴某与陈某甲处扣押现金49355元，已由公安机关发还萧山区电力局（原萧山市电力局）；被告人吴某归案后，退出赃款182000元，该182000元已由公安机关发还萧山区电力局，萧山区电力局对被告人吴某表示谅解。

法院认为：被告人吴某与他人结伙，以非法占有为目的，秘密窃取公私财物，数额特别巨大，其行为已构成盗窃罪，系共同犯罪。被告人吴某在被上网追逃期间自动投案，并如实供述其主要盗窃罪行，系自首，可以从轻处罚；其退出了部分赃款，获得萧山区电力局的谅解，可酌情从轻处罚。依照《刑法》相关规定，判决如下：（1）被告人吴某犯盗窃罪，判处有期徒刑十一年，剥夺政治权利二年，并处罚金30000元；（2）被告人吴某盗窃所得尚未追回的赃款，继续予以追缴。

【案例27】经审理查明：1995年11月，被告人姜国文在自家电度表私自接通电源线，线路从房顶烟道进入室内，并接通3个电炉子（1个2000瓦，2个1500瓦）用于日常生活及取暖，盗窃国家电能达2年之久，盗窃电量为37077千瓦时（度），价值人民币11411.68元。

辽宁省朝阳市双塔区人民法院经审理后依照《刑法》相关规定，作出如下判决：姜国文犯盗窃罪，判处有期徒刑二年，并处罚金1万元。

【案例28】原判认定：2010年4月，被告人周岱因其居住的齐齐哈尔市铁锋区新民小区29号楼2-902室的厨房里立式暖气漏水，便到楼下销售日丰管的商店购买暖气片进行更换。在换暖气片时，将自家燃气表卸下，用两个接头将直管两边连接上燃气管道后，窃取天然气用于自家暖气片取暖和日常用气。经齐齐哈尔市价格认证中心鉴定，周岱盗窃天然气总价值人民币3419.37元。

原审法院认为：被告人周岱以盗窃天然气为目的，采取在使用中的燃气管道上私接管道的手段，故意破坏易燃易爆设备，危害公共安全，其行为已构成破坏易燃易爆设备罪。依照《刑法》第118条、第67条第3款之规定，判处被告人周岱犯破坏易燃易爆设备罪，判处有期徒刑三年。

宣判后，检察机关以原审被告人周岱以非法占有为目的，私自拆除计量检定机构加封的用气计量装置封印后，秘密窃取天然气使用，应当以盗窃罪追究其刑事责任为由提出抗诉。被告人周岱及其辩护人以没有破坏燃气管道的故意，及造成燃气泄漏等危害发生，原审判决认定犯破坏易燃易爆设备罪名畸重为由提出上诉。

经二审审理查明的事实、认定的证据与一审相一致。

二审法院认为：上诉人周岱以非法占有为目的，采取在使用中的燃气管道上私接管道的手段盗窃天然气，数额较大，其行为已构成盗窃罪。依照《刑事诉讼法》第189条第2项、第264条之规定，判决如下：（1）撤销齐齐哈尔市铁锋区人民法院（2011）铁刑初字第101号刑事判决；（2）上诉人周岱犯盗窃罪，判处有期徒刑二年，并处罚金人民币5千元。

【案例29】经审理查明：被告人陈某某于2002年起租赁某市某某路129弄5－6号，经营帮帮某某足部保健服务社（以下简称“某某足浴店”）。2009年11月，被告人陈某某在某某足浴店增设沐浴项目，对该店进行装修改造。为解决该店水源加热问题，被告人陈某某即委托“苗老板”解决此事，并购买了1台在宇牌燃气、柴油两用锅炉。“苗老板”让人挖开地下燃气管道，私自镶接地下燃气管至某某足浴店内的在宇牌燃气、柴油两用锅炉上。2010年1月，某某足浴店重新开业后便盗用燃气用于经营。同年2~3月份，被告人陈某某至某某足浴店发现没有安装燃气表后，既没有去燃气公司说明情况，也未至燃气公司办理任何手续，继续让某某足浴店的员工盗用燃气用于经营。某某足浴店于同年5月至9月停业，于2010年10月至2011年2月间在经营中盗用燃气，并与柴油交换使用。被告人陈某某经营的某某足浴店从2010年4月1日至2011年2月14日，盗用燃气124天用于经营，合计价值人民币5.5万余元。2011年2月14日，上海某某销售有限公司查获被告人陈某某经营的某某足浴店盗窃燃气的事实。2011年2月17日，被告人陈某某经通知，主动到公安机关接受调查，并如实交代了上述事实。2011年2月25日，被告人陈某某至上海某某销售有限公司补交了人民币1.9万元。

法院认为：被告人陈某某以非法占有为目的，秘密窃取公司财物，数额巨大，其行为已构成盗窃罪，依法应予处罚。鉴于被告人陈某某有自首情节，依法可从轻处罚。被告人陈某某在被司法机关取保候审期间能遵纪守法，已退赔全部赃款，确有悔罪表现，可对其酌情从轻处罚，并适用缓刑予以考验。依照《刑法》相关规定，判决如下：被告人陈某某犯盗窃罪，判处有期徒刑三年，缓刑四年，并处罚金人民币1万元。

【案例30】原判认定：被告人石某乙于2006年初，在明知北京市西城区白纸坊西街北京某饺子馆白纸坊店未履行燃气报装手续的情况下，为该店盗接天然气管道并通气。自2007年6月至2010年12月，被告人石某乙以北京市燃气集团有限责任公司的名义，通过北京某饺子馆员工刘某某向该店收取燃气费共计人民币86万余元，并开具发票40张（经鉴定均系伪造），并共计给予刘某某好处费约人民币18万元。其中，被告人石某甲自2008年5月，在明知被告人石某乙为某饺子馆白纸坊店私接天然气管道、盗用天然气的情况下，帮助被告人石某乙收取燃气费共计人民币60余万元，经手给予刘某某好处费约人民币15万元。自2006

年初至2010年12月，北京某饺子馆白纸坊店实际使用燃气40余万立方米，价值人民币100余万元。被告人刘某某于2007年6月至2010年12月间，利用自己身为北京某饺子馆有限公司员工，负责缴纳该公司白纸坊店燃气费的职务便利，在缴纳燃气费的过程中收受被告人石某乙、石某甲给予的好处费共计约人民币18万元（已退缴）。被告人石某甲、刘某某于2011年3月3日被查获归案；被告人石某乙于2011年3月4日被查获归案。

北京市西城区人民法院认为：被告人石某乙、石某甲以非法占有为目的，秘密窃取公私财物的行为，侵犯了国家的财产权利，且数额特别巨大，已构成盗窃罪；被告人刘某某作为公司工作人员，在经济往来中，利用职务上的便利，违反国家规定收受回扣归个人所有的行为，妨害了对公司、企业的管理秩序，且数额巨大，已构成非国家工作人员受贿罪，均应依法予以惩处。鉴于被告人石某甲在共同犯罪中起次要、辅助作用，系从犯，应当减轻处罚；被告人刘某某能如实供述犯罪事实，可依法从轻处罚；鉴于被告人刘某某认罪态度好，并已退缴全部赃款，亦可酌情从轻处罚。依照《刑法》相关规定，判决如下：（1）被告人石某乙犯盗窃罪，判处有期徒刑十二年，剥夺政治权利二年，并处罚金人民币1万2千元；（2）被告人石某甲犯盗窃罪，判处有期徒刑五年，并处罚金人民币5千元；（3）被告人刘某某犯非国家工作人员受贿罪，判处有期徒刑五年。

宣判后，上诉人石某甲、刘某某提起上诉。

经二审审理查明的事实、认定的证据与一审相同。

二审法院认为：上诉人石某甲、原审被告人石某乙以非法占有为目的，秘密窃取公私财物，侵犯了国家的财产权利，其行为构成盗窃罪，且数额特别巨大；原审被告人刘某某作为公司工作人员，在经济往来中，利用职务上的便利，违反国家规定收受回扣归个人所有，其行为构成非国家工作人员受贿罪，且数额巨大，依法均应予以惩处。鉴于石某甲在共同犯罪中起次要、辅助作用，系从犯，依法对其减轻处罚；刘某某能如实供述犯罪事实，认罪态度好，并已退缴全部赃款，可依法对其从轻处罚。原审定罪及适用法律准确，量刑适当，审判程序合法。依照《刑事诉讼法》第189条第（1）项之规定，裁定如下：驳回上诉，维持原判。

【案例31】原判认定：2007年3月份以来，被告人朱超、王宗耀、许全林三人预谋后，结伙盗接梁洼镇饮用水工程许坊段管道，盗取饮用水8893吨，分别销售给该镇富康煤矿、融宁丰煤矿。按照销赃价格分别计算，被盗水价值为29654元。

原审法院认为：原审被告人朱超、许全林、王宗耀结伙秘密窃取财物，数额巨大，其行为已构成盗窃罪。依照《刑法》相关规定，判决如下：（1）被告人朱超犯盗窃罪，判处有期徒刑六年，并处罚金人民币3000元；（2）被告人许全林犯盗窃罪，判处有期徒刑四年零六个月，并处罚金人民币2000元；（3）被告人王宗耀犯盗窃罪，判处有期徒刑四年，并处罚金人民币2000元。

一审宣判后，原审被告人王宗耀、许全林不服，提起上诉。

经二审查明的事实、认定的证据与原审一致。二审期间，原审被告人朱超、王宗耀家属代其主动退出赃款各5000元，许全林家属代其主动退出赃款10000元。

二审法院认为：原审被告人朱超、许全林、王宗耀私自盗接水管，窃取水费，数额巨大，其行为已构成盗窃罪。二审期间，鉴于原审被告人朱超、许全林、王宗耀积极主动退赃，量刑时酌情予以从轻处罚。依照刑事法相关规定，判决如下：（1）维持河南省鲁山县人民法院（2008）鲁刑初字第216号刑事判决中对原审被告人朱超、许全林、王宗耀的定罪部分及附加刑部分；（2）撤销河南省鲁山县人民法院（2008）鲁刑初字第216号刑事判决中对原审被告人朱超、许全林、王宗耀的主刑部分；（3）原审被告人朱超犯盗窃罪，判处有期徒刑五年零六个月，并处罚金人民币3000元；(4)上诉人(原审被告人)许全林犯盗窃罪，判处有期徒刑三年零六个月，并处罚金人民币2000元。

3. 财产性利益。实践中出现行为人不是直接占有原物，而是通过盗窃或者盗用某种载体，例如，所有权证券化的仓单、提单、购货单，债权证券化的汇票、本票、支票、其他权利证券化的股票、车船票、游览票，磁卡，活期存折和欠条凭证之类的债权凭证，专用发票，等等，造成被害人损失，同时减少相应的经济负担或者取得财产性利益。《刑法》第265条以及相关司法解释对此予以肯定，例如，2000年5月12日最高人民法院《关于审理扰乱电信市场管理秩序案件具体应用法律若干问题的解释》[①] 第8条规定，盗用他人公共信息网络上网账号、密码上网，造成他人电信资费损失数额较大的，以盗窃罪定罪处罚。《办理盗窃罪解释》第5条规定："盗窃有价支付凭证、有价证券、有价票证的，按照下列方法认定盗窃数额：(1)盗窃不记名、不挂失的有价支付凭证、有价证券、有价票证的，应当按票面数额和盗窃时应得的孳息、奖金或者奖品等可得收益一并计算盗窃数额；(2)盗窃记名的有价支付凭证、有价证券、有价票证，已经兑现的，按照兑现部分的财物价值计算盗窃数额；没有兑现，但失主无法通过挂失、补领、补办手续等方式避免损失的，按照给失主造成的实际损失计算盗窃数额。"

【案例32】原判认定：2010年9月至11月间，被告人芦磊通过计算机网络非法侵入中国移动通信集团上海有限公司(以下简称"上海移动公司")的企业信息化平台，从而盗取该平台中企业短信通客户栏目下上海蜂星电讯设备连锁有限公司(以下简称"上海蜂星公司")、上海翡翠缘工器贸易有限公司、上海通畅商务咨询有限公司、上海羚羊信息科技有限公司、新蛋贸易(中国)有限公司、威

① 1992年12月11日最高人民法院、最高人民检察院《关于办理盗窃案件具体应用法律的若干问题的解释》规定："盗用他人长途电话账号、码号造成损失，……数额较大的，应当以盗窃罪定罪处罚。"1995年9月3日最高人民法院《关于对非法复制移动电话码号案件如何定性问题的批复》规定："对非法复制窃取的移动电话码号的行为，应当以盗窃罪从重处罚。"

可楷（中国）投资有限公司等多家企业的账号及密码。与此同时，芦磊又租用袁小磊（另处）的服务器，并由袁小磊提供技术支持，使用盗取的上述企业账号及密码对接到上海移动公司的企业短信通平台。尔后，芦磊将盗接的平台、账号及密码，以每发送一条短信人民币0.03元的价格提供给他人用于群发广告短信，发送的短信费用累计达58万余元，芦磊从中非法牟利共计26万余元。2011年1月6日，芦磊在河北省石家庄市被公安机关抓获。

上海市黄浦区人民法院认为：被告人芦磊以非法牟利为目的，利用计算机非法侵入上海移动公司的企业短信通平台盗用客户的账号、密码，并通过上海移动公司的企业短信通平台帮助他人发布短信广告，造成公司损失50余万元，数额特别巨大，其行为已构成盗窃罪。芦磊到案后能如实供述自己的罪行，可依法从轻处罚。依照《刑法》相关规定，判决如下：被告人芦磊犯盗窃罪，判处有期徒刑十年零六个月，剥夺政治权利一年，并处罚金人民币10万元。

宣判后，被告人芦磊不服，提起上诉。

上海市第二中级人民法院经审理认为：上诉人芦磊以非法牟利为目的，通过非法侵入上海移动公司的企业信息化平台，秘密窃取他人公司账号、密码，盗发短信，犯罪金额达58万余元，其行为已构成盗窃罪，且数额特别巨大，依法应予惩处。原判认定事实和适用法律正确，量刑适当，审判程序合法。依照《刑事诉讼法》相关规定，于2012年5月22日作出裁定：驳回上诉，维持原判。

【案例33】经审理查明：(1) 2011年4月10日晚，被告人叶某某、陈某甲、陈某乙采用先将带有接孔线路的电话机连接到他人电话机上，后拨打声讯电话充值的方式，在杭州市萧山区临浦镇塘郎孙村编号为747049的交接箱、峙山西路3号弄堂编号为747009的交接箱处窃得话费共计1214元。(2) 2011年4月11日凌晨，被告人陈某乙采用先将带有接孔线路的电话机连接到他人电话机上，后拨打声讯电话充值的方式，在杭州市萧山区临浦镇公交车站对面编号为747039的交接箱处窃得话费共计588元。(3) 2011年4月11日晚，被告人叶某某、陈某乙采用先将带有接孔线路的电话机连接到他人电话机上，后拨打声讯电话充值的方式，在杭州市萧山区临浦镇苎萝村编号为747034的交接箱处窃得话费共计1749元。(4) 2011年4月12日晚，被告人叶某某、陈某乙结伙，采用先将带有接孔线路的电话机连接到他人电话机上，后拨打声讯电话充值的方式，在杭州市萧山区临浦镇苎萝村编号为747034的交接箱处窃得话费共计1601元。(5) 2011年4月12日晚，被告人陈某甲采用先将带有接孔线路的电话机连接到他人电话机上，后拨打声讯电话充值的方式，在杭州市萧山区临浦镇公交车站对面编号为747039的交接箱处窃得话费共计1818元。(6) 2011年4月14日晚，被告人叶某某、陈某甲、陈某乙采用先将带有接孔线路的电话机连接到他人电话机上，后拨打声讯电话充值的方式，在杭州市萧山区瓜沥镇方千娄编号为755010的交接箱、黄公娄编号为755036的交接箱处窃得话费共计2605元。(7) 2011年4月15日晚，被告人叶某某、陈某甲采用先将带有接孔线路的电话机连接到他人电话机上，后拨打声讯电话充值的方式，在杭州市萧山区瓜沥镇方千娄编号为755010的交接箱处窃得话费共计4318元。综上所述，被告人叶某某参与盗窃5次，价值11487元；被告人陈某甲参与盗窃4次，价值9955元；被告人陈某乙参与盗窃5次，价值7757元。

法院认为：被告人叶某某、陈某甲、陈某乙单独或者结伙，以牟利为目的，盗接他人通信线路窃取话费，数额较大，其行为已构成盗窃罪，大部分系共同犯罪。被告人叶某某、陈某甲、陈某乙归案后能如实供述自己的罪行并在庭审中自愿认罪，可以从轻处罚。依照《刑法》相关规定，判决如下：(1) 被告人叶某某犯盗窃罪，判处有期徒刑一年六个月，并处罚金2000元；(2) 被告人陈某甲犯盗窃罪，判处有期徒刑一年三个月，并处罚金1000元；(3) 被告人陈某乙犯盗窃罪，判处有期徒刑一年，并处罚金

1000元。

【案例34】经审理查明：2002年4月份以来，被告人赵全科伙同裴小波（另案处理）、王景超、王志军（二人均作罚款处理）等人利用在洛阳市财会学校当保安之机，私自连接IC卡电话线路，盗打设置在洛阳市财会学校门口的IC卡电话3201×××，其中赵全科盗打信息台费用1105.5元，盗打长途电话费用41.03元，共计1146.53元。

法院认为：被告人赵全科以非法占有为目的，盗接他人通信线路，使合法用户遭受损失，数额较大，其行为已构成盗窃罪。根据《刑法》相关规定，判决如下：被告人赵全科犯盗窃罪，判处有期徒刑六个月，并处罚金1000元。

【案例35】经审理查明：1996年3月下旬，被告人樊江宁受聘于海南省海口市环球信息有限公司环球信息（声讯）台“588发泄倾诉热线”电话分台，任节目主持人。由于按正常工作程序难以完成定额话务量，樊遂起盗心，于同年4月1日至5月19日，先后5次于夜间窜至海口市沿江四西路市政公司宿舍楼门前的通信电话线交接箱处，用事先购买的查线电话机接在6268×××用户电话线上，然后盗用该户电话拨入6276655×××环球信息台“588”分台樊所主持的热线电话，以此保证和增加樊在信息台的话务量从而提高其工薪。每次盗用电话时间长约4小时，5次共20余小时。按“信息电话”每分钟收费2元计算，共计人民币2436元。案发后，樊的主管单位环球信息台代为退赔了失主的损失。

海南省海口市振东区人民法院认为：被告人樊江宁出于非法提高自己在信息台的话务量从而非法增加其劳动报酬之动机，采用秘密搭接电话线的方法，盗用他人电话，致使他人损失电话费2400余元，盗窃数额较大，其行为已构成盗窃罪。樊江宁虽系初犯，但其在短短的月余时间内，竟连续5次在公共场所盗接盗用他人电话，主观恶性较大，社会影响较坏，应酌情从重处罚。根据《刑法》第151条和第60条之规定，作出如下判决：被告人樊江宁犯盗窃罪，判处有期徒刑三年六个月。

【案例36】 经审理查明：被告人朱某某在宝安区松岗街道溪头社区小店经营杂货和电话业务生意，共有5部公用电话。自2008年7月开始，该小店的一部公用电话号码变更为29729×××，朱某某发现该号码变更，且该部电话不需交费后仍继续使用，朱某某便使用该部电话供顾客打电话以收取费用。2009年8月6日，某某某科技（深圳）有限公司在检查公司电话费时发现其公司号码为29729×××的电话自2008年3月起费用异常高，便报警。公安机关经侦查发现，该电话为被告人朱某某所开设小店使用，并于2009年8月13日将被告人朱某某抓获。经查，自2008年7月至2009年8月，29729×××电话通信费用共计人民币23634.56元。另查明：案发后被告人家属已赔偿被害公司全部损失，共计人民币25846元，并获得被害公司的谅解。

法院认为：被告人朱某某无视国家法律，以非法占有为目的，秘密窃取他人财物，数额巨大，其行为已构成盗窃罪。依照《刑法》相关规定，判决如下：被告人朱某某犯盗窃罪，判处有期徒刑三年，缓刑三年。

【案例37】 经审理查明：2008年春节前，被告人方飞在同案人崔金方、刘海龙（均另案处理）处获知可利用中国移动公司手机通话话费结算技术漏洞进行透支话费，再利用透支话费拨打国外声讯台获取回扣的方法牟利后，遂向二同案人购买了破解中国移动公司手机SIM卡密码后进行复制的技术，以及利用中国移动公司手机通话话费结算技术漏洞进行透支话费的技术、设备，然后通过在潮州市开通全球通用户、购买潮州“动感地带”卡，自行或雇用被告人闻海灯进行解码、复制后在浙江省临安市、湖州市等地拨打国外声讯台的方式进行牟利。

自2008年2月份至3月份期间，被告人方飞先后冒用“米盼盼”的身份证在中国移动通信集团广东有限公司潮州分公司开通了4个全球通号码，每个号码存入200元。购买潮州移动分公司“动感地带”卡100张，其中用于解码、复制并透支话费牟利的全球通号码卡1张、“动感地带”卡70张（每张卡可以消费50元），上述71个号码透支的话费共计人民币897579.9元，其中闻海灯参与实施24张，透支话费共计人民币167776.39元。作案后，二被告人从二同案人处获得由国外声讯台支付的部分回扣款共计人民币2万多元，赃款被二被告人花光。

潮州市中级人民法院经审理认为：被告人方飞、闻海灯无视国家法律，以非法占有为目的，利用全球通号码和“动感地带卡”的国际网间结算时的技术漏洞，对SIM卡进行解码和非法复制后拨打国际声讯台，恶意造成大量的高额国际话费并获取回扣，秘密窃取中国移动通信集团广东有限公司潮州分公司的高额话费，其行为均已构成盗窃罪。其盗窃数额特别巨大，依法应予以从严惩处。被告人方飞在盗窃共同犯罪中起主要作用，是主犯，依法应当按其所参与的全部犯罪处罚。被告人闻海灯在共同盗窃犯罪中起次要作用，是从犯，且归案后认罪态度较好，依法予以减轻处罚。依照《刑法》相关规定，于2009年6月25日作出判决如下：（1）被告人方飞犯盗窃罪，判处无期徒刑，剥夺政治权利终身，并处没收个人全部财产；（2）被告人闻海灯犯盗窃罪，判处有期徒刑八年，并处罚金人民币6万元。

【案例38】经审理查明：2004年6月1日至7月27日期间，被告人何善全非法购得被害单位中国联通有限公司广州分公司（以下简称联通广州分公司）的四个工号：GZZM11、GZZM15、GZZM19、GZHDL6及密码，多次窜入广州市天河区×××路×××号华天国际广场联通广州分公司4楼办公室，使用上述工号及密码，非法登录该公司的电脑营账系统，按照同案人提供的867个CDMA133手机号码，对相关的用户资料进行欠费不停机、报开机和增预付款的非法操作，使被篡改后的手机号码可以无偿使用，造成联通广州分公司直接的话费损失达人民币441776.55元，被告人何善全从中获利。

法院认为：被告人何善全结伙以秘密手段将电信卡非法充值后使用，造成电信资费损失，数额特别巨大，其行为已构成盗窃罪。依照《刑法》相关规定，判决如下：被告人何善全犯盗窃罪，判处有期徒刑十一年，并处罚金人民币5万元。

【案例39】经审理查明：1997年1月中旬，江政忠（台湾省台北市人，在逃）约被告人田嘉玮、王国赐到台北市一咖啡厅，提出到大陆深圳市搞一个点盗码并机拨打国际声讯电话，然后收取国际声讯台的退费，由江每月付给田嘉玮、王国赐台币5万元。田、王二人表示同意。尔后江政忠出资，由田嘉玮在台湾购买了1部输码器、1部无线空中侦码器等作案工具，经香港带到深圳市。同月下旬。田嘉玮在深圳市罗湖区租用锦绣大厦B座19楼E室和25楼F室作为窝点。同年2月11日，田嘉玮将其妻的表弟、被告人唐伟从北京带来深圳市，王国赐与江政忠也于2月份来到深圳，同住在上述窝点内。江政忠又出资在香港、深圳购买、打印机各1台，9900型移动电话空机18部及有关配件等作案工具。然后，江政忠用无线空中侦码器截取锦绣大厦附近两公里以内的国内移动电话电子串号资料，再用电脑、打印机把截取的电子串号输入18部移动电话空机进行调试，从而完成盗码并机，4人用这些移动电话机拨打国际声讯台的专讯电话。同年3月1日，唐伟的女朋友、被告人高静从北京市来深圳，江政忠以每月1000元人民币雇佣唐伟、高静二人，教会唐伟、高静用输码器输码和盗打国际声讯电话。为不被人发现，田嘉玮于3月10日又租用文锦渡华侨新村七栋220室作为窝点。江政忠、田嘉玮把截取的移动电话电子串号资料拿到新窝点，王国赐、唐伟、高静3人在此用输码器把电子串号资料输入18部9900

型移电话中，每天分三班轮流不停盗打国际声讯电话。

同年3月20日，公安机关接到群众报案，在华侨新村七栋220室将被告人唐伟、高静抓获归案。后唐伟带领公安人员又到锦绣大厦将被告人田嘉玮、王国赐抓获归案，并缴获作案工具无线空中侦码器、输码器、电脑、打印机各1部，电脑磁盘14张，还查获9900型摩托罗拉移动电话18部、交流稳压电源5个，车载电池（空壳）28个、点烟器28个、插头29个、充电器3个、记载盗打国际声讯电话的笔记本1本、726个移动电话串号资料以及田嘉玮、王国赐的部分个人财物等。经审讯，4被告人均供述了受江政忠雇佣盗打国际声讯电话的犯罪事实。经检测：缴获的18部移动电话中各储存有1个盗用的移动电话串号。其中有11个电子串号已经被盗打国际声讯台电话且产生话费。查获的726个电子串号中有631个是深圳用户。其中有320个深圳用户被盗打国际声讯台电话且产生话费。经核算：331个深圳用户被盗打国际声讯电话的话费为人民币580649.38元。按深圳市电信局规定，320个被盗打并机的深圳用户和18部移动电话的开户入网费共计人民币1155960元。

深圳市中级人民法院认为：被告人田嘉玮、王国赐、唐伟、高静无视国家法律，窃取并非法复制他人移动电话号码338个，使当地邮电部门损失移动电话入网费人民币1155960元；然后用非法复制的移动电话机盗打国际声讯台电话，给移动电话合法用户造成话费损失人民币580649.38元，盗窃数额特别巨大，其行为触犯1979年《刑法》第152条和1997年《刑法》第265条、第264条的规定，均构成盗窃罪……依照《刑法》相关规定，判决如下：（1）被告人田嘉玮犯盗窃罪，判处有期徒刑十一年，剥夺政治权利三年；（2）被告人王国赐犯盗窃罪，判处有期徒刑十年，剥夺政治权利三年；（3）被告人唐伟犯盗窃罪，判处有期徒刑一年；（4）被告人高静犯盗窃罪，判处有期徒刑一年。

一审宣判后，被告人田嘉玮、王国赐、唐伟、高静均未上诉，判决已经发生法律效力。

【案例40】经审理查明：2005年3月至8月间，被告人程稚瀚多次通过互联网，经由西藏移动通信有限责任公司（以下简称西藏移动公司）计算机系统，非法侵入北京移动通信有限责任公司（以下简称北京移动公司）充值中心，采取将未充值数据库中已充值的充值卡数据修改后重新写入未充值数据库的手段，对已使用的充值卡进行非法充值后予以销售，非法获利人民币377.5万元。上述款项已被追缴。

北京市第二中级人民法院认为：被告人程稚瀚非法侵入北京移动公司充值中心，利用修改数据库中已充值的充值卡数据的手段，将已充值的充值卡重置为未充值状态，并将其编写的明文密码予以销售，使已不能充值的充值卡重新具有充值功能并被使用，该行为性质系对充值卡进行非法充值后予以使用。程稚瀚将销售密码获取的非法利益存入其专门开设的账户中，实现了非法占有的目的，其行为亦给北京移动公司造成了巨大损失。至于其作案动机和今后对非法所得的处置均不影响对其行为性质的认定。作为充值卡有效充值依据的充值卡明文密码，虽然在形式上表现为一串数字，但该串数字与对应的保存在北京移动公司充值中心未充值数据库中的密文密码共同代表了一定金额的电信服务，不论何人获得该密码，均可通过充值程序获得本应支付一定金额才能享受的电信服务，因此，该密码本身具有一定的经济价值，属于“财物”。充值卡的价值是由明文密码和北京移动公司充值中心未充值数据库中对应的数据确定，充值卡标明的金额是对明文密码所对应的未充值数据库中充值卡数据价值的标示。对客户而言，取得明文密码就取得了对应的未充值数据库中的充值卡的价值。因此，充值卡明文密码代表了充值卡标明金额的价值。依据程稚瀚的供述以及相关账户的查询、冻结材料，可以确定程稚瀚通过销售非法充值的充值卡获取的违法所得数额。根据本案已查明的事实，依据该数额确定其犯罪数额并无不当。被告人程稚瀚非法侵入北京移动公司充值中心，对已充值的充值卡进行非法充值后予以销售，他人获得充值卡密码通过充值程序充值后，获得了北京移动公司一定金额的电信服务，造成北京移动公司相应资费损失，程稚瀚销售非法充值的充值卡密码也获取了非法利益，其行为符合盗窃罪的犯罪构成。被告人程稚瀚以非法占有为目的，非法侵入北京移动公司充值中心，将已充值的充值卡进行非法充值后予以销售，已构成盗窃罪，盗窃数额特别巨大，依法应予惩处。鉴于被告人程稚瀚认罪态度较好，其非法所得已全部被追缴，未给北京移动公司造成实际损失，对其酌予以从轻处罚。依照《刑法》相关规定，作出如下判决：被告人程稚瀚犯盗窃罪，判处有期徒刑十二年，剥夺政治权利二年，并处罚金人民币5万元。

【案例41】经审理查明：2005年4月底，被告人程某某在工作中偶然发现重庆市移动通信有限公司的“神州行”智能卡经过特定操作后，不用充值即可拨打电话。后程某某将此情况告知了经营手机卡号的被告人曹某某和曹某（在逃）兄弟俩。同年6月至7月，曹某某、曹某大量收购“神州行”智能卡，并通过电话或发短消息让程某某对其经营的“神州行”智能卡进行操作，然后以打电话不付费为卖点高价出售牟利。被告人程某某明知此情况依然为曹某某、曹某提供的卡号进行了违规操作，并在事后收到曹某某、曹某感谢费1400元人民币（以下币种均为人民币）。至案发，经被告人程某某处理后不计话费的“神州行”智能卡号共计296个，造成电信资费损失共计2748596.09元。其中，被告人曹某某经手的卡号168个，造成电信资费损失共计1259819.19元。

重庆市第二中级人民法院认为：被告人程某某利用发卡人（即重庆移动通信公司）相关系统或网络，通过发现的电信计费系统漏洞，人为干扰发卡人合法计费系统的正常运作，对合法发行的电信卡卡内实有余额进行增加（不用充值即可拨打电话，应视为充值为无穷大），然后由被告人曹某某、曹某对此批移动卡进行倒卖，并造成移动通信公司电信资费的重大损失，此行为系将电信卡非法充值后使用的行为，已构成盗窃罪。依照《刑法》相关规定，判决如下：（1）被告人程某某犯盗窃罪，判处有期徒刑十三年，并处罚金人民币30000元；（2）被告人曹某某犯盗窃罪，判处有期徒刑十年，并处罚金人民币20000元。

【案例42】经审理查明：被告人张鹏、孙德锋于1999年5月在与朋友王欣、武威、蔡新俊等人的一次闲聊中起意非法免费使用“上海热线”网。嗣后被告人孙德锋于1999年5月教会张鹏从“雅虎”网站下载黑客软件，由张鹏乘机装入三井仓库株式会社上海代表处日本籍职员纲野英男的电脑中，盗取纲野英男的上网账号和密码供被告人及多名同学、朋友使用。2000年2月，三井仓库株式会社发现纲野英男的上网费用不正常，意识到账号、密码被盗用而修改了密码。被告人孙德锋再次教张鹏下载黑客软件，由被告人张鹏再盗取纲野英男新的账户密码，并供两名被告人及多名同学、朋友使用。从1999年5月至2000年5月除两名被告人本人盗用上网费8071元外，其将账号、密码告知同学、朋友，由同学、朋友盗用的上网费为3759元，其同学再转告他人，导致被害人损失的上网费为2515元。2000年6月8日，被害人向公安机关报案。同年6月26日，被告人孙德锋到案后协助公安机关抓获了被告人张鹏。

上海市黄浦区人民法院认为：被告人张鹏、孙德锋盗用他人上网账号和密码上网，造成他人电信资费损失数额较大，其行为均已构成盗窃罪。被告人孙德锋有立功表现，依法可从轻处罚。两名被告人均系初犯，到案后认罪态度较好，赃款已全部退还，可酌情从轻处罚。依照《刑法》相关规定，于2000年11月13日作出刑事判决如下：（1）被告人张鹏犯盗窃罪，判处拘役六个月，并处罚金人民币2000元；（2）被告人孙德锋犯盗窃罪，判处拘役五个月，并处罚金人民币2000元。

宣判后，两被告人没有提出上诉，人民检察院也未提出抗诉。

【案例43】经审理查明：2011年1月至2012年4月间，被告人黄某某盗用中国电信上网账号，私自为他人安装宽带，收取初始安装费及使用费，非法获利共计人民币19600元，造成中国电信资费损失共计人民币14000余元。(1) 2011年1月某日，被告人黄某某至某区大团镇邵村，私自为周某某家安装宽带，并先后收取人民币1400元、1200元，造成电信资费损失人民币2600余元。(2) 2011年2月某日，被告人黄某某至某区大团镇团新村二团，私自为胡某某家安装宽带，并收取人民币2000元，造成电信资费损失人民币2400余元。(3) 2011年4月某日，被告人黄某某至某区大团镇团新村二团，私自为石某家安装宽带，并收取人民币1000元，造成电信资费损失人民币2100余元。(4) 2011年5月某日，被告人黄某某至某区大团镇英墩路上海某皮塑包装有限公司，私自为其安装宽带，并先后收取孙某某人民币1200元、3000元、2500元，造成电信资费损失人民币3000余元。(5) 2011年6月某日，被告人黄某某至某区大团镇徐邵路上海某汽车配件有限公司，私自为其安装宽带，并收取陈某某人民币2500元，造成电信资费损失人民币2800余元。(6) 2011年10月某日，被告人黄某某至某区大团镇园艺二墩，私自为唐某某家安装宽带，并收取人民币2000元，造成电信资费损失人民币930余元。(7) 2012年2月，被告人黄某某至某区大团镇团新村严楼，私自为张某某家安装宽带，并收取人民币1500元，造成电信资费损失人民币200余元。(8) 2012年3月，被告人黄某某至某区大团镇赵桥村柴场，私自为雷某某家安装宽带，并收取人民币1300元，造成电信资费损失人民币300余元。2012年4月18日，被告人黄某某在接受调查时即如实供述了上述公安机关尚未掌握的犯罪事实。

法院认为：被告人黄某某以非法占有为目的，多次盗用公共信息网络上网账号、密码让他人使用，非法获利共计人民币19000余元，数额较大，已构成盗窃罪。被告人黄某某具有视为自动投案情形，并如实供述罪行，是自首，可以从轻处罚。依照《刑法》相关规定，判决如下：被告人黄某某犯盗窃罪，判处有期徒刑一年九个月，罚金人民币 4000 元。

【案例 44】经审理查明：被告人胥磊系四川省成都市瑞华信息技术有限公司的法定代表人，被告人陈雄章系该公司员工。2005 年 11 月以来，两被告人经预谋，利用原瑞华信息技术公司购入的 VOIP 网关、服务器等设备搭建盗打充值电话平台，由陈雄章在 VOIP 网关上设置好拨号规则、主叫号码等，通过互联网和服务器的多级传输，秘密对全国各地电信线路进行测试，发现可以通过固定电话直接拨打或者通过中国移动手机呼叫转移方式进入各地电信充值平台进行盗打，即由胥磊、陈雄章事先设置好模拟固定电话号码换号规律，并准备了 QQ 号码，然后由胥磊组织人员进行盗打，将盗打所获的 Q 币直接充值到其事先准备好的 QQ 号码内，充值后实际产生的话费就转嫁至被盗打地区的固定电话上。2006 年 1 至 2 月，胥磊、陈雄章雇佣学生通过上述方式对上海电信 16885×××腾讯充值平台进行盗打，共盗打充值电话价值人民币 718600 元。2006 年 3 月 22 日至 23 日，两被告人又雇佣学生通过上述方式对浙江丽水电信 16885×××腾讯充值平台进行盗打，共盗打充值电话价值人民币 155880 元。胥磊将充值 Q 币后的 QQ 号码以三折左右的价格通过互联网销售，共得赃款人民币 706811 元。

法院认为：被告人胥磊、陈雄章以非法占有为目的，利用高科技手段窃取电信资费，共计价值人民币 874480 元，并通过互联网销赃，数额特别巨大，其行为已构成盗窃罪。在共同犯罪中，被告人胥磊起主要作用，系主犯；被告人陈雄章起次要作用，系从犯，应当从轻处罚。依照《刑法》相关规定，判决如下：（1）被告人胥磊犯盗窃罪，判处有期徒刑十三年，并处罚金人民币 20 万元；（2）被告人陈雄章犯盗窃罪，判处有期徒刑十年，并处罚金人民币

15万元。

【案例45】经审理查明：被告人罗东标自2001年5月至2005年12月间在北京前景新纪元科技发展有限公司开发部工作期间，被派往中国网通有限公司北京分公司（原北京市电信公司）负责产品技术服务工作。在此期间，其利用工作之便，盗取了中国网通公司北京分公司的ADSL账号，并于2005年4月至2006年5月间，通过互联网发布信息后，以200元以上不等的价格，向王哲、韩天等人出售共计700余个，获利10余万元，造成中国网通有限公司北京分公司经济损失60万余元。后被抓获。现其退赔人民币98000元并已发还被害单位。

法院认为：被告人罗东标以非法占有为目的，采取秘密窃取的手段，盗窃公司财产且数额特别巨大的行为，侵犯了公司的财产权利，已构成盗窃罪，依法应予惩处。依照《刑法》相关规定，判决如下：被告人罗东标犯盗窃罪，判处有期徒刑十二年，剥夺政治权利二年，并处罚金人民币1.2万元。

【案例46】经审理查明：被告人刘磊自2006年3月至5月期间，在北京市石景山区×××三区14栋××××号其家中，通过用扫描软件扫描IP端口，发现存在漏洞的计算机，用从网上下载的木马软件控制存在漏洞的计算机后，再用下载的专门察看ADSL账号的软件，获取了被害人王佳霖在北京市西城区×××胡同10号楼15单元×××室号码为10000039××××的ADSL账号和密码，供自己及其女友上网使用，造成王佳霖电信资费损失共计人民币2281元，后被查获。

法院认为：被告人刘磊盗用他人公共信息网络上网账号、密码上网，造成他人电信资费损失数额较大的行为，侵犯了公民所有的财产权利，已构成盗窃罪，应依法予以惩处。鉴于被告人刘磊当庭认罪态度较好且能够退赔被害人的经济损失，具有一定的悔罪表现，可对其酌情从轻处罚并适用缓刑。依照《刑法》相关规定，判决如下：被告人刘磊犯盗窃罪，判处有期徒刑八个月，缓刑一年，并处罚金人民币1000元。

【案例47】经审理查明：被告人胡博分别伙同郑子良、高臣时、张涛、贾祺、高文军（在逃）于2006年1月至2006年5月期间，在中国网通（集团）有限公司北京分公司东单、西单、方庄和西坝河等营业厅，利用申请安装固定电话送ADSL账号之机，采取用光照射封存的ADSL账号密码的手段，窃取密码号，后将申请的电话和ADSL账号退回，之后把窃取的密码号销售，从中获利。被告人胡博用身份证办理ADSL账号48个，窃得密码号后出售他人，造成资费损失共计人民币11250元；被告人郑子良用身份证办理ADSL账号48个，窃得密码号后出售他人，造成资费损失共计人民币13110元；被告人高臣时用身份证办理ADSL账号41个，窃得密码号后出售他人，造成资费损失共计人民币11010元；被告人张涛用身份证办理ADSL账号密码20个，窃得密码号后出售他人，造成资费损失共计人民币4290元；被告人贾祺用身份证办理ADSL账号密码44个，窃得密码号后出售他人，造成资费损失共计人民币6300元；高文军用身份证办理ADSL账号66个，窃得密码号后出售他人，造成资费损失共计人民币11340元；以及用邵希文身份证办理ADSL账号18个，窃得密码后出售给他人，造成资费损失共计人民币5842.22元；用韩露洁身份证办理ADSL账号19个，出售他人造成资费损失共计人民币5660.17元。被告人后被查获。

法院认为：被告人胡博、郑子良、高臣时、张涛、贾祺以非法占有为目的，秘密窃取公司财物的行为，侵犯了公司财产所有权，扰乱了社会治安，均已构成盗窃罪，且被告人胡博、郑子良、高臣时盗窃数额巨大，被告人张涛、贾祺盗窃数额较大，依法均应予惩处。鉴于被告人高臣时在得知公安机关查找自己时，主动投案，应视为自首，且认罪态度较好，亲属代其退赔部分经济损失，依法可减轻处罚。鉴于被告人贾祺被查获后，能协助司法机关抓捕同案犯，具有立功表现，且认罪态度较好，亲属代其退赔部分经济损失，具有悔罪表现，可从轻处罚并适用缓刑。鉴于被告人胡博、郑子良、张涛认罪态度较好，其亲属代其退赔部分经济损失，故均可酌情从轻处罚。依照《刑法》相关规定，判决如下：（1）被告人胡博犯盗窃罪，判处有期徒刑六年，并处罚金人民币6000元……

【案例48】经审理查明：被告人郭玉敏身为辉县市金城量贩有限责任公司采购部文员，于2008年7月份的一天，利用到该公司资讯部打印采购单的工作便利，趁无人之机，将自己事先已准备好的5张作废的金城量贩购物卡重新充值5000元。2008年8月7日，被告人郭玉敏采取同样的手段将16张已作废的金城量贩购物卡重新充值16000元。后将该21000元的购物卡分两次以15750元的价格卖给王某某。

法院认为：被告人郭玉敏以非法占有为目的，采取秘密手段窃取公司财物，数额巨大，其行为已构成盗窃罪。鉴于被告人郭玉敏在本院审理期间认罪态度较好，并积极赔偿了被害单位的损失，得到被害单位的谅解，且有立功表现，并具有悔罪表现，可从轻处罚，适用缓刑。依照《刑法》相关规定，判决如下：被告人郭玉敏犯盗窃罪，判处有期徒刑三年，缓刑四年，并处罚金人民币3万元。

【案例49】经审理查明：被告人童文媛、陈磊、吴琳于2006年2月16日至2007年2月6日间，趁上海移动公司推出“积分随心换”活动，并规定每5000积分可以兑换成100点联华OK积点的机会，利用其在上海移动公司客户服务中心投诉处理部接受和处理客户投诉的工作便利，自行或委托本案其他被告人盗用班长或其他有积分调整权限的同事的工号和密码，进入本单位局域网的BOSS积分调整系统，为各自亲友的手机账户内虚增积分，并指使或诱骗这些亲友持身份证，到上海移动公司的营业网点，办理积分兑换手续，以5000积分兑换100积点（价值人民币100元）的方式，领取与相关手机账户对应的联华OK卡一张。嗣后，又持续往相关手机账户内虚增积分，由自己在单位、家中或指使他人用电脑登录互联网，进入上海移动公司的网上营业厅，不断地将虚增的积分自助兑换成联华OK卡积点，肆意持卡消费挥霍。其中：（1）被告人童文媛于2006年2月16日至12月14日，先后采用上述手法为其男友的父亲王某某、男友王某、朋友何某某的137××××××××、139××××××××、136××××××××和自购的137××××××××的手机号码账户内虚增积分计1493.55万分，并分别指使王某、何某某持自己或相关人员的身份证为前3个手机号码办理了3张卡号为00802××××、00802××××、00810××××的联华OK卡，诱骗朋友阮某出借身份证，通过实名登记为其自购的上述137××××××××手机号码，办理了一张卡号为00935××××的联华OK卡。而后又分别经登录网上营业厅，将虚增的积分兑换成联华OK积点分，分别充值于4张联华OK卡内，总计价值人民币29.4万元。自2006年2月19日起至2007年2月4日止，被告人童文媛持上述4张卡消费，或出借给他人使用，共消费挥霍计人民币286250.50元。直至案发，上述4张卡内尚有资金余额7749.50元。（2）被告人陈磊于2006年7月27日至12月24日，先后采用上述手法为其母亲陆某某、其母亲的男友刘某某及其表弟陆某的139××××××××、139××××××××、139××××××××的手机号码账户内虚增积分计602.5万分，并分别指使刘某某、陆某持自己和相关人员的身份证为上述手机号码办理了3张卡号为00812××××、00812××××、00812××××的联华OK卡。而后又分别经登录网上营业厅，将虚增的积分兑换成联华OK积点分，分别充值于3张联华OK卡内，总计价值人民币12.04万元。自2006年7月28日起至2007年1月31日止，被告人陈磊持上述3张卡消费，或出借给他人使用，共消费挥霍计人民币118375.39元。直至案发，上述3张卡内尚有资金余额2024.61元。(3) 被告人吴琳于2006年2月21日至12月26日，先后采用上述手法为弟媳黄某某、小叔子方某某和丈夫的朋友李某某的138××××××××、136××××××××、139××××××××的手机号码账户内虚增积分计516万分，并指使其弟吴某、其婆母孙某某、李某某持自己和相关人员的身份证为上述手机号码分别办理了3张卡号为00803××××、00806××××、00935××××的联华OK卡。而后又分别经登录网上营业厅，将虚增的积分兑换成联华OK积点分，分别充值于3张联华OK卡内，总计价值人民币10.06万元。自2006年3月19日起至2007年2月6日止，被告人吴琳持上述3张卡消费，或出借给他人使用，共消费挥霍计人民币84998.74元。直至案发，上述3张卡内尚有资金余额15601.26元。

法院认为：被告人童文媛、陈磊和吴琳以非法占有为目的，利用其在上海移动公司客户服务中心投诉处理部接受和处理客户投诉的工作便利，盗用他人的工号和密码，进入本单位局域网的BOSS积分调整系统，为各自亲友的手机账户内虚增积分，把本该按正常消费途径才能获取的积分据为己有，并通过积分兑换的形式转化为可以直接使用消费的积点存入联华OK卡中，符合秘密窃取的特点，其中被告人童文媛、陈磊窃取的数额特别巨大，被告人吴琳窃取的数额巨大，其行为均构成盗窃罪。依照《刑法》第264条、第64条之规定，判决如下：(1) 被告人童文媛犯盗窃罪，判处有期徒刑十一年六个月，并处罚金人民币3万元；(2) 被告人陈磊犯盗窃罪，判处有期徒刑十年，并处罚金人民币1.5万元；(3) 被告人吴琳犯盗窃罪，判处有期徒刑五年，并处罚金人民币1万元。

【案例50】经审理查明：被告人刘某系上海苏宁电器有限公司（以下简称“苏宁公司”）员工，被告人谭某某系该公司夏普手机促销员，均非该公司内部员工。2010年7月中旬，刘某、谭某某经事先商量，由谭某某从该公司内部电脑网络上盗取该公司浦东新区张扬北路店店长、徐家汇肇嘉浜路店店长等名下的会员卡卡号，后由刘某在该网络上将上述会员卡相关人员的手机号码调换成谭某某的手机号码。同年7月25日，刘某、谭某某分别在各自住处使用电脑登陆苏宁易购网，采用修改会员卡密码并盗用的方法，以上述会员卡内积分换购苏宁公司价值人民币（以下币种均为“人民币”）1699元的诺基亚E71型手机、价值556元的诺基亚2700C型手机、价值2990元的诺基亚N86型手机各1部。上述3部手机苏宁公司已送货。刘某、谭某某换购的价值2463元的诺基亚E72i型手机、价值285元的诺基亚1680C型手机、价值1539元的诺基亚E66型手机、价值2990元的诺基亚N86型手机各1部以及合计价值6084元的诺基亚N97mini型手机2部，因被苏宁公司发现而未送货。同年7月26日，谭某某被抓获后协助公安机关抓获了被告人刘某。案发后，刘某通过其家属退出了全部赃款。

法院认为：原审被告人刘某、谭某某以非法占有为目的，共同秘密窃取公司财物，数额较大，其行为均已构成盗窃罪。刘某、谭某某在实施部分犯罪过程中因意志以外的原因而未得逞，系犯罪未遂，依法可以比照既遂犯从轻处罚。谭某某有立功表现，依法从轻处罚。依照《刑法》相关规定，以盗窃罪分别判处刘某、谭某某各有期徒刑一年五个月，并处罚金人民币3000元。

【案例51】经审理查明：2001年8月至2002年1月，被告人钱炳良在华泰证券江阴营业部（以下简称华泰营业部）交易大厅，通过偷窥和推测的方法先后获得在该营业部开户的殷阿祥、蒋汝初、叶梅英等16人的股票账户账号及交易密码后，利用电话或在证券公司的交易大厅内进行电脑操作等委托方式，在殷阿祥、蒋汝初、叶梅英等16人的股票账户上高买低卖某一股票，同时通过自己在华泰营业部及国信证券江阴营业部（以下简称国信营业部）开设的股票账户上低买高卖同一股票，从中获利，共给被害人造成37.1万余元的经济损失，钱炳良共获取非法利润14.3

万余元。案发后，钱炳良退出人民币23万余元，已发还各被害人。

无锡市中级人民法院认为：被告人钱炳良以非法占有为目的，秘密窃取他人财产，数额特别巨大，其行为已构成盗窃罪。……关于钱炳良的行为是构成操纵证券交易价格罪还是盗窃罪的问题，经查，操纵证券交易价格罪，是指以获取不正当利益或者转嫁风险为目的，利用资金优势、持股优势、信息优势制造市场假象，诱导投资者作出违背其本来意愿的决定，扰乱证券市场秩序、情节严重的行为，而钱炳良以非法占有为目的、盗用他人账号和交易密码，采用在被害人账户上高买低卖某一股票，同时在自己的账户上低买高卖同一股票的方法改变财产的持有状态，将他人财产据为己有，钱炳良的主观故意和行为不符合操纵证券交易价格罪的构成要件，应当构成盗窃罪。根据《刑法》第264条、第56条的规定，于2003年6月20日判决如下：被告人钱炳良犯盗窃罪，判处有期徒刑十年，剥夺政治权利二年，并处罚金人民币3万元。

【案例52】经审理查明：1994年9月，被告人孔庆涛代表其所在的海南立达教育股份有限公司在华夏证券有限公司海口营业部大户室炒股票。期间，海口市建设银行信托投资公司亦在该大户室内进行股票交易操作，孔庆涛便在旁观看，并暗暗记下该信托投资公司操作的股票账户号码和密码。之后，孔庆涛用此账户号码和密码通过电话向华夏证券公司查询，得知海口市建设银行信托投资公司在华夏证券公司的股票账户上有剩余资金人民币300余万元。1994年11月6日，被告人孔庆涛分别对其朋友周劲、宋健讲，“我提供信息给你们炒股，赚钱对半分”。周、宋二人表示同意。同月8日，孔庆涛示意周劲、宋健买人股票“渝钛白”后高价卖出。当天下午，周劲即在自己的股东账户内以每股人民币3.53元的即时价格买进“渝钛白”4500股；宋健也用陈国海的股东账户以每股人民币3.50元的即时价格买进“渝钛白”10000股。次日上午8时许，孔庆涛指使周劲、宋健将所买的“渝钛白”股票以人民币5至6元的委托价格卖出。之后，周劲打电话给南方证券公司委托将自己账户中的“渝钛白”股票卖出，其中一笔2500股以每股人民币5.43元的委托价格卖出，另一笔2000股以每股人民币6.50元的委托价格卖出。宋健也委托富南证券公司将陈国海账户内的“渝钛白”股票卖出，其中一笔5000股以每股人民币5元的委托价格卖出，另一笔5000股以每股人民币5.40元的委托价格卖出。10时许，孔庆涛在海口市大同一横路七号用公用电话拨打华夏证券公司的股票交易委托电话，用窃取的海口市建设银行信托投资公司的股票账户和密码，委托指令以每股6.80元的价格买入“渝钛白”股票20万股，当日，实际成交金额人民币1172617元。孔庆涛的上述行为使海口市建设银行信托投资公司损失人民币45万元。由于被告人孔庆涛委托高价买进，使周劲、宋健所委托卖出14500股的“渝钛白”股票得以高价成交，共赚得差价人民币29717.71元。事后，孔庆涛从周劲处分得赃款4000元，从宋健处共分得赃款8400元。

海口市振东区人民法院认为：被告人孔庆涛以非法占有为目的，秘密窃取受害单位的股票账户号码和交易密码，在受害单位毫不知情的情况下，盗用该单位名义和账上资金，高价买入包括其朋友在内的股票，从中牟利，且非法占有的财物数额巨大，其行为已构成盗窃罪。被告人孔庆涛的行为已给受害单位造成了45万元的巨额损失，故应酌情从重处罚。依照《刑法》相关规定，于1997年11月5日判决如下：被告人孔庆涛犯盗窃罪，判处有期徒刑七年，罚金人民币8500元。

【案例53①】经审理查明：2005年5月至2007年7月期间，被告人贺某利用掌握的计算机知识以及维护计算机

① 参见周辉斌：《移动电话靓号应成为盗窃罪的犯罪对象——全国首例靓号黑客案的物权法解读》，载《时代法学》2010年第1期。

的机会，非法进入某移动分公司业务管理BOSS系统，冒用该公司职工的工号变更客户资料，将用户名“某移动通信分公司”的34个移动特殊电话号码（“靓号”）非法修改至买受人名下，并通过QQ聊天等方式将其中32个号码对外兜售，与买家联系确定需要购买的移动号码后，即将买家的个人信息填入某移动分公司业务管理BOSS系统中所选号码的信息栏内，买家即可凭本人身份证到某移动分公司的营业厅办理手段后占有该号码，总计非法获利23.23万元，其中14.62万元属于移动公司系统赠送的话费。至案发时止，已经实际消费话费共计36453.74元。

一审法院认为：移动电话“靓号”可以成为盗窃罪的对象，被告人的行为构成盗窃罪。法院判处被告人贺某有期徒刑十一年，剥夺政治权利一年，并处罚金3万元；

一审宣判后，被告人贺某不服，提起上诉。

二审法院认为：移动电话号码是电子代码，本身不具有法律意义上的物的价值，不能成为盗窃罪的对象。贺某盗取的是某移动分公司的话费资费，应按案发时该公司的实际资费损失认定盗窃数额，改判被告人贺某有期徒刑五年，并处罚金3万元。

【案例54①】2004年6月，被告人胡某在网易上申请了一个个人主页，将“密码解霸”程序链接在上面。同年8月，胡某利用该程序在互联网上窃取了某公司员工曹某在工商银行开设的银行账户和对应的牡丹灵通卡号及密码，并多次在互联网上窥视其情况。12月，胡某再次侵入工商网上银行系统，从曹某账户上盗转2万元到其预先开设的账户上。胡某尚未取出存款，即被抓获。此案被告人胡某构成盗窃罪。

① 参见张明楷：《罪刑法定与刑法解释》，北京大学出版社2009年版，第195页。只是因存款人与银行就“存款”的法律关系（所有权关系还是债权债务关系）的理解不同，会影响既遂未遂的认定。

【案例55[①]】经审理查明：被告人詹某东、詹某京与刘某江（另案处理）伪造证件骗取深圳市某公司的进出口许可证企业电子钥匙后，在互联网上将该公司的编织品出口配额偷出，卖给24家企业，获得赃款60余万元。经鉴定，涉案的出口配额价值为105万元。

广东省深圳市中级人民法院以盗窃罪分别判处两被告人有期徒刑五年和三年，各并处罚金2万元。

【案例56[②]】2007年8月的某日中午，被告人王某趁某有限责任公司办公室无人之机窃得由该公司负责人保管的应收货款欠条一张。10月，王某主动辞职离开了该公司。2008年春节前，王某持上述欠条到债务单位，声称自己是公司职工，受公司负责人的委托前来收货款，然后以结算货款的名义收取债务单位支付的货款三万元并占为己有。

【案例57】经审理查明：2008年5月，衡东县环境保护局办公室主任曹伟收到衡东县建行寄来的本单位职工陈利敏的建设银行公务员消费卡，陈利敏当时在长沙学习，卡由曹伟保管。同年5月29日，被告人刘建伟问曹伟自己的公务员消费卡是否办好，曹伟讲忘记交申请表了，要刘建伟去他办公室拿张表填写，并把办公室钥匙交给刘建伟。刘建伟进入曹伟办公室后，从办公桌的抽屉拿出信封装好的陈利敏的消费卡，出来后将钥匙交给曹伟，未将拿卡的

---

① 此案在审理过程中存在三种意见：其一认为，依据现有法律无法认定被盗配额具有财产属性，该行为不构成犯罪；其二认为，出口配额是在特定领域流通的公私财物，其价格是由买卖时的市场供求关系决定的。被告人秘密窃取他人纺织品配额，数额特别巨大，构成盗窃罪；其三认为，被告人虚拟身份，隐瞒事实真相，采用欺骗手段获取财物，构成诈骗罪。参见广东省高级人民法院审判委员会主编：《典型案例分析》2008年12月（总第2期）。

② 此案审理过程中存在不同意见：其一认为，王某的行为不构成犯罪，属于民事侵权行为；其二认为，被告人王某秘密窃取具有财物属性的欠条，并凭欠条到债务人处收取货款占为己有，已构成盗窃罪；其三认为，被告人王某隐瞒自己已不是该公司职工的事实，持窃取的公司应收货款的欠条，虚构自己系代公司结算货款的事实，收取债务人欠款并占为己有，构成诈骗罪。参见张传军：《窃取欠条收取欠款的行为该定何罪》，载《中国审判》2008年第10期。

事告诉曹伟。被告人刘建伟拿到卡后，又到陈利敏的办公室看了陈利敏工作证上的身份证号码，再通过电话设定消费卡的密码。随后，被告人刘建伟带着卡去衡阳找朋友套现未成。返回衡东后，通过同事文晓艳联系到嘉汇超市门前的丽云金店，由刘建伟输密码，签上陈利敏的名字虚假消费，套取现金20000元，被告人刘建伟实得现金19800元。案发后，被告人刘建伟退赃款20000元，并于2010年2月3日向衡东县公安局洣水派出所投案。另查明：被害人陈利敏于2006年12月17日向被告人刘建伟借款18200元。被告人刘建伟在衡东县人民法院2010年3月18日宣判后办理了取保候审手续，在取保候审期间未经批准外出，2011年6月30日归案。衡阳市石鼓区公安局人民路派出所为被告人的到案经过出具了证明材料，证实被告人系投案自首。

法院认为：被告人刘建伟以非法占有为目的，采用秘密手段窃取他人信用卡并使用，数额巨大，其行为已构成盗窃罪。被告人在犯罪后，主动到公安机关投案，并如实供述自己的罪行，是自首。虽然被告人在宣判后取保候审期间违反规定外出，但其主观上没有逃避法律惩罚的意愿，因此其自首应予认定，依法可以从轻或减轻处罚。且被告人认罪态度好，积极退赃，并取得被害人谅解。并有悔罪表现，对其可免予处罚。依照刑事法相关规定，判决如下：被告人刘建伟犯盗窃罪，免予刑事处罚。

上述案例中，多数被告人以盗窃罪被处罚，但是实践中，有的个案未作盗窃罪处理，例如，“曾某破坏计算机信息系统案”（案例58）。

【案例58[①]】 经审理查明：被告人曾某等人于2006年12月至2007年7月，盗取了中国电信股份有限公司重庆分

① 该案办理过程中，检察机关认为，被告人曾某等人的行为构成盗窃罪。参见朱闯、夏冰：《互联网带宽和流量不宜作为盗窃罪的犯罪对象》，载《人民司法》2011年第18期。

公司机房工作人员的用户名和密码后，秘密进入重庆电信分公司数据库，并对数据进行修改，对使用电信公司宽带的用户网络进行非法开通和提速，从而私自为多家网吧进行非法提速，收取非法提速费后由三被告人进行分赃。其中被告人曾某为37家网吧非法提速，造成重庆电信公司共计123万余元的提速费未收到账。

重庆市渝中区法院以破坏计算机信息系统罪，判处被告人曾某有期徒刑三年，缓刑四年。

4. 虚拟物品。何谓“虚拟财产”，学界存在分歧：有学者认为，其是指“虚拟的网络本身以及存在于网络上的具有财产性的电磁记录，是一种能够用现有的度量标准度量其价值的数字化的新型财产”。[①] 有学者认为，其是指网络游戏中的财产，即指以网络游戏为基础，在网络游戏空间环境中，由网络游戏控制的ID账号项下记载的该ID通过各种方式所拥有的“宝物”“宠物”“武器”“级别”“段位”等保存在服务器上的，由玩家随时调用、创建或者加入游戏中的数据资料和参数。[②] 多数观点认为，虚拟财产应受法律保护，[③] 但也有少数观点认为，网络虚拟财产是虚无的，在现实生活中不存在，不能算作法律意义上的财产。[④] 总的来说，笔者认为宜从以下方面来把握虚拟财产的特性：一是客观现实性，虚拟财产作为一种电磁记录，其载体是客观存在的，并且虚拟财产与现实社会具有客观的联系，其在现实世界中能够找到对价，能够实现虚拟世界与现实世界之间的自由转换；二是价值性，虚拟财产有玩家的时间、智力、资金等形式的投入，同样凝结着人类无差别的劳动，与现实生活中的物一样，具有使用价值和交换价值；三是可支配性，虚拟财产必须借助于一定的载体存在，玩家使用电脑网络，利用其自行设定的

① 参见杨立新、王中合：《论网络虚拟财产的物权属性及其基本规则》，载《国家检察官学院学报》2004年第6期。

② 参见于志刚主编：《网络空间中虚拟财产的刑法保护》，中国人民公安大学出版社2009年版，第23页。

③ 参见杨立新、王中合：《论网络虚拟财产的物权属性及其基本规则》，载《国家检察官学院学报》2004年第6期。

④ 参见侯国云：《论网络虚拟财产刑事保护的不当性——让虚拟财产永远待在虚拟世界》，载《中国人民公安大学学报（社会科学版）》2008年第3期。

ID号和密码对虚拟财产实施占有和使用；四是可流通性，游戏装备、游戏币能够在网络交易平台中使用现实的金钱进行转让、交易。实践个案中对盗窃虚拟财产的定性也存在分歧，① 具体包括：

一是按侵犯通信自由罪处理。

【案例59②】经审理查明：深圳市腾讯计算机系统有限公司成立于1998年11月11日。1999年2月，该公司推出即时通信软件——腾讯QQ软件。腾讯QQ软件能够为注册用户提供文字语音通讯、传送文件、视音频交流、电子邮箱、网络硬盘、网络游戏等功能。用户向腾讯公司提出申请，在接受由腾讯公司拟定的有关协议后，由腾讯公司向用户派发QQ号，并由用户自设密码，用户凭QQ号获得本人对QQ软件的使用权。依据该协议，腾讯QQ号的使用权仅属于初始申请注册人，并禁止转让、继受、售卖；用户若有违反协议或长期不使用QQ号码，腾讯公司有权无条件将号码回收。被告人曾智峰于2004年5月31日受聘入职腾讯公司，后被安排到公司安全中心负责系统监控工作。2005年3月初，被告人曾智峰通过购买QQ号在淘宝网上与被告人杨医男互相认识，二被告人遂合谋通过窃取他人QQ号出售获利。2005年3月至7月间，由被告人杨医男将随机选定的他人的QQ号（主要为5、6位数的号码）通过互联网发给被告人曾智峰。被告人曾智峰本人并无查询QQ用户密码保护资料的权限，便私下破解了腾讯公司离职员工柳某使用过但尚未注销的“ioioliu”账号的密码（该账号拥有查看QQ用户原始注册信息，包括证件号码、邮箱等信息的权限）。被告人曾智峰利用该账号进入本公司的计算

① 需指出的是，公安部十一局2002年9月16日《关于对〈关于如何处罚盗用他人网上游戏账号等行为的请示〉的答复》指出，“一、行为人直接或者间接盗用他人网上游戏账号以及利用黑客或者其他手段盗用游戏玩家在网络游戏中获得的‘游戏工具’等，属未经允许，使用计算机信息网络资源的行为，违反了《计算机网络国际互联网安全保护管理办法》第6条第1项之规定，可在查明事实的基础上，根据《办法》第20条进行处罚……”

② 此为全国第一起盗卖QQ号案件，深圳市南山区人民检察院以盗窃罪提起公诉。

机后台系统，根据被告人杨医男提供的QQ号查询该号码的密码保护资料，即证件号码和邮箱，然后将查询到的资料发回给被告人杨医男，由被告人杨医男将QQ号密码保护问题答案破解，并将QQ号的原密码更改后将QQ号出售给他人，造成QQ用户无法使用原注册的QQ号。经查，二被告人共计修改密码并卖出QQ号约130个，获利61650元，其中，被告人曾智峰分得39100元，被告人杨医男分得22550元。

法院认为：被告人曾智峰、杨医男采用篡改他人电子数据资料的方法，侵犯公民通信自由，情节严重，其行为构成侵犯通信自由罪，且系共同犯罪。在共同犯罪中，二被告人通过内外勾结实施犯罪行为，各有分工，作用相当，故不区分主从犯。二被告人销赃获利6万余元的行为虽不足以构成盗窃罪，但作为侵犯通信自由罪的量刑情节进行评价，并属违法所得，依法应予追缴。二被告人在庭审中均承认自己的行为错误，有一定的悔过表现，本院量刑时亦酌情考虑。依照刑事法相关规定，判决如下：（1）被告人曾智峰犯侵犯通信自由罪，判处拘役六个月；（2）被告人杨医男犯侵犯通信自由罪，判处拘役六个月。

【案例60】经审理查明：自2005年11月份开始，被告人金科与同案人衣文强（另案处理）先后在辽宁省海城市成立了三个工作室，雇用多人为其从事窃取他人QQ号码的工作。其中，被告人常庆宇、王振负责位于辽宁省海城市环城西路77号4单元55号房的工作室，成员有被告人石琳琳等人；被告人韩侨负责位于辽宁省海城市钢铁街379号的工作室，成员有李金容（已释放）等人；汪鑫（另案处理）负责位于辽宁省海城市钢铁街355号的工作室，成员有被告人梁佳旭、侯宗伦、高亮等人。被告人金科、同案人衣文强向各工作室提供“挖掘鸡（机）”“明（名）小子”“大马”“小马”“木马”等软件程序，教授上述各工作室人员以“挖掘鸡（机）”和“明（名）小子”等软件进行网站扫描发掘漏洞，并且上传保存为TXT文本格式的

"小马""大马"等asp后门程序以控制被其入侵的网站服务器；再利用其上传的"小马"和"大马"等asp后门程序修改被黑网站的首页，插入类似语句使被黑网站的首页链接到被告人金科、同案人衣文强所有的服务器上的漏洞利用程序的页面；当用户访问被黑网站的首页时，会执行被插入的Q币。被告人金科、同案人衣文强以盗取1个QQ号5厘钱的标准计算，发放各工作室人员的工资。被告人朱金莲参与了工资核算和发放工作。被告人常庆宇、王振、韩侨等受衣文强和被告人金科安排，既参与攻击网站，又督促工作室人员工作。其间，被告人常庆宇、王振、石琳琳、韩侨、侯宗伦、梁佳旭、高亮分别领取工资人民币4000元、5000元、420元、7000元、3600元、4400元、3300元。被告人金科等在完成上述盗取QQ账号和密码的行为后，由衣文强负责把盗取的QQ账号和密码销售给被告人于洪斌，被告人于洪斌先后支付给衣文强6万余元人民币。被告人于洪斌在其经营的位于吉林省长春市卫星路的鸿达网吧内，以每人每天40元人民币的工资标准，组织被告人王显国等人对上述被盗QQ账号进行密码验证、清除原有信息，并将这些QQ账号里携带的Q币集中到被告人于洪斌指定的QQ账号里，然后由被告人于洪斌将这些被盗Q币转卖给他人。

深圳市南山区人民法院经审理认为：罪刑法定原则是我国《刑法》的一项基本原则。依照法律规定，盗窃罪的犯罪对象是"公私财物"，但在我国《刑法》第九十一条、第九十二条及最高人民法院《关于审理盗窃案件具体应用法律若干问题的解释》对公私财产的含义及其种类所作界定中，均未将QQ号码、Q币等纳入刑法保护的财产之列。因此，QQ号码和Q币不属于刑法意义上的财产保护对象。公诉机关对被告人金科等人提出盗窃罪的指控，但指控罪名所涉犯罪对象与法律规定不符。同时，公诉机关所提供的粤安计司鉴第（2006）022号鉴定报告和深圳市公安局网络监察支队出具的情况说明仅证实2005年11月1日至2006年5月31日在鞍山地区登陆的QQ号码在长春地区的消费共计13281.55个Q币，使用地点是被告人金科等人的工作室及于洪斌所经营的网吧，但该证据既不能证实被告人金科等人所窃QQ号码中Q币的具体数量，亦不能证实这批Q币全部系被告人金科等人窃取并由被告人于洪斌收购后出售，公诉机关以此来计算本案各失主因Q币丢失所导致的经济损失缺乏依据。故公诉机关以被告人金科、朱金莲、王振、常庆宇、石琳琳、韩侨、侯宗伦、高亮、梁佳旭等窃取他人QQ号码和Q币的事实指控上述被告人犯盗窃罪，以被告人于洪斌、王显国收购上述被窃QQ号码，搜集其中的Q币出售的事实指控该二被告人犯销售赃物罪，法律依据及相关损失计算依据均不充分。被告人金科的辩护人辩称Q币不具备财产特征，不属于公私财物的辩护理由成立，本院对此予以采纳。腾讯QQ是由深圳市腾讯计算机系统有限公司开发的一款基于Internet的即时通信(IM)软件，网民可以使用QQ与他人进行信息即时发送和接收，在技术上可以更加快捷、直接地实现传统信件的通信功能。Q币是用于计算机用户使用腾讯网站各种增值服务的种类、数量或时间等的一种统计代码。Q币必须依附于腾讯网站中各用户的QQ号码使用，不能用于腾讯网站增值服务以外的任何商品或服务。随着互联网的日益普及，QQ因其在通信功能上所具备的方便快捷的技术特征，被越来越多的用户所接受，已成为目前国内流行的网络通信方式。全国人民代表大会常务委员会于2000年12月28日通过的《关于维护互联网安全的决定》第4条第(2)项规定:“非法截获、篡改、删除他人电子邮件或者其他数据资料，侵犯公民通信自由和通信秘密的，依照刑法有关规定追究刑事责任。”因此，通过QQ进行及时通信是受到法律保护的。被告人金科、朱金莲、王振、常庆宇、石琳琳、韩侨、侯宗伦、高亮、梁佳旭等采用非法技术手段，在明知QQ号码权属性质的情况下，仍然实施了窃取他人QQ号码的行为，使原注册的QQ用户无法使用本人的QQ号码与他人联系；被告人于洪斌明知衣文强所出售的QQ号码是被告人金科等采取非法手段从互联网中窃取而仍出资收购，被告人王显国受被告人于洪斌的指使，采取技术手段将这些QQ号码中的Q币进行收集，上述被告人的行为共同造成侵犯公民通信自由和通信秘密的后果，情节严重，其行为均已构成侵犯通信自由罪，且系共同犯罪。公诉机关指控的犯罪事实清楚，证据确实充分，但指控罪名不当，应予以纠正。被告人金科、朱金莲的辩护人认为二被告人涉嫌罪名应认定为侵犯通信自由罪，理由成立，本院对此予以采纳。在共同犯罪过程中，被告人金科负责窃取他人QQ号码这一过程的组织策划、提供犯罪工具、人员的招募及工资的分发，起组织策划作用；被告人于洪斌在收购QQ号码、收集Q币并在出售阶段负责销售、提供犯罪工具、人员的招募及工资的分发，起主要作用；上述二被告人均系主犯，其他被告人均属从犯。被告人侯宗伦犯罪时未满18周岁，系未成年人，依法予以从轻处罚。依照《刑法》相关规定，判决如下：(1) 被告人金科犯侵犯通信自由罪，判处有期徒刑一年……

二是按破坏计算机信息系统罪处理。

【案例61①】经审理查明：2004年12月，被告人祈某编制了一个截取“传奇”网络游戏用户账号、密码的特洛伊木马程序，并将该程序发送给被告人陈某等人，陈某为窃取“传奇”网络游戏用户的虚拟装备进而谋取非法利益，雇用了被告人曾某非法侵入金华市公安局网吧管理系统的网站，将木马程序加入其中，严重影响了各网吧内计算机的正常运行，致使大量在网吧内上网的“传奇”网络游戏用户账号、密码被截取，陈某利用截取的账号、密码大量盗取“传奇”网络游戏用户的虚拟装备，并通过网站交易牟利，所盗网络游戏账号达十几万个，涉案金额近百万元。

浙江省金华市婺城区人民法院认为：被告人陈某、曾

① 参见《三名黑客盗窃传奇装备被控破坏计算机信息系统罪》，载《新华网》2005年7月26日。

某、祈某违反国家法律，对计算机信息系统中处理的应有程序进行增加操作，后果严重，其行为构成破坏计算机信息系统罪，分别判处有期徒刑一年六个月（缓刑二年）、一年和十个月。

三是按非法获取计算机信息系统数据罪处理。

【案例62①】 经审理查明：2009年11月谢某等人从他人处购得一系列针对相关网络游戏的盗号木马程序，挂在相关网页上，非法获取点击网页的网游用户的游戏账号和密码，并用非法获取的游戏账号和密码进入他人游戏，将他人的游戏装备、游戏币等账号内的虚拟物品进行出售牟利。2011年1月6日公安人员从同伙使用的电脑中搜查到非法获取网络游戏用户的账号和密码共计8992组。

江苏省南京市下关区人民法院2011年12月16日以非法获取计算机信息系统数据罪判处被告人谢某等7人有期徒刑一至四年不等，并处罚金。

四是（多数）按盗窃罪处理。

【案例63】 经审理查明：2004年8月至10月期间，被告人颜某在广州网易互动娱乐有限公司组织的“大话西游II”网络游戏两周年庆典活动上，利用其担任工作人员的便利，盗取被害人梁某、程某、金某等参加庆典活动的游戏玩家的个人资料，伪造被害人的身份证和截取被害人的网易通行证号，然后以被害人网络游戏账号的安全码被盗或者丢失为由，骗取网易公司向其发出新的安全码，之后再用该安全码登录“大话西游II”网络游戏，先后盗得被害人梁某等三人的游戏装备一批，后又倒卖给王某、张某等人，非法获利人民币3750元。经网易公司估算，被盗装备价值虚拟货币69070万大话币，折合人民币4605元。

---

① 参见赵兴武等：《司法解释施行后全国首例网络游戏盗号案宣判》，载《人民法院报》2011年12月22日。

广州市天河区人民法院认为：网络游戏中的虚拟财产具有价值，属于私人财产，虽然现有评估机制、方法存在缺陷，无法由法定估价部门对虚拟财产进行估价，但只要游戏开发商、运营商能出具客观有效的价值证明，并且相关计算方法、公式和其他玩家的交易记录相印证，虚拟财产的价值可以认定。被告人颜某的行为构成盗窃罪。依照《刑法》相关规定，判决如下：被告人颜某犯盗窃罪，判处罚金5000元。

【案例64①】经公开审理查明：2006年4月11日，被告人周玮通过互联网QQ即时聊天工具，使用原系北京某科技有限公司上海分公司销售人员焦书亮使用的QQ号，向该QQ号好友列表里的网友发送木马程序，此木马程序表现为名为“晶合在线卡最新价格表.Exe”的文件。经销游戏点卡的无锡市志鹏电脑软件经营部（以下简称志鹏经营部）的工作人员陈红华在收到该文件后，以为是客户焦书亮与其联络销售事宜，就把该文件保存在公司的计算机中，由此中了木马病毒。随后，被告人周玮使用“灰鸽子”远程控制程序登录到该台中了木马病毒的计算机，查得该经营部有“盛大在线按元充值游戏点卡”的库存约50万元和销售账号“WXKR002”等资料。后被告人周玮冒充该经营部工作人员拨打上海盛大网络发展有限公司（以下简称盛大公司）的销售客服电话，骗得客服人员为其提供销售账号“WXKR002”的密码，并在获知密码后立即修改密码为“WXKR002”，后又修改为“tianshi”。后被告人周玮通过QQ号26654与网友进行联系，将该账号中的游戏点卡采用由被告人周玮把销售账号和密码告诉网友，由网友自行向游戏玩家的游戏账号内充值等方式，向网友孟晓飞、许

① 游戏点卡是没有实物载体的，称为“无物流充值卡”，即没有像电话卡一样的卡，而是以电子数据的形式保存在销售总公司进行在线销售。游戏点卡不同于游戏世界中的装备等物，游戏点卡在现实市场中也可以流通，实际上是一种充值卡，与电话充值卡一样，在现实生活中有明确的相对应的财产数额，即网络公司与经销商的合同价格，体现网络公司提供的网络服务的劳动价值。

晓丰等人进行销售，并约定每从销售账号里充掉2000元的游戏点卡，网友就要向被告人周玮的网上账户汇款人民币1300元。截止2006年4月13日下午账号被封，销售账号"WXKR002"下共计被充掉面值计28万余元的游戏点卡，经鉴定价值人民币217649.74元。被告人周玮亦收到部分网友所支付的汇款。案发后，公安机关于2006年4月26日在贵阳市翠微巷60号大正金筑酒店210房间抓获被告人周玮，并从被告人周玮处追缴人民币72800元，已由公安机关发还给被害单位。

江苏省无锡市北塘区人民法院认为：被告人周玮以非法占有为目的，秘密窃取他人财物，数额特别巨大，其行为已构成盗窃罪。被告人周玮曾利用互联网侵犯他人财产被判处拘役，仍不思悔改，又实施利用互联网盗窃他人财产的犯罪行为，酌情从重处罚。被告人周玮归案后能够如实供述主要犯罪事实，当庭自愿认罪，酌情从轻处罚。关于辩护人提出的不应由被告人对全部财产损失承担责任的辩护意见，该院认为，被告人周玮采用把销售账号和密码告诉网友，由网友自行向游戏玩家的游戏账号内充值等方式盗窃游戏点卡，并与网友约定根据充值情况向其支付相应价款，被告人周玮犯罪行为所指向的对象是账号中所有有财产价值的游戏点卡，属盗卖行为，因此应当对实际被盗卖出的全部财产数额承担责任，对该辩护意见不予采信。依照《刑法》相关规定，作出如下判决：被告人周玮犯盗窃罪，判处有期徒刑十一年，剥夺政治权利三年，并处罚金人民币2万元。

一审判决后，被告人没有上诉，判决发生法律效力。

【案例65】经审理查明：被告人黄某某于2007年8月从台湾入境来到龙岩，认识了做电脑维护的技术员李某某。2007年9月初，被告人黄某某提议被告人李某某将其提供的"木马"投放到他人电脑上，一起盗取他人的游戏装备和游戏币。之后被告人李某某利用为他人维护电脑之机，将该"木马"秘密投放在失主张锋所负责管理的龙岩市新罗区黄总工作室的一台主管电脑上，被告人黄某某利用“木马”程序（总控端），从黄总工作室中被“木马”控制的电脑上窃取了网络游戏“RAN”的账号和密码。此后被告人黄某某与被告人郑某某合谋盗窃游戏币，被告人郑某某电脑工作室的技术员即被告人王某某作为被告人郑某某的代表与被告人黄某某进行协商，在协商过程中被告人黄某某将盗取的游戏账号和密码以“TXT”文件通过“QQ”聊天工具发送给被告人王某某。被告人王某某将此事告知被告人郑某某，被告人郑某某指示被告人王某某处理这些游戏账号内的游戏装备和游戏币。被告人王某某收到被告人黄某某传送的“TXT”文件后，利用其中的账号及密码转移走这些账号内的游戏装备和游戏币，并在互联网上卖出这些游戏币和游戏装备，从中非法获利人民币6300元，而后将该款存在案外人连新的工商银行账户中。被告人郑某某取走该款，事后与被告人黄某某平分，被告人黄某某从其分得赃款中分给被告人李某某1500元。经龙岩市价格认证中心鉴定，被盗走的游戏币和游戏装备价值人民币7560元。2007年11月15日被告人黄某某被公安机关查获，之后被告人郑某某、王某某、李某某陆续到案。在诉讼中，被告人郑某某向本院退赃款人民币4800元，被告人李某某向本院退赃款人民币1500元，被告人王某某向本院退赃款人民币1260元。

龙岩市新罗区人民法院认为：被告人黄某某、郑某某、王某某、李某某以非法占有为目的，通过网络采取秘密手段，窃取他人财物，价值人民币7560元，数额较大，其行为已构成盗窃罪。鉴于被告人郑某某、王某某、李某某归案后认罪态度好，且积极退缴赃款、缴纳罚金，酌情予以从轻处罚并适用缓刑。依照《刑法》相关规定，判决如下：（1）被告人黄某某犯盗窃罪，判处有期徒刑一年，并处罚金1万元；（2）被告人郑某某犯盗窃罪，判处有期徒刑八个月，缓刑一年，并处罚金1万元；（3）被告人王某某犯盗窃罪，判处有期徒刑八个月，缓刑一年，并处罚金6000元；（4）被告人李某某犯盗窃罪，判处有期徒刑八个月，缓刑一年，并处罚金6000元。

【案例66】经审理查明：2006年6月初，被告人林某在其暂住处通过测试取得厦门市华商盛世有限公司原职工石某的电子邮箱密码后，进入该电子邮箱，并通过“商务中国”网站修改了该电子邮箱密码，从电子邮箱中的值班客服安排表中得知值班人员。尔后，再次通过测试取得该值班人员的电子邮箱，从值班人员的电子邮箱中取得值班账号和登录密码。之后，林某使用上述账号和密码登录“商务中国”加密网站，窃取他人的域名ebz.com、ywh.com、731.com、537.com，共计价值人民币54702元。

福建省厦门市思明区人民法院以盗窃罪判处林某有期徒刑三年，缓刑三年，并处罚金5000元。

【案例67】经审理查明：被害单位茂立公司通过与腾讯科技（北京）有限公司（以下简称腾讯公司）、广州网易计算机系统有限公司（以下简称网易公司）签订合同，成为腾讯在线Q币以及网易一卡通在上海地区网上销售的代理商。2005年6~7月间，被告人孟动通过互联网，在广州市利用黑客程序窃得茂立公司登录腾讯、网易在线充值系统使用的账号和密码。同年7月22日下午，孟动通过网上聊天方式与被告人何立康取得联系，向何立康提供了上述所窃账号和密码，二人预谋入侵茂立公司的在线充值系统，窃取Q币和游戏点卡后在网上低价抛售。2005年7月22日18时许，被告人孟动先让被告人何立康为自己的QQ号试充1只Q币。确认试充成功后，孟动即在找到买家并谈妥价格后，通知何立康为买家的QQ号充入Q币，要求买家向其中国工商银行牡丹灵通卡（卡号9558823602××××16770，以下简称770号牡丹卡）内划款。自2005年7月22日18时32分至次日10时52分，何立康陆续从茂立公司的账户内窃取价值人民币24869.46元的Q币32298只，除按照孟动的指令为买家充入Q币外，还先后为自己及朋友的QQ号充入数量不等的Q币。自2005年7月23日0时

25分至4时07分，何立康还陆续从茂立公司的账户内窃取价值人民币1079.5元的游戏点卡50点134张、100点60张。以上二被告人盗窃的Q币、游戏点卡，共计价值人民币25948.96元。被害单位茂立公司发现被盗后，立即通过腾讯公司在网上追回被盗的Q币15019个。茂立公司实际损失Q币17279个，价值人民币13304.83元。连同被盗的游戏点卡，茂立公司合计损失价值人民币14384.33元。被告人孟动、何立康到案后，家属分别帮助交付人民币8000元和2.6万元以抵顶赃款。侦查机关将其中的14384.33元发还给茂立公司，多余款项退还交款人。

上海市黄浦区人民法院认为：被害单位茂立公司作为腾讯公司、网易公司的代销商，其账户内的Q币和游戏点卡对应着其在现实生活中享有的财产，一旦失窃便意味着所有人丧失了对这些财产的占有、使用、收益和处分的全部财产权利。被告人孟动、何立康以非法占有为目的，通过互联网共同窃取茂立公司价值人民币25948.96元的Q币和游戏点卡，侵犯了茂立公司的财产权利，构成盗窃罪，且盗窃数额巨大。孟动、何立康是初犯、偶犯，到案后能如实坦白自己的犯罪事实，在家属帮助下退赔了茂立公司的全部损失，且何立康还有自首、立功表现，依法均可从轻处罚。依照《刑法》相关规定，判决如下：(1) 被告人孟动犯盗窃罪，判处有期徒刑三年，缓刑三年，并处罚金人民币3000元；(2) 被告人何立康犯盗窃罪，判处有期徒刑一年六个月，缓刑一年六个月，并处罚金人民币2000元；(3) 扣押在案的被告人孟动犯罪所用的电脑硬盘两块和770号牡丹卡，予以没收。

一审宣判后，被告人孟动、何立康在法定期限内未提出上诉，公诉机关也未抗诉，一审判决发生法律效力。

【案例68】经审理查明：2011年12月10日至2011年12月20日期间，向某某（另案处理）伙同被告人田某某、韦某某、石某某、罗某某、刘某某等人在丽水市区电信的电话交接箱用试话机盗打电话，给事先准备好的QQ号码充值Q币，将充值的QQ号码出售牟利，具体犯罪事实如下：（1）2011年12月16日21时至23时许，被告人石某某伙同向某某在丽水市莲都区汽车东站关下村路口电话交接箱盗打电话充值Q币1480元。（2）2011年12月17日21时许至18日凌晨3时许，被告人石某某、田某某、韦某某在丽水市莲都区汽车东站关下村路口的电话交接箱盗打电话充值Q币8630元。（3）2011年12月19日21时许至20日凌晨1时许，被告人田某某、韦某某、罗某某在丽水市莲都区岩泉办事处边的电话交接箱盗打电话充值Q币4350元，期间被告人田某某、罗某某又转至丽水市莲都区丽阳路“华侨新开元酒店”门口的电话交接箱盗打电话充值Q币950元。（4）2011年12月20日20时许，被告人韦某某在丽水市莲都区岩泉办事处边电话交接箱上盗打电话充值Q币2460元被当场抓获；同日22时20许，被告人田某某、罗某某在丽水市莲都区白云小区第二人民医院对面电话交接箱盗打电话充值Q币时被当场抓获。（5）2011年12月18日至20日期间，被告人刘某某三次伙同向某某在丽水市莲都区大洋河小区、枣树荫弄、汽车西站等处电话交接箱盗打电话充值Q币2250元。（6）2011年12月18日和20日，被告人石某某独自或伙同向某某在丽水市莲都区灯塔街丽光小区8幢门口电话交接箱盗打电话充值Q币1650元。另查明：被告人田某某、韦某某、罗某某、刘某某归案后，于2012年5月22日分别退赔给被害人单位人民币400元、3000元、1500元、100元。

法院认为：被告人田某某、韦某某、石某某、罗某某、刘某某以非法占有为目的，利用电话交接箱无人看管之便，多次结伙或单独采用盗打电话给己有的QQ号码充值话费的方式，秘密窃取多部电话的话费，且数额较大，各被告人的行为均已构成盗窃罪。被告人田某某、韦某某、石某某、罗某某、刘某某归案后如实供述自己的犯罪事实，当庭自愿认罪，且已部分赔偿了被害人的经济损失，依法从轻处罚。依照《刑法》相关规定，判决如下：（1）被告人田某某犯盗窃罪，判处有期徒刑一年六个月，并处罚金人民币16000元……

【案例69】经审理查明：2011年8月至2012年2月期间，被告人张某某窜至云阳县双江镇“云海网吧”“指键缘网吧”“T恋网吧”“百脑汇网吧”“龙之凤网吧”“超速网吧”，以应聘网管等方式为名，趁网吧收银员不备之机，盗走现金1650.00元、Q币充值340.00元。

法院认为：被告人张某某以非法占有为目的，秘密窃取他人财物，且数额较大，已触犯刑律，构成盗窃罪。鉴于被告人张某某到案后如实供述犯罪事实，依法对其从轻处罚。依照刑法相关规定，判决如下：被告人张某某犯盗窃罪，判处有期徒刑八个月，并处罚金3000元。

【案例70】经审理查明：2009年9月间，被告人邵长祥通过中国电信股份有限公司某某分公司（以下简称：某某电信公司）的福建互联星空网站20198充值平台进行充值时发现该充值平台存在漏洞，可以对同一张20198充值卡进行多次反复消费，充值到不同的互联星空注册账号的虚拟电子钱包中。为牟取非法利益，邵长祥以其注册的淘宝网“592CZ”账号购买了福建代理IP的VPN账号和大量20198充值卡，而后利用福建互联星空充值平台的漏洞，大肆进行非法充值，并将所充值的账户用于购买Q币、游戏点卡等进行消费，再通过其注册的“WL2520521”和“爱上ying”两家淘宝网店进行销赃。经统计，自2009年9月18日至2010年6月27日间，邵长祥利用福建互联星空网站充值平台的漏洞，先后非法充值达11602次，非法充值金额累计346610元。2010年7月15日，被告人邵长祥被抓获归案。

法院认为：被告人邵长祥以非法占有为目的，利用福建互联星空网站充值平台漏洞，秘密窃取某某电信公司的财物，价值共计人民币346610元，数额特别巨大，其行为已构成盗窃罪。被告人邵长祥犯罪时间长，给被害单位造成重大经济损失，本应从严惩处，鉴于其归案后认罪态度较好，且本案犯罪后果的扩大与被害单位疏于管理、没有及时维护电信充值平台具有一定的关系，可予以从轻处罚。依照《刑法》相关规定，判决如下：被告人邵长祥犯盗窃罪，判处有期徒刑十一年，并处罚金人民币四万元。

5. 赃物。关于不法行为取得或者产生之物（如赃物），《物权法》赋予占有权利的推定效力，且只有经过法定程序，方可否定该效力。刑法从保护财产占有秩序出发，有必要将部分盗窃赃物的行为作为犯罪处理。实践中应分以下情形处理：（1）盗窃他人赃物的，可构成盗窃罪；（2）盗回被他人不法取得的原本归属自己的赃物的，不构成盗窃罪；（3）盗回不法给付他人的赃物（如赌资、嫖娼费、贿赂等）的，可构成盗窃罪。

6. 违禁品。刑法已专门规定了盗窃特定种类的违禁品的犯罪，例如，盗窃枪支、弹药、爆炸物罪，非法持有毒品、非法持有假币罪，等等。2004 年 4 月《全国法院审理毒品犯罪案件工作座谈会纪要》指出，盗窃毒品的，以盗窃罪论处。《办理盗窃罪解释》第 1 条第 4 款规定："窃毒品等违禁品，应当按照盗窃罪处理的，根据情节轻重量刑。"

【案例 71】经审理查明：2000 年 3 月中旬某日凌晨 3 时许，被告人徐尉颋、冯志平、王云寅结伙，经事先预谋，由被告人徐尉颋、冯志平拿了被告人王云寅提供的上海市闵行区兰坪路吉意电子游戏厅内游戏机钥匙，并携带手电筒等作案工具，窜至该游戏机房，用钥匙打开游戏机门，卸下机内电子游戏电脑板，窃得《三国战纪》《97 格斗》《98 格斗》《99 格斗》《99 朱罗纪》《街霸 EX》《方块街霸》《雷电 DX》《圆桌骑士》电脑板各 1 块、《大家来找碴》电脑板 2 块（价值人民币 15370 元）及《双龙抢珠三》《泡泡龙》《幸运跑马地》电脑板各 1 块、《明星 97》电脑板 2 块、《双龙抢珠二》电脑板 7 块。当日，由被告人徐尉颋包了一辆出租车，将赃物销赃至苏州市新市路威龙电玩店，从店主徐幸福处得赃款 2.18 万元。当日晚 6 时许，吉意电子游戏厅业主即找到被告人王云寅，王云寅承认了被告人徐尉瑙、冯志平参与盗窃电子游戏房的电脑板，并相继找到了被告人冯志平、徐尉瑙。次日，失主带被告人徐尉瑙至威龙电玩店追回了全部赃物。2000年4月11日晚8时许，被告人徐尉瑙在其母亲的陪同下至公安机关投案自首，当晚协助公安机关抓获了被告人冯志平。次日，被告人冯志平协助公安机关抓获了被告人王云寅。

法院认为：被告人徐尉瑙、冯志平、王云寅结伙，以非法占有为目的，采用秘密的方法，盗窃他人财物，数额巨大，其行为均已构成盗窃罪，且属共同犯罪。被告人徐尉瑙案发后，能在亲属的陪同下至公安机关投案，到案后如实供述犯罪事实，应当认定自首；被告人徐尉瑙、冯志平分别能协助公安机关抓捕同案犯，应当认定有立功表现。依照《刑法》相关规定，作出判决如下：(1) 被告人徐尉瑙犯盗窃罪，判处有期徒刑二年，缓刑三年，并处罚金人民币1万元；(2) 被告人冯志平犯盗窃罪，判处有期徒刑三年，缓刑三年，并处罚金人民币1万元；(3) 被告人王云寅犯盗窃罪，判处有期徒刑三年，缓刑四年，并处罚金人民币1万元。

四、盗窃罪的主观要件

关于盗窃罪的主观要件，德国和日本学界对“非法占有目的”的理解，存在三种学说：其一是“排除权利者意思说”，认为其是指将自己作为财物的所有人进行支配的目的（仅有排除意思即可）；其二是“利用处分意思说”，认为其是指遵从财物的（经济）用途进行利用的意图（仅有利用意思即可）；其三是“折衷说”，认为其是指排除权利人，将他人财物作为自己的所有物（排除意思），并遵从财物的（经济）用途，对之进行利用或者处分的目的（利用意思）。[①] 我国传统观点认为，盗窃罪必须具有非法占有的目的。[②] 不过，个别学者认为，盗窃罪的构成不要求具有非法占有目的。[③] 同

---

① 参见张明楷：《论财产罪的非法占有目的》，载《法商研究》2005年第5期。

② 参见高铭暄主编：《刑法学》（修订版），法律出版社1984年版，第488页。

③ 参见刘明祥：《刑法中的非法占有目的》，载《法学研究》2000年第2期；刘明祥：《财产罪比较研究》，中国政法大学出版社2001年版，第77~81页。

时，学界对“非法占有”的含义存在不同的理解，[①] 具体包括：其一，“不法所有说”，认为“非法占有的目的”不仅仅是意图占有或者控制财物，而且包括利用和处分财物的目的在内，具体分为两种情况：（1）以暂时占有（狭义）、使用为目的：（2）以不法所有为目的。[②] 二是“非法获利说”，认为其是指行为人具有非法为自己或第三人包括自然人与法人获取物质利益的目的。[③] 三是“意图占有说”，认为非法占有是指明知是公共的或他人的财物，而意图将财物转归自己或第三者占有。[④] 此外，近期有学者主张以“排除意思 + 利用意思”来解释“非法占有目的”，并进一步作了合理界定，即“排除意思”包括两种情形：一是通过转移占有财物排除他人对财物本身的现实占有（包括永久占有和临时占用）；[⑤] 二是通过转移占有财物排除他人对财物价值的实现（包括债权不能收回、价值受到贬损、使用价值无用、经济利益受损等）。[⑥] “利用意思”是指对取得的财物加以利用，使之发挥效用，其中“利用”是指遵从财物可能具有的用途进行使用。[⑦] 此种观点更能全面地涵盖实践中的新盗窃类型，更有利于区分盗窃罪与其他的侵犯财产罪（尤其是故意毁坏财

① 参见赵秉志主编：《刑法学各论研究述评（1978～2008）》，北京师范大学出版社2009年版，第366页。

② 参见张明楷：《刑法学》（下），法律出版社1997年版，第761－762页。该论者进一步作了阐述，“非法占有目的，是指排除权利人，将他人的财物作为自己的所有物进行支配，并遵从财物的用途进行利用、处分的意思。非法占有目的由排除意思与利用意思构成，前者重视的是法的侧面，后者重视的是经济的侧面”。参见张明楷：《刑法学》（第3版），法律出版社2007年版，第708页；另见刘白笔、刘用生：《经济刑法学》，群众出版社1989年版，第385～386页。

③ 参见孙力：《论盗窃罪的犯罪构成》，西北政法学院1988年硕士论文，第56页；另见张瑞幸主编：《经济犯罪新论》，陕西人民出版社1991年版，第255～256页。

④ 参见高铭暄主编：《中国刑法学》，中国人民大学出版社1989年版，第502～503页。

⑤ 该论者指出，“一时使用的行为具有排除权利者权利的意图，是否需要刑罚规制，应综合考虑行为人有无返还的意思、使用时间的长短、财物的重要性、对被害人的利用可能性的妨害程度等”。参见魏海：《盗窃罪研究——以司法扩张为视角》，中国政法大学出版社2012年版，第195页。

⑥ 该论者指出，在盗打电话等盗窃财产性利益情形中，“排除意思”宜理解为“排除独占”“排除限制”意思，即排除权利者独占其财物及其价值的意思。参见魏海：《盗窃罪研究——以司法扩张为视角》，中国政法大学出版社2012年版，第195页。

⑦ 参见魏海：《盗窃罪研究——以司法扩张为视角》，中国政法大学出版社2012年版，第194～195页。

物罪）的界限。

实践中，“非法占有目的”的合理界定，有利于准确处理下列情形：

（一）行使权利

此处的行使权利，即行为人基于所具有的向财物占有人追索财物的权利，采取盗窃等非法手段取得财物的行为。其具体包括三种类型：一是行为人采用盗窃手段取回自己所有而被财产犯占有的财物；二是财物被盗后，行为人窃取对方与自己被盗财物价值相当的财物；三是行为人（债权人）采用盗窃手段从债务人处取得相当数额的财物以实现自己的债权。从国外立法与司法实践来看，除日本存在一些反复外，英美德等国家大部分时期均坚持“只要有权利就不处罚”的原则，即对上述“行使权利”的情形不作犯罪处理。在我国，就第一种情形，学界一致认为不构成犯罪。就第二种情形，有的认为构成盗窃罪，[①] 有的认为不构成盗窃罪。[②] 就第三种情形，有的认为构成盗窃罪，[③] 有的认为不构成盗窃罪。[④]

（二）认识错误

就盗窃罪而言，实践中主要是“对财物归属的认识错误”和“对财物价值的认识错误”。前者具体包括：第一，误将张某的财产当作李某的财产窃取；第二，误将私有财产当作公有财产或者误将公有财产当作私有财产窃取；第三，误将无主物当作有主物窃取；第四，误将自己的财物当作别人的财物窃取；第五，误将有主物当作无主物拾取；第六，误将别人的财物当作自己的财物盗回。前四种情形均不排除盗窃故意和非法占有目的，后两种情形排除盗窃故意和非法占有目的。

---

① 参见王礼仁：《盗窃罪的定罪与量刑》（第2版），人民法院出版社2008年版，第143页。

② 参见刘明祥：《财产罪比较研究》，中国政法大学出版社2001年版，第105页。

③ 参见张明楷：《刑法学》（第3版），法律出版社2007年版，第703页。

④ 参见陈兴良等：《案例刑法教程》（下卷），中国政法大学出版社1994年版，第262页。

【案例72】机场清洁工梁丽在清扫垃圾时，误将东莞某珠宝公司业务员王某携带的因不能办理托运而暂时置于垃圾箱旁的行李车上的一装有价值261万元黄金首饰的纸箱，当作乘客弃物而顺手清理到清洁车内，并置于机场一卫生间残疾人洗手间内。后来获知内装是黄金首饰。当日下午下班时，她将该纸箱带回家。当听到同事说失主在找这个纸箱时，她答应次日上班送回去。当日警察就找上门，梁丽承认拿了纸箱并当即交出。此案中梁丽最初行为时就对财物的归属与价值发生了认识错误。

后者具体包括：第一，误将无价值的财物当作有价值的财物窃取；第二，误将价值较低的财物当作价值较高的财物窃取；第三，误将价值较高的财物当作价值较低或者无价值的财物窃取。就前二者而言，不排除盗窃故意和非法占有目的，但要考虑适用刑法总则"但书"即"情节显著轻微，危害不大的，不认为是犯罪"等规定。就第三种情形而言，从责任主义立场来看，盗窃罪的故意认识内容包括"数额较大"这一规范性构成要件要素，行为人误将价值较高的财物当作价值较低或者无价值的财物，影响到故意内容和非法占有目的的评价。

【案例73①】2003年8月6日晚，在北京务工的4名河南籍民工翻墙进入北京农林科学院林果所院内，在葡萄研究园猛吃一气，临走时还摘走一大袋葡萄。这些葡萄是林果所投资40万元，历经10年培育研制的新品种，一共种植110株，4名民工偷摘了其中的20株果实，导致研究链断裂。经社会广泛关注，对葡萄的估价从起初的11220元降至376元，因案值太低，涉案人员按涉嫌犯盗窃罪被拘押8个月后释放。

五、盗窃罪的主体要件

关于盗窃罪的主体要件，存在争论的主要是以单位名义、为单

① 类似的案例，还有"太空豆角案""天价兰花案"，等等。参见罗翔：《财产犯罪中对数额的认识》，载《法律适用》2009年第2期。

位利益而窃取公私财物，是否应处罚单位内部的直接负责的主管人员和其他直接责任人员。学界存在肯定说①和否定说②的分歧。从实践来看，最高人民法院与最高人民检察院的认识曾不一致，2002年8月9日最高人民检察院《关于单位有关人员组织实施盗窃行为如何适用法律问题的批复》规定："单位有关人员为谋取单位利益组织实施盗窃行为，情节严重的，应当依照刑法第264条的规定以盗窃罪追究直接责任人员的刑事责任"；而最高人民法院虽然未对单位盗窃作出正式的解释，但在2001年最高人民法院《全国法院审理金融犯罪案件工作座谈会纪要》中指出，对于单位实施的贷款诈骗行为，不能以贷款诈骗罪定罪处罚，也不能以贷款诈骗罪追究直接负责的主管人员和其他直接责任人员的刑事责任。有的个案处理中采纳了肯定说，例如，"楼某某盗窃案""魏某、金某、沈某盗窃案""彭德福等盗窃案"（案例74~76）。

【案例74】经审理查明：2008年6月，时任上海狮城怡安物业有限公司东恒豪园物业服务中心经理的被告人楼某某为减少物业管理支出，指使时任该物业服务中心工程部主管的被告人蒋某某等人将位于某区六灶镇南六公路465弄东恒豪园53号与58号之间一只负责计量向景观河道输水的计量水表拆除，共计盗用上海南汇自来水公司自来水价值人民币49707.65元。直至2009年四五月份，因害怕查处，方将该水表重新安装。

2009年7月28日，被告人楼某某接公安机关电话通知后到案，但未能如实供述上述盗窃事实。2010年4月22日，被告人蒋某某接公安机关电话通知后到案，如实供述了上述盗窃事实。

---

① 参见张明楷：《新刑法与法益侵害说》，载《法学研究》2000年第1期；董玉庭：《论单位实施非单位犯罪问题》，载《环球法律评论》2006年第6期；于志刚：《单位犯罪与自然人犯罪——法条竞合理论的一种解释》，载《政法论坛》2008年第6期。

② 参见陈兴良：《盗窃罪研究》，载《刑事法判解》（陈兴良主编，第1卷），法律出版社1999年版，第36页；张军等：《刑法纵横谈》，法律出版社2003年版，第306页；周道鸾：《刑法实务若干问题研究》，载《刑事审判参考》（总第36辑），法律出版社2004年版，第142页；熊选国：《刑事审判中几个疑难问题的探讨》，载《人民司法》2005年第1期。

法院认为：被告人楼某某、蒋某某为谋取单位利益，通过拆除计量水表的方式组织实施盗窃行为，情节严重，其行为均已构成盗窃罪。被告人蒋某某接到公安机关电话通知后主动到案，如实供述犯罪事实，是自首，依法从轻处罚。鉴于被告人楼某某、蒋某某能自愿认罪，被害单位的经济损失已经得到挽回，并积极预缴罚金，可以分别酌情从轻处罚。依照《刑法》相关规定，判决如下：（1）被告人楼某某犯盗窃罪，判处有期徒刑二年，缓刑二年，罚金人民币5000元；（2）被告人蒋某某犯盗窃罪，判处有期徒刑一年，缓刑一年，罚金人民币12500元。

【案例75①】浙江省桐乡市石门镇砖瓦二厂为降低成本，自1998年8月以来采用互感器短路等方法共窃电78万余度，合计价值超过60万元。

浙江省桐乡市人民法院以盗窃罪分别判处该企业的法定代表人沈某和副厂长魏某、金某有期徒刑十年，并处罚金10万元；以盗窃罪判处电工沈某富有期徒刑三年、缓刑四年，并处罚金2万元。

【案例76】原判认定：2002年2月至2003年1月16日期间，被告人彭德福、祁润鹏、陈朝雄、祁润全、黄垂文在宜良县汤池镇保郎村开办"宜良德福铸钢厂汤池分厂"（以下简称"德福铸钢厂"），从工厂内原有的160千伏安变压器高压侧私自接一台400千伏安的变压器，不经过昆明供电局安装的电表，盗电生产国家禁止的地条钢。2002年7月至2003年1月16日期间，被告人彭德福、祁润鹏、陈朝雄在宜良县汤池镇木希村开办"木希村铸造厂"，从工厂内原有的160千伏安变压器高压侧私自接一台400千伏安的变压器，不经过昆明供电局安装的电表，盗电生产国家禁止的地条钢。经云南省春城司法鉴定中心鉴定，被告

① 参见王礼仁：《盗窃罪的定罪与量刑》（第2版），人民法院出版社2008年版，第263页。

人彭德福、祁润鹏、陈朝雄、祁润全、黄垂文日盗用电量为400KVA×12小时×1台=4800度，日盗用金额为，4800度×0.426元/度=2044.80元/台。

原审法院依照刑法的相关规定，以盗窃罪，判处被告人彭德福有期徒刑十二年，并处罚金人民币10万元；判处被告人祁润鹏有期徒刑三年，缓刑五年，并处罚金人民币5万元；判处被告人陈朝雄有期徒刑三年，缓刑五年，并处罚金人民币5万元；判处被告人祁润全有期徒刑二年，缓刑三年，并处罚金人民币5万元；判处被告人黄垂文有期徒刑二年，缓刑三年，并处罚金人民币5万元。

宣判后，原审被告人彭德福、祁润鹏、陈朝雄、祁润全、黄垂文不服，提起上诉。

二审经审理查明：2002年2月至2003年1月16日期间，上诉人彭德福、祁润鹏、陈朝雄、祁润全、黄垂文在宜良县汤池镇保郎村开办"德福铸钢厂"，私自购买一台400千伏安的变压器接在高压线上，不经过昆明供电局安装的电表，窃电生产国家禁止的地条钢，窃电生产350天。2002年7月至2003年1月16日期间，上诉人彭德福、祁润鹏、陈朝雄在宜良县汤池镇木希村开办"木希村铸造厂"，私自购买一台400千伏安的变压器接在高压线上，不经过昆明供电局安装的电表，窃电生产国家禁止的地条钢，窃电生产200天。经云南省春城司法鉴定中心鉴定，每日窃电金额为，400KVA×12小时×1台×0.426元/度=2044.80元/台。"德福铸钢厂"窃电金额为，2044.80元/台×350天=715680元；"木希村铸造厂"窃电金额为，2044.80元/台×200天=408960元。

二审法院认为：上诉人彭德福、祁润鹏、陈朝雄、祁润全、黄垂文以非法占有为目的，秘密窃取国家电力进行生产，数额特别巨大，五名上诉人的行为均已触犯刑律，构成盗窃罪，依法应予惩处。在共同犯罪中，彭德福首起犯意，又是"德福铸钢厂"的法人，亲自购买变压器并组织安装，每次供电局来检查时，通知人将私自安装的变压器上的领扣拆下来，盗窃国家电力进行生产活动，系主犯，应对全部犯罪行为承担刑事责任；鉴于彭德福案发后主动到公安机关投案，并如实供述自己的犯罪事实，属自首，依法减轻处罚。祁润鹏、陈朝雄、祁润全、黄垂文明知彭德福的行为系窃取国家电力进行生产，四上诉人为降低成本、扩大利润，积极配合被告人彭德福进行盗窃活动，均系从犯，依法减轻处罚。依照刑事法相关规定，判决如下：(1) 维持云南省昆明市中级人民法院（2008）昆刑一初字第62号刑事判决中的第二、三、四、五项，即对被告人祁润鹏、陈朝雄、祁润全、黄垂文的定罪量刑部分；(2) 维持云南省昆明市中级人民法院（2008）昆刑一初字第62号刑事判决中的第一项对被告人彭德福定罪部分，撤销量刑部分；(3) 上诉人（原审被告人）彭德福犯盗窃罪，判处有期徒刑五年，并处罚金人民币10万元。

六、盗窃罪的停止形态

关于盗窃罪既遂未遂标准，理论上有接触说、转移说、隐匿说、损失说、取得说、失控说、控制说、失控加控制说、占有数额说、非法占有目的实现说，等等。(1) 接触说认为，应当以行为人是否接触到被盗财物为标准，凡是实际接触到财物的为盗窃既遂，未实际接触到财物的为盗窃未遂。(2) 转移说认为，应当以行为人是否已将被盗财物转移离开原在场所为标准，凡是转移离开原在场所位置的为盗窃既遂，未转移离开原在场所位置的为盗窃未遂。(3) 隐匿说认为，应当以行为人是否已将被盗财物藏匿起来为标准，凡是将被盗财物藏匿起来的为盗窃既遂，未藏匿起来的是盗窃未遂。(4) 损失说认为，认为划分既未遂标准，就是看财物是否损失，已经造成财物损失的就是盗窃既遂，反之为未遂。(5) 取得说认为，行为人排除他人对财物的占有，将财物转移到行为人或第三者占有时就是既遂，否则就是未遂。(6) 失控说认为，只要被害人丧失了对自己财物的控制，不管行为人是否控制了该财物，都应当认定为盗窃既遂。(7) 控制说认为，应当以盗窃犯是否已获得对被盗财物的实际控制为盗窃罪既未遂标准，即盗窃犯已实际控制财物的为既遂，盗窃犯未实际控制财物的为未遂。(8) 失控加控制说认为，应当以被盗财物是否脱离所有人或保管人的控制并且实际置于行为人控制之下为标准，即被盗财物已脱离所有人或保管人控制并且已实际置于行为人控制之下的为盗窃既遂，反之为盗窃未遂。(9) 占有数额说认为，非法占有财物达到法定数额的为既遂，没有达到法定数额的，则是未遂。(10) 非法占有目的实现说认为，行为人明知他人数额较大或者巨大的财物而加以盗窃，并且在行为展开后其非法占有目的得到完全实现的，属于既遂；行为人明知是他人数额较大或者巨大的财物而加以盗窃，因意志以外原因未能实现或未能全面实现其非法占有目的的，属于未遂。(11) 既遂标准一元说认为，盗窃罪的既遂标准是固定的、统一的，即达到"数额较大"就认定为既遂。(12) 双重标准说认为，一般盗窃和重大盗窃的既遂与未遂应采取不同的标准，一般盗窃应以失控加控制为标准；对于重大盗窃应以犯罪分子是否实际控制财物作为标准。[①] 近期有学者在评析上述诸观点的基础上提出了"控制较大数额财产说"，即控制的财物达到数额较大的，构成既遂，由于意志以外的原因盗窃财物没有达到数额较大的（在确定性故意中），属于未遂，盗窃财物数额没有达到数额较大的（在不确定性故意中），不构成犯罪。[②]

从实践来看，司法解释曾采用了"损失说"，例如，1992年12月11日最高人民法院、最高人民检察院《关于办理盗窃案件具体应用法律的若干问题的解释》第1条第（2）项规定，已经着手实行盗窃行为，只是由于行为人意志以外的原因而未造成公私财物损失的，是盗窃未遂。个案处理中，"刘某某盗窃案""王某某盗窃案"（案例77～78）采取"控制说"，"胡某某等盗窃案""丁某华盗窃案""马聚山等盗窃案"（案例79～81）采纳了"失控说"，"杨某盗窃案""牛力盗窃案"（案例82～83）采取了"失控+控制说"。

【案例77】 经审理查明：2008年11～12月，被告人刘某某先后三次在某市朝阳区北京化工大学篮球场内，趁他

① 参见董玉庭：《论盗窃罪既遂标准的实践把握》，载《国家检察官学院学报》2004年第2期；刘之雄：《犯罪既遂论》，中国人民公安大学出版社2003年版，第338页；魏海：《盗窃罪研究——以司法扩张为视角》，中国政法大学出版社2012年版，第254～255页。

② 参见魏海：《盗窃罪研究——以司法扩张为视角》，中国政法大学出版社2012年版，第264－274页。

人不备，秘密窃取他人财物，分别窃得娄某诺基亚牌6300型移动电话1部（价值人民币1100元）、李某三星牌D888型移动电话1部（价值人民币2090元）、胡某LG牌KE508型移动电话1部（价值人民币530元）。经比对监控录像，该校保卫处发现刘某某嫌疑较大，遂于此后加强了对篮球场的监控工作。2009年1月1日，被告人刘某某第四次在该校篮球场内秘密窃取他人财物时，被监控室的值班保安员发现。该保安员一边通过监视屏幕监视其盗窃过程，一边报告学校保卫处。当刘某某拿着窃得的武某索爱牌W950i型移动电话（价值人民币900元）离开篮球场时，被该校保卫处保安员在篮球场东门抓获，并从其身上起获索爱牌W950i型移动电话1部。另被告人刘某某归案后，如实坦白了此前在该校篮球场的三次盗窃行为。在法院审理期间，被告人刘某某在家长的帮助下，退赔人民币3190元。

北京市朝阳区人民法院经审理认为：被告人刘某某法制观念淡薄，为牟私利，多次秘密窃取他人财物，数额较大，其行为侵犯了公民财产权利，触犯了刑律，已构成盗窃罪，依法应予惩处。鉴于被告人刘某某犯罪时尚未成年，实施第四次盗窃行为时，刘某某虽已着手，但因其犯罪行为始终被学校监控室保安员通过监控录像监控，并被当场抓获，故其未能实际取得对该起犯罪所得财物的实际控制，系犯罪未遂，被告人刘某某归案后主动坦白了其他犯罪事实，当庭认罪、悔罪态度较好，并已赔偿各被害人的损失，故本院对其所犯罪行依法从轻处罚。依照《刑法》相关规定，作出如下判决：被告人刘某某犯盗窃罪，判处罚金人民币1000元。

【案例78】经审理查明：2008年12月21日上午，在辛集市某某超市门口，被告人王某某趁无人之机盗窃一辆“黑马”牌电动自行车（价值1790元），在推车离开现场时被存车处人员发现未遂，随即躲进超市，在出超市时被公安人员抓获。

法院认为：被告人王某某以非法占有为目的，秘密窃取被害人马某的电动车，数额较大，在未对电动车实际控制前被发现，属盗窃未遂，其行为已构成盗窃罪。鉴于被告人王某某具有未遂情节，且认罪态度较好，主动缴纳罚金，确有悔罪表现，可酌情从轻处罚。依照《刑法》第264条、第23条、第52条、第41条之规定，判决如下：被告人王某某犯盗窃罪，判处管制六个月，并处罚金人民币1000元。

【案例79】经审理查明：2011年11月26日上午6时左右，被告人胡某某、王某相互邀约到坝区红线内120平台偷铁卖钱，由胡某某驾驶鄂EA7057东风牌自卸车窜至三峡坝区左岸120平台宜昌大运建筑实业有限公司（以下简称大运公司）拆除钢材堆放点，王某打电话给事先联系好的被告人何某某前来起吊钢构件，何某某接到电话后随后驾驶鄂E18248东风吊车到达120平台大运公司拆除钢材堆放点现场。王某负责望风，胡某某指挥起吊，何某某将一块重3.58吨的钢构件起吊到胡某某驾驶的鄂EA7057东风牌自卸车上后驾车离开现场。胡某某驾驶鄂EA7057东风牌自卸车和王某一起将钢构件转运至宜昌市夷陵区乐天溪镇江峡三路五龙液化气站，正准备称重时被大运公司会计覃某某发现，王某等人将钢构件丢弃在路旁后逃离。经鉴定，被盗钢构件价值8592元。案发后，被告人王某主动到公安机关投案，并如实供述了犯罪事实，赔偿了被害单位3000元。被告人胡某某赔偿了被害单位2500元。

法院认为：被告人胡某某、王某、何某某，以非法占有为目的，相互勾结，秘密窃取他人财物，数额较大，构成盗窃罪。三被告人中，胡某某和王某系犯意的提起者和盗窃行为的积极实施者，系主犯，依法应当从重处罚，但二被告人自愿认罪，案发后赔偿了被害单位损失，并取得了谅解，本院综合上述情节后对二人量刑。被告人何某某系被王某邀约参与盗窃，虽然事前答应分成，但仅在现场起吊了被盗物资，作用相对较小，系从犯，依法应当从轻或者减轻处罚。案发后，被告人王某主动到公安机关投案，并如实供述了犯罪事实，系自首，依法可以从轻或者减轻处罚。被告人何某某的辩护人辩称三被告人系盗窃未遂，本院认为，被盗物资虽然未出三峡坝区红线内，但已脱离被害单位实际控制，该辩称理由与事实不符，本院不予采纳。依照刑事法相关规定，判决如下：（1）被告人胡某某犯盗窃罪，判处有期徒刑一年三个月，缓刑二年，并处罚金人民币10000元；（2）被告人王某犯盗窃罪，判处有期徒刑九个月，缓刑一年，并处罚金人民币8000元；（3）被告人何某某犯盗窃罪，判处罚金4000元。

【案例80】原判认定：（1）2009年4月17日凌晨，被告人丁某华进入某市福田区缇香名苑小区被害人黄某某家中，偷走索尼S48型笔记本电脑一台、索尼PX28型笔记本电脑一台、华硕8200型笔记本电脑一台、摩托罗拉手机二部、港币2万余元（2009年4月17日100港币对人民币的中间价为88.14）及小区门禁卡1张。经鉴定，涉案的索尼S48型笔记本电脑价值人民币2480元。（2）2009年9月26日21时许，被告人丁某华携带门禁卡进入某市福田区缇香名苑小区被害人王某某家中，偷走TAG手表1块（经鉴定价值人民币8000元）、诺基亚5800型手机1部（经鉴定价值人民币2165元）、手机电池1块（经鉴定价值人民币288元）及饰物1块后，因被害人王某某、赵某某回家故被告人丁某华从阳台逃跑。后被害人王某某、赵某某发觉被盗，及时通报给小区保安员，被告人丁某华在该小区4栋的一楼大堂被闻讯赶至的保安员抓获，涉案的赃物及门禁卡亦被缴获。

原判认为：被告人丁某华以非法占有为目的，二次入室秘密窃取他人财物，数额巨大，其行为已构成盗窃罪。鉴于被告人归案后认罪态度较好，依法可酌情从轻处罚。依照《刑法》第264条、第52条和第53条之规定，判决如下：被告人丁某华犯盗窃罪，判处有期徒刑四年，并处罚金人民币4000元。

宣判后，上诉人丁某华不服，提起上诉。

二审经审理查明的事实、认定的证据与一审相同。

二审法院认为：上诉人丁某华以非法占有为目的，二次入室秘密窃取他人财物，数额巨大，其行为已构成盗窃罪。鉴于丁某华归案后认罪态度较好，依法可酌情从轻处罚。经查，在第二起盗窃犯罪中被害人王某某、赵某某回家发现财物被盗之时，丁某华已携带盗得的财物离开案发现场，涉案财物已经脱离了被害人的实际控制，应属犯罪既遂。故丁某华关于第二起盗窃系未遂的上诉理由，本院不予采纳。原审判决认定事实清楚，证据确实、充分，定罪准确，适用法律正确，量刑适当，审判程序合法。依照《刑事诉讼法》第189条第（1）项之规定，裁定如下：驳回上诉，维持原判。

【案例81】经审理查明：2011年1月12日下午，被告人马聚山、潘阳甫、晋志强去到禹州市农业路北口建设量贩西墙处，盗走被害人杨××停放在该处的电动三轮车一辆。在推车逃跑途中，潘阳甫被闻讯赶到的被害人海××抓住并报警，潘阳甫如实供述了伙同马聚山、晋志强盗窃的犯罪事实，并协助公安机关抓获了马聚山和晋志强。被盗三轮车已退还失主。经禹州市价格中心鉴定，被盗三轮车价值人民币2054元。

法院认为：被告人马聚山、潘阳甫、晋志强以非法占有为目的，秘密窃取他人财物，数额较大，其行为均已构成盗窃罪，系共同犯罪。被告人晋志强的辩护人关于晋志强系盗窃未遂的辩护意见，因盗窃行为已完成，被盗三轮车实际已脱离被害人的控制，属盗窃行为既遂，故本院对该辩护意见不予采信。被告人潘阳甫协助公安机关抓获马聚山、晋志强，属立功，可以从轻处罚。依照《刑法》相关规定，判决如下：（1）被告人马聚山犯盗窃罪，判处有期徒刑八个月，并处罚金人民币3000元；（2）被告人潘阳甫犯盗窃罪，判处有期徒刑七个月，并处罚金人民币3000元；（3）被告人晋志强犯盗窃罪，判处有期徒刑七个月，并处罚金人民币3000元。

【案例82】经审理查明：2009年3月27日7时许，被告人杨某在某市1辆驶往某路方向的某线公交车上，用事先携带的黑包作掩护，趁被害人朱某不备之际，打开被害人拎包拉链，从中窃得人民币5100元，后被被害人当场人赃俱获。

法院认为：被告人杨某以非法占有为目的，在公交车上盗窃他人钱财，数额较大，其行为已构成盗窃罪，应依法追究其刑事责任。鉴于被告人杨某系刑满释放后五年内再犯应当判处有期徒刑以上刑罚之罪的，是累犯，依法应当从重处罚。念被告人杨某系又聋又哑的人，依法可从轻处罚。关于辩护人提出被告人杨某系犯罪未遂的观点，经查，被告人杨某拉开被害人拎包拉链后，从中窃得人民币5100元，此时被害人已经脱离对其钱款的控制，被告人杨某的盗窃行为已经完成。之后，因被害人及时发现而将被告人杨某人赃俱获并不影响对其盗窃犯罪既遂的认定，故辩护人的此节辩护意见不予采纳。依照《刑法》相关规定，判决如下：被告人杨某犯盗窃罪，判处有期徒刑一年六个月，并处罚金人民币2000元。

【案例83】原判认定：2009年3月5日19时许，被告人牛力来到位于郑州市中原区西站路的合记烩面馆内，趁被害人余某某不备之际，将其放在口袋里的1215元现金盗出来后，就被余某某发现并抓获。

原判认为：被告人牛力以非法占有为目的，秘密窃取他人财物数额较大，其行为已构成盗窃罪。原判以盗窃罪判处被告人牛力拘役五个月，并处罚金1000元。

宣判后，上诉人牛力上诉称，其行为系盗窃未遂，量刑过重。

二审经审理查明的事实、认定的证据与一审相同。

二审法院认为：上诉人牛力以非法占有为目的，秘密窃取他人财物，数额较大，其行为已构成盗窃罪。关于上诉人牛力称其行为系盗窃未遂、量刑过重的上诉理由，经查，2009年3月5日17时许，被告人牛力在郑州市西站路合记烩面馆大厅吃饭时，见邻桌被害人余某某的上衣在座椅靠背上挂着，即起盗窃他人财物之故意，遂乘被害人余某某正在吃饭不注意，将其上衣口袋内的现金掏出。此时，被害人余某某感觉后背被碰了一下，即转身看到被告人牛力已将钱掏出，随即抓住被告人牛力的手，边夺钱边喊抓小偷，夺回钱后报了警。上诉人牛力盗窃他人财物的行为虽已经实施完毕，被盗财物也已脱离被害人的控制，但上诉人牛力在尚未完全控制该财物时即被被害人当场抓获，该行为依法应认定为犯罪未遂。故上诉人牛力称其行为系盗窃未遂的上诉理由成立。原判定罪准确，审判程序合法，但犯罪形态认定错误，导致量刑不当，应予纠正。依照刑事法相关规定，判决如下：(1) 不准许上诉人牛力撤回上诉；(2) 维持郑州市中原区人民法院 (2009) 中刑初字第386号刑事判决对上诉人牛力的定罪部分；(3) 撤销郑州市中原区人民法院 (2009) 中刑初字第386号刑事判决对上诉人牛力的量刑部分；(4) 上诉人牛力犯盗窃罪，判处拘役四个月，并处罚金人民币1000元。

在笔者看来，单一的区分标准往往满足不了解决实践问题的需要。正如德国学者所强调的，体系与问题之间存在着实质交错关系，一方面，“体系的投放引致问题的选择”，即假设根本上只有一个体系A，通过这个体系将所有的问题分成“可解的”和“不可解的”两组，那么这后一组甚至会被当作纯粹的假问题而弃置一旁；另一方面，“问题的投放引致体系的选择”，即假如有一个唯一的体系A把我们的问题解释成“不可解的”（甚至当作一个纯粹的假问题），那么它就会要求另一些体系来应对该问题的解答。[①] 盗窃罪既遂未遂的认定，应根据盗窃的不同类型，包括不同基本罪状、不同加重罪状、不同行为、不同对象、不同故意等并结合具体案件事实（乃至

① 参见［德］特奥多尔·菲韦格：《论题学与法学》，舒国滢译，法律出版社2012年版，第29~30页。

包括特定的时空环境与条件）加以具体的判断和认定。

【案例 84】经审理查明：2008 年 3 月至 12 月 30 日，王某经人介绍到白河县某公司工作，在该公司担任中心店店长，负责商场购、销货和日营业管理等工作。王某与电脑充值管理员、其他管理人员同在公司大办公室办公，可以任意使用两台电脑并掌握相关信息。王某在工作期间，通过各种途径获得该公司储值卡 13 张。被告人王某持有该 13 张卡因他人赠与，某公司发放等原因拥有卡内合法金额 3468.90 元。被告人王某自 2008 年 3 月起，利用某公司电脑充值管理员工作疏忽之机，多次在自己持有的 13 张卡中非法充值，充值金额最高为 1000 元。同时，被告人王某持 13 张卡在某公司多次购物消费，截止案发前累计消费 17795.14 元。2008 年 12 月 25 日下午 2 时 30 分，某公司电脑充值管理员吴某接班后，打开电脑进入软件操作系统准备制作当日报表，此时有人叫吴某去前台帮忙收款。约半小时吴某返回工作室发现王某在充值电脑前坐着，待王某离去后吴某检查储值卡充值报表，电脑显示当日下午 3 时 10 分 000639 号卡、005221 号卡分别充值 500 元、200 元，吴某怀疑被人盗充充值，遂向其公司领导汇报，该公司指派李某负责核查。经电脑管理员吴某、刘苗查阅电脑储值卡充值记录，发现 2008 年 3 月至同年 12 月 25 日期间有 18 张储值卡被他人盗窃充值，某公司立即禁止使用该 18 张储值卡。某公司怀疑王某嫌疑较大，便找王某谈话要求其赔偿 15000 元平息此事，王某否认盗窃充值之事，并于 2008 年 12 月 31 日辞职离开该公司。2009 年 1 月 14 日，某公司向白河县公安局城关派出所报案，陈述其公司电脑被盗窃充值 20000 余元，请立案调查。白河县公安局于 2009 年 3 月 6 日立案侦查。2009 年 3 月 30 日，王某向其户籍所在地湖北省竹山县公安局投案，供述其在某公司担任店长期间，私自从电脑上充值 2000 元消费，现听说公安机关在调查而投案。2009 年 4 月 2 日，王某到白河县公安局投案。因王某无法回忆非法充值数额等具体情况，自认非法充值 18300

元，故于2009年4月16日、2010年3月24日，分两次向白河县公安局退缴赔偿款12000元和6300元。2009年5月19日、2010年3月24日，白河县公安局发还给被害人某公司被盗窃充值损失款18300元。

法院认为：被告人王某以非法占有为目的，利用在某公司担任中心店店长职务之便和某公司储值卡充值管理存在疏漏和不规范之机，在一年内数次秘密向自己所有的储值卡中充值16300余元，实际购物消费14300余元，其行为构成盗窃罪，并属盗窃数额巨大。被告人王某秘密充值未消费余额1900余元，因被某公司察觉禁止消费属盗窃未遂，本院在对被告人量刑时酌情从轻处罚。被告人王某在犯罪后自动投案，虽然对非法充值数额和消费数额供述内容不一，但多次表示对侦查机关调取其非法窃取某公司财物证据无异议，且自愿退赔18300元，属于自首。依照刑事法相关规定，判决如下：被告人王某犯盗窃罪，判处有期徒刑三年，宣告缓刑，缓刑考验期限四年。

【案例85】原判认定：2010年1月30日，被告人刘宝平持D3102次福州至苍南14号车厢45座车票从铁路福州站乘上该次列车，就座于6号车厢。列车从宁德站开出后，被告人刘宝平趁该车厢42号座位旅客刘明程不备之机，将该旅客放在行李架上的一只黄色手袋窃下，失主发现手袋被盗即大声呼叫，刘见状便将黄色手袋放回行李架并迅速离开，刘明程等人追至4号车厢找到被告人刘宝平并交乘警处理。经清点，被窃黄色手袋内有现金人民币5000元及松下牌照相机一台等物品，现已依法发还被害人。

原判认为：被告人刘宝平以非法占有为目的，秘密窃取他人钱财，数额较大，其行为已构成盗窃罪，依法应予处罚。依照刑事法相关规定，以盗窃罪判处被告人刘宝平有期徒刑一年二个月，并处罚金人民币2500元。

上诉人刘宝平以其欲盗窃手袋中的字画盒、且盗窃未遂为由提起上诉。

二审经审理查明的事实、认定的证据与一审相同。

二审法院认为：上诉人刘宝平以非法占有为目的，在旅客列车上，秘密窃取他人财物，数额较大，其行为已构成盗窃罪。关于盗窃未遂的上诉理由，经查，上诉人刘宝平持福州至苍南的14号车厢45座火车票在始发车站福州上车后，不按车票指定的座位入座，却来到6号车厢寻机入座。列车从宁德站开出后，其趁失主不备从行李架上窃下他人黄色手袋一只。尔后，其在翻动包内物品时，听到失主的大声呼叫后，才被动将手袋放回行李架并迅速离开6号车厢。在人员流动频繁的旅客列车车厢内，财物所有人一般通过目击、留意等方式对放置于行李架上的财物实施控制，上诉人刘宝平将他人放置在行李架上物品窃离行李架并置于自己控制下，虽然时间较短，却使他人失去了对财物的控制，因此其行为已具备了盗窃既遂的全部要件。故该上诉理由亦不能成立。依照《刑事诉讼法》第189条第（1）项之规定，裁定如下：驳回上诉，维持原判。

【案例86】经审理查明：2009年1月的一天，被告人邬永刚向张来良提议过年时盗窃信钢公司的生铁，同时和信钢公司保安人员李湛联系提供方便。之后李湛向信钢公司保卫部领导汇报，保卫部安排李湛插入邬永刚等人中间。1月27日下午，邬永刚打电话告诉张来良夜晚到信钢公司偷生铁，让其找辆货车拉铁。张来良给外甥陈廷剑打电话，让其联系刘义刚的货车。当晚6时许，李湛到信钢公司后门门卫处交接班，7时许，张来良、陈廷剑、刘义刚三人驾乘刘义刚货车进到信钢公司综合货场，由在此等候的邬永刚用铲车往货车上装生铁（包铁）39.4吨，价值115048元。装完车后正在驶出厂区时，张来良、陈廷剑、刘义刚被接到举报的信钢公司保卫人员抓获，邬永刚逃跑，被盗生铁全部追回，发还信钢公司。2011年7月18日，邬永刚主动到公安机关投案。

法院认为：被告人邬永刚伙同他人以非法占有为目的，采取秘密窃取的手段盗窃信钢公司生铁，数额特别巨大，其行为已构成盗窃罪。邬永刚等人已经着手实行犯罪，由于意志以外的原因而未得逞，系犯罪未遂，可以比照既遂犯减轻处罚……依照《刑法》相关规定，判决如下：被告人邬永刚犯盗窃罪，判处有期徒刑三年，缓刑五年，并处罚金50000元。

【案例87】经审理查明：被告人陈某系上海市嘉定区马陆镇某某路25号某某照明电器有限公司（以下简称某某公司）维修工，因经济拮据遂起意盗窃某某公司仓库内的锡线。2010年12月29日22时许，陈某潜入某某公司厂区三楼，乘该楼层内的贵金属仓库无人看管之机，用剪刀剪开搭建该仓库的彩钢板后钻入，将该仓库内价值人民币28000余元的无铅锡线150公斤搬运至一楼。因有保安巡逻，陈某无法将赃物窃出某某公司，遂将赃物藏匿于某某公司的废品堆放点内。某某公司报案后，陈某迫于压力将盗窃事实告知其父陈某某。2011年1月13日，陈某某将陈某藏匿的赃物归还某某公司。同月27日，陈某至公安机关投案，并如实供述了自己的罪行。

法院认为：被告人陈某以数额巨大的财物为盗窃目标，盗窃未遂，其行为已构成盗窃罪。陈某具有自首情节，可以从轻处罚。依照《刑法》相关规定，判决如下：被告人陈某犯盗窃罪，判处有期徒刑六个月，缓刑一年，罚金人民币1000元。

【案例88】原判认定：2011年3月13日凌晨2时许，被告人马志军伙同李智忠（又名尔布冬纳，在逃）等人窜至天水星火机床有限公司家属院内，盗窃停放在该区的轻骑QR200CY两轮摩托车一辆，欲推出该公司大门时，被告人马志军被该公司保卫科干事陈某某发现后当场抓获，并被扭送至天水市公安局麦积分局刑警大队。被盗摩托车已追回并已发还失主。经天水市麦积区价格认证中心鉴定，该摩托车价值3850元。

原审法院认为：被告人马志军无视国法，以非法占有为目的，采取窃取手段，伙同他人共同盗窃他人财物，数额较大，其行为确已构成盗窃罪。被告人马志军在缓刑考验期间又犯新罪，依法应当撤销缓刑，实行数罪并罚。依照《刑法》相关规定，判决如下：（1）撤销甘肃省张家川县人民法院（2008）张刑初字第2号刑事判决书主文对被告人马志文宣告的缓刑；（2）被告人马志军犯盗窃罪，判处有期徒刑六个月，并处罚金1000元，与前罪所判处的有期徒刑三年，并处罚金4000元，实行数罪并罚，合并为有期徒刑三年六个月，并处罚金5000元，决定执行有期徒刑三年三个月，并处罚金5000元。

宣判后，被告人马志军不服，提起上诉。

二审经审理查明的事实、认定的证据与一审相同。另查明：张家川县人民法院（2008）张刑初字第2号刑事判决书，判处马志军犯盗窃罪、抢劫罪判处有期徒刑三年，宣告缓刑五年并处罚金4000元，该罚金马志军已交纳。

二审法院认为：上诉人马志军无视国法，以非法占有为目的，伙同他人盗窃他人财物，其行为确已构成盗窃罪。马志军上诉提出自己是盗窃未遂从犯，患有严重肝病请求二审从宽处理的上诉理由，经查，马志军伙同李智忠盗窃失主郭某价值3850元的摩托车已脱离失主的监管。马志军、李智忠盗窃得手后被他人发现人赃俱获是既遂的盗窃犯罪并非未遂，马志军身患肝病不是从宽处理的法定条件，故其上诉理由不能成立，不予采纳。依据《刑事诉讼法》第189条（1）项、第179条之规定，裁定如下：驳回上诉，维持原判。

【案例89】经审理查明：2010年3月份，经被告人席恩平介绍，王治军承包了安阳县白壁镇东报德村村民田某瑞、田某只2.5亩耕地。之后，王治军以种蘑菇为由，伙同张文生等人将承包地用砖墙围起，在围墙内挖了储油池，同时在距承包地1200米处的中石化输油管道上打孔，用油管引油入池，实施盗油。在王治军等人组织人员在输油管道上打孔时，席恩平已知道王治军等人准备盗油，仍伙同“胖子”（另案处理）驱车前往山东取来工具。3月31日晚上，王治军、张文生等人盗油时，席恩平受王治军指使在油池院落的隔壁养猪场与养猪人田某文聊天稳住田某文，以免被田某文发现盗油之事。4月5日，输油管道管理人员巡查发现了盗油孔及围墙内的储油池而报案。储油池内查获被盗柴油26吨，每吨7135元，共计185510元。案发当天下午，王治军、杨峰来到席恩平家，王治军告知席恩平盗油之事被公安机关发现，欲潜逃外地，并让席恩平、杨峰都把各自所使用的手机卡扔掉。杨峰明知王治军等人盗油案发，还用电动车将王治军送到公路上乘车外逃，帮助王治军逃匿。

法院认为：被告人席恩平明知他人在输油管道上打孔盗油，还参与其中为他人盗油提供帮助，且盗窃物品价值185510元，属数额特别巨大，其行为已构成盗窃罪。被告人杨峰明知他人涉嫌犯罪而帮助其逃匿，其行为已构成窝藏罪。席恩平参与打孔盗油犯罪，其行为既符合破坏易燃易爆设备罪的犯罪构成要件，又符合盗窃罪的犯罪构成要件，应根据其犯罪结果对其选择重罪进行处罚，该案应以盗窃罪追究其刑事责任，故公诉机关指控被告人席恩平的行为构成破坏易燃易爆设备罪的罪名不当。席恩平在共同犯罪中，起次要作用，是从犯；对于从储油池查获的26吨柴油，因从输油管道引出后尚未转移，属盗窃未遂，可对席恩平予以减轻处罚。鉴于席恩平参与的是以破坏性手段实施的盗窃犯罪，因管道修复和油品停输给被害单位造成了一定的经济损失，该事实作为从重情节予以考虑。依照《刑法》相关规定，判决如下：（1）被告人席恩平犯盗窃罪，判处有期徒刑八年，并处罚金100000元；（2）被告人杨峰犯罪窝藏罪，判处有期徒刑一年……

【案例90】经审理查明：2010年10月21日上午，被告人冯某在明知位于重庆市合川区三汇镇的天府矿业有限公司三汇一矿原465厂内4株栾树系该矿所有的情况下，为牟利，仍伙同刘某、郑某（均已判刑）将该四株栾树盗挖。次日凌晨，被告人冯某等人将所盗挖的4株栾树装车运离作案现场途中，被公安机关挡获。经重庆市合川区价格认证中心鉴定，被盗的4株栾树价值29000元。另查明：案发后，被告人冯某协助公安机关抓获了同案犯刘某。其所盗挖的栾树等已被公安机关扣押并发还被害单位。还查明：被告人冯某在取保候审期间，得知重庆市合川区公安局已将其作为逃犯上网追捕，即自动向其住所地重庆市璧山县公安局投案，并如实供述了其犯罪事实。

法院认为：被告人冯某以非法占有为目的，伙同他人秘密窃取公司财产，数额巨大，其行为已触犯刑律，构成盗窃罪。被告人冯某已经着手实施犯罪，由于意志以外的原因而未得逞，系犯罪未遂；其于案发后协助公安机关抓捕同案犯，系立功；其得知被列为上网逃犯后自动向住所地公安机关投案，并如实供述了其犯罪事实，系自首，本院综合其上述量刑情节，依法对其减轻处罚。同时，鉴于被告人冯某确有悔罪表现，没有再犯罪的危险，且判处缓刑对其所居住社区亦无重大不良影响，故还可对其宣告缓刑。依照《刑法》相关规定，判决如下：被告人冯某犯盗窃罪，判处有期徒刑二年，缓刑二年。

【案例91】经审理查明：(1) 2010年9月14日凌晨1时许，被告人吴学华准备了胶把钳、启子、竹篮到维登乡菖蒲塘鑫达公司采矿场盗窃一台三相异步电动机，取出电动机内的铜芯线32市斤后，以每市斤18元的价卖给黄泽学，共得赃款576元。案发后，经鉴定该电动机价值为1679.80元人民币，铜芯线16市斤被公安机关扣押后随案移送至法院。(2) 2010年9月20日凌晨3时许，被告人吴学华准备了胶把钳、启子、竹篮到维登乡菖蒲塘鑫达公司采矿场电机房内盗窃配电柜内的铜芯线，将配电柜拆出后，被菖蒲塘鑫达公司工人当场抓获，并扭送到公安机关。经鉴定该配电柜（自耦减压起动机）价值为23056元人民币。

法院认为：被告人吴学华以非法占有为目的，两次秘密窃取公司财物，价值人民币24735.8元，数额巨大，其行为已构成盗窃罪，应依法惩处。被告人吴学华实施两次

> 盗窃的行为构成盗窃连续犯。但是，被告人吴学华在实施盗窃配电柜内的过程中，因意志以外原因未得逞，属盗窃未遂，比照既遂犯可从轻或减轻处罚。被告人吴学华归案后，如实供述了自己的犯罪事实、认罪态度较好，被盗的铜芯线部分已被公安机关追回，在量刑时酌情对被告人吴学华从轻处罚。根据被告人的犯罪事实、情节及对社会的危害程度，对被告人吴学华依法予以减轻处罚。依照《刑法》相关规定，判决如下：（1）被告人吴学华犯盗窃罪，判处有期徒刑二年零六个月，并处罚金2000元人民币；（2）随案移送的作案工具胶把钳一把、启子一把、竹篮一只，依法没收，赃物铜芯线8公斤、铜片24.5公斤发还鑫达公司。

此外，随着《刑法修正案（八）》对盗窃罪基本罪状的修改，学界对新规定的盗窃类型的停止形态进行了分析。有学者从整体上分析指出，现行盗窃罪立法采取结果犯（即普通盗窃）和行为犯（即多次盗窃、入户盗窃、携带凶器盗窃、扒窃）两种模式，前者应根据结果有无实现判定既遂与否，后者应根据行为是否符合规定的“规格”或“程度”判定既遂与否。① 有学者认为，盗窃罪的行为犯实质是结果犯的未遂犯，虽然没有取得财物或者取得财物没有达到数额较大程度，但符合四种行为样态之一的，应按盗窃罪既遂追究责任。例如，行为人已经着手实施“入户盗窃”行为，即构成既遂；行为人实施了“携带凶器盗窃”的实行行为，就构成既遂；行为人实施了扒窃行为，就构成既遂。② 有学者就特定情形的既未遂分析指出，携带凶器盗窃必须达到着手实施了盗窃行为并对人身造成侵害危险程度才是行为犯既遂，二者缺一不可；若只满足一项，便是未遂。③ 有学者认为，携带凶器盗窃的着手实行行为应当侵害或者威胁

① 参见刘一亮、祝光杜：《盗窃罪中“多次盗窃”的重新解读》，载《警官文苑》2008年第1期。

② 参见魏海：《盗窃罪研究——以司法扩张为视角》，中国政法大学出版社2012年版，第283页、第300页、第305页、第309页。

③ 参见周啸天：《携带凶器盗窃的刑法解析——对〈刑法修正案（八）〉的解读》，载《法律科学》2011年第4期。

人身权利和财产权利。若未对两种法益形成具体危险，则不应评价为携带凶器行为犯既遂。[①] 有学者认为，扒窃是结果犯，而非行为犯，扒窃应以行为人取得了值得刑法保护的财物为既遂标准。[②] 实践个案的做法也并不一致。

【案例93】经审理查明：（1）2011年6月14日8时许，被告人陈国友在信阳羊山菜场正在盗窃被害人朱某某裤兜内的408元现金时，被巡逻民警当场抓获。（2）2011年8月24日上午，被告人陈国友伙同被告人李纪银经预谋窜至信阳市浉河大市场、申桥菜市场等地，使用镊子多次盗窃他人财物。后二被告人窜至信阳市申碑路菜市场正在盗窃被害人谢某某口袋里钱物时，被民警当场抓获。另从二被告人身上收缴现金185元、西亚和美购物卡80元。同时查明：被告人陈国友因2011年6月14日的盗窃行为被刑事拘留，2011年6月21日被撤案释放，其刑事拘留转为行政拘留。

法院认为：被告人陈国友、李纪银以非法占有为目的，多次在公共场所扒窃公民财物，其行为已构成盗窃罪。被告人陈国友在信阳市羊山市场及被告人陈国友、李纪银在信阳市浉河大市场盗窃他人财物，因意志以外原因而未能得逞，系盗窃未遂，可以比照既遂犯从轻、减轻处罚；二被告人尚能认罪、悔罪，案发后追回全部赃款，其亲属积极缴纳罚金，可以酌情从轻处罚。依照《刑法》相关规定，判决如下：（1）被告人陈国友犯盗窃罪，判处拘役五个月，并处罚金1000元；（2）被告人李纪银犯盗窃罪，判处拘役五个月，并处罚金1000元。

---

① 参见魏海：《盗窃罪研究——以司法扩张为视角》，中国政法大学出版社2012年版，第305页。在笔者看来，“携带凶器盗窃”保护的主法益是财产权利，辅法益是人身权利，且“携带凶器”对人身权利的危害为抽象危险（立法者拟制的危险，不需要司法者具体作出判断），而不是具体危险（需要司法者根据个案作出判断）。

② 参见张明楷：《刑法修正案（八）实施问题研究》，载《政治与法律》2011年第8期；王东海：《扒窃的理性界定》，载《中国检察官》2012年第10期（下）。

【案例94】 经审理查明：2011年7月26日上午7时许，被告人余腾飞在信阳市1路公交车上对一妇女实施盗窃未能得逞后，再次对陈某实施盗窃时被当场抓获。

法院认为：被告人余腾飞在公交车上扒窃，其行为已构成盗窃罪。被告人余腾飞系聋哑人；其在实施盗窃过程中因意志以外原因而未能得逞，系盗窃未遂；且能当庭认罪，辩护人以上述理由请求从轻处罚的意见予以支持。依照《刑法》相关规定，判决如下：被告人余腾飞犯盗窃罪，单处罚金1000元。

【案例95】 原判认定：2011年3月22日10时许，被告人张金长、阮小斌在公交车上盗窃，二人作案时被同车执勤民警当场发现并抓获。被害人包内有3127美元，折合人民币20598.116元。

原审法院认为：被告人张金长、阮小斌以非法占有为目的，采取秘密窃取的手段，盗窃他人财物，价值达人民币20598.116元，数额巨大，其行为均已构成盗窃罪，且系共同犯罪。二被告人盗窃他人财物未能得逞，属犯罪未遂，可以比照既遂犯减轻处罚。二被告人系又聋又哑的人，均可从轻处罚。被告人阮小斌在共同犯罪中的作用相对较小，且庭审中自愿认罪，可从轻、酌情从轻处罚。二被告人曾因盗窃被行政处罚，均可酌情从重处罚。依据《刑法》第264条、第19条、第25条第1款、第23条之规定，判决如下：(1) 被告人张金长犯盗窃罪，判处有期徒刑一年零一个月，并处罚金3000元；(2) 被告人阮小斌犯盗窃罪，判处有期徒刑九个月，并处罚金2000元。

原审被告人张金长上诉提出原判量刑过重，请求二审法院在原判的基础上再予从轻处罚，理由为：(1) 其没有拉开被害人的背包拉链；(2) 其不知道包内有多少财物，不能按包内财物计算盗窃金额；(3) 其系又聋又哑的人。其辩护人的辩护意见为：(1) 张金长系又聋又哑的人；(2) 本案属犯罪未遂；(3) 未造成被害人实际损失，社会危害性较小。

二审经审理查明：2011 年 3 月 22 日 10 时许，被告人张金长、阮小斌到合肥市一辆 2 路公交车上寻找盗窃目标。当车快行驶到合肥市寿春路逍遥津站时，由阮小斌作掩护，张金长上前靠近被害人李光武，用右手将李光武肩上背包拉链拉开，将手伸进包内盗窃包内财物，被同车执勤民警发现当场并将两人抓获。被盗包内有 3127 美元，折合人民币 20598.116 元，经清点后已由公安机关发还被害人。

二审法院认为：上诉人张金长、原审被告人阮小斌以非法占有为目的，采取秘密窃取的手段，共同盗窃他人财物，价值达 20598.116 元，数额巨大，其行为均已构成盗窃罪，且系共同犯罪。上诉人张金长实施盗窃时，其行为所指向的对象是被害人包内的财物，包内的 3127 美元并未超出其盗窃的故意，其应对所盗的财物承担刑事责任。原判认定事实清楚，适用法律正确，量刑适当，审判程序合法。依照《刑事诉讼法》第 189 条第（1）项之规定，裁定如下：驳回上诉，维持原判。

【案例 96[①]】 经审理查明：被告人杜爱华系夏邑县太平乡龙发粉丝厂看厂人员。被告人杜爱华利用拿本厂大门和仓库的钥匙之便，于 2010 年 12 月、2011 年 2 月 15 日、2011 年 3 月 15 日伙同他人三次盗窃龙发粉丝厂粉丝约 90 袋，每袋价值 50 元，共计价值约 4500 元。2011 年 5 月 7 日晚 10 时许，被告人杜爱华伙同上述人员再次盗窃龙发粉丝厂粉丝 32 袋，准备离开时，被老板张某某发现。杜爱华被当场抓获，另外二人逃走。

法院认为：被告人杜爱华伙同他人盗窃公民财物，数额较大，其行为构成盗窃罪，且系共同犯罪。被告人杜爱华所得赃款已全部追回退还被害人，其家人又退赔了被害人 8000 元，足额弥补了被害人的损失。被害人对其表示谅解，不再要求追究其刑事责任，可酌情从轻处罚。被告人杜爱华第四次盗窃未遂，可以比照既遂犯从轻或者减轻处

① 裁判理由没有明确地说明该次未遂，而是笼统地认定为未遂。

罚。被告人杜爱华认罪态度好，有悔罪表现，且其年岁已高，没有再犯罪的危险，可考虑对其适用缓刑。依照《刑法》相关规定，判决如下：被告人杜爱华犯盗窃罪，判处有期徒刑一年，缓刑二年，并处罚金3000元。

【案例97[①]】经审理查明：（1）2010年12月10日上午，被告人陈杰斌从新化县窜至冷水江市城区，在冷水江市总工会旁建材市场附近一栋楼房的一楼楼梯间发现了被害人邹修志停放的牌号为湘KB4527的一台红色钱江牌两轮摩托车，被告人陈杰斌用小剪刀将该摩托车点火线剪断搭线点火发动后，将该摩托车盗走。次日，被告人陈杰斌将该摩托车销赃后，得赃款1000元。经鉴定，该被盗摩托车价值为3626元。（2）2010年12月14日中午，被告人陈杰斌从新化县窜至冷水江市城区，在冷水江市新华宾馆前停车坪内发现了被害人刘声维停放的牌号为湘K6E428的一台蓝色大江牌两轮摩托车，被告人陈杰斌采取剪线搭火的手段，将该摩托车发动后盗走。次日，被告人陈杰斌将该摩托车销赃后，得赃款1400元。经鉴定，该被盗摩托车价值为4275元。（3）2010年12月16日16时许，被告人陈杰斌从新化县窜至冷水江市城区，在冷水江市人民医院停车坪内发现了被害人刘会云停放的牌号为湘KU4672的一台红色三铃牌两轮摩托车，被告人陈杰斌仍采剪线搭火的手段，将该摩托车盗走。次日，被告人陈杰斌将该摩托车销赃后，得赃款1300元。经鉴定，该被盗摩托车价值为4080元。（4）2010年12月18日14时许，被告人陈杰斌从新化县窜至冷水江市城区，在冷水江市建新街建新宾馆前人行道上发现了被害人潘冬辉停放的牌号为湘KY6281的一台红色豪爵牌两轮摩托车，被告人陈杰斌再次采用剪线搭火的作案方法，将该摩托车盗走。次日，被告人陈杰斌将该摩托车销赃后，得赃款1000元。经鉴定，该被盗摩托车价值为4482元。（5）2010年12月20日11时许，被告人陈杰斌

① 裁判理由明确说明多次盗窃中的某次未遂比照既遂处理。

从新化县窜至冷水江市城区，在冷水江市冷江大桥旁“顶尖网吧”楼下发现了被害人苏双波停放的牌号为湘KL4825的一台红色隆鑫牌两轮摩托车，被告人陈杰斌用小剪刀将该摩托车点火线剪断搭线点火发动后，将该摩托车盗走。次日，被告人陈杰斌将该摩托车销赃，得赃款1300元。经鉴定，该被盗摩托车价值为4212元。（6）2010年12月22日13时许，被告人陈杰斌从新化县窜至冷水江市城区，在冷水江市中医院停车坪内发现了被害人谢飞跃停放的牌号为湘KX0463的一台蓝色劲锋牌两轮摩托车，被告人陈杰斌用小剪刀将该摩托车点火线剪断搭线点火发动准备逃离时，被谢飞跃发现并当场抓获。经鉴定，该被盗摩托车价值为4212元。综上所述，被告人陈杰斌共计盗窃摩托车6次，其中未遂1次，盗得摩托车5台，盗窃价值24800元，其中盗窃未遂的摩托车价值4212元。销赃后得赃款6000元。

法院认为：被告人陈杰斌以非法占有为目的，采取秘密手段窃取他人财物，数额巨大，其行为已构成盗窃罪，应依法予以惩处。被告人陈杰斌在冷水江市中医院停车坪内盗窃摩托车时，被当场抓获，系盗窃未遂，对于该次犯罪，可以比照既遂犯从轻或者减轻处罚。被告人陈杰斌能如实供述自己罪行，可依法从轻处罚。依照刑事法相关规定，判决如下：被告人陈杰斌犯盗窃罪，判处有期徒刑四年六个月，并处罚金二万元。

【案例98】经审理查明：2011年12月15日14时许，被告人李冰伙同李某（另案处理）携带撬棍，在公民田某租住的某区白玉山街努力村周家毛湾19号房屋处，采取撬门入室的手段，进入该室实施盗窃时，被正在家中的田某当场抓获并报案至公安机关。

法院认为：被告人李冰伙同他人以非法占有为目的，采取秘密手段，入户盗窃公民财物，侵犯了公民的财产所有权，其行为已构成盗窃罪。被告人李冰在盗窃财物时，当场被抓捕，由于意志以外的原因，未窃得财物，是犯罪未遂，依法可以比照既遂犯从轻或者减轻处罚。被告人李冰曾因犯盗窃罪被判处有期徒刑，刑罚执行完毕后五年内再犯应当判处有期徒刑以上刑罚之罪，是累犯，应当从重处罚。被告人李冰自愿认罪，还具有可酌情从轻处罚的情节。依照刑事法相关规定，判决如下：被告人李冰犯盗窃罪，判处有期徒刑七个月，并处罚金人民币1000元。

笔者认为，这些新类型的盗窃本质上仍属于侵犯财产罪的范畴，与普通盗窃的区别在于行为次数、行为场所、行为方式和行为对象，即使罪状未对财物数额作出明文规定（不考虑我国刑法总则第13条以及定量的立法模式对该分则条款的影响），侵犯财产行为的既遂内在地要求一定价值或者数额的财物。因此，既未遂的判断宜参照普通盗窃的相关规定来认定。至于这些新类型的盗窃个案处理中，实际取得的财物较小或者未取得财物的，宜综合考虑案件事实和情节作出是否按盗窃罪论处。实践中因最高司法机关未作出正式解释，个案中的认定尚未统一，例如，“马某扒窃案”“包某扒窃案”和“刁某盗窃案”（案例99~101）。

【案例99①】经审理查明：2011年5月，被告人马某在成都市某菜市场水果摊附近，趁63岁的被害人陈某不备，用随身携带的镊子盗走其1.5元，后被抓获。

法院最后以盗窃罪判处马某有期徒刑6个月。

【案例100②】经审理查明：2011年5月9日凌晨3时许，包某在某家网吧，看到一青年靠在椅子上睡着，便伸手去掏对方左裤袋里的手机，因裤子紧没有掏出遂放弃，后被抓获。

海曙区法院判决包某拘役四个月，并处罚金1000元。

---

① 参见秦莹等：《“扒窃”定罪，争议也不小》，载《检察日报》2011年9月14日第5版。

② 参见张菁菁：《扒窃入刑出手即犯罪》，载《宁波通讯》2011年第20期。

【案例101[①]**】**2011年6月宜昌市公安局水陆公交分局反扒民警在公交车上抓到一名扒窃分子，犯罪嫌疑人习某对扒窃行为供认不讳，但因偷的钱包里没有一分钱，在该案移交检察机关后，检察院认为，根据《刑事诉讼法》相关规定，该案情节显著轻微、危害不大，不认为是犯罪。犯罪嫌疑人在被教育后予以释放。

① 参见申明、吕晓红：《一个空钱包引发的“扒窃入刑”难题》，载《三峡晚报》2012年4月12日第12版。

第三章 诈骗罪

《刑法》第266条规定："诈骗公私财物，数额较大的，处三年以下有期徒刑、拘役或者管制，并处或者单处罚金；数额巨大或者有其他严重情节的，处三年以上十年以下有期徒刑，并处罚金；数额特别巨大或者有其他特别严重情节的，处十年以上有期徒刑或者无期徒刑，并处罚金或者没收财产。本法另有规定的，依照规定。"除合同诈骗罪和金融诈骗罪（集资诈骗罪、贷款诈骗罪、票据诈骗罪、金融凭证诈骗罪、信用证诈骗罪、信用卡诈骗罪、有价证券诈骗罪、保险诈骗罪等）外，《刑法》第210条第2款规定："使用欺骗手段骗取增值税专用发票或者可以用于骗取出口退税、抵扣税款的其他发票的，依照本法第266条的规定定罪处罚"；第269条规定："犯盗窃、诈骗、抢夺罪，为窝藏赃物、抗拒抓捕或者毁灭罪证而当场使用暴力或者以暴力相威胁的，依照本法第263条的规定定罪处罚"；第287条规定："利用计算机实施金融诈骗、盗窃、贪污、挪用公款、窃取国家秘密或者其他犯罪的，依照本法有关规定定罪处罚"；第300条第3款规定："组织和利用会道门、邪教组织或者利用迷信奸淫妇女、诈骗财物的，分别依照本法第236条、第266条的规定定罪处罚。"

一、诈骗罪的行为要件

我国刑法对诈骗罪的规定采用简单罪状。此点有别于一些国家的立法例，[①] 例如，《日本刑法》第246条第1项规定，欺骗他人使之交付财物的，处……；《韩国刑法》第347条第1款规定，欺骗他人而接受他人交付之财物或者取得财产上之利益的，处……；1968年《英国盗窃罪法》第15条第1款规定，以永久性剥夺他人财产的意思，通过欺骗方法不诚实地取得属于他人的财物的，处……；《德国刑法》第263条第1款规定，意图使自己或第三者获得不法财产利益，以虚构、歪曲或者隐瞒事实的方法，使他人陷入或者维持错误，从而造成他人财产损失的，处……；《瑞士刑法》第146条第1款规定，以使自己或他人非法获利为目的，以欺骗、隐瞒或歪曲事实的方法，使他人陷入错误之中，或恶意地增加其错误，以致决定被诈骗者或他人遭受财产损失的，处……。

我国学界传统观点认为，诈骗罪是指以非法占有为目的，采用虚构事实或者隐瞒真相的方法，骗取数额较大[②]的公私财物的行为。[③] 近年来，学界在比较刑法学的视角下对诈骗罪的界定更加全面和具体，认为除犯罪对象和犯罪目的之外，诈骗罪（既遂）在客观上表现为如下完整的过程：行为人实施欺骗行为——对方陷入或者继续维持认识错误——对方基于认识错误处分或交付财产——行为人取得或者使第三者取得财产——被害人遭受损失。[④] 具体来说：

（一）行为人实施欺骗行为

实践中应注意以下几点：一是欺骗的类型，具体包括虚构事实和隐瞒真相。所谓“虚构事实”，是指捏造全部或者部分不存在的事实。所谓“隐瞒真相”，指对被害人掩盖客观存在的某种事实。

---

① 关于世界各国刑法对诈骗的规定比较，参见游涛：《普通诈骗罪研究》，中国人民公安大学出版社2012年版，第27页以下。

② 2011年4月8日最高人民法院、最高人民检察院《关于办理诈骗刑事案件具体应用法律若干问题的解释》（以下简称《诈骗罪解释》）第3条规定：“诈骗公私财物虽已达到本解释第1条规定的‘数额较大’的标准，但具有下列情形之一，且行为人认罪、悔罪的，可以根据刑法第37条、刑事诉讼法第142条的规定不起诉或者免予刑事处罚：（1）具有法定从宽处罚情节的；（2）一审宣判前全部退赃、退赔的；（3）没有参与分赃或者获赃较少且不是主犯的；（4）被害人谅解的；（5）其他情节轻微、危害不大的。”

③ 参见高铭暄主编：《刑法学》（修订版），法律出版社1984年版，第491页。

④ 参见张明楷：《诈骗罪与金融诈骗罪研究》，清华大学出版社2006年版，第8页；黎宏：《刑法学》，法律出版社2012年版，第752页。

二是欺骗的内容。欺骗的内容是否包括就事实进行欺骗和就价值判断进行欺骗，德国、日本、我国台湾地区均存在否定说和肯定说两种观点。[①] 此处的“事实”既包括客观的外在的事实，也包括主观的心理的事实；既包括过去的事实，也包括现在和未来的事实。[②] 至于是否包括未来的事实，刑法学界是存在争论的，按照德国学者的观点，所谓“事实”，是指“能够验证其为真或为假的性质的，现在或过去的具体历程或状态”，关于将来事实的预测或表示，不属于诈骗罪所规制的事实，即使事后发现当时预测有误，也不成立欺骗。我国台湾地区也有观点认为，只有与事实相对照才能判断是否虚假，而对于未来的事实，在欺骗的当下没有能够对照的事实基础，因而不成立欺骗。日本通说与判例认为可以就将来的事实成立欺骗。[③]

三是欺骗的方式。[④] 欺骗行为既可以是语言陈述、文字表达，也可以是举止表达；既可以是直接地（当面或者通过电话等不当面）对被欺骗者进行，也可以由第三者转至被欺骗者进行；既可以是作为的方式进行，也可以是不作为的方式进行。关于不作为能否成为诈骗罪的手段，国外刑法理论界存在全面否定说、部分否定说和肯定说的观点。[⑤] 我国有学者认为，虚构事实只能以作为方式表现，而隐瞒事实既可以是作为的形式，也可以是不作为的形式。[⑥] 有学者认为，虚构事实是作为形式的诈骗行为，而隐瞒真相是不作为形式的

① 转引自张明楷：《诈骗罪与金融诈骗罪研究》，清华大学出版社2006年版，第67～70页。

② 参见张明楷：《诈骗罪与金融诈骗罪研究》，清华大学出版社2006年版，第59～66页。

③ 转引自张明楷：《诈骗罪与金融诈骗罪研究》，清华大学出版社2006年版，第62～63页。

④ 2010年11月3日最高人民法院《关于审理伪造货币等案件具体应用法律若干问题的解释（二）》第5条规定：“以使用为目的，伪造停止流通的货币，或者使用伪造的停止流通的货币的，依照刑法第266条的规定，以诈骗罪定罪处罚。”此处的“以使用为目的，伪造停止流通的货币”至多属于诈骗罪的预备行为。

⑤ 参见张明楷：《诈骗罪与金融诈骗罪研究》，清华大学出版社2006年版，第71～72页。

⑥ 参见王作富主编：《刑法分则实务研究（下册）》，中国方正出版社2003年版，第1272页。

诈骗行为。[①] 在笔者看来，此处作为与不作为的判断标准不同于刑法意义上的作为犯与不作为犯，前者是从自然意义上来看待欺骗的手段方式，后者往往是在规范意义上（刑法义务来源）来分析具体犯罪构成要件。[②] 实践个案中不排除行骗人同时采取作为和不作为、虚构事实和隐瞒真相方式来使人陷入认识错误。例如，“牟某等诈骗案”（案例1）中“制造骨折”、陈述摔断事实、“出面私了”是作为，不告知真相（即骨折造成的真实原因）又是不作为（从合同义务角度来说，索取赔偿应如实告知），其中陈述“在工作中将手臂摔断”既可以说是虚构事实（骨折并非在工作中造成），也可以说是“隐瞒真相”（未说明骨折是“自伤”造成）。

四是欺骗的结果。欺骗结果必须是欺骗行为使对方陷入或者继续维持认识错误并基于此认识错误处分或交付财产。

【案例1】 经不公开审理查明（本案因有未成年人被告人，依法不公开开庭审理）：被告人牟某结伙张豪豪等人（均另行处理）预谋采用物色人员做“枪手”，将“枪手”手臂敲断佯装工伤的方式骗取钱财。2007年7月21日，被告人牟结伙张豪豪等人将上述骗取钱财的方式告诉被告人石某，被告人石某积极应允并跟随被告人牟某等至杨永亮（另行处理）处，由杨永亮将石某送至上海市嘉定区曹安路2738号锦梁太酒店装修工地工作。当日中午休息期间，杨永亮等人在他处按预谋用钢管将被告人石某手臂打成骨折，随后石某重返工地干活，并虚构在工作中将手臂摔断的事实，后由杨永亮等人出面以“私了”为名，从该工地负责人陈焕芬、陈仕庆（兰州司固闽南装修公司员工）处，共计诈骗得款人民币10500元。

上海市普陀区人民法院认为：被告人牟某、石某以非法占有为目的，采用虚构事实的方式，骗取公私财物，数额较大，其行为已符合诈骗罪的犯罪构成要件，依法均应

① 参见黎宏：《刑法学》，法律出版社2012年版，第752页。

② 参见陈兴良：《刑法的知识转型（学术史）》，中国人民大学出版社2012年版，第265页。

予以处罚。在共同犯罪中，被告人牟某、石某起次要作用，系从犯，依法应从轻处罚。被告人牟某犯罪时已年满16周岁未满18周岁，依法应从轻处罚。被告人牟某、石某自愿认罪，可酌情从宽处罚。依照《刑法》相关规定，判决如下：(1) 被告人牟某犯诈骗罪，判处拘役5个月，并处罚金人民币1000元；(2) 被告人石某犯诈骗罪，判处有期徒刑6个月，并处罚金人民币2000元。

（二）对方陷入或者继续维持认识错误

此处“陷入认识错误”是指对方在没有任何认识错误的前提下，因行为人的欺骗行为而陷入处分或者交付财产的认识错误。“继续维持认识错误”是指对方已经由于某种原因处在认识错误的状态，行为人的欺骗使其继续维持或者强化处分财产的认识错误。实践中要注意的是：

1. 认识错误的后续结果。陷入认识错误或者继续维持认识错误与后续的交付或者处分财产之间必须存在因果关系，否则，不属于诈骗罪的欺骗，例如，受骗者虽然陷入了认识错误，但认识错误的内容不是处分或者交付财产，受骗者也并未因此而处分财产；受骗者虽然陷入了认识错误，但受骗者不具有处分或者交付财产的权限或者地位时，但帮助转移了财产；受骗者虽然陷入了认识错误，受骗者同时也具有处分或者交付财产的权限或者地位，但并非因此认识错误进行“处分或者交付财产行为”，均不属于此处的“欺骗”。

2. 认识错误的判断基准。有学者认为，“即便是一般人不会上当的行为，由于对方的特别情况而引起错误的场合，也要成立诈骗行为，即对于特别容易被骗的被害人，使用一般人不可能上当的手段，仍能构成诈骗罪”。① 有学者认为，“行为人向非常精明或戒备心极强的人作虚假表示时，即使足以使一般人陷入或者维持错误进而处分财产，也不成立诈骗罪。这恐怕不合适”。② 此种分歧即判断欺骗行为是否足以致使受骗人陷入认识错误，是坚持“一般人”客

① 参见黎宏：《刑法学》，法律出版社2012年版，第753页。
② 参见张明楷：《诈骗罪与金融诈骗罪研究》，清华大学出版社2006年版，第85页。

观基准还是“特定的受骗者”。笔者认为，宜根据“特定受骗者”的主观基准来加以判断，即综合考虑被骗者的性格、年龄、能力、知识、经验，行骗者的欺骗内容、方式、环境等作出判断。此处的“他人”不能包括完全没有认识与处分能力的幼儿和精神病人，即被骗者至少具有一定的意思接受能力和处分或者交付财产能力，行为人对其进行“欺骗”的，只能按盗窃罪论处。

3. 认识错误的程度。按照日本学者的观点，“欺骗行为的程度必须取决于法益侵害的危险，即取决于陷入错误、处分财产的危险程度”。[①] 此种危险性的判断应借鉴具体危险犯危险的判断方法进行个案的认定，综合考虑行骗人和受骗人双方因素（例如，受骗人的防骗能力，行骗人的欺诈能力，具体的欺骗内容，具体的交易习惯等等）来予以确定。正如德国犯罪学者汉斯所指出的，“有些被害人并不值得保护，一则是他们并不纯洁，二则他们往往为自己不可能被一般智力水平的人的欺诈行为所骗”，[②] 因此，被害人本身对认识错误有过错的，就应相应地认定欺骗行为的危险程度降低。下列情形就不宜认定为达到了欺骗的危险程度：行为人对某物作极为概括的、抽象的夸张（例如，“性能良好、经久耐用”、“营养丰富”、“价廉物美”等等）；书画、古董品、玉石等需要鉴别力来进行判断的物品交易过程中的单纯沉默，等等。

（三）对方基于认识错误处分或交付财产

此要件是指受骗者基于认识错误将财产转移给行骗人或者第三者占有的行为。受骗者只能是具有财产处分或者交付能力的自然人。不具有此种能力的婴幼儿、严重精神病患者，不能成为受骗者，但心智浅薄的未成年人与心神耗弱者可以成为受骗者。法人（包括单位）本身尽管具有此种能力，但本身不会因欺骗而陷入认识错误，也不能成为受骗者。《刑法》第 167 条规定“国有公司、企业、事业单位直接负责的主管人员，在签订、履行合同过程中，因严重不负责任被诈骗，致使国家利益遭受重大损失的，处……”，第 406 条规

① 参见［日］林干人：《刑法各论》，日本东京大学出版社 1999 年版，第 231 页。

② 参见［德］汉斯·约阿希姆·施耐德：《犯罪学》，吴鑫涛、马君玉译，中国人民公安大学出版社、国际文化出版公司 1990 年版，第 816 页。

定“国家机关工作人员在签订、履行合同过程中，因严重不负责任被诈骗，致使国家利益遭受重大损失的，处……”，直接表明受骗者只能是“主管人员”或者“机关工作人员”。但是，有关司法解释将“捡拾他人信用卡后在ATM机上取款”规定为按信用卡诈骗罪处理，势必得出ATM机的所有者即单位为受骗者的结论。因对象（动产、不动产、无形财产、虚拟财产、财产性利益等等）及原来的占有形态（直接占有、间接占有；主占有、辅助占有等等）的不同，“处分或者交付”的具体方式也会存在差别。实践中值得注意的是下列问题：

1. 电子计算机、自动取款机等机器能否成为受骗者。德日等大陆法系国家、英美法系国家刑法理论与审判实践均认为机器不能被诈骗。① 我国台湾地区有的主张机器可以成为受骗者，有的认为机器不能成为受骗者。② 我国大陆学界存在肯定说和否定说两种观点。学界围绕许霆案的论争中，同样涉及此问题有着不同回答。③ 实践中“许霆案”按盗窃罪处理，表明法院也持机器不能成为受骗者的立场。

2. 三角诈骗。财产处分者（受骗者）与被害人是同一人的，称为二者间诈骗，财产处分者（受骗者）与被害人不是同一人的，称为三角诈骗或者三者间的诈骗。我国《刑法》第194条规定“冒用他人的汇票、本票、支票”、第196条规定“冒用他人信用卡”，肯定了三角诈骗的存在，即冒用人——受骗人（银行或者特约商户的工作人员）——被害人（票据或者信用卡的权利人），例如，“凌某某信用卡诈骗案”“汪露信用卡诈骗案”（案例2～3）。

【案例2】经审理查明：2012年1月10日9时25分许，被告人凌某某在浦东机场候机楼北步行道近花旗银行

---

① 转引自张明楷：《诈骗罪与金融诈骗罪研究》，清华大学出版社2006年版，第89～90页。

② 参见黄荣坚：《刑法问题与利益思考》，台湾地区元照出版公司1999年版，第82页。

③ 参见张明楷：《许霆案的刑法学分析》，《中外法学》2009年第1期；刘明祥：《许霆案的定性：盗窃还是信用卡诈骗》，《中外法学》2009年第1期；谢望原、付立庆主编：《许霆案深层解读》，中国人民公安大学出版社2008年版。

ATM取款机处巡逻时，发现被害人陈某某在该处使用取款机后未退出操作系统，趁周围无人之际，从被害人陈某某工商银行卡内分7笔取走现金人民币20000元后占为己有。2012年1月10日，被告人凌某某向公安机关投案自首，到案后如实供述上述犯罪事实，并退还被害人陈某某人民币20000元。

法院认为：被告人凌某某以非法占有为目的，违反信用卡管理法规，冒用他人信用卡，数额较大，其行为已构成信用卡诈骗罪。被告人凌某某具有自首情节，依法从轻处罚。被告人凌某某自愿认罪，被害人的经济损失已得到挽回，酌情从轻处罚。依照《刑法》相关规定，判决如下：被告人凌某某犯信用卡诈骗罪，判处有期徒刑九个月，缓刑一年，罚金人民币20000元。

【案例3】经审理查明：2011年11月30日，被告人汪露以借用信用卡参加购物抽奖活动为由，骗得被害人黄某卡号为622252061129××××的交通银行信用卡1张，后持该卡分别采取POS机套现及支取现金等方式透支共计人民币4950元。2012年3月29日，被告人汪露以帮助注销信用卡为由获取被害人明某某的身份信息后，冒用被害人明某某的身份证明补办了卡号为622252061798××××的交通银行信用卡1张，后持该卡分别采取POS机套现、支取现金及刷卡消费等方式透支共计人民币6880元。同年5月4日，被告人汪露被被害人明某某等人抓获并扭送公安机关。另查明，案件审理期间，被告人汪露的亲属自愿代为退缴全部透支款共计人民币11830元。

法院认为：被告人汪露以非法占有为目的，冒用他人信用卡进行信用卡诈骗活动，数额较大，其行为已构成信用卡诈骗罪。公诉机关指控的犯罪成立。被告人汪露归案后如实供述自己的罪行，可以从轻处罚。被告人汪露已退缴全部赃款，可以酌情从轻处罚。被告人汪露在法庭审理期间自愿认罪，可以酌情从轻处罚。依照《刑法》相关规定，判决如下：被告人汪露犯信用卡诈骗罪，判处有期徒刑六个月，并处罚金人民币20000元。

3. 诉讼诈骗。诉讼欺诈的行为是否构成犯罪，构成何种犯罪，学界与实务界主要存在无罪说、诈骗罪说、敲诈勒索罪说、抢劫罪说、妨害司法犯罪说等观点。2002年10月24日最高人民检察院法律政策研究室《关于通过伪造证据骗取法院民事裁判占有他人财物的行为如何适用法律问题的答复》指出，以非法占有为目的，通过伪造证据骗取法院民事裁判占有他人财物的行为所侵害的主要是人民法院正常的审判活动，可以由人民法院依照《民事诉讼法》的有关规定作出处理，不宜以诈骗罪追究行为人的刑事责任。如果行为人伪造证据时，实施了伪造公司、企业、事业单位、人民团体印章的行为，构成犯罪的，应当依照刑法第280条第2款的规定，以伪造公司、企业、事业单位、人民团体印章罪追究刑事责任；如果行为人有指使他人作伪证行为，构成犯罪的，应当依照刑法第307条第1款的规定，以妨害作证罪追究刑事责任。实践中个案更多地按诈骗罪或者妨害司法活动罪论处。

【案例4[①]】经审理查明：1995年7月，在被告人陈华荣担任雅安市雨城区多营镇上坝村村支部书记、兼任村办企业金仓公司负责人，上坝村村委会与樊毅联合开办雅安绿色旅游食品厂。1995年12月27日，樊毅出资人民币5000元，上坝村村属企业金仓公司垫支人民币25000元，并由关毅昌、甘文君经手向雅安市拨土地办公室交纳了出让土地款30000元。1996年3月10日，被告人陈华荣在交纳出让土地款权据上签署“准予入账2.5万元”，在金仓公司财务账簿上入账列支。2000年12月14日，被告人陈华

① 本案在审理过程中，有以下几种意见：其一认为，本案应当以民事欺诈性质定性。理由是，一是本案的受害单位，多营镇上坝村村委会作为联合开办“旅游食品厂”的投资者之一，按照投资协议的约定，本身就应当支付25000元的土地征用款。而由于当时经济状况不佳，由他人（金仓公司）垫付了这笔费用。对于多营镇上坝村村委会而言，这笔垫付款始终是应当向他人支付的债务，只是向谁支付村委会不是十分明确。被告人陈华荣假借垫付者的身份，冒领原本应当属于金仓公司的代垫款25000元的行为，有一定的事实基础，即上坝村村委会应当向他人支付垫付款25000元，而非完全的凭空捏造。二是被告人陈华荣的行为对各方利害关系人没有造成刑法意义上的财产损失和社会危害。对村委会而言，其本身就应该向他人支付代垫的土地征用款。而对实际的债权人金仓公司，则可以通过追偿的方式实现其权利。三是被告人陈华荣利用虚假证言提起民事诉讼中，被告与村委会自愿达成调解行为，是一种双方对民事实体权利自愿处分的法律行为，是一种典型的民事法律行为，因此该案应由民法调整。其二认为，本案应以贪污罪定性。本案中，被告人系国家公务人员，委派到上坝村担任村支部书记并兼任金仓公司负责人，依法从事公务，符合贪污罪的主体资格；被告人陈华荣利用管理集体公共事务之便，采用欺诈的方法（冒领）非法占有了公共财物，已构成贪污罪。其三认为，本案应按“法无明文规定不为罪”的原则宣告被告人无罪。理由是，一是被告人不构成贪污罪。从时间上看，被告人实施冒领行为在其没有行使职务期间；从空间上看，本案也并不是被告人在管理公务期间形成犯意，准备条件，调离职务后再实施占有目的的一种犯罪形式；从犯罪行为与职务联系的紧密程度看，被告人也仅仅是在利用了过去自己担任管理职务期间，熟悉情况，掌握了集体单位财会制度混乱的状况，以及知道具体债权债务关系而已。二是，被告人不构成诈骗罪。从犯罪客体看，诈骗罪所侵害的是国家、集体和他人的合法财产权利，是单一客体；而本案被告的行为不仅侵害了集体财产权，更重要的是破坏了国家的正常司法秩序，是一种复杂客体。从犯罪过程中被害人的意识状态看，在诈骗罪的实施过程中，被害人是基于对犯罪人所编造虚假事实的确信，从内心表现出一种“自愿”的心态下交出财物；而诉讼欺诈中的受害人往往在意识方面明知犯罪人是一种编造、欺诈，而迫于司法公权的强制力，无奈地交出财物。从判断犯罪的既遂标准看，诈骗罪的既遂是以犯罪人实际掌握财物的支配权为准；而假借诉讼进行诈骗犯罪的既遂不以财产控制权的实际转移为标准，不管犯罪人是否掌握了财产的支配权，只要法院判决犯罪人主张的“债权”成立，并且判决文书生效，即对受害人交出财物具有强制约束力，就构成犯罪既遂。其四认为，本案以诈骗罪定罪量刑，理由略。

荣分别从关毅昌、樊毅手中取得证言各一份，证明上述25000元系陈华荣个人代垫。2001年8月1日，被告人陈华荣向本院提起民事诉讼，本院经调解制作了（2001）第947号民事调解书（现已撤销），被告人陈华荣于同年9月3日收到上坝村村委支付的25000元。

四川省雅安市雨城区人民法院认为：被告人陈华荣以非法占有为目的，采用虚构事实，隐瞒真相的手段，通过诉讼形式，骗取数额较大的集体财产，其行为已构成诈骗罪。依照《刑法》相关规定，作出如下判决：被告人陈华荣犯诈骗罪，判处有期徒刑二年，并处罚金10000元。

一审宣判后，被告人陈华荣不服，提起上诉。

二审法院经审理查明的事实、认定的证据与一审一致。

四川省雅安中级人民法院认为：上诉人（原审被告人）陈华荣以非法占有为目的，虚构为上坝村村委会垫付土地出让款25000元的事实，隐瞒事实真相，通过利用虚假证据进行民事诉讼的手段骗取数额较大的集体财产，其行为已构成诈骗罪。依照刑事法相关规定，裁定如下：驳回上诉，维持原判。

【案例5】经审理查明：被告人李立增于2002年8月22日，以泊头市洼里王三联建筑工具租赁站（以下简称洼里王三联租赁站）的名义与北京华云建筑工程有限公司（以下简称华云公司）签订建筑材料租赁合同。后李立增给华云公司北大药业建筑工地送建材，华云公司为李立增出具出库单。为了达到骗取财物的目的，李立增将作废的0003760号出库单修改，将1.5米钢管数量由“805”根改为“8050”根，又添加“485根6米钢管”。2003年4月13日，李立增以作废的0003755号出库单和改动过的0003760号出库单为证据，以洼里王三联租赁站的名义向河北省泊头市人民法院提起民事诉讼，要求华云公司“给付租赁费68322.18元”、“返还25万元租赁物并继续给付租赁物使用期限的租赁费”。2003年5月6日，河北省泊头市人民法院判决华云公司偿还洼里王三联租赁站“租赁费

105920.26元”，“返还未退回的租赁物或给付赔偿款252667元”。华云公司不服一审判决，提起上诉。2004年2月2日，河北省沧州市中级人民法院驳回华云公司上诉，维持原判。后李立增以洼里王三联租赁站的名义向泊头市人民法院申请强制执行。2004年6月7日，泊头市人民法院强行划走华云公司人民币66万余元。

北京市大兴区人民法院认为：被告人李立增以非法占有目的，虚构事实骗取他人财物，价值数额特别巨大，其行为已构成诈骗罪，应予惩处。李立增犯罪系未遂，依法减轻处罚。依照《刑法》相关规定，以诈骗罪判处李立增有期徒刑七年，剥夺政治权利一年，并处罚金人民币7000元。

判决后，被告人李立增不服，提起上诉。

北京市第一中级人民法院认为：一审法院根据李立增犯罪的事实、犯罪的性质、情节及对于社会的危害程度所作出的判决，事实清楚，证据确实、充分，定罪及适用法律正确，量刑适当，审判程序合法，应予维持。故裁定驳回上诉，维持原判。

【案例6】经审理查明：被告人唐某、尹某预谋用唐某以前盗盖的北京市丰环工业泵厂销售部财务专用章和该部负责人张天河个人印章的纸张，伪造张天河欠款借据，通过人民法院民事裁判获得张天河的财物。2002年8月，唐某、尹某经他人介绍找到被告人高某为其代理诉讼。高某在明知张天河不欠唐、尹二人钱财的情况下，伙同唐、尹二人在盖有上述印章的纸张上伪造张天河欠尹某人民币55000元的借据，并收取代理费5000元人民币。尹某以欠款为由诉至法院，并以伪造的借据为证，要求张天河支付欠款55000元人民币。由于张天河在法院开庭审理前向公安机关报案，尹某、唐某及高某的诈骗行为未得逞。

一审法院认为：被告人唐某、尹某和高某以非法占有为目的，故意编造虚假的事实，骗取数额巨大的私人财物，均构成诈骗罪。鉴于犯罪未遂，予以减轻处罚。依照《刑法》相关规定，以诈骗罪分别判处被告人唐某、尹某和高某有期徒刑二年十个月、二年六个月和二年，并分别处以罚金人民币3000元、3000元和2000元。

宣判后，被告人尹某和高某不服，提起上诉。

二审法院经审理后，裁定驳回上诉，维持原判。

【案例7】原判认定：2003年上半年，被告人汪某某与杭州某建设工程有限公司（下称建设公司）商议成立了建设公司衢州分公司（下称衢州分公司），汪某某任衢州分公司总经理。后因汪某某未向建设公司交纳100000元的承诺金，建设公司收回了衢州分公司的营业执照及印章。衢州分公司因年检逾期于2004年8月17日被吊销营业执照。2006年初，汪某某为偿还其个人对陈某某的1600000元欠款，与陈某某商定，虚构"衢州分公司在2003年6月至2004年8月期间为承揽工程而向陈某某借款，尚欠1600000元未归还"的事实，向衢州市中级人民法院提起民事诉讼，要求法院判处建设公司以及衢州分公司向陈某某归还"借款"1600000元，并支付相应的利息。2008年11月10日，衢州市中级人民法院判决驳回陈某某的诉讼请求。陈某某于2009年1月13日向浙江省高级人民法院提起上诉。二审期间，汪某某提供了虚假的证言，并以书面形式出具了虚假内容的情况说明，导致浙江省高级人民法院作出"建设公司归还陈某某1600000元，并支付相应的利息"的判决。原判还认定，2007年初前后，被告人汪某某为偿还其欠何某的400000余元个人借款，以衢州分公司名义向何某出具1900000元的虚假借条，要何某起诉建设公司，因何某未提起民事诉讼而未得逞。

原审判决被告人汪某某犯诈骗罪，判处有期徒刑五年，并处罚金100000元。

宣判后，被告人汪某某不服，提起上诉。

二审法院经审理查明的事实、认定的证据与一审一致。

二审法院认为：上诉人汪某某以非法占有为目的，进行虚假诉讼，骗取他人财物，数额特别巨大，其行为已构成诈骗罪。汪某某在实施诈骗犯罪时，因意志以外的原因而未得逞，属犯罪未遂，可予减轻处罚；其归案后认罪态度较好，可予酌情从轻处罚。依照刑事法相关规定，裁定如下：驳回上诉人汪某某的上诉，维持原判。

【案例8】 经审理查明：2005 年上半年，被告人刘翔及其父亲与株洲的天仁达房地产开发有限公司的张雄等三人准备在益阳市朝阳开发区玉兰路以南、金山路东侧开发“益阳锦绣世家住宅小区”（以下简称锦绣世家）项目。后由于资金等原因，刘翔父子找来湖南佳盛置业有限公司（以下简称湖南佳盛公司）的谭明、李旺飞出资继续开发此项目，并达成合作意向。谭明、李旺飞答应支付刘翔等五人200 万元的前期费用，张雄等三人可得111 万元，刘翔父子可得89 万元。张雄等三人拿了111 万元便退出了该项目，刘翔没有接受可得的89 万元，留下来继续运作此项目，并于2005 年8 月8 日与谭明、李旺飞以湖南佳盛公司的名义签订了一份《合作协议》，该协议确认在项目完工后刘翔可以分得税后利润的30%。2005 年11 月15 日，谭明、李旺飞注册成立了益阳嘉盛房地产开发有限公司（以下简称“益阳嘉盛公司”），二人各占50%的股份，刘翔被聘任为副总经理。2006 年二三月份，刘翔离开公司。2007 年三四月份，公司股东名字变更为李旺飞和罗伟。2007 年8 月13 日，李旺飞、罗伟与姜久光签订了《股权转让协议》，益阳嘉盛公司及公司名下的78.28 亩土地以3600 万的价格整体转让给姜久光。8 月15 日，双方办理了公司证照、资料、印章等的移交手续。

2008 年元月，被告人刘翔向湖南省株洲市中级人民法院提起民事诉讼，请求确认其在益阳嘉盛公司开发的“锦绣世家”项目中享有的30%税后利润分配权，并判令湖南佳盛公司和益阳嘉盛公司连带偿付其前期费用200 万元。后被告人刘翔以“双方同意庭外和解”为由申请撤诉，株洲市中级人民法院于2008 年4 月17 日裁定准许。因“锦绣世家”项目一直未开发，被告人刘翔与谭明、李旺飞的

《合作协议》履行产生纠纷，谭明、李旺飞承诺支付被告人刘翔200万元，按股份，谭、李各应支付100万元。2010年1月12日，谭明与被告人刘翔签订《人民调解协议书》，由谭明总计补偿刘翔80万元，并于当日履行完毕。2010年初，被告人刘翔利用在益阳嘉盛公司工作期间留下的盖有“益阳嘉盛房地产开发有限公司”行政公章的空白文纸，伪造了益阳嘉盛公司欠其1800万的欠条及合作权益承诺书、转让分配承诺书等相关材料，委托付大毛及律师于2010年6月中旬到益阳市中级人民法院起诉益阳嘉盛公司并申请财产保全，益阳市中级人民法院冻结益阳嘉盛公司名下“锦绣世家”项目土地使用权及其他财产至案发。经物证鉴定，合作权益承诺书、转让分配承诺书及660万的欠条上“益阳嘉盛房地产开发有限公司”落款和印文形成的先后时序为先章后字。被告人刘翔于2010年7月28日被公安机关抓获归案。

法院认为：被告人刘翔以非法占有为目的，虚构事实、伪造一系列证据，通过民事诉讼的方式骗取益阳嘉盛房地产有限公司财物，数额特别巨大，其行为已构成诈骗罪。被告人刘翔在着手实施犯罪以后，由于意志以外的原因未能得逞，系犯罪未遂，依法可以比照既遂犯从轻或者减轻处罚。依照《刑法》相关规定，判决如下：被告人刘翔犯诈骗罪，判处有期徒刑五年，并处罚金30000元。

笔者认为，诉讼诈骗既不同于普通诈骗，也有别于三角诈骗，有其自身的特殊性，具体包括：第一，具体行为结构存在差别，普通诈骗必须是由于被骗人陷于错误认识而导致被骗结果的发生，而在诉讼诈骗中，民事诉讼中法官根据证据作出裁判，有的案件中法官内心虽然并不相信行为人虚构的事实，但基于伪造的证据只能作出相应的裁判，即形成所谓的法律事实，但法官并没有陷于错误认识而被骗，特别是案件经过合议庭、审判委员会依法做出判决之际，尚认为所有参与案件的法官均陷入认识错误，难免不合逻辑。实践中有观点认为，诉讼是法院通过法官裁判案件，虽然作出每个具体案件判决的是个体的法官，但最终体现在法律意义上的仍然是法院，正如法律将对当事人财产的处分权赋予法院而非法官个体。换言之，就法律效力而言，是法院而非法官个体在裁判案件。虽然法官个体可能未被欺骗，但他基于法律规定所作出的错误判决，正是法院陷于错误认识的体现。显然，此观点将法律规范层面的“法院错误”与受骗人心理层面的“认识错误”进行了混淆。第二，诉讼诈骗行为侵害的是双重客体，既侵害了财产所有权，又侵害了司法机关的正常秩序，且对司法秩序的侵害更能体现诉讼诈骗行为的本质特征。因此，从立法层面来说，有必要借鉴我国台湾地区的立法例，设置独立的诉讼欺诈罪，以解决司法实践的不统一。

（四）行为人取得或者使第三者取得财产

此要件是指财产由受骗者或者被害人占有转移至行骗者或者第三者占有（或取得），例如，“上海某某私营实业有限公司等诈骗案”（案例9）。就财物而言，占有（或者取得）是指事实上的支配或者控制。就财产性利益而言，取得财产意味着行为人或者第三者获得或者享用了财产性利益。

【案例9】 经审理查明：被告人安某于1995年初，在征得被告人朱某某同意并帮助后，先后于1995年2月初和3月初两次在市场上购买了价值人民币2000余元的木雕帆船工艺品，虚假向香港出口；被告人朱某某在明知安某虚假出口的情况下，向本单位某某进出口公司领导作不实汇报，骗得领导同意后，办理了报关金额总计55.2万美元的出口报关手续，致使被告人安某两次虚假出口顺利得逞。同时，被告人安某、朱某某又补签了一份虚假的出口总金额为55.2万美元的代理协议，协议中约定，境外货款到进出口公司账上后，进出口公司以1美元等于9.7元人民币的标准向安的私营公司支付货款。为了使进出口公司支付货款从而获取税额部分利益，被告人安某先于1995年3月6日用自备美金1.64万元汇入进出口公司账上，同时以某某私营公司的名义开具了一张金额为人民币15.6万余元的增值税专用发票交到进出口公司（其中税额为人民币2.27万余元），骗得进出口公司货款人民币15.6万余元。之后，被告人安某、朱某某又经合谋，于3月20日，骗得由进出口公司出具的收到私营公司开具的金额为人民币519.4万余元的增值税专用发票（其中税额为人民币75.4万余元）和预付货款人民币519.4万余元。其中人民币462.8万余元，根据被告人安某的要求汇到由安某联系的潮州市进出口贸易总公司账上，用于购买53.55万美元外汇，然后按照被告人朱某某的要求，将这笔外汇转入由被告人朱某某联系的进出口公司在香港的一家客户账上。余款人民币56.5万余元直接转入某某私营公司账上。通过一系列虚假操作，进出口公司总计收到外汇55.1万余美元，使私营公司实际获得非法利益人民币58.3万余元。1995年4月6日，当被告人安某、朱某某采用同样方法准备将价值人民币1000元左右的木雕帆船工艺品以43.4万余美元的报关金额（以1比9.7的比价结算为人民币421.3万余元，其中税额部分应为61.2万余元）向上海虹桥机场海关假报出口时，被海关查获。由于被告人安某、朱某某虚假出口的行为，使进出口公司得不到国家退税款，造成直接经济损失达人民币70余万元。案发后，被告人安某退出人民币60万元。

一审法院认为：被告人上海某某私营实业有限公司法定代表人安某为使本公司达到获取非法利益之目的，勾结被告人朱某某采用虚构事实等欺骗方法骗取集体财产（其中部分未遂），情节特别严重，其行为均已构成诈骗罪，依法应分别予以惩处。在共同犯罪中，被告人安某起主要作用，系主犯，依法应从重处罚；被告人朱某某起次要作用，系从犯，依法应比照主犯从轻处罚。鉴于被告人安某、朱某某部分犯罪未遂，可酌情从轻处罚。依照《刑法》相关规定，以诈骗罪判处被告人上海某某私营实业有限公司罚金人民币30万元；判处被告人安某有期徒刑十五年，剥夺政治权利四年，并处没收财产人民币2万元；判处被告人朱某某有期徒刑十二年，剥夺政治权利三年，并处没收财产人民币1万元。

宣判后，被告人安某、朱某某均不服，提起上诉。

二审法院认为：被告人某某私营实业有限公司法定代表人被告人安某勾结被告人朱某某采用虚构事实等欺诈方法，骗取集体财产，以使某某私营公司获取非法利益，情节特别严重，其行为均已构成诈骗罪。鉴于被告人安某、朱某某部分犯罪属未遂，可酌情从轻处罚。被告人安某是本案主犯，依法应从重处罚。鉴于被告人朱某某在共同犯罪中起次要作用，系从犯，且其个人对诈骗所得未提出分赃表示，实际也未取得，依法应比照主犯减轻处罚，原判对被告人朱某某量刑不当，应予纠正。依照《刑事诉讼法》相关规定，维持对被告人某某私营实业有限公司及被告人安某的原审判决；撤销原审对被告人朱某某的判决；以诈骗罪判处被告人朱某某有期徒刑八年，剥夺政治权利二年，并处没收财产人民币1万元。

（五）被害人遭受损失

诈骗罪属于侵犯财产罪，既遂要求现实的财产损失，未遂要求财产损失处在危殆的状态。

二、诈骗罪的对象要件

《刑法》第263条规定诈骗罪的对象是“公私财物”，既包括私人财物，也包括公共财物，例如，“胡金坤等诈骗案”（案例10）；既包括动产，也包括不动产，例如，“蒋志坚诈骗案”（案例11）；既包括有形财产，也包括无形财产；既包括现实财产，也包括虚拟财产，例如，“王彩坤诈骗、张娟销售赃物案”（案例12）。2014年4月24日全国人民代表大会常务委员会《关于〈中华人民共和国刑法〉第二百六十六条的解释》指出，以欺诈、伪造证明材料或者其他手段骗取养老、医疗、工伤、失业、生育等社会保险金或者其他社会保障待遇的，属于《刑法》第266条规定的诈骗公私财物的行为。

【案例10】经审理查明：2006年2月，被告人胡金坤利用担任城厢公司项目经理的工作便利，伪造动迁材料，将动迁户“贾大妹”（已亡）的房屋建筑面积从11.6平方米虚构至85平方米，骗取川沙镇政府动迁补偿安置款共计210740元。2006年至2007年间，被告人胡金坤伙同管海明（另案处理）伪造了“章小弟、金永妹”的身份证、房产证明等材料，后又单独伪造了“贾龙明、陆承福”的身份证、房产证明等材料，并指使上海万千房地产估价有限公司的评估员被告人黄介平伪造了上述四户虚假的《上海市征用集体所有土地居住房屋拆迁估价分户报告单》，并利用其担任城厢公司项目经理的工作便利，伪造了《上海市征用集体所有土地拆迁房屋补偿安置协议》、动迁补偿安置款发放清单等动迁相关材料，骗取川沙镇政府拆迁安置款共计3474520.48元。期间，胡金坤还伪造了“陆祥生、贾孙晓”的房产证明、身份证等材料，利用其担任城厢公司项目经理的工作便利，伪造了《上海市征用集体所有土地拆迁房屋补偿安置协议》、动迁补偿安置款发放清单等动迁相关材料，骗取川沙镇政府拆迁安置款共计1512230.18元。胡金坤在被采取强制措施前，主动如实供述了上述犯罪事实。

法院认为：被告人胡金坤以非法占有为目的，采用虚构事实、隐瞒真相的方法，骗取公共财产计519万余元；被告人黄介平为胡金坤实施诈骗犯罪提供帮助，其行为均已构成诈骗罪，且数额特别巨大，依法应予惩处。在共同犯罪中，胡金坤在犯罪中起主要作用，系主犯。黄介平在犯罪中起辅助作用，系从犯。其中，被告人胡金坤具有自首情节，故可依法从轻处罚。基于被告人黄介平到案后的认罪态度，且系从犯，故可依法减轻处罚，并适用缓刑。依照《刑法》相关规定，判决如下：(1) 被告人胡金坤犯诈骗罪，判处有期徒刑十年，剥夺政治权利三年，并处罚金人民币20万元；(2) 被告人黄介平犯诈骗罪，判处有期徒刑三年，缓刑五年，并处罚金人民币5万元。

【案例11】经审理查明：2007年4月至2011年5月份初，被告人蒋志坚谎称自己是衡阳市人民政府能源处处长，先后以投资入股做生意，帮被害人小孩找工作等理由骗取被害人方跃红、吴少书、胡友凡、邱佰臣、丁小红、左新年、褚启健、褚启益等人财物共计261万元，具体犯罪事实如下：（1）2007年4月份，被告人蒋志坚在衡阳市呆鹰岭镇计生办找到其表弟褚启健，跟褚启健谎称其在衡阳市政府能源处当处长，虚构说可以帮褚启健小孩到中国国家发展银行找到工作，褚启健信以为真，陆续给蒋志坚10万元，蒋志坚收钱后一直未归还。（2）2008年8月份，被告人蒋志坚认识了衡阳市一中教师方跃红，蒋志坚谎称自己是衡阳市政府能源处处长，并出示假的工作证，还跟方跃红虚构说有个从耒阳市煤矿进煤到衡阳市氮肥厂的生意，可以帮她赚钱，利润有20%，要她投资。方跃红信以为真，共投给蒋志坚3万元，蒋志坚收钱后一直以各种理由不还钱。直至2010年12月份，方跃红称不给钱就告蒋志坚，蒋志坚才给了方跃红4000元钱作为分红，案发时蒋志坚未归还方跃红3万元本金。（3）2010年上半年，被告人蒋志坚遇到了从前在衡阳市四机械厂的同事吴少书，蒋志坚谎称其是衡阳市人民政府能源处处长，还出示假的工作证，并虚构说可以买汽、柴油到衡阳市加油站去卖钱，利润有20%，吴少书信以为真，陆续投给蒋志坚15万元。同年6月份，蒋志坚又谎称可以帮吴少书的儿子到能源部门找工作，吴少书又给了15万元给蒋志坚。至2011年5月底，蒋志坚将30万元通过银行转账还给了吴少书，但又和吴少书虚构说其自己在加油生意上投资了15万元，加上帮吴少书垫付的4万元，共19万元，要吴少书将钱转还给他，吴少书仍信以为真，陆续给了19万元给蒋志坚，蒋志坚一直未归还。（4）2010年10月份，被告人蒋志坚通过刘礼兵认识了胡友凡，蒋志坚谎称自己是衡阳市人民政府能源处处长，还出示假的工作证，并和胡友凡虚构说衡阳市政府政务中心有批电脑要换，可以从中赚钱，利润有40%，要胡友凡父子投资。胡友凡父子陆续拿给蒋志坚22万元，加上前期已投给蒋志坚12万元的刘礼兵将此钱转给了胡友凡，故胡友凡共计投给蒋志坚34万元。收到钱后，被告人蒋志坚购买了一台丰田凯美瑞的轿车。蒋志坚一直未归还该笔款项。(5) 2011年3月份，被告人蒋志坚到诸启健家中谎称衡阳市城管队有批制服要换，可以从中赚钱，褚启健就告诉其妹褚启益，褚启益因蒋志坚是她表哥，又听信蒋志坚是衡阳市人民政府能源处处长，就陆续投给蒋志坚15万元钱，蒋志坚收钱后一直未归还。(6) 2011年4月份，被告人蒋志坚带其女友白某某认识了衡阳市开发区管委会的李某，蒋志坚谎称其是衡阳市人民政府能源处处长，李某信以为真，便要蒋志坚日后在做生意方面关照他的妻弟邱佰臣。邱佰臣和丁小红、左新年三人合伙经营衡阳市中醇化能盛新能源科技有限公司。同年5月份的一天，蒋志坚就跟邱佰臣及其合伙人丁小红、左新年虚构有个可以赚钱的生意，就是从河南省平顶山的煤矿发煤到耒阳电站，并讲这个生意在衡阳市政府争取了300万的指标，一年的利润有40%。邱佰臣等人轻信蒋志坚的身份，先后分别通过衡阳市蒸湘区的工商银行支行、建设银行支行等转账给蒋志坚共125万元。另在蒋志坚的劝说下，左新年将位于黄白路的月畔湾1910号房产让给蒋志坚，并签订了转让协议，价值为75万元，用于给蒋志坚投资。蒋志坚收到钱与房后没有用于任何投资，而用于购买车位9万元，缴纳车位服务费730元，交本人的养老保险13168.8元，购买家具及电器近8万元，并已经入住左新年转给他的房屋。案发前，被害人左新年要回20万元。案发后，公安机关返还被害人邱佰臣、丁小红、左新年现金38.4万元。被告人蒋志坚退给邱佰臣一台丰田凯美瑞的车辆（车牌为湘D×××× B)，作价25万。另外，位于黄白路月畔湾1910号房产及车位（作价9万元）已返还给左新年等人。另查明，衡阳市经信委没有能源处该单位，被告人蒋志坚亦非经信委系统人员。

法院认为：被告人蒋志坚以非法占有为目的，采用虚构事实的方法，骗取他人财物，数额特别巨大，其行为已构成诈骗罪……被告人蒋志坚的辩护人提出黄白路月畔湾的房屋未过户，所有权未转移，应为诈骗未遂。经查，蒋志坚与左新年签订了房屋转让协议，并且左新年已将该房产及房产证交付给蒋志坚，只是还未办理产权过户，而蒋志坚也已经购买了家具、电器等并已经入住该房屋，故可以认定蒋志坚已实际控制了该房屋，应为诈骗既遂，故对此辩护理由不予采纳。依照《刑法》相关规定，判决如下：被告人蒋志坚犯诈骗罪，判处有期徒刑十五年，剥夺政治权利二年，并处罚金人民币50万元。

【案例12①】经审理查明：被告人王彩坤于2005年11月27日，在北京市海淀区公主坟小区1号楼4单元602室其租住地，利用北京骏网在线电子商务有限公司网络交易平台的技术漏洞，采用虚报商品利润、自买自卖进行虚假交易的手段，欺骗骏网公司，在其账户内虚增骏网交易资金76万元（折合人民币76万元）。后王彩坤将该笔虚增资金转入张娟的私人账户。同年11月28日至12月4日，被告人张娟将76万元骏币全部用于从骏网公司购买游戏点卡，后再将游戏点卡出售以兑换现金。后王彩坤将人民币53万元用于个人挥霍。张娟分得人民币23万元。2006年3月9日，被告人王彩坤被公安机关抓获。同年3月18日，被告人张娟被公安机关抓获，现被告人张娟已将人民币23万元退还骏网公司。

北京市海淀区人民法院认为：被告人王彩坤以非法占有为目的，虚构网络交易中的买卖价格，并进行虚假交易，骗取他人钱财，数额特别巨大，其行为已构成诈骗罪，应予惩处。被告人张娟在明知王彩坤提供的骏币为犯罪所得的情况下，仍代为销售，其行为已构成销售赃物罪，应予惩处。北京市海淀区人民检察院指控被告人张娟犯罪的事实清楚，证据确凿，但指控罪名有误。根据骏网平台的交易规则，骏币在进入私人账户后，可以随时购换商品，并兑换现金。此时，骏网公司的正常监管程序已不能控制骏

① 本案在审理过程中，针对被告人王彩坤行为性质的认定存在两种不同认识：其一认为构成盗窃罪，其二认为构成诈骗罪。两者争议的焦点在于王彩坤的行为是秘密窃取行为还是虚构事实、隐瞒真相的骗取行为，虚拟网络系统是否可以成为被骗的对象。

币的用途。因此，王彩坤将其采用诈骗手段虚增的骏币转入其账户后，已实际完成了对骏币的占有，其诈骗行为亦已完成。张娟通过“少量多次”的方式换购游戏点卡，帮助王彩坤将骏币兑现的行为符合销售赃物罪的构成要件，应认定为销售赃物罪。鉴于被告人王彩坤在庭审中的认罪、悔罪态度较好，被告人张娟能积极退赔其占有的23万元赃款，挽回了被害单位的部分经济损失，并积极交纳罚金，可分别酌情予以从轻处罚。依照《刑法》相关规定，判决如下：（1）被告人王彩坤犯诈骗罪，判处有期徒刑十年六个月，剥夺政治权利一年，罚金人民币3万元；（2）被告人张娟犯销售赃物罪，判处有期徒刑一年六个月，罚金人民币2万元。

一审宣判后，北京市海淀区人民检察院提起抗诉，认为一审法院认定被告人张娟犯销售赃物罪，定性错误。被告人王彩坤委托张娟用其虚增的骏币购买商品并销赃套现时，诈骗犯罪并未实施完毕，仍处于未遂状态，其虚增出的骏币亦不属于赃物。张娟在诈骗实施过程中参与犯罪，其行为属于诈骗的实行行为，与王彩坤构成共同犯罪，而不属于诈骗完成后，代为销售赃物的事后行为，应以诈骗罪对其定罪量刑。

二审法院经审理查明的事实、认定的证据与一审相同。

二审法院认为：原审被告人王彩坤以非法占有为目的，采用虚报商品交易价格，进行虚假交易的手段，骗取他人钱款，数额特别巨大，其行为已构成诈骗罪，依法应予惩处。原审被告人张娟明知是他人犯罪所得的赃物而予以销售，其行为构成销售赃物罪，依法应予惩处。北京市海淀区人民检察院指控张娟犯诈骗罪定性有误，其抗诉意见及北京市人民检察院第一分院的支持抗诉意见亦不能成立，本院均不予采纳。依照《刑事诉讼法》相关规定，作出裁定如下：驳回北京市海淀区人民检察院的抗诉，维持原判。

针对普通诈骗罪的对象，目前存在争论的是财产性利益能否成为其对象以及哪些财产性利益能成为其对象。[①] 有学者认为，诈骗罪侵犯的对象，限于各种具体的公私财物。有学者认为，诈骗的犯罪对象仅限于公私财物，不包括其他利益。[②] 有学者认为，凡是有价值且有效用的财物，甚至财产性利益可作为诈骗罪的对象。[③] 有学者认为，诈骗罪的对象包括财产和财产性利益（例如货款请求权）。[④] 刑法相关条款及一些司法解释已肯定了财产性利益可以成为诈骗的对象，例如，《刑法》第 224 条合同诈骗罪的罪状规定“收受对方当事人给付的货物、货款、预付款或者担保财产后逃匿”，第 210 条第 2 款规定“使用欺骗手段骗取增值税专用发票或者可以用于骗取出口退税、抵扣税款的其他发票”，这些规定已将财产性利益纳入诈骗罪的规制范围。2000 年 5 月 12 日最高人民法院《关于审理扰乱电信市场管理秩序案件具体应用法律若干问题的解释》第 9 条规定，以虚假、冒用的身份证件办理入网手续并使用移动电话，造成电信资费损失数额较大的，依照刑法第 266 条的规定，以诈骗罪定罪处罚，此处的“电信服务”属于财产性利益，可成为诈骗罪的对象。2002 年 4 月 17 日最高人民法院《关于审理非法生产、买卖武装部队车辆号牌等刑事案件具体应用法律若干问题的解释》第 3 条第 2 款规定，使用伪造、变造、盗窃的武装部队车辆号牌，骗免养路费、通行费等各种规费，数额较大的，依照刑法第 266 条的规定定罪处罚，此处的“养路费、通行费等各种规费”属于财产性利益，可成为诈骗罪的对象。实践个案对诈骗财产性利益的，也按诈骗罪进行处理。

【案例 13】 经审理查明：被告人丁昊、臧晓蔚于 2005 年 9 月至 10 月间，使用窃取所得的他人 ADSL 账号和密码，

---

① 参见杨春洗、杨敦先主编：《中国刑法论》（第 2 版），北京大学出版社 1998 年版，第 504 页。

② 参见王作富主编：《刑法》，中国人民大学出版社 1999 年版，第 404 页。

③ 参见高铭暄、马克昌主编：《刑法学》（下册），中国法制出版社 1999 年版，第 906 页。

④ 参见张明楷：《诈骗罪与金融诈骗罪研究》，清华大学出版社 2006 年版，第 18 页。

利用网易公司与网通公司赠送点卡活动中未对ADSL用户是否申领过点卡进行核实的程序漏洞，反复申领点卡，骗取网易公司100点一卡通点卡（价值人民币10元）57331张，共计价值人民币573310元。后被告人丁昊、臧晓蔚通过网络将上述点卡卖出，共获利人民币367939元。

北京市海淀区人民法院认为：首先，网易一卡通点数卡（点卡）是网易公司为使其客户在其网站上更方便地享受付费服务而推出的储值卡，为预付费卡。其与虚拟货币不同，而与商场购物券、手机充值卡等功能类似，可以说是一种特殊的商品。由于在流通领域各环节点卡会有不同的价格，因此，其价格应以网易公司向消费者公示的统一价格为准。其次，网易公司利用技术手段对涉案部分点卡进行了屏蔽，这是网易公司为避免损失扩大而做出的行为，属自力救济。被告人在获取点卡账号和密码的瞬间，就取得了对点卡的占有，被害人是否觉察、是否采取措施进行挽救，都是后续的事情，对犯罪行为本身的性质没有影响。再次，被告人丁昊、臧晓蔚以非法占有为目的，冒用他人名义、隐瞒了所用ADSL账户已经领取过点卡的真相，反复申领点卡的行为符合诈骗罪的构成要件。而且，行为人操作电脑时仿佛在和设计程序的人对话，程序有漏洞就像人会有失误，行为人利用了漏洞，就像利用了人的失误、利用了人的认识错误一样。依照《刑法》相关规定，作出如下判决：（1）被告人丁昊犯诈骗罪，判处有期徒刑十三年，罚金人民币15000元，剥夺政治权利二年；（2）被告人臧晓蔚犯诈骗罪，判处有期徒刑十二年六个月，罚金人民币15000元，剥夺政治权利二年。

宣判后，被告人丁昊、臧晓蔚不服，提起上诉。

二审法院经审理查明的事实、认定的证据与一审一致。

二审法院认为：上诉人（原审被告人）丁昊、臧晓蔚以非法占有为目的，隐瞒真相，骗取他人钱款，数额特别巨大，其行为已构成诈骗罪，依法均应予以惩处。一审法院根据上诉人（原审被告人）丁昊、臧晓蔚犯罪的事实、犯罪的性质、情节及对于社会的危害程度所作出的判决，事实清楚，证据确实、充分，定罪准确，审判程序合法。考虑到案发后丁昊、臧晓蔚能够如实供述犯罪事实，并已收缴和退赔较大部分赃款等情节，认为一审法院对丁昊、臧晓蔚的量刑偏重，应予以改判。依照刑事法相关规定，作出如下判决：（1）维持北京市海淀区人民法院（2006）海法刑初字第 2899 号刑事判决第三项，即责令被告人丁昊、臧晓蔚共同退赔人民币 573310 元，发还广州网易计算机系统有限公司，在案扣押款物折抵退赔款；（2）撤销北京市海淀区人民法院（2006）海法刑初字第 2899 号刑事判决第一项，即被告人丁昊犯诈骗罪，判处有期徒刑十三年，罚金人民币 15000 元，剥夺政治权利二年；第二项，即被告人臧晓蔚犯诈骗罪，判处有期徒刑十二年六个月，罚金人民币 15000 元，剥夺政治权利二年；（3）上诉人（原审被告人）丁昊犯诈骗罪，判处有期徒刑十一年六个月，剥夺政治权利二年，罚金人民币 13000 千元；（4）上诉人（原审被告人）臧晓蔚犯诈骗罪，判处有期徒刑十一年，剥夺政治权利二年，罚金人民币 13000 千元。

【案例 14】 **经审理查明：2006 年 4 月份以来，被告人张学新通过陈某、陈燕芳购买的杨某在郑州市豫泰大厦的威玛商务公司和黄山科技公司购进的移动手机卡四百余张，通过电脑解码后，以周笔、李洋、张亮等人的名义在电脑上向用户群发短信，进行恶意透支。截止到 2006 年 5 月 16 日，被告人张学新给移动公司造成经济损失 300 余万元人民币。**

法院认为：被告人张学新使用冒用他人名义办理入网手续的手机卡发送商业短信，恶意透支造成电信资费损失数额巨大，其行为已构成诈骗罪。鉴于被害单位对其网内手机卡的技术保障不到位，网管存在漏洞，对本案的发生有一定责任，对被告人张学新可酌情从轻处罚。涉案数额并非被告人所骗取到的财物，而是造成的电信资费损失，损失中有被害单位的营业利润。对该情节本院在量刑时也酌情予以考虑。依照《刑法》相关规定，判决如下：被告人张学新犯诈骗罪，判处有期徒刑十年。并处罚金人民币5万元。

三、诈骗罪的主观要件

关于诈骗罪的主观要件，我国学界存在以下观点：其一认为，诈骗罪只能由直接故意构成，即行为人明知自己的行为是一种欺骗行为，会使他人发生错误认识，对财产作出错误处理，但行为人为了达到非法占有他人财物的目的，却希望这一危害结果发生的一种心理态度。① 其二认为，间接故意也可以构成诈骗罪，即认为诈骗故意的意志因素既可以是希望结果发生，也可以放任结果发生。② 笔者认为，针对诈骗罪主观形态的分析要区分以下三方面：第一，要注意区分诈骗手段的行为心态（直接故意、间接故意、轻率与诈骗罪的主观形态）；第二，要准确界定非法占有目的的构成体系性地位；③ 第三，要注意区分取得财物型诈骗与享用财产性利益型诈骗。显然，一概否定间接故意可以构成诈骗罪的观点，不符合司法实践，例如，“金某诈骗案”（案例15）。

【案例15】 经审理查明：被告人金某于2007年底至2008年5月，通过其管理的“东方神起”歌迷网站，向网民发布可以代买“东方神起”上海、北京演唱会门票及纪念产品的消息，要求有意购买的网民向其指定账户汇款。在收到网民的汇款后，其并没有对购票者的汇款情况进行任何财务记账，也没有对购票者的真实姓名和联系方式进行确定并记载，却挪用部分资金用于个人炒股，亏损80余万元。不得已，其拿出个人积蓄70余万元，又挪用北京演唱会的票款3万元购买上海演唱会的730张门票，并将其中550张门票邮寄给网民。尔后，其网站被黑客攻击，其

① 参见王作富主编：《刑法分则实务研究（下册）》（第2版），中国方正出版社2003年版，第1280页。

② 参见张明楷：《诈骗罪与金融诈骗罪研究》，清华大学出版社2006年版，第276页。

③ 参见张明楷：《诈骗罪与金融诈骗罪研究》，清华大学出版社2006年版，第260页；游涛：《普通诈骗罪研究》，中国人民公安大学出版社2012年版，第143页。

在无法与购票者协商变更门票类型或者退票的情况下，将手中剩余门票低价出售给“黄牛党”，并在没有购买北京演唱会任何门票的情况下，逐步与网友终止联系。之后，被害人陆续报案，被告人金某的上述行为造成共225人的损失427175.3元。

法院认为：被告人金某有购票和给部分歌迷票的行为，并有部分退款行为，但是其不仅没有为所有被害人实现购票愿望的能力，而且还有使用购票资金为个人“炒股”的赌博心理，其行为构成诈骗罪。依照《刑法》相关规定，判决如下：被告人金某犯诈骗罪，判处有期徒刑十二年，剥夺政治权利二年，罚金2万元。

被告人未上诉，判决已经生效。

四、诈骗罪的加重要件

诈骗罪的加重要件为“数额巨大或者有其他严重情节”。最高司法机关对其作了相关解释，例如，《诈骗罪解释》第1条规定：诈骗公私财物价值3000元至10000元以上、30000元至100000元以上、500000元以上的，应当分别认定为刑法第266条规定的“数额较大”“数额巨大”“数额特别巨大”。各省、自治区、直辖市高级人民法院、人民检察院可以结合本地区经济社会发展状况，在前款规定的数额幅度内，共同研究确定本地区执行的具体数额标准，报最高人民法院、最高人民检察院备案；第2条规定，诈骗公私财物达到本解释第1条规定的数额标准，具有下列情形之一的，可以依照刑法第266条的规定酌情从严惩处：（1）通过发送短信、拨打电话或者利用互联网、广播电视、报刊杂志等发布虚假信息，对不特定多数人实施诈骗的；（2）诈骗救灾、抢险、防汛、优抚、扶贫、移民、救济、医疗款物的；（3）以赈灾募捐名义实施诈骗的；（4）诈骗残疾人、老年人或者丧失劳动能力人的财物的；（5）造成被害人自杀、精神失常或者其他严重后果的。诈骗数额接近本解释第1条规定的“数额巨大”“数额特别巨大”的标准，并具有前款规定的情形之一或者属于诈骗集团首要分子的，应当分别认定为刑法第266条规定的“其他严重情节”“其他特别严重情节”。

需指出的是，有的司法解释将酌定从重情节法定化，例如，

2003年5月15日最高人民法院、最高人民检察院《关于办理妨害预防、控制突发传染病疫情等灾害的刑事案件具体应用法律若干问题的解释》第7条规定："在预防、控制突发传染病疫情等灾害期间，假借研制、生产或者销售用于预防、控制突发传染病疫情等灾害用品的名义，诈骗公私财物数额较大的，依照刑法有关诈骗罪的规定定罪，依法从重处罚。"实践个案将以发送短信对不特定多数人实施诈骗的情形予以从重处罚，例如，"苏建生等诈骗案"和"刘明艺诈骗案"（案例16～17）。

【案例16】 经审理查明：2010年11月份以来，被告人苏建生在安溪县凤城镇河滨西路696号2梯802室家中，以月工资加抽成雇用被告人余秀莲、郑金叶，利用手机发送短信谎称对方手机号码在东芝香港集团莆田分公司周年庆典的抽奖活动中中二等奖，兑奖需交纳各种费用，骗取被害人胡某房、李某成等人将所谓"公证费""手续费"等共计人民币58000元汇入被告人苏建生事先开设的"郑德荣"的农行及"陈杰峰"的建行等账户内。

法院认为：被告人苏建生、余秀莲、郑金叶以非法占有为目的，采用虚构事实的方法，骗取公民钱财，其行为均已构成诈骗罪，且数额巨大，属共同犯罪。在共同犯罪中，被告人苏建生起主要作用，是主犯，应当按照其所参与的全部犯罪处罚；被告人余秀莲、郑金叶起次要作用，是从犯，均依法予以减轻处罚。被告人苏建生曾因故意犯罪被判处有期徒刑，刑罚执行完毕以后，在5年内再犯应当判处有期徒刑以上刑罚之罪，是累犯，依法从重处罚。归案后，被告人苏建生、余秀莲、郑金叶均如实供述自己的罪行，均可以从轻处罚。依照《刑法》相关规定，判决如下：（1）被告人苏建生犯诈骗罪，判处有期徒刑三年九个月，并处罚金人民币15000元；（2）被告人余秀莲犯诈骗罪，判处有期徒刑二年，并处罚金人民币10000元；（3）被告人郑金叶犯诈骗罪，判处有期徒刑二年，并处罚金人民币10000元。

【案例17】 经审理查明：2007年11月份以来，被告人刘明艺在其家中通过手机拨打外地手机用户，谎称能提供香港“六合彩”特码，骗取对方将“信息费”计55090元汇入户名为“冯远东”的邮政、农行及户名为“陈景国”的农行账户内。2011年1月13日，公安机关查获被告人刘明艺，当场扣押手机6部、笔记本、银行卡、电脑2台等作案工具。

法院认为：被告人刘明艺以非法占有为目的，采用虚构事实的方法，骗取公民钱财55090元，其行为已构成诈骗罪，且数额巨大。被告人刘明艺通过发送短信、拨打电话对不特定多数人实施虚假信息诈骗，从重处罚。案发后，被告人刘明艺尚能供述部分犯罪事实，酌情从轻处罚。依照《刑法》第266条、第64条之规定，判决如下：被告人刘明艺犯诈骗罪，判处有期徒刑三年十个月，并处罚金人民币10000元。

五、诈骗罪的停止形态

关于诈骗罪的停止形态，实践中争论较大的问题是未遂。相关司法解释对诈骗罪的未遂作了规定，例如，1996年12月16日最高人民法院《关于审理诈骗案件具体应用法律的若干问题的解释》规定，已经着手实行诈骗行为，只是由于行为人意志以外的原因而未获取财物的，是诈骗未遂。诈骗未遂，情节严重的，也应当定罪并依法处罚。2011年4月8日《诈骗罪解释》第5条规定：诈骗未遂，以数额巨大的财物为诈骗目标的，或者具有其他严重情节的，应当定罪处罚。利用发送短信、拨打电话、互联网等电信技术手段对不特定多数人实施诈骗，诈骗数额难以查证，但具有下列情形之一的，应当认定为刑法第266条规定的“其他严重情节”，以诈骗罪（未遂）定罪处罚：（1）发送诈骗信息5000条以上的；（2）拨打诈骗电话500人次以上的；（3）诈骗手段恶劣、危害严重的。实施前款规定行为，数量达到前款第（1）、（2）项规定标准10倍以上的，或者诈骗手段特别恶劣、危害特别严重的，应当认定为刑法第266条规定的“其他特别严重情节”，以诈骗罪（未遂）定罪处罚；第6条规定：诈骗既有既遂，又有未遂，分别达到不同量刑幅度的，依照处罚较重的规定处罚；达到同一量刑幅度的，以诈骗罪既遂处罚。实践个案也均按这些规定进行处理，例如，“胡某诈骗案”“王某甲诈骗案”（案例18~19）属于“诈骗数额巨大且未遂”的情形，“伊扎美·爱马·巴托诈骗案”（案例20）对未遂部分酌情从轻处理，“孙某甲诈骗案”（案例21）对未遂部分比照既遂从轻处罚。

【案例18】经审理查明：被告人胡某于2006年3月6日10时许，在某市海淀区六道口一出租房内，将一铜合金“金牛”虚构成纯金“金牛”，以人民币5万元的价格向被害人杜某出售时，被蹲守的民警当场抓获。

法院认为：被告人胡某以非法占有为目的，虚构事实，骗取他人财物，数额巨大，已构成诈骗罪。鉴于被告人胡某实施诈骗犯罪后，因被公安机关及时抓获而未能得逞，系犯罪未遂，依法对其减轻处罚。依照《刑法》相关规定，判处相应刑罚。

【案例19】经审理查明：2010年8月8日下午至次日凌晨，被告人王某甲结伙吴某甲、王某乙、倪某某、严某某（均已判刑）等人，经事先预谋，在杭州市萧山区河庄街道某农庄棋牌室某号包厢内，采用换牌等手段，对被害人吴某乙实施诈赌，使得吴某乙“输”款27000元。因吴某乙无法支付被骗钱款，王某乙等人遂要求其写下27000元的“借条”1张。后因被害人吴某乙报案而未得逞。另查明：被告人王某甲作为参赌人员参与陪同本次诈赌。

法院认为：被告人王某甲结伙他人，以非法占有为目的，虚构事实、隐瞒真相，以诈赌的方式骗取他人财物，数额较大，其行为已构成诈骗罪，系共同犯罪。被告人王某甲有赌博劣迹，仍不思悔改，应酌情从重处罚；被告人王某甲在共同犯罪中起次要作用，系从犯，应当从轻处罚；被告人王某甲因意志以外的原因而诈骗未得逞，系犯罪未遂，可比照既遂犯从轻处罚；被告人王某甲到案后能如实供述自己的罪行，可以从轻处罚。依照《刑法》相关规定，判决如下：被告人王某甲犯诈骗罪，判处有期徒刑七个月，缓刑一年，并处罚金2000元。

【案例20】 经审理查明：被告人巴托在沪期间，于1993年9月25日下午，至中国银行上海分行市中支行，用伪造的印度护照和澳大利亚西太平洋银行旅行支票计8000澳元，采取签署上述印度护照上那西库玛（NARESHKV-MAR）姓名的手法，骗兑得美金3242元（折合人民币18800余元）、人民币外汇兑换券11200余元。同年9月30日上午，被告人至和平饭店外币兑换处，采用同样方法，骗兑得人民币外汇兑换券7421.92元。当日中午许，被告人又至中国银行上海分行营业处外币兑换处，采用同样方法，企图再次骗兑价值人民币18500余元的钱款时，被该行工作人员察觉当场扭获。

法院认为：被告人巴托为牟取非法财产，无视中国法律，在中国境内，持伪造的外国护照及假旅行支票骗兑钱款，合计价值人民币56077.26元，已构成诈骗罪，且数额巨大。鉴于被告人上述诈骗总额中，有价值人民币18554.79元系未遂，其请求酌情从轻处罚的意见，可予采纳。依照《刑法》相关规定，以诈骗罪判处巴托有期徒刑五年。

【案例21】 经审理查明：（1）2009年10月9日上午，被告人孙某甲伙同金某、魏某某（均已判刑）等人，在杭州市萧山区杭州某某精密机械有限公司，在收购废铝过程中，采用在磅秤上架设底部带横档的特制木板称重的方法，将实际重量为1240公斤的铝屑以808.5公斤收购，将实际重量为194.5公斤的铝料头以94公斤收购，骗得铝屑431.5公斤、铝料头100.5公斤，共计价值人民币4457元。（2）2009年11月5日上午，被告人孙某甲结伙金某、魏某某等人，在杭州市萧山区杭州某某精密机械有限公司，在收购废铝过程中，采用上述方法，骗得铝屑671.5公斤，价值人民币5372元。（3）2009年12月22日上午，被告人孙某甲结伙金某、魏某某等人，在杭州市萧山区杭州某某精密机械有限公司，在收购废铝过程中，采用上述方法，骗得铝屑1364.6公斤，价值人民币11599.1元。(4) 2010年1月23日上午，被告人孙某甲结伙金某、魏某某等人，在杭州市萧山区杭州某某精密机械有限公司，在收购废铝过程中，采用上述方法，骗得铝屑1023.7公斤，价值人民币8701.45元。(5) 2010年4月6日上午，被告人孙某甲结伙金某、魏某某等人，在杭州市萧山区杭州某某精密机械有限公司，在收购废铝过程中，采用上述方法，骗得铝屑851.4公斤，价值人民币7236.9元。(6) 2010年4月21日上午，被告人孙某甲结伙金某、魏某某、李某（已判刑）等人，在杭州市萧山区杭州某某精密机械有限公司，在收购废铝过程中，采用上述方法，骗得铝屑1761.4公斤、铝料头101公斤，共计价值人民币15101.2元。(7) 2010年5月15日上午，被告人孙某甲结伙金某、魏某某、李某等人，在杭州市萧山区杭州某某精密机械有限公司，在收购铝屑过程中，采用上述方法，骗得铝屑982.2公斤，价值人民币7857.6元。(8) 2010年6月4日上午，被告人孙某甲结伙金某、魏某某、李某等人，在杭州市萧山区杭州某某精密机械有限公司，在收购铝屑过程中，采用上述方法，骗得铝屑826.8公斤，价值人民币6614.4元。(9) 2010年6月21日上午，被告人孙某甲伙同金某、李某等人，在杭州市萧山区杭州某某精密机械有限公司，在收购铝屑过程中，采用上述方法，骗得铝屑846.6公斤，价值人民币6772.8元。(10) 2010年7月17日，被告人孙某甲伙同金某、李某等人，在杭州市萧山区杭州某某精密机械有限公司，在收购铝屑过程中，采用上述方法，将实际重量为2430.4公斤的铝屑以1183.6公斤收购，涉案物品价值人民币9469元。后被发现而未得逞。综上，被告人孙某甲结伙诈骗作案10次，涉案价值人民币83181.45元。案发后，金某的亲属已赔偿被害单位62000元，被告人魏某某的亲属代为赔偿被害单位5000元。2011年8月27日，被告人孙某甲向公安机关投案，如实供述了自己诈骗的事实，并退赔赃款6712.45元。

法院认为：被告人孙某甲结伙他人，以非法占有为目的，采用虚构事实，隐瞒真相的手段骗取他人财物，数额巨大，其行为已构成诈骗罪，系共同犯罪。被告人孙某甲部分犯罪因意志以外的原因而未得逞，系未遂，对该部分犯罪，可以比照既遂犯从轻处罚；被告人孙某甲案发后自动投案，并如实供述自己的罪行，系自首，可以从轻处罚，其能退赔部分赃款，可酌情从轻处罚。采纳被告人孙某甲的辩护人提出的相关辩护意见。依照《刑法》相关规定，判决如下：被告人孙某甲犯诈骗罪，判处有期徒刑三年，缓刑四年，并处罚金人民币4000元。

需指出的是，行为人针对数额特别巨大的财物进行诈骗，因意志以外原因而未得逞的，宜分以下情形处理：（1）行为人未取得财物或者取得的财物未达到数额较大的，适用“数额特别巨大”档法定刑，并适用未遂的规定，例如，“李多智诈骗案”“任泽林诈骗案”（案例22～23）。（2）行为人取得的财物达到数额较大标准，但未达到数额巨大标准的，比较“数额较大”（既遂）和“数额特别巨大”（未遂）的轻重，选择重的予以处罚。（3）行为人取得的财物达到“数额巨大”标准的，比较“数额巨大”（既遂）和“数额特别巨大”（未遂）的轻重，选择重的予以处罚。

【案例22】经审理查明：2010年4月28日，被告人李多智在某市乘坐出租车，听到司机谈到新通公司与山东青建集团土地征迁存在的问题后，声称自己是人民日报社记者，可以将群众反映的问题以内参形式反映到中央领导。新通公司职工刘某某、于某某从司机处得知上述情况，即与被告人李多智取得联系，并将自己所了解的土地征迁问题告诉了被告人李多智，被告人李多智向其出示伪造的人民日报社记者证，后以上内参要钱为由向他们索要200000元，二人感觉其中有诈，即向公安机关报案，公安机关于2010年4月30日在某市将被告人李多智被抓获。

法院认为：被告人李多智以非法占有为目的，利用伪造的人民日报社记者工作证冒充记者，虚构发表文章至人民日报内参的事实，诈骗他人钱财200000元，数额特别巨大，其行为已构成诈骗罪。被告人李多智的犯罪行为因意志之外的原因未能得逞，属犯罪未遂，可减轻处罚。同时考虑被告人李多智自愿认罪，可酌情从轻处罚。依照《刑法》第266条、第23条、第64条之规定，判决如下：被告人李多智犯诈骗罪（未遂），判处有期徒刑三年，并处罚金10000元。

【案例23】经审理查明：2010年3月3日下午，被告人任泽林与他人在某县城关镇云龙宾馆打牌时，闲聊中得知岳阳市委副书记兼岳阳县委书记彭国甫正月十五日已去中央党校学习。当天回家后，被告人任泽林想到自己所欠张泽美20万元的欠款，还款日期快到了，而自己手中又没有钱还，于是便想到冒充彭国甫书记的名义到县直各部门骗得20万元钱。3月4日上午，被告人任泽林先来到岳阳县委办公楼一楼的一间办公室，以县委汤书记要信封为由向该办公室的任冬姣要了十三个印有“中共湖南省岳阳县委员会”的信封，然后在县委附近一文具店买了纸、笔回到家。当日下午被告人任泽林又用其母亲刘仲秋的身份证在岳阳县农业银行办理了一个账号为18－43690046016××××的存折。2010年3月5日下午1点左右，被告人任泽林又以介绍水利工程给他人为由，将余爱军约到云龙宾馆的茶楼喝茶，见面后被告人任泽林先测试了一下余爱军的写字笔迹，认为徐的字迹还可以，然后就要余爱军按照自己所述“请某局某同志拨款贰拾万元整，作为县委办公楼装修备用，年终必还。农业银行账号18－4369004616××××刘仲秋。落款彭国甫2010.3.5”帮其写信。余爱军为了揽到工程业务，便按照被告人任泽林的上述要求，对照被告人任泽林在收废品时获得的岳阳县直属机关领导通信名册，分别向岳阳县交通局、农业局、建设局、劳动与社会保障局、东洞庭湖管理局、卫生局、教育局、县一中、电力局、水务局、畜牧局、房产局、国土局等十三个单位领导写信，然后被告人任泽林将十三个信封打成包裹，并于2010年3月8日上午，在县教育局门面一文印店打印：“请接待科刘雪梅同志将信（十三封）以电话形式下发给局一把手，此信保密”的字样粘上包裹，被告人任泽林担心自己暴露，便打电话叫来好友杨年军，要其将包裹送到县委传达室，然后被告人任泽林又以岳阳市委秘书科的名义打电话给刘雪梅，声称彭国甫书记从北京带来了一个包裹。当天下午，县委传达室保安潘小兵将此包裹（十三封信）交给了刘雪梅。刘收到“密件”后，觉得程序有问题，便向县委办主任作了汇报，后经电话询问彭书记，此事水落石出，并向公安机关报案。经侦查，2010年3月10日公安机关将被告人任泽林抓获归案。经审讯，被告人任泽林对上述事实供认不讳。

法院认为：被告人任泽林无视国家法律，以非法占有为目的，用虚构事实的方法，骗取公私财物，数额特别巨大，其行为已触犯刑法，构成了诈骗罪，依法应予惩处。被告人任泽林虽已着手实行犯罪，由于意志以外的原因未得逞，属不能犯未遂，且在案发后能如实供述自己的犯罪事实，当庭认罪，依法可减轻处罚。关于被告人任泽林辩称自己的行为应以招摇撞骗罪定性的辩解意见，经查，法院认为，被告人任泽林该次行为的主观意识是采用欺骗的手段，将公私财物非法占为己有，而与招摇撞骗罪中行为人是为了谋取非法利益且主要是非物质利益的主观意识相悖，故此辩解意见本院不予采纳。依照《刑法》第266条、第23条之规定，判决如下：被告人任泽林犯诈骗罪，判处有期徒刑四年，并处罚金人民币5000元。

六、诈骗罪的罪数形态

实践中对诈骗罪与招摇撞骗罪的关系存在分歧，有的认为是法条竞合，有的认为是牵连犯，例如，“吴振刚诈骗案”（案例24）。2011年4月8日《诈骗罪解释》第8条规定：“冒充国家机关工作人员进行诈骗，同时构成诈骗罪和招摇撞骗罪的，依照处罚较重的规定定罪处罚。”显然，该解释仅规定了“择一重”的处罚原则，但未能对两者的关系作出进一步的规定。在笔者看来，宜分不同情形来分析：一是行为人冒充国家机关工作人员骗取财物或者财产性利益以外的东西的，二者之间就是完全独立的关系，宜数罪并罚；二是行为人冒充国家机关工作人员骗取财物或者财产性利益的，二者之间是想象竞合关系，宜择一重罪从重处罚。

【案例24】经审理查明：（1）2008年5月至2009年10月，被告人吴振刚伙同王慧玲（另案处理）冒充中国人民解放军总后勤部基建工程局山东分局局长、政委身份，以给民权县城关镇居民朱某某办理子女上军校、买军车及承包工程为名，骗取受害人朱某某人民币51万元。案发后吴振刚退还朱某某40万元。（2）2008年二三月份，被告人吴振刚伙同王慧玲冒充中国人民解放军总后勤部基建工程局山东分局局长、政委身份，以办理现役军人为由，骗取被害人赵某某人民币5万元。（3）2008年2月份，被告人吴振刚伙同王慧玲冒充中国人民解放军总后勤部基建工程局山东分局局长、政委身份，以办理现役军人的名义骗取被害人冯某某人民币5万元，骗取被害人赵陆明人民币10万元，并且以向冯某某转包山东省聊城市一个老年公寓的装修工程为名骗取冯某某人民币20万元。（4）2008年三四月份，被告人吴振刚伙同王慧玲冒充中国人民解放军总后勤部基建工程局山东分局局长、政委身份，以给被害人丁某的儿子办理现役军人为名骗取丁某人民币5万元。（5）2009年8月份，被告人吴振刚伙同王慧玲冒充中国人民解放军总后勤部营房局长、政委身份，以承包工程为名，骗取被害人张某某人民币20万元。（6）2006年12月份，被告人吴振刚伙同陈新军（已判刑）冒充中国人民解放军总后勤部基建营房部营建工程局军人，以中国人民解放军总后勤部基建营房部营建工程局第三处第二施工大队名义，向被害人林广生转包山东省邹城市长合有限公司钢结构牛舍的工程项目，并向林广生索要20万元人民币的劳务保证金。后因林广生发现吴振刚、陈新军所称的中国人民解放军总后勤部基建营房部营建工程局第三处第二施工大队并不存在，遂报案，致使诈骗未遂。

原判认为：被告人吴振刚以非法占有为目的，伙同他人采取虚构事实、隐瞒真相的方法骗取他人财物，数额特别巨大，其行为已构成诈骗罪。吴振刚冒充军人招摇撞骗，骗取财物数额特别巨大，属于牵连犯，应择一重罪即按诈骗罪定罪处罚。吴振刚亲属在案发前后主动退赔被害人部分损失，可酌情予以从轻处罚。依照《刑法》相关规定，判处被告人吴振刚有期徒刑十四年，并处罚金人民币10万元。

宣判后，被告人吴振刚不服，提起上诉。

二审法院经审理后认为：原判认定事实清楚，证据确实、充分，定罪准确，量刑适当，审判程序合法。依照《刑事诉讼法》相关规定，裁定如下：驳回上诉，维持原判。

七、诈骗行为的转化

《刑法》第269条规定了诈骗向抢劫转化的情形。实践中，诈骗向抢劫的转化相较于盗窃向抢劫的转化要少，但同样存在不同的转化情形，例如，“刘耀锦抢劫案”（案例25）属于“诈骗未得逞转化抢劫”，“梁凯等抢劫案”（案例26）属于“诈骗未达数额较大转化抢劫”，“孙国亮抢劫案”（案例27）属于“诈骗得手转化抢劫”，“刘耀锦抢劫案”属于“为抗拒抓捕的转化抢劫”，“梁济峰抢劫案”（案例28）属于“为毁灭罪证的转化抢劫”。

【案例25】经审理查明：2011年6月5日11时许，被告人刘耀锦伙同他人驾乘一辆黑色轿车，拉一袋铜线，以卖废铜为借口，窜至光山县白雀园镇新光桥加油站对面的林某某废品收购点与其交易，将货物称量后，按双方预先商量好的价格共计4050元成交。后刘耀锦等人突然要求加价，待林某某犹豫时，刘耀锦等人又将废铜抬回车后备箱里，继而又回到店内接着与林某某讨价还价，林某某答应再加10元钱，刘耀锦等人同意成交，并趁机在车上将废铜进行了调包，将一袋事先装好的泥土抬到废品收购点内，被林某某察觉。当要求开袋验货时，被告人刘耀锦不让看，其同伙将林某某手中的货款3600元夺下就跑，林某某随即追赶，抓住车门不放，但司机仍强行驾车逃跑，林某某被车拖了60多米后，司机才被迫停车将钱退给他。由于林某某不让刘耀锦等人逃走，后又被车拖了近200米远，直到其浑身无力被甩下，致身体多处被拖擦伤。刘耀锦也在中途下车拉拽林某某下车未果后，被其急于脱逃的同伙落下，后被闻讯赶来的群众当场抓获并报警。经法医鉴定：被害人林某某的损伤程度不构成轻伤。案发后，刘耀锦的亲属主动赔偿林某某医疗费用等损失共5000元，取得了被害人的谅解。

法院认为：被告人刘耀锦伙同他人，以非法占有为目的，在以欺诈方式骗取他人钱财未果后，又趁被害人不备，抢夺他人财物逃离现场，在被害人对其抓捕时，驾车强行拖拉被害人，造成被害人身体多处受伤的后果，其行为已构成抢劫罪。在共同犯罪中，被告人刘耀锦积极实施诈骗行为，在转化为抢劫犯罪过程中抗拒抓捕，对被害人进行拉拽，其行为积极主动，系主犯，应依法按其参与的全部犯罪处罚，但与另一同伙相比作用较小，可酌情从轻处罚；在抢劫过程中，由于被告人意志以外的原因而未得逞，所抢得的赃款被迫退给被害人，系犯罪未遂，可以比照既遂犯从轻处罚；案发后，被告人的亲属主动赔偿了被害人的损失，取得了被害人的谅解，可酌情从轻处罚；案件在审理过程中，被告人的亲属积极为其缴纳罚金，亦可对被告人酌情从轻处罚。依据《刑法》相关规定，判决如下：被告人刘耀锦犯抢劫罪，判处有期徒刑三年，并处罚金人民币5000元。

【案例26】经审理查明：2008年3月15日上午9时许，被告人梁凯、蒋博、吴泳、黄宗兴、梁政、谢志雄、李龙经密谋后，乘坐谢志雄驾驶的一辆银色小面包车来到宝安区沙井街道万丰社区九八工业城新至升厂门口，由梁凯下车寻找作案目标。后遇见出厂的被害人林登东及其弟林登华，梁凯便上前兜售一部假的诺基亚N73手机，双方经讨价还价后以人民币450元成交。然后，梁凯先拿出50元找零，当被害人林登东拿出500元付款时，被梁凯一把抢走。后梁凯跑向在一旁等候的面包车准备逃跑，被害人随后紧追，拉住已经上车的梁凯。这时，坐在车内的吴泳、黄宗兴、梁政按照事前约定，和梁凯一起动手殴打被害人，蒋博还拿出一根木棍猛击被害人林登东头部，林登东受伤放手，七被告人便驾车逃跑，后被闻讯而至的巡防队员人赃并获。经鉴定，被害人林登东所受损伤属轻微伤。

法院认为：被告人梁凯、蒋博、吴泳、黄宗兴、谢志雄、李龙、梁政以非法占有为目的，结伙使用暴力手段强行劫取他人财物，其行为已构成抢劫罪。被告人合伙实施了诈骗行为，没有达到数额较大，但是为了抗拒抓捕，当场使用了暴力相威胁，并致被害人轻微伤，依法以抢劫罪论处……依照《刑法》相关规定，判决如下：(1) 被告人梁凯犯抢劫罪，判处有期徒刑三年零六个月……

【案例27】 原判认定：2006年7月30日被告人孙国亮伙同贾晓辉（已判刑）预谋在周口实施诈骗。当日下午5时许由贾晓辉驾驶其长安面包车（豫D68080），二人行至周口市新华楼附近时见一老人张秀清在散步。遂下车与老人以拉家常为由，骗取老人的信任，并趁老人不备，将其佩戴的一对金耳环扯下，说车上有人叫他便慌忙跑上车。老人急忙喊其儿子王杰，说其耳环被人抢了。王杰坐出租车前去追赶并报警。当二人开车行至七一路与大庆路交叉口时，见有人追赶，便开车闯红灯向南然后驶往项城方向，途中被警方发现，110指挥中心随即通知李埠口派出所拦截。当孙国亮等发现警车在后追赶并喊话让其停车检查时，其不但不停车而且加快了行驶速度。110指挥中心又通知黄寨派出所也未能设卡截住。孙国亮见警车紧追不放，将金耳环扔出车外。后在项城110指挥中心的指挥下，警车在项城南顿附近追上该车并将二人抓获。经川汇区价格认证中心价格评估，张秀清被抢的一对金耳环价值1068元。

周口市川汇区人民法院认定被告人孙国亮犯抢劫罪，

判处有期徒刑三年，并处罚金5000元。

宣判后，被告人孙国亮不服，提起上诉。

二审法院经审理查明的事实、认定的证据与一审相同。

二审法院认为：被告人孙国亮伙同他人以非法占有为目的，主观上有非法诈骗的故意，客观上实施了诈骗的行为，其诈骗行为败露后，在前有警方设卡、堵截，后有警车追赶的情况下，先是扔掉所骗耳环，毁灭证据，后又多次闯卡抗拒抓捕，给追赶的公安干警造成极大的人身威胁，造成极恶劣的社会影响，其行为符合转化型抢劫的构成要件，已构成抢劫罪。原审判决认定事实清楚，适用法律正确，定罪准确，量刑适当，审判程序合法。依照《刑事诉讼法》相关规定，裁定如下：驳回上诉，维持原判。

【案例28】 原判认定：2002年10月5日晚，被告人梁济峰伙同覃玉寿、“阿涛”“阿亮”等人（均另案处理）密谋诈骗后，租乘一辆小货车窜至佛山市南海区松岗山南市场摆摊以抽奖方式（事先在抽奖票上设暗记）卖“月光玉”（塑料仿造），由覃玉寿、“阿涛”“阿亮”负责在摊档销售，被告人梁济峰与其余同伙则假扮顾客购“玉”并频频得奖，以此诱使路人购物。期间，陆恒溪与朋友在该摊位购“玉”并抽得四等奖，陆要求覃玉寿等人兑现奖金100元。覃玉寿等人将陆恒溪的抽奖票撕毁，陆恒溪要求退还购“玉”的10元钱。覃不允，并收摊欲离开。陆恒溪不让其离开，双方推搡，覃等人的货物倒地。陆恒溪与覃等人各自从地摊上拾起铁水管对峙。被告人梁济峰等人见状即冲上前抢过陆恒溪手中的铁水管并追打陆及其同乡甘某辑、甘某保。陆恒溪在躲避追打时摔倒，被告人梁济峰与“阿涛”“阿亮”各挥铁水管乱棍殴打陆恒溪，其中一“T”形铁管击中并嵌入陆的前额，致陆开放性颅脑损伤，经法医鉴定属重伤。打人后，被告人梁济峰逃离现场时被闻讯赶来的治安队员抓获。

原判认为：被告人梁济峰的行为已构成抢劫罪。被告人认罪态度较好，酌情从宽处罚。依照《刑法》相关规定，以被告人梁济峰犯抢劫罪，判处有期徒刑十一年，剥夺政治权利三年，罚金1000元。

宣判后，被告人梁济峰不服，提起上诉。

二审法院经审理查明的事实、认定的证据与一审一致。

二审法院认为：上诉人梁济峰伙同他人在实施诈骗的过程中，为窝藏赃物、抗拒抓捕、毁灭罪证而当场使用暴力，致陆恒溪重伤，其行为已构成抢劫罪。在实施诈骗的过程中，上诉人等人为了毁灭罪证而当场对陆恒溪使用暴力，其犯罪性质已转化为抢劫，其行为完全符合我国《刑法》关于抢劫罪的犯罪构成要件，依法应予以严惩。原判认定事实和适用法律正确，量刑适当，审判程序合法。依照《刑事诉讼法》相关规定，裁定如下：驳回上诉，维持原判。

需指出的是，实践中还存在公共交通工具上实施诈骗转化为抢劫的情形，个案有不同的处理，例如，"王振东抢劫案"（案例29）没有适用"在公共交通工具上抢劫"的法定刑，"丁某等抢劫案"（案例30）适用了"在公共交通工具上抢劫"的法定刑。在笔者看来，行为人在公共交通工具上实施诈骗，为抗拒抓捕在公共交通工具上实施暴力或者暴力威胁的，应按转化型抢劫处理，并适用"在公共交通工具上抢劫"的法定刑；若行为人在公共交通工具上实施诈骗，为抗拒抓捕在公共交通工具下实施暴力或者暴力威胁的，按转化型抢劫处理，但不适用"在公共交通工具上抢劫"的法定刑。

【案例29】经审理查明：1998年10月29日上午，被告人王振东与其同伙（另案处理）在江苏省高邮市文游台北侧的公路上先后窜上扬州至淮阴的苏K04051号客车，虚构事实，以无价值的秘鲁币冒充美元，骗取被害人魏言奎等六人人民币6850元及金项链一条，其中魏言奎被骗人民币4500元。后被害人魏言奎得知被骗，抓住正欲逃离客车的被告人王振东的一名同伙，当即遭到被告人王振东及其同伙的殴打，魏的面部、右肋部受轻微伤。被告人王振东在其同伙逃跑后欲钻车窗跳车时，被魏言奎等人抓获并扭送至当地派出所。

江苏省高邮市人民法院认为：被告人王振东以非法占有为目的，诈骗公民私人所有的财物，后为抗拒抓捕而当场使用暴力，致被害人轻微伤，其行为已构成抢劫罪，且属共同犯罪，应予惩处。高邮市人民检察院起诉指控的基本事实清楚，但定性不妥，应予改变。被告人王振东刑满释放后5年内又犯应当判处有期徒刑以上刑罚之罪，系累犯，应从重处罚。鉴于其当庭能够坦白悔罪，可以酌情从轻处罚。依照《刑法》相关规定，判决如下：被告人王振东犯抢劫罪，判处有期徒刑九年六个月，剥夺政治权利三年，并处罚金5000元。

【案例30】经审理查明：（1）2006年8月27日上午10时许，被告人丁某、王某某、李某某、赵某某、李某某在205国道赵连庄路段一辆中巴车上，用秘鲁币当作德国马克兑换人民币进行诈骗时，被乘坐此车的公安大港分局民警袁某发现。当袁某亮明身份后，对该五名被告人进行抓捕时，被告人丁某、王某某、李某某即上前用拳脚和事先准备好的铁棍对袁某进行围攻，将袁某头部打伤。下车后，被告人赵某某又用匕首将袁某腿部捅伤两处。后五名被告人上了事先尾随公交车后的由被告人王某某驾驶的牌照号为冀RK0040号的蓝色丰田汽车逃跑。经法医鉴定，被害人袁某的损伤分别构成轻伤和轻微伤。（2）2006年7月15日上午9时许，被告人丁某、王某某、李某某、李某某、王某某等人驾驶牌照号为冀RK0040号的蓝色丰田汽车在皇秦岛至青龙的长途汽车上，用秘鲁币当作德国马克兑换乘客人民币进行诈骗时，被乘客李某某识破后，被告人李某某等人用事先准备好的匕首、伸缩铁棍对李某某相威胁后，抢走李某某人民币450元，其中被告人王某某负责开车接应。（3）被告人丁某、王某某、李某某、李某某、王某某有如下诈骗犯罪事实：①2006年1月，五被告人驾驶牌照号为冀RK0040号的蓝色丰田汽车在秦皇岛至青龙的长途汽车上，用秘鲁币当作“德国马克”兑换乘客人民币进行诈骗，骗取乘客胡某某人民币1100元。②2006年5月5日上午，五被告人采取上述手段在秦皇岛至朱家峪的长途汽车上，骗取乘客杨某某、张某某夫妇人民币1000元。③2006年5月7日上午，五被告人采取上述手段在秦皇岛至卢龙的长途汽车上，骗取乘客胡某某人民币1000元及三星手机一部。④2006年5月12日上午，五被告人采取上述手段在抚宁至青岭口的长途汽车上，骗取乘客张某某人民币500元及金戒指两枚。⑤2006年8月1日上午，五被告人采取上述手段在昌黎至抚宁的长途汽车上，骗取乘客贲某某人民币700元及诺基亚手机一部。综上，五被告人共骗取他人人民币4300元及三星手机和诺基亚手机各一部、金戒指两枚。其中，被告人王某某负责开车接应。所获赃款均由五被告人均分挥霍。（4）被告人赵某某伙同“林三”“小侯”“小志”等人（均外逃）实施了如下诈骗犯罪：①2005年11月16日在秦皇岛至桃林口的长途汽车上，采取上述手段骗取乘客彭某某人民币200元。②2005年11月24日在秦皇岛至青龙的长途汽车上，采取上述手段骗取乘客王某某人民币700元及金项链一条。③2005年12月13日在秦皇岛至燕沟营的长途汽车上，采取上述手段骗取乘客徐某某人民币2988元。④2006年4月18日在秦皇岛至留守营的长途汽车上，采取上述手段骗取乘客白某某人民币1500元。⑤2006年4月18日在秦皇岛至留守营的长途汽车上，采取上述手段骗取乘客陈某某人民币1500元。综上，被告人赵某某共骗取他人人民币6888元及金项链一条。

法院认为：被告人丁某、王某某、李某某、李某某、王某某以非法占有为目的，在公共交通工具上用匕首和铁棍相威胁，强行劫取被害人李某某的钱财，其行为已构成抢劫罪，应予惩处；被告人赵某某、丁某、王某某、李某某、李某某、王某某等在公共交通工具上实施诈骗，被民警发现后，为抗拒抓捕而当场使用匕首、棒棍对民警进行殴打，并致人轻伤和轻微伤的后果，其行为亦应按抢劫罪定罪处罚；同时，六被告人又实施了以秘鲁币冒充“德国马克”骗取乘客财物的行为，且数额较大，其行为已构成诈骗罪，亦应惩处……关于被告人王某某的辩护人及王某某的辩护人提出在205国道的公交车上实施的犯罪行为不应按转化型抢劫罪处罚的辩护意见，本院认为，根据《刑法》第269条的规定，诈骗转化为抢劫罪的关键在于行为人在实施诈骗行为过程中，为抗拒抓捕而当场使用暴力或以暴力相威胁，而是否在公共交通工具上实施诈骗或是否实际骗得钱财不是转化型抢劫罪的成立条件。被告人丁某、王某某、李某某、赵某某、李某某在正在运营中的公共交通工具上实施诈骗乘客钱财的行为，被民警识破后，五被告人为抗拒抓捕即在公交车上用铁棍及拳脚对民警实施殴打，下车后为摆脱民警的抓捕又用匕首捅伤民警，并致民警轻伤和轻微伤的后果，根据最高人民法院《关于审理抢劫、抢夺刑事案件适用法律若干问题的意见》第5条第2、3、4项的规定，五被告人虽未实际劫取钱财，但其行为不仅侵害了公民的人身安全，同时对乘坐公共交通工具的安全性产生极大的危害，造成公众的恐慌心理，故对该行为应依法认定为“在公共交通工具上抢劫”。依照《刑法》相关规定，判决如下：(1) 被告人丁某犯抢劫罪，判处有期徒刑十四年，并处罚金1000元，剥夺政治权利五年；犯诈骗罪，判处有期徒刑二年，并处罚金5000元，决定执行有期徒刑十六年，并处罚金6000元，剥夺政治权利五年……

第四章　抢 夺 罪

《刑法》第 267 条规定:[①] "抢夺公私财物，数额较大的，或者多次抢夺的处三年以下有期徒刑、拘役或者管制，并处或者单处罚金；数额巨大或者有其他严重情节的，处三年以上十年以下有期徒刑，并处罚金；数额特别巨大或者有其他特别严重情节的，处十年以上有期徒刑或者无期徒刑，并处罚金或者没收财产。携带凶器抢夺的，依照本法第 263 条的规定定罪处罚。"

一、抢夺罪的行为要件

抢夺罪行为要件主要涉及两个问题；一是"抢夺"的界定；二是"数额较大"的构成要件属性。

（一）"抢夺"的界定

从世界各国抢夺罪的立法例比较来看，对抢夺罪"抢夺"行为要件的理解会出现两种情形：一是刑法独立设置有抢夺罪的国家，学者或实务界会对其作出专门的解释，例如，《俄罗斯联邦刑法典》第 161 条明文规定抢夺为"公开夺取他人财产"，俄罗斯学者认为，公开的、明目张胆的手段夺取他人财产——这是抢夺的决定性客观要件。法律所指的抢夺，其客观方面应该是公开地夺取他人财产。采取公开的、明目张胆的、使周围人一目了然的手段使财产脱离他人占有的方式，是抢夺罪最突出的特点，是它的独特之处。抢夺犯

① 2015 年 8 月 29 日《刑法修正案（九）》第 20 条为抢夺罪的基本构成增设了"多次抢夺的"情形。

罪公开地侵害社会中业已形成的所有权关系，往往还对人使用身体或精神暴力，这使犯罪人所实施的违法行为的危险性大为增加，同时加重了对其违法行为否定性的道德评价。1966年3月22日前苏联最高法院全会《关于抢夺和强盗案件审判实践的决议》对抢夺的解释是，公开地夺取他人财产是出于利己动机侵害所有权的行为，“它是在占有或负责保护财产的受害人在场或者其他人在场的情况下实施的，犯罪人意识到在场的人理解他的行为的性质，但他无视这种情况”。[①] 二是《刑法》没有专门设置抢夺罪的国家，学者往往没有对抢夺作出专门的界定。

不过，基于抢夺罪“抢夺”行为要件的界定，与各国《刑法》对抢劫罪和盗窃罪的规定存在此消彼长的关系，尤其是与抢劫罪的“暴力”程度的限定以及盗窃罪是否限定为“秘密窃取”紧密相关，无论是否设置有专门的抢夺罪，实务界或理论界均必须先对上述问题有清楚的认识。

1. 域外抢劫罪“暴力程度”影响抢夺的界定

各国学者往往是根据本国《刑法》对抢劫罪“暴力”程度的规定来作出相应解释。例如，我国台湾地区学者（基于台湾现行“刑法”师承于德国等大陆法系国家刑法）认为，“强盗罪之行为为强盗，即以强暴、胁迫、药剂、催眠术或他法为手段，致使他人不能抗拒，而强取其物或迫使他人交付财物。至于所谓不能抗拒，判例之见解认为行为人所施之于被害人之强暴、胁迫，只须抑压被害人之抗拒，或使被害人身体上或精神上处于不能抗拒之状态，即为已足，其暴力纵未与被害人身体接触，仍不能不谓有强暴或胁迫行为。行为人之强暴或胁迫，以在客观上对于他人之身体及自由确有侵害行为为必要，若行为人并未实施此项行为，他人仅因主观上之畏惧，不敢抵抗，任其取物以去，则不能构成本罪”，[②] 并指出，“抢夺罪之抢夺行为与强盗罪之强盗行为在本质上并无不同之处。两罪之区别主要是在于行为方式与行为所造成之强制状态或程度：前者系乘人不备，猝然施暴，使人不及保卫其物而夺取之；后者则以实施强

① 参见［俄］斯库拉托夫、列别捷夫主编：《俄罗斯联邦刑法典释义》，黄道秀译，中国政法大学出版社2000年版，第425页。

② 参见林山田：《刑法特论（上）》，台湾地区三民书局1978年版，第259~260页。

暴或胁迫为手段，造成他人不能抗拒之状态下，始予强取或迫令其交付”。[①] 俄罗斯学者认为，强盗罪的客观方面表现为以侵占他人财产为目的，使用危及生命和健康的暴力或以使用这种暴力相威胁实施侵袭行为。侵袭应该是指犯罪人使用暴力或以暴力威胁突然对受害人进行袭击。侵袭和紧接着使用暴力（暴力威胁）构成两个具有共同目的——侵占他人财产的不可分割的侵袭行动的统一整体。“危及生命和健康”的暴力，在《刑法》第162条第1款中指的仅仅是对受害人造成中等程度的健康损害（第112条）或轻度健康损害的暴力，同时，在强盗袭击的过程中造成健康的严重损害则属于第162条第3款的要件，受害人死亡这一对受害人使用暴力的后果不包括在强盗罪的构成中。[②] 英国学者认为，任何针对人身使用“暴力”或者以“暴力”相威胁的行为，即已足够……但是没有一个陪审团能够合理地裁决，在D掏P的口袋时所使用的轻微的身体接触，可以被视为使用暴力行为。但是要将一个窃盗罪案例转变为抢劫罪，并不需要很多，推搡被害人以致其失去平衡的行为就得以成为暴力行为。[③]

总的来说，在国外司法实务中，对抢劫罪的暴力、胁迫手段作严格限制性规定的国家，往往会在判例或学说中作一些扩张解释，例如前苏联最高法院全会1966年3月22日《关于抢夺和强盗案件审判实践的决议》指出，“以侵占他人财产为目的实施的侵袭行为，对受害人造成轻度身体伤害或者根本没有造成任何健康损害，但在使用暴力之时对受害人生命或健康构成现实危险的”，应根据关于强盗罪责任的条款定罪。[④] 相反，那些对抢劫罪的暴力、胁迫的程度没有作限制性规定的国家，通过判例和学说作出限制性的解释，要求暴力、胁迫达到一定程度，才构成抢劫罪。例如，日本的判例和通说认为，作为抢劫罪手段的暴力、胁迫，不能从广义上理解，而应

① 参见林山田：《刑法特论（上）》，台湾地区三民书局1978年版，第260页。

② 参见［俄］斯库拉托夫、列别捷夫主编：《俄罗斯联邦刑法典释义》，黄道秀译，中国政法大学出版社2000年版，第428页。

③ 参见［英］J·C·史密斯、B·霍根：《英国刑法》，马青升等译，法律出版社2000年版，第624～625页。

④ 参见［俄］斯库拉托夫、列别捷夫主编：《俄罗斯联邦刑法典释义》，黄道秀译，中国政法大学出版社2000年版，第428～429页。

该是从最狭义的角度来解释，即指达到足以抑制对方反抗程度内的暴力、胁迫。采用没有达到这种程度的胁迫手段，使对方产生畏惧并交付财物的，构成恐吓罪（即敲诈勒索罪）。① 通过限制或扩张性解释，各国司法惩治抢劫罪的范围趋于一致，即不同的“纸面上的死法”转变为基本一致的“实践中的活法”。随着抢劫罪的“暴力”程度的标准趋同，抢夺罪的外延也就会接近。

2. 域外盗窃罪是否“秘密窃取”影响抢夺的界定

德国、日本等国家和我国台湾地区学者认为，所谓窃取系以和平之手段，违背他人之意思，或者至少未得其同意，而取走其持有物，破坏其与持有物之“持有支配关系”。换言之，即以非暴力之手段，打破他人对其持有物之“持有支配关系”，使其无法行使其对持有物之支配权与监督权，并进而建立一个新的持有支配关系，而使自己或第三人成为该物之持有人，取得该物之支配管理力。申论之，窃取手段。窃取只要以非暴力或和平之手段，违反持有人之意思，或未得持有人之同意，而取走其持有物，即足当之，并不以系乘人不知不觉，且以秘密或隐秘之方法为必要。故动产之所有人或持有人虽于行为人窃取时有所知觉，或行为人之窃取行为并非秘密或隐秘，而系另有他人共见之情况，均无碍于窃取行为之成立，而构成窃盗罪。如半夜醒来，闻有人入室行窃，但因胆小如鼠，且思室中无何价值之物，故仍蒙在被中，任由入室者窃取，俟其离室后，方始呼叫；或如行为人进入百货公司或超级市场，以顾客之地位而行窃，在其将货物藏入手提包之时，已为店员或公司雇佣之侦探人员所发觉，俟行为人正欲走出店门时，始予举发；或如在公共汽车上扒窃，或在公众得出入之场所行窃，虽行为人主观上认为系隐秘方式之偷窃，但在行窃现场，往往有多数人可共见其窃取之行为，故客观上是为公然，而非隐秘，此等情况，均不影响窃盗罪之成立。② 所谓抢夺系指乘人不备，出其不意，遽然以不法腕力，使人不及抗拒，而强加夺取。抢夺罪乃行为人出于“取得意图”，而以暴力掠取财物之财产罪，其与窃盗有所不同：窃盗系以和平之手段而窃取，

① 转引自刘明祥：《财产罪比较研究》，中国政法大学出版社2001年版，第119页。

② 参见林山田：《刑法特论》（上），台湾地区三民书局1978年版，第206~207页。

而抢夺罪则以武力抢取。[①] 显然，上述观点不是以“秘密”还是“公然”来区分盗窃与抢夺。这样，凡在《刑法典》中未单独规定抢夺罪的，就往往将公然夺取财物的行为解释为窃取，纳入盗窃罪予以处罚，从而避免部分抢夺行为无法受到刑事法的规制。俄罗斯学者则认为，“偷窃罪的客观方面表现为秘密侵占他人财物，其本质内容无论客观上还是主观上都在于小偷力求避免与所窃财物的所有人或实际占有人以及可能妨碍犯罪实施的人或作为目击证人揭露罪犯的旁人发生接触。在所有形式的侵占他人财产罪中，就其实施的方式而言，偷窃罪的危害性是最小的：……犯罪人违法地、秘密地、背着其他人对抗或违背财产所有人的意思表示获取他人财物，将所窃物品转归自己非法所有并按照自己的意志将它们作为自己所有的财物进行处分”，[②]“偷窃罪作为一种独立的侵占财产的犯罪，它的客观必要要件是秘密侵占他人财物，这种侵占以犯罪行为不被人觉察，既背着财物的所有人，又背着其他人的方式加以保证。偷窃的实施是不是秘密地、隐蔽地、不为他人觉察地，当然不是针对小偷的同谋而言。对于同谋，小偷的行为是公开的、明知的和一目了然的，侦查机关和法院是根据评价偷窃手段的客观标准和主观标准来解决这个问题的”。[②] 显然，上述观点就是以侵害财产的行为是“秘密窃取”还是“公然夺取”来区分盗窃与抢夺。

3. 我国抢劫罪中“暴力”对抢夺界定的影响

在我国，无论是1979年刑法还是1997年刑法，立法者在抢劫罪的叙明罪状中均未对抢劫罪“暴力方法”的程度、在盗窃罪和抢夺罪的简单罪状中均未对“盗窃”的内涵以及“抢夺”的内涵作出明文界定，因而，司法实务界和理论界针对抢劫罪的“暴力”的理解存在以下分歧：

（1）暴力的作用对象。从各国对抢劫罪的规定来看，有的直接规定暴力的对象仅限于人身，例如，《德国刑法典》第249条“用针对某人的暴力”，《意大利刑法典》第628条“采用对人身的暴力”，有的间接规定暴力的对象仅限于人身，例如，《俄罗斯联邦刑法典》

---

① 参见林山田：《刑法特论》（上），台湾地区三民书局1978年版，第249～250页。

②② 参见［俄］斯库拉托夫、列别捷夫主编：《俄罗斯联邦刑法典释义》，黄道秀译，中国政法大学出版社2000年版，第407页。

第162条“使用危及生命或健康的暴力”，《美国模范刑法典》第222－1条“给予他人重大身体伤害”，《加拿大刑事法典》第343条“使用暴力，阻止某人对其盗窃的抵抗”、“在盗窃时或者在盗窃前后伤害攻击，或用任何人身攻击强迫那些人”和“攻击该人”，有的则没有作出明文规定，例如，《日本刑法典》《中华人民共和国刑法》。日本刑法理论认为，暴力必须是指向人的，但却不一定是直接对人的身体施行的，即使是对物施加有形力，若能抑制被害者的意思、行动自由，一般就能视为本罪的暴力手段。在我国，有国学者认为仅限于人身，并且是财物所有人、保管人；有学者认为仅限于人身，既可以是财物所有人、保管人，也可以是与财物所有人、保管人有利害关系的人；① 有学者认为既可以是人身，也可以是财物。② 显然，这些不同认识必然会影响到抢劫罪与抢夺罪的区分。其实，暴力直接针对财物实施，或者针对在场的有关利害关系人实施，以此达到财物所有人或保管人逼迫交出财物或任其取走财物，在本质上均属于胁迫。

（2）暴力的程度。我国学者有的认为，只有足以危害被害人的生命与健康的暴力，才能构成抢劫罪的暴力；有的认为，抢劫罪的暴力必须达到压制被害人抵抗的程度；有的认为，只要行为人实施的属于暴力，并用以排除被害人的反抗，就属于抢劫罪的暴力行为。③ 显然，是否对抢劫罪的“暴力”最低程度加以限定以及限定到何种程度，必然影响到抢劫罪与抢夺罪的区分。在笔者看来，从刑事立法的科学性而言，确如有学者指出的，虽然在实践中具体认

---

① 我国台湾地区学者也持此观点，“行为人实施强暴胁迫等不法行为，使他人不能抗拒之后，必须强取他人财物，或使他人交付其物，方始完成本罪之行为。其具体包括两种情形：（1）强取他人之物。行为人因其强暴胁迫或其他不法行为，造成被害人不能抗拒，而在此状态下，取走其物，方构成本罪。换言之，在他人无法抵御其强胁行为之条件下以积极行为，将他人之物移归自己持有支配，方为强盗。至于他人之物究为他人所有，抑或仅为他人所持有，均与本罪之成立无关。（2）使其交付，系指逼迫他人自动交付其物。换言之，即被害人因行为人之强暴胁迫或其他不法行为，致使不能抗拒，而被迫将其财物提交行为人。又使其交付并不限于受行为人之强暴胁迫而不能抗拒之人，如拷打某甲，使其不能抗拒而迫令其交付钱款，纵由某乙代付该笔款项，亦可成立本罪。因此，行为人实施强暴行为之客体，不必与交付财物者相一致”。参见林山田：《刑法特论》（上），台湾地区三民书局1978年版，第261～262页。

② 参见刘树德：《抢夺罪案解》，法律出版社2003年版，第21～36页。

③ 参见刘树德：《抢夺罪案解》，法律出版社2003年版，第21～36页。

定暴力是否危及健康或生命，有时也可能会因为标准不易掌握而遇到困难，产生争议，但从横向罪刑关系的协调性考虑，上述立法思想有值得称道之处。[①] 其实，“标准不容易掌握”并不意味着不能掌握。日本学者对判断暴力、胁迫是否达到抑制对方反抗的程度提出了两种不同主张：“主观说”认为，以行为人是否预见到暴力、胁迫能够抑制对方反抗，即以行为人的主观认识作为判断的标准。如果行为人认识到即使采用客观上轻微的暴力、胁迫手段，就能抑制对方的反抗，那就应该视为抢劫罪的暴力、胁迫。例如，犯罪人用玩具手枪胁迫对方夺取其财物的场合，被害者以为是真枪而不敢反抗，由于犯罪人预见到会达到这样的效果，因此构成抢劫罪。“客观说”认为，应该从暴力、胁迫的性质来作判断，也就是以是否达到足以抑制普通人反抗的程度作为客观的判断标准。用玩具手枪胁迫对方夺取财物，从客观上看，这种胁迫不能被认为是抢劫的手段，所以不能构成抢劫罪。基于“足以抑制普通人反抗的程度”的标准中普通人是一个抽象的概念，“客观说”主张对该标准予以具体化，认为应该综合考虑被害人的有关情况（如被害人的人数、年龄、性别、性格等）、行为的状况（如作案的时间、场所等）、行为人的有关情况（如暴力、胁迫行为的表现形式、行为人的外貌等）。综合各种因素判断，如果认为某种暴力、胁迫从社会观念上足以使一般人陷入不能反抗的状态，那就可以认为是抢劫罪的手段行为；反过来，如果达不到使一般人陷入不能反抗状态的程度，只是因为被害人有臆病，而实际上产生了抑制其反抗的效果，这就不能构成抢劫罪。[②] 总之，从抢劫罪的本质而论，某种程度的抑制反抗是必要的，但又不能把抑制反抗的标准定得过高，要求被害人处于完全不能反抗的状态时，才认为达到了抑制反抗的程度，才构成既遂。只要行为人采用的暴力手段，从社会观念上可以被认为是抢劫手段，即使对方只是产生一点恐惧而交付了财物，就应该认为转移财物是抑制被害人反抗的结果，自然构成抢劫既遂。[③] 我国台湾地区学者认为，行为人之行为是否使被害人已达不能抗拒之程度，原则上应按常人所能抗

① 参见高铭暄主编：《刑法专论》（下编），高等教育出版社2002年版，第721页。

② 参见刘明祥：《财产罪比较研究》，中国政法大学出版社2001年版，第120～121页。

③ 参见刘明祥：《财产罪比较研究》，中国政法大学出版社2001年版，第123页。

拒之程度参酌认定，若行为人之行为在客观上虽足使他人不能抗拒，但被害人并不因之发生畏惧或丧失抵抗力，则该行为即不能认定为该当本罪之行为；反之，若被害人之抵抗力未及通常之标准，就其年龄、性别、性格、体能等因素，加以综合判断，足认其抵抗显有困难者，虽行为人之行为在客观上并不足以使人不能抗拒，但亦可认定为该当本罪之行为。①

（3）是否强调“暴力”与“取得财物”之间的因果关联。日本司法实践中并不很重视两者之间的因果关系。判例认为，行为人趁被抑制反抗的被害者不注意时拿走其财物的行为，构成抢劫罪；由于被告人的暴力、胁迫，使被害人将所持财物放置现场而逃走，此后予以夺取的行为，也成立抢劫罪。日本学者根据上述判例也认为，只要实施了暴力、胁迫行为，并趁机取得占有了财物，就可以认为是强取，并不一定要求两者之间有严格意义上的因果关系，只需有直接的联系就可。② 台湾地区学者认为，行为人不论系强取他人之物，或系逼令他人交付其物，必须与其强暴胁迫等压制被害人抗拒之行为具有因果关联，方能构成本罪，故若行为人虽有客观上足以使人不能抗拒之强暴胁迫行为，但被害人之意思自由并未因之丧失，在此状况下，被害人若因错误，或系出于另一种动机，竟自动交付其财物，则不能成立本罪。③ 显然，注意二者之间的因果关系的判断，也会有助于区分抢夺罪与抢劫罪。最高人民法院刑事业务庭为“亢红昌抢劫案”（案例11）刊登的“裁判理由”也强调此种因果关系的判断。

【案例1】经审理查明：2000年11月30日夜12时许，被告人亢红昌与同在某建筑工地打工的牛艳清、牛长清、牛小胖（三人均在逃）酒后回工地时，见王某某一人在前边行走。牛艳清即提出一起殴打该人取乐，其他人表示同意。几人即上去从背后将王某某打翻在地。被告人亢红昌走上前来正准备用脚踢倒地的王某某时恰巧绊倒，无意间

① 参见林山田：《刑法特论》（上），台湾地区三民书局1978年版，第260页。
② 参见刘明祥：《财产罪比较研究》，中国政法大学出版社2001年版，第124页。
③ 参见林山田：《刑法特论》（上），台湾地区三民书局1978年版，第261~262页。

> 碰到王某某腰间的手机。亢红昌乘机从王某腰间夺下手机起身便跑，后被王某某带人追上并将其抓获。该手机价值1750元。
>
> 铁西区人民法院经审理后认为：被告人亢红昌伙同他人酒后滋事，无故殴打行人后见财起意，趁被害人被打倒不备之机，公然夺取被害人的手机后逃跑，其行为已构成抢夺罪。依照《刑法》第267条第1款的规定，以抢夺罪判处亢红昌有期徒刑一年，并处罚金人民币一千元。
>
> 一审宣判后，被告人亢红昌服判不上诉；公诉机关以原审被告人亢红昌使用暴力，劫取他人财物，其行为应构成抢劫罪，原判定性不准，量刑不当为由提起抗诉。
>
> 安阳市中级人民法院认为：原审被告人亢红昌伙同他人酒后寻衅滋事，无故殴打行人王某后，又见财临时起意，趁王某被打倒在地之机，公然夺取王的手机后逃跑，其行为构成抢夺罪。依照《刑事诉讼法》第189条第（1）项的规定，裁定如下：驳回抗诉，维持原判。

最高人民法院刑事审判庭刊登的“裁判理由”① 认为，抢劫罪是指以非法占有为目的，当场使用暴力、胁迫或者其他方法，当场夺取公私财物的行为。判断被告人的行为是否构成抢劫罪，应以行为人非法占有他人财物的当场是否对被害人实际使用了暴力、胁迫或者其他方法为标准。这是抢劫罪区别于其他侵犯财产犯罪的本质特征。抢劫罪在主观上必须是以非法强行占有财物为目的，在客观上表现为对被害人实施了暴力、胁迫或者其他方法，且上述方法必须是服务于行为人当场取财的手段。本案的基本案情是：被告人亢红昌先伙同他人酒后寻衅滋事，无故殴打行人王某。其后，亢红昌个人又见财临时起意，趁王某被打倒在地之机，公然夺取王的手机后逃跑。亢红昌及其同伙殴打王某之时仅是为了打人取乐，并无劫财的故意和目的。本案现有证据也证实不了亢红昌及其同伙无故殴打王某是为了劫取钱财，且被害人王某证言中也反映不出亢红昌等

① 参见最高人民法院刑一庭、刑二庭编：《刑事审判参考》（总第28辑），法律出版社2002年版，第45～46页。

人对其殴打时向其索要财物，故亢红昌等人酒后无故殴打他人属单纯的寻衅滋事行为，与其后亢红昌个人见财临时起意，乘机夺下王某手机逃跑的行为没有关系。亢红昌及其同伙先行无故殴打他人，与其后亢红昌个人见财临时起意，乘机夺取王某的手机，是在两种不同的主观内容支配下实施的性质截然不同的两个独立行为。实施暴力殴打行为时，亢红昌及其同伙均无劫财的故意和目的，该暴力行为不能视为亢红昌个人夺取他人财物的手段。其后亢红昌个人见财临时起意，乘人不备夺取他人财物时，暴力殴打行为已经结束，亢红昌并没有为了获得王某的手机而继续对王某施加暴力。被害人王某的证言也证实其手机被抢时，没有人再对其进行殴打。随后当王某等人追赶亢红昌时，亢摔倒在地被抓住，至公安人员赶到，始终没有反抗，也不存在成立转化型抢劫罪的情形。可见，被告人亢红昌等人先行侵犯他人人身的行为并非其取财的手段，客观上也无凭借侵犯人身的手段来达到非法强行占有他人财物的目的，故其行为不符合抢劫罪的特征。

抢夺罪是指以非法占有为目的，乘人不备，公然夺取数额较大的公私财物的行为。抢夺罪表现为乘人不备，公然夺取他人财物的行为，但行为人公然夺取财物时并不使用暴力、威胁等侵犯被害人人身的手段行为，这是抢夺罪与抢劫罪在客观上的显著区别。抢夺罪不使用暴力，而是使用强力，且此种强力仅作用于被抢夺的财物，而抢劫罪则是使用暴力，并将暴力直接施加于被害人人身，强制其身体。

就本案而言，被告人亢红昌及其同伙酒后无故殴打王某的行为和夺取王的手机的行为在刑法意义上是两个独立的阶段，先行寻衅滋事无故殴打王某的行为，并非亢红昌夺取财物的手段；其后夺财，并非事先即有强行占有他人财物的目的，只是见财临时起意乘机夺走王的手机，因而不符合抢劫罪的特征，应认定为抢夺罪。

4. 我国盗窃罪“秘密窃取”对抢夺界定的影响

我国学者针对盗窃罪“秘密窃取”的理解分歧主要在于：（1）盗窃罪是否限定于“秘密窃取”。我国学者大多数人认为，盗窃罪是

"秘密窃取"。[①] 有的认为，盗窃罪不一定是"秘密窃取"。[②]（2）"秘密"的特性以及"秘密窃取"与"公然夺取"区分的判断标准。有学者认为，盗窃罪属于秘行犯。[③] 盗窃罪的"秘密"应当从以下三个方面加以理解：①特定性。秘密意味着使人不知，是在暗中背着他人进行的。作为盗窃罪的秘密，其内涵是特定的，即指财物的所有人或占有人不在场，或虽然在场，但未注意、察觉或防备的情况下实施的盗窃行为。因此，盗窃罪的秘密是相对于财物的所有人或占有人来说的一种隐藏性的行为。②主观性。盗窃罪之秘密是指行为人自以为采取了一种背着财物的所有人或占有人的行为。在某些情况下，行为人扒窃时以为别人没有被发现，实际已在他人注视之下，仍然属于秘密窃取。③相对性。秘密与公然的区别是相对的。秘密窃取之秘密，仅仅意味着行为人意图在财物所有人未察觉的情况下将财物据为己有，并不排除盗窃罪在光天化日之下实施。[④]

俄罗斯学者则认为，要评判侵占他人财物是秘密还是公开实施的，其客观标准在于所有权人或接受所有权人财产的占有人以及其他人对正在实施的侵占的态度，在于他是否意识到犯罪人正在非法取得他人的，即不属于犯罪人的财物。依据评判侵占手段的客观标准，这里可能存在认定秘密窃取的几种方案。第一种，也是实践中最常见的一种，是在完全没有目击者的情况下实施的。例如，从没有看守的仓库里偷窃，夜间从商品批发站偷窃，主人不在家时小偷撬锁潜入住宅行窃等等；第二种是偷窃财物时，虽然财物的所有权

---

① 类似的观点如：秘密窃取是盗窃罪与其他侵犯财产罪的根本区别之所在。某一侵犯财产案件，没有秘密窃取行为，可以成立其他犯罪，但绝对不能构成盗窃罪。参见陈兴良：《盗窃罪研究》，载《刑事法判解》（第1卷），法律出版社1999年版，第43页。

② 还有学者持此观点，例如，盗窃罪的取得财物的方式不一定是"秘密窃取"。参见赵永林：《我国刑法盗窃罪的理论与实践》，群众出版社1989年版，第24页。

③ 在刑法理论上，存在着秘行犯与公然犯之分。公然犯是指按照刑法特定犯罪构成要件及其刑罚规范的预设，某种犯罪行为必须或者必然地表现为，故意在不特定的人或者多数人能够认识其犯罪行为的场合实施犯罪的罪态方式。参见屈学武：《公然犯罪研究》，中国政法大学出版社1998年版，第29页。公然犯有狭义与广义之分，狭义上的公然犯是指刑法条文中明确规定以"公然"实施为特征的犯罪，例如，公然猥亵罪等。广义上的公然犯除此以外还包括其他不以"秘密"实施为要件的犯罪。与公然犯相对应的是秘行犯。秘行犯是指以秘密方式实施犯罪的罪态。

④ 参见陈兴良：《盗窃罪研究》，载《刑事法判解》（第1卷），法律出版社1999年版，第25~26页。

人或其他人在场，但趁他们不注意或没有意识到有人在违法侵占的事实时，神不知鬼不觉地背着他们行窃，如从衣袋、拎包、手提包中行窃等。在类似情况下偷窃往往被错误地认为是公开盗窃他人财物，即抢夺。根据客观标准，如果财物是直接从其所有权人的占有中或有所有权人在犯罪现场的情况下获取的，但由于某种原因（熟睡、严重醉酒状态、昏迷等），他不能意识到正在发生的犯罪行为，也应该承认是秘密侵占财物。如果侵占他人财物时有多人在场，正如一般所说的是当着许多人的面实施的，但人们把非法侵占行为当作完全合法的行为，没有怀疑该行为实际上具有犯罪性质，审判实践中也把这种非法侵占认定为秘密侵占。例如，在运货马车、火车车皮卸货时罪犯冒充搬运工拿了一件（一箱、一袋、一捆）并为自己的利益进行使用。如果在场的人由于年龄（如儿童）、智力发育等不能认识犯罪人取得他人财物的违法性质，或者至少不能证明犯罪人行为的这一性质，也属于秘密侵占他人财物。[①] 主观标准是犯罪人自己意欲背着所有与犯罪无关的人采取秘密行动，以及他内心确信使财物脱离其所有权人占有的行为是背着财物的所有权人或其他人进行并且不为他们觉察的。犯罪人主观上确信所实施的偷窃行为不被他人觉察是以一定的符合犯罪实际情况的情节事实为基础的。这种事实情节可能是各种各样的：任何人都不在犯罪现场；保卫客体的值班员在睡觉；掌握或保卫财产的工作人员暂时离开时将财物委托给交谈的人看管并没有赋予他对暂时留下物品的任何权利，结果后者是小偷，如此等等。如果犯罪人根据实施犯罪时的实际环境，主观上确信他的行为是秘密的，不被他人觉察的，但是事实上有人已观察偷盗的过程（例如，相邻房屋的居民从自己的窗户里观察到偷盗财物的情况，而犯罪人对此却不知道也没有料到），这种行为也构成偷窃。如果小偷发现第三人知悉其窃取他人财物的行为并且意识到行为的犯罪性质，便终止侵害或者离开犯罪现场躲起来，则构成偷窃未遂。在同样的客观和主观条件下，小偷不顾侵害所有权的事实已被第三人知悉这一事实，明目张胆地公开将犯罪进行到底并企图携带所盗财物逃跑的，则应该承担公开夺取他人财物，即抢夺

① 参见［俄］斯库拉托夫、列别捷夫主编：《俄罗斯联邦刑法典释义》，黄道秀译，中国政法大学出版社2000年版，第407～408页。

罪的刑事责任。①

显然，我国学者和俄罗斯学者对“秘密窃取”与“公开夺取”判断标准的分歧主要体现对如下问题的不同回答：行为人避开财物的所有人、管理人，在明知第三者知悉的情况下，拿走了他人财物，是属于秘密窃取还是公然夺取。②

上述两种理解会影响到如下情形的定性：行为人避开财物的所有人、管理人，在明知第三者知悉的情况下拿走他人的财物，例如，扒窃分子在被害人不知悉的情况下，当着公众场合其他人的面取走被害人的财物；行为人在财物所有人或管理人知悉的情况下，以非暴力的手段（不是抢夺罪的公然夺取，而是和平的手段）取走他人的财物。例如，位居高楼的公民甲抛掷钱币给隔壁阳台的公民乙的过程中，因风力的影响，钱币洒落在地下。正途经此地的公民丙当着甲、乙的面拾走数额较大的钱币。

5. 抢夺罪客观要件的表述

关于抢夺罪的客观要件的表述存在纷争：其一，表现为乘人不备，公然夺取数额较大的公私财物的行为。“乘人不备”是指行为人乘被害人或其他人没有察觉或无防备的情况下，使被害人或其他人来不及抗拒，夺走财物；“公然夺取”是指行为人当着被害人或第三人的面从被害人的手中或被害人和其他人对财物的直接看管下公开夺取财物。此观点强调“乘人不备”是必要条件。③ 其二，表现为公然夺取数额较大公私财物的行为。虽然抢夺财物多数是“乘人不备”实施的，但也有在他人有准备的情况下公然夺取公私财物的。

---

① 参见［俄］斯库拉托夫、列别捷夫主编：《俄罗斯联邦刑法典释义》，黄道秀译，中国政法大学出版社2000年版，第408～409页。

② 我国有学者提出了如下观点，即应分行为人侵害的对象是私人财物还是国家、集体所有的财物来分别看待。在以私人财物作为侵害对象的场合，行为人避开财物的所有人或管理人的视线拿走其财物，即使第三者知晓，甚至行为人也明知第二者知晓，仍然视为秘密窃取。国家所有与集体所有的财产具有一定的特殊性。在财产管理者不在场的情况下，行为人当着其他人的面，明知其他人（甚至很多人）知悉，明目张胆地公开拿走国家、集体所有的财物，这同管理人在场时的公然夺取，并无多大差异，将这种夺取财物的行为认定为秘密窃取，似乎不够妥当。参见刘明祥：《财产罪比较研究》，中国政法大学出版社2001年版，第183页。

③ 我国台湾地区学者强调“出其不意”，“抢夺是乘人不备，出其不意，遽然以不法腕力，使人不及抗拒，而强行夺取”。参见林山田：《刑法特论》（上册），台湾地区三民书局1978年版，第250页。

此观点强调“乘人不备”不是抢夺罪的必要条件。其三，表现为乘人不备或他人有准备而公然夺取数额较大的公私财物的行为。此观点将“乘人不备”或“公然夺取”视为抢夺罪的选择要件。[①] 其四，表现为公然夺取数额较大的公私财物，但未使用暴力、胁迫或其他强制手段的行为。上述纷争主要集中在以下方面：

（1）是否必须“乘人不备”，即“乘人不备”是选择要件还是必备要件。从司法实践来看，不宜将“乘人不备”绝对化，不应以此为标准来认定案件是否构成抢夺罪。司法实践中有这样一些情况：财物的所有人或者保管人对行为人抢夺财物的意图已有所察觉、有所防备，行为人甚至也明确知道这一点。但是，行为人利用了当时的客观条件，如在偏僻无人的地方，在治安秩序不好、无人敢出面干涉的具体情况下，在财物的所有人或保管人因患病、轻中度醉酒等原因而丧失或基本丧失防护财物能力但神志清醒的情况下等等，公然用强力夺走或拿走了被害人的财物，但并未对被害人的人身使用暴力或者以暴力相威胁。这类情况的夺取财物行为当然不是“乘人不备”，但行为人主观上有抢夺财物的故意及非法占有他人财物的目的，客观上实施的是公然抢夺财物但并未侵犯他人人身的行为，完全符合抢夺罪的构成要件，故应以抢夺罪论处。[②]

（2）是否必须“公开进行”或“公然夺取”。我国大陆学者均持肯定意见，并认为其是区别于盗窃罪的关键。俄罗斯学者也强调抢夺的“公开”，认为“证明犯罪的手段是否公开，与对偷窃一样，也应根据客观标准和主观标准。客观标准是财产所有权人或其他目击者意识到他们面前有人正在实施侵占他人财产这个事实，他们理解这一过程正是犯罪。主观标准在于犯罪人本人意识到他的行为已被第三人所知悉，而他们理解所发生的一切是公开夺取不属于犯罪人的财产。上述两个标准结合在一起就可以得出结论，认为主体的行为具备抢夺罪，而不是偷窃罪的构成要件”，[③] “犯罪人的行为，如果开始是偷窃，当侵占财产的事实为受害人或其他人所知悉，犯罪人意识到这一情况但无视这一情况，公开地、明目张胆地完成对

---

① 参见高铭暄主编：《中国刑法学》，中国人民大学出版社1989年版，第510页。

② 参见赵秉志：《抢夺罪若干问题新论》，载《中南政法学院学报》1987年第2期。

③ 参见［俄］斯库拉托夫、列别捷夫主编：《俄罗斯联邦刑法典释义》，黄道秀译，中国政法大学出版社2000年版，第426页。

他人财产的侵占，则就变成了抢夺。但是，如果小偷发现犯罪被第三人知悉，害怕被抓住，就把窃取的财物扔掉并企图逃离犯罪现场，则其行为没有超出偷窃他人财物未遂的要件”。[①] 但我国台湾地区学者则认为，抢夺罪并不要求“公开进行”。[②] 笔者认为，后种观点的“秘密状态”是相对于被害人以外的人而言的，对于被害人而言不可能是“秘密”而是“公开”。

（3）*是否必须实施一定的力*。我国大陆学者大多数未作出明确解释，个别学者则从消极的层面强调抢夺“不使用暴力或暴力威胁等侵犯被害人人身的手段”，以其区别于抢劫罪。我国台湾地区学者则强调抢夺必须存在“不法腕力”。[③]

综上所论，在笔者看来，各个国家的刑法典根据取得财物的方式设置不同的侵犯财产罪是必要的，这既是反映其不同的社会危害程度的需要，也是准确区分各具体的侵犯财产罪的必要。既然各国刑法典对盗窃罪作出广狭不同的规定，各国学者只能立足于自己国家法典来进行合理的解释，以使得具有同等社会危害性程度的行为不游离于刑法规范之外。在我国《刑法》中，侵犯财产罪按照犯罪目的的不同，可以分为三种类型：（1）以非法占有为目的的犯罪，其中又可以按照犯罪的方式分为以下 4 种具体类型：①公然强取型犯罪，包括抢劫罪、抢夺罪、聚众哄抢罪、敲诈勒索罪；②秘密窃取型犯罪，即盗窃罪；③骗取型犯罪，即诈骗罪；④侵占型犯罪，包括侵占罪、职务侵占罪。（2）以挪用为目的的犯罪，包括挪用资金罪、挪用特定款物罪。（3）以破坏为目的的犯罪，包括故意毁坏公私财物罪、破坏生产经营罪。[④] 在第一种类型中，如何理解抢劫罪的暴力程度、抢劫罪的胁迫方法与敲诈勒索罪的威胁方法的异同、抢夺罪的公然夺取是否应含有暴力的成分等问题，往往关系到有关具体的取得财产罪的区分。从“抢夺”的字面意义来理解，是“用强力把别人的东西夺过来”。[⑤] 在刑事法意义上理解，通说认为，

---

① 参见［俄］斯库拉托夫、列别捷夫主编：《俄罗斯联邦刑法典释义》，黄道秀译，中国政法大学出版社 2000 年版，第 425～426 页。

②③ 参见林山田：《刑法特论》，台湾地区三民书局 1978 年版，第 250 页。

④ 参见高铭暄主编：《新编中国刑法学》（下册），中国人民大学出版社 1998 年版，第 761 页。

⑤ 《现代汉语词典》（修订版），商务印书馆 1996 年版，第 1018 页。

“抢夺的方法，是公然夺取，即采用可以使被害人立即发觉的方式，公开夺取其持有的或管理下的财物”。[①] 从“盗窃”的字面意义来理解，是“用不合法的手段秘密地取得”。[②] 通说认为，“秘密窃取是行为人采用自认为不使他人发觉的方法占有他人财物，也就是说，只要行为人主观意图是秘密窃取，即使客观上已被他人发觉或者注视，例如被公安人员暗中发现，也不影响其盗窃性质的认定”。[③] 因此，一般来说，秘密窃取与公然夺取是容易区分的，因为盗窃属于“秘行犯”，即以秘密实施某一行为为特征的犯罪类型，而抢夺属于“公然犯”。但是，司法实践中又总是存在一些难以区分的现象，即盗窃罪与抢夺罪的“中间地带”。例如，行为人当着财物所有人或管理人的面，以和平的手段拿走财物，显然，此种情形既不属于通说的盗窃，因为即使相对于财物所有人或管理人也不是“秘密”进行的，而是“公然地”，也不属于通说的抢夺，因为未使用强力的方法，而是采用非暴力即和平的手段。

针对“中间地带”的行为定性，若按照德国、日本等没有规定抢夺罪的刑法规定，将盗窃罪理解为包括秘密窃取与公开夺取两种情形，自然会减少司法实践中认定的困难；而在俄罗斯、中国等已经明文规定独立的抢夺罪的刑法规定中，就存在如何“对号入座”的问题。我国台湾地区学者认为，“窃取只要以非暴力或和平之手段，违反持有人之意思，或未得持有人之同意，而取走其持有物，即足当之，并不以乘人不知不觉，且以秘密或隐秘之方法为不要。故动产之所有人或持有人虽于行为人窃取时有所知觉，或行为人之窃取行为并非秘密或隐秘，而系另有他人共见之情况，均无碍于窃取行为之成立，而构成盗窃罪。如夜半醒来，闻有人入室行窃，但因胆小如鼠，且思室中无任何价值之物，故仍蒙在被中，任由入室者窃取，俟其离室后，方始呼叫；或如行为人进入百货公司或超级市场，以顾客之地位而行窃，在其将货物藏入手提包之时，已为店员或公司雇佣之侦探人员所发觉，俟行为人正欲走出店门时，始予

---

① 参见高铭暄主编：《新编中国刑法学》（下册），中国人民大学出版社1998年版，第788页。

② 《现代汉语词典》（修订版），商务印书馆1996年版，第1018页。

③ 参见高铭暄主编：《新编中国刑法学》（下册），中国人民大学出版社1998年版，第772～773页。

举发；或如在公共汽车上扒窃，或在公众得出入之场所行窃，虽行为人主观上认为系隐秘方式之偷窃，但在行窃现场，往往有多数人可共见其窃取之行为，故客观上是为公然，而非隐秘，此等情况，均不影响窃盗罪之成立”。[①] 此种理解显然是突破“盗窃”的“秘密”含义，而将部分“公然”的行为解释在内。同时，若按照对盗窃罪的“秘密”“特定性、主观性、相对性”的含义的理解，也可将那些当着财物所有人或管理人的面，和平地取走财物的行为解释为盗窃。因此，就盗窃罪与抢夺罪的“中间地带”的行为的定性而言，例如，当着财物所有人或管理人的面，和平地取走财物的行为，无非是两种做法：要么对“秘密窃取”的含义扩大理解为包含以和平的手段“公然地”取走财物，要么将“抢夺”解释为包含不使用强力和平取走财物。从两者的现行法定刑配置来看，两罪的三个罪刑阶梯是一致的，某种程度上可以说两者的社会危害性是基本一致的，因而可以归入任一个罪之中，但是结合我国盗窃罪和抢夺罪的刑法渊源来看，《中华人民共和国刑法》（1996 年 12 月 20 日的修订草案）曾经有“破门撬锁入户盗窃或者携带凶器盗窃的，盗窃被发现时使用暴力或者以暴力相威胁的，依照本法第 242 条的规定定罪处罚”，但 1997 年《刑法》最终未采纳，但是保留了“携带凶器抢夺的，依照本法第 236 条的规定定罪处罚”的规定，立法者显然已对携带凶器抢夺潜在的具有抢劫的暴力的可能性有所考虑，因此，关注“抢夺”的强力的一面更为符合立法者的原意，与之相适应，不宜将利用和平的手段公然地取走他人财物的行为解释在“抢夺罪”的外延之中。据此，如下学者所言有道理：秘密窃取与公然夺取是两种不同的侵犯财产的行为，其社会危害程度也有差异，一般说来，后者重于前者，因而把两者区别开来，规定为不同的犯罪是必要的。但是，在司法实践中，有时两者又很难区分。相反，在德日等没有规定抢夺罪的国家，由于盗窃罪中包括秘密窃取与公开夺取两种情形，自然不会发生这种定罪上的困难。从这种意义上说，不单独规定抢夺罪，也有其司法上的便利性与理论上的合理性。[②]

---

① 参见林山田：《刑法特论》（上），台湾地区三民书局 1978 年版，第 207 页。

② 参见刘明祥：《财产罪比较研究》，中国政法大学出版社 2001 年版，第 183 ~ 184 页。

（二）“数额较大”的构成要件属性

如何理解“数额较大”的构成要件属性？有学者认为，数额较大是抢夺罪构成的必备要件，只要达到数额较大即构成抢夺罪。有学者认为，只有行为人抢夺所得的财物已经达到较大数额的才构成抢夺罪，如果抢夺财物未达到数额较大或者未能抢到财物，不管行为人意图侵犯的财物数额是较大还是巨大，都不构成抢夺罪，抢夺罪不存在未遂问题。有学者认为，抢夺罪“数额较大”的规定不宜理解为罪与非罪的标准，因为财物数额只是决定抢夺行为社会危害性大小的重要因素之一，但并不是唯一的因素，法律对抢夺罪等规定“数额较大”的作用有二：一是控制打击面，避免把抢夺财物数额很小的案件认定为犯罪予以打击；二是作为划分量刑幅度的标准，根据抢夺财物的数额是较大还是巨大来决定案件是按《刑法》第267条第1款的哪种情况量刑。[①] 有学者认为，法律在抢夺罪条文里的“数额较大”的规定有两点作用或含义：其一，“数额较大”的下限是抢夺行为罪与非罪的界限，即抢夺财物行为所侵犯的财物达到“数额较大”起点的才有可能构成犯罪。但并不是说抢夺行为达到“数额较大”就必然构成犯罪，因为侵犯数额虽是决定抢夺行为危害程度的一个重要因素，但还不是唯一的和全部的因素。在少数案件中，虽然抢夺侵犯财物已达“数额较大”，但综合全案情节看，尚属“情节显著轻微危害不大”，依照《刑法》第13条“但书”应认为不是犯罪；其二，“数额较大”的上限与“数额巨大”的下限相结合，作为区分抢夺罪的基本构成犯与加重构成犯的界限，决定案件适用现行《刑法》第267条第1款第1种情况还是第2种、第3种情况量刑。[②]

上述分歧主要就是“数额较大”是抢夺罪（盗窃罪、诈骗罪、敲诈勒索罪等）的“构成要件”还是“处罚条件”。“构成要件说”认为，法律只规定了数额对定罪的意义。所以，数额是认定盗窃罪的唯一标准，其他情节只对量刑有影响。“处罚条件说”认为，情节

---

① 转引自赵秉志：《侵犯财产罪》，中国人民公安大学出版社2003年版，第229～230页。

② 参见赵秉志：《侵犯财产罪》，中国人民公安大学出版社2003年版，第230页。

是说明社会危害程度的重要部分，虽然法律未明文规定，但认定盗窃罪无法脱离其他情节。[①] 显然，尽管正如学者指出的，法律把“数额较大”作为抢夺罪等犯罪构成的必备要件来规定不够妥当。此种对数额的硬性要求，难免导致虽综合全案看已达到犯罪程度却因侵犯财物未达到数额较大就难以认定为犯罪的情况，同时还容易造成一达到数额标准就不管全案情节而一律定罪的做法，而这些做法都是违背我国刑法关于犯罪的基本规定和基本原理的。从使立法更加科学和完善的角度考虑，可以将“数额较大”改为“情节严重”，以求定罪时全面地考虑全案的情节及危害程度。[②] 但从立法的实然来看，“构成要件说”符合立法原意；从司法的实然来看，“处罚条件说”曾被采纳。例如，1997 年 11 月 4 日最高人民法院《盗窃罪解释》第 6 条曾规定：审理盗窃案件，应当根据案件的具体情形认定盗窃罪的情节：（1）盗窃公私财物接近“数额较大”的起点，具有下列情形之一的，可以追究刑事责任：①以破坏性手段盗窃造成公私财产损失的；②盗窃残疾人、孤寡老人或者丧失劳动能力人的财物的；③造成严重后果或者具有其他恶劣情节的。（2）盗窃公私财物虽已达到“数额较大”的起点，但情节轻微，并具有下列情形之一的，可不作为犯罪处理：①已满 16 周岁不满 18 周岁的未成年人作案的；②全部退赃、退赔的；③主动投案的；④被胁迫参加盗窃活动，没有分赃或者获赃较少的；⑤其他情节轻微、危害不大的。再如，2013 年 11 月 11 日最高人民法院、最高人民检察院《关于办理抢夺刑事案件适用法律若干问题的解释》（以下简称《办理抢夺罪解释》）第 5 条规定：“抢夺公私财物数额较大，但未造成他人轻伤以上伤害，行为人系初犯，认罪、悔罪，退赃、退赔，且具有下列情形之一的，可以认定为犯罪情节轻微，不起诉或者免予刑事处罚；必要时，由有关部门依法予以行政处罚：（1）具有法定从宽处罚情节的；（2）没有参与分赃或者获赃较少，且不是主犯的；（3）被害人谅解的；（4）其他情节轻微、危害不大的。”如果说，上述司法解释中以刑法总则“情节显著轻微危害不大的，不认为是犯罪”

---

① 参见高铭暄、王作富主编：《新中国刑法的理论与实践》，河北人民出版社 1988 年版，第 593 页。

② 参见赵秉志：《侵犯财产罪》，中国人民公安大学出版社 2003 年版，第 232 页。

规定来限定刑法分则的“数额较大”，使得已达到“数额较大”但具有特定情节的情形不予以追究刑事责任，尚有法律依据（《刑法》第101条规定：“本法总则适用于其他有刑罚规定的法律，但是其他法律有特别规定的除外”，总则条款可以优于分则条款，除非存在例外规定），那么，将未达到而只是接近“数额较大”但具有特定情节的情形作为犯罪处理或者从重处罚或者适用更高档法定刑的做法，确实修正了立法者为特定罪所设置的构成要件。①

> **【案例2②】** 经审理查明：1985年8月1日晚，被告人余某某同薛某到长石镇东风村罗某家扛木棒。在扛木棒的途中，薛某某捡石头去打过路的张某、龙某等人的马，引起双方争吵。事后，被告人余某某从张某的衣服包中抓出手巾包的现金5元。张某当即发现自己的钱不见，就向余某某要，被告人余某某将手巾甩在地上，拿起5元钱逃离现场。
>
> 检察院以数额较小，不构成抢夺罪，决定对被告人余某某不起诉。

就本案被告人余某某行为的定性存在不同意见：其一认为，被告人余某某在使用暴力殴打被告人张某的同时，从被害人的衣服包内抓走5元钱，其行为已构成抢劫罪；其二认为，被告人余某某是帮人打架的过程中，乘被害人不备，夺走钱财，应属抢夺行为。因数额较小，其行为不构成抢夺罪。

二、抢夺罪的对象要件

抢夺罪的对象要件，有些国家刑法明文规定抢夺罪的犯罪对象是动产，如1971年修正的《瑞士刑法》第143条以及我国台湾地区

---

① 司法解释如何保证不侵犯立法权，仍值得研究。例如，司法解释能否部分修正犯罪构成要件，能否将酌定从重处罚情节统一规定为“法（司法解释）定”从重情节。

② 参见最高人民检察院《刑事犯罪案例丛书》编委会编写：《刑事犯罪案例丛书（抢夺、敲诈勒索罪）》，中国检察出版社1991年版，第80～81页。

现行“刑法”第 325 条。[①] 我国《刑法》第 267 条规定抢夺的对象是“公私财物”。

抢夺罪作为侵犯财产罪类罪中的罪名，从一般意义上对侵犯财产罪的犯罪对象作整体把握，有助于消除相关具体个罪犯罪对象的分歧。就侵犯财产罪犯罪对象而言，下列问题值得分析：（1）财物是否包括财产性利益；（2）财物是否包括他人占有的违禁品；（3）财物是否包括他人用于犯罪的工具或财物；（4）财物是否仅限于有体物；（5）财物是否仅限于动产；（6）财物是否仅限于有经济价值之物；（7）财物是否限于他人之物。具体来说：

（一）财物是否包括财产性利益

《日本刑法》规定抢夺的对象除财物外，还将“财产上的不法利益”作为其犯罪对象。这种利益是指财物以外的具有财产价值的某种利益，常见的有使人负担对自己的债务、使人免除自己所负的债务、接受他人提供的劳役等等。例如，行为人对债权人实施暴力、胁迫，使其免除清偿债务的，被日本最高裁判所认定为抢劫利益罪。[②] 在我国，有学者在论及侵犯财产罪类罪中的个罪——敲诈勒索罪的对象时指出：“为了更全面地保护公民的经济利益，在有形的财物之外，增加‘财产性利益’是比较适当的。在国外也有类似的立法例。如《朝鲜刑法典》第 159 条，就把勒索规定为‘对被害人的身体使用暴力。散布侮辱性言论或以毁灭被害人的财产相威胁，要求给予某种财产上的利益或财产权利，或实施某种劳务’的行为。《苏俄刑法典》第 148 条规定，对个人勒索表现为‘要求转移个人财产或财产权，或为某种财产性质的行为’。这种立法例值得借鉴”；[③]“在司法实践中，本罪侵犯的对象是公私财物，它主要是指动产，但

① 我国台湾地区学者认为，抢夺罪之行为客体为他人之动产。所谓他人之动产乃指非自己所有，而为他人所有或持有之不动产以外之有体物。动产并不以纯粹他人所有之物为限，即非他人所有，或系自己与他人共有，而在他人监督之下者，亦可为本罪之行为客体。他人土地内未分离之出产物或定着物，虽为不动产，但可以不法腕力将其分离者，则分离后之出产物或定着物，自可为本罪之行为客体。至于无体物之电气或权利，因其性质不能加以抢夺，故不能成为本罪之行为客体。参见林山田：《刑法特论》（上），台湾地区三民书局 1978 年版，第 250 页。

② 转引自张明楷：《法益初论》，中国政法大学出版社 2000 年版，第 593 页。

③ 参见王作富：《中国刑法研究》，中国人民大学出版社 1988 年版，第 595 页。

也可包括不动产及其他诸如债权等财产性利益，例如，行为人采取要挟手段逼迫他人无偿为自己提供劳务、签订‘债务’字据等，对这类行为可视其数额和情节直接以敲诈勒索罪论处”。[①] 有学者认为，“用勒索的方法迫使他人交付具有经济价值的财物，同用同样的方法迫使他人无偿提供劳务，占有其劳动价值相比较，前者行为人的财物增加了（积极增加），后者行为人应当付出而不付出，实质上是以另一种方式使财产增加（消极增加），二者没有本质区别。但是，因为我国《刑法》没有规定‘财产性利益’，而且这一概念的内涵、外延不易确定，从贯彻罪刑法定原则考虑，上述主张是否可行，还有待研究”。[②] 有学者则认为，“财产性利益是指财物以外的具有财产价值的能够满足人的需要的利益，其内涵与外延不难确定；将财产性利益包含在财物之中，并不违反罪刑法定原则”；[③]“我国刑法没有将财产罪的对象分为财物和财产性利益予以规定，但理论上应当肯定财产性利益也是财产罪的对象”。[④] 在司法实务中，为消灭债务采用暴力、胁迫手段抢回欠款凭证的行为，也以抢劫罪论处。[⑤] 正如有学者指出的，从立法论上说，像《日本刑法》那样明确规定抢劫利益罪似乎更合理一些。因为法律明文规定抢劫利益罪，实际上也就确定了财产性利益可以成为哪些罪的侵害对象。这既符合罪刑法定主义的要求，又可以避免在解释上发生分歧，以维持执法的统一性。一般认为，财产性利益是指财物以外的有财产价值的利益。这种利益既可能是永久的利益，也可能是一时的利益；既可能是积极利益，也可能是消极利益。积极利益是指取得权利之类的含有积极增加财产意义的利益；消极利益是指免除债务之类的不消极减少财产而产生的利益。[⑥]

---

① 参见王作富主编：《刑事犯罪案例丛书（抢夺、敲诈勒索罪）》，中国检察出版社1991年版，第159页。

② 参见高铭暄主编：《新编中国刑法学》（下册），中国人民大学出版社1998年版，第802页以下。

③ 参见张明楷：《法益初论》，中国政法大学出版社2000年版，第594页。

④ 参见张明楷：《刑法学》（下册），法律出版社1997年版，第759页。

⑤ 参见最高人民法院刑事审判第一庭、第二庭编：《刑事审判参考（第3卷）》（上），法律出版社2002年版，第103～104页。

⑥ 参见刘明祥：《财产罪比较研究》，中国政法大学出版社2001年版，第38页。

（二）财物是否包括他人占有的违禁品

违禁品是法律禁止私人所有、占有的物品，如毒品、淫秽物品、伪造的货币、枪支弹药等等。那么，这类物品能否成为侵犯财产罪的侵害对象，也就是说采用盗窃、欺诈、抢夺、抢劫等手段，从他人手中夺取这类违禁品，能否构成盗窃等侵犯财产罪呢？在日本，有学者认为，“所有权不存在的东西不能说是财物”，违禁品既然是法律禁止所有的东西，当然也就不具有财物性，不能成为财产罪的侵害对象。有学者认为，事实上的持有本身就是财产罪的保护法益，即便是违禁品，只要是在他人的持有掌握之下，就应该予以保护，盗窃违禁品自然构成盗窃罪。也有学者认为，因为违禁品是被禁止所有、占有的物品，当然不具有所有权，但是，对违禁品只有根据法律手续才能没收，相对于第三者不是根据法律手续的夺取行为，应该予以保护。还有学者认为，即便是违禁品，民法上也还是有所有权，只不过是国家基于行政目的禁止私人持有，因此在它没有成为没收的对象之前，其所有权应予保护。另有学者认为对买来的或别人赠送的违禁品，即使不被认为有法律上的所有权，但事实上有像所有者那样支配、使用、处分的权利，如果不是根据法律手续没收，这种权利不能被侵害。①

在我国，有学者认为，枪支弹药、鸦片烟毒、淫书淫画等违禁品，均属于所有物，所以也可以成为侵犯财产罪的侵害对象。② 有学者认为，违禁品能否成为侵犯财产罪的对象关键在于刑法是否已就取得违禁品的行为规定了相应的其他性质的犯罪。因此，在我国《刑法》已规定了盗窃、抢夺、抢劫、私藏枪支弹药等罪名的情况下，枪支弹药显然不再属于侵犯财产罪的对象。至于对未规定相应罪名的其他违禁品，则有可能成为侵犯财产罪的对象。③ 有学者认为，作为财产罪保护对象的财物，理应是足以体现一定的所有权关系的物，违禁品既然是法律禁止所有的物品，不能体现所有权，合理的结论应该是不能成为财产罪的侵害对象。但是，这并不意味着

① 转引自刘明祥：《财产罪比较研究》，中国政法大学出版社2001年版，第30~31页。

② 参见金凯主编：《侵犯财产罪新论》，知识出版社1988年版，第11页。

③ 参见赵秉志主编：《侵犯财产罪研究》，中国法制出版社1998年版，第30~31页。

使用盗窃等手段夺取违禁品就完全不可能构成犯罪，相反，按照我国和其他一些国家的法律规定，夺取某些违禁品的行为本身就构成犯罪，如盗窃、抢夺、抢劫枪支弹药，构成盗窃、抢夺、抢劫枪支弹药罪。另外，即使对夺取违禁品的行为本身不治罪，对夺取之后非法持有、利用的行为，往往也是可以按有关罪名定罪处罚的。例如，盗窃毒品之后非法持有者，可以定非法持有毒品罪，盗窃毒品后予以销售者，可以定贩卖毒品罪，但是，按这些罪名来处罚行为者，并不意味着是对原来持有违禁品者的"持有权"（或"占有权"）"所有权"的保护，也不是因为行为人的行为侵犯了他人的财产权，而是侵犯了其他方面的社会关系，构成了其他的犯罪。[①] 有学者认为，财产犯的法益首先是财产所有权及其他本权，其次是需要通过法定程序恢复应有状态的占有。但在相对于本权者的情况下，如果这种占有没有与本权者相对抗的合理理由，对于本权者恢复权利的行为而言，则不是财产犯的法益。其中，"财产所有权"可以根据民法的规定来确定，即包括财产的占有权、使用权、收益权与处分权，而且将其作为整体来理解和把握；"本权"包括合法占有财物的权利（他物权）以及债权；"需要通过法定程序恢复应有状态"，既包括根据法律与事实，通过法定程序恢复原状，也包括通过法定程序形成合法状态；"占有"是指事实上的支配，不仅包括物理支配范围内的支配，而且包括社会观念上可以推知财物的支配人的状态。[②] 因此，尽管违禁品是国家禁止任何人持有的物品，但这并不意味着任何人都可以非法取得他人占有的违禁品；换言之，对于他人占有的违禁品也必须通过法定程序予以追缴或者没收，故他人对违禁品的占有仍然属于需要通过法定程序进行改变的占有，是刑法所保护的法益；抢劫他人占有的违禁品的行为，仍然侵害了刑法所保护的法益，构成抢劫罪。[③] 从实务来看，《全国法院审理毒品犯罪案件工作座谈会纪要》指出，"盗窃、抢劫毒品的，应当分别以盗窃罪或者抢劫罪定罪。认定盗窃数额，可以参考当地毒品非法交易的价格。认定抢劫罪的数额，即是抢劫毒品的实际数量。盗窃、抢劫毒

---

① 参见刘明祥：《财产罪比较研究》，中国政法大学出版社2001年版，第32页。
② 参见张明楷：《法益初论》，中国政法大学出版社2000年版，第596页。
③ 参见张明楷：《法益初论》，中国政法大学出版社2000年版，第605页。

品后又实施其他毒品犯罪的，则以盗窃罪、抢劫罪与实施的具体毒品犯罪，依法实行数罪并罚”。[①]

（三）财物是否包括他人用于违法犯罪的财物（主要包括犯罪工具与犯罪组成之物）

以抢劫罪为例，有学者认为，既然是“抢劫”违法犯罪工具或者犯罪组成之物，表明不符合正当防卫的条件；如果符合正当防卫的条件，就不应被认定为抢劫行为。他人赌博时对赌资的占有尽管是非法的，但这种占有也只能通过法定程序予以追缴或者没收，这仍然是刑法所保护的法益，故抢劫他人用于违法犯罪的财物的行为，仍然具备抢劫罪的本质特征。不仅如此，即使是因为赌博输掉赌资的人，也不能使用抢劫等方法抢回赌资，否则构成抢劫罪。因为赌博的参与者没有权利要求对方返还所输赌资，对方对赌资的占有虽然也是非法的，但这种占有只能通过法定程序予以追缴或者没收，故对方对赌资的占有不再与输掉赌资的人形成对抗关系。[②] 有学者认为，“虽然被抢财产来源不合法，均属非法所得。但这些财物，并不是无主财物。在我们社会主义国家里，任何财产，不是属于国家所有，就是属于劳动集体和公民个人所有，没有所有权的财产是不存在的，如果仅从形式上看，犯罪分子抢的是非法财产，但实质赃物有的应由国家主管机关依法追缴，有的应返还原主。因为它本来就是属于国家、集体和个人合法所有的财物，故应当视为侵犯合法所有权的一种特殊形式。对于赌场上的赌资只能由司法机关没收，上缴国库。抢劫上述财物行为本身是违法行为，这同从合法所有人手中非法占有财物并无本质上的区别，具有相当的社会危害性，应以抢劫罪论处”。[③] 从司法实务来看，抢劫赌资之类的“黑吃黑”，往往也以抢劫罪论处。

① 参见最高人民法院刑事审判第一庭编：《刑事审判参考（第2卷）》，法律出版社2001年版，第365页。

② 参见张明楷：《法益初论》，中国政法大学出版社2000年版，第606页。

③ 参见最高人民检察院《刑事犯罪案例丛书》编委会编：《刑事犯罪案例丛书（抢劫罪）》，中国检察出版社1991年版，第12~13页。

【案例3】1982年8月5日晚8时许，杨某（已处理）与邻居邹某、叶某等人到市人民会场准备看电影。当时，外省来做临时工的李某正在该处出售高价电影票。杨某见李某手上戴有一块瑞士手表（价值200余元），便趁人多拥挤之机，将李某手上表带扯断，把手表抢走。杨某抢手表时，被旁边的两名男青年看见，这两名青年即拦住杨某，以买为名，将表拿到手，并以15元钱作价，要杨某把刚抢得的手表卖给他们。杨某不同意，为此双方发生争吵。此时，被告人郭某某走上来询问，当得知手表是杨某抢来的时，郭某某即从两名男青年手中把杨某抢得的表夺走。次日，被告人郭某某在家中被公安机关抓获。

检察院以被告人郭某某的行为未构成抢夺罪，决定不批准逮捕。①

在办理过程中，就本案被告人郭某某行为的定性存在不同意见：其一认为，被告人郭某某的行为不构成犯罪，理由是，杨某和两名男青年既不是手表的合法所有者，也不是财物的合法保管者，手表是杨某抢来的，是赃物。因此，郭某某抢夺赃物的行为是错误的，但不构成犯罪；其二认为，郭某某的行为已构成抢夺罪。

【案例4②】经审理查明：1994年10月24日下午，被告人王从华、许万全合谋要于次日凌晨去无锡市锡南开发区建筑工地盗窃。次日凌晨4时许，王从华前往许万全的住处，途径无锡市郊区旺庄乡红旗脱胶厂时，见有人在厂内盗窃，即赶到许万全的住处并告知许。随后两被告人到路口守候。当两盗窃人（均在逃）骑三轮车运赃路过时，王从华即吆喝“站住”，并上前对一骑车的偷盗人打了两记耳光，两偷盗人即弃车逃跑。两被告人见被弃的三轮车上装有从红旗脱胶厂偷来的电动机6台、电焊机1台、电风

① 参见最高人民检察院《刑事犯罪案例丛书》编委会编：《刑事犯罪案例丛书（抢夺、敲诈勒索罪）》，中国检察出版社1991年版，第90~91页。

② 参见最高人民法院中国应用法学研究所编：《人民法院案例选》（总第19辑），人民法院出版社1997年版，第34~36页。

扇1台、阀门1只及机修工具等赃物（共计价值人民币7272元），即商定销赃分钱。销赃后得款300元，王从华分得200元，许万全分得100元。案发后，两被告人认罪态度较好。

无锡市郊区人民法院审理认为：被告人王从华、许万全使用暴力，合伙拦路抢劫他人盗窃所得的赃物，其行为构成抢劫罪。依照刑事法相关规定，于1995年4月24日做出判决：被告人王从华犯抢劫罪，判处有期徒刑五年；被告人许万全犯抢劫罪，判处有期徒刑四年。

在审理过程中，就本案被告人行为的定性存在不同意见：其一认为，两被告人明知三轮车上的财物是他人盗窃得来的赃物而非法占有，然后销赃获利，其行为构成销赃罪；其二认为，两被告人以非法占有为目的，公然夺取他人偷来的财物，在抢夺过程中虽然打了偷盗人两记耳光，但其暴力行为比较轻微，仍然属于抢夺性质，应定抢夺罪；其三认为，两被告人的行为应定抢劫罪，而不是销赃罪和抢夺罪。理由是，销赃罪的主体必须是代他人销售赃物的人，两被告人不是代他人销赃，而是将自己犯罪所得的赃物进行销售，因此不构成销赃罪。抢夺罪是乘人不备公然夺取他人财物，不实施任何暴力、胁迫或其他人身强制手段。两被告人却实施了暴力、胁迫行为，只是情节比较轻微。两被告人为达到“黑吃黑”的目的，在路口守候，拦截两偷盗人，以大声吆喝并打两耳光的方式恫吓偷盗人，致其不敢反抗而弃赃逃跑，从而劫取了赃物，已构成抢劫罪。

（四）财物是否仅限于有体物

该问题在刑法理论中早就有争议，各国司法实践中的做法也不一样。例如，对窃电行为，德国以往的裁判从有体性说的立场出发，认为电不具有财物性，对盗用电的行为应该另外立法（另定处罚规则），而不能按盗窃罪处罚。法国的审判实践则把财物的范围扩大到了包含电力。在日本，《日本民法》第85条有“所谓物是指有体物”的规定，而《日本刑法》第245条有“电气视为财物”的规定，所以关于刑法上是否也应该与民法一样把财物限定为有体物的问题，在日本理论和实务界有较大争议，主要存在“有体性说”与

“管理可能性说”两种观点的对立。“有体性说”认为，刑法上的财物仅指有体物，但有体物不以固体为限，还包括液体和气体，如盗取煤气、蒸气和冷气，就可能构成盗窃罪。不过，电等能源不是财物，即使是不当使用了，也不能评价为夺取了财物。从《日本刑法》第245条和第251条的规定来看，“电气视为财物”只适用于盗窃、强盗、诈欺、恐吓这几种法律明文规定的罪，其他财物罪则不能适用，如侵占电气就不能构成侵占罪，否则，就违反了罪刑法定原则。“管理可能性说”认为，财物是指有管理可能性的东西。不光是有体物，有管理可能性的无体物也是财物，因为无体物也有从刑法上给予保护的必要性。另外，从《日本刑法》第245条的规定来看，它提示人们注意电以外的有物质性的能源也包含在财物之中。“管理可能性说”又可以分为两种：一种是“事务的管理可能性说”，认为不只是有物理管理可能性的东西是财物，债权之类的权利等仅有事务管理性的东西也是财物。按这种学说，“盗窃权利”可能成立盗窃罪。另一种是“物理的管理可能性说”，认为财物应限定在有物理的管理可能性的范围内，仅有事务管理可能性，而无物理管理可能性的东西不是财物。如电力、热能等有物理管理可能性的能源是财物，但权利等观念上的东西不是财物。广播电视台发送的电波虽然也是一种能源，但不具有物理的管理可能性，不是财物；企业秘密有非常高的财产价值，也同样因为不具有物理管理可能性而不能认为是财物。[①] 我国台湾地区学者倾向于有体性说，[②] 但我国大陆学者大多不赞成此说，认为刑法上的财物应包括有体物与无体物。[③] 从立法来看，我国《刑法》第265条规定：“以牟利为目的，盗接他人通信线路、复制他人电信码号或者明知是盗接、复制的电信设备、设施而使用的，依照盗窃罪的规定定罪处罚”，该规定采取的是后种主张。

（五）财物是否仅限于动产

以抢劫罪的立法例来说，有些国家明文限定抢劫罪的对象是“可移动的物品”“他人的动产”，有的国家将不动产的侵夺行为单

① 转引自刘明祥：《财产罪比较研究》，中国政法大学出版社2001年版，第22~23页。

② 参见林山田：《刑法特论》，台湾地区三民书局1978年版，第205页。

③ 参见张明楷：《刑法学》（下），法律出版社1997年版，第759页。

独设置为罪名，有的则没有作出明文规定。在日本，通说认为，不动产不能成为普通抢劫罪的对象，但也有学者认为，采用暴力、胁迫手段侵夺不动产，有可能构成抢劫利益罪。[①] 在我国，刑法学界对聚众哄抢罪、挪用资金罪的对象只限于动产已无异议，但对盗窃罪、抢劫罪的对象是否以动产为限有不同认识。有学者认为，抢劫罪的对象只能是动产。抢劫罪的性质决定了行为人只能是当场取得财物，而当场可以取得的财物只能是动产，因为只有动产才便于携带移离，不动产是难以当场取走并非法占有的。采用暴力、胁迫等手段强行占用他人不动产以获取财产上的利益，这倒是有可能发生，在日本等设有“利益强盗”之法律规定的国家，按利益强盗罪处罚也无可非议。但不能以此作为不动产可以成为抢劫罪（或强盗罪）对象的理由。因为在这种情况下，行为人所取得的只是财产性利益，而非不动产本身。另外，从我国《刑法》对抢劫罪所规定的构成要件也可以看出，不动产不能成为抢劫的对象，不能以国外存在把不动产作为抢劫对象的立法例，作为我国《刑法》中的抢劫罪的对象也包括不动产的理由。[②] 有学者认为，不宜将不动产一概排除在抢劫罪的对象范围之外，因为在实践中完全有可能发生抢劫不动产的现象。例如，甲采用暴力、胁迫方法，将乙一家赶出家门，强占其住房，这就构成抢劫罪。在一些国家和地区的刑法中，抢劫的对象包括财产上的不法利益，抢劫不动产就等于是劫取了财产上的不法利益。我国《刑法》虽无此种规定，但从有利于保护公私财产和人身安全的角度出发，有必要把不动产纳入抢劫罪的对象范围。[③]

（六）财物是否限于有价物

在日本，有少数学者认为，只要是有管理可能性的东西，不论是否有价值，都应该视为财物。但多数学者认为，财物必须要有价值，无任何价值的东西，不能成为财产罪的保护对象。此外，针对财物的价值如何判断，有学者认为应该从客观方面判断。客观上无

---

① 转引自刘明祥：《财产罪比较研究》，中国政法大学出版社 2001 年版，第 24～25 页。

② 参见刘明祥：《财产罪比较研究》，中国政法大学出版社 2001 年版，第 25～26 页。

③ 参见张明楷：《刑法学》（下），法律出版社 1997 年版，第 762 页。

任何价值的东西，即使所有者、占有者主观上认为有价值（如有感情上的使用价值），也不应该认为是财物，不可以成为财产罪的侵害对象；同时，财物的价值存在积极价值与消极价值之分，积极价值是指所有者、占有者对财物有积极的利用价值，但如果流入他人手中，则有可能被恶意利用，从而使所有者、占有者遭受财产损失。例如，银行回收后准备销毁的纸币，对银行来说已无积极价值，但银行保存好这些纸币，不使之流入他人手中，则被认为具有消极价值。仅有消极价值的物也可能成为财产罪的侵害对象。有学者认为，“作为侵犯财产罪对象的财物，并不要求具有客观的经济价值，即使它客观上没有经济价值，也不失为侵犯财产罪的对象。例如，某些纪念品、礼品，本身不一定具有客观的经济价值，但所有人、占有者认为它是有价值的，社会观念也认为这种物是值得刑法保护的物，因而属于财物”。[①] 我国学者存在不同意见，有学者认为，只有具有一定经济价值的财物，才能成为财产罪的侵害对象。判断某种物品是否具有经济价值，其标准应是客观的，不能以主观上的标准来评判。经济价值是指能够用客观的价值尺度衡量的经济效用。某件物品是否具有经济价值，主要通过市场关系来体现。所有者、占有者认为有特殊价值，如情人写给自己的信，即使收到信者认为极为珍贵，也由于它体现的不是财产所有权关系，同样不能成为财产罪侵害的对象。[②]

（七）财物是否限于他人财物

以抢劫罪立法例来说，有些国家刑法明文规定抢劫罪的对象是“他人可移动的物品”（德国）、“他人的动产”（意大利）、“他人的财物”（日本）、“他人财产”（俄罗斯），有的国家规定有“视为他人财物”的情形（日本），有的则没有明文规定，例如我国。显然，大多数规定侵害财产罪的对象必须是“他人之物”，也就是要求财物是他人所有、占有的即具有他人性的物。关于财物的他人性，既有主张完全从民法上来解释，即他人有民法上的所有权的“民法从属

① 转引自刘明祥：《财产罪比较研究》，中国政法大学出版社2001年版，第26～27页。

② 参见刘明祥：《财产罪比较研究》，中国政法大学出版社2001年版，第29页；

说”；也有主张从刑法自身的观点来作判断，即只要他人具有在社会观念上应予尊重的经济利益，就可以认为是他人之物的“独立说”。①

综上，抢夺罪的犯罪对象因受到犯罪构成要件系统中相关要件尤其是行为要件的制约，并不完全与其他个罪的侵害对象一致，其可从下述方面来加以分析：(1) 抢夺的对象只能是积极意义上的财物，而不可能是消极意义上的债务消除或提供劳务，等等。基于立法者对抢夺特定对象设置有专门的罪名，这些特定罪名所针对的对象，如抢夺武器装备、军用物资罪中的武器装备和军用物资，就不再是一般意义上的侵犯财产罪所侵犯的财产。抢夺国家机关公文、证件、印章罪中的公文、证件、印章、抢夺国有档案罪中的国有档案、抢夺武警部队公文、证件、印章罪中的公文、证件、印章，等等，并不反映财产所有权关系，也不能作为侵犯财产罪所侵犯的对象。(2) 枪支、弹药、爆炸物、危险物质等违禁品已被立法者纳入特定罪名，抢夺枪支、弹药、爆炸物罪、抢夺危险物质罪的对象，不再成为抢夺罪的对象。毒品等违禁品则可以成为抢夺罪的对象(参照毒品可以成为盗窃罪、抢劫罪的对象的司法实务立场)。(3) 赌资等被他人用来违法犯罪的工具（限定在动产），可以成为抢夺罪的对象。(4) 抢夺罪的对象应是有价值的财物。(5) 抢夺罪的对象只能是动产，这是由其公然夺取的行为性质所限定的，但是，“只能是便于携带的动产”② 却不完全符合司法实践。按照论者的观点，行为人实施其他有关暴力性犯罪致使被害人失去护财的能力后，当着被害人的面将其财物取走，构成抢夺罪。此种抢夺的对象就无疑可包括汽车等之类不便于携带但可以移动的财物。(6) 装在特定容器中的氧气、煤气等无体物可以成为抢夺罪的对象。(7) 抢夺罪的对象应是他人财物或公有财物。

① 转引刘明祥：《财产罪比较研究》，中国政法大学出版社 2001 年版，第 29 ~ 30 页。

② 有学者认为，抢夺的财物只能是动产，而且只能是便于携带的动产。参见赵秉志：《侵犯财产罪》，中国人民公安大学出版社 2003 年版，第 224 页。

【案例5[1]】经审理查明：1994年12月15日上午10时许，被告人董梁柱在宁波市江东宁穿路交警大队门口，租乘一辆由仲鹏年驾驶的红色“夏利”出租车，谎称要去慈城，坐在仲鹏年旁边的副驾驶座上，途经宁徐路万信沙厂门口时，董梁柱突然叫仲鹏年停车，并要仲到万信厂财务室去叫一个人（实际上该厂并无此人）。仲鹏年信以为真，遂将车停在距沙厂大门约五六米远的一辆中巴车旁边，自己下车去叫人。就在仲鹏年下车后背对“夏利”车时，董梁柱立即将车开离现场，驶至自己家中留用。当仲鹏年站在万信纱厂门口看到该厂办公楼的门关着，马上转身回来时，发现车子不见了。仲鹏年立即意识到是坐在车上的董梁柱所为，并且得到了目击者中巴车驾驶员的证实，他当即到公安派出所报案，明确指出是被告人董梁柱将车开走的。1995年1月9日，董梁柱在宁波日报上刊登“夏利”车转让启示，买主与之洽谈买卖该车时，发现该车缺少有关证件，发动机、车架上的号码被挫去，感到可疑，未能成交。被害人得知此情况后报告了公安派出所，次日晚此案被侦破，将车归还了被害人。据宁波市价格事务所证明，该车价值人民币72000元。

宁波市中级人民法院认为：被告人董梁柱以非法占有为目的，于白天在闹市区借故支开驾驶员，公然开走他人的出租汽车，其行为已构成抢夺罪。依照《刑法》第152条、第52条、第51条第1款的规定，于1995年4月26日作出刑事判决如下：被告人董梁柱犯抢夺罪，判处有期徒刑十五年，剥夺政治权利三年。

宣判后，被告人董梁柱没有提出上诉，判决发生法律效力。

在审理过程中，就本案被告人董梁柱的行为的定性存在不同意见：其一认为，被告人不是当着被害人的面公然将车开走的，而是

[1] 参见最高人民法院中国应用法学研究所编：《人民法院案例选（刑事卷上）》，中国法制出版社2000年版，第971~973页。

在被害人下车去沙厂叫人，北对着“夏利”车的情况下把车开走的，其手段属于“秘密窃取”，符合盗窃罪的特征，应定盗窃罪。其二认为，被告人编造谎言，要被害人下车去沙厂叫人，被害人信以为真，“自愿”将出租汽车的控制权交给被告人，被告人遂将车开走，被告人的行为符合诈骗罪的特征，应定诈骗罪。其三认为，被告人的行为应定抢夺罪。抢夺罪是指以非法占有为目的，乘人不备，公开夺取数额较大的公私财物的行为。抢夺罪的基本特征是：行为人当着财物所有人或保管人的面，乘其不防备，采取可以立即被人发觉的方式公开把财物抢走。被害人遭到侵害时会立即意识到财物的损失，并且一般也能知道是谁把财物抢走的。这是抢夺罪与盗窃罪的显著区别。就本案而言，被告人为了把出租汽车据为已有，编造谎言要驾驶员下车叫人，目的是支开驾驶员，乘其不备将车开走。他虽然是在驾驶员背着“夏利”车的一瞬间将车开走的，但时间很短，距离很近，驾驶员并未离开现场也未失去对车的控制。而且被告人是采取可以立即被人发觉的方式把车开走的，驾驶员也立刻意识到这是被告人所为，并在公安派出所报案时明确肯定了这一点。这充分表明被告人的行为不属于秘密窃取而属于公开抢夺。被告人确实说了谎话，欺骗了被害人，但谎话的内容只是要被害人下车叫人，并非要被害人让他把车开走，更不是要被害人把车送给他。他之所以能够非法占有此车，不是靠编造谎言骗来的，而是乘人不备强行把车开走的结果。因此被告人的行为也不符合诈骗罪的特征。

【案例6①】经审理查明：1994年10月20日，被告人杜常富和王东升到驻马店找许群（王、许在逃），下午3人欲回遂平县。这时遇见河北省晋州市刘敬奇开一辆“东风”牌三吨柴油汽车（价值5万元）从南往遂平县方向开，因修路堵车欲绕道行驶。杜常富等3人主动上前，杜拿出其驾驶证说是与刘同行，要求搭车去遂平，并说可以为刘引路绕道而行。经刘同意3人上车。绕道途中，杜常富征得刘的同意帮刘开车。到遂平县石寨铺乡東埔寨餐馆门前，

① 参见最高人民法院中国应用法学研究所编：《人民法院案例选（刑事卷上）》，中国法制出版社2000年版，第974～975页。

杜常富停车叫刘下去买烟。当3人看见刘只拿一盒烟从店里出来，往车跟前走时，便商定把车开走，当即被刘敬奇发现，刘立即追赶并呼叫停车。周围群众也听到或看到这种情况。刘追了近百米未能追上，遂到石寨铺乡公安派出所报案。杜常富等3人把车开到上蔡县黄埠东北公路上，卸下车上的三只备用轮胎藏在桥洞里，当夜又把车开到上蔡肥邵店乡尹赵村，停在一个不相识的村民刘恩院里，3人离开。杜常富想找个地方准备藏车，未找到。刘恩发现来历不明的汽车后报案，公安机关把车提走。10月21日夜，杜常富等3人到刘恩家准备开车时，派出所治安队员将杜抓获，随后又查获了三只胎。

驻马店地区中级人民法院认为：被告人杜常富等人以非法占有为目的，趁人不备公然抢夺他人柴油汽车一部，其行为已构成抢夺罪，数额特别巨大，情节严重。依照刑事法相关规定，于1995年9月20日作出刑事判决如下：被告人杜常富犯抢夺罪，判处有期徒刑十五年，剥夺政治权利五年。

宣判后，被告人杜常富没有提出上诉，检察机关也未提出抗诉。

从司法实践来看，下列几类财物在认定抢夺罪时值得注意：(1)军用物资、抢险、救灾、救济物资。抢夺这些物资可能在特定条件下转化为抢劫罪，并适用“抢劫军用物资或者抢险、救灾、救济物资”加重法定刑。(2)银行或其他金融机构。抢夺银行或其他金融机构可能在特定条件下转化为抢劫罪，并适用“抢劫银行或其他金融机构”加重法定刑。金融机构本身不能成为抢夺罪的直接对象，金融机构的财物才是盗窃罪的直接对象。参照1997年11月4日最高人民法院《关于审理盗窃案件具体应用法律若干问题的解释》第8条规定，“盗窃金融机构”，是指盗窃金融机构的经营资金、有价证券和客户的资金等，如储户的存款、债券、其他款物，企业的结算资金、股票，不包括盗窃金融机构的办公用品、交通工具等财物的行为。抢夺金融机构的财物应限制性地理解为金融机构的特定财物，即金库中的现金或者有价证券等财物，而并非指金融机构的所有财物。（3）奖券等财产性权利凭证也可以成为抢夺罪的对象。例如，“李某某抢夺案”（案例7）。（4）处在公权力处置状态的财物。《日本刑法》第242条规定：“虽然是自己的财物，但由他人占有或者基于公务机关的命令由他人看守时，就本章的犯罪，视为他人的财物。”我国实务部门在处理类似的案件时存在不同的做法。例如，“梁某邻等抢夺案”（案例8）和“江世田妨害公务案”（案例9）。

【案例7[①]】 经审理查明：1988年6月22日上午5时许，被告人李某某在某市社会福利有奖募捐委员会奖券临时发行之前，见青年王某手持一张可获500元奖金的中奖券，遂生歹念，上前从王某手中把奖券夺走而去。之后，当被告人李某某正准备用夺走的奖券兑取奖金时被公安人员抓获归案。

检察院以抢夺罪起诉，法院以抢夺罪对被告人李某某作了有罪判决。

在审理过程中，就被告人李某某行为的定性存在不同意见：其一认为，被告人李某某的行为不构成犯罪。因为买一张社会福利奖券只需花费1～2元，被害人王某实际上没有受到多大损失，被告人抢夺的价值达不到数额较大，故只属于一般抢夺行为。其二认为，不能简单地只看到买一张奖券花费的钱，而应当看到被告人抢夺的一张价值500元的有价证券，故抢夺数额已达到较大，对被告人应定抢夺罪。

【案例8[②]】 经审理查明：1985年12月28日，被告人梁某邻与朱某到邻省购买良友牌、田七牌等香烟1100余条（价值12700余元），装成24箱由汽车运回某县。当晚10点左右，汽车途径九峰镇，九峰工商所检查人员令其停车检查，梁某邻、朱某示意驾驶员冲过去。29日0时30分，

① 参见最高人民检察院《刑事犯罪案例丛书》编委会编：《刑事犯罪案例丛书（抢夺、敲诈勒索罪）》，中国检察出版社1991年版，第73～74页。

② 参见最高人民检察院《刑事犯罪案例丛书》编委会编：《刑事犯罪案例丛书（抢夺、敲诈勒索罪）》，中国检察出版社1991年版，第151～152页。

运载香烟的汽车被下寨工商所截获，当运载被扣留的24箱香烟的汽车途径葫芦山路口时，被告人梁某坤跳上车抢下一箱香烟，押车的烟草局干部王某、林某发现后，即令驾驶员停车，并下车追赶梁某坤。此时，梁某邻、黄某（另案处理）乘机上车抢下4箱香烟，王某、林某见状又返回劝阻梁某邻、黄某，而梁某坤又乘机上车抢下2箱香烟。王、林见劝阻无效，围观人多，便令驾驶员开车。当汽车启动后，梁某邻又从车上抢了1箱香烟。至此，被告人梁某邻、梁某坤等人共抢走8箱香烟，价值2458元。

检察院以抢夺罪起诉，法院以同罪对梁某邻、梁某坤作了有罪判决。

在审理过程中，就本案被告人行为的定性存在不同意见：其一认为，被告人梁某邻、梁某坤明知烟草专卖局的干部王某、林某押运香烟系执行公务，但却明知故犯，公然抢走被扣留的8箱香烟，致使王某、林某不能依法执行公务，因而应以妨害公务罪论处。其二认为，被告人梁某邻、梁某坤对非法购入的香烟被某县工商局查扣后，便丧失了对香烟的所有权，因此他们抢回香烟的行为实际上侵害了国家财产所有权，其行为特征又是公然夺取，故应定抢夺罪。

【案例9】经审理查明：1999年11月间，被告人江世田与张信露（在逃）等人合伙购买了YJ14型卷烟机和YZ23型接嘴机各一台用于制售假烟。同年12月9日，张信露得知诏安县打假队将要查处的风声，即告知江世田。江世田于当晚组织被告人黄学栈和江传阳（在逃）等人将上述二台机器搬到二辆农用车上，转移到诏安县岭下溪二级电站暂放。同月10日上午，云南省公安厅、诏安县政法委、县检察院、县工商局、县技术监督局、县烟草局等单位组成的联合打假车队，在诏安县岭下溪二级水电站查获了三辆农用车装载的二台制假烟机及另一台接嘴机。张信露与被告人江世田得知后，即以每人50元报酬聚集数百名不明真相的群众，在诏安县霞葛镇庄溪桥头拦截、围攻打假车队，将查扣的载有制假烟机器的农用车上的执法人员董金坤等人拉出驾驶室进行殴打。被告人黄学栈与江传阳等人乘机开走三部农用车。随后，张信露与被告人江世田又聚集鼓动黄学栈、黄海兵等一群人，四处寻找打假队的摄像、照相资料，欲毁灭证据。后在诏安县烟草局闽E40957号工具车发现TRV—240摄像机、奥林巴斯牌照相机时，张信露带头用石头砸破车门玻璃，抢走并砸坏摄像机和照相机。执法人员进行制止时，遭到被告人黄海兵等人殴打，直至公安人员赶到现场时才逃离。被劫走的三辆装有制假烟机器的农用车于同年12月14日被追回。经法医鉴定，执法人员董金坤等人的伤情为轻微伤。

漳州市中级人民法院认为：被告人江世田、黄学栈、黄海兵在张信露的组织指挥下聚集参与拦截打假车队，打伤执法人员，哄抢被依法查扣的制假烟机器及损毁打假证据资料、器材，数额特别巨大，情节恶劣，其行为已构成聚众哄抢罪。在共同犯罪中，被告人江世田既是机主，又在哄抢中起煽动、指挥作用，系首要分子，应对全案负责，依法应从重处罚。被告人黄学栈虽被纠集，但在哄抢转移机器时积极主动，起骨干带头作用，是主犯，但其地位作用稍次于江世田；被告人黄海兵被纠集后参与哄抢损毁摄像照相资料、器材、小货车、殴打执法人员，同属主犯，但其作用及地位稍次于被告人黄学栈。依照《刑法》第268条的规定，判决如下：被告人江世田犯聚众哄抢罪，判处有期徒刑十年，并处罚金人民币1万元；被告人黄学栈犯聚众哄抢罪，判处有期徒刑九年，并处罚金人民币5000元；被告人黄海兵犯聚众哄抢罪判处有期徒刑八年，并处罚金人民币5000元。

一审宣判后，被告人江世田、黄学栈、黄海兵均以原判定性错误为由提出上诉。

福建省高级人民法院经审理查明：原判认定各被告人参与聚众拦路将被诏安县打假队查扣的装载着卷烟机和接嘴机的三部农用车强行开走，砸破打假队的工具车车窗玻璃，抢出录像机和照相机，损坏录像机，取走录像带；打伤打假队员三人致轻微伤的事实清楚，证据确凿。

福建省高级人民法院认为：上诉人江世田、黄学栈、黄海兵明知打假队系国家机关工作人员正在执行公务，而聚众拦截、打伤打假队员，强行开走被查扣装载用于制造假烟机器设备的车辆，打破车窗玻璃，抢走拍摄的录像带和照相机，其行为均已构成妨害公务罪，且情节严重。上诉人江世田积极参与煽动不明真相群众，围攻打假车队，打伤打假队员，抢走录像带和照相机，在犯罪中起主要作用，系主犯。上诉人黄学栈被纠集参与犯罪，开走装载制假机器，行为积极，亦系犯罪中之主犯。上诉人黄海兵积极参与犯罪活动，参与围攻殴打打假队员行为，但系从犯。原判对各上诉人定聚众哄抢罪与我国刑法规定的犯罪构成要件不符，量刑有误，应予纠正。依照《刑事诉讼法》第189条第（2）项和《刑法》第277条第1款的规定，判决如下：撤销漳州市中级人民法院对被告人江世田、黄学栈、黄海兵的一审刑事判决；上诉人江世田犯妨害公务罪，判处有期徒刑三年；上诉人黄学栈犯妨害公务罪，判处有期徒刑二年；上诉人黄海兵犯妨害公务罪，判处有期徒刑二年。

最高人民法院刑事审判庭刊登的“裁判理由”① 认为，首先，被告人江世田等人采用暴力手段聚众抢回被国家机关工作人员依法扣押的制假设备的行为应定何罪是本案争论的焦点。被告人江世田等人的行为依法应当构成妨害公务罪。理由是，《刑法》第227条第1款的规定，以暴力、威胁方法阻碍国家机关工作人员依法执行职务的，构成妨害公务罪，处三年以下有期徒刑、拘役、管制或者罚金。该罪具有以下特点：（1）行为人主观上具有妨害公务的故意和目的；（2）行为内容或目标是阻碍国家机关工作人员依法执行职务；（3）行为手段只能是暴力或者威胁。（4）行为发生的场合必须是在国家机关工作人员依法执行职务的过程中。妨害公务罪侵犯的主要客体是国家机关依法进行的管理活动。国家机关依法进行的管理活动，

① 参见最高人民法院刑一庭、刑二庭编：《刑事审判参考》（总第28辑），法律出版社2002年版，第56~59页。

主要是通过国家机关工作人员的执行职务行为来实现。只有国家机关工作人员依法执行职务时对其实施暴力或威胁阻碍的，才可能存在妨害公务问题，也才有可能构成妨害公务罪。所谓执行职务时，包括从开始实际执行职务时至职务执行完毕的全过程。实践中，执行职务行为通常表现为一个连续性的过程，判断一个职务行为的执行开始和执行完毕，必须根据职务行为执行的具体情况而论。就本案而言，由多个国家机关工作人员组成的联合打假队，从查扣被告人的制假设备到案发时的返回途中，均应视为在执行职务的过程中，而非执行职务完毕。本案被告人以对抗执法的故意和目的，聚众以暴力在中途拦截执法车辆，公然夺回被依法查扣的制假设备，符合妨害公务罪的构成特征，应以妨害公务罪定罪处罚。

其次，《刑法》第263条规定的抢劫罪和《刑法》第268条规定的聚众哄抢罪，均属于侵犯财产的犯罪。抢劫罪是指以非法占有为目的，当场采取暴力、胁迫或者其他方法劫取公私财物的行为；聚众哄抢罪是指以非法占有为目的，聚集多人，采取哄闹、滋扰等方法，夺取公私财物，数额较大或者情节严重的行为。两罪都是以非法占有公私财物为目的，侵害的主要客体都是公私财物的所有权，这与以对抗国家机关工作人员依法执行职务为主要目的，以妨害国家机关依法管理活动为主要犯罪客体的妨害公务罪具有本质上的区别。从本案发生的实际情况来看，本案被告人并不是要非法占有公私财物，而只是不法对抗国家机关的打假执法公务活动，意欲夺回自己已被国家机关工作人员依法查扣的制假设备。也就说，被告人只有妨害公务的目的，并无强占公私财物的目的。因此，不构成抢劫罪或聚众哄抢罪。本案中，公诉机关之所以以抢劫罪起诉，一审法院之所以以聚众哄抢罪定罪量刑，其主要理由有三：一是联合打假队依法查扣了被告人的制假设备后在返回途中，此时职务行为已经执行完毕，因此妨害公务行为无从谈起；二是联合打假队已经依法查扣了被告人的制假设备，根据《刑法》第91条第2款“在国家机关、国有公司、企业、集体企业和人民团体管理、使用或者运输中的私人财产，以公共财产论”的规定，该制假设备应当以公共财产论，被告人聚众以暴力方法公然夺回上述应以公共财产论的制假设备，是不法占有公共财产；三、本案以妨害公务罪定罪量刑较之以抢劫罪或者聚众哄抢罪定罪量刑，有轻纵被告人之嫌，难以做到罪刑相适应。其实上述理由是不妥当的。其一，判断职务行为是否执行完毕，应根据职务行为的具体执行状况和内容，从整体上把握，而不宜将具有一体性和连续性的公务执行活动分割开来判断。本案中，联合打假队从查扣被告人制假设备到案发时止，公务行为仍在连续中。被告人从得知制假设备被查扣到聚众中途拦截执行公务车辆夺回制假设备，其目的直接指向于对抗打假执法的公务活动。其二，联合打假队依法查扣被告人的制假设备，是一种执法强制措施，被告人的行为是对抗执法强制措施，不是为了“不法占有公私财产”。其三，被告人欲强行夺回的制假设备，是犯罪工具，虽属不法财产，但毕竟为被告人自有。抢回自有物品与强占他人所有或公有财物显然不同，被告人不具有非法占有目的。其四，追究刑事责任不能以刑论罪，只能是定罪量刑。以刑论罪颠倒了定罪量刑的逻辑关系，违反了刑法的基本原则。也就是说，首先要对被告人做到定性准确，只有这样才能正确地适用刑罚，做到罪责刑相适应。

上述两案例，前者肯定了处在公权力之下的扣押财物可以成为抢夺罪的对象，后者的“裁判理由”却认为处在公权力之下的扣押财物不成为抢劫罪的对象。

三、抢夺罪的主观要件

抢夺罪的主观方面不但表现为以非法占有公私财物为目的，而且表现为对采用强力夺取但并不使用侵犯人身方法的行为的选择和确定。其中，以非法占有公私财物为目的，是抢夺罪与其他占有型侵犯财产罪（抢劫罪、盗窃罪、诈骗罪、敲诈勒索罪、侵占罪、职务侵占罪）的共性，对采用强力夺取的选择和确定，是抢夺罪区别于其他占有型侵犯财产罪的个性。抢夺罪主观方面的个性内容可以将抢夺罪与其他占有型侵犯财产罪区分开来。共性内容可以将下列情形与抢夺罪区别开来：为了戏弄他人来取乐而夺取他人财物的行为，如将他人的头巾、帽子等物抢了就跑，引起他人追赶，尔后将其扔掉或又归还物主；为了称王称霸、欺行霸市而公然拿取他人少量财物、食品的行为；基于特定需要夺取他人财物，同时又写好借条准备归还的行为，等等。

【案例 10[①]**】** 被告人罗某某，自 1986 年初以来，因被扣发奖金和要求更换工作未得实现而对单位领导不满，便公开扬言要闹事。1986 年 8 月 12 日，被告人罗某某窜到本单位财务室，见出纳员张某在清点现金，声称自己是来抢钱的，张某见是本单位职工，以为罗是在开玩笑，因而继续清点钱。罗见张并不注意自己，走到办公桌前抢走桌上现金 1000 元逃回自己寝室，将现金藏于衣柜内。案发后，公安机关已将被抢现金 1000 元全部追回。

检察院认为不构成犯罪，建议有关单位作其他处理。

在审理过程中，就本案被告人罗某某行为的定性存在不同意见：其一认为，被告人罗某某所抢现金已完全控制在自己手中，其行为已构成抢夺罪。其二认为，被告人罗某某不具有非法占有财物的目的，而是想通过这种违法手段要挟领导，达到更换工种的目的，其行为不构成犯罪。

上述案例中，被告人就不具有非法占有的故意。

【案例 11】 1999 年，张某与法国某公司工程师吕贝克相识。2000 年 3 月 25 日，张某向吕贝克借 2000 美元做生意，吕贝克未答应。3 月 26 日晚 6 时许，张某潜入吕贝克住的宾馆房间，趁吕贝克不在之机，采用扳箱、扭锁的手段，将箱子撬开。箱内有美元、法郎、人民币等钱物，张某取走了其中的 2000 美元，并将箱子盖好。之后，张某书写了一张日后归还并落款为张某（系真名）的借条，放在箱子上，然后离开了宾馆。当晚，吕贝克发现失窃，报案致使案发。

针对上述情形，有学者提出如下意见：对于这类以借为名的窃取财物的行为，如何认定其主观故意，应考虑以下几个因素：（1）行为人与被害人之间的亲疏关系。若行为人是近亲属、共同居住人或者至交好友，受害人又表示谅解的，应认定为非法借用。（2）行

① 参见最高人民检察院《刑事犯罪案例丛书》编委会编：《刑事犯罪案例丛书（抢夺、敲诈勒索罪）》，中国检察出版社 1991 年版，第 87 页。

为人窃取财物的用途。若双方关系尚好，行为人窃取财物确有急用，又有偿还能力的，可认定不具有非法占有目的。（3）窃取财物的性质。若是不可消耗物，双方关系尚好，且行为人的使用方式不会使该物经济价值发生不合理的降低的，可认定不具有非法占有目的。（4）上述三种情形必须有一个前提，即被害人一旦向行为人索还，行为人必须在合理时间内偿还，否则主观方面仍是非法占有。就本案而言，张某与吕贝克仅仅是相识，之前的借款要求又被拒绝，不存在受害人谅解的可能；张某要钱是做生意，不属于有急用，且其年纪尚轻，又系无业人员，无固定收入，根本没有偿还能力；窃取的财物是货币，属于典型的消耗物。因此，张某虽有留下的借条的表象，但综合全案分析，张某主观上具有非法占有的故意。同时，盗窃罪的秘密性具有阶段性、主观性和相对性。具体详述如下：（1）阶段性是指，秘密性仅仅是针对窃取行为而言的，秘密性的起始时间是行为人着手实施盗窃行为，直至行为人取得财物为止。中间被发现，导致盗窃行为无法完成，则是盗窃未遂。并不要求各种预备行为和事后行为也具有秘密性。在盗窃之前的犯意流露以及之后的身份暴露，均不影响秘密性的成立。（2）主观性是指，秘密性只要求行为人主观认为即可，即使是错觉，事实上已被人发现，也不影响秘密性的成立。（3）相对性是指，秘密性的对象是财物的所有人或者保管人，若行为人的盗窃行为已被第三人发现，且行为人也已知道了此种发现，但仍然继续实施盗窃行为的，不影响秘密性的成立。就本案而言，张某挑选作案时间，潜入他人卧室，整个取财过程均在秘密状态下进行，虽然其作案成功之后以写借条的形式暴露了自己的身份，但此时犯罪行为已经结束，不影响秘密窃取行为的成立。综上所述，张某的行为已构成盗窃罪。①

此外，实践中值得注意的是，行为人对抢夺（包括盗窃、诈骗、敲诈勒索等）的“数额较大”应否明知以及存在认识错误时如何处理。有学者认为，以盗窃罪为例，只要行为人具有对秘密窃取他人财物性质的认识，而并不要求行为人当时明知他人财物是否达到“数额较大”的标准，盗窃的财物数额实际上达到了该标准，就认定为犯罪；没有达到，又不符合构成盗窃罪的要件，自然不应认定为

---

① 参见王宓：《张某是否构成盗窃罪》，载《浙江审判》2002年第9期。

犯罪。有学者认为，数额犯中故意的明知，原则上是不应包括行为人对于数额多少的认识的；除非行为人主观上认识的数额小于实际，按照处理事实认识错误的原则，应当按照行为人的认识情况认定行为的性质。[①] 笔者认为，数额犯中故意的明知只需对他人财物性质有认识，而不要求对他人财物数额有认识。行为人即使对财物数额存在错误认识，也不会改变行为的性质，仍属于同一构成要件之间的错误。若对他人财物性质有错误认识，如将他人财物错认为本人财物，或者将被立法者在专门罪名中予以特别规定的物品错认为侵犯财产罪所包含的财物（如将枪支、弹药、爆炸物、危险物质、军用物资、抢险、救灾、救济物资等误认为一般意义上的财产），则属于不同构成要件之间的错误，会影响行为的性质。凡是行为人对他人财物数额没有明确的认识，只是出于概括的故意的，就应以实际得到的财物数额多少定性量刑；凡是行为人误认为自己得到的他人财物数额高于或者低于实际财物数额，均应按处理事实认识错误的原则予以处理。

四、抢夺罪的加重要件

抢夺罪被规定在侵犯财产罪中，主要是考虑到其侵犯的直接客体是公私财物的所有权。抢夺的主要客体就其社会经济内容而言与其他形式侵占他人财产的犯罪客体相同。但是鉴于法律规定抢夺可能使用不危及生命和健康的暴力或以使用这种暴力相威胁，所以应该承认，作为犯罪受害人的公民的身体不受侵犯权可以成为刑法保护的任意性客体。[②] 我国台湾地区学者也认为，抢夺罪所破坏之法益乃是财产法益，唯因掠夺强取行为，故尚妨碍被害人之意思自由，有时甚至于致被害人重伤或死亡，故也有可能破坏生命与身体法益。[③] 因此，立法者在设置抢夺罪的加重要件时，并不仅仅限定于财物的数额。我国台湾地区“刑法”第 321 条规定的加重要件包括：（1）夜间侵入住宅或有人居住之建筑物、船舰或隐藏其内而抢夺；

---

① 参见赵秉志、肖中华：《如何理解犯罪故意的“明知”（下）》，载《人民法院报》2003 年 5 月 19 日。

② 参见［俄］斯库拉托夫、列别捷夫主编：《俄罗斯联邦刑法典释义》，黄道秀译，中国政法大学出版社 2000 年版，第 424 ~425 页。

③ 参见林山田：《刑法特论》，(上)，台湾地区三民书局 1978 年版，第 249 页。

(2) 毁越门扇、墙垣或其他安全设备而抢夺；(3) 携带凶器抢夺；(4) 结伙3人以上而抢夺；(5) 乘火灾、水灾或其他灾害之际而抢夺；(6) 在车站或埠头而犯抢夺。《俄罗斯刑法》第161条规定的加重要件包括："(1) 有预谋的团伙实施的；(2) 多次实施的；(3) 非法潜入住宅、房舍或其他库房的；(4) 使用不危及生命或健康的暴力，或以使用这种暴力相威胁的；(5) 给公民造成重大损失的"，超加重要件包括："(1) 有组织的团伙实施的；(2) 数额巨大的；(3) 具有2次以上盗窃或勒索罪前科的人员实施的。" 其中，加重责任的抢夺罪，按照法律的规定，只能对受害人使用不危及生命和健康的身体暴力的情况下发生。这可能是公开抢夺财产时对受害人进行殴打或实施其他造成身体疼痛，但不造成暂时的健康损害或短期丧失一般劳动能力的暴力。抢夺时的身体暴力可以表现为殴打，打击，造成擦伤、紫血斑、血肿，向后扭手，摔跌方法，空手道和其他单人打斗方法，捆绑手脚等造成身体疼痛，这种暴力强化了侵害所有权和过程，使公开夺取财产容易得逞。审判实践把诸如使脚把受害人绊倒、把受害人掀翻在地、抓头、扯妇女的耳环并伤害耳垂，暴力剥夺或限制行动或行为自由等攻击性行为定为暴力抢夺。抢夺的精神暴力，是指恐吓、以使用上述不危及生命和健康的暴力相威胁。[①] 我国《刑法》第267条设置的抢夺罪的加重要件是"数额巨大或者有其他严重情节"，超加重要件是"数额特别巨大或者有其他特别严重情节"。《办理抢夺罪解释》第2条规定："抢夺公私财物，具有下列情形之一的，'数额较大'的标准按照前条规定标准的50%确定：(1) 曾因抢劫、抢夺或者聚众哄抢受过刑事处罚的；(2) 一年内曾因抢夺或者哄抢受过行政处罚的；(3) 一年内抢夺三次以上的；(4) 驾驶机动车、非机动车抢夺的；(5) 组织、控制未成年人抢夺的；(6) 抢夺老年人、未成年人、孕妇、携带婴幼儿的人、残疾人、丧失劳动能力人的财物的；(7) 在医院抢夺病人或者其亲友财物的；(8) 抢夺救灾、抢险、防汛、优抚、扶贫、移民、救济款物的；(9) 自然灾害、事故灾害、社会安全事件等突发事件期间，在事件发生地抢夺的；(10) 导致他人轻伤或者精神失常等严

① 参见［俄］斯库拉托夫、列别捷夫主编：《俄罗斯联邦刑法典释义》，黄道秀译，中国政法大学出版社2000年版，第426～427页。

重后果的"；第3条规定："抢夺公私财物，具有下列情形之一的，应当认定为刑法第267条规定的'其他严重情节'：（1）导致他人重伤的；（2）导致他人自杀的；（3）具有本解释第2条第3项至第10项规定的情形之一，数额达到本解释第1条规定的'数额巨大'50%的"；第4条规定："抢夺公私财物，具有下列情形之一的，应当认定为刑法第267条规定的'其他特别严重情节'：（1）导致他人死亡的；（2）具有本解释第2条第3项至第10项规定的情形之一，数额达到本解释第1条规定的'数额特别巨大'50%的。"

【案例12①】经审理查明：1983年9月20日上午8时许，被告人马某某在某镇中学门前寻找自行车（因头天晚上看电影时将其姐夫自行车丢失）。此时，某镇痴呆人陈某走来。当地人普遍知道陈某靠卖破烂生活，身上总带有点钱和粮票。被告人马某某为了证实这一情况，便拦住陈某问："你有多少钱？"陈某答："有七八百元。"马问："你不怕丢吗？"陈某答："不怕，白天我揣在兜里，晚上睡觉放在枕头底下，一动就醒。"马又问："你怎么知道丢不丢呢？"陈某答："对号。"被告人马某听了这些话，肯定了陈某身上有钱，便产生了抢陈某的钱赔姐夫车子的念头。于是，被告人马某某对陈某说："你的粮票卖不卖？"陈某说："卖。"接着就掏上衣兜。马某某制止说："这有人，让人家看见不好，咱们到中学房后去，那儿没有人。"到了中学房后，被告人马某某买了三斤粮票，给陈某六角钱，陈某接过钱正要走，马某某上前说："你忙啥，再坐一会。"边说边把陈某按坐在树墩上，然后蹲在陈某的对面说："我看看你的钱是怎么对号的？"陈某从右裤兜里掏出一个红布口袋，被告人马某某用左手夺过钱袋站起就跑，跑到中学门口时，布袋里的角、分零钱撒了一地，陈某追上来蹲下只顾捡钱。马某脱身跑到一无人处数了一下钱，一共552.10元，将钱包藏在柴禾垛里后回家。

① 参见最高人民检察院《刑事犯罪案例丛书》编委会编写：《刑事犯罪案例丛书（抢夺、敲诈勒索罪）》，中国检察出版社1991年版，第59页。

检察院以抢夺罪起诉，法院以同罪对被告人马某某作了有罪判决。

【案例13①】经审理查明：1987年7月25日下午3时许，被告人单某某在某屯任某家玩耍时，见任某家平柜上放有一个上锁的小木箱，单某某估计箱内有不少钱，便产生了歹意。当晚9时左右，被告人单某某趁天黑暗不易被别人发觉之机，手持铁棍去任某家，见外屋门已上锁，便知任某家只有患脑血栓的任某的母亲夏某一人在家，随即将门撬开侵入室内。夏躺在床上见有人进来，因未点灯看不清人，便连喊两声"谁?"单某某不答腔，知道夏某无力制止，故直奔平柜前，当着夏某的面，将装有604.10元现金的小木箱夺走。

检察院以抢夺罪起诉，法院以同罪对被告人单某某作了有罪判决。

【案例14②】经审理查明：1982年，被告人周某乾与其叔周某富共同集资在家乡某村联办了一个商店，由周某富负责经销。1983年3月，周某富之妻王某进行了绝育手术，周某富便将商店全部物资盘点交给周某乾经营后，回家照顾其妻。1984年2月初，被告人周某乾将一台缝纫机抬走。同月29日，双方共同请了家族长辈调解，双方达成协议：周某富应补给周某乾103.60元钱，周某乾应退还周某富的缝纫机。周某富当即兑现，而周某乾拒不执行。后经法庭多次调解，周某乾仍不执行。1984年5月1日，周某富之妻王某经有关部门的批准另开设一商店。1984年6月10日，被告人周某乾闯入王某商店，借口周某富差款，当着王的面顺手拿起一条床单，将店内香烟、牙膏等物（价值700余元）包成一包。王某说不要拿，周某乾不听，扛包

① 参见最高人民检察院《刑事犯罪案例丛书》编委会编：《刑事犯罪案例丛书（抢夺、敲诈勒索罪）》，中国检察出版社1991年版，第61页。

② 参见最高人民检察院《刑事犯罪案例丛书》编委会编：《刑事犯罪案例丛书（抢夺、敲诈勒索罪）》，中国检察出版社1991年版，第69~70页。

而走。

法院以抢夺罪对被告人周某乾作了入罪判决。

在审理过程中，就本案被告人周某乾行为的定性存在不同意见：其一认为，被告人周某乾当着王某的面，夺走私人财产的行为，已构成抢夺罪。其二认为，被告人周某乾由于债务纠纷未解决好，闯入其婶婶王某的商店夺走财物的行为，是债务纠纷的继续。再者，又没有利用“乘人不备”的条件，故不构成抢夺罪，应按民事案件处理。

上述三案例中，前者抢夺盲人，应作为从重情节予以考虑；第二个是当着无反抗能力的人抢夺，也可酌情从重处罚；最后是抢夺亲属的财物，可以酌情从轻处罚（参照《办理盗窃罪解释》第 8 条的规定，偷拿家庭成员或者近亲属的财物，获得谅解的，一般可不认为是犯罪；追究刑事责任的，应当酌情从宽）。

司法实践值得注意的是：（1）行为人在抢夺他人财物过程中过失致人伤害、死亡，如何处理？有学者认为，应按抢夺罪和过失重伤罪或过失杀人罪合并处罚。[①] 有学者认为，如果抢夺数额巨大又造成被害人重伤或死亡，应作为“情节特别严重”的抢夺罪定罪处罚；对于抢夺数额较小或者刚刚达到“较大”而又造成被害人重伤或者死亡的，可以作为“情节特别恶劣”的过失重伤罪或过失杀人罪定罪处罚。[②] 有学者认为，如果抢夺财物中因用力过猛，而无意中造成被害人轻伤的，应按抢夺罪从重处罚；若造成被害人重伤甚至死亡的，这是抢夺与过失重伤（过失杀人）的牵连，如果抢夺侵犯的财物数额尚不构成犯罪的，按照过失重伤罪或过失杀人罪从重处罚，如果抢夺行为本身也构成犯罪的，则应从一重罪定罪并从重处断，考虑到抢夺罪加重构成的刑罚更重，而且犯罪的基本性质是抢夺，故应按照抢夺罪“情节特别严重”的规定处罚。[③] 为统一司法实践，2013 年 11 月 11 日“两高”《抢夺罪解释》改变了上述观点，即第 3

---

① 参见王作富主编：《刑法各论》（修订本），中国人民大学出版社 1985 年版，第 218 页。

② 参见欧阳涛等主编：《经济犯罪的定罪与量刑》，广西人民出版社 1988 年版，第 273 ~ 274 页。

③ 参见金凯主编：《侵犯财产罪新论》，知识出版社 1988 年版，第 320 ~ 321 页。

条、第4条分别将抢夺公私财物“导致他人重伤的”“导致他人死亡的”认定为“其他严重情节”和“其他特别严重情节。”

【案例15】[①] 经审理查明：1988年5月25日下午3时许，被告人高某某窜到某市一男厕所内，见厕所墙上挂着一只黑色旅行包，物主黄某正蹲着解大便，顿起抢钱之念，乘黄某还未起身之机，将黄的旅行包（内有人民币1450元）夺取到手。黄某当即发觉，起身追喊，高逃入一巷内，因此巷无出口，高只好藏好赃物，脱下外衣化装外逃。此时，追捕来的群众郑某、严某将高拦阻在巷内抓获。高挣扎，手碰伤郑某的鼻子，致使郑的鼻子出血。

检察院以抢夺罪起诉，法院以同罪对高某某作了有罪判决。

在审理过程中，就本案被告人高某某行为的定性存在不同意见：其一认为，被告人高某某窜到厕所，乘黄某解大便之机，夺走黄的旅行包，包内钱款较大，其行为已构成抢夺罪，高在抗拒逮捕时使用的暴力轻微，不能以抢劫罪处罚。其二认为，被告人高某某抢夺他人钱财被群众追捕，高将郑某的鼻子打出血。这说明高某某使用暴力抗拒逮捕，应按《刑法》第153条的规定以抢劫罪论处。[②]

【案例16】[③] 经审理查明：1985年9月21日晚8时许，姜某某趁电影院进出场人多拥挤之机，突然猛力将陈某（女，65岁）右耳上的一只金环拽走，销赃得款75元。陈的右耳被撕裂。1985年11月25日下午4时左右，一老妇秦某（58岁）路经某巷口时，姜从背后猛力拽走秦戴在两耳上的金耳环，销赃得款180元，秦某的双耳被撕裂。

法院以抢夺罪对姜某某作了有罪判决。

---

① 参见最高人民检察院《刑事犯罪案例丛书》编委会编：《刑事犯罪案例丛书（抢夺、敲诈勒索罪）》，中国检察出版社1991年版，第113～114页。

② 当时适用1979年《刑法》。

③ 参见最高人民检察院《刑事犯罪案例丛书》编委会编：《刑事犯罪案例丛书（抢夺、敲诈勒索罪）》，中国检察出版社1991年版，第115～116页。

在审理过程中，就本案被告人姜某某行为的定性存在不同意见：其一认为，应定抢夺罪。理由是：被告人姜某某在拽两位妇女的金耳环时，不是采用暴力、胁迫或者其他方法强行将她们的金耳环占为己有的，而是乘两位妇女不备，公然夺取的，因此构成抢夺罪。其二认为，应定抢劫罪。理由是：被告人姜某某为了强行占有两位妇女的金耳环，竟采用残忍的手段，将两位妇女的耳朵撕裂抢去耳环，这符合抢劫罪中暴力占有的特征，故应定抢劫罪。

上述两案例均是抢夺行为本身伴随发生的伤害结果，被告人主观上均没有以此伤害行为来达到排除被害人反抗的目的，均不存在抢劫的故意，而只有抢夺的故意。

行为人在抢夺（即类似于“飞车抢夺”）过程中对被害人造成轻伤以上伤害持间接故意的，如何处理？国外还存在行为人利用行驶着的汽车强行夺取行人提包的案件，有的由于财物所有人不撒手，行为人强行拖拽，而致被害人倒地死伤，日本最高法院的判例认为这种案件若致人死伤应定抢劫致人死伤罪，但日本刑法理论界还存有疑问。[①] 我国司法实务中出现以下意见：其一认为，在实施抢夺过程中，行为人明知其强行夺取他人财物的手段会造成他人身体伤害的后果，仍然实施抢夺并造成财物持有人轻伤以上后果的，只要有证据证明行为人主观上对伤亡后果持间接故意，应以抢劫罪定罪处罚。其二认为，此类行为中，行为人主要是针对被害人的财物，乘其不备实施抢夺，对被害人的伤害及死亡后果持间接故意的主观心理，其行为特征不符合抢劫罪要求的对被害人财产及人身侵害均具有直接故意的构成要件，故不宜定抢劫罪，可以抢夺罪从重处罚。对此，最高人民法院业务部门刊登的“裁判要旨”提供了参考的意见。

【案例17】经审理查明：（1）抢劫。①2001年4月12日上午7时许，被告人李永新、李杏坤、黎金辉在端州区二马路与新街交汇处，对被害人梁某娣采取卡脖子和搜身的方法，抢走梁身上的诺基亚5110手机1台（价值人民币900元）及人民币30元。②2001年5月26日下午6时许，

① 转引自赵秉志：《侵犯财产罪》，中国人民公安大学出版社2003年版，第237页。

被告人李永新、李耀南在端州三路影都酒店门前路段，由李耀南开摩托车靠近正在骑自行车的被害人黄某梅，李永新则坐在车尾伸手抢黄的手袋。黄某发觉后，抓住手袋不放，被告人李永新强行将黄某梅拖跌在地，并拖行约三米远，然后抢走黄的手袋（内有人民币260元、价值人民币600元的中文股票机1台），并致黄某梅的身体多处擦伤（经法医鉴定属轻微伤）。（2）抢夺。①2001年1月28日下午7时许，被告人李杏坤开摩托车搭着被告人李永新，行至端州六路皇宫餐厅对面的自行车道，乘行人莫某群不备，由坐在车尾的李永新伸手夺走莫某群的手袋1只，内有人民币160元。②2001年2月2日下午3时许，被告人李永新、李杏坤开摩托车行至端州区阅江路与五经里交汇处，以上述方法抢走行人黎某美的手袋1只，内有人民300元、NEC牌手机1台（价值人民币600元）。③2001年3月16日上午11时许，被告人李永新、李耀南开摩托车行至端州区西江南路裕龙酒店南侧新路口处，以上述方法抢走行人何某影的手袋1只，内有人民币400多元、爱立信788型手机1台（价值人民币800元）。④2001年3月17日下午1时许，被告人李永新、李耀南、李杏坤开摩托车行至端州区星荷路行署宿舍路段，以上述方法抢走了行人邱某的手袋1只，内有人民币500元、爱立信788型手机1台（价值人民币800元）等物。⑤2001年3月21日下午1时许，被告人李永新、李耀南、李杏坤开摩托车行至端州区古塔中路肇庆电大门口，以上述方法抢走行人吴某嫒的手袋1只，内有人民币1500元、摩托罗拉V8088型手机1台（价值人民币3200元）以及存折等物。⑥2001年3月25日晚8时许，被告人李永新、李杏坤开摩托车行至端州区柑园北路高要供电局宿舍路段，以上述方法抢走行人张某玲的手袋1只，内有人民币800元、摩托罗拉928型手机1台（价值人民币980元）以及驾驶证、身份证等物。⑦2001年4月9日下午3时许，被告人李永新、李杏坤，李耀南、黎金辉开摩托车行至端州区星荷路市规划局门前，由李耀南、黎金辉开车接应，李永新、李杏坤开车上前抢走了行人何某英的手袋1只，内有人民币200元、爱立信788型手机1台（价值人民币800元）。⑧2001年4月20日晚7时许，被告人李永新、李杏坤、黎金辉开摩托车行至端州区工农北路桥东市场门前路段，由黎金辉开车接应，李永新、李杏坤开车上前抢走正在骑自行车的行人张某芳的手袋1只，内有人民币600多元、“端州通”流动市话机1台（价值人民币700元）、珍珠项链1条（价值人民币50元）等物。⑨2001年4月20日晚8时许，被告人李永新、李杏坤，黎金辉开摩托车行至端州区城东公园东侧路段，由黎金辉接应，李永新、李杏坤开车上前抢走了骑自行车的行人张某英的手袋1只，内有人民币400元、计算器1个。⑩2001年4月23日晚7时许，被告人李永新、李杏坤、黎金辉开摩托车行至肇庆市汽车站西侧路段，由黎金辉接应，李永新、李杏坤开车上前，抢走了行人李某琼的手袋1只，内有人民币100元、西门子牌手机1台（价值人民币1300元）、大井2219型BB机1台（价值人民币250元）等物。⑪2001年4月6日下午4时许，被告人李永新、李杏坤开摩托车行至端州区和平路市职防所门前路段，抢走了搭摩托车的行人莫某的手袋1只，内有人民币2000元、诺基亚8210型手机1台（价值人民币2100元）。⑫2001年3月1日下午3时许，被告人李永新、李耀南开摩托车行至端州区宝月路十六小学门前路段，以上述方法抢走行人吴某连的手袋1只，内有人民币4000元、摩托罗拉V988型手机1台（价值人民币2300元）、“端州通”流动市话机1台（价值人民币700元）以及金戒指3只（价值人民币1700多元）等物。⑬2001年5月17日晚7时许，被告人李永新、李耀南开摩托车行至端州区文明路胜记大排档前路段，抢走了行人王某尧的手袋1只，内有人民币500元。⑭2001年5月26日下午5时许，被告人李永新、李耀南开摩托车行至端州区柑园市场附近路段，抢走了行人杜某婵的手袋1只，内有人民币10元、书籍3本等物。被告人李永新、李杏坤、黎金辉、李耀南作案后，将上述抢得的“端州通”及摩托罗拉、爱立信、诺基亚等牌子手机卖给了被告人邓鉴芳，所得赃款大部分供其吸毒和挥霍。

肇庆市端州区人民法院认为：被告人李永新、李杏坤、李耀南、黎金辉以非法占有为目的，结伙采取暴力手段劫取他人财物或乘人不备，公然夺取他人财物，其中被告人李永新参与抢劫2次，抢夺14次，抢夺价值人民币27700多元，抢夺数额巨大；被告人李杏坤参与抢劫1次，抢夺10次，抢夺价值人民币17300多元，抢夺数额巨大；被告人李耀南参与抢劫1次，抢夺7次，抢夺价值人民币17400多元，抢夺数额巨大；被告人黎金辉参与抢劫1次，抢夺4次，抢夺价值人民币4400元，抢夺数额较大。上述被告人均属多次抢夺，情节严重，其行为均已构成抢劫罪和抢夺罪，依法应予数罪并罚。被告人邓鉴芳明知是犯罪所得的赃物而代为销售，其行为已构成销售赃物罪……依照《刑法》第263条、第267条第1款、第312条、第26条、第27条、第68条、第69条的规定，判决如下：(1)被告人李永新犯抢劫罪，判处有期徒刑六年，并处罚金人民币1000元；犯抢夺罪，判处有期徒刑六年，并处罚金人民币1000元，决定执行有期徒刑十二年，并处罚金人民币2000元；(2)被告人李杏坤犯抢劫罪，判处有期徒刑三年，并处罚金人民币1000元；犯抢夺罪，判处有期徒刑五年，并处罚金人民币1000元，决定执行有期徒刑八年，并处罚金人民币2000元；(3)被告人李耀南犯抢劫罪，判处有期徒刑三年，并处罚金人民币1000元；犯抢夺罪，判处有期徒刑四年，并处罚金人民币1000元，决定执行有期徒刑七年，并处罚金人民2000元；(4)被告人黎金辉犯抢劫罪，判处有期徒刑三年，并处罚金人民币1000元；犯抢夺罪，判处有期徒刑一年，并处罚金人民币1000元，决定执行有期徒刑三年六个月，并处罚金人民币2000元；(5)被告人邓鉴芳犯销售赃物罪，判处有期徒刑七个月，并处罚金人民币1000元。

宣判后，在法定期限内，各被告人没有提出上诉，检察机关没有提出抗诉，判决已发生法律效力。

最高人民法院刑事业务庭刊登的“裁判要旨”[1] 认为，“飞车行抢，即驾驶机动车辆强抢行人的财物，是当前比较突出的犯罪活动。这种犯罪活动通常由两人共同作案，其中一人驾驶摩托车等机动车辆，一人坐在摩托车等机动车辆的后座上对行人实施强抢行为。飞车行抢的对象一般是步行或者正在骑车的行人随身携带或者放置在车筐、车座上的包、袋等物。

司法实践中，对于飞车行抢行为如何适用法律，是以抢夺罪还是抢劫罪定罪处罚往往存在分歧。实践中对于飞车行抢的行为，应当根据案件不同情况，依照刑法规定的抢劫罪和抢夺罪的犯罪构成要件，准确认定其罪名。抢劫罪与抢夺罪的区别，从主观要件看，抢劫罪行为人具有劫取财物和侵犯人身权利的双重故意；而抢夺罪行为人只有夺取他人财物的故意。从客观行为看，抢劫罪行为人的暴力行为直接指向被害人，即以对被害人使用或威胁使用暴力的方式，使其处于不敢反抗、不能反抗或无法反抗的状态，劫取他人财物；而抢夺罪行为人一般只以他人财物为其行为的对象，乘被害人不备，公然夺取财物。从侵害的客体看，抢劫罪侵害公民人身权利和财产权利双重客体；抢夺罪则只侵害公民财产权利单一客体。因此，行为人采取飞车行抢的方式获得他人财物时，其主观上是以非法占有他人财物为目的，乘被害人不备，强行夺取，其行为指向被害人携带的财物而非被害人人身，其行为符合抢夺罪的犯罪构成要件，应以抢夺罪定罪处罚。但是，在有些案件中，行为人虽然也是采取飞车行抢的方式作案，但其主观故意及客观行为却已超出了抢夺罪的范畴。比如，行为人驾驶车辆逼挤被害人或者将被害人逼至空旷区域，使其产生精神上的恐惧，不敢反抗，当场劫取财物的；或者驾驶机动车、非机动车辆，撞击或强行逼倒被害人以排除其反抗，乘机夺取财物的；或者驾驶车辆强抢财物时，因被害人不放手而借助高速行驶的机动车产生的冲力，采取强拉硬拽方法使被害人不能抗拒或无力抗拒而劫取财物的，等等。在上述情形中，行为人的暴力行为不仅指向被害人的财物，还直接指向被害人人身，对其产生人身上和精神上的强制，使其不敢、不能或无法反抗，从而劫

---

① 参见最高人民法院刑二庭编：《李永新等抢夺案》，载《人民法院报》2003 年 5 月 19 日。

取被害人财物，不但严重侵害了公私财物所有权，还同时侵害被害人的人身权益，其行为完全符合抢劫罪的构成要件，应以抢劫罪定罪处罚。

本案中，被告人李永新等人实施的“飞车行抢”的行为，一般是驾驶机动车乘被害人不备，将其携带的财物抢走，其行为符合抢夺罪的构成要件。但在飞车行抢黄某梅时，在被害人发现并抓住财物不松手的情况下，被告人高速驾驶摩托车强行将被害人拖跌在地，其暴力直接加于被害人的人身，迫使被害人失去对财物的控制，其行为符合抢劫罪的构成要件。肇庆市端州区人民法院区分不同情况，对各被告人分别以抢劫罪、抢夺罪定罪处罚是正确的。

笔者认为，行为人在“飞车抢夺”之类的抢夺中对被害人造成伤害的结果的主观心理态度包括下列情形：一是行为人只有抢夺的故意，对物实施强力行为或对人身实施不足以排除被害人反抗程度的暴力，因过失造成被害人重伤或死亡的结果。二是行为人具有“两抢”（或抢夺或抢劫）的概括故意，在实施抢夺行为的过程中转化为抢劫的暴力行为，对造成轻伤以下伤害结果持过失态度。三是行为人具有“两抢”的故意，在实施抢夺行为的过程中转化为抢劫的暴力行为，对造成轻伤以下伤害结果持故意态度。四是行为人具有“两抢”的故意，在实施抢夺行为的过程中转化为抢劫的暴力行为，对造成轻伤伤害结果持过失态度。五是行为人具有“两抢”的故意，在实施抢夺行为的过程中转化为抢劫的暴力行为，对造成轻伤伤害结果持故意态度。六是行为人具有“两抢”的故意，在实施抢夺行为的过程中转化为抢劫的暴力行为，对造成重伤伤害结果持过失态度。七是行为人具有“两抢”的故意，在实施抢夺行为的过程中转化为抢劫的暴力行为，对造成重伤伤害结果持故意态度。八是行为人具有“两抢”的故意，在实施抢夺行为的过程中转化为抢劫的暴力行为，对造成死亡结果持过失态度。九是行为人具有“两抢”的故意，在实施抢夺行为的过程中转化为抢劫的暴力行为，对造成死亡结果持故意态度。上述各种情形的定性，应比较抢夺罪、抢劫罪、故意伤害罪、故意杀人罪的各档法定刑高低再加以决定。就第1种情形而言，前文已论述。就第2种、第3种、第4种、第5种情形而言，均应定抢劫罪，适用第一档法定刑；就第6种、第7种、第8种、第9种情形而言，均定抢劫罪，适用第二档法定刑。

总之，应重点分析行为人对被害人伤害、死亡结果的主观心理，是因抢夺的强力过失（不可能是故意）造成的，还是抢劫的暴力过失或故意造成的，前者定性为抢夺，后者应定性为抢劫。

五、抢夺的转化

世界大多数国家在规定抢劫罪之外，还对准抢劫罪[①]作出规定。具体来说，《德国刑法典》第252条“抢劫性盗窃”规定：“行为人在盗窃时被当场发现，为了保持对所盗财物的占有而对他人使用暴力或者使用带有对身体或者生命的现实的危险的威胁的，与抢劫者同样处罚。”《法国刑法典》第312－8条规定：“进行勒索之后，为便于逃逸或保护正犯或共犯免受追究而使用暴力，构成第312－2条、第312－3条、第312－4条、第312－6条及第312－7条意义上的勒索之后使用暴力。”《意大利刑法典》第628条第2款规定：“为确保自己或其他人占有被窃取的物品，或者为使自己或其他人不受处罚，在窃取物品后立即使用暴力或威胁的，处以同样的刑罚。”《日本刑法典》第238条“事后强盗”规定：“盗窃犯在窃取财物后为防止财物的返还，或者为逃避逮捕或者隐灭罪迹，而实施暴行或胁迫的，以强盗论。”1968年《英国窃盗法》第8条规定：“一人如果实施盗窃并且在实施该行为即刻之前或者在实施该行为过程中，为实施盗窃行为而对任何人使用了暴力，或者使任何人处于或者试图使其处于此后在当场可能受到暴力侵害的恐惧之中，构成抢劫罪。”[②]《美国模范刑法典》第222－1条规定：“以实行窃盗罪所为之行为或着手窃盗罪或实行后逃走之际所为之行为视为‘实行窃盗

① 其仅指相当于日本所称的“事后强盗”，不包括各国规定的对应于普通的抢劫罪的其他特殊抢劫，例如，日本的“昏醉抢劫”、中国的“携带凶器抢夺”。我国刑法学界对“携带凶器抢夺”有各种不同的解释，其中的争议主要涉及到“凶器”的范围如何界定？“携带”是指明携还是暗带或两者兼而有之？“抢夺”财物是否要求数额较大？归根到底，对“携带凶器抢夺”是仅从字面含义上理解还是作严格限制解释。若从字面含义上理解，只要行为人实施抢夺行为时携带有可以用于行凶的物品，就属于“携带凶器抢夺”的准抢劫罪；若作严格限制性的解释，“携带凶器抢夺构成抢劫罪，至少要求行为人显示出凶器，如果行为人携带凶器抢夺但没有显示凶器，则不能构成抢劫罪”。还有学者对该款规定的合理性提出了质疑。

② 参见［英］J·C·史密斯、B·霍根：《英国刑法》，马青升等译，法律出版社2000年版，第623页。

罪之际'所为。"《加拿大刑事法典》第343条规定:"从任何人那里盗窃,并且在盗窃时或者在盗窃前后伤害攻击,或用任何人身攻击强迫那些人。"我国第一部近代刑法《大清新刑律》第371条规定:"窃盗因防护赃物、脱免逮捕、湮灭罪证,而当场实施强暴、胁迫者,以强盗论。"1928年颁布并于1935年修正的中华民国"刑法"第329条基本上承继了上述规定,但在先行的"窃盗"之外又增设了"抢夺",即先行盗窃或抢夺,因护赃、免捕、灭证而当场实施暴力、胁迫者,均以强盗论罪。[①] 1957年《中华人民共和国刑法草案(初稿)》(第22次稿)第170条规定:"犯偷窃、抢夺罪,为防护赃物、抗拒逮捕或者毁灭罪证而当场使用暴力或者以暴力相威胁的,依照第167条罪处罚。"1963年《中华人民共和国刑法(草案修正稿)》(第33次稿)第161条规定:"犯偷窃、抢夺、诈骗罪,为防护赃物、抗拒逮捕或者毁灭罪证而当场使用暴力或者予以暴力相威胁的,依照第156条抢劫罪处罚。"第22次稿中之所以未规定诈骗罪的转化问题,是当时考虑到诈骗罪是骗取他人的信任而获得财物,转化为抢劫罪的可能性不大,而第33次稿增设诈骗,是考虑到不能排除先行诈骗尔后向抢劫罪转化的情况的发生。[②] 1979年《刑法》第153条规定:"犯盗窃、诈骗、抢夺罪,为窝藏赃物、抗拒逮捕或者毁灭罪证而当场使用暴力或者以暴力相威胁的,依照本法第150条抢劫罪处罚。"1997年《刑法》第269条规定:"犯盗窃、诈骗、抢夺罪,为窝藏赃物、抗拒抓捕或者毁灭罪证而当场使用暴力或者以暴力相威胁的,依照本法第263条的规定定罪处罚。"

综上,这些国家刑法对准抢劫罪的规定方式不一,[③] 有些国家刑法明确将属于准抢劫的情形直接规定在抢劫罪中,例如,法国、加拿大、美国;有些国家刑法专门设置条文或款规定对准抢劫按照抢劫罪论处,例如,中国、意大利;还有些国家刑法设专条明确将准

---

① 有些国家刑法没有明确规定转化型抢劫,但刑法理论认为,盗窃后为拒捕而对失主当场实施暴力或者暴力威胁的,应当构成强盗罪(抢劫罪)。参见前苏联司法部全苏法律科学研究所编:《苏维埃刑法分则》,法律出版社1956年版,第276~277页。

② 参见高铭暄:《中华人民共和国刑法的孕育和诞生》,法律出版社1981年版,第206~207页。

③ 需指出的是,有些国家刑法虽然有规定,但并非是按抢劫罪定罪处罚。如《越南刑法》第155条规定,盗窃他人财产并"行凶逃跑"的,是盗窃罪的一种加重法定刑的情节。

抢劫规定为独立的罪名，称之为“事后抢劫”或“抢劫性盗窃”，例如，德国、日本。同时，各国刑法对准抢劫罪的构成要件的规定也并不完全相同。

（一）准抢劫罪的前行为范围不一

德国、意大利、日本、美国、加拿大均限于盗窃，我国规定包括盗窃、诈骗、抢夺，法国没有明文规定。基于我国《刑法》第269条的表述是“犯盗窃、诈骗、抢夺罪”，而我国刑法对盗窃、诈骗、抢夺罪的成立条件的规定与德日等大陆法系国家的规定有所不同，要求盗窃、诈骗、抢夺“数额较大”，才构成相应的犯罪。对于作为事后抢劫罪成立前提条件的“犯盗窃、诈骗、抢夺罪”的理解，应从以下方面加以分析：其一，是否应该作严格解释，理解为是指盗窃、诈骗、抢夺财物数额较大构成犯罪的情形。有学者认为，必须达到上述定罪的标准，即非法占有财物“数额较大”。因为刑法规定的是“犯……罪”，数额不是较大，属于一般违法行为，当然不具备转化的前提条件。① 有学者认为，虽然财物的数额不是较大，但是暴力行为严重，甚至造成严重后果的，应认为具备了转化的条件。但是如果先实施的是小偷小摸行为，不能转化为抢劫罪，其暴力行为致人伤害的定故意伤害罪，杀人的定故意杀人罪。② 有学者认为，只要先实施盗窃、诈骗、抢夺行为，综合全案不属于“情节显著轻微危害不大的”，无论财物数额大小，既遂或未遂，都可转化为抢劫罪。③ 有学者认为，既不能理解为是指实际占有的财物必须达到数额较大的标准，也不能根本不考虑行为人主观上意图和可能非法占有的财物数额较大，而认为只要其有上述三种行为之一，就具备了向抢劫转化的前提条件。④

① 参见朱庆林：《对我国刑法第一百五十三条规定的几点认识》，载《西北政法学院学报》1983年第2期。

② 参见陈兴良等：《案例刑法教程》（下卷），中国政法大学出版社1994年版，第278页。

③ 参见高铭暄、王作富主编：《新中国刑法的理论与实践》，河北人民出版社1988年版，第574～575页。

④ 参见高铭暄主编：《刑法专论》（下编），高等教育出版社2002年版，第734～735页。

【案例18】2000年1月29日晚，被告人庄某伙同其余四人合谋到一家美容店实施盗窃，并进行了分工，庄某与其中两人以按摩为名将店主引至阁楼上，其余两名同伙则在楼下乘机实施盗窃。当两名同伙盗窃得手后通知庄某等人离开时，店主李某发现店内被盗，便抓住庄某不让走。庄某为了逃脱与其发生争执，继而动手殴打了店主，造成李某轻微伤二级的后果。嗣后，庄某当场被闻讯赶来的巡警抓获。案发后，其余四人先后到公安机关投案自首并供述案情，因盗窃公私财物未能达到“数额较大”的起刑标准而被释放。

在审理过程中，就本案被告人庄某行为的定性存在不同意见：其一，认为应以抢劫罪论处。理由是，在共同犯罪中，被告人庄某虽未直接实施盗窃行为，但只是由于分工的不同，并不影响其参与共同盗窃的事实存在，在其具有盗窃的犯罪故意及实施共同盗窃行为的前提下，虽然客观上未达到犯罪的程度或者未达到法律规定的犯罪数额标准，但其随后为抗拒失主抓捕又当场使用暴力，从而造成失主受伤的后果。其行为符合《刑法》第269条规定的转化型抢劫罪的特征。其二认为不构成抢劫罪。理由是，首先，《刑法》第269条规定所指的前一行为必须构成犯罪，即此条规定的转化是此罪到彼罪的转化，是犯罪性质的转化，而非从违法行为到犯罪行为的转化。其次，盗窃罪虽然是数额犯，但是根据1997年11月4日最高人民法院《关于审理盗窃案件具体应用法律若干问题的解释》的规定，“盗窃公私财物接近‘数额较大’的起点，具有下列情形之一的，可以追究刑事责任：（1）以破坏性手段盗窃造成公私财产损失的；（2）盗窃残疾人、孤寡老人或者丧失劳动能力的人财物的；（3）造成严重后果或者具有其他恶劣情节的”，“盗窃公私财物虽已达到‘数额较大’的起点，但情节轻微，并具有下列情形之一的，可不作为犯罪处理：（1）已满十六周岁不满十八周岁的未成年人作案的；（2）全部退赃、退赔的；（3）主动投案的；（4）被胁迫参加盗窃活动，没有分赃或者获赃较少的；（5）其他情节轻微、危害不大的”，庄某的作用仅仅是引开失主以便其他人实施盗窃行为，无论从犯罪数额还是犯罪情节来看均不构成盗窃罪，进而不能转化为抢劫罪。最后，根据“两高”1988 年 3 月 16 日《关于如何适用刑法第 153 条的批复》的规定，“如果实施上述行为，虽未达到‘数额较大’，但当场使用暴力或者以暴力相威胁，情节严重的，可以按照抢劫罪论处”，既然被告人庄某先前实施的盗窃不构成犯罪，那么，其为抗拒抓捕而实施的暴力行为是否属于“情节严重”，就成为能否转化为抢劫罪的关键。认定实施暴力行为情节是否严重，不仅应从犯罪分子实施暴力行为或者以暴力相威胁所造成的被害人伤害程度来分析，而且应综合考虑犯罪分子实施以上行为的手段。具体而言，下列情况应视为情节严重：一是犯罪分子实施暴力行为直接给被害人造成轻伤以上乃至重伤的后果；二是犯罪分子实施暴力行为虽未给被害人造成很严重的伤害后果，但却在实施暴力行为时使用凶器等物；三是犯罪分子对被害人实施暴力或者以暴力相威胁时有危及被害人生命安全的企图且有所表现；四是犯罪分子对多名被害人实施暴力行为，且造成一定伤害后果。被告人庄某的行为不应视为“情节严重”。①

其二，是否仅限于侵犯财产罪的盗窃罪、诈骗罪和抢夺罪，是否包括用盗窃、诈骗、抢夺非法实施的其他犯罪。我国台湾地区判例认为，盗林亦属窃盗之一种，行为人盗伐森林时，因脱免逮捕而当场施以强暴，虽森林法无准强盗罪之规定，但应依普通刑法之准强盗罪处断。② 有学者认为，“盗窃广播电视设施、公用电信设施、电力设备的行为，……都不影响其在新《刑法》第 269 条规定的条件下可以转化为抢劫罪”；还有“集资诈骗罪、贷款诈骗罪、票据诈骗罪、金融票证诈骗罪、信用证诈骗罪、信用卡诈骗罪、有价证券诈骗罪、保险诈骗罪和合同诈骗罪……，这些特殊诈骗罪和普通诈骗罪一样，在具备新《刑法》第 269 条规定的法定条件的情况下，都可转化为抢劫罪”。③ 我国有学者认为，是指现行刑法分则第五章所规定的盗窃罪、诈骗罪和抢夺罪，而不是指一切以盗窃、诈骗、抢夺方法实施的违法犯罪。换言之，犯其他以盗窃、诈骗、抢夺方法实施的罪，例如，盗窃、抢夺枪支、弹药、爆炸物、危险物质罪、

---

① 参见张穹主编：《人民检察院检控案例定性指导》（第 2 卷），中国检察出版社 2002 年版，第201 ~204 页。此处援引的司法解释现已失效（引者注）。

② 参见林山田：《刑法特论》（上），台湾地区三民书局 1978 年版，第 270 页。

③ 参见肖中华：《论抢劫罪适用中的几个问题》，载《法律科学》1998 年第 5 期。

金融诈骗罪、合同诈骗罪、盗窃、抢夺国家机关公文、证件、印章罪、抢夺、窃取国有档案罪、盗伐林木罪等，为窝藏赃物、抗拒抓捕或者毁灭罪证而当场使用暴力或者以暴力相威胁的，不能适用现行《刑法》第 269 条的规定以抢劫罪论处。对此类案件的处理应视具体案情而定。例如，在盗伐林木过程中为抗拒抓捕或为护住所盗伐的林木而对林业监管人员实施暴力或暴力威胁的，则应视行为人暴力或者暴力威胁的具体情况分别以盗伐林木罪与妨害公务罪并罚（在尚未造成林业监管人员重伤或死亡的情况下），或者以盗伐林木罪与故意伤害罪、故意杀人罪并罚（在造成林业监管人员重伤、死亡的情况下）。[①] 有学者认为，不可一概而论，而应当根据不同的犯罪情况，分别处理：第一，以特定财物为对象犯其他罪，与盗窃罪、诈骗罪、抢夺罪发生想象竞合关系的，即符合想象竞合犯特征的，因为抗拒抓捕等而当场使用暴力或以暴力相威胁的，可以转化为抢劫罪。例如，盗窃正在使用中的通讯设备，数额较大的，同时触犯盗窃罪和破坏通讯设备罪，符合想象竞合犯的特征。1990 年 7 月 10 日最高人民法院、最高人民检察院《关于依法严惩盗窃通讯设备犯罪的规定》（现已失效——引者注）指出，盗窃通讯设备，价值数额不大或较大，同时危害公共安全的，以破坏通讯设备罪定罪处罚；盗窃通讯设备价值数额巨大，或者情节特别严重的，以盗窃罪从重处罚。该规定中的盗窃通讯设备两种情形均满足相关条件时均可转化为抢劫，只是决定最终罪名时，不能违背从一重罪定罪处罚的原则，即定其他罪比定抢劫罪处罚更重，则不应转化为抢劫罪。第二，以特定财物为对象犯其他罪，而该罪与盗窃罪、诈骗罪和抢夺罪存在法条竞合关系，一般表现为一般法与特别法的关系，前者的外延可以包容后者，行为人实施其他罪的一行为，必然同时触犯盗窃罪等罪名和其他特定盗窃罪等罪名。此种情形若转化为抢劫罪后处罚不比定特定盗窃等罪名重的，就不需转化。例如，《刑法》第 127 条规定的盗窃、抢夺枪支、弹药、爆炸物罪与第 264 条规定的盗窃罪、第 267 条规定的抢夺罪，存在法条竞合关系。行为人犯第 127 条之

① 参见赵秉志：《侵犯财产罪》，中国人民公安大学出版社 2003 年版，第 110 页。

罪，为抗拒抓捕等原因而当场使用暴力或以暴力相威胁，[①] 就不需转化，而是直接按照第 127 条的加重构成处罚。若转化为抢劫罪后处罚比定特定盗窃等罪名重的，则可以转化。例如，行为人在其进行信用卡诈骗活动时，为抗拒抓捕等原因而当场使用暴力或以暴力相威胁，转化为抢劫罪的处罚若重于信用卡诈骗罪，则应以抢劫罪论处。[②]

正如有学者指出的，从严格的罪刑法定主义的立场而言，我国《刑法》第 269 条规定的“犯盗窃、诈骗、抢夺罪”，自然只限于侵犯财产罪一章所规定的普通盗窃、诈骗、抢夺罪，因为其他特殊类型的盗窃、诈骗、抢夺既然刑法规定了单独的罪名和法定刑，就是有别于普通盗窃、诈骗、抢夺的犯罪，在刑法没有明文规定的条件下，认为实施这类行为也可能转化为抢劫罪，这同样是违反罪刑法定主义的。不过，应该看到，金融诈骗、合同诈骗、盗窃广播电视等设施、盗窃和抢夺军用物资，都是比普通盗窃、诈骗、抢夺有更大的社会危害性的行为，认为实施这类行为后采用暴力、胁迫手段等不可能转化为抢劫的，似乎不太合情理。况且，过去刑法未单独规定金融诈骗、合同诈骗转化为抢劫的情形，是因为这类诈骗犯罪都是包容在一个统一的诈骗罪中的，实施这类诈骗行为后，为抗拒抓捕等而当场使用暴力或以暴力相威胁，也构成转化型抢劫罪。现在由于刑法对这类诈骗单独规定了罪名，反而不能转化为抢劫了。这明显缺乏合理性。为了解决这一问题，有必要在相应条款中规定实施这类特殊的盗窃、诈骗、抢夺行为后，为窝藏赃物、抗拒抓捕或毁灭罪证而当场使用暴力或者以暴力相威胁的，适用有关抢劫的处罚规定，如在盗窃、抢夺军用物资罪的条文中，可以增列一款规定抢劫军用物资罪，另外再对盗窃、抢夺军用物资罪的转化型抢劫犯作明文规定，等等。[③]

其三，是否包含为实施盗窃、诈骗、抢夺财物而处在预备阶段。我国台湾地区学者认为，行为人施暴时，只要是窃盗或抢夺当场即

---

① 对此，存在以下意见：有学者认为，不能转化为抢劫罪；有学者认为，应当转化为抢劫罪；有学者认为，应转化为抢劫枪支、弹药、爆炸物罪。参见高铭暄主编：《刑法专论》（下编），高等教育出版社 2002 年版，第 737 页。

② 参见高铭暄主编：《刑法专论》（下编），高等教育出版社 2002 年版，第 737 页。

③ 参见刘明祥：《财产罪比较研究》，中国政法大学出版社 2001 年版，第 147 页。

为已足；至于施暴时窃盗或抢夺行为系既遂，抑或未遂，则非所问。[①] 我国大陆有学者认为，先行的盗窃、诈骗、抢夺行为必须达到既遂状态即非法占有财物之后，行为人又当场使用暴力或以暴力相威胁的，才符合适用《刑法》第269条的前提条件而可依据该条定抢劫罪；如果先行的盗窃、诈骗、抢夺行为未达到既遂状态即未能占有财物时，使用暴力或以暴力相威胁的，就不能适用第269条定罪。[②] 有学者认为，应不包括预备行为。该条所说的“窝藏赃物、抗拒抓捕或毁灭罪证而当场使用暴力或以暴力相威胁”，是指已经着手实施盗窃、诈骗、抢夺行为的当场，才具备向抢劫罪转化的其他条件。在犯罪预备阶段的上述抗拒抓捕行为，其手段行为构成什么罪按什么罪处理，但不构成抢劫罪。[③] 有学者认为，先行的盗窃、诈骗、抢夺行为不管是否达到既遂状态即无论是否已非法占有财物，只要行为人基于窝赃、拒捕、毁证的目的而当场实施暴力或以暴力相威胁，综合全部案情看又不属于“情节显著轻微危害不大”而达到犯罪程度的，就应当适用《刑法》第269条定抢劫罪，而不应定其他罪。[④] 有学者认为，对盗窃、诈骗、抢夺行为是否转化为抢劫罪的认定，犯罪形态和暴力行为是两个关键因素。不管盗窃、诈骗、抢夺处于什么样的犯罪形态，或者不管数额多大，只要没有暴力或者以暴力相威胁，只要行为人对抓捕人不实施足以危及身体健康或者生命安全的行为，或者不以将要实施这种行为相威胁，情节就不是严重，就不构成转化型抢劫。如果盗窃、诈骗、抢夺的财物数额巨大或者以国家珍贵文物、银行等为目标的，则可以相应地构成盗窃罪、诈骗罪、抢夺罪。据此，在分析转化型抢劫罪时，犯罪形态和暴力行为对其影响情况可作如下评判：（1）预备状态或者未遂状

---

① 参见林山田：《刑法特论》，（上），台湾地区三民书局1978年版，第274页。我国台湾地区学者还指出，连续之窃盗或抢夺行为均为既遂时，固成立连续强盗之既遂犯，惟若连续行窃或抢夺行为中有未遂之情况，则应依论以强盗罪所根据之窃盗或抢夺行为既遂或未遂而定连续强盗既遂或未遂，如行为人基于一贯之意思，先后两次连续行窃，自系窃盗之连续犯，唯两次之窃盗行为中，第一次为既遂，第二次于行窃未遂之际，意图脱免逮捕，当场施暴，则应以强盗论，而成立连续强盗未遂。相反地，若第一次行窃未遂，而第二次行窃既遂后为防护赃物而施暴，则应论以连续强盗既遂。

② 转引自赵秉志：《侵犯财产罪》，中国人民公安大学出版社2003年版，第114页。

③ 参见高铭暄：《刑法专论》（下编），高等教育出版社2002年版，第737~738页。

④ 参见赵秉志：《侵犯财产罪》，中国人民公安大学出版社2003年版，第114页。

态而暴力较轻的，可以不认为是犯罪；（2）预备状态或者未遂状态而暴力较重的，可以认为构成转化型抢劫；（3）既遂状态而暴力较轻的（如为了摆脱抓捕而本能地推推撞撞，而没有主动进攻的伤害行为），可以构成盗窃、诈骗、抢夺犯罪，而不构成转化型抢劫罪；（4）既遂状态而暴力较重的，构成转化型抢劫罪。①

【案例19】经审理查明：2000年10月12日深夜，被告人李某、蒋某二人经白天踩点，将开来的5吨卡车停放隐蔽在路边，翻围墙入某钢材公司露天仓库（堆场）内欲盗窃建筑中所用的螺纹钢。碰巧，该公司的值班职工张某巡视路过此处，正欲小解，走向李某、蒋某二人藏匿处。李某对蒋某低语："被他发现了就揍他！"张某发现他俩刚问了声："你们在这里干什么？"即被李某一拳击中面部。李某和蒋某又用拳头猛击张某面部、腹部，致使张某脾脏破裂。张某呼救，巡警赶来将李某、蒋某当场抓获。

在办理过程中，就本案被告人李某、蒋某行为的定性存在不同意见：其一认为只构成故意伤害罪，不构成盗窃罪。理由是，李某、蒋某主观上具有将国家财产非法占有的故意，客观上着手实施盗窃，但是盗窃未遂。盗窃犯罪属于结果犯，无盗窃数额不应认定犯罪。其二认为既构成故意伤害罪，又构成盗窃罪，应按数罪并罚的原则处罚。理由是，首先，被告人在客观上已着手实施盗窃行为，只是由于意志以外的原因而未得逞，因此，不应当否定二人所犯的盗窃罪。其次，二人的盗窃行为被值班职工发觉后，为防止罪行败露，殴打值班人员，进行故意伤害，使其身体严重受伤，构成故意伤害罪。其三认为构成抢劫罪。理由是，首先，二人在盗窃过程中，被某钢材公司值班人员张某发现时，二人确定"被他发现了就揍他"，随即对张某进行殴打，实施暴力的目的是为了实施盗窃犯罪后脱身逃跑。这种暴力行为，已使二人的行为发生了质的变化，由盗窃转化为抢劫。其次，从二人殴打张某的时间、地点来看，二人没有离

① 参见张穹：《人民检察院检控案例定性指导》（第2卷），中国检察出版社2002年版，第210~211页。

开当时盗窃的现场。再次，根据《刑法》第264条的规定，认定盗窃的主要依据是公私财物数额的大小，但其并不是唯一的根据，还应根据其盗窃的财物属性、作案手段、危害程度等情节全面综合分析。根据1997年11月4日最高人民法院《关于审理盗窃案件具体应用法律若干问题的解释》（现已失效——引者注）第1条第2款的规定，“盗窃未遂情节严重的，如以数额巨大的财物或者国家珍贵文物等为盗窃目标的，应当定罪处罚”，二人盗窃的是某钢材公司的钢材，显然不属于盗窃数额较小的财物。最后，李某、蒋某当场使用暴力已使盗窃罪转化为抢劫罪。若对二人以故意伤害罪定罪处罚，不仅与其盗窃国家公共财物的目的不符，而且也解释不清其为何要伤害张某的问题。因此，李某、蒋某的行为应依照刑法第269条规定的抢劫罪定罪量刑。①

> **【案例20】** 被告人魏某携带螺丝刀窜至某娱乐厅的后门，采用脚踢、肩撞等方法，将娱乐厅后门破坏，进入室内正欲行窃，被守店人发现，魏某惊惶失措之下想逃，但手被守店人死死拉住，于是魏某随手抄起身旁的板凳击打才得以逃脱，致使守店人受轻微伤。魏某在第一次传唤时，如实供述上述行为之外，并且还交代了自己犯的另一起盗窃罪（盗窃价值1400余元的摩托车）。

在办理过程中，就本案被告人魏某前行为的定性存在不同意见：其一认为构成抢劫罪（未遂），并不能以自首论处。理由是，被告人魏某具有非法占有公私财物的目的，实施了秘密窃取的行为，未能盗得财物是因其意志以外的因素，但其行为已构成盗窃罪（未遂）。魏某在行窃过程中被发现，为了抗拒守店人的抓捕，当场用板凳将守店人打伤。魏某的行为符合转化型抢劫的构成要件。根据《刑法》第67条第2款的规定，魏某所供述的是同一种罪行，不是其他罪行，故不能认定为自首。其二认为构成盗窃罪，并以自首论处。理由是，构成转化型抢劫罪的前提条件是行为人犯盗窃罪、诈骗罪、

① 参见张穹主编：《人民检察院检控案例定性指导》（第1卷），中国检察出版社2002年版，第153～155页。

抢夺罪。魏某虽有非法占有公私财物的目的，并已实施了秘密窃取的行为，但尚未盗得钱财，不构成盗窃罪，因而不能转化为抢劫罪。其三认为构成抢劫罪（未遂），并以自首论处。理由是，司法机关传唤魏某的罪由是抢劫罪（未遂），即盗窃转化型抢劫罪，魏某交代的是另一起盗窃罪，两项不是同一罪名，符合自首的条件。①

> **【案例 21】** 2001 年 4 月 1 日凌晨 4 时许，被告人任某携带一把仿真塑料手枪、一段铁链和一卷塑料细绳，翻墙进入一洗浴中心院内欲行盗窃。刚一跳入院内，即被保安人员发现，任某即掏出仿真塑料手枪进行反抗，被保安人员制服。

在办理过程中，就本案被告人任某行为的定性存在不同意见：其一认为构成抢劫罪。理由是，被告人任某实施盗窃行为，在被发现之后，为抗拒抓捕而当场使用仿真手枪进行反抗，符合《刑法》第 269 条的规定，应以抢劫罪追究刑事责任。其二认为不构成抢劫罪。理由是，被告人任某实施盗窃行为，刚刚跳墙入院，对具体的目标没有形成直接的威胁，也尚未接触任何财物，此阶段之行为是盗窃预备的状态，可以不认为是犯罪。任某在被发现后，用仿真手枪反抗，而被保安人员制服，未造成伤害，可以视为情节较轻，不构成抢劫罪。②

与上述问题相关的是，准抢劫罪本身的既遂与未遂的区分，日本刑法理论存在以下几种意见：其一认为，事后抢劫罪只有在盗窃既遂的场合才能成立，其既遂未遂的标准，应该根据盗窃犯人采用暴力、胁迫手段是否达到防止所窃财物被他人夺回的目的而定，如果财物未被他人夺回（目的已达到），那就是既遂；如果已被夺回（目的已达到），则是未遂。其二认为，以暴力、胁迫行为本身作为认定既遂未遂的标准，只要盗窃犯人基于刑法规定的三种目的而实施了暴力、胁迫行为，即使盗窃是未遂，事后抢劫罪也算是既遂；

① 参见张穹主编：《人民检察院检控案例定性指导》（第 2 卷），中国检察出版社 2002 年版，第185～186 页。

② 参见张穹主编：《人民检察院检控案例定性指导》（第 2 卷），中国检察出版社 2002 年版，第209～210 页。

只有着手实行暴力、胁迫而未遂者，才能视为事后抢劫未遂。其三认为，以盗窃行为是既遂还是未遂，作为认定事后抢劫罪既遂未遂的标准，即盗窃既遂事后抢劫既遂，盗窃未遂则事后抢劫也是未遂。其四认为，以最终是否取得财物作为事后抢劫罪既遂未遂的标准，即便是盗窃既遂，如果采用暴力、胁迫手段没有达到目的，财物还是被他人夺回，这仍然属于事后抢劫未遂；如果盗窃未遂，为免受逮捕、湮灭罪迹而实施暴力、胁迫行为，尽管达到了这样的目的，但由于没取得财物，自然只能算是事后抢劫未遂。[①] 我国刑法学界也存在以下意见：其一认为，事后抢劫罪既然要按《刑法》第263条所规定的一般抢劫罪定罪处罚，那么，其既遂未遂的标准也应该与一般抢劫罪相同。[②] 其二认为，适用1979年《刑法》第153条（即现行《刑法》第269条）的前提之一就是行为人已经盗窃、诈骗、抢夺到了财物，而该条所规定的事后抢劫罪既遂未遂的划分，也是以行为人是否取得财物为标准，因此，只要行为人实施了暴力或者以暴力相威胁，抢劫犯罪就是既遂，换言之，事后抢劫罪没有未遂。[③] 在笔者看来，事后抢劫罪与普通抢劫罪在本质上均是属于占有型侵犯财产罪，既遂未遂的标准应一致看待。按照我国的犯罪构成要件充足的既遂标准，日本学界的第四种意见妥当。而按照第一种意见，盗窃未遂就不能构成事后抢劫，则不符合客观事实；按照第二种意见，事后抢劫就不存在未遂，也与实际不吻合；按照第三种意见，盗窃既遂之后，如果当场被所有者发现，为防止财物被夺回使用暴力，但最终未能占有财物的，也应按照抢劫罪既遂论处，显然不太妥当。

① 转引自刘明祥：《财产罪比较研究》，中国政法大学出版社2001年版，第150页。
② 转引自刘明祥：《财产罪比较研究》，中国政法大学出版社2001年版，第150页。
③ 参见甘雨沛等主编：《犯罪与刑罚新论》，北京大学出版社1991年版，第655页。

【案例22[①]】经审理查明：被告人吕先光与林志刚、梁华（均在逃）事先合谋后，携带钳子、旋凿、木工凿子等作案工具，于1993年10月27日晚9时许，窜至江苏省无锡县前洲镇药巷村，撬窗潜入村民薛某某家中，实施盗窃，恰遇户主薛某某回家。吕先光即钻到三楼沙发后躲藏，林、梁两个乘隙逃跑。当薛某某在三楼将吕先光抓住，并在吕先光到当地派出所接受处理时，吕先光即掏出木工凿子对薛的头、颈部连戮数下，致薛轻微伤。吕先光跳楼而逃，后被群众抓获。

无锡县人民检察院以被告人吕先光犯抢劫罪向无锡县人民法院提起公诉。

无锡县人民法院认为：被告人吕先光伙同他人实施盗窃时，因被发现而使用暴力手段抗拒抓捕，造成他人轻微伤，其行为已构成抢劫罪（未遂）。吕先光归案后尚能坦白认罪，故可从轻判处。该院依照《刑法》[②] 第153条、第

① 参见最高人民法院中国应用法学研究所编：《人民法院案例选（刑事卷）》（上），中国法制出版社2000年版，第692～694页。本案在审理过程中，对被告人吕先光的行为的定性存在不同意见：其一认为，被告人吕先光的行为不构成犯罪。被告人吕先光实施盗窃分文未得，不属于“虽然未达数额较大”，而且抗拒抓捕时，虽使用暴力，但仅致一人轻微伤，不属“情节严重”，故被告人吕先光的行为不构成犯罪。其二认为，被告人吕先光行为构成抢劫罪，但属于犯罪未遂。理由是，被告人吕先光在实施盗窃之前，邀约了同伙人，准备了钳子、旋凿和木工凿子等作案工具，在实施盗窃行为过程中，为抗拒抓捕，拿出木工凿子对被害人的头、颈部边戮数下。从木工凿子的锋利程度及对的身体部位来分析，被告人当时采用的这种暴力是足以危及薛某某生命的，尽管两高批复中没有明确规定“情节严重”的范围，但是这种足以危及他人生命的暴力行为，应当认定为“情节严重”，而不能仅仅以造成轻微伤的结果来衡量这种暴力的严重与否。最高人民法院、最高人民检察院《关于如何适用刑法第153条的批复》中“虽未达到数额较大”，从字面上看似乎必须具备一定的数额，但是最高人民法院、最高人民检察院批复之所以对《刑法》第153条作了扩大解释，把原来的盗窃、诈骗、抢夺必须构成犯罪作为转化抢劫的前提，解释为“虽未达到数额较大”但当场使用暴力或以暴力相威胁情节严重作为转化的前提，就是为了严厉打击这类严重的违法犯罪行为，以利于维护社会治安。而且，“虽未达到数额较大”也并不排除实际未占有财物的情况。在司法实践中，盗窃、抢夺、诈骗、抢劫这类侵犯财产的犯罪，一般都是以是否占有财物认定既遂与未遂的。抢劫罪与盗窃、抢夺、诈骗等罪虽有不同之处，它既侵犯了财产权利，又侵犯了人身权利，但是只要不是刑法第150条第2款（1997年《刑法》——引者注）规定的因抢劫致人重伤、死亡的情况，就应当以财物是否到手作为区分既遂与未遂的标准。本案被告人的行为从盗窃转化为抢劫罪，没有致人重伤、死亡，又没有实际取得财物，应以抢劫罪未遂论处。

② 指1979年《刑法》。

150 条第 1 款、第 20 条的规定，于 1994 年 8 月 17 日作出判决，以抢劫罪（未遂）判处被告人吕先光有期徒刑三年。

宣判后，被告人吕先光表示服判，公诉机关也未抗诉，判决发生法律效力。

其四，是否仅限于盗窃、诈骗、抢夺的直接实行犯。非盗窃犯与盗窃犯进行意思联络后，为帮助盗窃犯达到不使财物被他人夺回、免受逮捕或湮灭罪证的目的，而对他人实施了暴力、胁迫行为，非盗窃犯与盗窃犯是否构成准抢劫罪的共犯？在日本，刑法理论界和实务界均存在分歧，主要有以下观点：第一种意见认为，事后抢劫罪是真正身份犯，并且从《日本刑法》第 65 条第 1 项的立法精神而言，真正身份犯中非身份犯者事实上也可能实行犯罪，该条中的“加功”就包含真正身份犯中的共同正犯，因此，不具有盗窃犯这种身份者，也能成为事后抢劫罪的共同正犯。第二种意见认为，事后抢劫罪是不真正身份犯，上述情形自然也能成立共犯，但按《日本刑法》第 65 条第 2 项的规定，应该依照暴行罪或胁迫罪的法定刑处罚（在致被害人伤害或死亡时，按伤害罪或伤害致死罪的法定刑处罚）。第三种意见认为，事后抢劫罪不是身份犯，但却是一种结合犯，非盗窃犯与盗窃犯之间可能构成承继的共同正犯。其中，认为构成承继的共同正犯，并且采取行为共同说的立场者认为，由于后行为者的行为引起伤害结果发生时，成立事后抢劫罪与伤害罪的共同正犯。① 我国司法实务部门在“王国清等抢劫、故意伤害、盗窃案”的“裁判理由”中认为，共同盗窃人若对当场实施暴力或暴力相威胁没有共同故意的，就不构成准抢劫罪的共同正犯；也就是说，凡是对盗窃具有共同故意并实施共同盗窃行为（包括实行行为和非实行行为）的人，只有对后续的当场实施的暴力或胁迫行为也有共同故意，才承担准抢劫罪的刑事责任，没有共同故意的人只承担共同盗窃的刑事责任。② 同理，在间接实行犯的场合，被利用者在实施盗窃、诈骗、抢夺后为窝藏赃物等又当场实施暴力或暴力威胁行为

① 转引自刘明祥：《财产罪比较研究》，中国政法大学出版社 2001 年版，第 152 ~ 153 页。

② 参见最高人民法院刑一庭、刑二庭编：《刑事审判参考》（第 3 卷，下），法律出版社 2002 年版，第 117 ~ 118 页。

的，利用者只有在对被利用者当场实施暴力或暴力威胁行为存在故意时，才承担准抢劫罪的刑事责任，否则只承担先行行为构成罪名（盗窃罪、抢夺罪、诈骗罪）的刑事责任。

【案例 23[①]】 1987 年 5 月的一天，吴某某、石某某、潘某某、张某某四被告人到县城赶场。吴某某见某商店里有人在收货款，便说："没有吃，没有穿，我们不如去抢钱"，石某某也说："要用钱只有当强盗，要搞就搞，死了也值得"，潘、张二人也表示同意去抢钱。此后，四被告人经常邀约一起到县城，窥测时机，企图抢钱。1987 年 6 月 16 日，四被告人又到县城赶场，见县工商银行副行长李某和职工罗某先后在县石油公司、百货商店、五金门市部等单位收货款，吴某某说："今天是两个男的在收款，你们敢不敢抢?"石、潘、张三人说敢抢，潘还对吴说："你去抢，抢得后就往巷里跑，我们在后跟着你，掩护你。"策划好后，四被告人到李、罗二人回银行的必经之路——猴家巷伺机行抢。当李、罗二人收款回单位行至巷口时，被告人吴某某走到罗某的身后，将其手上提的一个黑色公文包夺下后，向猴家巷内逃跑，其余被告人也跟着跑去。李、罗二人当即发觉并追喊："抓强盗"。被告人吴某某跑出不远被一工人拦住去路，并伸手抓吴，吴丢下钱包绕路而逃，包内有现金 9337.42 元全部追回。被告人吴某某伙同跟上来的被告人石某某、张某某逃至城外一面坡时，用泥块扔打追捕的群众。群众冲上去将吴某抓获，石、张逃脱，于次日清晨被公安机关抓获。潘某某也随之被抓获。

法院根据《刑法》第 153 条（1979 年刑法——引者注）之规定，以抢劫罪分别判处了吴某某、石某某、张某某，以抢夺罪判处了潘某某。

就本案被告人行为的定性存在不同意见：其一认为，四被告人

① 参见最高人民检察院《刑事犯罪案例丛书》编委会编：《刑事犯罪案例丛书（抢夺、敲诈勒索罪）》，中国检察出版社 1991 年版，第 108 ~ 109 页。

犯抢夺罪没有疑义，但其中吴、石、张三被告人用泥块扔打群众，使用暴力抗拒逮捕，应依照《刑法》第153条（1979年刑法——引者注）之规定，以抢劫罪处罚。其二认为，吴、石、张三被告人是在犯了抢夺罪之后离开作案现场而实施的暴力行为，也就是说他们并未当场使用暴力，所以不能按《刑法》第153条（1979年刑法——引者注）处理。由于抢夺的数额巨大，四被告人应按《刑法》第152条（1979年刑法——引者注）规定的抢夺罪处罚。

【案例24①】经审理声明：被告人邢刚与翟勇（未满16周岁，1992年、1993年两次因扒窃被罚款和收容审查）经过预谋，于1993年10月1日13时许，分别携带尖刀和镊子，窜到佳木斯市桥南菜市场伺机行窃。当见到被害人李洪岩在摊位上买鸡时，翟勇示意邢刚掩护，邢刚即站在李洪岩跟前佯装买鸡，翟勇用镊子从李的裤兜内窃得人民币160元后离去。当李发现裤兜内的钱被窃时，便将站在其身边的邢刚抓住，邢刚否认偷窃，但李仍抓住不放。邢刚见逃脱不掉，即掏出尖刀朝李的腹部、腿部各刺一刀，将李刺倒。此时，翟勇返回现场，对着李说："活该"，即和邢刚一起逃离现场。李洪岩因动脉被刺破导致大失血死亡。翟勇于当日被公安机关抓获，邢刚逃到其姨父、被告人邢德玉家。邢德玉得知邢刚犯罪后，将邢刚送往外地隐藏。在邢刚躲藏期间，邢德玉曾三次前去看望，并资助人民币500元。

佳木斯市中级人民法院不公开审理后认为：被告人邢刚、翟勇共谋盗窃，在盗窃作案中，邢刚为抗拒抓捕持刀将失主刺死，其行为已构成抢劫罪，情节特别严重，应予严惩。翟勇见邢刚与失主厮打时，急忙返回现场欲帮助邢刚，但此时邢刚已将失主刺倒，翟勇与邢刚有共同的故意和行为，应按抢劫罪共犯论处。被告人邢德玉在明知邢刚犯罪的情况下，将邢刚隐藏，并资助钱，其行为构成窝藏

① 参见最高人民法院中国法学应用研究所编：《人民法院案例选（刑事卷）》（上）（1992~1999年合订本），人民法院出版社2000年版，第695~698页。

罪，应予处罚。1994年5月31日作出判决：（1）被告人邢刚犯抢劫罪，判处死刑，剥夺政治权利终身；（2）被告人翟勇犯抢劫罪，判处有期徒刑三年；（3）被告人邢德玉犯窝藏罪，判处管制一年。

宣判后，三被告人均未提出上诉，人民检察院未抗诉。

黑龙江省高级人民法院在复核此案时认为：原判决对被告人翟勇的定罪判刑属于适用法律错误，并进行提审。该院认为，被告人翟勇在邢刚的掩护下实施扒窃，得逞后即逃离现场。在邢刚对失主实施暴力行为时，翟勇并未在场，没有对失主实施暴力或以暴力相威胁。翟勇的行为不符合《刑法》第153条（1979年《刑法》）的规定，不构成抢劫罪。翟勇犯罪时已满14周岁不满16周岁，且扒窃又未达到“数额较大”，不构成盗窃罪或惯窃罪。1994年7月8日作出判决：撤销原审判决中对被告人翟勇的定罪量刑部分，宣告翟勇无罪。

在审理过程中，就本案被告人翟勇行为的定性存在不同意见：其一认为，被告人翟勇的行为构成盗窃罪。理由是：（1）翟勇与邢刚共谋盗窃，盗窃的数额虽然没有达到“数额较大”的标准，但依照最高人民法院、最高人民检察院《关于办理盗窃案件具体应用法律若干问题的解释》（以下简称《解释》）的规定，个人盗窃公私错误虽未达到“数额较大”的起点标准，但多次扒窃作案的，也可追究其刑事责任。（2）翟勇与邢刚在共同盗窃过程中，邢刚实施的行为超出了二人的共同故意，只能由邢刚单独负责。其二认为，被告人翟勇的行为构成抢劫罪。理由是，翟勇与邢刚事前共谋行窃，又携带尖刀作案，说明两人既有共同盗窃的故意，又有共同抢劫的故意。翟勇见邢刚刺伤失主之后返回现场，指着倒地的失主说“活该”，更证明翟勇的内心是能够接受甚至是追求这种结果发生的，对邢刚实施的暴力行为持希望或放任的态度。翟勇与邢刚的利益是一致的，行为也是紧密联系的、不可分割的整体。邢刚实施暴力抗拒抓捕的行为应视为掩护翟勇扒窃行为的继续，既为了抗拒自己被抓获，也是为了抗拒翟勇被抓获。因此，两人的行为由盗窃转化为抢劫。其三认为，被告人翟勇的行为不构成犯罪。理由是：（1）翟勇与邢刚虽是共谋盗窃，但盗窃的数额不大，且犯罪时不满16周岁。依照《解释》的规定，“已满14周岁不满16周岁的人，犯惯窃罪或者盗窃数额巨大的，应当依照刑法第14条的规定，追究刑事责任，并应依法从轻或者减轻处罚”，“已满14周岁不满16周岁的人，盗窃数额较大的，依法不负刑事责任”。翟勇的行为不构成盗窃罪。前述第一种意见引用的《解释》的规定，只适用于已满16周岁的人。（2）翟勇与邢刚在实施盗窃前虽然随身携带了尖刀，但不能据此推定两人有盗窃与抢劫的双重故意，实际上两人的作案手段也只是扒窃。翟勇在邢刚的掩护下窃走现金后即离开现场，在邢刚刺伤失主的过程中，翟勇未返回现场帮助邢刚对失主实施暴力或以暴力相威胁。邢刚持刀刺伤失主的行为已超出两人共同盗窃的故意，翟勇不应对此负责。至于邢刚将失主刺倒后，翟勇返回现场指着失主说“活该”，只是事后对邢刚行为的评价，不能说明其事前对失主就有使用暴力的故意。

上述两案例中，前案被告人潘某某与其他三被告人不存在共同当场施加暴力或以暴力相威胁的行为，因此不承担准抢劫罪的刑事责任。后案中存在实行过限的问题。所谓“实行过限”，是指共同犯罪中的实行犯实施了超出共同犯罪故意的行为。此种实行犯可以是共同犯罪中的单独实行犯，也可以是共同犯罪中多个实行犯之中的某个人或某几个人。实行过限可以发生在共同实行犯之间，也可以发生在教唆犯与实行犯之间或者帮助犯与实行犯之间。按照我国通行的共同犯罪理论和主客观相统一的定罪处罚原则，行为人的某一行为超出了共同犯罪故意的范围，应当由实行过限行为的人对过限行为单独承担责任，其他共同犯罪人对过限行为不负责任。被告人翟勇不应对邢刚的实行过限行为承担刑事责任。

其五，是否仅限于负完全刑事责任的人实施的盗窃、诈骗或抢夺。在司法实务中，存在如下问题：已满14周岁不满16周岁的人实施盗窃、诈骗、抢夺后为窝藏赃物等当场实施暴力或以暴力相威胁，能否转化为抢劫罪。

【案例25[①]】2000年7月9日凌晨4时许，犯罪嫌疑人孟某（15岁）伙同万某（撤案处理）、肖某、马某（外逃）四人预谋后，窜至中卫县某公园，乘值班人员熟睡之机，潜入未上锁的鸽棚内，共窃取短嘴白凤鸽49只，黑色雨点信鸽2只，总价值共计14860元。当四人正在行窃时，被公园值班人员姜某发觉，孟某见状遂赶上去朝姜某的脸部打了几拳，致姜某口角流血、牙齿松动、眼部青肿。姜某抱头蹲倒后，犯罪嫌疑人孟某等四人乘机逃跑。

在审理过程中，就本案被告人孟某行为的定性存在不同意见：其一认为构成抢劫罪。理由是，1988年3月16日“最高人民法院、最高人民检察院”《关于如何适用刑法第153条的批复》规定：“在司法实践中，有的被告人实施盗窃、诈骗、抢夺行为，虽未达到数额较大，但为窝藏赃物、抗拒逮捕或者毁灭罪证，而当场使用暴力或者以暴力相威胁，情节严重的，可按照刑法第153（1979年《刑法》）条的规定，依照刑法第150条（1979年《刑法》）按抢劫罪处罚；如果使用暴力或者以暴力相威胁情节不严重，危害不大的，不认为是犯罪。”本案中孟某的行为完全符合转化型抢劫罪的构成特征。其二认为不构成抢劫罪。理由是，《刑法》第269条规定：“犯盗窃、诈骗、抢夺罪，为窝藏赃物、抗拒抓捕或者毁灭罪证而当场使用暴力或以暴力相威胁的，依照本法第263条的规定定罪处罚。”构成转化型抢劫罪必须是先行的盗窃、诈骗、抢夺行为构成盗窃罪、诈骗罪、抢夺罪。孟某在实施盗窃行为时不满16周岁，不符合盗窃罪的主体特征，因此，孟某的行为不构成盗窃罪，也不能转化为抢劫罪。

【案例[②]】经审理查明：1996年12月13日下午4时许，被告人王志刚窜到辽宁省大连市旅顺万忠墓附近，趁中国人民解放军第四八一0厂女工张丽推自行车上坡不备

① 参见张穹主编：《人民检察院检控案例定性指导》（第3卷），中国检察出版社2002年版，第201～202页。

② 参见最高人民法院中国应用法学研究所编：《人民法院案例选（刑事卷）》（上），中国法制出版社734～735页。

之机，抢走自行车前筐里手提包一个，内有人民币400元，移动电话一部，传呼机一个，共计价值人民币7232元。当部队战士对其追堵抓捕时，被告人王志刚手持锤子进行暴力抗拒，后被当场抓获。

大连市旅顺口区人民法院认为：被告人王志刚以非法占有为目的，抢夺他人财物，数额较大，在被追堵时又当场实施暴力抗拒抓捕，其行为已构成抢劫罪，应予处罚。被告人否认其实施暴力抗拒抓捕与实际情况不符，不予采纳。被告人犯罪时已满14岁不满18岁，系未成年人犯罪，依法应当从轻处罚。依照1979年《刑法》第153条、第150条第1款、第14条第1款和第3款的规定，于1997年3月19日作出刑事判决如下：被告人王志刚犯抢劫罪，判处有期徒刑四年。

宣判后，被告人没有提出上诉，公诉机关也没有提出抗诉。

【案例26①】2000年3月30日晚7时许，被告人夏某（已满14周岁不满16周岁）在五都镇中学校园内玩耍，趁该校项老师外出之机，用随身所带的电话卡将房间门插开，进入房间，盗得现金人民币370余元。当夏某准备逃离现场时被该校老师郑某、吴某等人发现，夏某谎称是项老师留在其房间背书，后经盘问露馅。为摆脱阻拦，逃离现场，便从项老师抽屉拿出菜刀进行威胁并砍伤阻拦其逃跑的吴某左手背（经法医鉴定为轻微伤甲级）。当晚夏某逃往县城，并将非法所得财物花掉。

在审理过程中，就本案被告人夏某行为的定性存在不同意见：其一认为，应以抢劫罪论处。理由是，夏某作案时虽然未满16周岁，不符合盗窃罪的主体要件，但根据“两高”1988年3月16日《关于如何适用刑法第153条的批复》的规定，转化前提不一定要构

① 参见张穹主编：《人民检察院检控案例定性指导》（第2卷），中国检察出版社2002年版，第206~208页。

成犯罪，具有盗窃违法行为即可转化为抢劫罪。夏某作案时不满16周岁，不影响转化抢劫罪的构成。其二认为，不构成抢劫罪。理由是，尽管1988年3月16日“两高”《关于如何适用刑法第153条的批复》对1979年《刑法》第153条作了有条件限制的扩大解释，将“盗窃未达到数额较大”和“盗窃未遂”规定为转化型抢劫罪的前提条件，但没有规定主体年龄未达到盗窃罪构成要件的盗窃行为可以转化为抢劫罪。

在没有正式的立法解释之前，如下观点值得参考：如果将《刑法》第269条限制为先行盗窃、诈骗、抢夺公私财物要构成犯罪，就会造成一系列矛盾：第一，会使犯罪主体、危害性质、危害程度基本相同的第269条与第263条在定罪标准上严重失调，影响刑法内部罪刑的协调；第二，把先行盗窃、诈骗、抢夺财物数额不大，但为拒捕、窝赃、毁证而当场实施伤害或杀害的案件认定为伤害罪或者杀人罪，不能真实反映这种案件本来的特点及其危害性；第三，如果上述情况下当场实施暴力未造成伤害的（指轻伤以上），或仅以暴力相威胁的，不论情节和危害程度多么严重也无法对其定罪处罚，更会明显地宽纵犯罪。[①] 最高人民法院刑事业务庭刊登的下述“裁判理由”对上述意见也持肯定的立场。

【案例27】经审理查明：2002年3月13日晚7时许，被告人姜金福在上海市浦东新区阳光三村崮山路西大门附近，乘被害人不备，抓住被害人孙焱的左手腕，抢夺得被害人孙焱手中的三星牌388型移动电话一部，价值人民币3777元。之后，姜金福乘出租车逃跑，被害人孙焱亦乘出租车紧追其后。至浦东新区张扬路、巨野路路口时，被告人姜金福下车继续逃跑，并用路旁的水泥块砸向协助抓捕的出租车驾驶员严安源头面部，致严安源头面部多处软组织挫伤，鼻骨骨折，经鉴定，该伤势属轻伤。

上海市长宁区人民法院认为：被告人姜金福以非法占有为目的，乘人不备，公然夺取他人财物，价值人民币

① 参见张穹主编：《人民检察院检控案例定性指导》（第3卷），中国检察出版社2002年版，第203～204页。

3000余元，数额较大；被告人姜金福在逃跑途中，为抗拒抓捕而实施暴力，将协助抓捕的人员砸成轻伤，其行为已构成抢劫罪，依法应予处罚。鉴于被告人姜金福犯罪时不满16周岁，系初犯，案发后认罪悔罪态度较好，故依法予以减轻处罚。依照刑事法相关规定，于2002年7月12日判决：被告人姜金福犯抢劫罪，判处有期徒刑一年六个月，并处罚金人民币500元。

一审宣判后，在法定期限内，被告人未上诉，公诉机关也未提出抗诉，判决已发生法律效力。

在审理过程中，就本案被告人姜金福行为的定性存在不同意见：其一认为，被告人姜金福不负刑事责任。理由是：《刑法》第269条规定："犯盗窃、诈骗、抢夺罪，为窝藏赃物、抗拒抓捕或者毁灭罪证而当场使用暴力或以暴力相威胁的，依照本法第263条的规定定罪处罚。"根据此条罪状的表述，构成转化型抢劫罪的前提必须是行为人的先行行为已构成抢夺罪。反之，如果行为人的先行行为不构成抢夺罪，就不能适用第269条。本案中姜金福实施抢夺行为时不满16周岁，根据《刑法》第17条第2款的规定，姜金福不构成抢夺罪，因此，不具备构成转化型抢劫罪的前提条件，不能适用《刑法》第269条的规定，以抢劫罪论处。同时，姜金福当场抗拒抓捕致伤严某的行为，由于仅造成他人轻伤的结果，同样根据《刑法》第17条第2款的规定，姜金对其伤害行为，也不负刑事责任。也就是说，将姜金福的行为分开来看，即其先行的抢夺行为依法不负刑事责任，其后续的伤害行为依法亦不负刑事责任。如果适用转化型抢劫罪的规定，就要负刑事责任，未免有失公正、合理。其二认为，被告人姜金福的行为已构成抢劫罪，应负刑事责任。理由是：本案姜金福抢夺他人财物，数额较大，符合抢夺罪的行为构成，已具备了适用《刑法》第269条规定的前提。其后，姜金福为抗拒抓捕又当场实施暴力，致人轻伤，因而具备了适用《刑法》第269条规定的全部要件，应以抢劫罪追究其刑事责任。如果姜金福是在不同时间或场合分别实施了抢夺他人财物数额较大的行为或者实施了暴力伤害他人致人轻伤的行为，那么，由于其未达到刑事责任年龄，对上述二个单独行为中的任何一个都不应负刑事责任。但本案情况却与前述情形截然不同。姜金福是在同一时间段和场合连续实施上述行为，已构成转化型抢劫犯罪，依法应追究其刑事责任。

最高人民法院刑事业务庭的“裁判理由”[①]认为，被告人姜金福在抢夺他人数额较大的财物后为抗拒抓捕而当场使用暴力致人轻伤，情节严重，符合《刑法》第269条的规定，构成转化型抢劫犯罪，尽管其年龄不满16周岁，但仍应对其以抢劫罪追究刑事责任。除前述理由外，再补充如下：

（1）《刑法》第17条第2款规定了已满14周岁不满16周岁的人应负刑事责任的范围。其表述是“犯……罪的，应当负刑事责任”，言外之意是犯其他罪的，不负刑事责任。国外刑法“罪（罪行）责（刑事责任）刑（刑罚）”的理论构造体系，是将行为人的年龄作为确定其罪行是否应当负刑事责任的依据，并非确定其行为是否构成某种犯罪的依据。照此理论，抛开年龄来看，被告人姜金福的先行行为即抢夺他人数额较大的财物是符合抢夺罪的行为构成的，只不过因其还未达到完全刑事责任年龄（不满16周岁）而不负刑事责任而已。由于我国传统刑法理论将刑事责任年龄也作为犯罪构成理论的一个要件加以论述，常常导致人们认为，没有达到刑事责任年龄的人所犯的罪行，就不是犯罪行为。这对正确理解《刑法》第269条转化型抢劫犯罪规定中所谓“犯盗窃、诈骗、抢夺罪”这一前提条件，显然是不妥的。《刑法》第269条转化型抢劫犯罪规定中所谓“犯盗窃、诈骗、抢夺罪”，主要是指犯有盗窃、诈骗、抢夺罪行，而并未明确要求行为人犯这些罪行时，必须同时达到完全刑事责任年龄才可。如果我们将本案中被告人姜金福的先行行为的性质仍看作是一个抢夺罪行的话（这一行为的性质不因其未达到刑事责任年龄而改变），那么，其当然就具备了适用转化型抢劫犯罪的前提条件。

（2）《刑法》第269条转化型抢劫罪规定中所谓“犯盗窃、诈骗、抢夺罪”，主要是指犯有盗窃、诈骗、抢夺罪行，也包括盗窃、诈骗、抢夺行为数额未达到较大，但为窝藏赃物、抗拒逮捕或者毁灭罪证而当场使用暴力或者以暴力相威胁，情节严重的情形。最高

① 参见最高人民法院刑一庭、刑二庭编：《刑事审判参考》（总第28辑），法律出版社2002年版，第49~52页。

人民法院、最高人民检察院于1988年3月16日曾作出关于《如何适用1979年刑法第153条的批复》。该《批复》明确规定，“司法实践中，有的被告人实施盗窃、诈骗、抢夺行为，虽未达到数额较大，但为窝藏赃物、抗拒逮捕或者毁灭罪证而当场使用暴力或者以暴力相威胁，情节严重的，可以按照刑法第153条的规定，依照刑法第150条抢劫罪处罚”。该《批复》的精神表明，构成转化型抢劫罪的前提一般来说是看行为人的先行行为是否已达到数额较大的程度，是否已构成盗窃、诈骗或抢夺罪，但在某些特殊情况下，还要看行为人当场使用暴力或者以暴力相威胁，是否属于情节严重。如果行为人实施了盗窃、诈骗、抢夺行为，且为窝藏赃物、抗拒逮捕或者毁灭罪证而当场使用暴力或者以暴力相威胁，情节严重的，就应当以转化型抢劫犯罪论处。1979年《刑法》第153条和1997年《刑法》第269条都是关于转化型抢劫罪的规定，且二者规定的内容是完全一致的，适用的前提和基础都没有任何变化。1997年3月25日最高人民法院《关于认真学习贯彻修订后刑法的通知》第5条提出，“对已明令废止的全国人大常委会有关决定和补充规定，最高人民法院原作出的有关司法解释不再适用。但是如果修订的刑法有关条文的实质内容没有变化的，人民法院在刑事审判工作中，在没有新的司法解释出台前，可参照原司法解释执行”。据此，可以说“两高”的上述《批复》对准确适用1997年《刑法》第269条仍然是有参考价值的。既然行为人（成年人和已满14周岁以上的未成年人）实施了盗窃、诈骗、抢夺行为，虽未达到数额较大，但为窝藏赃物、抗拒逮捕或者毁灭罪证而当场使用暴力或者以暴力相威胁，情节严重的，都可按转化型抢劫犯罪处理，而不满16周岁的人实施了抢夺行为，数额较大，已符合抢夺罪的行为构成，为窝藏赃物、抗拒逮捕或者毁灭罪证而当场使用暴力或者以暴力相威胁，情节严重的，就更应如此了。不满16周岁的人单犯抢夺罪虽依法不负刑事责任，但当其行为符合转化型抢劫罪构成时，则需对其抢劫罪承担刑事责任，不能因为行为人不满16周岁，对其抢夺罪不负刑事责任进而否认其不可以构成转化型抢劫犯罪，甚至得出其对转化型抢劫罪也不负刑事责任的结论。

（3）根据《刑法》第17条第2款规定，已满14周岁不满16周岁的人，犯抢劫罪的，应当负刑事责任。这里所说的“犯抢劫罪”，既包括《刑法》第 263 条规定的抢劫罪，也包括《刑法》第 269 条规定的转化型抢劫犯罪以及《刑法》第 267 条第 2 款规定的携带凶器抢夺的抢劫罪。把转化型抢劫犯罪和携带凶器抢夺的抢劫罪排除在外是没有任何法律根据的。无论是《刑法》第 263 条规定的抢劫罪，还是《刑法》第 269 条规定的转化型抢劫罪，都既侵犯了他人的人身权利，也侵犯了他人的财产权利。考虑到抢劫罪较之单纯侵犯他人财产权的抢夺罪具有更为严重的社会危害性，法律并不要求构成抢劫罪要具备“数额较大”的条件，且规定凡年满 14 周岁具有刑事责任能力的自然人都应当承担刑事责任。如果把《刑法》第 269 条规定的转化型抢劫罪的前提限制为先行盗窃、诈骗、抢夺行为要达到数额较大或者必须是对盗窃、诈骗、抢夺罪承担刑事责任的主体，就会造成以下一系列的不妥当之处：第一，会使犯罪主体、危害性质、危害程度基本相同的第 269 条与第 263 条在定罪标准上严重失调，影响刑法内部的罪刑协调、统一。第二，会造成对不满 16 周岁的人犯盗窃、诈骗、抢夺罪或先行盗窃、诈骗、抢夺财物数额不大，但为拒捕、窝赃、毁证而当场实施重伤或杀害的案件，只能认定为故意伤害罪或故意杀人罪。这样一来，显然不能真实地反映这类案件的本质特点。第三，如果在上述情况下当场实施暴力未造成伤害的（指轻伤以上），或仅以暴力相威胁的，不论情节和危害程度多么严重也无法对其定罪处罚，这无疑又会宽纵犯罪。

（4）从刑法的法定刑配置角度看，仅抢夺他人财物数额较大的，应处三年以下有期徒刑、拘役或者管制，并处或者单处罚金。仅故意伤害他人致人轻伤的，应处三年以下有期徒刑、拘役或者管制；致人重伤的，应处三年以上十年以下有期徒刑。从转化型抢劫罪来看，其起刑即为三到十年有期徒刑；抢劫致人重伤的，应适用十年以上有期徒刑、无期徒刑或者死刑，并处罚金或没收财产的法定刑幅度。可见，将抢夺后又当场实施暴力抗拒抓捕致人轻伤或重伤等行为，刑法规定以抢劫罪论处，而不是分别论罪并罚，体现了立法者对转化型抢劫从严评价的意图。因此，尽管将姜金福的行为分隔开来看，即其先行的抢夺行为依法不负刑事责任，其后续的伤害行为依法亦不负刑事责任，但如果将其行为作为连续的整体来看，就应对其适用转化型抢劫犯罪的规定，要负刑事责任。这并非有失公平、合理，恰恰正是体现了立法对转化型抢劫犯罪从严惩处的意图。

（二）准抢劫罪后行为目的内容不同

准抢劫罪属于目的犯，行为人在实施了盗窃等行为后实施暴力或胁迫行为时，必须出于特定目的。《德国刑法典》第252条“为了保持对所盗财物的占有”，《法国刑法典》第312－8条规定“为便于逃逸或保护正犯或使共犯免受追究”，《意大利刑法典》第628条规定“为确保自己或其他人占有被窃取的物品，或者为使自己或其他人不受处罚”，《日本刑法典》第238条规定“为防止财物的返还，或者为逃避或者隐灭罪迹”，我国台湾地区现行“刑法”第329条规定，“窃盗或抢夺，因防护赃物、脱免逮捕或湮灭罪证，而当场施以强暴胁迫者，构成准强盗罪”。《中华人民共和国刑法》第269条规定“为窝藏赃物、抗拒抓捕或者毁灭罪证”，等等。

如何理解上述的“窝藏赃物”和“毁灭罪证”呢？其一，“窝藏赃物”是指行为人意图把已拿到手的或者已置于自己控制之下的赃物保护住，不让被害人或其他人当场夺回去，而不是特指为了把赃物藏匿起来而实施暴力或以暴力相威胁。[①] 其二，“毁灭罪证”中“罪证”的外延。有学者认为，是指行为人为了逃避打击，而意图将实施盗窃、诈骗、抢夺的罪证（如伪造的证件）销毁。[②] 有学者认为，是指销毁和消灭其实施盗窃、诈骗、抢夺等犯罪行为的痕迹或者其他物证书证，以掩盖其罪行。[③] 实践中有案例涉及杀害被害人是否属于“毁灭罪证”。

【案例28[④]】1998年12月10日晚9时许，被告人王某趁被害人李某不在家之机，潜入李家，于书桌内窃得现金5000元。正欲走时，恰好李某开门进屋，王某遂用携带的匕首刺向李某胸部，致李某心脏破裂死亡。王某逃逸，10日后被抓获。

---

① 参见高铭暄主编：《刑法专论》（下编），高等教育出版社2002年版，第739页。

② 参见高铭暄主编：《刑法专论》（下编），高等教育出版社2002年版，第739页。

③ 参见赵秉志：《侵犯财产罪》，中国人民公安大学出版社2003年版，第122页。

④ 参见张穹主编：《人民检察院检控案例定性指导》（第1卷），中国检察出版社2002年版，第373～374页。

在审理过程中，就本案被告人王某行为的定性存在不同意见：其一认为，应定盗窃罪和故意杀人罪，实行数罪并罚。理由是，王某趁被害人李某不在家之机，潜入李家，秘密窃取现金5000元，非法占为已有，数额较大，其行为符合盗窃罪的特征。王某在盗窃得逞后，正欲走时，李某开门进屋，王某又用匕首刺向李某胸部，致使李某死亡。王某主观上具有杀人的故意，客观上造成李某死亡的结果，符合故意杀人罪的特征。其二认为，只构成故意杀人罪。理由是，王某虽然实施了盗窃和故意杀人的行为，但由于造成李某死亡的后果，按照重罪吸收轻罪的原则，盗窃罪被故意杀人罪吸收。其三认为，应定抢劫罪。理由是，王某的行为是一种转化型抢劫。王某在实施盗窃后使用暴力，不是为了窝藏赃物和抗拒抓捕，而是为了毁灭罪证。所谓毁灭罪证就是毁灭在现场遗留的犯罪证据。根据《刑事诉讼法》关于证据的分类，被害人陈述是证据的一种。若王某不杀害李某而夺路逃跑，其相貌特征就会被李某记住，从而会给破案提供线索。因此，王某盗窃后又杀人属于毁灭罪证。

笔者认为，上述被告人故意杀害被害人不属于“毁灭罪证”，“被害人陈述”是一种证据，但只有陈述之后才可能成为证据，被害人尚未陈述就被杀害，显然尚没有“证据”可供毁灭，其行为应以盗窃罪和故意杀人罪并罚。

总之，行为人在盗窃、诈骗、抢夺过程中或得逞后虽然实施了暴力或暴力威胁行为，但其目的不是为了窝赃、拒捕、毁证的，就不能适用《刑法》第269条的规定定罪，而应视情况直接定抢劫罪或者定其他罪。

【案例29①】 1986年9月16日下午，某粮店女营业员郑某乘公共汽车去银行送交当天的营业款。在车上，她发现某甲偷拿她提包中的公款，郑某抓住某甲偷钱的手并呼喊：“不许偷拿公款！”某甲见状一边恶言威胁，一边用力向外拽钱。郑某拼命护住提包，某甲竟疯狂地用拳头猛击郑某的头部，打破郑某的眼镜和脸部。后由于郑某拼命护包，某甲见难以得逞，在车到站时下车逃走。

① 转引自赵秉志：《侵犯财产罪》，中国人民公安大学出版社2003年版，第123页。

【案例30[①]】1998年7月某夜，22岁的女青年王某窜至某生活区，窃得人民币2000余元及国库券500余元。在回去的途中，当王某行至一小巷时，刘某从背后赶上，抱住王某将王某摔倒在地上，意欲强奸。王某遂拔出随身携带的水果刀刺瞎了刘某的左眼，后经法医鉴定为重伤。恰逢联防队经过，遂将两人带至派出所。刘某对强奸一事供认不讳，王某说："我认为他（指刘某）想抢我偷来的钱，就使用随身携带的水果刀刺了他的眼睛。"

在审理过程中，就本案被告人王某的刀刺行为的定性存在不同意见：其一认为，构成转化型抢劫罪。理由是，王某在实施盗窃犯罪后，在逃跑途中，为逃避抓捕而当场使用暴力，即使用刀子刺瞎了刘某的眼睛，其行为已构成转化型抢劫罪。王某的供述表明，在主观认识中，刘某的行为是抢劫行为，而不是其他的，比如强奸行为或抓捕行为，因此，王某在主观上不存在抗拒抓捕的意图。其二认为，构成正当防卫。理由是，王某之所以实施刀刺行为，是因为她的合法权益（尽管其主观上是保护赃款，谈不上保护财产权，但是客观上存在保护人身权利的必要）遭到了刘某的实在的不法侵害，王某为了保护自身的合法权益，作出了反击，且没明显超过必要限度。其三认为，构成偶然防卫。理由是，刘某实施的是强奸行为，但王某并没有认识到这一点，她发生了认识错误，但她的反击行为正好制止了刘某的不法侵害，完全符合偶然防卫的条件。偶然防卫的成立，要求防卫人不知他人正在实行不法侵害，而王某对刘某的加害行为产生了错误认识，即误把强奸行为当作是抢劫行为，但无论是哪种行为，客观上都是不法侵害行为，因此，王某并非对不法侵害行为不知。其四认为，构成故意伤害罪。理由是，王某在遭刘某的侵害时，并不知道刘某想强奸她，只以为刘某想抢她身上的赃款，她反击的目的是为了保护盗窃得来的非法利益，且明知其刀刺行为对刘某造成损害还仍希望这种结果发生，符合故意伤害罪的犯

① 参见张穹主编：《人民检察院检控案例定性指导》（第3卷），中国检察出版社2002年版，第175~177页。

罪主观方面，客观上实施了刀刺行为，因此应以《刑法》第234条规定的故意伤害罪论处。

【案例31①】 2000年11月14日凌晨2时，被告人袁某（34岁）携带作案工具窜至某公司盗得手机一部，价值1300元。逃离现场时，该公司门卫徐某（58岁）听到响声后立即追捕，袁某摔倒在地，徐某上前顺势将袁某按在地上，右手压在袁某的前胸，左手抓住袁某的右手，袁某便朝徐某的右手腕关节挠侧上方咬了一口（马上松口）。随后徐某的妻子赶到，两人一起将袁某押到附近某食杂店。这时，袁某表示不会走，并将身上手术伤口给徐某看。后某公司人员赶到，又将袁某押至该公司，并让袁某写下一份认罪书后放袁某回家。当日袁某到公安机关投案自首。经法医鉴定，徐某的伤情为丙级轻微伤。

在审理过程中，就本案被告人袁某行为的定性存在不同意见：其一认为，构成抢劫罪。理由是，被告人袁某以非法占有为目的，秘密窃取他人财物，数额较大，逃离现场时，被某公司门卫徐某发现而追捕。在抓捕过程中，袁某当场使用暴力咬伤徐某而抗拒抓捕，构成转化型抢劫罪。其二认为，构成盗窃罪。理由是，被告人袁某在主观上没有抗拒抓捕的故意。综观全案分析，首先，袁某咬伤徐某并非抗拒抓捕，而是被徐某按痛其伤口，出于人之本能咬伤徐某。在徐某将袁某按在地上时，徐某左手抓住袁某的右手，右手按在袁某的胸前，袁某肝部曾于1994年动过手术，1999年元月份伤口发炎作过引流，伤口较大，且袁某在某食杂店将伤口给徐某看过。在归案当天的供述中，袁某供述了咬伤徐某手的上述理由。因此，袁某主观上是避免徐某按痛其伤口，而没有抗拒抓捕的目的。其次，袁某的个子较大且年龄小于徐某，袁某只要反抗或采取其他更强的暴力，完全能达到其抗拒抓捕的目的，而袁某在咬伤其手后立即松口，且徐某松手后并没有逃跑，袁某被押至某食杂店时也表示不会走，

---

① 参见张穹主编：《人民检察院检控案例定性指导》（第2卷），中国检察出版社2002年版，第422～423页。

在当日即到公安机关投案自首。因此，袁某在主观上无抗拒抓捕的故意，只能以盗窃罪论处。其三认为，不构成犯罪。理由是，被告人袁某以非法占有为目的，秘密窃取他人手机一部后，在逃离现场时，被公司门卫徐某抓获，由于意志以外的原因而未得逞，是盗窃未遂。根据最高人民法院、最高人民检察院《关于办理盗窃案件具体应用法律若干问题的解释》的规定，盗窃未遂，未达到情节严重的，不应定罪处罚。袁某盗窃他人财物价值1300元，未达到数额巨大，也不是以巨额现款、国家珍贵文件或者贵重物品等为盗窃目标，且袁某主动向公安机关投案自首，有悔改表现，社会危害不大，不以犯罪论处。

上述案例29中，某甲在盗窃过程中被郑某发现并予以反抗，某甲实施暴力相威胁不是为了窝赃、拒捕和毁证，而是为了公然强行非法夺取公款，属于典型的抢劫罪。案例30中，王某的供述表明，在主观认识中，刘某的行为是抢劫行为，而不是其他的比如强奸行为或抓捕行为，因此，王某在主观上不存在抗拒抓捕的意图。案例31中，被告人袁某在主观上没有抗拒抓捕的故意。这些案例中的被告人后续实施的行为均不具有准抢劫罪的目的要件，因而也就不属于准抢劫罪。

（三）准抢劫罪后行为的种类不一

《德国刑法典》第252条规定“使用暴力或者使用带有对身体或者生命的现实的危险的威胁”，《法国刑法典》第312－8条规定“使用暴力”，《意大利刑法典》第628条规定“使用暴力或威胁”，《日本刑法典》第238条规定“实施暴行或者胁迫”，《中华人民共和国刑法》第269条规定“使用暴力或者以暴力相威胁”，《美国模范刑法典》第222－1条规定“给予他人重大身体伤害，或以即时给予重大身体伤害之意旨胁迫他人或蓄意以该意旨之恐怖感给予他人”，《加拿大刑事法典》第343条规定“伤害攻击或用任何人身攻击强迫”。值得注意的是，作为准抢劫罪手段的暴力、胁迫是否必须达到一定程度。我国台湾地区学者认为，行为人实施暴力胁迫行为之对象不以窃盗或抢夺之被害人为限，即使其施暴对象为被害人以外之第三人，如路见不平之追捕者，亦可成立本罪。并且，行为人只要当场施以暴力胁迫即为已足，不必如普通强盗罪之暴力胁迫行为，必须使他人至不能抗拒之程度。[①] 日本学者大多数人认为，准抢劫罪同普通抢劫罪有相同程度的危险性和反社会性，尽管暴力、胁迫与夺取财物的时间先后顺序有所不同，但罪质相同，因此，暴力、胁迫的程度也应相同；但是，也有学者认为，本罪大多是在已经取得财物时实施暴力、胁迫行为，往往采用比普通抢劫罪轻的暴力、胁迫手段，就能达到目的，因而，本罪的暴力、胁迫的程度可以轻于普通抢劫罪。[②] 在我国，有学者认为，事后抢劫中的“使用暴力或者以暴力相威胁”，是指犯罪分子对抓捕他的人实施足以危及身体健康或者生命安全的行为，或者以将要实施这种行为相威胁。暴力、威胁的程度，应当以抓捕人不敢或者不能抓捕为条件。如果没伤害的意图，只是为了摆脱抓捕而推推撞撞，可以不认为是使用暴力。[③] 有学者认为，准抢劫罪的暴力是指对被害人或其他人的身体实施强力打击，如殴打、伤害等容易在紧迫情况下当场实施的行为。暴力的限度应和普通抢劫罪一样来理解。[④]

（四）准抢劫罪后行为实施的时空条件不同

《德国刑法典》第 252 条规定“在盗窃时被当场发现”，《法国刑法典》第 312－8 条规定“进行勒索之后”，《意大利刑法典》第 628 条规定“在窃取物品后立即”，《日本刑法典》第 238 条规定“在窃取财物后”，《中华人民共和国刑法》第 269 条规定“当场”，《美国模范刑法典》第 222－1 条规定“实行后逃走之际”，《加拿大刑事法典》第 343 条规定“在盗窃后”。一般来说，为了把某种行为评价为事后抢劫罪，盗窃行为与暴力、胁迫之间必须具有紧密联系。两者之间的联系通常是由实施两种行为的场所、空间距离的远近所决定的。在司法实践中，有时往往很难认定。韩国等国刑法对此没有作明文规定，只能由判例和学说来作解释。日本判例和学说解释为要求暴力、胁迫行为是在“盗窃的现场或盗窃现场延长的场所”，或者“盗窃的机会还在继续中”实施的。所谓盗窃的机会，日本的

---

① 参见林山田：《刑法特论》（上），台湾地区三民书局 1978 年版，第 274 页。

② 转引自刘明祥：《财产罪比较研究》，中国政法大学出版社 2001 年版，第 149 页。

③ 参见马克昌等主编：《刑法学全书》，上海科学技术文献出版社 1993 年版，第 345 页。

④ 参见高铭暄主编：《刑法专论》（下编），高等教育出版社 2002 年版，第 738 页；赵秉志：《侵犯财产罪》，中国人民公安大学出版社 2003 年版，第 115 页。

通说认为，是指盗窃的现场以及或场所与盗窃行为相连接，但即使在时间与场所上有一定距离，如果仍处于追赶犯人的过程中，则认为是盗窃现场的延伸，视为在盗窃的机会中（机会延长理论）。之所以要求暴力、胁迫与盗窃行为之间具有紧密联系，是因为事后抢劫罪与普通抢劫罪属于同一性质的犯罪，必须能够将行为人实施的暴力、胁迫评价为夺取财物的手段，而要做到这一点，就要求暴力、胁迫是在盗窃行为之后，或者放弃盗窃犯意后很短时间内实施的，使行为在社会观念上（不是在刑法上）认为盗窃行为还没有终了。也只有在这种状态中实施暴力、胁迫行为，则不成为事后抢劫。具体地说，在判断是否处于盗窃的机会中时，要综合考虑暴力、胁迫与盗窃行为之间在时间、场所上的连接性、事实上的关联性等多种因素。①

在我国，对“当场”的理解，刑法理论和司法实践中有几种不同观点：其一认为，“当场”就是实施盗窃、诈骗、抢夺犯罪的现场。② 其二认为，“当场”是指与窝藏赃物、抗拒抓捕、毁灭罪证有关的地方。从时间上看，可以是盗窃等行为实施时或刚实施完不久，也可以是数天后；从地点上看，可以是盗窃等的犯罪现场，也可以是离开盗窃等犯罪现场的途中，还可以是行为人的住所等地。③ 其三认为，“当场”，一是指实施盗窃等犯罪的现场；二是指以犯罪现场为中心与犯罪分子活动有关的一定空间范围，都属于“当场”。如盗窃存折、支票，当场的范围应从盗窃的时间、场所扩大到兑换货币或提取货物的时间和场所。④ 其四认为，“当场”是指实施盗窃、诈骗、抢夺罪的现场，或者刚一逃离现场即被人发现和追捕的过程中，可以视为现场的延伸。⑤ 第四种观点是通说。我国台湾地区学者也持类似观点，即“所谓当场系指犯罪现场而言，行为人虽已离开窃盗或抢夺之现场，但仍在他人跟踪追蹑中，也即尚未脱离追捕者之视

---

① 转引刘明祥：《财产罪比较研究》，中国政法大学出版社2001年版，第147~148页。

② 转引自赵秉志主编：《侵犯财产罪疑难问题司法对策》，吉林人民出版社2000年版，第98页。

③ 转引自赵秉志：《侵犯财产罪》，中国人民公安大学出版社2003年版，第118页。

④ 转引自赵秉志主编：《侵犯财产罪研究》，中国法制出版社1998年版，第129页。

⑤ 参见高铭暄主编：《新编中国刑法学》（下册），中国人民大学出版社1998年版，第768页。

线以前，在解释上，仍旧认为是当场，故行为人业已离开犯罪现场，或已脱离追捕者之视线之后，始被失主或追捕者撞遇，而施以强暴胁迫，甚而杀害失主或追捕者，均不构成本罪”。① 其中，“被追捕中”，是指行为人刚离开现场，立即被被害人、民警或其他人追捕，行为人基本上始终处于追捕人耳目所及的注视之下的场合，无论追逐多长距离之后，行为人为抗拒抓捕当场实施暴力或以暴力相威胁，都应以抢劫罪论处。即使行为人在被抓捕过程中乘机藏匿于一隐蔽处或者混入人群，暂时脱离了追捕人的视线，但是，追捕人立即进行搜索，并发现行为人，行为人为抗拒抓捕而当场实施暴力或以暴力相威胁的，仍应以抢劫罪论处。只有行为人在被追捕中藏匿或者拦截汽车迅速逃跑，追捕人无法发现行为人，不得不停止追捕行动，在事后（包括在通缉过程中）被其他人发现进行抓捕，或者又因涉嫌其他违法犯罪事实而被抓捕，其当场实施暴力或以暴力相威胁的，对原来所犯盗窃、诈骗、抢夺罪，不能以抢劫罪论处。②

【案例32③】1986年10月26日中午，某甲化装为警察混入某文工团行窃，正在行窃时被该单位几位演员先后发觉并呼喊捉拿。某甲仓惶逃离作案房间并继而逃出该单位院子，几位演员紧追不舍，某甲被追入附近一工地，见无路可逃，遂抓起一把铁锤挥舞拒捕，后被一演员从身后抱住而予抓获。

【案例33④】1993年10月某日深夜，某乙携短铁管及麻袋，潜入距市区十余里的郊区农民某丙家，盗窃猪仔一头，尔后逃回市区，不料遇到正在执勤的人员某丁等人。某丁等对其盘问，某乙做贼心虚，竟丢下猪仔就跑。某丁立即追赶。当追上捉拿时，某乙拿出身藏的铁管向某丁乱

① 参见林山田：《刑法特论》（上），台湾地区三民书局1978年版，第271～272页。

② 参见高铭暄主编：《刑法专论》（下编），高等教育出版社2002年版，第738～739页。

③ 转引自赵秉志：《侵犯财产罪》，中国人民公安大学出版社2003年版，第117页。

④ 转引自赵秉志：《侵犯财产罪》，中国人民公安大学出版社2003年版，第118页。

打，致某丁多处受伤。其他执勤人员赶来才把某乙抓获。法院依据1979年《刑法》第153条，以抢劫罪判处某乙有期徒刑四年。

上述案例32中，某甲虽已逃离先行盗窃的现场，但一直处于被追捕状态，应视为“当场”。案例33中，某乙在郊区盗窃时被发觉和追捕后，在其潜回市区、遇盘问之时才逃跑并使用暴力，就不能认定为“当场使用暴力”。

实践中还面临的一个问题是，转化型抢劫是否适用《刑法》第263条的8种加重情节的法定刑。针对转化型抢劫罪的法定刑，《刑法》第269条规定：“依照第263条的规定处刑。”相对于1979年《刑法》而言，《刑法》第263条将旧《刑法》第152条第2款规定的“情节严重的或者致人重伤、死亡的”作了具体化的修订，共列举了8种法定情形。司法实践中，转化型准抢劫案件中往往存在类似的情形，例如，行为人入户盗窃，被失主在院内发现，行为人被追赶至院外时对失主实施了暴力行为，行为人是否适用“入户抢劫”的法定刑档次；行为人携带枪支进入仓库盗窃，被保管员发现时立即掏出枪支进行威吓，行为人是否适用“持枪抢劫”的法定刑档次；行为人在公共交通工具上扒窃，被乘务员发现时对失主进行捆绑，行为人是否适用“在公共交通工具上抢劫”的法定刑档次，等等。从最高人民法院发布的有关文件来看，转化型准抢劫罪中的前行为（盗窃、诈骗、抢夺）极有可能在具备转化为抢劫罪的条件的同时又具有《刑法》第263条第二档法定刑列举的8种情形中的特定地点（户、公共交通工具）、对象（银行或者其他金融机构、军用物资或者抢险、救灾、救济物资）、方式（持枪、冒充军警人员）、结果（致人重伤、死亡、多次或者数额巨大）等情形。例如，1999年10月27日最高人民法院《全国法院维护农村稳定刑事审判工作座谈会纪要》指出，1998年3月17日最高人民法院《关于审理盗窃案件具体应用法律若干问题的解释》第4条中的“入户盗窃”的“户”，是指家庭及其成员与外界相对隔离的生活场所，包括封闭的院落、为家庭生活租用的房屋、牧民的帐篷以及渔民作为家庭生活场所的渔船等。集生活、经营于一体的处所，在经营时间内一般不视为“户”。同时，2000年11月17日最高人民法院《关于审理抢劫案件具体应用法律若干问题的解释》第1条规定:“入户抢劫”是指为实施抢劫行为而进入他人生活的与外界相对隔离的住所,包括封闭的院落、牧民的帐蓬、渔民作为家庭生活场所的渔船、为生活租用的房屋等进行抢劫的行为。从两个文件对“入户”的解释来看,“户”应理解为居民住宅,不包括其他场所,如单位的办公楼、学校、公共娱乐场所等,否则有悖于立法原意;“入户”,不能仅理解为进入住宅房间或者室内,对于盗窃或抢劫独门独院居民住宅的,只要行为人进入了住宅院内,也应视为入户盗窃或抢劫。因此,“入户盗窃”有可能转化为准抢劫罪的“入户抢劫”。针对上述情形是否适用《刑法》第263条抢劫罪的第2档法定刑,司法解释尚未作出明确的解释。笔者认为,应严格根据准抢劫罪的构成要件以及立法者将其作为加重情节的理由来加以认定。转化型抢劫罪是否适用《刑法》第263条的第二档法定刑,除了考虑前行为(盗窃、诈骗、抢夺)是否符合转化的前提条件的同时,还必须考虑准抢劫罪是否具备第263条所列举的8种加重情节,也就是说,只有两者同时具备,才能够分别适用。在此附带指出,行为人携带凶器抢夺(即行为人随身携带枪支、爆炸物、管制刀具等国家禁止个人携带的器械进行抢夺或者为了实施犯罪而携带其他器械进行抢夺的行为)的,同时又实施了准抢劫罪中的暴力或以暴力相威胁行为的,不再适用《刑法》第267条第2款,应适用《刑法》第269条准抢劫罪处理。其中,行为人携带的凶器为枪支的,应适用“持枪抢劫”的法定刑。

六、“携带凶器抢夺”

《刑法》第267条第2款规定:“携带凶器抢夺,依照本法第263条的规定定罪处罚。”这是1997年《刑法》增设的规定。此前的司法实践中也处理过类似的案件。

【案例33①】 经审理查明:张某某与孙某某在劳动教养期间结识后,多次密商要作“大案”。1981年6月,张、孙先后解除劳动教养。同月,张与谢某某图谋行抢。谢说:

① 参见最高人民检察院《刑事犯罪案例丛书》编委会编:《刑事犯罪案例丛书(抢夺、敲诈勒索罪)》,中国检察出版社1991年版,第117~118页。

“我有个路子，就是没有干。”张说：“我有人，就是没有路子。”谢当即向张提供他们工厂在每月13日向银行提取工资现款的情况，并说：“两万元，只有两个女的支取钱，干这个钱比较稳。”张说：“成，我带孙某某去。”张把上述情况告诉孙，孙说：“干！”后谢某某两次给张某某指认该厂每月提取工资的财会人员，并答应寻找犯罪工具——火枪。之后，张、谢商定了作案时间、地点、方式、方法以及逃跑的工具和路线，并且决定了赃款的具体分配：谢分4千元，其余的由张、孙二人分。张把上述犯罪计划告诉孙时，孙提出：“要用刀扎，从前面抢。”张却说：“从前面不好抢，就从后面抢，趁她们不注意，抢了就跑，如果有人追来，再用刀扎。”孙表示同意。后来，三人再次见面时，谢对孙说：“这回就看你们同意。”后来三人再次见面时，谢对孙说：“这回就看你们俩的了。”孙表示敢去。7月13日清晨6时，孙某某改变了主意，帮别人盖房子去了。张找他两次未遇，于是独自一人，身藏刮刀，赶到预定的作案地点。当看到女财会人员三人从银行提款走来，张便突然从三人后面将装有13001元提包从其中一人手中拽走，骑上预先放在胡同口的自行车就跑。失主叫喊：“快追抢钱的！”过路人吴某拽住，张跑掉。作案后，谢、张多次碰头，谢觉得提包是罪证，怕日后被查出，便提出由他将提包销毁。后来，孙找到张，张说：“你坑了我，抢这个钱的只有我，你别惹事，没钱先借，等风声过后给你1000元。”本案破获后，获取赃款12445元，其余的被谢、张二人挥霍。

法院以抢夺罪对三被告人作了有罪判决。

在审理过程中，就本案被告人张某某等人行为的定性存在不同意见：其一认为，被告人张某某等三人的行为是抢夺罪。理由是：张某某等在预谋抢款时，即作了“抢劫”，又作了“抢夺”的两手准备。可是，张某某在实施犯罪时，却只用了其中“抢夺”的一手，在犯罪过程中没有使用任何暴力或胁迫的情节。因此，本案应定抢夺罪。其二认为，被告人张某某等三人的行为是抢劫罪。理由是：

张某某伙同谢某某、孙某某，多次共同策划抢劫，并准备凶器，商定作案的时间、地点、方式、方法以及逃跑的工具和路线。作案时，张在繁华的市区，于光天化日之下，携带凶器，抢劫数额巨大的公款，应以抢劫罪论处。

《刑法》第267条第2款的规定引起了实务界和理论界的异议。例如，有学者认为，“由于该条存在的问题和不足，直接导致了对该条理解上的偏差和司法实务上的困难，在司法实践中出现对这类案件定性失准和量刑失当，因此有必要取消刑法第267条第2款，或者修正为‘为了实施犯罪而持械进行抢夺的从重处罚’”。[①] 有学者认为，字面意义上的解释和限制性解释都有难以避免的缺陷。行为人携带凶器抢夺，只要没有利用凶器来实施暴力或胁迫，就与一般的抢夺没有性质上的差别，不可能转化为抢劫；如果加以利用（包括向他人显示凶器）的，则是典型的抢劫罪，应直接适用《刑法》第263条的规定定罪处罚。因此，我国《刑法》第267条第2款的规定缺乏科学性，应该废除。[②]

（一）“携带凶器抢夺”的含义

首先，“凶器”的含义。《现代汉语词典》将“凶器”解释为“行凶时所用的器具”，而“行凶”是“打人或杀人”。因此，没有“行凶”的事实，就不可能有“凶器”的存在。学界有学者认为，凶器是指专门用于行凶用的器械。有学者认为，凶器是指对人的生命与身体具有高度危险的工具。有学者认为，凶器主要有两大类：一是具有杀伤力，甚至是专为杀、伤人而制造，并被列入国家管制的枪支、匕首、弹簧刀、三棱刮刀等器具；二是一般用于日常生活或生产，又可被用于杀、伤人而未被列入国家管制的器具，如菜刀、

① 参见张定全、余常荣：《刑法第267条的立法不足及完善》，载《当代法官》2002年第4期。

② 参见刘明祥：《财产罪比较研究》，中国政法大学出版社2001年版，第138页。

斧子、水果刀，等等。[1] 其次，“携带凶器抢夺”的含义。[2]《现代汉语词典》将“携带”解释为“随身带着”，即以人的身体为载体而带着。“携带”存在两种表现形式：一是带而不示，如放在衣服口袋里；二是带而示之，如拿在手里。有学者认为，只要发现行为人在抢夺时随身携带凶器，不问其是否使用或出示，都构成对他人的人身的威胁，因此，应以抢劫罪论处。如果其实际使用或者出示了凶器，则应直接定抢劫罪，而不必转化。[3] 有学者认为，作限制性的解释，携带凶器抢夺构成抢劫罪，至少要求行为人显示出凶器，如果行为人携带凶器抢夺没有显示凶器，则不能构成抢劫罪。[4] 有学者认为，行为人虽然携带凶器，但在抢夺时没有使用、显露、暗示自己携带凶器，也没有对被害人产生精神强制，所以不能转化为抢劫。[5]

为了统一司法实践，2000年11月7日最高人民法院《关于审理抢劫案件应用法律若干问题的解释》第6条规定：“携带凶器抢夺”，是指行为人随身携带枪支、爆炸物、管制刀具等国家禁止个人携带的器具进行抢夺或者为了实施犯罪而携带其他器械进行抢夺的行为。[6] 此种解释显然不同于最高人民法院对1983年全国人大常委会《关于严惩严重危害社会治安的犯罪分子的决定》的“携带凶器进行流氓活动，情节严重”的解释“携带并使用凶器”。此外，该解

① 参见高铭暄主编：《刑法专论》（下编），高等教育出版社2002年版，第732页。

② 我国台湾地区学者在论及“携带凶器而行窃”时指出，所谓凶器系指对人之生命与身体具有高度危险之工具，如刀、枪、炮、弹等，故如行为人行窃时所携之器，并非凶器，则自无本罪之适用。行为人只要行窃时携带凶器即为已足，至于有无使用，则非所问。若使用凶器，使被害人不能抗拒而取其财物，则为普通强盗罪。又行为人携带凶器杀人之后，临时起意行窃，当时纵然携带凶器，但为杀人所用之手段与窃盗行为无关，故不适用本款之加重构成要件。参见林山田：《刑法特论》（上），台湾地区三民书局1978年版，第239～240页。

③ 参见何秉松主编：《刑法教科书》（下卷），中国法制出版社2000年版，第916页；赵秉志：《侵犯财产罪》，中国人民公安大学出版社2003年版，第127页。

④ 参见高铭暄、马克昌主编：《刑法学》（下编），中国法制出版社1999年版，第896页。

⑤ 参见王辉：《张某的行为是否构成抢劫罪》，载《人民法院报》2000年11月27日。

⑥ 《“两抢”意见》指出，行为人随身携带国家禁止个人携带的器械以外的其他器械抢夺，但有证据证明该器械确实不是为了实施犯罪准备的，不以抢劫罪定罪；行为人将随身携带凶器有意加以显示、能为被害人察觉到的，直接适用《刑法》第263条的规定定罪处罚；行为人携带凶器抢夺后，在逃跑过程中为窝藏赃物、抗拒抓捕或者毁灭罪证而当场使用暴力或者以暴力相威胁的，适用《刑法》第267条第2款的规定定罪处罚。

释仍存在下列问题值得明确：（1）“为了实施犯罪”的限定。这意味着行为人为了防身等非犯罪的目的而随身携带有上述器械，后来基于突发故意实施抢夺的，不能以《刑法》第 267 条第 2 款的抢劫罪论处，而仍应以抢夺罪论处。凡是难以确证行为人携带上述器械是否为了实施犯罪的，就应当按照疑罪从宽的原则，以抢夺罪论处。（2）“为了实施犯罪”的内涵。有学者认为，主要应指行为人在事先抱着能抢（夺）则抢（夺）、能（抢）劫则（抢）劫的“两可”心态，准备了相应的犯罪工具，随身携带诸如菜刀、斧头等器械伺机作案，后来因为作案环境适宜、被害人未敢反抗、抢夺未遇有效阻止等客观原因，所携带的上述器械才未派上用场。行为人为了实施诸如强奸、聚众斗殴等其他犯罪随身携带有上述器械，并突生抢夺故意的，不宜适用第 267 条第 2 款的规定。[①]（3）“其他器械”的外延。有学者认为，仅是指那些在通常情况下能瞬间致人伤害（轻伤以上）、死亡，具有较大实际杀伤力和威慑力的器械。[②] 上述学者的意见在司法解释未进一步予以明确之前值得参考。

【案例 34】 2001 年 11 月 3 日上午，被告人喻某窜至某通讯门市，以买手机为名，从该门市老板沈某处拿得一台摩托罗拉 V998 手机，然后佯装试机。当沈某去给他人拿传呼机时，喻某趁其不备，拔腿便跑。沈某发现后立即追了上去。在群众的协助下，喻某被抓获并送至当地派出所。此后，公安人员从其裤包内搜出携带的折叠刀一把。喻某供称，携带折叠刀最初目的是为了万一逃不掉时防身。基于喻某携带有凶器进行抢夺，检察院以抢劫罪提起公诉。

在审理过程中，就本案被告人喻某行为的定性存在不同意见：其一认为，应定抢劫罪。理由是：（1）被告人喻某的行为符合《刑法》第 267 条第 2 款和《抢劫罪解释》第 6 条的规定；（2）由于现实社会中，“携带凶器抢夺”的犯罪行为不断增多，给社会造成的危害也越来越大，所以有必要从立法上加大对这类犯罪的打击力度。

① 参见赵秉志：《侵犯财产罪》，中国人民公安大学出版社 2003 年版，第 125 页。

② 参见赵秉志：《侵犯财产罪》，中国人民公安大学出版社 2003 年版，第 127 页。

其二认为，应定抢夺罪。理由是：（1）被告人喻某的行为从犯罪构成来看完全符合抢夺罪的特征；（2）喻某虽然“携带凶器”，但因并未出示而未对受害人构成威胁，受害人也根本没有感知到潜在的威胁存在，不具备抢劫的暴力、胁迫的客观特征。

上述不同意见的分歧在于，携带的“凶器”是否需要显露。前者认为无需显露，只要为了犯罪而携带了“器械”就应以抢劫罪论处；后者认为必须显露，并给被害人造成现实的威胁，方可按抢劫罪定罪处刑。① 显然，前种意见“合法”，即符合立法原意，可能不“合理”；后种意见不“合法”但“合理”。另需指出的是，根据相关司法解释的规定，军警人员等依法配备枪支、弹药的人员在非执行合法任务期间擅自随身携带枪支、弹药进行抢夺，或者在执行合法任务、依法随身携带枪支、弹药期间实施抢夺的，均应按抢劫罪论处。

（二）“携带凶器抢夺”是否构成准抢劫罪

在实践中会出现如下情形：行为人携带凶器抢夺，为窝藏赃物等原因当场使用暴力（利用携带的凶器）或以暴力相威胁（使用携带的凶器进行威胁）。此种情形如何适用《刑法》第267条第2款与《刑法》第269条？有学者认为，从字面含义上理解，只要行为人实施抢夺行为时携带有可以用于行凶的物品，就属于“携带凶器抢夺”的准抢劫罪。② 有学者认为，《刑法》第269条规定的抢夺转抢劫，其条件是犯罪嫌疑人先构成抢夺罪，要求数额达到抢夺罪的标准，然后由于其为了窝赃、拒捕或毁灭罪证而当场使用暴力或者以暴力相威胁（当然也包括使用“凶器”施暴）的情况下才转化为抢劫罪。反之，如果未构成抢夺罪（如金额未达到定罪起点），或者不是为了窝赃、拒捕或毁灭罪证，或者未当场使用暴力或以暴力相威胁，即使携带了“凶器”也不可能转化成抢劫罪。③ 笔者认为，携带凶

---

① 参见张定全、余常荣：《刑法第267条的立法不足及完善》，载《当代法官》2002年第4期。

② 参见姜翠玉：《浅谈“携带凶器抢夺”认定中应注意的问题》，载《山东法学》1999年第4期。

③ 参见张定全、余常荣：《刑法第267条的立法不足及完善》，载《当代法官》2002年第4期。

器抢夺在符合准抢劫罪的所有要件（与不携带凶器的抢夺转化为抢劫罪的构成要件一样）时，《刑法》第 267 条第 2 款是部分法，第 269 条是全部法，应适用全部法即第 269 条更能全面评价犯罪事实。若不符合准抢劫罪的构成要件，就直接适用第 267 条第 2 款的规定定罪处罚。

第五章　敲诈勒索罪

《刑法》第274条规定："敲诈勒索公私财物，数额较大或者多次敲诈勒索的，处三年以下有期徒刑、拘役或者管制，并处或者单处罚金；数额巨大或者有其他严重情节的，处三年以上十年以下有期徒刑，并处罚金；数额特别巨大或者有其他特别严重情节的，处十年以上有期徒刑，并处罚金。"

一、敲诈勒索罪的行为要件

基于各国刑法对具体罪名（包括敲诈勒索罪及相关罪名）设置的不同，敲诈勒索罪犯罪构成的行为要件的界定有所差别。例如，《德国刑法典》分设不同条款规定"抢劫""勒索""抢劫性勒索"。《法国刑法典》则将"敲诈勒索"分设为"勒索"和"敲诈"两个罪名。《日本刑法典》则分别设置了"胁迫罪""强要罪""恐吓罪"。显然，这些国家规定的（敲诈）勒索罪或恐吓罪的行为要件的界定，必须各自结合相关的规定来进行。我国学者对"敲诈勒索罪"行为要件的论述，存在以下分歧：

1. 当场实施暴力是否可以作为"敲诈勒索"的手段。关于敲诈勒索行为是否包括暴力以及所允许的暴力程度，各国刑法的规定不统一。德国刑法中"违法地使用暴力"与"威胁恐吓"相并列；《意大利刑法》规定为"以暴力或威胁手段强迫某人做或不做某事"；《俄罗斯刑法》规定"敲诈勒索的行为只能是威胁"，其中包括以使用暴力相威胁，"实际使用了威胁受害人的暴力，不包含在勒索罪的构成中，应该根据所使用暴力的性质或者按第163条第2款第2项，或者按第163条第3款第3项定罪”。[①]《日本刑法》对恐吓行为的手段未做明文规定，判例和通说认为，恐吓除了胁迫之外，也包括没有达到抑制他人反抗程度的暴力。在以取得财物为目的而使用暴力的场合，区分本罪与抢劫罪的关键是看暴力的程度，[②]如果暴力没有达到抑制他人反抗的程度，则构成本罪；反过来，则构成抢劫罪。[③]

在我国，多数学者认为，敲诈勒索的手段行为只能是胁迫（有的区分为威胁与要挟），但也有学者认为，当场实施的暴力也能在一定条件下成为敲诈勒索的手段行为，即当场使用暴力的目的是迫使被害人答应在日后某个时间、地点交付财物，而不是作为当场占有他人财物的手段，也就是说，此种当场实施的暴力实际起的是与以实施暴力相威胁一样的胁迫作用。[④]类似的观点也被其他一些学者主张。具体包括：

（1）有学者认为，敲诈勒索罪的本质固然是采用胁迫手段使他人产生畏惧而交付财产，但在现实生活中，行为人当场实施暴力，并以今后会进一步实施暴力相威胁的敲诈勒索案件时有发生。

【案例1】甲得知商人乙与自己的妻子多次发生不正当性关系的信息后，找到乙的办公室将乙痛打一顿，并威胁乙三天之内必须交1万元钱给他“私了”，否则，还会打断其一条腿。乙为了免受甲进一步的伤害，当场给其1万元。

针对此案的定性，就存在如下分歧：是定抢劫罪，还是敲诈勒索罪，抑或是故意伤害罪和敲诈勒索罪（未遂）并罚？此案中甲虽然是当场实施了暴力并当场取得了财物，但其行为的实质不是抢劫，

---

① 参见［俄］斯库拉托夫、列别捷夫主编：《俄罗斯联邦刑法典释义》（下册），黄道秀译，中国政法人学出版社2000年版，第433页。

② 刑法将“暴力”一语作为种种犯罪的构成要件性行为来使用，但是可以看到其内容由于各罪性质不同而有相当细微的差异。参见［日］大塚仁：《刑法概说》（各论），冯军译，中国人民大学出版社2003年版，第48～49页。从日本的判例来看，严格地说，在最狭义的暴行中，也存在程度的不同，强盗罪、事后强盗罪中的暴行需要达到“会抑压对方的反抗的程度”，但是，强奸罪的暴行只要达到“使被害人的抗拒显著困难的程度”就够了，强制猥亵罪中的暴行可以不问其力的大小强弱。

③ 转引自刘明祥：《财产罪比较研究》，中国政法大学出版社2001年版，第294页。

④ 参见高铭暄主编：《刑法专论》（下编），高等教育出版社2003年版，第731页。

而是敲诈勒索。因为抢劫罪的暴力、胁迫是用来排除被害人反抗以夺取其财物的手段，抢劫行为的特点是强取财物，被害人没有选择的余地。而敲诈勒索罪是行为人胁迫对方使之畏惧后交付财物，被胁迫者还可以做出不交付财物的选择。甲殴打乙并非是用来排除乙的反抗而夺取其财物的手段，而是对其实施胁迫的手段，甲是通过乙交付而取得乙的财物的，并非是直接强取，并且乙完全可以不当场交付。因此，应该认为是敲诈勒索。①

（2）有学者认为，在通常情况下，敲诈勒索一般不包括非法拘禁的方法行为，但在特定条件和背景下，行为人以披露隐私等为由，逼迫被害人筹措财物并交付行为人后，才使其恢复自由，仍应视为敲诈勒索的方法行为。②

（3）有学者认为，在敲诈勒索的场合，行为人可以对被害人实施一定的暴力，比如先对被害人进行一顿殴打，但该暴力不能是取财的直接原因，只能是取财的辅助条件，即暴力所产生的胁迫不能达到抑制被害人反抗的程度；同时，敲诈勒索的实行行为不能包括限制被害人人身自由的方式，因为非法拘禁方式控制了被害人的人身自由，实质上已抑制了被害人的反抗。③

最高人民法院刑事审判第一庭、第二庭在“何木生抢劫案”的“裁判理由”中认为“敲诈勒索罪仅限于威胁，而不包括当场实施暴力”。

【案例2】 经审理查明：1998年3月14日晚，被告人何木生在一发廊内对其同伙何良清、何元达、何东仁（均在逃）说，其女友兰会娇被兰桂荣（系兰会娇之父）介绍嫁往广东，得去找兰桂荣要钱。次日晚上10时许，何木生携带照相机和4副墨镜，何良清携带1把菜刀，与何远达、何东仁一起分乘两辆摩托车到兰桂荣家。兰不在家，何木生对兰的妻子和女儿拍了照。下午2时许，在返回的路上，何木生将兰桂荣从一辆微型车上拦下，要兰赔偿其4000元

① 参见刘明祥：《财产罪比较研究》，中国政法大学出版社2001年版，第294页。

② 参见陆曼：《非法拘禁加敲诈勒索并不必然等于绑架》，载《人民法院报》2002年4月29日。

③ 参见郑晓红：《拘禁敲诈型犯罪的定性研究》，载《浙江审判》2002年第9期。

钱，并对兰进行拍照。兰拒绝赔偿后，何良清即踢了兰一脚。兰桂荣见状就说："有什么事到家里去好好说。"到兰桂荣家后，兰说没有钱。何木生说："不拿钱我不怕，照了你们的相，会有人来杀你们。"接着，何良清又拿出菜刀扔在桌子上，叫兰把手指剁下来，在此情况下，兰桂荣即到外面向他人借了2000元钱，交给何木生。此款后被四人均分。2000年9月22日零时许，会昌县公安局民警张鸿斌等三人在执行公务时，发现被告人何木生在某温泉接待室内，民警王清平大喊一声"何木生"，何木生遂拿起一根钢管，朝堵在门口的张鸿斌的额头上打去，致其轻微伤乙级。

江西省会昌县人民法院认为：被告人何木生使用暴力手段阻碍国家机关工作人员依法执行职务，其行为已构成妨害公务罪。被告人何木生伙同他人以非法占有为目的，虽然对被害人采取暴力相威胁的行为，但不足以使其不抗拒，事后被害人被迫独自外出借钱给被告人。此时被害人完全脱离了被告人等的控制，本可以向有关部门报案，但在担心日后遭到被告人等的报复的情况下向他人借2000元钱给被告人何木生，其行为符合敲诈勒索罪的特征。依照《刑法》第274条、第277条第1款之规定，于2001年4月26日判决如下：被告人何木生犯敲诈勒索罪，判处有期徒刑三年；犯妨害公务罪，判处有期徒刑二年，决定执行有期徒刑五年。

一审宣判后，被告人何木生服判，未上诉。会昌县人民检察院以被告人何木生等非法占有人民币2000元的行为构成抢劫罪，一审判决定性错误，导致适用法律不当，量刑畸轻为由，向江西省赣州市中级人民法院提起抗诉。

赣州市中级人民法院开庭审理中，出席二审的赣州市人民检察院检察员提出，对被告人何木生应认定为入户抢劫，并在十年以上有期徒刑幅度内量刑。

赣州市中级人民法院审理认为：原审判决对被告人何木生犯妨害公务罪定性准确，量刑适当。被告人何木生等人当场出示菜刀并叫兰桂荣将手指剁下来，是以当场使用暴力相威胁，符合抢劫罪的构成特征。被告人何木生等人系在兰桂荣同意下进入其住所，故排除入户之非法性，入户抢劫不能成立。鉴于本案系由民事纠纷引发，不同于一般抢劫犯罪。被告人何木生系初犯、偶犯，可酌情从轻处罚。依照《刑法》第263条、第277条第1款及《刑事诉讼法》第189条第（2）项规定，于2001年7月19日判决如下：（1）维持会昌县人民法院刑事判决中对被告人何木生犯妨害公务罪的定罪量刑部分；（2）撤销会昌人民法院刑事判决中对被告人何木生犯敲诈勒索罪的定罪量刑部分；（3）被告人何木生犯抢劫罪，判处有期徒刑四年，并处罚金人民币4000元；犯妨害公务罪，判处有期徒刑二年。决定执行有期徒五年，并处罚金人民币4000元。①

该“裁判理由”具体指出，抢劫罪与敲诈勒索罪有着严格的区分，从客观方面主要体现在以下五个方面：一是实施行为的内容不同。抢劫罪以当场实施暴力、以暴力相胁迫为其行为内容；敲诈勒索罪则仅限于威胁，不包括当场实施暴力。而且威胁的内容，不只是暴力，还包括毁坏被害人人格名誉、揭发隐私、栽赃陷害等非暴力的内容。二是实施行为的方式不同。抢劫罪的威胁是当着被害人的面实施的，一般是以言语和动作来表示；而敲诈勒索罪的威胁既可以是当着被害人的面，也可以是通过第三者来实现；既可以用口头的方式来表示，也可以通过书信的方式来表示。三是实现威胁的时间和空间不同。抢劫罪的威胁具有当场即时发生暴力的现实可能性，如果被害人不交付财物，行为人就会当场加以杀害或伤害；敲诈勒索的威胁在时间和空间上，一般并不具有当场即时发生暴力的现实可能性。四是非法取得财物的时间和空间不同。抢劫罪必须是当时当场取得财物；敲诈勒索罪取得财物可以是当时当场，但更多的是在实施威胁、要挟之后一定的期限内取得。五是对构成犯罪数额要求不同。抢劫罪不要求数额较大；敲诈勒索罪则以数额较大作为其构成要件。……对于在以暴力威胁实施的抢劫罪中，“当场”的认定，必须结合行为人的暴力威胁以及所形成的对被害人的身体和

① 参见最高人民法院刑事审判第一庭、第二庭编：《刑事审判参考（第3卷）》（下），法律出版社2002年版，第399~402页。

精神强制的方式和程度，具体案件、具体分析认定。只要暴力威胁造成了强制，且该强制一直持续，即使时间延续较长，空间也发生了一定的转换，同样可以认定符合“当场”的要求……本案被告人何木生等人既实施了暴力（“踢一脚”）和现场可能转为暴力的威胁行为（“要被害人剁下手指”），也实施了当场不转化为暴力的威胁行为（“会有人来杀你们”）。虽然实施了多种形式的客观行为，但这些行为是基于同一故意，为了实现同一犯罪目的即非法占有他人财物而实施的，客观上被告人取得2000元钱也是该各种不同形式的行为的综合结果。因而不能片面、孤立地看待上述不同行为，而应该视其为仅仅是暴力威胁这一整体行为的不同方面……一审判决认为被害人兰桂荣外出借钱是在威胁行为发生之后，此时被害人已经脱离了被告人的控制，属于事后行为，也就是说，被告人是在实施威胁行为之后的一定时间内才取得钱款。一审判决忽视了时间的延续性和连贯性，因而是不当的。认定实施暴力威胁后是否属于“即时”“当场”取得财物，关键在于时间是否自然终止或者因为外力的影响而被中断，在时间自然延续过程中的空间变换不能认为是事后，更不能因此否认其当场性。……至于二审认定被害人已经脱离了被告人的控制，也是不符合客观实际的。“控制”不能仅仅理解为身体上的强制，还包括精神上的强制，同时，是否脱离控制只能以被害人的个人感受来判断，而不能从一般人的立场来判断……①

笔者认为，持肯定观点有利于从理论上准确区分敲诈勒索罪与抢劫罪的界限，即当场实施暴力来迫使被害人答应在日后某个时间、地点交付财物的，定性为敲诈勒索，其相当于《德国刑法典》第255条规定的“抢劫性勒索”，即“如果勒索是用针对某人的暴力或者在使用带有对身体或者生命的现实的危险的威胁之下实施的”；而当场实施暴力来迫使被害人当场交出财物或者当场取得被害人财物的（暴力与得到财物两者之间必须存在因果关系），定性为抢劫。

此外，司法实践应注意以下各种情形的处理：一是行为人当场实施暴力后，既当场取得财物，又当场要求被害人日后交出财物并实际得到财物；二是行为人当场实施暴力后，既当场取得财物，又

① 参见最高人民法院刑一庭、刑二庭编：《刑事审判参考（第3卷）》（下），法律出版社2002年版，第145～149页。

逼迫被害人当场写下欠条或借据等“债权凭证”并日后得到财物；三是行为人当场实施暴力后，当场未能得到财物，又当场要求被害人日后交出财物并实际得到财物；四是行为人当场实施暴力后，当场未能得到财物，又要求被害人当场写下欠条、借据等“债权凭证”日后得到财物；五是行为人当场实施暴力后，当场未能得到财物，又当场要求被害人日后交出财物（未要求被害人写下欠条、借据等“债权凭证”）但未实际得到财物。对此，学界存在不同意见。

在笔者看来，上述情形属于兼容犯，应择一重罪从重处理。① 行为人主观上均是出于同一的故意即非法占有财物的目的（当场占有与日后取得并存），客观上的当场暴力既是当场取得财物的手段，同时又是日后取得财物的手段（往往是借助此种暴力对被害人产生的恐惧心理），不存在两个独立的行为，因而，若单纯定性为抢劫罪或敲诈勒索罪，就不能全面评价整个案件事实，若定性为抢劫罪和敲诈勒索罪，并实行数罪并罚，则又对暴力的行为做了两次评价，有违“禁止重复评价原则”。需指出的是，其一，若行为人当场实施暴力未取得财物后，日后出于另一非法占有财物的目的又对行为人实施敲诈勒索的，则属于典型的数罪。其二，有些案件存在“一对一”诉讼证据情形时，求证被告人当场实施暴力的主观目的是当场取得财物还是日后取得财物存在疑问时，应按照疑罪从轻原则处理。

2. 胁迫是否要有程度的限制？日本学者认为，作为构成要件性行为，与暴行并立，刑法常常使用“胁迫”之语，但是，与暴行中的情形一样，其间也基于犯罪性质的不同而有细微的差异。日本学说存在三种理解：其一是广义的胁迫，即以产生恐怖心的目的而向被害人告知害恶的一切情形，不问其害恶的内容、性质、告知的方法如何，也不论对方是否由此而产生了恐怖心。作为公务执行妨害罪（第95条第1项）、职务强要罪（第95条第2项）、加重逃走罪（第98条）、逃走援助罪（第100条第2项）的手段的胁迫，即属于此。作为恐吓罪（第249条）的行为的恐吓，也可以说包含这种意义的胁迫。另外，作为骚乱罪（第106条）的行为的胁迫及作为内乱罪（第77条）中暴动的内容的胁迫，虽然都具有作为集团犯罪的特殊性，但是原则上可以认为属于这种广义的胁迫。其二是狭义的

① 参见刘树德：《刑法诸问题案解》，人民法院出版社2003年版，第122页以下。

胁迫，根据场合，其要件是被告知的害恶的种类是特定的，或者强要产生了恐怖心的对方实施一定的作为、不作为等。胁迫罪（第222条）及强要罪（第223条）中的胁迫即属于此。其三是最狭义的胁迫，通常需要产生抑压对方的反抗这种程度的恐怖心，强盗罪（第236条）、事后强盗罪（第238条）、强奸罪（第177条）及强制猥亵罪（第176条）的胁迫即属于此。[①] 最狭义的胁迫也应该被区别为不同的程度。作为强盗罪及事后强盗罪的手段的胁迫，其强度必须达到足以抑压对方的反抗这种程度，但是作为强奸罪及强制猥亵罪（此与暴行的情形并非并列）的手段的胁迫，只要达到使对方的抵抗变得显著困难的程度就够了。[②]

我国台湾地区实例之见解认为，所谓恐吓，系指以将来之恶害通知被害人，使其生畏怖心为已足，若进而对被害人施用强暴胁迫，自非仅为恐吓，而应构成其他相当罪名。又认为行为人若对被害人施用强暴胁迫，纵未至不能抗拒之程度，亦不能论以恐吓罪。此外，并认为若以目前危害相加，则为胁迫，施以暴力，则为强暴。均与恐吓之意义不符，而不能论以恐吓罪。[③] 台湾地区学者则认为，实例之见解值得异议：按恐吓罪之本质乃在于被恐吓者由于行为人之行为而心生畏惧，致对其本人或第三人之财产，作合乎行为人不法获利意图之处分。因此，只要能使被恐吓者心生畏惧，而且客观上足以使行为人达到不法获利意图之行为，即可认定为该当本罪之恐吓行为。职是之故，以未来之恶害通知他人，使其心生畏惧，固为本罪之恐吓行为，但以现时之危害，甚而施以强暴或胁迫，只要是此

① 参见［日］大塚仁：《刑法概说》（各论），冯军译，中国人民大学出版社2003年版，第80页。

② 参见［日］大塚仁：《刑法概说》（各论），冯军译，中国人民大学出版社2003年版，第80页。日本胁迫罪要求被告知的害恶，必须达到足以使人恐怖程度。能否说是告知足以使人恐怖的害恶，应该按照四周的状况来判断告知的内容，不需要明示害恶的内容。既可以是把害恶的发生作为确实的东西来告知，也可以是作为仅仅可能的东西来告知，还可以是附条件地告知害恶。不需要被告知的害恶实现后才成为犯罪（另有学者持反对意见）。不需要告知由告知者自己现实地进行加害这种旨意，告知使第三者进行加害的旨意时能够成为胁迫（间接胁迫）。第三者也可以是虚无的人，此时，需要告诉对方自己处于影响第三者的加害行为的决意之地位，但是不问是否现实处于这种地位。无论如何，需要告知害恶能够直接地或者间接地由行为人所左右。参见［日］大塚仁：《刑法概说》（各论），冯军译，中国人民大学出版社2003年版，第81页。

③ 参见林山田：《刑法特论》（上），台湾地区三民书局1978年版，第382～383页。

等强制行为，并未强至使被害人不能抗拒之程度，则仍属于恐吓行为之范畴，而可依据本罪处断。否则，若依实例之见解，行为人出于不法之获利意图，而以强暴或胁迫等不法手段，虽尚未至不能抗拒之程度，但被害人心生畏惧而交付财物，则既不能论以本罪，亦不能以普通强盗罪论处，此无异使强盗罪与恐吓罪之间形成一个条款间隙。因此，现行实例之见解，似有待修正而宜改为所谓恐吓系指以恶害通知他人，或以强暴胁迫或其他不正当之方法，使他人心生畏惧，但尚未至不能抗拒之程度。如此，不特可以弥补前述之强盗罪与恐吓罪之条款间隙，而且更能符合恐吓罪之本质。①

我国学者对此的论述分以下几种情形：其一认为，威胁、要挟必须是实际上对受害人产生了效果，即实际使公私财物的所有者、保管者精神上受到强制，心理上造成恐惧；② 其二认为，威胁和要挟，都是能够引起他人心理上恐惧的精神强制方法。但是，被害人是否确实产生恐惧，并被迫交付财物，不影响本罪的构成，而是只要行为人意图使被害人恐惧，并且一般能够使人恐惧就够。③ 其三认为，恐吓通常是指为了使他人交付财物或财产上的利益对之实行胁迫，而尚未达到抑制他人反抗的程度。如果胁迫达到了抑制他人反抗的程度，则构成抢劫罪。④

笔者认为，敲诈勒索的胁迫程度应分两种情形：一是行为人使用胁迫手段的目的是日后取得财物的，胁迫的程度就只需使被害人产生恐惧心理，并使被害人基于此种恐惧心理作出交出财物的决定，即使胁迫的程度使被害人处在不能反抗的状态也并非不可。二是行为人使用胁迫手段的目的是当场取得财物的，胁迫的程度不能达到使被害人不能反抗的程度。换言之，胁迫已达到使被害人处在不能反抗的程度的，就应定性为抢劫（以符合抢劫罪其他构成要件为前提）。

胁迫是否使被害人实际受到了威胁或者强制，还存在一个判断的问题。日本学者认为，即使是在通常人中不会产生恐怖心这种程

---

① 参见林山田：《刑法特论》（上），台湾地区三民书局1978年版，第383页。

② 参见赵秉志：《侵犯财产罪》，中国人民公安大学出版社2003年版，第167页。

③ 参见高铭暄主编：《新编中国刑法学》，中国人民大学出版社1998年版，第356页。

④ 参见刘明祥：《财产罪比较研究》，中国政法大学出版社2001年版，第108页。

度的害恶，在对方特别是胆小者或者迷信者等在其特殊的心理状态下会产生恐怖心时，行为人知道这些却告知了的，也可能成为胁迫。[①] 我国台湾地区学者则认为，恐吓行为不以发生实害为必要，而且恐吓行为之恶害内容亦不以具有实现可能者为限，行为人所通知之恶害，纵然在客观上并无实现之可能，或行为人明知无实现之可能，或行为人并无实现恶害之决意等，只要行为人所通知之恶害内容，足使被害人心生畏惧者，即可该当本罪之恐吓行为。此外，恐吓内容所通知于被害人之恶害，应以人为或人力所能支配之恶害为限，如以妖魔鬼怪相告，则非人力所得左右，判例上认为即非恐吓行为，被害人若因出于迷信而信以为真，乃竟交付财物于行为人，则为陷他人于错误之欺诈行为，而应成立诈欺取财罪。[②] 我国学者则存在三种观点：其一认为，应以财物的所有者、保管者是否因威胁或要挟而丧失其自由意思为标准，即以被害人对所受威胁、要挟在主观上的反映、感受为标准。其二认为，应以财物所有者、保管者所遭受的威胁或要挟，相对于一般人是否会因此丧失自由意思为标准。其三认为，行为人所实施的精神强制，以使一般人或被害人心理产生恐惧，不敢反抗，从而被迫交出财物或提供财产性利益为标准。[③] 笔者认为，前两种主张仍不能将敲诈勒索罪与抢劫罪的威胁区分开来，后种主张将一般人的心理感受包括在认定被害人能否产生恐惧的范围之内，不妥当。不同被害人对同一行为的心理承受能力不可能是完全相同的，因而同一威胁或者要挟行为对不同被害人所实际可能产生的压力或者心理强制作用，可能会因个人本身的素质及具体的环境的差异而不同，因此，应根据具体案情做个案的判断。

3. 胁迫是否包含当场转化为现实的暴力威胁。我国有学者在论述抢劫罪与敲诈勒索罪的威胁内容可能实施的时间的不同时指出，“抢劫罪的暴力威胁的发生时间，一般是威胁在当场予以实施；而敲诈勒索是威胁在将来某个时间将所威胁的具体内容加以实施”。[④]

实践个案中也存在不同的处理，例如，“王建国等敲诈勒索、容

---

① 转引自［日］大塚仁：《刑法概说》（各论），冯军译，中国人民大学出版社 2003 年版，第 81 页。

② 参见林山田：《刑法特论》（上），台湾地区三民书局 1978 年版，第 384 页。

③ 参见金凯主编：《侵犯财产罪新论》，知识出版社 1988 年版，第 325 页。

④ 参见赵秉志：《侵犯财产罪》，中国人民公安大学出版社 2003 年版，第 362 页。

留妇女卖淫案”和“孙野、严诚敲诈勒索案”（案例3~4）。

【案例3】经审理查明：1994年12月初，被告人王建国、张井龙（均系警察）经过预谋，找到经常在宁城县天义地区卖淫的被告人王淑艳，三人合谋，由王淑艳勾引嫖客，王建国、张井龙抓嫖客“罚款”，得款均分。尔后，王建国、、张井龙于12月中旬在天义镇天南村为王淑艳租赁了两间门面房。此后王淑艳即在天义地区王自己住处勾引嫖客，由王建国的侄子王永飞（在逃）向王、张二人报信，王、张二人身着警服到王淑艳的住处抓嫖客。至1995年3月6日，王建国、张井龙以警察身份抓获朱某、李某等24名嫖客，共“罚款”49830元，王永飞分得4980元，余款三被告人平分。案发后，从王建国处追缴5000元，从张井龙处追缴5260元。

内蒙古自治区赤峰市人民检察院以被告人王建国、张井龙、王淑艳犯敲诈勒索罪，向赤峰市中级人民法院提起公诉。

一审法院经过不公开审理后认为：被告人王建国、张井龙以色情为诱饵敲诈他人钱财，情节严重，其行为均已构成敲诈勒索罪；两被告人又以营利为目的，容留妇女卖淫，情节严重，其行为均已构成容留妇女卖淫罪，应实行并罚。被告人王淑艳伙同被告人王建国、张井龙敲诈他人钱财，情节严重，是敲诈勒索的共犯，应依法惩处。依照《刑法》第154条的规定，作出如下判决：（1）被告人王建国犯敲诈勒索罪，判处有期徒刑七年；犯容留妇女卖淫罪，判处有期徒刑六年，决定执行有期徒刑十二年。（2）被告人张井龙犯敲诈勒索罪，判处有期徒刑七年；犯容留妇女卖淫罪，判处有期徒刑六年，决定执行有期徒刑十二年。（3）被告人王淑艳犯敲诈勒索罪，判处有期徒刑四年。

宣判后，被告人王淑艳不服，以“受人指使，是受害者，不应负刑事责任”为由，提起上诉。

内蒙古高级人民法院经过审理后，作出如下裁定；驳回上诉，维持原判。

在审理过程中，针对被告人行为的定性存在两种不同意见：其一认为，被告人王建国、张井龙与王淑艳合谋，由王淑艳勾引嫖客。在王淑艳卖淫时，王建国、张井龙当场抓获嫖客，用胁迫的方法强行索取嫖客的钱财，符合抢劫罪的构成要件，应定抢劫罪。同时，王建国、张井龙指使王淑艳卖淫，又构成组织他人卖淫罪，对王建国、张井龙应实行数罪并罚。其二认为，被告人王建国、张井龙与王淑艳合谋，以非法占有他人钱财为目的，由王淑艳勾引嫖客，由王建国、张井龙以抓嫖客“罚款”的名义，勒索嫖客的钱财。其勒索的手段不是采用暴力或以暴力相威胁，而是以揭露嫖客的嫖娼行为相要挟，所以其行为不构成抢劫罪而构成敲诈勒索罪。同时，王建国、张井龙租房让王淑艳卖淫，尚不构成组织他人卖淫罪，只构成容留妇女卖淫罪。①

【案例4】 经审理查明：1995年5月30日下午4时许，被告人孙野、严诚伙同吴应强（另案处理）到南京炼油厂石油二村5栋楼，将本厂职工叶仲文叫到楼下。严诚向叶仲文借钱，叶说没有钱，孙野又要叶仲文将在三楼万某家打牌的本厂职工张敏叫下楼。在楼底楼梯口拐弯处，两被告人以张敏最近打牌赢了钱为由，向张敏借现金1000元。张敏提出给300元，并表示不用还。孙野坚持要借1000元，张敏不从，孙野即朝张敏脸上打一拳，严诚踢张敏一脚，并要张敏到其他地方借钱。张敏即上到三楼借钱，孙野、严诚在楼下等着拿钱。此时，万某家中有部电话，还有5名成年男人。不久，张敏与另一职工黄某下楼，将1000元现金交给严诚。当晚，孙野、严诚被抓获。

江苏省南京市栖霞区人民检察院以被告人孙野、严诚犯抢劫罪提起公诉。

栖霞区人民法院经公开审理认为：被告人孙野、严诚以借钱为名强行勒索他人钱财，构成敲诈勒索罪。1995年

① 参见最高人民法院中国应用法学研究所编：《人民法院案例选》（1997年第3辑），人民法院出版社1997年版，第49～52页。

10月22日做出判决：（1）被告人孙野犯敲诈勒索罪，判处有期徒刑二年；（2）被告人严诚犯敲诈勒索罪，判处有期徒刑一年六个月。

在审理过程中，针对被告人行为的定性存在两种不同意见：其一认为，两被告人的行为构成抢劫罪。理由是：（1）两被告人以非法占有为目的，实施殴打这种暴力手段，迫使张敏交出现金1000元符合抢劫罪的构成要件；（2）张敏被迫上楼借钱时，两被告人一直守候在楼下，因此，张敏始终没有离开现场，仍然处于两被告人的暴力控制范围；（3）张敏遭两被告人殴打后上楼借钱，到下楼交钱，时间较短，且被告人也没有叫张敏另择时间交付财物，因此，符合抢劫罪的当场使用暴力迫使被害人交出财物的特点。其二认为，两被告人的行为构成敲诈勒索罪。理由是：（1）两被告人事先知道张敏打牌赢了钱，即产生以“借”为名敲诈勒索张敏钱财的犯意。在敲诈勒索过程中，张敏遭殴打后离开了现场，上楼后可以打电话报案，可以下楼，若两被告人上楼索钱，张敏可以寻求其他人的帮助。因此，张敏实际上摆脱了两被告人的暴力控制。（2）抢劫罪是指以非法占有为目的，当场使用暴力、胁迫等手段，立即劫取财物或者迫使被害人马上交出财物的行为。被告人虽然对张敏实施了殴打，但不是要张敏当场交出财物，而是要张敏去借钱。张敏下楼将钱交给被告人，与遭受殴打不是在同一时间，不属于立即交付财物，因而不符合抢劫罪的特征。（3）抢劫罪和敲诈勒索罪有相似之处——可以使用胁迫手段，但是胁迫的方式、程度和时限均有所不同。敲诈勒索使用的胁迫方式要广、程度要轻，索取财物的时限要缓，被害人往往能获得报案和抵御的机会。①

笔者认为，应分两种情形来理解：一是行为人胁迫的目的是日后取得财物的，此时的胁迫内容可以是有转化为现实性的暴力威胁；二是行为人胁迫的目的是当场取得财物的，此时的胁迫内容就不能包含现实可能性的暴力威胁，而只能是未来将实施的暴力威胁以及其他非暴力威胁。换言之，行为人以当场可能转化为现实性的暴力

① 参见最高人民法院中国应用法学研究所编：《人民法院案例选》（1992～1999合订本，刑事卷下），中国法制出版社2000年版，第1007～1009页。

相威胁，并使被害人处在不能反抗的状态，而当场取得被害人财物的，就应定性为抢劫；若未达到不能反抗的程度的，仍应定性为敲诈勒索。

此处需指出的是，2011 年 2 月 25 日全国人大常委会通过的《刑法修正案（八）》第 40 条对敲诈勒索罪的罪状作了修改，增设了“多次敲诈勒索的”成罪条件。按照 2013 年 4 月 23 日最高人民法院、最高人民检察院《关于办理敲诈勒索刑事案件适用法律若干问题的解释》（以下简称《敲诈勒索罪解释》）第 3 条的规定，2 年内敲诈勒索 3 次以上的，应当认定为“多次敲诈勒索”。

二、敲诈勒索罪的对象要件

国外刑法规定的勒索罪或者恐吓罪的对象并不一致。《德国刑法典》第 253 条“勒索”规定为“利益”；《法国刑法典》第 312 -1 条“勒索罪”规定为“签字、承担或放弃承担义务，或者泄露某项秘密，交付一笔资金，交付有价证券或任何财物”；第 312 -10 条“敲诈罪”规定为“签字、承担或放弃承担某种义务、泄露某项秘密、交付一笔资金、交付有价证券或任何财物”；《意大利刑法典》第 629 条“敲诈勒索”规定为“不正当利益”；《日本刑法典》第 249 条“恐吓罪”规定为“他人财物、财产上的不法利益”；《俄罗斯联邦刑法典》第 163 条“勒索”规定为“财产或财产权利或实施财产性质的其他行为”；《美国模范刑法典》第 223 -4 条“由于恐吓之窃取罪”规定为“他人财物”；《加拿大刑事法典》第 346 条“敲诈勒索”规定为“物品”。日本学者认为，恐吓罪的客体是他人占有的他人的财物。即使是自己的财物，在由他人占有或者根据公务机关的命令由他人看守时，被视为他人的财物。电力也被视为财物。日本判例还认为，不动产、盗品等均可构成此罪的客体。① 俄罗斯司法实务部门认为，勒索罪的对象可以是：（1）动产；（2）财产权（单据，合同或其他证明对勒索人负有债务的凭证，或者一定财产权据以移转给勒索犯的单证）；（3）财产性质的行为（完成工作、

① 参见［日］大塚仁：《刑法概说》（各论），冯军译，中国人民大学出版社 2003 年版，第 265 页。

提供服务等)。[①]

我国曾经将敲诈勒索罪的对象限定为“他人财物”，现行刑法规定为“公私财物”。我国学者和司法实务部门主要就敲诈勒索罪的对象是否包括“财产性利益”存在不同意见。有学者认为，敲诈勒索罪的对象除财物外，也可以是“财产性利益”。例如，在使用威胁、要挟方法强迫他人为自己或第三人提供无偿劳务，如开荒、种地、修建房屋等，或者强迫他人让自己或第三人无偿使用某项财产等的情况下，敲诈勒索的对象就是财产性利益。[②] 有学者认为，用勒索的方法迫使他人交付具有经济价值的财物，同用同样的方法迫使他人无偿提供劳务，占有其劳动价值相比较，前者行为人的财产增加了(积极增加)，后者行为人应当付出而不付出，实际上是以另一种方式使财产增加（消极增加)，二者没有本质的区别。但是，因为我国刑法没有规定“财产性利益”，而且这一概念的内涵、外延不易确定，从贯彻罪刑法定原则考虑，上述主张是否可行，还值得研究。[③] 有学者则认为，敲诈勒索罪威胁索取的利益，只能是财物，包括动产和不动产，财产性利益不能成为其威胁索取的对象。[④]

从司法实务来看，在案件审理过程中存在分歧，例如，“赵某敲诈勒索案”（案例5)。但最高人民法院刑一庭、刑二庭在“周建平、卫杨林、吴江、刘有志抢劫、敲诈勒索案”的“裁判理由”中指出，“从取得的非法利益上看，抢劫只能取得财物，并且是动产，而敲诈勒索既可以是动产，也可以是不动产，甚至是取得财产性利益”;[⑤]在“熊志华绑架案”的“裁判理由”中也指出，“敲诈勒索罪是对被勒索人本人实施威胁或要挟方法，迫使其给付数额较大的财

---

① 参见［俄］斯库拉托夫、列别捷夫主编：《俄罗斯联邦刑法典释义》（下册），黄道秀译，中国政法大学出版社2000年版，第432~433页。

② 参见赵秉志主编：《侵犯财产罪研究》，中国法制出版社1997年版，第442页。类似的观点，另见周振想：《刑法新教程》，中国人民公安大学出版社2002年版，第335页。

③ 参见高铭暄主编：《新编中国刑法学》（下册），中国人民大学出版社1998年版，第802~803页。

④ 参见赵秉志：《侵犯财产罪》，中国人民公安大学出版社2003年版，第363页。

⑤ 参见最高人民法院刑一庭、刑二庭编：《刑事审判参考（第3卷)》（上)，法律出版社2002年版，第131页。

物或财产性利益”。①

【案例5】被告人赵某是县委书记顾某的司机，自1995年以来一直为顾某开车，经常随顾某参加各种活动，对顾某的所作所为非常了解，握有顾某违法违纪及隐私方面的一些材料。1998年9月16日，赵某向顾某提出，能否安排他去某镇任副镇长，顾某考虑到赵某既无文化，又缺乏工作经验，恐不能胜任工作，没有答应赵某的要求。赵某不依不饶，非要顾某安排其任副镇长不可，否则，将揭露顾某的“恶劣行径”，让顾某身败名裂。此后一年时间里赵某以相同的手段多次威胁、要挟顾某。顾某“被逼无奈”，违背正常的干部选拔、任用制度，满足赵某的要求。赵某于是从工人变为副镇长。后顾某因涉嫌贪污、受贿犯罪，被检察机关立案侦查。上述事实被顾某交代出来。

在审理过程中，针对被告人赵某行为的定性，存在不同意见：其一认为，被告人赵某的定性构成敲诈勒索罪。其二认为，被告人赵某的行为不构成犯罪。理由是，被告人赵某利用顾某的弱点，对其进行讹诈，逼迫顾某满足自己的要求，显然，赵某在主观上追求的是副镇长的地位和职务，是取得公共权力，而不是为了取得公私财物或者其他财产性利益。根据罪刑法定原则，被告人赵某的行为不构成犯罪。②

此外，司法实践中应注意以下情形的处理：

一是以共同或共有财产为对象的案件。少数国家刑法中规定了敲诈勒索罪的减轻要件。例如，《法国刑法典》第312－9条第2款规定，“勒索罪”和“敲诈罪”适用第311－12条之规定，即进行敲诈勒索属下列情形的，不得引起刑事追究：（1）敲诈勒索尊、卑

① 参见最高人民法院刑一庭、刑二庭编：《刑事审判参考》（2002年第1辑），法律出版社2002年版，第38页。

② 参见张穹主编：《人民检察院检控案例定性指导》（第1卷），中国检察出版社2002年版，第231～232页。有学者认为，应将刑法第274条规定的敲诈勒索罪改为“敲诈罪”，侵犯的对象由“公私财物”扩展为“不正当利益”。参见张穹主编：《人民检察院检控案例定性指导》（第1卷），中国检察出版社2002年版，第233～234页。

直系亲属之物；（2）敲诈勒索配偶之财物，但夫妻已分居或者允许分别居住之情况除外。《日本刑法典》（关于亲属间犯罪的特例）第244条规定，配偶、直系血亲或者同居的亲属之间犯第235条之罪、第235条之二之罪或者这些罪的未遂罪的，免除刑罚。前项规定的亲属以外的亲属之间，犯前项规定之罪的，告诉的才能提起公诉。对于非亲属的共犯，不适用前两项的规定。我国刑法未做类似的规定，但是《敲诈勒索罪解释》第6条规定："敲诈勒索近亲属的财物，获得谅解的，一般不认为是犯罪；认定为犯罪的，应当酌情从宽处理。"

二是以非法财产为对象的案件。实践个案处理中，非法财产也可以成为敲诈勒索罪的对象，例如，"陶某敲诈勒索案"和"程某、毛某敲诈勒索案"（案例6～7）。

【案例6】经审理查明：被告人陶某在富驿车站茶馆处结识了何某、曾某（均另案处理），并留何、曾二人住宿。次日，三人约定到盐亭县城和柏梓场镇扒窃。上午10时许，何某在盐亭开往柏梓的客车上，趁车上旅客拥挤之机，独自从乘客谢某衣袋内窃取现金1631元，失主发现包内现金被盗，即叫其子下车到派出所报案。公安干警闻讯后速赴现场，但因何本人已逃跑，抓住与何同行的陶、曾二人。经审讯，陶供认可能是同行的何某作案。武警队长责令陶、曾二人去寻找何。同月20日，被告人陶某在南部县某某乡处找到何。经陶的一再追问，何承认是他窃得谢的现金1600余元。陶便要何分给其中的一半赃物。何不给，陶说："不给可以，那我就要把你弄到武警队去。"何说："我不去武警队呢?"陶即威胁说："那我就要收拾你。"何无奈，被迫将陶带至其家中，分给陶500元钱。陶嫌少，何又给他300元，陶才作罢。案发后，陶已退出全部赃款。

检察院以敲诈勒索罪起诉，法院作了有罪判决。[①]

① 参见最高人民检察院《刑事犯罪案例丛书》编委会编：《刑事犯罪丛书（抢夺、敲诈勒索罪）》，中国检察出版社1991年版，第244～245页。

在审理过程中，针对被告人行为的定性，存在不同意见：其一认为，被告人陶某参与何某扒窃作案活动，并分得赃款800元，其行为构成盗窃罪。其二认为，被告人陶某采取威胁、要挟手段，迫使何某交出窃得部分赃款据为己有，其行为构成敲诈勒索罪。

【案例7】经审理查明：被告人程某、毛某发觉朱某（另案处理）身上装有不少钱，怀疑他来路不正（此钱系盗窃所得）。两被告人商定以失主身份索取，便在兰州西站"三角线"处将朱堵住。被告人毛某说："站住！你是不是偷了个包？"朱听了拔腿就跑，跑了几步被程某截住。程将朱拉至一楼房后，对朱说："把钱包给我。不给，送公安局铐起来。"朱某因害怕送公安局，遂将所窃赃款360元交给程。后两被告人平分了赃款。

检察院以敲诈勒索罪起诉，法院以同罪作了有罪判决。①

在审理过程中，针对被告人行为的定性，存在不同意见：其一认为，被告人索取的是盗窃得来的赃款，不是公民的合法财物，这种钱财不应受法律保护。因此，被告人的行为不能认为犯罪，仅属于一般违法行为。其二认为，被告人采取暴力胁迫手段，当场将财物占为己有，应定抢劫罪。其三认为，被告人以朱某盗窃为由进行恐吓、要挟，迫使其交了赃款，应定敲诈勒索罪。至于被害人的钱是否是盗窃所得，不影响本罪的构成，因为被告人所侵犯的客体，最终还是公民财产的所有权。

三是以欠款凭证等财产权利书证为对象的案件。实践个案处理中，有的法院将抢回借据②或者欠条③的行为定性为抢劫罪。笔者认为，这些财产权利凭证也可以成为敲诈勒索罪的对象。

---

① 参见最高人民检察院《刑事犯罪案例丛书》编委会编：《刑事犯罪丛书（抢夺、敲诈勒索罪）》，中国检察出版社1991年版，第247~248页。

② 参见最高人民检察院法律政策研究室编：《典型疑难案例评析》（2002年第1辑），中国检察出版社2002年版，第1~5页。

③ 参见最高人民检察院法律政策研究室编：《典型疑难案例评析》（2002年第1辑），中国检察出版社2002年版，第24~25页。

三、敲诈勒索罪的定量要件

1997年《刑法》第274条不同于1979年《刑法》第154条，不仅将“数额较大”作为敲诈勒索罪的概括性定量要件，[①] 而且同时规定了“多次”的定量要件。《敲诈勒索罪解释》[②] 第1条规定：“敲诈勒索公私财物价值2000元至5000院以上、3万元至10万元以上、30万元至50万元以上，应当分别认定为刑法第274条规定的‘数额较大’‘数额巨大’‘数额特别巨大’。各省、自治区、直辖市高级人民法院、省级人民检察院可以根据本地区经济发展状况和社会治安状况，在前款规定的数额幅度内，共同研究确定本地区执行的具体数额标准，报最高人民法院、最高人民检察院批准。”同时，该《解释》第2条规定：“敲诈勒索公私财物，具有下列情形之一的，‘数额较大’的标准可以按照本解释第1条规定标准的50%确定：(1) 曾因敲诈勒索受过刑事处罚的；(1) 一年内曾因敲诈勒索受过行政处罚的；(3) 对未成年人、残疾人、老年人或者丧失劳动能力人敲诈勒索的；(4) 以将要实施放火、爆炸等危害公共安全犯罪或者故意杀人、绑架等严重侵犯公民人身权利犯罪相威胁敲诈勒

① 正如有学者指出的，罪状构成要件的数额规定，宜借鉴俄罗斯刑法所采用的相对封闭的规定方法。参见唐世月：《数额犯论》，中国人民大学博士论文2003年印，第39页以下。

② 2000年4月28日最高人民法院制定了《关于敲诈勒索罪数额认定标准问题的规定》，在该《规定》起草过程中，有些同志提出，“数额较大”“数额巨大”的标准不宜过低。司法机关为了一二千元的案件，要付出成倍的办案经费，如果判了监禁刑，还要投入大量的改造费用。标准太低，不符合诉讼经济的要求。上述意见虽有一定合理性，但未被采纳。首先考虑到我国幅员辽阔，各地经济发展不平衡，最高人民法院制定的司法解释要综合考虑各地经济发展不平衡的因素，相同数额的敲诈勒索公私财物行为在沿海经济发达地区，与在经济发展水平相对较低、人均收入相对较少的其他地区，社会危害程度显然是不同的。同时，制定敲诈勒索犯罪数额标准，还要同最高人民法院已经作出的其他侵犯财产犯罪（如盗窃罪、诈骗罪）的数额标准相协调。盗窃公私财物“数额较大”是以“五百元至二千元”为起点，“数额巨大”是以“五千元至二万元”为起点、诈骗公私财物“数额较大”是以“二千元”为起点，“数额巨大”是以“三万元”为起点。考虑到敲诈勒索犯罪中是通过被害人取得财物，被害人一般都有报案、自救的时间和空间，因此，敲诈勒索犯罪的数额标准可略高于盗窃犯罪；而敲诈勒索犯罪还具备对被害人实施精神上威胁、强制的特征，故敲诈勒索犯罪的数额标准宜略低于诈骗犯罪。综合考虑以上两方面因素，《规定》最后确定，“数额较大”以一千元至三千元为起点，“数额巨大”以一万元至三万元为起点。参见最高人民法院刑一庭、刑二庭编：《刑事审判参考》（第2卷），法律出版社2001年版，第456~457页。

索的；（5）以黑恶势力名义敲诈勒索的；（6）利用或者冒充国家机关工作人员、军人、新闻工作者等特殊身份敲诈勒索的；（7）造成其他严重后果的。”

按照我国主流观点，“‘数额较大’不是仅指实际占有的数额。勒索的数额较大，情节严重，即使未遂也应定罪判刑；勒索数额不大，情节显著轻微危害不大的，不构成犯罪”。[①] 这说明，我国刑法规定的敲诈勒索罪并不以实际发生被害人的财产损害作为成立要件，但必须有造成“数额较大”财产损害的可能性，否则就不能成立犯罪。

四、敲诈勒索罪的主观要件

日本刑法根据行为人的主观目的不同，分别设立恐吓罪和胁迫罪，我国刑法规定的敲诈勒索罪在主观上必须是具有非法占有公私财物的目的。最高人民法院刑事审判业务部门的“裁判理由”也指出，“……敲诈勒索罪作为侵犯财产所有权的犯罪，行为人主观上都必须具有非法占有公私财物的目的。如果不能证实行为人具有非法占有他人财物的目的，就不能以抢劫罪或者敲诈勒索罪定罪处罚”。[②] 换言之，行为人若不具有非法占有他人财物的目的，就不能以敲诈勒索罪定性。

【案例8】被告人史某于某日写了一封恐吓信投放到邻村专业户刘某门外缺盖上。信中扬言，“刘老板，限你明日晚9点钟，把10万元钱送到四化桥东边的一棵树下，如你露出风声，就送你们全家上西天。你看着办——龙虎帮总舵（实际无此组织）”。翌日晚及此后几天，公安干警按信中指定的地点进行了伏击，但史某并未前来取款。其后，史某又连续写出5封内容大致相似的恐吓信，分别邮寄给另5户专业户。史某均未按信中地点前去取款。案发后，史某供述，“写恐吓信的目的，并非真的要钱，而是发泄对发了财的专业户的不

① 参见高铭暄主编：《新编中国刑法学》（下册），中国人民大学出版社1998年版，第805页。

② 参见最高人民法院刑一庭、刑二庭编：《刑事审判参考（第3卷）》（下），法律出版社2002年版，第131页。

满，吓吓他们”。

在审理过程中，针对被告人史某行为的定性存在不同意见：其一认为，被告人史某的行为构成敲诈勒索罪。理由是，史某先后写出6封恐吓信，威胁收信人要按指定的时间、地点放置钱款，主观上已表现为非法强索他人财物的直接故意。从客观方面看，史某完成将6封恐吓信投放、邮寄给专业户的行为，使收信人在精神上产生极大恐惧，不仅侵犯公民的财产权利，而且侵犯公民的人身权利。至于史某未去取款并不影响敲诈勒索罪的构成，只影响其是中止还是未遂形态。其二认为，被告人史某的行为不构成犯罪。理由是，史某虽然写出6封恐吓信，而且也进行了投放和邮寄，但不能排除史某纯粹出于恐吓专业户的主观故意。史某主观上恐吓专业户的故意，与未到指定地点取款的客观情况相互印证。史某在主观上不具有非法占有他人财物的故意。史某的行为已构成一般违法，应按照《治安管理处罚条例》（现已被《治安管理处罚法》废止）处罚。[①]

【案例9】郭某常年在外做生意，春节回家过年时，听他人说自己妻子与赵某有不正当两性关系后，十分气愤，冲到赵某家中算账，碰巧赵某当时不在家，于是当场扬言要杀掉赵某。赵某送去一封信，并在信中夹了4000元现金，并在信中一再道歉，请求郭某宽恕。郭某阅信后将钱收下，未再去找赵某的麻烦。[②]

【案例10】经审理查明：被告人程立康于2002年4月18日晚，发现妻子手机中有一陌生的手机号码，随即询问妻子号码的来历，得知其妻子在4月16日陪同胡某到金华办事后，就怀疑其妻子与胡某有不正当关系。程立康以此为借口蛮横地要求胡某“赔偿损失”100万元，胡某怕事情闹大影响生意，于4月19日分两次委托妹夫将24万元送到程家。次日，程立康将24万元全部交给其妻子王秀芳，王在明知是

---

① 参见张穹主编：《人民检察院检控案例定性指导》（第2卷），中国检察出版社2002年版，第457～458页。

② 转引自赵秉志：《侵犯财产罪》，中国人民公安大学出版社2003年版，第359页。

敲诈所得的情况下仍将其中20万元存入银行用于购买汽车，余下的4万元用于支付工资。

浙江省东阳市人民法院于9月11日作出判决：被告人程立康犯敲诈勒索罪，判处有期徒刑7年；被告人王秀芳犯窝藏赃物罪，判处有期徒刑二年，缓期二年六个月，并处罚金5万元。[①]

上述案例8和案例9的区别关键在于，行为人实施威胁或胁迫之时是否具有非法取得财物的目的。有学者认为，行为人实施恐吓、威胁行为时，如果没有要求被害人交付财物的表示，而被害人出于摆脱困难的愿望主动给予财物，那就要视情况而定。照收不误的，说明行为人已具有非法取财的目的；构成犯罪的，可按本罪论处。拒收的，那就不能构成犯罪。[②] 笔者认为，行为人实施威胁或胁迫之时并没有非法占有他人财物，就不能以敲诈勒索罪来定性，即使后来因其他原因取得财物；若构成其他犯罪的，则以他罪论处。

与敲诈勒索罪主观目的相关联的理论问题是行为人行使权利是否构成敲诈勒索罪，即行为人在法律上有从他人那里取得财物或财产上利益的权利，为实现这种权利而采用威胁或要挟手段取得其财物或财产上利益，是否构成敲诈勒索罪。对此问题，无论是英美法系国家还是德、日等大陆法系国家均存在争论。[③] 我国学界主要存在以下观点：一是待定论，认为“在不少情况下，行为人为了行使自己的权利而使用威胁手段。例如，盗窃罪的被害人事后从盗窃犯人那里取回自己被盗财物，在应当通过法律程序恢复自己权利的情况下，却对盗窃犯人使用威胁方法取回财物……这是与侵犯财产罪的客体密切相关的问题，需要进一步研究”。[④] 二是无罪论，认为行为人采用威胁的方法行使权利，索回自己被他人非法占有的财产，或者迫使债务人履行债务，不构成敲诈勒索罪。理由是，财产罪的本

① 参见卢成钢、韦飞红：《丈夫敲诈“第三者”妻子窝赃也犯罪》，载《检察日报》2002年9月26日。

② 参见金子桐等：《罪与罚——侵犯财产罪和妨害婚姻、家的理论与实践》，上海社会科学出版社1989年版，第131页。

③ 参见刘明祥：《财产罪比较研究》，中国政法大学出版社2001年版，第301～309页。

④ 参见张明楷：《刑法学》（下），法律出版社1997年版，第771页。

质是侵犯他人的财产权，损害他人财产上的利益，而采用威胁手段行使财产权时，由于对方有向行为人（权利人）交付财产的义务，其并无实质上的财产损失，特别是在行为人采用胁迫手段从非法占有者（如盗窃犯）手中索回自己的财物时，更不可能发生侵害非法占有者之财产权的问题，因而不具有财产罪的本质，从而也就不可能成立作为财产罪之一的敲诈勒索罪。[①] 从司法实践来看，最高人民法院刑事审判业务部门的“裁判理由”指出，“为讨回合法债务，债权人当场使用暴力当场夺走债务人的钱物等，该如何定性？……债权人在客观上虽然针对债务人当场实施了暴力行为并夺走债务人的财物，但其主观上只是想收回自己的合法债权，债权人的私力救济行为虽不合法，但又明显不具有强行非法占有他人财物的抢劫故意和目的，因此，对该债权人的行为显然不能以抢劫罪论处，否则，必将冤及无辜。进一步说，如果债权人为抢走债务人的钱财而当场实施的暴力行为，已实际造成债务人轻伤以上后果的，应当以故意伤害罪论处，反之，则属无罪。《刑法》238条第3款规定，为索取债务，非法扣押、拘禁他人的，应当以非法拘禁罪论处，而不能以绑架罪论处，正是这种原因”。[②] 在笔者看来，从学理上，上述问题确实值得研究，简单地以财产罪的本质是侵犯财产权（恰恰争论也就体现在对财产权的界定）来否定行使权利的行为不构成财产罪，似乎欠妥。从司法实务的角度来说，目前可参照上述准判例来处理类似的案件。

五、敲诈勒索罪的加重要件

各国刑法中大多数均规定了敲诈勒索罪的加重要件，即有选择性地将行为的实施方式（例如，使用武器）、行为人的种类（例如，团伙、黑手党型集团）、取得财物数额（例如，数额巨大）、行为给被害人人身造成的伤害程度（例如，毁伤、永久性残疾）等等，作为加重构成的要件。例如，《德国刑法典》第253条第（4）项规定了“勒索罪”的“特别严重的情形”，即“如果行为人是职业地或

① 参见刘明祥：《财产罪比较研究》，中国政法大学出版社2001年版，第309~310页；陈明华主编：《刑法学》，中国政法大学出版社1999年版，第608页。

② 参见最高人民法院刑一庭、刑二庭编：《刑事审判参考》（第3卷·下），法律出版社2002年版，第61页。

者作为为继续实施勒索而结成的团伙的成员而行动”。《法国刑法典》既规定了“勒索罪”多层次加重情形，也规定了“敲诈罪”的加重情形。《意大利刑法典》第629条第2款规定了“敲诈勒索”的加重情形。《俄罗斯联邦刑法典》第163条第2款、第3款规定了“勒索”的两层次加重情形。我国1979年《刑法》第154条规定“敲诈勒索罪”的加重要件是“情节严重”，1997年《刑法》第274条规定“敲诈勒索罪”的加重要件是“数额巨大或者有其他严重情节”。[①] 经2011年2月25日《刑法修正案（八）》第40条的修改，敲诈勒索罪又增加了超加重要件，即“数额特别巨大或者有其他特别严重情节的”。

在司法解释对“有其他严重情节”作出解释以前，有学者认为其可包括下列情形：（1）致使被害人死亡、精神失常或者其他严重后果的；（2）流窜作案，多次作案，危害严重的；（3）手段恶劣，如冒充国家机关工作人员敲诈勒索；（4）犯罪集团的首要分子或者共同犯罪中情节严重的主犯；（5）累犯；（6）他人犯罪知情不举并乘机敲诈勒索的。[②] 根据《敲诈勒索罪解释》第4条的规定，具有下列情形之一，即对未成年人、残疾人、老年人或者丧失劳动能力人敲诈勒索的；以将要实施放火、爆炸等危害公共安全犯罪或者故意杀人、绑架等严重侵犯公民人身权利犯罪相威胁敲诈勒索的；以黑恶势力名义敲诈勒索的；利用或者冒充国家机关工作人员、军人、新闻工作者等特殊身份敲诈勒索的；造成其他严重后果的，且数额达到“数额巨大”（3万元至10万元以上）、“数额特别巨大”（30万元至50万元以上）的，可以分别认定为敲诈勒索罪的“其他严重情节”“其他特别严重情节”。

---

① 俄罗斯学者认为，刑法第163条规定的“数额巨大”“不是一个事实问题，即不是犯罪的客观内容问题，而是目的，即一个主观要件，是否达到了获得巨额财产的目的对于定罪没有意义。”参见［俄］斯库拉托夫、列别捷夫主编：《俄罗斯联邦刑法典释义》（下册），黄道秀译，中国政法大学出版社2000年版，第435页。

② 参见赵秉志：《侵犯财产罪》，中国人民公安大学出版社2003年版，第369页。

实践中遇到的一个问题是，数额加重犯是否存在未遂。[①] 是否承认数额加重犯的既遂与未遂，会影响到如下情形的法定刑选择和未遂条款的适用：（1）行为人以数额加重犯的加重数额为目标而实施犯罪行为，实际取得的数额未达到基本数额，此时的未遂是比照基本法定刑还是比照加重法定刑从轻或者减轻处罚；二是行为人以数额加重犯的加重数额为目标（假设已经完全客观化，如合同诈骗中合同载明的被骗款）而实施犯罪行为，实际取得的数额达到基本数额但未达到加重数额，此时是适用基本法定刑的既遂还是适用加重法定刑并按未遂处理。学界在相关个罪研究中对相关问题存在不同意见：有学者认为，抢劫罪的单纯的数额巨大的情节加重犯并无未遂可言。抢劫数额巨大应当认为是指从客观而言既遂后的实际所得数额，不应当包括所谓以主客观原则认定数额巨大，否则是将抢劫的指向数额与加重犯罪构成要件中的所得数额相混淆。因此，即使行为人将数额巨大或者数额特别巨大的财物作为抢劫目标，只要实际抢劫所得并未达到巨大的标准，仍应以一般抢劫罪论处。[②] 有学者认为，抢劫数额巨大在特定情况下存在未遂。“抢劫数额巨大”一般是指实际抢劫所得数额巨大，但刑法条文毕竟没有规定为“抢劫所得数额巨大”，完全根据犯罪所得数额认定该重罪的构成要件，难免

---

① 有学者认为，所谓“数额加重犯”的概念是难以成立的。数额加重犯是指诸如偷税罪、骗取出口退税罪、职务侵占罪、受贿罪等以犯罪数额或者数量作为加重构成事实的犯罪类型。行为人实施基本罪的危害行为，构成基本罪。当其危害行为所指向的财物或者其他对象数额或数量超过一定限度，刑法对此规定了更重法定刑，就是数额加重罪。例如，生产、销售伪劣产品罪，行为人销售金额5万元以上不满20万元的，成立本罪的基本罪；如果行为人实施销售伪劣产品的金额超过20万元，就成立本罪的数额加重犯。实际上，这类犯罪并不存在以犯罪数额为划分标准的基本罪与加重犯之分，其中作为适用较重法定刑根据的犯罪情形仍属于基本罪的范畴。或者说，刑法以犯罪数额为标准将犯罪的法定刑划分为不同的档次，仍然是就基本罪的法定刑所作的划分。如果只是把基本罪局限于适用最低档次法定刑的犯罪情形，而把根据数额标准适用较重法定刑的犯罪情形排除在基本罪之外，是不合理的。盗窃罪、偷税罪等罪中的普通数额规定不同于诸如强奸罪中的“强奸妇女、奸淫幼女多人的”的数量规定，后种情形实际上属于侵害同一种类的多个不同法益的数罪，即同种数罪，因而实际上属于犯罪次数的规定而非犯罪数额的规定。只有这种作为加重刑罚的根据的犯罪次数属于犯罪的加重情节，具有这种加重情节的犯罪才属于加重犯。参见刘之雄：《犯罪既遂论》，中国人民公安大学出版社2003年版，第153～154页。

② 转引自金泽刚：《犯罪既遂的理论与实践》，人民法院出版社2001年版，第173页。

有客观归罪之嫌。在少数情况下，必须考虑行为人犯罪的主观方面，坚持主客观相一致的原则认定“抢劫数额巨大”。特别是在预谋抢劫的情况下，行为人对所要抢劫的财物数额巨大具有十分明确的认识，即使行为人因其意志以外的原因未能得逞的，也应当认定为“抢劫数额巨大”。[①] 有学者认为，行为人虚构事实或者隐瞒真相，意图骗取他人某项钱款，但实际仅骗得其中部分钱款，其余部分因意志以外的原因未能得逞的，是按既遂数额定诈骗既遂，还是按未遂数额定诈骗未遂，应具体情况具体分析，总的原则是重行为吸收轻行为，不能数罪并罚：（1）受骗人实际被骗的数额未达“较大”标准，而可能被骗的数额超过“较大”标准，甚至达到“巨大”“特别巨大”程度的，应按可能被骗的数额以未遂定罪；（2）受骗者实际被骗的数额已达“较大”标准，可能被骗的数额未达“巨大”标准，或实际被骗的数额已达“巨大”标准，可能被骗的数额未达“特别巨大”标准，或者实际被骗的数额与可能被骗的数额均达“特别巨大”标准的，按实际被骗的数额以既遂定罪量刑，或者他可能被骗的数额可作为量刑情节予以考虑；（3）实际被骗数额已达“较大”标准，可能被骗数额达到“巨大”或“特别巨大”标准的，若数额相差较小，不足以影响量刑的，仍按实际被骗数额以既遂定罪量刑，或者数额相差悬殊，对量刑轻重有很大影响的，则应按可能被骗数额以未遂定罪量刑。[②] 有学者认为，从法律上区分如下两种情形具有合理性：（1）行为人选择某一公司老板为盗窃对象，以盗窃巨额现金为日标入室盗窃，但行窃时未发现巨额现金而只窃得些许零钱；（2）行为人盗窃储蓄所保险柜内的现金，打开保险柜后正从里面取出巨额现金时被值班人员当场抓获，因而未能得逞。此两种情况中的行为人的主观恶性程度相当，但行为的客观危害程度是不同的，前者由于行为未涉及实际的财产或者只是涉及少量的财产，尚未对法定数额的财产法益造成现实的危险，因而其客观危害程度很小；后者的行为对符合法定数额标准的财产法益构成了现实危险，客观上的危害性较大。因此，虽然前者的行为人主观上的目标数额巨大，但客观上盗窃行为未涉及数额较大的财产，不符合盗窃罪的定罪数

① 参见金泽刚：《犯罪既遂的理论与实践》，人民法院出版社2001年版，第173页。

② 参见王晨：《诈骗犯罪研究》，人民法院出版社2003年版，第47～48页。

额标准，不构成犯罪；后者应视为盗窃数额巨大，以犯罪未遂论。①

另有学者就数额加重犯的未遂问题作了系统的论述，具体分以下情形：（1）行为人主观上针对加重数额实施犯罪行为，最后实际只符合基本数额的条件。此情形只能以基本犯的既遂处罚。理由是，数额加重犯与数额基本犯纯粹是因为数额量差引起的划分，数额加重犯又是以实施基本犯为前提的，自身并没有独立的构成要件，这样即使是数额加重犯存在未遂，但是如果行为人的行为符合基本犯的条件，该行为属于基本犯既遂，加重数额的未遂就没有独立定罪意义；（2）行为人主观上针对基本数额实施犯罪，实际符合加重数额的条件。此情形应按照数额加重犯的既遂处罚，适用加重数额的法定刑，这也符合立法按照实际数额设定刑罚的意图；（3）行为人针对加重数额犯罪，实际上既不符合加重数额条件，也不符合基本数额条件。此情形应分三种情况：其一是持有型数额犯，即法律规定行为人持有一定数额的财物或者物品构成的犯罪。持有型数额犯的基本犯和加重犯均不可能存在未遂形态。理由是，其在定罪上的特点是能够查清物品或者财产来源或者去向的，应当按照其来源或者去向构成的相关犯罪定罪；若不能查清其来源或者去向的，根据行为人事实上持有物品或者财产的存在状态分别按照持有型罪名定罪处罚。其二是生产、经营型数额犯，即在犯罪客观行为上，具有通过对一定媒介实施非法加工、制造、销售、出售、购买等带有反复性或者重复性经济活动特征的数额犯。生产、经营型数额犯的加重犯不存在未遂。理由是，非法生产、经营行为具有一定的反复性，数额具有结局性，即为案发前多次间断生产、经营行为的结果，或者是连续反复实施行为造成的结果。同时，行为人主观上均具有获取巨额利润的目的，若以行为人主观上追求的数额为参照，行为人没有实现最高“理想”，就以未遂论处，势必意味着这些犯罪就只存在未遂形态。因此，生产、经营型数额犯应以行为人实际达到的数额定罪处罚，达到基本犯数额的按照基本犯处罚，达到加重数额的按照加重犯处罚；若主观上追求巨大、特别巨大数额，实际上基本数额都没有达到的，不应以犯罪论处。其三是侵财型犯罪，即行为人将一定的财产直接作为行为指向对象或者目标，改变财物占有关

① 参见刘之雄：《犯罪既遂论》，中国人民公安大学出版社2003年版，第137页。

系、非法占有他人财物的数额犯。侵财型犯罪在某些情况下的数额加重犯可以成立未遂形态。理由是：首先，符合处罚重罪未遂的通例。其次，按照我国主客观相一致的刑法理论，客观上存在巨额财产，行为人主观上针对该财产实施侵犯行为，只是因为意志以外的原因而没有得逞的行为，既严重危及重大财产的安全，又充分表明行为主体的主观危险性，因而有必要进行处罚。再次，与我国司法惯例相符合，例如，《办理盗窃罪解释》第12条规定："盗窃未遂，具有下列情形之一的，应当依法追究刑事责任：（4）以数额巨大的财物为盗窃目标的；（2）以珍贵文物为盗窃目标的；（3）其他情节严重的情形。盗窃既有既遂，又有未遂，分别达到不同量刑幅度的，依照处罚较重的规定处罚；达到同一量刑幅度的，以盗窃罪既遂处罚。"①《诈骗罪解释》第4条规定："诈骗未遂，以数额巨大的财物为诈骗目标的，或者具有其他严重情节的，应当定罪处罚。"② 最后，从主观危险性和政策效果角度来看，侵财型犯罪属于自然犯，是违反人类基本社会伦理的行为，道义非难性强烈，主观恶性较大，处罚未遂行为有利于遏止犯罪意图的实现，从而有利于整个社会伦理价值的重申。而生产、经营型数额犯属于法定犯或者行政犯，道义非难性弱，甚至有时不具有道义谴责性。这些行为的处理应当强调客观危害性，只要客观上没有达到法定的数额，就表示其客观危害没有达到法定标准，因而没有必要处罚。③

笔者认为，上述几点理由不是很有说服力：首先，重罪难以将生产、经营型数额犯与侵财型数额犯区分开来；其次，若对生产、经营型数额犯的未遂实行处理，同样会符合主客观相一致原则；再次，生产、经营型数额犯中某些个罪的未遂也已出现在司法解释中，例如，2001年4月10日施行的最高人民法院、最高人民检察院《关于办理生产、销售伪劣产品案件具体应用法律若干问题的解释》第

① 1997年11月4日最高人民法院《关于审理盗窃案件具体应用法律若干问题的解释》第1条规定："盗窃未遂，情节严重，如以数额巨大的财物或者国家珍贵文物等为盗窃目标的，应当定罪处罚。"

② 1996年12月最高人民法院《关于审理诈骗案件具体应用法律若干问题的解释》规定："已经着手实施诈骗行为，只是由于行为人意志以外的原因而未获取财物的，是诈骗未遂，情节严重的，也应当定罪并依法处罚。"

③ 参见唐世月：《数额犯论》，中国人民大学博士论文2003年印，第82～85页。

2条第2款规定："伪劣产品尚未销售，货值金额达到刑法第140条规定的销售金额3倍以上的，以生产、销售伪劣产品罪（未遂）定罪处罚"；最后，自然犯与行政犯所反映的行为人的主观恶性大小不同，要求在刑事政策上有所区别对待。但是，客观上是否存在未遂形态与司法实践中是否实际处罚未遂形态并不是完全等同的问题，部分未遂也完全可能适用《刑法》第13条但书的规定不作为犯罪处理。总的来说，在坚持主客观相统一原则的前提下，凡是有证据证明行为人主观上以"数额较大"或者"数额巨大"的财物为对象，因意志以外的原因未得逞的，应以相应档次的法定刑为基准适用《刑法》第23条第2款的规定"可以从轻或者减轻处罚"。若证据尚不能证实行为人是以"数额较大"或"数额巨大"财物为对象的，则应坚持有利于被告人的原则以实际的数额档次适用相应的法定刑。

六、敲诈勒索罪的未遂形态

世界各国对恐吓罪或者敲诈勒索罪的既遂、未遂的规定及其认定存在着差别。例如，根据《俄罗斯联邦刑法典》第163条规定，"勒索"没有规定要造成被害人财产上的损害，才构成既遂，而且实务部门的解释也不将有无财产损害作为区分此罪的既遂未遂的标准，"自提出关于交付财产、财产权或为犯罪人或其指定的人的利益实施财产性质的非法行为之时起，勒索即为既遂犯罪，而不论这些要求是否得到执行"。[①] 日本判例认为，如果行为人没有致被害人遭受财产上的损失，则只成立恐吓罪的未遂。[②]

日本学者认为，恐吓罪的着手时期是以使人交付财物的意思实施了恐吓行为之时，其既遂时期是排除了被害人对财物的占有而设定了由行为人自己或者第三者占有财物之时。仅仅只有让出的意思表示，尚不足够。关于不动产，仅仅使人作出了转移所有权的意思表示，还未完成登记或者移交的手续时，尚不成立既遂。恐吓罪要达到既遂，行为人应凭借恐吓行为使对方产生恐惧心理，通过被害人由此作出的财产性处分行为而取得了财物的占有。其间，需要存

① 参见［俄］斯库拉托夫、列别捷夫主编：《俄罗斯联邦刑法典释义》（下册），黄道秀译，中国政法大学出版社2000年版，第434页。

② 参见［日］三原宪三：《刑法各论》，日本成文堂1994年版，第172页。

在因果关系。即使实施了恐吓行为，对方没有产生恐惧心理，仅仅出于怜悯之情而给予了财物时，恐吓罪未遂。只是，在被恐吓者与财物的交付者是不同的人时，既然在恐吓行为与交付行为之间存在因果关系，那么，就不需要使财物的交付者也产生恐惧心理。[①]

我国台湾地区判例认为，恐吓取财罪既遂与未遂之区分应以犯人是否得财为标准，换言之，被恐吓者本人或第三人之财产业已遭受损失，但行为人仍未得财时，则仍为未遂。有学者认为，恐吓罪既遂与未遂之区分，乃以行为人之行为已否造成被恐吓者本人或第三人之财产损失为标准。至于行为人是否业已获得财产利益，则与本罪之既遂无关，故若行为人已着手恐吓行为，但他人并未因恐吓而生畏惧心，或尚未交付财物者，均属本罪之未遂。相反地，如行为人实施恐吓，被害人乃签发支票，交付行为人收受，纵该支票尚未换得现款，仍属本罪之既遂，或如被害人受恐吓后，将财物交由案外人转交，虽行为人尚未得财，亦应成立本罪之既遂。[②]

我国刑法学界对敲诈勒索罪既遂、未遂的区分存在不同的认识，具体包括以下几种观点：（1）敲诈勒索罪是行为犯，不存在未遂形态。只要行为人实施了以威胁或要挟方法，迫使被害人交付财物的行为，即构成既遂。[③]（2）只要行为人以非法占有财物为目的，实施了足以使他人产生恐惧的威胁、要挟行为，已造成他人精神上的恐惧，即使没有占有财物，也构成既遂。[④]（3）只要行为人实施敲诈勒索行为后，又到约定地点提取索要的财物，即使没有非法占有财物，也构成既遂。[⑤]（4）敲诈勒索罪作为一种侵害财产占有的犯罪，自然应该以行为人取得他人财物的占有，作为既遂的成立条件。这是因为非法取得他人财物既是行为人主观目的之所在，又是包括敲诈勒索罪在内的所有取得罪侵害他人财产权的实质或要害。即便是抢劫这种对人身侵害的程度远远超出敲诈勒索的犯罪，国内外刑

① 参见［日］大塚仁：《刑法概说》（各论），冯军译，中国人民大学出版社2003年版，第268～269页。

② 参见林山田：《刑法特论》，台湾地区三民书局1978年版，第388～389页。

③ 参见成国平等：《关于敲诈勒索罪的几个问题的探讨》，载《人民检察》1990年第5期。

④ 参见李光灿主编：《中华人民共和国刑法论》（下册），吉林人民出版社1984年版，第566页。

⑤ 参见王平铭等：《浅论敲诈勒索罪的几个问题》，载《审判研究》1991年第1期。

法理论的通说都认为，基本抢劫罪要以取得财物作为既遂的标志，抢劫致被害人轻伤而未取得财物的，通常也只能以未遂论处。[①] 因此，行为人未取得被害人的财物，不可能构成本罪既遂；即使取得了被害人的财物，但如果不是被害人基于恐惧而交付的，也同样不可能是本罪既遂，而有可能成立本罪未遂。[②]（5）行为人是否实际取得公私财物，并不影响敲诈勒索罪的成立，只对决定既遂、未遂有意义。[③] 敲诈勒索罪的完成形态属于结果犯，即行为人使用了恐吓、威胁等手段，使被害人产生恐惧感，从而被迫交出财物的，即为既遂；如果被害人并未因被告人的行为而产生恐惧或者虽有恐惧感，但未交出财物的，均为敲诈勒索的未遂。[④] 敲诈勒索罪的既遂通常以犯罪人实现对财物实际控制为标准，但是，如果被害人在受到威胁、恐吓后向公安机关报案，并在有关司法机关的授意下，携款潜往行为人指定的交款处，行为人前去取款时被当场抓获的，则无论行为人是否将财物实际取到手中，均应当视为犯罪未遂。若犯罪人取得财物后突然利用各种方式逃跑，未能当场被抓获，之后才被抓获的，则构成既遂。[⑦]

在笔者看来，敲诈勒索罪既遂、未遂的区分标准的确立，与下列问题的回答紧密相关：（1）敲诈勒索罪的立法形态是既遂模式还是成立模式；（2）敲诈勒索罪的“数额较大”是行为要件还是结果要件。

（一）刑法分则罪状构成要件的设置模式

犯罪未遂是相对于既遂而言的，既遂犯概念的确立显然有助于对未遂犯的界定。但是，纵观各国刑法典对犯罪停止形态的规定和处罚，只有极少数国家明确规定了既遂犯的概念。例如，1940年《巴西联邦共和国刑法典》第12条、1996年《俄罗斯联邦刑法典》

① 最高人民法院刑一庭、刑二庭在“曾贤勇抢劫案”的“裁判理由”中指出，“抢劫罪既未遂的认定，应从其侵犯客体来加以理解。抢劫罪侵犯的是复杂客体，既侵犯财产权利又侵犯人身权利，具备劫取财物或者造成他人人身伤害后果两者之一的，均属抢劫既遂；既未劫取财物，又未造成他人人身伤害后果的，属抢劫未遂”。参见最高人民法院刑一庭、刑二庭编：《刑事审判参考》（2002年第4辑），法律出版社2002年版，第24页。

② 参见刘明祥：《财产罪比较研究》，中国政法大学出版社2001年版，第300页。

③ 参见赵秉志：《侵犯财产罪》，中国人民公安大学出版社2003年版，第358页。

④ 参见赵秉志：《侵犯财产罪》，中国人民公安大学出版社2003年版，第368页。

第29条规定，等等。就犯罪未完成形态处罚范围的规定而言，各国刑法大体有三种立法模式：（1）概括主义，即只在刑法总则中规定犯罪未完成形态的概念和处罚原则，分则中不作明确的规定。至于对某种具体犯罪是否处罚未完成形态，由法官酌情决定。例如，越南、朝鲜、蒙古等国。（2）列举主义，即既在刑法总则中规定处罚犯罪未完成形态以法律有特别规定者为限，又在分则中规定对哪些犯罪处罚其未完成形态，通常只处罚性质严重之罪的未完成形态，例如，日本、韩国等国。（3）综合主义，即对重罪采取概括主义，对轻罪采取列举主义，也就是说，在刑法总则中规定重罪的未完成形态均予处罚，而轻罪的未完成形态的处罚则由分则有选择地加以规定。例如，德国、法国等国。我国刑法属于第一种情形，只在总则中规定犯罪未完成形态的概念和处罚原则，而分则条文没有明示哪些犯罪处罚何种未完成形态。因此，针对我国犯罪未完成形态的处罚范围，就存在两种观点：一是认为既然刑法总则规定了犯罪预备、未遂和中止的概念，那么，刑法分则规定的四百多个罪名，都应存在未完成形态；二是认为由于刑法分则没有明确规定哪些具体犯罪处罚预备、未遂或者中止行为，因而在现行刑法规定的四百多个罪名中，有些具体犯罪存在未完成形态，而有些具体犯罪则不存在未完成形态。①

立法者之所以要设定各种犯罪停止形态，一是因为有些犯罪在客观上存在不同的多种停止形态（假如只存在一种停止形态，那就无划分的必要，例如过失犯罪）；二是同一犯罪的各种不同停止形态所体现的对法益的侵害或危殆程度存在明显差别，因而有必要配置相应的刑罚。例如，常态的故意杀人罪就会存在故意杀人的预备形态、未遂形态、中止形态及既遂形态，并且这些停止形态对具体人的生命的侵害程度是不一样的，自然要求配置不同的刑罚。从理论上来说，立法者对犯罪停止形态进行罪状设计，即通过刑法分则条文对犯罪具体构成要件加以表述。这种设计存在两种路径：（1）最低标准，即犯罪行为未导致具体法益实害结果之前、被立法者认为应予以刑罚处罚程度时所要求的必备条件；（2）最高标准，即犯罪

① 转引自刘家琛主编：《当代刑罚价值研究》，法律出版社2003年版，第10～11页。

行为最终导致具体法益实害结果出现时所要求的必备条件。此两种路径相当于刑法分则罪状设计的两种模式，即“犯罪既遂模式”和“犯罪成立模式”。具体来说，犯罪既遂模式，是在刑法分则条文中只规定犯罪既遂的构成要件，与分则罪状相对应的法定刑是犯罪既遂形态的法定刑。至于犯罪的未完成形态，则在总则中规定其构成的基本规格，再结合分则规定的行为界定各未完成形态的构成要件。犯罪成立模式，是指刑法分则条文的规定中，不仅包含着既遂形态的犯罪构成，而且也包含着未完成形态的犯罪构成；与此相适应，与刑法分则中的规定相对应的法定刑，也就分别适用于犯罪的既遂形态和未完成形态。[①] 以故意杀人罪为例，罪状设计和法定刑配置可作如下两种安排：（1）在刑法分则条文中规定故意杀人罪的最低标准，并配置相应的法定刑，同时在总则或者分则中规定其他各种停止形态的具体要件，并配置相应的法定刑，即“故意杀人的，处……”；（2）在刑法分则条文中规定故意杀人罪的最高标准，并配置相应的法定刑，同时在总则中规定其他各种停止形态的基本规格和刑罚适用原则，即“故意实施杀害行为致人死亡的，处……”。

就我国现行刑法条文的规定而言，学界存在不同认识：有学者明确主张刑法分则条文的规定就是以既遂为标本的，即主张既遂模式说。[②] 有学者认为，刑法分则条文的规定不是以既遂为标本，而是犯罪成立的标准，即主张犯罪成立模式说。[③] 有学者认为，我国刑法的规定，既不是典型的犯罪既遂模式，也不是典型的犯罪成立模式。仅依据法条的规定来断定刑法的规定模式是不合适的，还应从应然的角度来分析刑法分则的模式。[④] 笔者认为，第三种观点是符合刑法条文的实际的。无论是坚持“犯罪既遂模式”还是主张“犯罪成立模式”，均无法合理一致地解释刑法总则或分则的有关条文。换言之，我国刑法规定并没有采取统一的模式。因此，刑法理论界和实务界从“犯罪既遂模式说”或者“犯罪成立模式说”立场出发对刑法中某些个罪的停止形态的分析就会形成截然不同的结论。例如，以1997年《刑法》第145条规定的生产、销售不符合标准的医用器

① 参见李洁：《犯罪既遂形态研究》，吉林大学出版社1999年版，第63~64页。

② 参见何秉松：《犯罪构成系统论》，中国法制出版社1995年版，第333页。

③ 参见张明楷：《犯罪论原理》，武汉大学出版社1991年版，第468~470页。

④ 参见李洁：《犯罪既遂形态研究》，吉林大学出版社1999年版，第68页。

材罪为例。有学者认为，此罪是按照结果犯规定的，即只有“对人体健康造成严重危害的”才作为犯罪论处。[①] 有学者认为，这种对人体健康造成严重危害，当然是对结果的规定，但是否意味着只有这种结果发生才构成犯罪，即不可能存在未完成形态呢？这是一个值得研究的问题。如果生产者生产出了一定数量的严重不符合标准的医用器材，并将其卖给经销商，在尚未造成法定的严重后果的时候即被发现，生产者的行为是否就不具有可罚性？在这种情况下，生产者的行为已经实行完毕，结果是否发生，完全取决于行为人的行为与主观恶性以外的情况，因而结果未出现，很难就说明其行为不具有可罚性。[②] 同样，立足于“犯罪既遂模式”或者“犯罪成立模式”，敲诈勒索罪的既遂、未遂的认定也就会存在差别。

（二）数额犯的未遂形态

我国刑法中的数额（除非特别指明，数额也包含数量）应分以下情形分别考虑：（1）根据刑法规定数额的载体不同，分为总则数额和分则数额，前者如《刑法》第25条中的“二人以上”、第42条中的“一个月以上六个月以下”，等等，后者如《刑法》第394条中的“数额较大”；（2）根据刑法规定数额的具体程度的不同，可分为具体数额和概括数额，前者如“数额较大”“数额巨大”等概括数额、“数量巨大”等概括数量；后者如“销售金额5万元以上”“偷税数额占应纳税额的10%以上并且偷税数额在1万元以上”“罂

① 参见王作富主编：《刑法分则实务研究（上）》（第2版），中国方正出版社2003年版，第295页。

② 2002年12月全国人大常委会通过的《刑法修正案（四）》将该罪的定罪标准修改为“足以严重危害人体健康的”，这表明了立法者现在认为生产、销售不符合标准的医用器材未必要实际对人体健康造成严重危害才具有可罚性，即以犯罪论处。

粟500株以上”，等等。[①]（3）根据刑法规定数额是否被罪状加以表述，可分为构成要件数额与非构成要件数额，前者如《刑法》第345条第1款盗伐林木罪基本罪状中“数量较大”、第318条组织他人偷越国（边）境罪加重罪状中“违法所得数额巨大”，后者如下列条文中的“多次”，即《刑法》第153条第3款规定：“对多次走私未经处理的，按照累计走私货物、物品的偷逃应缴数额处罚”；第201条第3款规定：“对多次犯有前两款行为，未经处理的，按照累计数额计算”；第347条第7款规定：“对多次走私、贩卖、运输、制造毒品，未经处理的，毒品数量累计计算”；第383条第2款规定：“对多次贪污未经处理的，按照累计贪污数额处罚”；（4）根据刑法规定数额是否明示，分为明示数额和隐含数额。按照马克思主义哲学的观点，“任何事物均是质和量的统一体”，那么，刑法分则条文许多规定均含有定量因素，例如，《刑法》第232条规定“故意杀人”中的“人”至少是1人以上、第147条规定“使生产遭受较大损失”必然也有量的限制（从法定刑“并处或者单处销售金额50%以上2倍以下罚金”就可推知）。这些没有被立法者明确以概括或具体数额加以表述的，属于隐含数额，而与之对应的是明示数额，即立法者用概括数额或具体数额的方式来加以表述；（5）根据刑法规定数额的主体不同，可分为立法数额和司法数额，前者指刑法典和立法解释规定的数额，如《刑法》第164条规定的“数额较大”，后者指司法解释规定的数额，如2001年1月22日施行的最高人民法院《关于审理为境外窃取、刺探、收买、非法提供国家秘密、情报案件具体应用法律若干问题的解释》第2条规定的“（为境外窃

① 数额的具体化方式大致有以下三种：一是规定绝对的、固定的数额标准，即都采取绝对封闭的数额犯立法模式；二是规定一定幅度的数额标准，如将某种犯罪的数额较大规定为3000元以上6000元以下，法官再在幅度内裁量；三是不规定具体数值、数量而规定一个可供司法裁量的依据，即参照《俄罗斯联邦刑法典》的数额犯立法模式，规定一个可以随社会发展变化而变化的计算标准（例如，“最低劳动报酬”），按照该标准的倍数或者比例确定数额。有学者建议，我国数额具体化的目标定位，最理想的是以上一年度全国“人均国内生产总值”为标准，以该标准的具体倍数或者具体比例为各个数额犯的数额。参见唐世月：《数额犯论》，中国人民大学博士论文2003年印，127～128页。笔者认为，第三种方案具有合理性，既贯彻了罪刑法定原则所要求的相对明确性原则，又能克服第一种方案的过于机械和第二种方案不适应社会发展变化的不足。

取、刺探、收买、非法提供）三项以上（机密级国家秘密）”；[①]（6）根据刑法规定数额反映的内容不同，可分为行为主体数额、行为数量、行为对象数额、行为结果数额。行为主体数额反映参与犯罪的人数，例如，《刑法》第336条强奸罪加重罪状中“二人以上（轮奸）”；行为数额反映行为本身的次数或频率，例如，《刑法》第321条运送他人偷越国（边）境罪加重罪状中“多次（实施运送行为）”；行为对象数额反映行为直接针对的对象的数额或数量，例如，《刑法》第153条走私普通货物、物品罪中“货物、物品”的数量；行为结果数额反映行为涉及具体犯罪构成要件结果要素的数额或数量，例如，《刑法》第153条走私货物、物品罪中的“偷逃应缴税额”。行为对象数额与行为结果数额在某些罪中是重合的，例如，《刑法》第274条敲诈勒索罪中的“数额较大”，在某些罪中是有区别的，例如，《刑法》第175条高利转贷罪中行为对象数额是指贷款数额，行为结果数额是指违法所得数额；（7）根据刑法规定数额是否独立充任情节，可分为独立数额和并列数额，前者如《刑法》第163条公司、企业人员受贿罪中“数额较大”，后者如《刑法》第159条虚假出资、抽逃出资罪中“数额巨大、后果严重或者有其他严重情节”。

数额犯之“数额”在具体犯罪构成要件中处在何种地位，学界存在不同意见：有学者专门就盗窃罪“数额较大”的属性做了如下论述，即第一，其是犯罪构成行为要件的定量标准，而非犯罪构成结果要件的定量标准。首先，从刑法的规定看，对其罪状的表述是“盗窃公私财物，数额较大”，这一罪状中的“数额较大”，不仅包括盗窃所得财物数额较大的情形，也包括盗窃行为的数额较大，即作为盗窃行为对象的公私财物数额较大。这是因为，罪状中并没有使用任何表明犯罪结果数额的词语。如果“数额较大”是指犯罪结果的数额较大，立法上就会采用表明结果要件的立法用语（如“非

① 有学者认为，刑法原本规定为情节犯，由于符合情节要件的犯罪构成事实就是指一定数额或数量的犯罪对象，这种犯罪实际上是数额犯或数量犯。例如，《刑法》第363条第1款规定的制作、复制、出版、贩卖、传播淫秽物品牟利罪是情节犯，但最高人民法院《关于审理非法出版物刑事案件具体应用法律若干问题的解释》第8条对该罪的解释表明该罪又是数量犯。参见金泽刚：《犯罪既遂的理论与实践》，人民法院出版社2001年版，第137～138页。

法占有财物数额较大”或“造成财产损失数额较大”)。其次,“数额较大”如果被理解为犯罪构成结果要件的定量标准,即只有发生了数额较大的实害结果,犯罪才能成立,那就意味着无论行为人盗窃价值多大的财产,只要盗窃未能完成,就不构成犯罪。此结论显然不合情理。[①] 第二,其是区分罪与非罪的标准,不能将结果上的数额标准当作盗窃罪的既遂、未遂标准,否则就会逻辑地得出如下结论:盗窃所得数额较大的,是盗窃罪的既遂;盗窃所得数额不大或者未窃取到财物的,就是盗窃罪的未遂。如此,盗窃罪与一般盗窃违法行为的界限就不复存在。第三,其是行为的客观定量标准,不能被理解为行为人主观上意图盗窃的财物数额较大。[②] 有学者认为,数额不是定罪的因素,而仅仅是量刑的依据。[③] 有学者认为,“数额是行为之数额,……,因而归为构成要件是顺理成章的”,“数额是犯罪的构成要件,它是一个复合性的构成要件,因而不同于一般的构成要件。数额不同于行为、行为客体、结果等这些一般的构成要件,而是在此基础上反映行为的违法性程度的要件”。[④] 笔者认为,数额犯之“数额”要素不是具体犯罪构成要件的独立要件,而是依附于行为要件、对象要件或者结果要件的要素,例如,《刑法》第351条非法种植毒品原植物罪中“数量较大”是修饰“种植”行为的对象——“其他毒品原植物”,第274条敲诈勒索罪中“数额较大”既反映行为人敲诈勒索“公私财物”的所得,也体现他人“公私财物”的所失(法益损害)。

就数额犯未完成形态问题的研究而言,我国刑法学界大多数在相关个罪中论及,概括起来主要有以下几种观点:其一是否定说,即数额犯不存在未遂。有人认为,以一定之犯罪数额作为犯罪成立要件的典型数额犯,应当是犯罪既遂的一种形式。由于典型的数额犯以犯罪数额的大小作为罪与非罪区分的标准,达不到法定要求,则不构成犯罪,而犯罪预备、犯罪中止、犯罪未遂等犯罪的未完成形态是以构成犯罪为前提条件的,所以典型数额犯罪不存在犯罪未完成形态。例如,骗购外汇罪,在行为人已经着手实施骗购外汇行

---

① 参见刘之雄:《犯罪既遂论》,中国人民公安大学出版社2003年版,第136页。

② 参见刘之雄:《犯罪既遂论》,中国人民公安大学出版社2003年版,第136页。

③ 转引自赵秉志主编:《侵犯财产罪研究》,中国法制出版社1998年版,第178页。

④ 参见陈兴良:《定罪之研究》,载《河南政法管理干部学院学报》2000年第1期。

为但由于意志以外的原因，未能从外汇指定银行购取数额较大的外汇的情况下，由于犯罪数额未达到较大要求，故不能构成骗购外汇罪，因而也不存在犯罪未遂的问题。[①] 有人认为，盗窃无论是分文未获，还是所窃财物未达到盗窃罪数额较大的定罪起点标准，均不构成盗窃罪的未遂，因为根据刑法对盗窃罪的规定，数额是否达到较大，应是盗窃罪构成与否的绝对标准（暂不考虑多次盗窃的情形），赃物数额未达到盗窃罪的定罪起点标准，根本就不可能构成犯罪，何谈犯罪未遂？至于司法解释关于“盗窃未遂、情节严重，如以数额巨大的财物或者国家珍贵文物等为盗窃目标的，应当定罪处罚”的规定，其合理性是值得推敲的。推而广之，立法上既定性又定量的数额犯只存在犯罪是否构成的问题，不存在犯罪未遂的可能。[②] 其二是肯定说，即数额犯存在未遂。有人认为，刑法规定的各种犯罪构成及其刑事责任，都是以既遂罪为标准的，齐备了犯罪构成要件的，是犯罪既遂，否则就是犯罪的未完成。就数额犯而言，只有发生了符合法定数额标准的结果，才是犯罪既遂；如果未达到法定的数额标准，则意味着犯罪构成要件不齐备，因而属于犯罪的未完成。例如，生产、销售伪劣产品罪，如果销售出去的伪劣产品金额达到5万元以上的，就是既遂；如果已经实施了生产、销售伪劣产品的行为，由于行为人意志以外的原因，没有来得及销售出去或者销售金额尚未达到5万元以上，但货值金额达到司法解释规定的15万元以上的，属于生产、销售伪劣产品罪的未遂。[③]

近来也有学者专门就数额犯的未遂形态做了系统的论述。有学者认为，数额犯的基本犯不存在未遂形态。理由主要是：（1）基本犯的数额的功能在于出罪，若将不具备数额标准的行为作为未遂犯处理违背立法宗旨。立法者之所以要规定一定的数额，目的在于限制处罚范围，防止将那些达不到数额标准的行为作为犯罪处理。（2）承认数额犯的基本犯处罚未遂行为，与我国刑法改革的方向存在矛

① 参见张军主编：《破坏金融管理秩序罪》，中国人民公安大学出版社2003年版，第537页；金泽刚：《犯罪既遂的理论与实践》，人民法院出版社2001年版，第137页。

② 参见陈洪兵：《从我国犯罪概念的定量性探析犯罪未遂问题》，载《贵州警官职业学院学报》2002年第3期。

③ 参见史卫忠：《生产、销售伪劣商品犯罪认定中的几个疑难问题》，载《整顿规范市场经济秩序法律适用指导》，中国检察出版社2002年版，第156页以下。

盾。刑法中许多数额犯都是由情节犯修改而来，情节犯是没有未遂存在的余地的，只有成立犯罪与否的问题。（3）仅从犯罪未遂的规定模式，不能得出我国刑法不分轻重一概处罚未遂行为的结论。（4）作为结果犯的数额犯也不应当处罚未遂行为。一般的结果犯，以结果是否发生为既遂条件，结果不发生就是未遂，而数额犯的结果犯则不同，数额是对结果的限制，因而没有达到数额要求时即使发生财产被占有的结果，也不能作为犯罪处理。①

有学者认为，数额犯有无未遂应分情况而定。数额犯可分为作为行为犯的数额犯和作为结果犯的数额犯两种。作为行为犯的数额犯，是指一定的犯罪数额并不体现为行为的实际损害，而是体现为行为本身的属性及程度。如生产、销售伪劣产品罪中的销售金额5万元以上，非法种植毒品原植物罪中的种植罂粟500株以上，即属于对行为程度的要求。作为结果犯的数额犯，是指一定的犯罪数额体现为行为的实际损害即一定的危害结果。在某种情况下，没有造成一定数量的危害结果就不能处罚。如盗窃罪，在某种情况下只有盗窃公私财物数额较大才成立盗窃罪。作为行为犯的数额犯，既可以成立既遂罪，也可以成立未遂罪，但成立未遂罪的数额标准高于成立既遂罪的数额标准。因为行为犯的未遂较之既遂，从客观方面看对合法权益的威胁毕竟没有那么直接和现实，但如果主观方面非难可能性很大，自应作犯罪处理。以生产、销售伪劣产品罪为例。行为人生产伪劣产品货值达15万元以上，虽然尚未来得及销售，但主观方面非难可能性增大，并且对合法权益也造成一定威胁，应作为犯罪处理。作为结果犯的数额犯，结果未发生时，并非一律没有成立未遂罪的可能，而是附条件的成立未遂罪，条件是数额远大于成立该罪的法定最低数额。如盗窃罪，如果盗窃的目标数额刚好超过或等于成立盗窃罪的法定最低数额，没有发生结果的，一律不成立犯罪；如果盗窃的目标数额大大超过盗窃罪的法定最低数额，即使没有发生相应的结果，也成立盗窃罪。②

有学者认为，数额犯是指以法定数额作为犯罪构成要件定量标

---

① 参见唐世月：《数额犯论》，中国人民大学博士论文2003年印，第79~80页。

② 转引自刘之雄：《犯罪既遂论》，中国人民公安大学出版社2003年版，第132~133页。

准的犯罪。数额犯中的数额并非是犯罪构成中的一个独立要件，而是犯罪构成中某些要件的量化标准。从数额标准与犯罪构成要件的关系的角度看，数额犯可分为两类：一是以法定的数额作为犯罪构成结果要件定量标准的数额犯（可简称为结果数额犯）。在立法上关于结果数额的规定主要有两种情形：第一是关于造成实际损失的数额规定，如徇私舞弊不征、少征税款罪的“致使国家税收遭受重大损失”，第二是关于违法所得的数额规定，如非法经营同类营业罪的“获取非法利益，数额巨大”。结果数额犯中通常都会在罪状中使用表明结果要件的词语，如“造成……”“致使……”“违法所得”等。二是以法定的数额作为犯罪构成要件定量标准的数额犯（可简称为行为数额犯）。立法上关于行为数额的规定主要存在两种情形：第一是关于行为对象的数额规定，如保险诈骗罪的“数额较大”、偷税罪的“偷税数额占应纳税额的10%以上且偷税数额在1万元以上”；第二是关于行为内容的数额规定，如伪造有价票证罪的“数额较大”、“生产销售伪劣产品罪”的“销售金额5万元以上”。以法定的数额作为犯罪构成结果要件定量标准的结果数额犯，如徇私舞弊不征、少征税款罪、非法经营同类营业罪、销售侵权复制品罪等，由于只有发生符合法定数额标准的结果，犯罪才能成立，因而不存在犯罪的未完成形态。以法定的数额作为犯罪构成行为要件定量标准的行为数额犯，如保险诈骗罪、敲诈勒索罪、盗窃罪、抢夺罪、生产、销售伪劣产品罪等，则通常存在犯罪既遂与犯罪未遂之分；如果犯罪行为造成了犯罪的基本结果，属于犯罪既遂；如果由于意志以外的原因未发生犯罪的基本结果，但行为的数额达到法定的定罪标准，属于犯罪未遂。例如，行为人敲诈勒索他人现金10万元，但在其到指定地点取款时，被埋伏的警察捕获。虽然行为人的敲诈勒索行为未造成实际的危害结果，但其敲诈勒索的财产数额较大，构成犯罪未遂。[①]

在笔者看来，既然立法者在刑法分则条文的具体罪状构成要件中所规定的数额属性并非完全一致，就不能对数额犯的未遂问题作出唯一的结论，而是应具体情况具体分析。就敲诈勒索罪而言，有学者认为，“数额较大”在既遂的敲诈勒索罪与未遂的敲诈勒索罪中的含义是不尽相同的：一是指行为人实际非法占有的公私财物的数额，二是指行为人想非法占有但实际未能占有的公私财物的数额。行为人实施敲诈勒索行为，实际取得了数额较大的公私财物的，当然应认定为敲诈勒索罪，而且是犯罪既遂；行为人意图敲诈勒索数额巨大的公私财物，但因意志以外的原因未得逞的，也应认定已成立敲诈勒索罪，只不过是犯罪未遂；只有在行为人客观上未能实际取得数额较大的公私财物，并且主观上意图非法占有的公私财物尚未达到数额巨大的情况下，才不宜以本罪论处。[②] 笔者认为，敲诈勒索罪的“数额较大”既是行为对象要件，又是行为结果要件，因此，凡是未能满足“数额较大”要件的，均可构成未遂（是否实际处罚和适用刑法总则第13条“但书”，另当别论）。

需指出的是，敲诈勒索罪既遂、未遂的认定中存在从被害人实际处分财物的角度还是行为人实际支配财物的角度来分析的问题，即所谓的“失控说”与“支配说”的分歧。我国通说是以行为人实际得到“数额较大”财物作为既遂标准。[③] 实务部门也采取该标准。最高人民法院刑事审判业务部门的“裁判理由”指出：敲诈勒索罪是主要侵犯财产的犯罪，首先应当考虑以财物的交付或取得作为认

① 参见刘之雄：《犯罪既遂论》，中国人民公安大学出版社2003年版，第128～134页。行为数额犯中的行为数额不同于犯罪人主观上的目标数额。犯罪人的目标数额能反映其主观恶性亦即人身危险性程度，但是，纯粹的主观目的上的目标数额是难以查明的，而且行为人的目标数额往往是不确定的。因此，立法上不可能以犯罪人主观上的目标数额作为犯罪构成的定量标准，也就是说，从犯罪人主观目的上理解的犯罪指向数额只能作为一种酌定的量刑情节予以考虑，而不属于刑法规范上的犯罪数额。而行为数额犯中的行为数额是一种已经反映在行为中的客观化了的数额，即能够从客观上予以认定的数额，如合同诈骗罪中反映在合同中的诈骗数额，生产、销售伪劣产品罪中反映在伪劣产品数量和售价上的销售金额，抢夺罪中抢夺行为所针对的财物价值额，等等。参见刘之雄：《犯罪既遂论》，中国人民公安大学出版社2003年版，第129页。

② 参见赵秉志：《侵犯财产罪》，中国人民公安大学出版社2003年版，第360页。

③ 参见张明楷：《刑法学》（第2版），法律出版社2003年版，第765页；赵秉志：《侵犯财产罪》，中国人民公安大学出版社2003年版，第368页。

定敲诈勒索罪的既遂与未遂的标准，以被害人是否受到精神强制作为判断本罪既未遂的标准是不可取的。至于到底是以被害人是否已被迫交付财物还是以犯罪人是否实际取得他人财物为标准则有待进一步的探讨。侧重于犯罪完成说的观点认为，应当以犯罪人取得财物为标准，只有犯罪人实际取得财物，犯罪才告完成，构成既遂；而侧重于被害人财产权益保护的观点则认为，应当以被害人是否已被迫交付财物为标准，因为只要被害人已被迫交出财物，即意味着被害人的财产权益已受到实际的侵害。应该说，两种观点均有其道理。就实践来看，通常而言，被害人交付财物和犯罪人取得财物往往是一致的，但也存在不一致的情形。如被害人已按犯罪人的要求将财物交付于特定的地点或交付于犯罪人所指定的特定的人，但犯罪人尚未前往取得就被抓获的情况即是。此时，从表面上看，被害人交付财物和犯罪人取得财物在时间上并不一致。但从实质上看，对这种情况，犯罪人虽未前往实际取得财物，但由于被害人是按犯罪人指定的地点或人进行交付，故仍应视为犯罪人可以实际取得该财物。因此，无论是依交付说（失控说）还是取得说（控制说）都宜认定为既遂。需要说明的是，对于这样的一种特殊情形，即被害人事先报警，公安机关已然布控，只待犯罪人前往指定地点取钱即将其抓获的，对此，则不应认定为既遂，而应为未遂。因为，就被害人而言，其并未真正交付财物或者说并未真正失去对财物的控制；就犯罪人而言，其也不可能实际取得财物或形成对财物的控制。因此，无论是依交付说（失控说）还是取得说（控制说）都宜认定为未遂。①

笔者认为，基于立法者设置不同的犯罪停止形态是根据犯罪行为对法益的侵犯程度的不同，敲诈勒索罪采取“失控说”更可取。据此，下列情形应按未遂处理：被害人在受到威胁或者胁迫后向公安机关等报案，并在有关公安机关等的安排下，按照行为人的要求将财物置于某处所或携款前去交付，行为人实际“取得”财物完全处在公安机关等的控制之下。显然，此种情形中被害人在实质上不可能对“交付”的财物失去控制，行为人构成犯罪未遂。

① 参见最高人民法院刑事审判第一庭、第二庭编：《刑事审判参考》（2003 年第 5 辑），法律出版社 2004 年版，第 4 ~ 6 页。

第六章　故意毁坏财物罪

《刑法》第275条规定："故意毁坏公私财物，数额较大或者有其他严重情节的，处三年以下有期徒刑、拘役或者罚金；数额巨大或者有其他特别严重情节的，处三年以上七年以下有期徒刑。"

一、故意毁坏财物罪侵犯的法益

关于故意毁坏财物罪的侵犯客体，存在不同的认识：有学者认为，故意毁坏财物罪侵犯的客体是公私财物的所有权。① 有学者认为，故意毁坏财物罪侵犯的法益是他人财物的效用而不是财产所有权。② 日本大体上存在本权说、占有说与修正说三种。（1）"本权说"又称狭义说，认为其侵犯的是财物的所有权及其他本权。本权是指法律上的正当占有权利，即被害人占有财物是基于法律上的正当理由。本权具体包括所有权以及担保物权、抵押权、租借权等其他合法的权利。根据本权说，毁损他人不法占有的财物（如盗窃所得的美术品）和毁损他人占有的不合法财物（如违禁美术品）均不构成此罪。（2）"占有说"又称持有说、广义说，认为其侵犯的是他人对财物事实上的占有本身，具体包括合法的占有和非法的占有。根据此说观点，所有人毁坏被他人以盗窃、抢劫、诈骗等不法手段夺走的自己的财物的，也可构成此罪。（3）"修正说"又称中间说，是对本权说和占有说的折衷，具体又包括有理由的占有说、扩张的

① 参见周道鸾、张军主编：《刑法罪名精释》（第2版），人民法院出版社2003年版，460页。

② 参见周光权：《刑法各论讲义》，清华大学出版社2003年版，第148页。

本权说、被修正的本权说、平稳占有说、实质占有说等。这些不同的学说，对同一行为的定性存在分歧。就我国通说而言，最狭义地理解为“公私财产所有权”（即“所有权说”）。笔者倾向于有学者在分析财产犯罪的法益后提出的观点：本罪侵犯的是财产所有权及其他本权，也包括对财产平稳的、只能通过法定程序恢复应有状态的占有，从而合理地把握此罪的处罚范围。①

二、故意毁坏财物罪的对象要件

从罪状的规定来说，侵犯财产罪侵犯的对象是“公私财物”，包括“公”财物和“私”财物。所谓“公”财物，具体包括国家所有的财物和集体所有的财物。《刑法》第91条对公共财产作了规定，本法所称公共财产，是指下列财产：（1）国有财产；（2）劳动群众集体所有的财产；（3）用于扶贫和其他公益事业的社会捐助或者专项基金的财产。在国家机关、国有公司、企业、集体企业和人民团体管理、使用或者运输中的私人财产，以公共财产论。“公”财物的认定可以参照“公共财产”的定义来进行。所谓“私”财物，是指他人所有财物或者他人支配的财物，行为人自己所有的财物或者支配的财物也可能成为此罪的侵犯对象。《刑法》第92条对“私人所有的财产”作了规定，本法所称私人所有的财产，是指下列财产：（1）公民的合法收入、储蓄、房屋和其他生活资料；（2）依法归个人、家庭所有的生产资料；（3）个体户和私营企业的合法财产；（4）依法归个人所有的股份、股票、债券和其他财产。“私财物”的认定可参照此规定进行。②

基于刑法体系的立场，立法者着眼于财物的特定功能或者属性将其纳入其他具体罪名的，司法实践中采取体系解释的方法，具体又可分为以下情形来加以分析：

一是立法者非明示地将财物的毁坏纳入他罪的法益保护范围。例如，《刑法》第114条规定：放火、决水、爆炸以及投放毒害性、放射性、传染病病原体等物质或者以其他危险方法危害公共安全，

① 参见张明楷：《法益初论》，中国政法大学出版社2000年版，第249页以下。

② 《日本刑法》第262条规定：虽然是自己的物，但如果已被查封、已担负物权或者已出租而加以损坏或者伤害的，依照前三条的规定处断。参见《日本刑法典》，张明楷译，法律出版社1998年版。

尚未造成严重后果……；第115条规定：放火、决水、爆炸以及投放毒害性、放射性、传染病病原体等物质或者以其他危险方法……或者使公私财产遭受重大损失……，等等。这些罪的法益中的“公共安全”就包括特定或者不特定财物遭受损害或者危险。

二是立法者明示地将特定财物作为特定危害行为的对象，偏重关注其他法益（如公共安全），而非财产法益。例如，《刑法》第116条规定：破坏火车、汽车、电车、船只、航空器，足以使火车、汽车、电车、船只、航空器发生倾覆、毁坏危险，尚未造成严重后果……；第117条规定：破坏轨道、桥梁、隧道、公路、机场、航道、灯塔、标志或者进行其他破坏活动，足以使火车、汽车、电车、船只、航空器发生倾覆、毁坏危险，尚未造成严重后果……；第118条规定：破坏电力、燃气或者其他易燃易爆设备，危害公共安全，尚未造成严重后果……；第119条规定：破坏交通工具、交通设施、电力设备、易燃易爆设备，造成严重后果……；第121条规定：……或者使航空器遭受严重破坏的……；第124条规定：破坏广播电视设施、公用电信设施，危害公共安全……；第369条规定：破坏武器装备、军事设施、军事通信的……；第276条规定：由于泄愤报复或者其他个人目的，毁坏机器设备、残害耕畜或者其他方法破坏生产经营……；第342条规定：违反土地管理法规，非法占用耕地、林地等农用地，改变被占用土地用途，数量较大，造成耕地、林地等农用地大量毁坏的……；第343条规定：违反矿产资源法的规定，……造成矿产资源破坏的……，等等。

三是立法者笼统地将财物作为特定危害行为的对象，偏重关注的是其他法益，而非财产法益。例如，《刑法》第198条规定：有下列情形之一，进行保险诈骗活动……（4）投保人、被保险人故意造成财产损失的保险事故，骗取保险金……；第289条规定：聚众“打砸抢”……毁坏或者抢走公私财物的，除判令退赔外，对首要分子，依照本法第263条的规定定罪处罚；第293条规定：有下列寻衅滋事行为之一，破坏社会秩序的……（3）强拿硬要或者任意损毁、占用公私财物，情节严重……；第341条规定：隐藏、转移、变卖、故意毁损已被司法机关查封、扣押、冻结的财产，情节严重的……，等等。

四是立法者明示地或者暗含地将特定的财物作为特定危害行为

的对象，偏重其非财产属性的一面（更关注其作为载体背面的内容或者价值），不考虑其财产属性的一面（其价值甚小）。例如，《刑法》第162条之一规定：隐匿或者故意销毁依法应当保存的会计凭证、会计账簿、财务会计报告，情节严重的……；第201条规定：纳税人采取……擅自销毁账簿、记账凭证……；第252条规定：隐匿、毁弃或者非法开拆他人信件，侵犯公民通信自由权利，情节严重的……；第253条规定：邮政工作人员私自开拆或者隐匿、毁弃邮件、电报的……；犯前款罪而窃取财物的，依照本法第264条规定定罪从重处罚；第282条规定：……或者盗窃、抢夺、毁灭国家机关的公文、证件、印章……；第299条规定：在公众场合故意以焚烧、毁损、涂划、玷污、践踏等方式侮辱中华人民共和国国旗、国徽的……；第306条规定：在刑事诉讼中，辩护人、诉讼代理人毁灭伪造证据，帮助当事人毁灭、伪造证据……；第307条第2款规定：帮助当事人毁灭、伪造证据，情节严重的……；第323条规定：故意破坏国家边境的界碑、界桩或者永久性测量标志……；第324条规定：故意损毁国家保护的珍贵文物或者被确定为全国重点文物保护单位、省级文物保护单位的文物的……；故意损毁国家保护的名胜古迹，情节严重的……；第328条规定：……有下列情形之一……（4）盗掘古文化遗址、古墓葬，并盗窃珍贵文物或者造成珍贵文物严重破坏的；第256条规定：……等手段破坏选举或者妨害选民和代表自由行使选举权和被选举权，情节严重的……，等等，其中的“毁坏选票、选民证”就可作为破坏的方式。

司法实务中在遇到上述情形时，就要先分析具体财物的哪些属性功能受到侵犯之后再加以认定，若多种属性受到侵犯时就要依据特定的罪数理论（如想象竞合）来加以解决。1993年9月4日最高人民法院《关于破坏生产单位正在使用的电动机是否构成破坏电力设备罪问题的批复》规定：破坏电力设备罪是危害公共安全的犯罪。该罪所侵犯的客体，是社会的公共安全。如果行为人的行为不具有危害社会公共安全的性质，不能构成该罪。对拆盗某些排灌站、加工厂等生产单位正在使用中的电机设备等，没有危及社会公共安全，但应当追究刑事责任的，可以根据案件的不同情况，按盗窃罪、破坏集体生产罪或者故意毁坏财物罪处理。此《批复》明确要求分析电机设备的哪种属性（财产权属性还是公共安全属性）受到侵犯之后再认定构成何种罪；若是同时侵犯这两种属性的，就应按法条竞合犯处理，即择一重罪从重处理。下列案例“张兵故意毁坏财物案”（案例1）和“熊家文等人故意毁坏道路案”（案例2）的行为仅侵犯单一的法益即财产权，而不是同时侵犯财产权和公共安全，因而不存在竞合的问题；“陈剑飞故意毁坏财物案”（案例3）的行为同时触犯破坏生产罪和故意毁坏财物罪，按法条竞合来处理（破坏生产经营罪更能全面评价整个犯罪事实①），破坏生产经营罪在1979年《刑法》中被置于破坏经济秩序罪类罪之中，立法者偏重对象所承载的是经济秩序属性而非财产属性，而1997年《刑法》将其置于侵犯财产罪之中，表明立法者偏重对象所承载的是财产属性而非经济秩序属性。破坏生产经营罪（无论是1979年《刑法》还是1997年《刑法》）与故意毁坏财物罪的竞合只能体现在侵犯财产权法益方面。

【案例1】经审理查明：2007年1月4日上午，被告人张兵因琐事对其父母产生不满。当晚20时许，张兵将其家院内的摩托三轮车点燃，并将四轮拖拉机头砸坏。次日上午9时许，张兵用铁锤将其家房屋砸毁多处。接到报警的民警到达现场后，张兵又将自己反锁在其家堂屋内，用打火机将屋内沙发、棉被、衣服、食用油等物品点燃。经鉴定，被张兵毁坏的物品共价值6668元。

法院认为：被告人张兵故意毁坏财物且数额较大的行为已构成故意毁坏财物罪。被告人张兵在开庭审理过程中自愿认罪，可酌情予以从轻处罚。依照《刑法》第275条以及最高人民法院、最高人民检察院、司法部《关于适用简易程序审理公诉案件的若干意见》第9条之规定，判决如下：被告人张兵犯故意毁坏财物罪，判处有期徒刑一年。

① 法条竞合与想象竞合的一个重要区别就是前者侵犯的法益具有包容性（此时侵犯两个法条的结果存在包容关系，例如，一个故意放火行为同时侵犯公共安全和使财物毁损，其中侵犯公共安全包容财产损失，若具体犯罪侵犯公共安全仅表现为不特定人的生命健康安全，就与故意毁坏财物罪不存在竞合关系，而是与故意杀人罪或者故意伤害罪存在竞合关系，而后者侵犯的法益不具有包容性（此时侵犯两个法条的结果不同，例如，一个故意打击行为同时致人伤害和使贵重花瓶破碎，侵犯健康权与侵犯财产权不存在包容关系，而是并列关系）。

【案例2】经审理查明：湖南省麻阳苗族自治县吕家坪镇首座田村的村民，为使本村的机动车能够通向公路，便修建了一条通向公路的村道。由于这条村道从被告人熊家文、熊生根所在的木江溪村经过，给木江溪村的村民造成了一定的损失。该村村民多次要求赔偿，没有结果。1999年7月11日晚8时许，木江溪村党支部书记、被告人熊家文，召集本村五、六组的村民开会，商定将首座田村经过该村的路段炸毁，使其不能通车。会上，被告人熊生根主动提出由他购买炸药。次日早上6时许，被告人熊生根到村民熊家平家买来炸药、雷管等物，与被告人熊家文及村民40余人一起到该村水库边的路段，开始用锄头挖，后由熊生根和其他村民采取挖炮眼用炸药炸的方法，将该路段的部分路基面毁坏。经县交通局鉴定，修复该路段需要经费2万余元。同年7月16日，木江溪村村民又将炸毁的路段进行了修复。

法院经公开审理认为：被告人熊家文、熊生根在邻村修建村道使本村利益受损的情况下，未经合法途径要求解决，而是采取报复手段，与村民一起将途经本村的菜冲坑路段毁坏，造成数额较大的财物损失，两被告人的行为均已触犯《刑法》第275条的规定，构成故意毁坏财物罪，且系共同犯罪。两被告人的行为虽然造成路面被毁的事实，但其主观上没有危害公共安全的犯意，同时被毁的道路未经公路主管部门的验收，不属于破坏交通设施罪所侵犯的对象。公诉机关指控两被告人破坏交通设施罪的罪名不予支持。依照《刑法》第25条~第26条、第72条第1款、第73条第2款和第3款的规定，判决如下：（1）被告人熊家文犯故意毁坏财物罪，判处有期徒刑二年，缓刑二年；（2）被告人熊生根犯故意毁坏财物罪，判处有期徒刑二年，缓刑二年。宣判后，两被告人没有提出上诉，人民检察院也未提出抗诉，判决发生法律效力。

【案例3】经审理查明：临高县博厚镇洋龙经济合作社与临城镇德老村昌堂农场因土地纠纷，经临高县人民政府确权，纠纷土地权属德老村昌堂农场集体所有。1995年7月1日，林彬承包昌堂农场土地，之后又与洪世珍、张雄合伙经营，进行农业生产开发。2004年间，洋龙村多次向县政府上访并到昌堂农场闹事打砸财物。2005年3月8日晚，洋龙村部分村民在被告人陈剑飞家门前开会。被告人陈剑飞及庞名福要求村民次日一起到昌堂农场，不准农场开发生产，夺回土地。2005年3月9日上午6时许，被告人陈剑飞与庞名福等洋龙村多数村民集中后一起来到昌堂农场，对该农场的财物进行打砸，致使农场的掘土机、摩托车、房屋、香蕉苗等农作物苗种以及一些生产工具受到严重损坏，影响了农场的生产经营。经临高县价格认证中心评估，昌堂农场生产基地被毁坏的财物价值人民币182148元。

原审判决认为：被告人陈剑飞目无国法，对村里与昌堂农场土地有争议而没有通过法律途径解决，并且在村民大会上讲煽动性言论，目的是阻止承包商进行生产经营，同时造成村民实施破坏生产工具和大量农作物苗种，严重影响开发商的生产经营活动。被告人陈剑飞对该事件负有一定的责任，其行为构成破坏生产经营罪。公诉机关指控被告人陈剑飞构成故意毁坏财物罪，定罪不准确。鉴于参与毁坏财物的村民人数较多，场面混乱失控，其造成的损害后果并非是被告人陈剑飞所希望的后果，且属于村民群体性事件，对被告人陈剑飞可依法酌情从轻判处。根据《刑法》第276条规定，判决如下：被告人陈剑飞犯破坏生产经营罪，判处有期徒刑二年……

抗诉机关认为：被告人陈剑飞实施的行为属于想象竞合犯，故意毁坏财物价值达182148元，数额巨大，故意毁坏财物罪的情节严重比破坏生产经营罪的一般情节重，应按“从一重罪处断”的原则定罪处罚，应当处三年以上七年以下有期徒刑，原判定性不准，适用法律不当，量刑明显畸轻，特向二审法院提出抗诉，请依法改判。

二审法院认为：原审被告人陈剑飞身为经济合作社主任，在村民大会上散布煽动性言论，并与村民一同阻止开发商生产经营，造成村民实施破坏生产工具、生活用具和大量农作物苗种的行为，致使开发商的直接经济损失达人民币182148

元，其行为构成破坏生产经营罪，属情节严重。原审被告人陈剑飞等村民的行为，其目的在于阻止生产开发，并非纯粹毁坏财物，抗诉机关的抗诉意见认为应认定为故意毁坏财物罪的意见理由不充分，不予支持。原审定性准确，适用法律正确，审判程序合法，但是量刑明显畸轻，应予纠正。海南省人民检察院海南分院的意见有理，应予支持。依照《刑事诉讼法》第189条第（2）项和《刑法》第276条以及《民事诉讼法》第153条第1款第（1）项之规定，判决如下：（1）维持（2007）临刑初字第17号刑事附带民事判决的第二、三项；（2）撤销（2007）临刑初字第17号刑事附带民事判决的第一项（即被告人陈剑飞犯破坏生产经营罪，判处有期徒刑二年）；（3）原审被告人陈剑飞犯破坏生产经营罪，判处有期徒刑四年。

司法实践中，下列问题值得研究：

1. 共同共有的财物能否成为此罪的对象？有观点认为，根据《婚姻法》的规定，除非特别说明，夫妻在婚姻关系存续期间所得财产归夫妻共同所有，夫妻任何一方均有权处分。换言之，一方未经对方同意而处分共同财产的，仅能按照民事纠纷处理，因而不可能成为毁坏财物罪的对象。还有观点认为，根据一物一权原则，一物只能对应于一个所有权，各共同共有人不是单独支配共有物，而是作为一个整体共同享有该物的所有权，处分共有物要以事先同意或者事后追认的形式取得各共有人合意为前提。单个共同共有人不具有毁坏共有物的权利，因而共有物能成为毁坏罪的对象。[①] 在笔者看来，此情形可以参照2013年4月2日施行的最高人民法院《办理盗窃罪解释》第8条的规定处理，偷拿自己家庭成员或者近亲属的财物，对确有追究刑事责任必要的，处罚时也应与在社会上作案的有所区别，即故意毁坏共同共有财物的，原则上不作为犯罪处理，即使要做犯罪处理的，也应考虑到行为人与共同共有人的关系而从宽处理。

---

① 参见李蘋、陈柱钊：《以泄愤为目的擅自买卖他人股票之定性》，载《人民司法·案例》2009年第2期。

2. 财产性利益能否成为此罪的对象？此问题同样见之于侵犯财产罪类罪。从我国学者的相关论述来看，存在肯定和否定两种主张。前者认为，财产性利益可以成为盗窃罪的对象，并已经成为客观事实。例如，通过侵入银行电脑终端，将他人存折上的存款转移到自己的存折中（但尚未取出存款时）。① 故意毁坏财产性利益的案件不仅可能发生，而且已经发生。② 后者认为，盗窃罪的特点即“窃而取之”（债权等财产性利益是一种无形的法律上的权利或利益，不可能直接被人夺取）决定了财产性利益不能成为其侵害对象，否则，依此推论《刑法》第267条和第275条规定的“抢夺公私财物”“故意毁坏公私财物”之中的“财物”也可以解释为包含财产性利益。对我国《刑法》规定的侵犯财产罪对象的“财物”，是否有必要扩张解释为包含财产性利益，还得根据各种具体财产犯罪的特点而定，不可一概而论，即将部分侵犯财产罪（如诈骗罪、敲诈勒索罪）对象的“财物”扩大解释为包含财产性利益具有合理性，但将所有侵犯财产罪特别是盗窃罪对象的“财物”扩大解释为包含财产性利益则不具有合理性和合法性。③

司法实务部门同样存在不同的观点，例如，就股票能否作为故意毁坏财物罪的对象，存在两种观点。否定观点认为，故意毁坏财物罪的犯罪对象只能是有形财物和特定的无体物，不能包括股票等无形财产权。肯定观点认为，（1）故意毁坏财物罪中的“财物”能否包括无形财产的问题，目前立法和司法解释均没有明确界定。既然法律没有限制，除《刑法》另有规定侵犯的特定财物属其他犯罪外，应理解包括各种形式的财物。这种广义上的理解既符合法律对社会财产权保护的原则，又能为不断出现的新类型财产权不受侵犯提供保障，更重要的是能与其他法律规定和立法精神相一致。（2）根据《刑法》规定，私人财产是指公民个人所有的合法财产，包括依法归个人所有的股份、股票、债券和其他财产，且毁坏不限于从

① 参见最高人民法院刑事审判庭编：《刑事审判参考案例》，法律出版社2007年版，第267页。

② 参见张明楷：《非法使用信用卡在ATM机取款的行为构成盗窃罪》，载《清华法学》2009年第1期。

③ 参见刘明祥：《再论用信用卡在ATM机上恶意取款的行为性质》，载《清华法学》2009年第1期。

物理上变更或者消灭财物的形体，还包括丧失或者减少财物的价值，故股票能够成为故意毁坏财物罪的犯罪对象。（3）摒弃传统刑法理论关于财物必须是看得见、摸得着、具有某种特殊形态的观点，符合刑法原则和立法精神。首先，随着现代科技的进步和发展，某些无形财产，如电力、煤气、股权等逐渐进入人们的普通生活，尤其是在股票及其代表的无形权利与有形财产具有可转让、继承、赠与、质押等相同特征的情况下，如果将这些具有一定经济价值并为人们所支配和管理的财物排斥在《刑法》保护的范畴之外，显然没有法律依据，也不符合我国《刑法》的基本原则。其次，我国刑法规定的故意毁坏财物罪，其侵犯的对象是各种形式的公私财物，包括生产资料、生活资料，动产、不动产等，既可以是国家、集体所有的财物，也可以是个人所有的财物。而《刑法》第92条明确规定，公民私人所有的财产包括依法归个人所有的股份、股票、债券和其他财产等。代表无形财产权的股票作为故意毁坏财物罪中的“财物”认定，于法有据。最后，最高人民法院《关于审理盗窃案件具体应用法律若干问题的解释》中，已将电力、煤气、天然气等无形财产作为盗窃犯罪中的“财物”予以认定，体现了司法解释的与时俱进。据此理解，我国《刑法》侵犯财产罪中的“财物”包括有形财物、无形财物和其他形式的财产权。审理“蔡玥琳故意毁坏财物案”（案例4）的法官认为，财产性权利与有体物和无体物一样对权利主体而言意味着一定的利益和效用，故意减损权利效用的行为无异于毁坏财物，因而财产型权利可以成为故意毁坏的对象。例如，股权是股票持有者按其所持有股票数量享受分红、参与公司管理等的权利，属于财产型权利的范畴。行为人通过猜出密码手段侵入股票账户擅自高买低抛股票致人损失的，虽然在物理意义上没有毁坏股票账户，但实质上属于毁坏他人财产性权利的行为。[①]

【案例4[②]】经审理查明：被告人蔡玥琳于2007年10月，为女儿出国事宜与前夫张鸿杰发生矛盾。蔡玥琳为发泄不满，

① 参见李薇、陈柱钊：《以泄愤为目的擅自买卖他人股票之定性》，载《人民司法·案例》2009年第2期。

② 转引自李薇、陈柱钊：《以泄愤为目的擅自买卖他人股票之定性》，载《人民司法·案例》2009年第2期。

于10月24日，在猜出张鸿杰的证券账户密码后，通过证券网络交易系统，将张的上海证券交易所证券账户内的“工商银行”“中青旅”等股票按市价全部卖出。10月31日上午9时许，蔡玥琳在上海市南车站路386号大通证券股份有限公司上海南车站证券营业部大户室内，猜出张新更换的账户密码后，再次将张的该证券账户内的“工商银行”等股票按市价全部卖出。继而蔡玥琳在1个多小时的时间内，利用张的上海证券交易所证券账户和深圳证券交易所证券账户，对挂牌的“五粮”“云化”2个权证，连续进行高买低抛交易达100余次，致使张资金损失共计18万余元。

上海市黄浦区人民法院认为：被告人蔡玥琳故意毁坏他人财物，数额巨大，其行为已构成故意毁坏财物罪，依法应予刑事处罚。鉴于被告人能自愿认罪，并有一定的悔罪表现，案发后退赔了全部钱款，可酌情从轻处罚。根据《刑法》第275条、第72条第1款的规定，判决如下：被告人蔡玥琳犯故意毁坏财物罪，判处有期徒刑三年，缓刑三年。

一审宣判后，被告人蔡玥琳未提出上诉，公诉机关未提出抗诉，判决发生法律效力。

【案例5①】经审理查明：被告人朱建勇于2002年4月29日至5月10日期间，利用事先窃获的被害人陆正辉、赵佩花夫妇在国泰证券上海营业部的资金账号和股票交易账户密码，非法侵入并篡改了股票交易账户密码。后使用陆、赵夫妇的股票和资金采用高进低出的方法进行恶意交易，造成陆、赵夫妇的股票和资金损失达人民币19.7万余元。2002年5月16日，被告人朱建勇再次侵入陆正辉的股票交易账户时，被发现抓获。

法院认为：被告人朱建勇为泄私愤而非法侵入并修改他人股票交易账户，然后采用高进低出恶意买卖的手法使他人资金受到损失，数额巨大，其行为已构成故意毁坏财物罪，

① 上海市静安区人民法院（2002）静刑初字第146号。参见《最高人民法院公报》2004年卷，人民法院出版社2005年版，第303页。

依法应予惩处。检察机关指控被告人的犯罪事实清楚，定性和适用法律正确。鉴于被告人是初犯，有自首情节，赔偿了被害人全部经济损失，依法予以减轻处罚。依照《刑法》第275条、第67条第1款、第72条第1款、第73条第2款之规定，作出如下判决：被告人朱建勇犯故意毁坏财物罪，判处有期徒刑一年六个月，宣告缓刑二年。[①]

我国《刑法》中“财物”出现的频率极高，是侵犯财产罪、贪污贿赂罪等许多罪的犯罪对象。作为犯罪对象的“财物”的外延，无论是外国还是我国均存在一个逐步扩大的趋势，或者通过修改立法的方式，或者通过判例的形式，或者通过学理解释的形式对其进行扩大解释。就我国而言，《刑法》及司法解释也只是将财产性利益规定为盗窃罪的对象。例如，《刑法》第265条规定：以牟利为目的，盗接他人通信线路、复制他人电信号码或者明知是盗接、复制的电信设备、设施而使用的，依照本法第264条的规定定罪处罚；最高人民法院《关于审理扰乱电信市场管理秩序案件具体应用法律若干问题的解释》规定，盗用他人公共信息网络上网账号、密码上

① 本案审理过程中，一种意见认为，行为人的行为构成盗窃罪。因为从客观方面看，行为人的行为符合秘密窃取的条件。行为人首先利用与被害人同在室炒股的便利条件，偷窥得到被害人的资金账号和密码。随后，行为人趁被害人外出旅游不在之机，非法侵入其股票委托交易账户并篡改了交易密码。最后，行为人通过高进低出的恶意买卖手法造成他人资金账户内的资金减少。另一种意见认为，行为人的行为构成侵犯商业秘密罪。其理由是：侵犯商业秘密罪，是指以盗窃、利诱、胁迫或者其他不正当手段获取权利人的商业秘密，或者非法披露、使用或者允许他人使用其所掌握的或获取的商业秘密，给商业秘密的权利人造成重大损失的行为。从该罪的构成要件看，并不要求被告人具有非法占有的主观故意。综观行为人的全部行为，是符合该罪在客观方面的要求的。第三种意见认为，行为人的行为构成故意毁坏财物罪。理由是：行为人出于泄私愤的目的实施一系列行为，在主观上无疑是故意的。其通过高进低出的恶意买卖手法造成他人经济损失19万余元，行为与结果之间具有因果关系，也符合本罪在客观方面的构成要件。第四种意见认为，此行为属于民事侵权行为。其理由在于毁坏公私财物的行为应当是指丧失或减少财物的本来效用的行为，但是股票行情的变化则并非如此。因为股票行情是千变万化的，可能最初是损失的，但到案件宣判时如适逢股票暴涨，则被害人反而会赢利，所以在股票的炒作中不存在因行为人故意追求便会减少其价值的情况，这种行为只能由《民法》来调整。

网，造成他人电信资费损失的，按照盗窃罪定罪处罚。[①] 问题是：立法者在其他侵犯财产罪具体罪状中没有作出类似的拟制性规定时，抽象司法解释或者具体审判解释能否将财产性利益解释为“财物”。在笔者看来，立法机关有必要借鉴国外更多地通过立法来解决的做法，明确将无形财产或者财产性利益纳入到特定的犯罪构成要件之中，或者在侵犯财产罪类罪中作出一般性规定，例如，《德国刑法》第248条c的规定：（电能的消耗）（1）行为人使用没有规定用于从装置或者设备中进行符合秩序地取走能量的导体，消耗电子装置或者设备中的他人的电能的，处……；第266条（背任）：（1）行为人乱用其依法律、官方的委托或者法律关系所获得的支配他人财产或者雇用他人的权限或者侵害其依法律、官方的委托、法律关系或者信赖关系所承担的维护他人财产利益的义务，并且因此给被其照护的财产利益造成损害的，处……；[②] 《日本刑法》第245条（电气）：就本章犯罪，电气也视为财物；第236条第1款：以暴行或者胁迫方法强取他人的财物的，是强盗罪，处……；第2款：以前项方法，取得财产上的不法利益，或者使他人取得的，与前项同；第248条规定：利用未成年人的智虑浅薄或者他人的心神耗弱，使之交付财物，或者取得财产上的不法利益或者使他人取得的，处……[③]在立法机关未作出明确规定之前，根据侵犯财产罪具体罪行的特点规定财产性利益可以成为其犯罪对象，既符合《宪法》（根本法，修正案扩大财产权保护）对下位法《刑法》的要求，也更能使《刑法》发挥第二次保障法（民法是第一次保护法）的作用。

3. 动物可否成为此罪对象？从法的渊源看，1979年《刑法》第156条已规定了故意毁坏公私财物罪，有关的附属刑法也有一些应当以故意毁坏公私财物罪定罪量刑的规定，例如1986年的《中华人民共和国渔业法》第29条规定：破坏他人的养殖水体、养殖设施的，依照1979年《刑法》第156条的规定对个人或者单位直接责任人员

① 有学者认为，前者是一种拟制规定，也就是说在立法者看来，财物与财产性利益还是有区别的，否则立法者没有必要在《刑法》第264条之外单独另设规定，后者是一种扩张解释还是越权解释，仍值得讨论。参见刘明祥：《再论用信用卡在ATM机上恶意取款的行为性质》，载《清华法学》2009年第1期。

② 参见《德国刑法典》，冯军译，中国政法大学出版社2000年版。

③ 参见《日本刑法典》，张明楷译，法律出版社1998年版。

追究刑事责任；1986年的《中华人民共和国邮政法》第38条规定：故意毁坏邮筒等邮政公用设施，情节严重的，依照1979年《刑法》第156条规定追究刑事责任；1986年的《中华人民共和国义务教育法》第16条规定，对于破坏学校的场地、房屋和设备，情节严重，构成犯罪的，依法追究刑事责任。这些附属刑法均将故意毁坏公私财物罪的对象限定在无生命的物品上。1997年《刑法》第275条的规定未对故意毁坏公私财物罪作本质上的修改。换言之，立法者没有明文将动物规定在罪状之中，而是由解释者加以解释。从解释学来看，有学者认为，只要是他人能够行使财产权的目的物均是故意毁坏财物罪所指的财物，他人饲养有相当价值的动物可以成为本罪的对象。在一定意义上的杀伤行为，也是毁坏行为，例如，杀害他人饲养的动物的行为，构成毁坏财物。[①] 有学者认为，毁坏的含义决定了其侵犯的对象是无生命的物品，有生命的动物不能用“毁坏”手段损害，只能是“杀害、伤害和虐待”。[②]

实践中对于故意残害动物园豢养动物的行为的定性[③]存在三种观点：其一认为，应以非法杀害珍贵、濒危的野生动物罪论处，主要理由是认为行为人具有非法杀害珍贵动物的故意。其二认为，故意残害动物园动物的行为，以破坏生产经营罪论处比较合适，主要理由是，动物园里的动物是供人观赏并收取费用的，故意残害动物的行为破坏了动物园正常的生产经营活动。其三认为，应以故意毁坏公私财物罪论处，主要理由是，公私财物不仅包括没有生命的财产，也包括活着的动物。动物园里的动物被饲养、被游人观赏，具有经济价值，应该属于国家财产。伤害动物的行为可解释为毁坏财物。[④]

在笔者看来，在立法未作出修改之前，通过合理的解释来保护动物是有必要的，借鉴国外刑事立法的经验完善相关规定更为可取。《德国刑法》第292条规定（私自狩猎）：（1）行为人在侵害他人的

---

① 参见周光权：《刑法各论讲义》，清华大学出版社2003年版，第148页。

② 参见曲伶俐：《关于设立“故意残害动物罪”的建议》，载《政法论丛》2002年第3期。

③ 清华大学生烧伤北京动物园黑熊案更是引发了社会各界包括刑法学界的广泛关注和讨论。

④ 其参见曲伶俐：《关于设立“故意残害动物罪”的建议》，载《政法论丛》2002年第3期。

狩猎权或者狩猎活动权之下：①追捕、捕获、打死或者使自己或者第三者占有猎物或者；②使自己或者第三者占有、损坏或者毁坏处于狩猎权之下的物品的，处……；第293条规定（私自狩渔）：(1)行为人在侵害他人的狩渔权或者狩渔活动权之下：①狩渔或者；②使自己或者第三者占有、损坏或者毁坏处于狩渔权之下的物品的，处……；《加拿大刑事法典》[①] 第444条规定了伤害或危害家畜生命罪，即规定故意实施下列行为之一的，构成可诉罪，处5年以下监禁：(1）杀害、残害或毒害家畜的；或者（2）把毒品放在易被家畜误食之处的；第445条规定了伤害或危害其他动物的生命罪，即规定无合法理由故意实施下列行为之一的，构成按简易定罪处罚的犯罪：(1）杀害、残害、伤害或毒害狗、鸟或除家畜以外的其他被合法喂养的动物；或者（2）把毒品放在易被狗、鸟或除家畜以外的其他被合法喂养的动物误食之处；第446条规定了虐待动物罪，即规定故意使鸟兽遭受不必要的疼痛、痛苦或伤害，或者作为动物所有人故意允许这样作的；无合理原因故意给驯养的鸟兽或被捕获的野生鸟兽服用毒品或伤害性药物，或者作为动物的拥有人，故意允许他人给上述鸟兽服用毒品或伤害性药物的，构成犯罪。《法国刑法典》第511－1条规定了在并不必要的情况下，对家养、驯养或捕获的动物实行严重虐待或施以残忍行为的，处6个月监禁并科5万法郎罚金；第R655－1条还规定了故意伤害动物生命罪。《美国刑法典》也有残害动物罪的规定。笔者认为，作为保障法的《刑法》更有必要关注民法中有关动物主体化的发展趋势而与时俱进。自从修订后的《德国民法典》第90a条规定动物不是物之后，动物主体化的势头十分强劲。经绿党的努力，《澳大利亚宪法》已经承认类人猿（包括黑猩猩、大猩猩、猩猩）具有与人一样的地位，实现了部分高级动物的主体化。我国民法学者立足于新人文主义的民法观（既区别于物文主义民法观，也区别于旧人文主义民法观)[②] 起草的“绿色民法典草案”（以下简称《草案》）的序编第33条把动物分为畜养的食用动物和非畜养和食用的动物，把后者确定为“处于人与物

① 其第十一章“关于财产的故意行为和违法行为”中第428条规定：本章中的“财产”，是指不动产或动产

② 参见徐国栋：《在法学与文学之间的30年》，湘潭大学出版社2008年版，第47～52页。

之间生灵，享有一定的由动物保护机构代为行使的权利”，并规定“民事主体负有仁慈对待上述两类动物的义务”。这些规定实际上是要把后一种动物从有关客体的范畴内排除。该《草案》第 4 编关于“对动物所作的遗嘱处分”的第 166 条，承认了以动物为受益“人”的遗嘱处分的有效性，朝动物的主体化迈进了一小步。对于不能作为准主体的动物，《草案》第 5 编第 19 条也规定：对动物适用关于物的一般规定，但法律有不同规定的除外。在对具有生态价值的物行使权利时，应注意维护其此等价值，并遵守《环境资源法》等特别法的规定。[①] 既然目前我国《刑法》仅对非法猎捕、杀害珍贵、濒危野生动物犯罪做了规定，非法猎捕、杀害的是国家重点保护的珍贵、濒危野生动物以外的其他野生动物或人工驯养的动物，或者实施的是伤害、虐待珍贵、濒危野生动物等诸多行为，均处在《刑法》调控范围之外，增设规制故意伤害、虐待动物等行为的罪名是有必要的。

三、故意毁坏财物罪的行为要件

此罪的“毁坏”在日本具体存在四种学说：（1）“物质的毁坏说”，认为毁坏实质是通过对物的全部或者部分进行物质性破坏、毁损，以致全部不能或者部分不能遵从该财物的本来用法进行使用的行为。依此说，毁坏不包括使他人鱼池的鱼游失、将他人的戒指扔入海中。（2）“有形侵害说”，认为毁坏是指针对物体行使有形力，毁损物体或者损害物体的价值、效用的行为。依此说，毁坏不包括使他人鱼池的鱼游失，但包括将他人的戒指扔入海中。（3）“本来的用法侵害说”，认为毁坏是指物质性地损害财物的全体或者一部，或者使物达到不能遵从其本来的用法进行使用的状态的行为。（4）“一般的效用侵害说”，认为毁坏是指一切有损财物的效用的行为。[②] 日本的有关判例对“毁坏”的理解采用效用侵害说而非物质性毁坏说，即泛指所有有害于物质之效用的一切行为，例如，向餐具撒尿

① 参见徐国栋：《在法学与文学之间的30年》，湘潭大学出版社2008年版，第55～56页。

② 转引自张明楷：《刑法学》（第2版），法律出版社2003年版，第789～790页。

的行为，放走鱼池内鲤鱼的行为，等等。①

在我国，传统的“毁坏”观点均是作狭义的理解，例如，有学者认为，“毁坏”是指毁灭或者损坏财物，毁灭是指使某一财物的使用价值完全丧失，损坏是指某一财物的使用价值部分丧失。② 或者认为，毁灭是指使用各种方法故意使公私财物的价值和使用价值全部丧失；损坏是指将公私财物部分毁坏，使其部分丧失价值和使用价值。③ 近来我国也有学者持广义的理解，例如，有学者主张采纳一般效用侵害说，即主张毁坏指一切使财物的效用丧失或者减少的行为。所谓财物效用的丧失与减少，不仅包括因为物理上、客观上的损害而导致财物的效用丧失或减少，而且包括因为心理上、感情上的缘故而导致财物的效用丧失或减少（如将餐具装入粪便）；不仅包括财物本身的丧失，而且包括被害人对财物占有的丧失等情况。④ 有学者认为，毁坏的本意是指物理上的毁损，但是故意毁坏财物中的毁坏应作广义的理解，应包括使财物丧失效用的行为，例如，在价值连城的字画上添加笔画的污损、砸坏他人新建住宅的门窗、摘取交通路口监视器重要零配件、杀害他人饲养的动物、将尿液投入食器中、将他人豢养的动物放走。⑤

从司法实践来看，毁坏的方式是多种多样的，例如，“裴德富等故意毁坏财物案”（案例6）中的翻种毁坏原有植物、“乌益兰故意毁坏财物案”（案例7）中的泼水致他人电脑损毁、“覃锡祥故意毁坏财物案”（案例8）中的洒高锰酸钾粉剂致他人裤子毁坏、“曾小兰故意毁坏财物案”（案例9）中的泼洒消毒液腐蚀他人地毯，等等。近来司法实务部门也开始从广义上理解“毁坏”，例如，“朱建勇故意毁坏财物案”一案的法官认为：认定毁坏财物的行为，不应将眼光局限于毁坏手段是否具有物理性质，而应着眼于毁坏行为的本质特征，即该行为是否使《刑法》所保护的公私财物的价值或使

① 参见［日］西田典之：《日本刑法各论》，刘明祥、王昭武译，中国人民大学出版社2007年版，第213页。

② 参见陈兴良：《规范刑法学》，中国政法大学出版社2003年版，第535页。

③ 参见胡康生、郎胜主编：《中华人民共和国刑法释义》，法律出版社2006年版，第425页。

④ 参见张明楷：《刑法学》（第2版），法律出版社2003年版，第789~790页。

⑤ 参见周光权：《刑法各论讲义》，清华大学出版社2003年版，第148页。

用价值得以降低或者丧失，只要能使财物的价值或者使用价值得以降低或丧失，都可以视为毁坏行为。本案被告人朱某利用高进低出买卖股票的方法使被害人的股票市值降低，实际上使作为财产性利益代表的股票丧失部分价值，这就是毁坏他人财物的行为。①正如有学者针对“朱建勇故意毁坏财物案”所分析指出的，无论对“毁坏”一词作何种宽泛的解释，均不宜逾越罪刑法定原则界限。将毁坏理解为物理性毁坏，是字面解释和形式解释；将其理解为包括物理性毁损在内的所有效用毁损行为，是扩大解释和实质解释，尚不违背罪刑法定原则；但将毁坏进一步引申为使被害人对财物占有的丧失，甚至使被害人财物遭受损失的一切行为，则逾越了罪刑法定的界限，在很大程度上超出了公众的认知能力，同时使得《刑法》规定的“毁坏”一词丧失界限功能，故意毁坏财物罪也就演变成故意使他人财物遭受损失的犯罪。②

【案例6】经审理查明：被告人裴德富伙同被告人王仕财于2005年5月间，在明知北京市密云县大关桥下白河下游入库河道南侧无水区域的部分地域不准私自种植农作物的情况下，仍将密云水库管理处种植的涵养水源的紫花苜蓿草翻耕50余亩，并种植玉米。经鉴定，造成损失人民币15700余元。

法院认为：被告人裴德富、王仕财明知涵养水源的苜蓿草属国家所有仍翻种予以毁坏，其行为已经构成故意毁坏财物罪，数额较大，应予惩处。鉴于被告人裴德富、王仕财认罪态度较好，积极赔偿经济损失，对二被告人酌情从轻处罚并宣告缓刑。据此，对二被告人均依照《刑法》第275条、第25条第1款、第72条第1款，对被告人裴德富还依照第73条第2款、第3款，对被告人王仕财还依照第42条、第44条、第73条第1款、第3款，对二被告人还依照最高人民法院、最高人民检察院 、司法部《关于适用简易程序审理公诉案件的若干意见》第9条的规定，判决如下：（1）被告人裴

① 参见卢方主编：《经济、财产犯罪案例精选》，上海人民出版社2008年版，第416页以下。

② 参见陈兴良：《形式与实质的关系：刑法学的反思性检讨》，载《法学研究》2008年第6期。

德富犯故意毁坏财物罪，判处有期徒刑六个月，缓刑一年；(2) 被告人王仕财犯故意毁坏财物罪，判处拘役六个月，缓刑六个月。

【案例7】经审理查明：2005年12月23日23时许，被告人乌益兰在北京市海淀区友谊宾馆北京戴尔国际英语学院宿舍61633号房间内，因琐事与被害人梁晓芬发生争执，后被告人乌益兰将一杯水泼在被害人梁晓芬的联想旭日160型笔记本电脑上，致使该电脑损毁。经鉴定，所损毁电脑价值人民币7030元。

法院认为：被告人乌益兰在与他人发生争执后，故意损毁他人的财物，给被害人造成较大的经济损失，其行为已构成故意毁坏财物罪，应予惩处。鉴于被告人乌益兰认罪态度较好，而且已经赔偿被害人的经济损失，依法对其从轻处罚。依据《刑法》第275条、第67第1款之规定，判决如下：被告人乌益兰犯故意毁坏财物罪，判处罚金人民币3000元。

【案例8[①]】原审判决认定：2004年4月，被告人覃锡祥在南海区沙头镇南金工业区盈洁美洗衣厂上班期间，因对老板心怀不满，遂起意报复。2004年4月18日晚10时许，被告人覃锡祥趁四周无人之机，到该厂洗水车间内的化学物料房取来高锰酸钾粉剂，分别撒在堆放在洗水车间和半成品车间内的牛仔裤上，致使400条牛仔裤（价值人民币12000元）被毁坏。

原审法院认为：被告人覃锡祥故意毁坏他人财物，数额较大，其行为已构成故意毁坏财物罪。被告人自愿认罪，酌情予以从轻处罚。依照《刑法》第275条之规定，以被告人覃锡祥犯故意毁坏财物罪，判处有期徒刑九个月。

一审判决后，被告人覃锡不服提起上诉。

二审法院认为：上诉人覃锡祥故意毁坏他人财物，数额较大，其行为已构成故意毁坏财物罪。上诉人自愿认罪，可

① 广东省佛山市中级人民法院刑事裁定书（2004）佛刑终字第495号。

酌情从轻处罚。上诉人的上诉理由没有事实依据，不予采纳。原审判决认定事实和适用法律正确，量刑适当，审判程序合法。依照《刑事诉讼法》第189条第（1）项的规定，裁定如下：驳回上诉，维持原判。

【案例9】 经审理查明：被告人曾小兰于2006年2月22日23时许，因对其就职的北京彩虹时尚保洁公司不满，遂到自己参与保洁的某区建外SOHO中体倍力健身俱乐部内，将84消毒液泼洒在2层、3层地毯上，导致280平方米地毯被腐蚀、损坏，造成经济损失共计人民币6636元。

法院认为：被告人曾小兰法制观念淡薄，为泄私愤，故意毁坏公私财物，数额较大，其行为触犯了刑律，已构成故意毁坏财物罪，应予惩处。鉴于被告人曾小兰认罪态度较好，故酌情对其予以从轻处罚。综上，对被告人曾小兰依照《刑法》第275条的规定，判决如下：被告人曾小兰犯故意毁坏财物罪，判处拘役六个月。

四、故意毁坏财物罪的主观要件

关于故意毁坏财物罪的主观形态，分歧主要在于以下方面：

1. 是否包括间接故意。有学者认为，故意毁坏财物罪的主观方面只能是故意，包括直接故意和间接故意。① 有学者认为，故意毁坏财物罪的责任形式是故意，并且具有毁坏财物的目的。② “严峻故意毁坏财物案”（案例10）审理过程中存在以下不同主张：其一认为，行为人在主观上具有毁坏财物的犯罪目的，而只有在直接故意犯罪中才存在犯罪目的，故本罪不可能出于间接故意；其二认为，构成本罪可以是直接故意，也可以是间接故意；其三认为，本罪绝大多数由直接故意构成，间接故意主要表现在牵连犯中；其四认为，如果是无目的的间接故意，即行为人不希望某种公私财物毁坏结果的发生，而是由于放任行为造成公私财物毁坏的，或者是出于过失而毁坏公私财物的，属于民事赔偿问题，即使构成犯罪也不构成本罪。

---

① 参见周光权：《刑法各论讲义》，清华大学出版社2003年版，第148页。

② 参见陈兴良：《规范刑法学》，中国政法大学出版社2003年版，第535页。

在笔者看来，从毁坏财物的结果发生来看，既可能是出于行为人的直接目的追求而发生，也可能是行为人出于其他目的而放任财物毁坏的结果发生，因此排除此罪的间接故意形态不符合司法实际。“孙静故意毁坏财物案”（案例11）肯定故意毁坏财物罪可以是间接故意。

【案例10】经审理查明：2003年6月初，申银万国证券股份有限公司与上海电信局合作推出的“股神通”是一种让股民家庭电话与证券交易中心计算机网络相连通，通过可视电话委托直接进行股票交易的新型业务。被告人严峻为提高自己操作股票的技能，遂利用“股神通”并采取连续试验登录的方法，破解了申银万国证券股份有限公司电子交易中心77名客户的资金账号及密码，并于5日至18日对其中10名客户的股票进行交易，造成他人经济损失人民币13万余元。

上海市静安区人民法院认为：被告人严峻明知非法侵入他人股票交易账户，并非法进行股票交易，会导致他人股票市值降低的结果，且放任这一结果的发生，造成他人经济损失达人民币13万余元，数额巨大。依照《刑法》第275条、第64条之规定，以故意毁坏财物罪判处严峻有期徒刑四年。

一审判决后，被告人严峻不服，提起上诉。

经二审审理表明的事实的证据当一审一致。上海市第二中级人民法院经审理认为：一审认定事实和适用法律正确，量刑适当，审判程序合法，遂依照《刑事诉讼法》第189条第（1）项之规定，驳回严峻上诉，维持原判。

【案例11】经公开审理查明：被告人孙静于2001年9月应聘到海浪乳品公司南京分公司担任业务员，出于为该公司经理孙建华创造经营业绩的动机，于2002年10月8日起向该公司虚构了某市三江学院需要供奶的事实，并于2002年12月1日利用伪造的“南京市三江学院”行政章和“石国东、陈宝金、蔡斌”三人的印章，与该公司签订了供货合同。从2002年10月8日起至2003年1月4日止，被告人孙静将该公司钙铁锌奶321500份（200ML/份）骗送至其家中，并告之她母亲每天将牛奶全部销毁。经鉴定上述牛奶以0.95元/份计算共计价值人民币305425元。另查明：2003年12月24日，被告人孙静以三江学院的名义交给海浪乳品公司南京分公司奶款7380元，其余奶款被告人孙静以假便条、假还款协议等借口和理由至案发一直未付给该公司。

法院认为：被告人孙静作为业务员，明知鲜牛奶的保质期只有一天，却对牛奶持一种放任其毁坏变质的态度，其主观上并没有遵从牛奶的经济用途加以适当处分的意图，其行为完全符合故意毁坏财物罪的间接故意构成要件；同时被告人孙静客观上也实施了将牛奶倒掉、喂猪等毁坏行为。故南京市雨花台区人民检察院指控被告人孙静犯职务侵占罪事实清楚，但定性不当，不予采纳。依照《刑法》第275条之规定，作出如下判决：被告人孙静犯故意毁坏财物罪，判处有期徒刑四年。

（2）故意的认定基准即毁坏行为还是毁坏行为+毁坏结果抑或毁坏行为+毁坏结果+数额较大或其他严重情节。有学者认为，故意毁坏财物罪的故意是指明知是毁坏财物的行为而有意实施的主观心理状态。[①] 有学者认为，故意毁坏财物罪主观上只能出于故意，即明知自己的行为会造成公私财物的毁坏，并且希望或者放任这种结果的发生。[②] 显然，仅就此罪的故意认定而言，前者主张判断的基准仅是行为事实，不涉及结果事实和情状事实，后者主张判断的基准是行为事实及结果事实，不涉及其他情状事实。

学界基于传统的故意理论难以合理地解释1997年《刑法》部分具体罪（例如，滥用职权罪、丢失枪支不报罪、违规发放贷款罪等等）的罪过形式，提出了新的学说，具体包括“客观的超过要素”

---

① 参见陈兴良：《规范刑法学》，中国政法大学出版社2003年版，第535页。

② 参见张明楷：《刑法学》（第2版），法律出版社2003年版，第790页。

学说,[1]“复合罪过理论”,[2] “罪量要素说”,[3] “主要罪过说”,[4]“明知故犯论”,[5] 和“严格责任理论”。[6] 针对这些新学说，又有学者作出了全面的评析，有学者从故意与具体犯罪构成的定量要素(即决定基本犯罪构成要件充足与否的“数额较大”“情节严重”“情节恶劣”等）的关系界定的角度，将其大体概括为行为无价值与结果无价值的机械二元论（“客观的超过要素”学说、“复合罪过理论”和“严格责任理论”）和机能二元论（至今没有对定量因素与主观罪过之间的内在关系提出明确的解决方案)，前者主张以危害结果为认识与意志核心内容的罪过认定模式，反对仅仅根据对结果的认识、意志态度来区分故意、过失，强调行为人对行为与结果的平行并重；后者主张罪过形式的认定要考虑行为无价值和结果无价值之间的机能性选择，对于侧重于行为无价值的犯罪，应以其对行为的心理态度作为认定主观罪过的标准，而对于侧重于结果无价值的犯罪，应以其对结果出现的心理态度作为认定罪过的标准。[7] 有学者将故意的认定概括为整罪分析模式（传统的故意理论）和要素分析模式（“复合罪过理论”“客观的超过要素理论”“罪量要素说”“主要罪过说”、“明知故犯论”)，传统理论对故意的理解可概括为“犯罪故意=对行为的故意+对结果的故意+对情状要素的故意（或明知)”，新的理论均是围绕前述公式中的后两项来进行改造，或者将“对结果的故意”分别依次替换为“对结果的明知”“对结果的预见可能性（或过失)”，或者将“对情状要素（或明知)”分别依次替换为“对情状要素的预见可能性（或过失)”，或者对两者同时

---

① 参见张明楷：《“客观的超过要素”概念之提倡》，载《法学研究》1999年第3期。

② 参见储槐植、杨书文：《复合罪过刑事探悉——刑法理论对现行刑法内含的新法律现象之解读》，载《法学研究》1999年第1期。

③ 参见陈兴良：《口授刑法学》，中国人民大学出版社2007年版，第235~236页。

④ 参见周光权：《论主要罪过》，载《现代法学》2007年第2期。

⑤ 参见黎宏：《刑法总论问题思考》，中国人民大学出版社2007年版，第194~255页。

⑥ 参见李文燕、邓子滨：《论我国刑法中的严格责任》，载《中国法学》1999年第5期。

⑦ 参见王昭振：《刑法中定量因素的故意规制研究——“客观超过要素”理论的再诠释》，载《法律科学》2008年第5期。

进行替换。[①]

显然，立足于上述不同的学说，自然就实践中的有关案件作出不同的处理，例如，行为人毁坏某科研所实验基地培植的贵重葡萄（实践中发生过盗窃天价葡萄案）、行为人毁坏价值连城的名画等等。是否要求行为人主观上除对毁坏行为故意外还对毁坏对象价值达到数额较大这一基本罪状所规定的要件明知或者预见可能性，就关系到行为人是否存在故意罪过，进而影响此罪是否成立。同样也是立足于不同的学说，实践个案处理中存在前后不协调的意见，在“蔡玥琳故意毁坏财物案”中，法官作了如下论述：股票的涨跌是客观存在的因素，与被告人的主观目的和故意不存在必然联系，股票的涨跌情况不能改变行为人毁坏他人财物的意图以及在该意图下所实施的行为。若在被告人抛售股票后，股价暴跌的，可考虑不具备损失数额较大的要件而按不构成犯罪处理。[②] 就行为人擅自买卖他人股票而言，判断行为人是否存在主观故意，判断的基准要么立足于行为事实（即对擅自买卖行为的故意），要么立足于行为事实、结果事实（或包括数额较大的事实），只有基于前者方能得出如下结论：无论擅自买卖股票的结果与原初的结果是赢利还是受损，均不影响此罪的构成；若基于后者就只有同时证明行为人对毁坏行为有故意和对毁坏结果（包括数额较大）也有故意时，方能构成此罪。显然，不能在行为人的行为造成损失时基于前者得出有罪的结论，而在行为人的行为避免损失时基于后者得出无罪的结论。

五、故意毁坏财物罪的定量要件

从实践来看，司法个案对“数额较大”的理解并非完全一致。特别是当毁坏财物的实际价值与毁坏行为造成的损失不一致时，以哪种数额来作为判断标准，存在不一致的做法。数额大小在故意毁坏财物案件中是区别罪与非罪、罪轻与罪重的重要根据和标尺。在大多数情况下，财物全部或者部分被毁坏时的损失数额与该财物的重置价格相等，不存在异议。但有些情况，特别是部分财物被毁坏

---

① 参见劳东燕：《犯罪故意的要素分析模式》，载《比较法研究》2009 年第 1 期。

② 参见李蘋、陈柱钊：《以泄愤为目的擅自买卖他人股票之定性》，载《人民司法·案例》2009 年第 2 期。

时，其财物重置的价格与恢复该财物的使用性能所支付的实际费用相差甚远，此时如何计算直接损失，在司法实践中争议较大。一种意见是坚持按被毁财物本身的价值或者重置价格计算犯罪数额；另一种意见就是按恢复被毁财物使用性能的实际费用来计算犯罪数额。在笔者看来，“数额较大”原则上应指被毁坏的价值（完全毁坏状态下就相当于行为指涉对象的实际价值）和恢复原初状态所需的直接成本（行为所涉对象处在部分毁坏的状态，不能恢复的视为完全毁坏），而因毁坏行为导致的其他损失只能作为酌定情节予以考虑。实践中的如下案例：被告人将装在袋中、摆在庭院周围大量不同型号的纽扣倒在地上，掺杂在一起。这些纽扣有成品，也有半成品；有合格品，也有不合格品。经有关鉴定机构的鉴定，损失为12万元。控方以故意毁坏财物罪起诉。① 此案中，行为人所指涉的对象本身并未受到毁坏，此处损失只能意味着将上述成品和半成品、合格品和不合格品分离所需的成本，但笔者认为不宜直接以此损失来作为基准判断是否“数额较大”。

【案例12】 经审理查明：2006年8月11日22时许，被告人王虎携带剪刀、钳子等作案工具到某市丰台区卢沟桥乡政府办公楼工地内，用刀割断工地已铺设好的供电动力电缆线6米。经鉴定，价值人民币2700余元。使已铺设好的供电动力电缆线200米需报废更换，造成经济损失共计人民币9万余元。后被告人被当场抓获。

法院认为：被告人王虎无视国家法律，故意毁坏公共财物，数额巨大，其行为已构成故意毁坏财物罪。依照《刑法》第275条、第61条之规定，判决如下：被告人王虎犯故意毁坏财物罪，判处有期徒刑三年。

【案例13】 经审理查明：被告人李焕强于2004年10月通过职业介绍所与李诚（从事个体客运业务，系牌照号为津A84941的“华北”牌HC6790型中巴汽车车主）相识，双方

① 参见邓子滨：《就一起故意毁坏财物案向虚拟陪审团所作的辩护》，载陈泽宪主编：《刑事法前沿》（第4卷），中国人民公安大学出版社2008年版，第187页以下。

口头约定由李焕强担任李诚的客车司机。后李诚表示不再雇佣李焕强，李焕强对此心怀不满，蓄意伺机报复李诚。2004年11月24日晚，李焕强来到位于红桥区丁字沽一号路福源楼附近的公安红桥分局下属停车场，趁工作人员不备，持未归还的汽车钥匙，将李诚存放于此的津A84941中巴车开走。次日20时许，李焕强驾驶该车行驶至河东区红星路向阳楼57号楼附近时与路边的电线杆相撞，导致车辆受损。李焕强将该客车丢弃于河东区晨阳道天池里一号楼附近，随后逃逸。公安机关经侦查，于2004年12月1日将该车找回，当时车内"厦华"牌车载电视及多碟VCD机各一台已经丢失。经天津市红桥区价格认证中心评估，该车辆损坏价值为人民币12433元，被盗车载电视及VCD机价值为人民币2250元。2005年2月15日，李焕强被抓获归案。

法院认为：被告人李焕强因李诚不再雇佣其作司机而心怀不满，继而蓄意泄愤报复，偷开李诚所有的涉案机动车，在发生事故后将该车丢弃，造成该车毁损、车上物品被盗。结合李焕强在作案前与李诚之间发生的纠葛及其作案手段，同时考虑李诚明知李焕强尚未归还涉案机动车钥匙，案发前李焕强曾经有过偷开涉案机动车行为的事实，并根据李焕强本人供述等在案证据，可以认定李焕强的主要目的是报复李诚，其主观上不具有非法占有他人财产的目的，不具有盗窃犯罪故意，其行为不构成盗窃罪。依照《刑法》第275条、第63条第1款、最高人民法院《关于审理盗窃案件具体应用法律若干问题的解释》第12条第（4）项的规定，判决如下：被告人李焕强犯故意毁坏财物罪，判处有期徒刑二年。

一审宣判后，被告人李焕强未提出上诉，检察机关未提出抗诉，一审判决发生法律效力。

六、故意毁坏财物罪的罪数

司法实践中，故意毁坏财物罪易与其他罪发生联系，产生罪数的问题。具体包括以下情形：

1. 牵连犯情形。例如，为实施室内盗窃、抢劫、非法侵入住宅等犯罪而毁坏价值超过起刑数额的他人的房门，就属于此罪与相关罪的牵连犯情形。依照牵连犯的处罚原则，应择一重罪从重处罚。但是，2013年4月2日施行的最高人民法院《办理盗窃罪解释》第11条第（1）项规定，“采用破坏性手段盗窃公私财物，造成其他财物损毁的，以盗窃罪从重处罚；同时构成盗窃罪和其他犯罪的，择一重罪从重处罚。”就盗窃罪（既然司法解释未明确指出是盗窃罪既遂，那就包括盗窃罪未遂）与此罪的牵连，作了硬性规定，即均按盗窃罪从重处罚。但“刘福平故意毁坏财物案”（盗窃未遂）“孙彩轮等犯盗窃、故意毁坏财物案”（盗窃的数额小，毁坏的数额大）作了不同的处理，即比较轻重后按故意毁坏财物罪处理。当然，根据《办理盗窃案解释》第11条第（1）项规定，盗窃公私财物未构成盗窃罪，但因采用破坏性手段造成公私财物损毁数额较大的，以故意毁坏财物罪定罪处罚，因不属于牵连犯情形（牵连犯必须是两罪均成立），自然只能考虑按故意毁坏财物罪处理，例如“韦顶龙等故意毁坏财物案”。同样，依照《办理盗窃案解释》第11条第（1）项规定，盗窃后，为掩盖罪行或者报复等，故意破坏公私财物构成犯罪的，应以盗窃罪和构成的其他罪行实行数罪并罚。

【案例14】经审理查明：2007年4月5日凌晨，被告人刘福平伙同他人在某市石景山区北京首钢新钢有限责任公司特钢部轧钢厂二车间风机房内，使用尖刀将电缆（型号为KGV3×150mm）外皮划开割断，将电缆内分别长12m的电线三根缠在身上欲离开时，被巡逻的保安人员发现，被告人刘福平逃出数十米后被抓获。被损坏的电缆线已报废，经鉴定，价值人民币6922元。

法院认为：被告人刘福平以非法占有为目的盗窃公私财物未遂，但因采用破坏性手段造成公私财物损毁，数额较大，其行为已构成故意毁坏财物罪，依法应予惩处。鉴于被告人刘福平已提交部分赔偿款，可作为量刑情节予以考虑。依据《刑法》第275条之规定，判决如下：被告人刘福平犯故意毁坏财物罪，判处有期徒刑六个月。

【案例15】经审理查明……（1）2006年7月26日晚，被告人黄平、黄灯春伙同赵国江、姓李的老乡（均另案处理），由黄中驾驶牌照为浙FAL007轿车至嘉善县魏塘镇庄港村水泥制品厂边。被告人黄平、黄灯春等人为盗窃变压器里的线圈，用事先准备好的扳手、钳子将该厂配电房房顶的变压器推倒并拆开，窃得S9 80KVA变压器线圈一套（价值4509元），致变压器完全报废（价值19200元）。得手后打电话联系被告人黄中让其送回租房。（2）2006年8月初的一天晚上，被告人黄平、黄灯春伙同赵国江（另案处理）由黄中驾驶的牌照为浙FAL007轿车至嘉善县魏塘镇里泽村嘉兴中集木业有限公司仓库北侧。被告人黄平、黄灯春等人采用上述同样手段，窃得S9 80KVA变压器线圈一套（价值4509元），致变压器完全报废（价值19200元）。得手后打电话联系被告人黄中让其送回租房。

法院认为：被告人黄平、黄灯春采取破坏性手段窃取变压器线圈，造成两变压器整体报废，直接损失达38400元，数额巨大，其行为均已构成故意毁坏财物罪。为了打击刑事犯罪，保护公私财产不受非法侵犯，维护社会秩序，依据《刑法》第264条、第275条、第25条第1款、第65条第1款、第27条、第64条之规定，判决如下：……（8）被告人黄平犯故意毁坏财物罪，判处有期徒刑四年；（9）被告人黄灯春犯故意毁坏财物罪，判处有期徒刑四年。

【案例16】原审判决认定：2005年11月7日凌晨，被告人韦顶龙、肖立锋携带预先准备的铁剪、铁铲、胶水桶等作案工具，到佛山市三水区西南街道青岐丰岗村青岐石膏矿的抽风口处，采取浇水挖地的方式，将埋在地下的一条185平方毫米和50平方毫米的铜芯电缆剪断1米多，致使整条电线无法接驳使用而需重新铺设，造成直接经济损失23664元。至凌晨3时许，两被告人正在剥电线皮时被巡逻的公安人员抓获。

原审判决认为：被告人韦顶龙、肖立锋结伙采用破坏性手段实施盗窃，虽盗取财物价值不大未构成盗窃罪，但造成他人价值数额较大财物毁损，其行为构成故意毁坏财物罪，依法应当承担相应的刑事责任。被告人肖立锋在原审法庭上自愿认罪，依法对其酌情从轻处罚。根据本案被告人犯罪的事实、性质、情节和社会危害程度，及结合被告人的认罪态度，依照《刑法》第275条、第47条、第64条、最高人民法院《关于审理盗窃案件具体应用法律若干问题的解释》第12条第（5）项、最高人民法院、最高人民检察院、司法部《关于适用普通程序审理“被告人认罪”案件的若干意见》第9条的规定，判决如下：（1）被告人韦顶龙犯故意毁坏财物罪，判处有期徒刑二年。（2）被告人肖立锋犯故意毁坏财物罪，判处有期徒刑一年六个月。

二审法院经审理查明，原审判决认定上诉人韦顶龙、原审被告人肖立锋共同参与实施故意毁坏财物行为的事实清楚，证据确实、充分，本院经审核后均予以确认。

二审法院认为：上诉人韦顶龙、原审被告人肖立锋结伙采用破坏性手段实施盗窃，虽盗取财物价值不大，但造成他人数额较大财物毁坏，其行为均已构成故意毁坏财物罪，应当依法承担相应的刑事责任。原判认定事实清楚和适用法律正确，量刑适当，审判程序合法。依照《刑事诉讼法》第189第（1）项的规定，裁定如下：驳回上诉，维持原判。

2. 法条竞合情形。有学者指出，毁坏耕地或者进行破坏性采矿的，成立其他罪，不成立本罪；毁坏交通工具、交通设施、易燃易爆等设备，危害公共安全的，成立危害公共安全的犯罪，也不成立本罪。[①] 有学者认为，如果故意毁坏的是《刑法》另有规定的特定财物，例如交通工具、交通设施、电力设备、易燃易爆等构成其他犯罪的，应按照刑法规定论处。[②] 有学者认为，如果行为人故意毁坏的是《刑法》另有规定的特定财物，侵犯了其他犯罪客体的，则按照《刑法》有关规定论处。[③] 显然，上述观点并不主张按照法条竞合来处理，有可能导致实践中本该按重罪处理的也只能以轻罪论处，会导致处罚的不均衡。例如，行为人实施放火、爆炸、决水等犯罪危及公共安全和造成财物毁损的，就可能按危害公共安全的某个罪处理偏轻，而按故意毁坏财物罪处理更重，此时若按照法条竞合犯的择一重罪处理原则，就应按故意毁坏财物罪处理。当然需指出的是，此罪与这些危害公共安全罪是否发生法条竞合，必须是危害公共安全的具体形态表现为特定或者不特定财物的毁坏，而非特定或者不特定的人身安全。

【案例 17】原判认定：上诉人羊文强于2001 年2 月12 日下午3 时许到白沙县狮球乡田表村娱乐场玩时，因琐事与周明华发生冲突。被告人羊文强不服，于当天下午5 时购买了汽油，用塑料桶盛上并运到娱乐场，将场内人员赶走，点燃汽油将该场烧毁，造成直接经济损失人民币 57644 元，并致一人轻伤。

原判认为：被告人羊文强无视国家法律，采取放火烧毁娱乐场的方式，故意毁坏他人财物，数额巨大，其行为构成故意毁坏财物罪。依照《刑法》第 275 条之规定，作出判决：被告人羊文强犯故意毁坏财物罪，判处有期徒刑三年。

二审经审理查明：2001 年2 月12 日下午3 时许，上诉人羊文强到白沙县狮球乡马岭坡娱乐场玩时，因琐事与该场的周明华发生吵架，继而购买汽油，于当天下午5 时许点燃汽油将该娱乐场烧毁，造成财产损失巨大，并致一人轻伤。

二审法院认为：上诉人羊文强目无国法，为发泄私愤而

① 参见张明楷：《刑法学》（第2 版），法律出版社 2003 年版，第 789 ~790 页。

② 参见陈兴良：《规范刑法学》，中国政法大学出版社 2003 年版，第 535 页。

③ 参见周道鸾、张军主编：《刑法罪名精释》（第2 版），人民法院出版社 2003 年版，第 460 页。

用汽油焚烧娱乐场，其行为已构成故意毁坏财物罪，应依法惩处。原审法院认定事实清楚，定罪准确，量刑适当，审判程序合法。依照《刑事诉讼法》第189条第1项之规定，裁定如下：驳回上诉，维持原判。

【案例18】经审理查明：被告人吴继群与妻子杨元妃婚后因家庭琐事产生矛盾，导致双方感情不睦。2000年12月两人又因生活琐事发生口角，杨元妃随之外出下落不明。被告人吴继群怀疑是其岳父母隐藏并转移了杨元妃，便多次向其岳父母要人。其岳父母拒绝找人，被告人吴继群即怀恨在心，企图用爆炸方法将其岳父母房屋局部炸毁，用以恐吓其岳父母，迫使其交出杨元妃。2001年2月18日，被告人吴继群从杨某手中无证购买3000克的炸药、10枚雷管及一些导火索藏于家中。同月23日晚10时许，被告人将300克炸药和2枚雷管装入一罐头瓶内，并装上导火索携带在身，于11时许窜至其岳父家（系单家独户）屋外，将装有爆炸物的罐头瓶放在大门口屋檐内靠堂屋与岳父母住房交界的柱脚处（该房系木房）。引爆后致使该柱脚头和紧挨该柱脚的地脚枋、板壁及堂屋内的桌子、板凳等物被炸坏，经价格事务所鉴定，经济损失达918元。此外，被告人吴继群还于2000年上半年的一天，私自从杨某手中购买150克炸药、1枚雷管。

法院经公开审理认为：被告人吴继群违反国家关于爆炸物品管理法规，未经有关部门批准，先后两次私自购买爆炸物，其行为已触犯《刑法》第125条第1款，构成非法买卖爆炸物罪。被告人在与其妻发生口角而致其妻外出后，竟无端怀疑是其岳父母隐藏和转移，多次向其岳父母追要妻子未果，遂起报复之心，以爆炸方法毁坏其岳父母财物，致使其岳父母财产损失数额接近较大，应属情节严重，其行为已触犯《刑法》第275条，构成故意毁坏公私财物罪。被告人犯两罪，应并罚，适用《刑法》第69条第1款。公诉机关对被告人以爆炸方法将被害人房屋局部炸毁的行为定性为犯爆炸罪，该定性不准，理由是：（1）从主观上分析，被告人虽有实施爆炸的故意，但其爆炸的目的是报复受害人，使之受到惊吓和财物遭受损失，并非为了危害公共安全；（2）从客体上分析，被告人实施爆炸行为是针对受害人的财产安全，其侵害对象是特定的，而非受害人之外的不特定的人的人身、财产安全，即公共安全；（3）从危害后果分析，被告人用少量的爆炸物对单独的住宅进行爆炸，所产生的结果不足以危及其他不特定人的人身、财产安全，且事实上也没有造成危害公共安全的结果。因此，被告人的行为与爆炸罪的构成要件不符，不构成爆炸罪。据此，该院于2001年7月27日判决如下：被告人吴继群犯非法买卖爆炸物罪，判处有期徒刑四年六个月；犯故意毁坏公私财物罪，判处有期徒刑一年；决定执行有期徒刑五年。

宣判后，被告人吴继群没有提出上诉，人民检察院也未提出抗诉，判决发生法律效力。

3. 想象竞合的情形。有学者认为，故意毁坏财物过程中，造成他人重伤、死亡的，无论是为杀害、伤害他人而故意毁坏财物，还是毁坏财物时过失致人重伤、死亡，都以行为所导致的侵犯人身权利的重罪结果定罪，毁坏财物的行为被吸收，不单独定罪。①

① 参见周光权：《刑法各论讲义》，清华大学出版社2003年版，第148页。

第七章 破坏生产经营罪

《刑法》第276条规定："由于泄愤报复或者其他个人目的，毁坏机器设备、残害耕畜或者以其他方法破坏生产经营的，处三年以下有期徒刑、拘役或者管制；情节严重的，处三年以上七年以下有期徒刑。"

一、破坏生产经营罪侵犯的法益

从法的渊源来说，1997年《刑法》第276条规定的破坏生产经营罪来源于1979年《刑法》第125条规定，"由于泄愤报复或者其他个人目的，毁坏机器设备、残害耕畜或者以其他方法破坏集体生产的，处二年以下有期徒刑或者拘役；情节严重的，处二年以上七年以下有期徒刑"。原破坏集体生产罪被置于"破坏社会主义经济秩序罪"之中，而破坏生产经营罪被归类在"侵犯财产罪"之中。立法者为何做出此种调整，尚没有见到正式的立法说明。① 此种调整变

① 有学者认为，本罪在旧刑法中属于破坏经济秩序的犯罪，但新刑法将其归入了侵犯财产罪，或许主要着眼于毁坏生产资料的手段行为。参见张明楷：《刑法学》（第2版），法律出版社2003年版，第790页。在笔者看来，此种调整与立法者对新旧刑法分则章节制的安排变化或许也有关联，旧刑法采用大章制，"破坏社会主义经济秩序"章下没有节，而新刑法大章（如"破坏社会主义市场经济秩序罪"和"妨害社会管理秩序罪"（下分设节），这样破坏生产经营罪就存在一个归类在哪一节（"生产销售伪劣商品罪""走私罪""妨害对公司、企业管理秩序罪""破坏金融管理秩序罪""金融诈骗罪""危害税收征管罪""侵犯知识产权罪""扰乱市场秩序罪"）的选择问题，或许立法者考虑到归在哪一节均不太合适，而将其移至于"侵犯财产罪"。

化，从解释学来说，就会产生历史解释和体系解释的位阶问题。[①] 从历史解释来说，那些并不侵犯财产权的破坏方式（符合其他相关条件）也可构成此罪，而按照体系解释的方式，此罪的破坏方式必须侵犯财产权（既然立法者将其规定在“侵犯财产罪”之中，那至少意味着此罪侵犯的客体中含有财产权内容，甚至主要客体就是财产权）。从更周全保护生产经营活动法益来说，历史解释更具合理性，否则如“黄剑锋等破坏生产经营案”[②]（案例1）之类的并不直接破坏财物的破坏行为就得不到此罪的规制。据此理解，此罪侵犯的必要客体是生产经营活动（包括一切经济形式的生产经营，不问其所有制性质，既包括国有单位和集体所有制单位的生产经营活动，也包括个体经济、私有经济、外资经济、混合制经济、股份制经济等非公有制经济单位的生产经营活动，选择客体是财产权（破坏生产经营罪在大多数情况下会侵犯生产经营者的既有财产权，但也存在主要是导致生产经营者的预期收益的减少的情形）。[③] 而要按体系解释的立场，则只有那些同时侵犯财产权和破坏生产经营活动的行为，才能以破坏生产经营罪论处。

【案例1】经审理查明：2000年9月15日，厦门真奇妙工艺品有限公司原股东吴剑锋（现在逃）为了破坏该公司的声誉和生产经营，为其筹办的同类企业拉拢人员和客户，遂

---

① 此问题同样存在于《刑法》第261条的遗弃罪（“对于年老、年幼、患病或者其他没有独立生活能力的人，负有扶养义务而拒绝扶养，情节恶劣的，处……”），现被归类在“侵犯公民人身权利、民主权利罪”之中，而1979年《刑法》将其归类在“妨害婚姻、家庭罪”之中，如采用历史解释的立场，遗弃罪的主体仍应是与被害人存在婚姻家庭关系（通过扶养被扶养来加以体现），而按体系解释（即从法益所在类罪角度考虑），遗弃罪的主体可以扩大至双方之间没有婚姻家庭关系的人。

② 此案被告人采取生产不合格产品的方式，使厦门真奇妙工艺品有限公司的产品不符合出口规格，不能按时出口，给该公司正常生产造成较大的破坏，其破坏的对象与生产经营活动直接相联系，而不是通过破坏具体财物使其部分甚至全部丧失价值或者使用价值的方式来进行。

③ 有学者认为，此罪侵犯的客体是国家、集体或者个人生产经营的正常活动和公私财产利益，包括在生产、流通、交换、分配各环节的各种正常的生产经营活动。参见周道鸾、张军主编：《刑法罪名精释》（第2版），人民法院出版社2003年版，第461页。此处的“公私财产利益”是仅限于既有财物还是也包括预期收益（从民法来说，也是一种债权），尚有待明确。

以优厚的待遇欲招聘被告人黄剑锋等人为诱饵，唆使真奇妙工艺品公司的管理人员即被告人黄剑锋、熊华兴以生产不合格的产品的方法来破坏该公司的生产经营。2000年9月中下旬间，被告人黄剑锋、熊华兴先后指使该公司的车工即被告人周远声生产出不合格的透明瓶盖3682个，指使被告人李晓元生产出不合格的透明瓶盖1610个。上述不合格产品因达不到出口标准，给厦门真奇妙工艺品有限公司造成直接经济损失达人民币25625元。

厦门市湖里区人民法院经公开审理认为：被告人黄剑锋、熊华兴、周远声、李晓元为破坏其所在公司的声誉，采取制作不合格产品的方法破坏生产经营，给企业造成直接经济损失达人民币25625元，数额较大，其行为均已构成破坏生产经营罪。依照《刑法》第276条、第25条第1款、第26条第1款、第4款、第27条之规定，判决如下：（1）被告人黄剑锋犯破坏生产经营罪，判处有期徒刑一年六个月；（2）被告人熊华兴犯破坏生产经营罪，判处有期徒刑一年六个月；（3）被告人周远声犯破坏生产经营罪，判处有期徒刑一年；（4）被告人李晓元犯破坏生产经营罪，判处有期徒刑一年。

二、破坏生产经营罪的行为要件

此罪罪状采取列举+兜底的方式规定了破坏生产经营的行为类型，其共性是“破坏生产经营活动”。此处的“破坏”既可以是作为方式，也可以是不作为方式。此处的“生产经营”应作如下理解，既包括单纯的生产活动，例如，“唐小贵破坏生产经营案”（案例2）中的生产陶瓷，也包括单纯的经营活动，例如，“孟繁康破坏生产经营案”（案例3）中的经营舞厅，还包括生产与经营并存的情形，例如，“黄剑锋等破坏生产经营案”（案例1）中的生产经营瓶盖。生产活动可以说是经营活动，但经营活动并不一定是生产活动。

【案例2】原判认定：2004年4月24日，被告人唐小贵因对白埏镇阳光陶瓷厂原料车间三班班长的处罚不满，遂起报复心理。凌晨5时到10时许，被告人唐小贵利用其看管陶瓷原料运输带振筛的便利条件，每隔10~30分钟不等，用手抓起运输带下地上的灰尘杂质，然后趁附近无人注意之机投放到B线运输带上的陶瓷原料里，使生产出的规格为60×60厘米的“维罗”牌玉芙蓉6YP000瓷片产品出现质级缺陷。经质检，2930块瓷片由优等降为正品，造成经济损失合计人民币21682元。

原审法院认为：被告人唐小贵无视国家法律，为泄愤报复，采用将灰尘杂质投进陶瓷原料中的方法破坏工厂的生产经营，造成经济损失人民币21682元，其行为已构成破坏生产经营罪。依照《刑法》第276条、第47条的规定，作出如下判决：被告人唐小贵犯破坏生产经营罪，判处有期徒刑二年。

被告人唐小贵不服，提起上诉。

二审法院经审理查明的事实、认定的证据与一审一致。

二审法院认为：上诉人唐小贵无视国家法律，以泄愤报复为目的，采用在生产原料中投放杂质的方法破坏生产经营，其行为已构成破坏生产经营罪。依照《刑事诉讼法》第189条第（2）项、《刑法》第267条的规定，判决如下：（1）维持广东省佛山市三水区人民法院（2004）三法刑初字第483号刑事判决对上诉人（原审被告人）唐小贵的定罪部分；（2）撤销广东省佛山市三水区人民法院（2004）三法刑初字第483号刑事判决对上诉人（原审被告人）唐小贵的量刑部分；（3）上诉人（原审被告人）唐小贵犯破坏生产经营罪，判处有期徒刑一年。

【案例3】经审理查明：被告人孟繁康系郑州市鸿图歌舞厅老板，因其经营的歌舞厅生意不好。为争生意，于2001年4月指使曾在其歌舞厅务工的被告人张建军对郑州市二七区桃源歌舞厅进行捣乱，以影响该歌舞厅的生意。2001年5月23日晚9时许，被告人张建军伙同被告人柴龙兴到达桃源歌舞厅，张建军在外望风，由柴龙兴将事先准备好的雷管和导火索放置在该歌舞厅男厕所内，点燃导火索后离开。爆炸声引起群众的恐慌。当晚，被告人孟繁康付给张建军2000元作为酬劳，张建军分给柴龙兴1500元。数日后，被告人孟繁康打电话给张建军，称上次未爆炸成功，要求其再次实施破坏或退回酬金。被告人张建军随即纠集被告人柴龙兴、田存喜，指使柴、田二人于2001年5月30日晚再次到桃源歌舞厅进行爆炸。到达该歌舞厅后，柴龙兴未进去，由被告人田存喜将两枚爆竹放置于该舞厅男厕所，点燃后离开现场。该爆竹引爆后，引起跳舞群众的恐慌，对桃源歌舞厅正常的生产经营活动造成不良影响。

郑州市二七区人民法院经公开审理认为：被告人孟繁康、张建军、柴龙兴、田存喜使用引燃雷管、爆竹的方法，破坏他人的生产经营活动，其行为均已构成破坏生产经营罪。四名被告人在主观上是为了破坏桃源歌舞厅的生产经营活动，影响其客源，并非危害公共安全；且其实施引爆雷管、爆竹的行为不会危及不特定多数人的生命健康及公私财物的安全，不符合爆炸罪的构成要件。故公诉机关指控四被告人的行为构成爆炸罪的公诉意见不能成立。依照《刑法》第276条、第25条第1款、第26条第1款和第4款的规定，于2002年4月25日作出刑事判决如下：（1）被告人孟繁康犯破坏生产经营罪，判处有期徒刑二年；（2）被告人张建军犯破坏生产经营罪，判处有期徒刑二年；（3）被告人柴龙兴犯破坏生产经营罪，判处有期徒刑二年；（4）被告人田存喜犯破坏生产经营罪，判处有期徒刑一年零六个月。

宣判后，被告人没有提出上诉，人民检察院也未提出抗诉，判决发生法律效力。

从破坏生产经营的行为方法类型来说，具体包括：

1. 毁坏机器设备。例如，“林仙增等破坏生产经营案”（案例4）中的毁坏施工工地设备、“刘进勇破坏生产经营案”（案例5）中的毁坏公司机器设备。此处的机器设备必须是正处在生产经营活动中并发挥功效的，或者为正常生产经常活动而按行业习惯而预备的不可缺少的替换性机器设备。行为人破坏已经报废的机器设备、行为人破坏单位为生产经营活动预备了多套机器设备中的一套而并不影响生产经营活动的、行为人破坏与生产经营活动无关的机器设备，均不构成此罪。行为人破坏的机器设备若除与生产经营活动有关以外还与公共安全有关的，破坏行为则可能同时构成此罪和其他危害公共安全罪。就破坏本身的方式来说，形态多样，应泛指所有使机器设备无法正常发挥功效而影响生产经营活动的方式，并不要求对机器设备本身造成物理性的损毁。

【案例4】 经审理查明：2005年4月29日晚20时30分许，被告人林仙增、林伟雄和同村村民数十人来到台州市路桥区峰江街道沧前村安置小区工地，以工地施工产生噪音为由要求工地停工。21时许，被告人林仙增、林伟雄以工地再次施工产生噪音为由，用石块砸坏施工工地的照明太阳灯、开关箱开关等设备，直接导致工地停工。经路桥区价格认证中心鉴定：工地照明太阳灯毁坏价值人民币3元、开关箱开关更换损失价值2400元、桩机模管修复损失价值2000元、混凝土全毁价值3000元，合计损失7404元。2005年6月1日，被告人林伟雄到公安机关投案自首。

法院认为：被告人林仙增、林伟雄为泄愤，结伙毁坏施工工地设备，直接导致工地停工并造成损失，其行为均已构成破坏生产经营罪。依照《刑法》第276条、第25条第1款、第67条第1款之规定，判决如下：(1) 被告人林仙增犯破坏生产经营罪，判处有期徒刑一年，缓刑二年；(2) 被告人林伟雄犯破坏生产经营罪，判处有期徒刑六个月，缓刑一年。

【案例5】 经审理查明：2006年7月21日上午，被告人刘进勇因不满所在的渝方包装材料有限公司的规定，为泄私愤，在上班期间利用工人休息间隙，潜入二车间的印版室内，用刀片将其价值2240元的医药包装材料模板印版二个划伤，造成印版损坏而报废，致该公司无法正常生产。

法院认为：被告人刘进勇为泄私愤，故意毁坏所在公司机器设备，其行为已构成破坏生产经营罪。根据《刑法》第276条之规定，判决如下：被告人刘进勇犯破坏生产经营罪，判处拘役一个月。

2. 残害耕畜。例如，“竹培素投毒、破坏生产经营、销售赃物案”（案例6）中的用带农药的青草喂食耕牛。此处的耕畜应处于能承担正常生产经营活动的状态，行为人残害已处在不能承担正常生产经营活动状态的耕畜的，不构成此罪。此处的残害方式，包括杀害和伤害（必须使得耕畜处在不能承担正常生产经营活动的状态）。

【案例6】经公开审理查明：（1）从1994年10月至1999年3月，被告人竹培素先后14次将农药喷洒在野外青草地上，造成其附近10余户农产价值23500元的15头耕牛死亡，并购买其中的大部分死牛予以销售。（2）从1994年11月至1998年12月，被告人竹培素先后17次用带有农药的青草把子喂食其附近农户的耕牛，造成17户农民价值27300元的19头耕牛死亡，并购买其中大部分死牛予以销售。此17户被害人出售死牛共得款17570元。（3）1999年9月20日夜，安徽省霍邱县临水镇候营村村民孟庆林家被盗走一头价值1700元的耕牛，后经查找，该牛被被告人和他人拉至曹集卖掉，失主经被告人竹培素及他人得到3000元退赔款。

固始县人民法认为：被告人竹培素将农药喷洒在野外青草地上，危害不特定牲畜的安全，造成价值23000余元的15头耕牛死亡，并购买其中的大部分死牛予以销售，其行为已构成投毒罪；被告人竹培素用带有农药的青草把子喂食他人耕牛，造成他人价值27000余元的19头耕牛死亡，其行为已构成破坏生产经营罪，且情节严重；被告人销售明知是他人盗窃的一头价值1700元的耕牛，其行为已构成销售赃物罪。根据《中华人民共和国食品卫生法》的规定，毒死的牛属不符合卫生标准的食品，而不属于掺有有毒、有害的非食品原料的食品，故被告人竹培素的行为不构成销售有毒、有害食品罪。被告人竹培素用带有农药的青草把子给牛吃，致使农户的牛死亡，由于这些牛是用于农业生产的耕牛，破坏了农户的生产经营。因此公诉机关指控被告人竹培素犯销售有毒、有害食品罪和故意毁坏财物罪的罪名不当，本院不予支持。依照《刑法》第114条、第276条、第312条、第69条之规定，作出如下判决：被告人竹培素犯投毒罪，判处有期徒刑七年；犯破坏生产经营罪，判处有期徒刑四年；犯销售赃物罪，判处有期徒刑六个月，并处罚金2000元。三罪并罚决定执行有期徒刑十年，并处罚金2000元。

3. 其他破坏方法。立法者只是对其他方法作了如下限定，即必须产生使生产经营活动受到破坏的结果。实践个案中出现了诸多破坏的方法，例如，“张成云等破坏生产经营案”中的砍掉桑树、“金义明破坏生产经营案”中的毁坏农作物和经济林木、“杨祖军破坏生产经营案”中的毁坏荔枝树，等等（案例7～14）。

【案例7】经审理查明：被告人张成云、敖太洲、刘其辉、张成金因对某社社长王丕仁在处理事情上不满，遂产生报复王的念头。经共谋后，于1999年10月26日夜晚，上述四被告人携带斧头、砍刀等作案工具窜至王丕仁家承包地（小地名：老牛爬坡）将其栽在田坎上的196株桑树砍掉。案后四被告人到公安机关报案，如实供述了所犯罪行。

法院认为：被告人张成云、敖太洲、刘其辉、张成金为泄愤报复砍掉他人桑树破坏生产，其行为已触犯刑律，构成破坏生产经营罪。为维护正常的社会和生产经营秩序，保护公民合法财产不受侵犯，依照《刑法》第276条、第25条第1款、第26条第1款、第4款、第27条、第67条第1款、第17条第1款、第3款、第64条之规定，判决如下：（1）被告人张成云犯破坏生产经营罪，判处有期徒刑一年；（2）被告人敖太洲犯破坏生产经营罪，判处有期徒刑一年；（3）被告人刘其辉犯破坏生产经营罪，判处有期徒刑九个月；（4）被告人张成金犯破坏生产经营罪，免予刑事处罚。

【案例8】经审理查明：2000年5月19日，金义明、金嘎福、朱批松等人在朱批松家吃饭，席间金义明指责村调解员朱杰“不像调解员，胆子小，没有口才”。朱杰反唇相讥：“你当主任也无能，现在要开发紫胶了，巴岩梁子的土地已被小龙潭村人种完，你都没能力争回来。”之后，金义明提出，“今晚开群众会，明天去划地界”“并称，要挖死一点香茅草，如果不出一点纠纷，上级是不会来解决的”。在得到金嘎福、朱批松等人的默许后，当晚金义明便主持召开群众大会。会议决定：一、全村每户1人，次日11时带上锄头或砍刀，到巴岩梁子划分地界；二、不参加划分地界的，罚款66元，并不得到该地种植作物；三、由各社社长通知并组织本社社员，通知不到的，社长承担责任。5月20日，金义明、金元贵、金嘎福、朱批松等村委会干部组织全村120余名村民，陆续到达巴岩梁子。在金义明的指挥下，扭直村人开始进行所谓的“划分地界”，并对小龙潭村民种植在该地的香茅草、包谷、茶叶、核桃树、玖树等农作物和经济林木进行砍、挖、拔、烧的毁坏行为。接着，金义明等人又率村民到麻栗树梁子，进行所谓的“划分地界”和毁坏农作物活动。经绿春县农业局测算，小龙潭村农作物被毁坏造成直接经济损失23448.03元；经绿春县林业局测算，小龙潭村经济林木被毁坏造成直接经济损失9406.80元，两项共计32854.83元。

法院认为：被告人金义明、金元贵、金嘎福、朱批松等人越权行使勘界行为，并且以“不出一点纠纷上级不会来解决”为目的，故意毁坏小龙潭村民的农作物和经济林木，造成32853.83元的经济损失，其行为已构成破坏生产经营罪，应追究刑事责任。依照《刑法》第276条、第26条第1款、第27条之规定，判决如下：（1）被告人金义明犯破坏生产经营罪，判处有期徒刑三年；（2）被告人金元贵犯破坏生产经营罪，判处有期徒刑二年；（3）被告人金嘎福犯破坏生产经营罪，判处有期徒刑二年；（4）被告人朱批松犯破坏生产经营罪，判处有期徒刑二年。

【案例9】原判认定：被告人杨祖军因与被害人张锦钊有矛盾，于2002年6月3日晚在自家配制草甘磷农药装在喷雾器中，拿到张锦钊的荔枝地喷洒张种植的荔枝苗。张锦钊发现后，从地上捡起一根胶木打杨祖军的头部、小腿处，杨祖军便逃离现场。随后，张锦钊即将情况告知农场派出所和一区保卫干事吴孔茂。至次日凌晨，杨祖军再次来到张锦钊的荔枝地用农药喷洒荔枝苗，被张锦钊、吴孔茂、陈锋、李和明当场抓获，并被张锦钊、吴孔茂打致重伤。经屯昌县农技推广中心技术人员鉴定，有184株荔枝苗因被喷洒农药而丧失经济价值；经物价所估价，被毁坏的184株荔枝苗的种植投资合计4672元。

原判认为：被告人杨祖军故意毁坏他人所种植的荔枝苗，造成经济损失4627元，其行为已构成破坏生产经营罪。依照《刑法》第276条、第72条之规定，以破坏生产经营罪判处被告人杨祖军有期徒刑一年，缓刑二年。

被告人杨袓军不服，提起上诉。

二审经审理查明的事实、认定的证据与一审一致。

二审法院认为：上诉人杨祖军为泄私愤而用农药毁坏他人种植的经济作物，造成较大数额的经济损失，其行为已构成破坏生产经营罪，应予惩处。依照《刑事诉讼法》第189条第（1）项和《民事诉讼法》第153条第(1）项之规定,裁定如下：驳回上诉，维持原判。

【案例10】经审理查明：(1）2004年2月13日至14日，因枣庄市鑫明园科技生态园土地承包问题，引起南石镇小香城村部分村民对生态园承包人宋均胜产生不满情绪。被告人徐广均多次以语言煽动村民去闹事，并带头将生态园内的部分物品及办公室门窗等砸毁，其间被告人王克前也以语言、行为煽动村民去生态园闹事，并致使生态园部分财物被毁。经鉴定，造成直接经济损失13821元。（2）2004年2月15日，薛城区公安分局工作人员高喜祥身背摄像机在枣庄市鑫明园科技农业生态园执行公务时，遭到在此闹事的被告人周纪凤及小香城村村民的围攻。周纪凤等人厮扯高喜祥，夺其摄像机，将高喜祥掤倒在沟底后，周纪凤将摄像机拿到沟沿上，摄像机被其他村民砸毁。(3）2004年2月16日下午，被告人周纪凤以“把老宋的树砸烂、把老宋赶走”等语言煽动，带领小香城村部分村民，将枣庄市鑫明园科技农业生态园内的樱桃树1218株砸坏。经鉴定，造成直接经济损失62090元。(4）2004年2月19日下午3时许，被告人崔运芳、刘体霞与南石镇小香城村部分村民到生态园毁坏果树，二被告人不听公安干警的劝阻，被告人崔运芳搬起砌块欲砸民警时，被人夺下，被告人刘体霞上前撕扯民警衣服，将民警衣服撕坏，阻碍正在执勤的公安干警执行公务。

法院认为：被告人徐广均以语言煽动村民闹事，致他人财物毁损，同时带头积极毁坏他人财物，其行为已构成故意毁坏财物罪；被告人王克前以语言、行为煽动村民闹事，致使他人财物毁损，其教唆行为成立，亦构成故意毁坏财物罪。被告人周纪凤厮拽高喜祥，并抢其摄像机的目的是阻碍正在执行的公务，其行为构成妨害公务罪。被告人周纪凤为个人私利毁坏正在成长树苗，破坏生态园的正常生产经营，其行为已构成破坏生产经营罪。被告人崔运芳、刘体霞以暴力阻碍公安干警执行公务，其行为已构成妨害公务罪。根据《刑法》第29条、第275条、第276条、第277条第1款之规定，判决如下：（1）被告人徐广均犯故意毁坏财物罪，判处有期徒刑一年零六个月；（2）被告人周纪凤犯破坏生产经营罪，判处有期徒刑一年；犯妨害公务罪，判处有期徒刑六个月，决定执行有期徒刑一年；（3）被告人王克前犯故意毁坏财物罪，判处有期徒刑十个月；（4）被告人崔运芳犯妨害公务罪，判处拘役六个月；（5）被告人刘体霞犯妨害公务罪，判处拘役六个月。

【案例11】原判认定：2006年10月以来，陵水县椰林镇大本尾村的村民对卓杰海滩地权属问题有异议，便推出陈维仁、陈土龙、陈华林（均另案处理）及被告人陈维文作为村民代表向有关部门反映，要求处理。正当有关部门着手调查处理时，被告人陈里全、陈维文及陈维仁、陈土龙、陈华林等人于2006年11月17日晚和18日晚连续召集本村的部分经济社社长在村里祠堂处和陈华林家开会，决定2006年11月19日上午带领村民到卓杰海滩上将他人种植的辣椒树拔掉，20日到县政府上访，以引起政府有关部门对海滩地权属问题解决的重视，并借机报复承包海滩地种植的业主。会上有的经济社社长提出不同意见，但陈里全、陈维文、陈维仁等人坚持以上决定，还要求各经济社社长表态支持以上决定。会上还安排陈里全、陈必强（另案处理）于19日负责带领村民实施破坏行为。会后，陈维仁、陈里全等人将以上决定向村民宣布，并积极煽动村民参与。2006年11月19日上午，陈里全、陈必强在村中祠堂处召集村民，并由他们（其中陈必强走出村口后被他人通知到县政府开会而中途离开）带领300多名村民手持横幅，敲锣打鼓到卓杰海滩。在陈里全的指挥、煽动及陈亚色、陈连强（均另案处理）、陈宗能等人煽动和积极实施下，村民采取棍打、手拔、脚踩的方式毁坏了罗明强种植的“灯笼”辣椒树4005株、芒果苗295株；陈国圣种植的“灯笼”辣椒树11897株、辣椒苗1432株；邓小平种植的“灯笼”辣椒树442株；邓明辉种植的“灯笼”辣椒树8000株；邓明爱种植的“灯笼”辣椒树1800株。经陵水县价格认证中心鉴定，以上被毁坏的辣椒树、辣椒苗、芒果苗的总价值为197673元。

原判认为：被告人陈里全、陈维文为了泄愤报复及其他个人目的，组织村民毁坏他人种植的辣椒树、芒果苗，被告人陈宗能积极参与破坏生产经营活动，其行为均已构成破坏生产经营罪。依照《刑法》第276条、第27条的规定，以破坏生产经营罪，分别判处被告人陈里全、陈维文有期徒刑三年六个月和三年，判处被告人陈宗能拘役五个月。

被告人陈里全、陈维文不服，提起上诉。

二审经审理查明：上诉人陈维文、陈里全及同案人陈维仁等人为了报复承包海滩地的业主，并想借此引起当地政府对解决海滩地权属问题的重视，在本村里组织召开的两次会议上，极力主张纠集村民采取非法手段解决海滩地权属问题，并为此积极商量、策划，决定在会后由陈里全、陈必强负责指挥，带领村民实施该破坏计划。2006年11月19日上午，陈里全、陈必强按照陈维文等人在会上的安排在村中召集几百名村民手持横幅，敲锣打鼓到卓杰海滩坡地，毁坏罗明强、陈国圣等多人种植的辣椒树、芒果苗。在毁坏过程中，原审被告人陈宗能在现场煽动村民并积极参与破坏活动。经鉴定，以上被毁坏的农作物总价值达197673元。

二审法院认为：上诉人陈里全、陈维文在解决土地权属问题上，为了泄愤私仇和给当地政府施加压力，无视国家法律，有预谋、有计划地纠集多名村民采取破坏性手段，毁坏他人通过合法手续而取得的承包地上种植的农作物，其行为均已构成破坏生产经营罪。依照《刑事诉讼法》第189条第（1）项的规定，裁定如下：驳回上诉，维持原判。

【案例12】经审理查明：2005年12月21日23时许，被告人高品丰在北京市丰台区长辛店镇东河沿北庙村东坟地，为堆放建筑材料，在未经被害人李秀芬同意的情况下，雇用铲车将被害人李秀芬果林东南侧土地铲平，造成138棵“24号”桃树损坏，经鉴定物品价值人民币10626元。

北京市丰台区人民法院认为：被告人高品丰无视国法，破坏他人生产经营活动，其行为已构成破坏生产经营罪。依照《刑法》相关规定判决如下：被告人高品丰犯破坏生产经营罪，判处有期徒刑一年，缓刑二年。

被告人高品丰不服，提起上诉。

二审法院经审理认定的事实、证据与一审一致。

二审法院认为：上诉人（原审被告人）高品丰无视国法，破坏他人生产经营活动，其行为已构成破坏生产经营罪。依照《刑事诉讼法》第189条第（1）项之规定，裁定如下：驳回上诉，维持原判。

【案例13】经审理查明：被告人曾安辉因其饲养的土蜂（我国品种的蜜蜂）遭到林金镇寄养在与其同村的洪××家中的意蜂（意大利品种的蜜蜂）的侵袭，而萌生报复念头。1999年10月20日至29日，曾安辉先将其土蜂搬走，后在其经营的自行车修理店门口，放置用塑料桶等容器盛放的白糖与蜂蜜混合溶液，引诱林金镇所饲养的意蜂进入容器内觅食，以致大量的意蜂掉进容器内溶液中死亡。经查，被告人曾安辉采用上述手段诱捕意蜂6箱（48支），价值人民币4800元。案发后，被告人曾安辉的认罪态度较好，并有检举他人犯罪事实的立功表现。

同安区人民法院经公开审理认为：被告人曾安辉为报复

泄愤，破坏他人的生产经营活动，其行为已构成破坏生产经营罪。鉴于被告人曾安辉归案后具有检举他人犯罪事实的立功表现，依法可以从轻处罚。依照《刑法》第276条、第68条第1款、第36条第1款的规定，于2000年6月16日作出刑事附带民事判决如下：被告人曾安辉犯破坏生产经营罪，判处拘役五个月。

宣判后，被告人曾安辉不服，提起上诉。

二审经审理认定的事实、认定的证据与一审一致。

厦门市中级人民法院经二审审理认为：上诉人曾安辉为报复泄愤，用容器装白糖与蜂蜜混合的溶液，引诱被害人林金镇所饲养的大量意蜂进入容器内觅食而掉入溶液中死亡，其行为符合破坏生产经营罪的构成要件。依照《刑事诉讼法》第189条第（1）项的规定，于2000年7月29日作出刑事附带民事裁定如下：驳回上诉，维持原判。

【案例14】经审理查明：（1）2004年6月中旬，济宁矿业集团有限公司阳城煤矿（以下简称阳城煤矿）在郭楼镇张坝口村第三村民小组部分责任田地下修建一条排水管道。就土地补偿问题，村民与阳城煤矿之间发生纠纷。2004年12月16日，被告人郑宜爱、郑灿苓与本村村民数十人将阳城煤矿所修排水管道挖开，撬开其中一节，用泥土等东西堵塞排水管道，影响了阳城煤矿的正常生产活动，给阳城煤矿造成了一定的经济损失。（2）2004年12月，被告人郑宜爱、郑灿苓与杨军等人共同出资成立世鼎商贸有限责任公司。此后，该公司曾往阳城煤矿工地运送沙、石料。2005年3月26日，郑宜爱、郑灿苓等七八人在公司负责人的安排下再一次往阳城煤矿温州四处工地运送沙、石料。当温州四处工地收料人员提出拒收后，送料人员将沙、石料强行卸在温州四处工地的料场四周。

法院认为：被告人郑宜爱、郑灿苓为了达到向阳城煤矿索要土地补偿费的目的，伙同他人采用毁坏、堵塞排水管道的方法，破坏煤矿生产经营活动，并造成了一定的经济损失，其行为已构成破坏生产经营罪。依照《刑法》第276条、第

25条第1款、最高人民法院、最高人民检察院、司法部《关于适用普通程序审理“被告人认罪案件”的若干意见（试行）》第9条的规定，判决如下：（1）被告人郑宜爱犯破坏生产经营罪，判处管制一年；（2）被告人郑灿苓犯破坏生产经营罪，判处管制一年。

实践中值得注意的问题是：（1）此“其他破坏方法”能否包括损害商业信誉、商品声誉的方法。有学者认为，因损害商业信誉、商品声誉而使被害人固定的销售渠道不存在，从而被迫停止生产、经营活动的，行为人只构成损害商业信誉、商品声誉罪而不符合破坏生产经营罪的构成要件。[①] 在笔者看来，此种限定无必要，实践中就存在过如下情形，行为人为达到勒索财物的目的，买来饮料后将苍蝇放入瓶中，经与厂家协调后未能得到满足，遂找来新闻媒体记者借机炒作，严重影响厂家该品牌产品的声誉，造成重大经济损失，此情形即使在构成损害商业信誉、商品声誉罪的前提下也同时完全符合破坏生产经营罪的构成，应按有关的罪数来处理（若坚持损害商业信誉、商品声誉罪不具备构成要件——出于生产经营的竞争目的，此情形就不能按损害商业信誉、商品声誉罪处理）。（2）“其他破坏方法”的破坏对象。破坏行为若通过破坏生产经营者的机器、设备、工具等来进行的，其必须是与生产经营正常活动有着直接的联系。凡是与生产经营活动没有直接关系的，就不能成为此罪的侵犯对象。例如，“徐某、张某破坏生产经营案”（案例15）中的输电公司预留备用的35千伏电力设施地脚螺栓。当然，“破坏”生产经营的行为也有可能没有直接的对象，例如，损毁厂家信誉造成营业额锐减、谎报气象消息致使农民没有及时采取保护措施而使农作物受损、销毁客户资料致使产品买家难以联系、切断外部电源致使厂家停产，等等。

【案例15】 2004年12月15日，犯罪嫌疑人徐某、张某以非法占有为目的，在北京市海淀区变电站路口向北100米路西草坪处，用随身携带的铁锯和锤子盗割位于此地输电线

① 参见周光权：《刑法各论讲义》，清华大学出版社2003年版，第346页。

路杆塔基底座上的地脚螺栓6根（该底座由16根地脚螺栓组成，其中3根案发前已被盗割），在二人盗割第6根后，被民警当场抓获。经查，该二人破坏的是北京电力公司输电公司预留备用的35千伏电力设施基础，案发时尚未投入使用，此设施基础由16根地脚螺栓组成，每根螺栓已被混凝土浇灌埋入地下4米，每根螺栓在地面上预留出20公分，用于安装地面10米高的铁杆。现有证据证实，根据力学测算，破坏任何一根地脚螺栓，整个电力设施基础（以下简称“塔基”）即会丧失其使用价值而全部作废，重新修复需将所有地脚螺栓挖出，并重新浇铸混凝土。经鉴定，被盗割的6根螺栓价值人民币6元、整个电线杆底座价值人民币55729元。①

三、破坏生产经营罪的主观要件

立法明文规定了破坏生产经营罪的一个主观要素，“由于泄愤报复或者其他个人目的”，这表明此罪是法定目的犯。此主观要素不需要客观构成要件要素与之相匹配，被刑法理论称之为客观超过要素。实践中值得研究的是：一是“个人目的”是否修饰“泄愤报复”，有学者认为，泄愤报复同样必须是出于个人目的；② 二是“个人目的”与“非个人目的”如何区分。其实这两个问题紧密相关，具体涉及到如下情形的处理：（1）行为人因他人受到不公平待遇而不满实施破坏生产经营行为的，是否构成此罪；（2）行为人为单位利益针对竞争对手实施破坏生产经营行为，是否构成此罪；（3）行为人出于（狭隘的）国家利益而对有关国家在我国开设的从事生产经营活动的公司企业实施破坏行为，是否构成此罪。从严格的意义上来

① 参见孙力主编：《刑事疑难案例研究》，中国检察出版社2008年版，第31页。本案在审理过程中，存在以下不同意见：其一认为，虽然本案有证据证明在徐某、张某实施盗割的破坏行为之前，该塔基已因被盗割的3根而作废，但现有证据尚不足以排除二人的盗割行为与整个塔基作废之间的因果关系，也不足以排除二人实施盗割行为时主观上对塔基所具有的固定电线杆作用的明知，二人的行为至少属于对象不能犯的未遂。其二认为，现有证据能够证明二人盗割螺栓之时，已经有3根螺栓于案发前被盗割，从而导致整个塔基失去原有价值，故二人的盗割行为的破坏性已不复存在，尽管二人出于盗窃目的使用表明上看起来是破坏性的手段，由于其目的行为与手段行为未能满足犯罪的构成要件，应当认定为无罪。

② 参见陈兴良：《规范刑法学》，中国政法大学出版社2003年版，第307页。

说，行为人实施任何行为均会出于某种个人动机（包括为单位利益或者基于国家利益立场），但能否将此种动机解释为此处的“个人目的”，值得进一步研究。

四、破坏生产经营罪的罪数

实践中，破坏生产经营罪易与其他罪发生关联，出现罪数的问题，具体包括：（1）行为人实施的破坏生产经营活动行为同时又触犯其他罪名的，例如，行为人通过损害竞争对手的商业信誉、商品声誉的手段来破坏对方的生产经营，在同时构成损害商业信誉、商品声誉罪和破坏生产经营罪的前提下，属于一行为触犯两个罪名的想象竞合犯，应择一重罪从重处里。（2）行为人破坏的对象同时系不同法益的载体（或者媒介物），例如，行为人破坏的机器设备既是生产经营单位的生产经营活动所需的机器设备，又是公共安全的载体，还是财产权的载体。此种情形的处理，实践中存在不同的观点：一是按“想象竞合犯”处理，例如，“孟繁康等破坏生产经营案”（案例3）中有意见认为，“本案属于典型的想象竞合犯。被告人出于捣乱报复的目的，以爆炸方式破坏他人的生产经营且危及了公共安全，系一个犯罪行为触犯了爆炸罪和破坏生产经营罪两种罪名，应从一重罪即爆炸罪处罚”。[①] 二是“法条竞合”的观点，例如，

① 本案在审理过程中，存在两种意见：其一认为，四被告人的行为构成爆炸罪。理由是：（1）四被告人主观上具有危害公共安全的故意。被告人孟繁康指使张建军、柴龙兴、田存喜在桃源歌舞厅燃放雷管、爆竹，实施爆炸行为，他们明知该行为会危及公共安全，仍放任这种危害的发生。（2）四被告人的客观表现是在他人经营场所实施爆炸，危害了不特定多数人的安全。（3）本案属于典型的想象竞合犯。被告人出于捣乱报复的目的，以爆炸方式破坏他人的生产经营且危及了公共安全，系一个犯罪行为触犯了爆炸罪和破坏生产经营罪两种罪名，应从一重罪即爆炸罪处罚。其二认为，四被告人的行为构成破坏生产经营罪。理由是：（1）被告人主观上是出于破坏他人生产经营的目的。被告人孟繁康指使被告人张建军、柴龙兴、田存喜在桃源歌舞厅男厕所内两次引燃雷管、爆竹，目的都是为了破坏对手经营、影响其客源。（2）被告人在客观上是采用爆炸的方法破坏对手的生产经营。被告人用准备好的雷管和爆竹实施爆炸，侵犯的客体是竞争对手生产经营活动的正常进行。（3）从犯罪的具体情节上看，爆炸的地点是歌舞厅的厕所，不是人员较多的舞池；爆炸的时间是厕所没人的时候，不是有人的时候；使用的爆炸物是雷管和爆竹，不会对建筑物及其设施造成破坏，不会危及歌舞厅里不特定多数人的生命安全。

"竹培素投毒、破坏生产经营、销售赃物案"。[①] 三是"牵连犯"的主张，例如，有学者认为，行为人利用放火、决水、爆炸、投毒、其他危险方法破坏生产经营的，同时构成放火罪、决水罪、爆炸罪、投毒罪、以危险方法危害公共安全罪和破坏生产经营罪，属于牵连犯。[②] 笔者认为，此种情形不属于牵连犯（牵连犯必须是两个独立成罪的行为），同时应视被破坏的对象是何种法益的载体来进行分析，若被破坏的对象同时系生产经营活动、公共安全、财产权的载体，那么此种破坏行为在同时构成危害公共安全罪（如放火罪、投毒罪等）、破坏生产经营罪、故意毁坏财物罪的前提下，就破坏生产经营罪与故意毁坏财物罪而言，属于一行为触犯数罪名的法条竞合（前者侵犯的客体在同时包括财产权和生产经营活动的情形下，与后者侵犯的法益存在包容关系），就危害公共安全罪和故意毁坏财物罪而言，属于一行为触犯数罪名的法条竞合（前者侵犯的客体表现为财产损失的情形下，与后者侵犯的法益具有同一性），就危害公共安全罪和破坏生产经营罪而言，属于一行为触犯数罪名的法条竞合（前者侵犯的客体表现为财产损失的情形，后者侵犯的客体同时包括财产权和生产经营活动时，两者存在交叉关系）。[③] 当然，上述行为是否同时构成三罪还是只构成其中某二罪或者一罪，应具体情况具体分析，例如，"张振科等破坏生产经营案"（案例16）的定性就要看破坏的对象主要是表现为财产权的载体还是生产经营活动的载体，是仅构成故意毁坏财物罪而是同时构成两罪（按法条竞合处理）。

---

① 此案审理中有意见认为，"行为人给他人的牛喂食带农药的青草把子和在野外草地上喷洒毒药两种方法，在性质上是不一样的。在野外青草地上喷洒毒药，其危害的对象是不特定的，只要其毒药投放到青草地上，就使不特定的家禽家畜处于死伤的危险状态，并已造成了一定的实际危害，危害了公共安全，故此种行为应定性为投毒罪。而用带农药的青草把子喂食他人耕牛，其结果是造成耕牛的死亡，破坏了农户的农业生产经营，此行为应定为破坏生产经营罪。虽然被告人的行为毁坏了农民的财物，也是出于故意，但由于行为人毒死的是农民的耕牛，《刑法》第276条已对残害耕畜等方法破坏生产经营的行为作了明文规定，这属于法条竞合，按照特别规定优于普通规定的原则，对行为人的行为定破坏生产经营罪更为适当"。

② 参见周道鸾、张军主编：《刑法罪名精释》（第2版），人民法院出版社2003年版，第462页。

③ 此种情形的法条竞合的处理原则，存在一个按重法条处理还是按全面评价法条处理的选择问题，例如，按重法条处理可能要选择放火罪（表现为财产损失），而按全面评价法条处理应选择破坏生产经营罪（既涉及财产损失，又涉及生产经营活动）。

（3）行为人实施破坏生产经营行为后又实施其他犯罪行为的，例如，行为人毒杀耕畜后又销售肉的。此种情形应先依据法条竞合的有关处理原则确定适用故意毁坏财物罪或者破坏生产经营罪后，再与销售有毒、有害食品罪并罚。

【案例16】原判认定：石家庄市博文中学因征用裕华区南辛庄村土地，双方发生纠纷，到宋营镇协商解决，双方商定：(1) 纠纷依法定程序解决；(2) 双方协商解决；(3) 不得强行施工，否则，后果自负。此后，南辛庄村召开了村委会，安排了值班人员，监督石家庄市博文中学是否施工。2004年1月16日，博文中学租用刘永志挖掘机挖沟施工，被南辛庄村值班人员发现，报告了村委会主任张振科，张振科得知博文中学挖沟施工后，通知了大队值班人员张永胜，让张永胜用喇叭广播："咱们村西，博文中学那儿来个勾机，挖咱们村的道哩，在家的带上家伙。带上铁锹和叉子，赶快去。"被告人张振科、张增玉、申立会、张进朝先后赶到现场阻止施工，被告人张振科、张增玉指挥并伙同申立会、张进朝等几十名村民一起将正在施工的挖掘机砸坏，将博文中学宿舍楼玻璃砸坏，将博文中学北墙推倒，造成经济损失213274元。

原判认为：被告人张振科为阻止博文中学挖沟施工，通过广播和到现场指挥等形式组织村民，被告人张增玉、申立会、张进朝、张永胜为报复博文中学的施工行为，积极参与对挖掘机的砸毁，推倒围墙，砸坏博文中学的玻璃，给博文中学造成经济损失，数额较大，五被告人的行为均已构成故意毁坏公私财物罪。依照《刑法》第275条、第25条、第26条第1款、第27条、第72条之规定，以被告人张振科犯故意毁坏公私财物罪，判处有期徒刑二年；以被告人张增玉犯故意毁坏公私财物罪，从轻判处有期徒刑一年；以被告人申立会犯故意毁坏公私财物罪，从轻判处有期徒刑六个月，缓刑一年；以被告人张进朝犯故意毁坏公私财物罪，从轻判处有期徒刑十个月；以被告人张永胜犯故意毁坏公私财物罪，从轻判处有期徒刑六个月，缓刑一年。

宣判后，被告人张振科等五被告人不服，提起上诉。

二审经审理查明的事实证据与一审一致。

二审法院认为：原判认定各上诉人及原审被告人犯故意毁坏公私财物罪。鉴于博文中学对本案的引发负有一定的责任，考虑全案的具体情节及各上诉人在共同犯罪中所起的作用，依照《刑法》第275条、第25条、第26条第1款、第27条、第37条、《刑事诉讼法》第189条第（2）项、第197条之规定，判决如下：（1）撤销裕华区人民法院（2004）裕刑初字第332号刑事判决；（2）上诉人（原审被告人）张振科犯故意毁坏公私财物罪，判处有期徒刑一年；（3）上诉人（原审被告人）张增玉犯故意毁坏公私财物罪，免予刑事赴罚；（4）上诉人（原审被告人）申立会犯故意毁坏公私财物罪，免予刑事处罚；（5）上诉人（原审被告人）张进朝犯故意毁坏公私财物罪，免予刑事处罚；（6）上诉人（原审被告人）张永胜犯故意毁坏公私财物罪，免予刑事处罚。

附录：相关立法解释、司法解释及规范性文件

一、抢劫罪

最高人民法院
《关于审理抢劫案件具体应用法律若干问题的解释》

2000年11月22日　　　　法释［2000］35号

为依法惩处抢劫犯罪活动，根据刑法的有关规定，现就审理抢劫案件具体应用法律的若干问题解释如下：

第一条　刑法第二百六十三条第（一）项规定的“入户抢劫”，是指为实施抢劫行为而进入他人生活的与外界相对隔离的住所，包括封闭的院落、牧民的帐篷、渔民作为家庭生活场所的渔船、为生活租用的房屋等进行抢劫的行为。

对于入户盗窃，因被发现而当场使用暴力或者以暴力相威胁的行为，应当认定为入户抢劫。

第二条　刑法第二百六十三条第（二）项规定的“在公共交通工具上抢劫”，既包括在从事旅客运输的各种公共汽车，大、中型出租车，火车，船只，飞机等正在运营中的机动公共交通工具上对旅客、司售、乘务人员实施的抢劫，也包括对运行途中的机动公共交通工具加以拦截后，对公共交通工具上的人员实施的抢劫。

第三条　刑法第二百六十三条第（三）项规定的“抢劫银行或者其他金融机构”，是指抢劫银行或者其他金融机构的经营资金、有价证券和客户的资金等。

抢劫正在使用中的银行或者其他金融机构的运钞车的，视为

“抢劫银行或者其他金融机构”。

第四条 刑法第二百六十三条第（四）项规定的“抢劫数额巨大”的认定标准，参照各地确定的盗窃罪数额巨大的认定标准执行。

第五条 刑法第二百六十三条第（七）项规定的“持枪抢劫”，是指行为人使用枪支或者向被害人显示持有、佩带的枪支进行抢劫的行为。“枪支”的概念和范围，适用《中华人民共和国枪支管理法》的规定。

第六条 刑法第二百六十七条第二款规定的“携带凶器抢夺”，是指行为人随身携带枪支、爆炸物、管制刀具等国家禁止个人携带的器械进行抢夺或者为了实施犯罪而携带其他器械进行抢夺的行为。

最高人民法院
《关于抢劫过程中故意杀人案件如何定罪问题的批复》

2001年5月23日　　法释〔2001〕16号

上海市高级人民法院：

你院沪高法〔2000〕117号《关于抢劫过程中故意杀人案件定性问题的请示》收悉。经研究，答复如下：

行为人为劫取财物而预谋故意杀人，或者在劫取财物过程中，为制服被害人反抗而故意杀人的，以抢劫罪定罪处罚。

行为人实施抢劫后，为灭口而故意杀人的，以抢劫罪和故意杀人罪定罪，实行数罪并罚。

此复。

最高人民法院
《关于审理抢劫、抢夺刑事案件适用法律若干问题的意见》

2005年7月16日　　法发〔2005〕8号

抢劫、抢夺是多发性的侵犯财产犯罪。1997年刑法修订后，为了更好地指导审判工作，最高人民法院先后发布了《关于审理抢劫案件具体应用法律若干问题的解释》（以下简称《抢劫解释》）和《关于审理抢夺刑事案件具体应用法律若干问题的解释》（以下简称《抢夺解释》）。但是，抢劫、抢夺犯罪案件的情况比较复杂，各地法院在审判过程中仍然遇到了不少新情况、新问题。为准确、统一适用法律，现对审理抢劫、抢夺犯罪案件中较为突出的几个法律适用问题，提出意见如下：

一、关于“入户抢劫”的认定

根据《抢劫解释》第一条规定，认定“入户抢劫”时，应当注意以下三个问题：一是“户”的范围。“户”在这里是指住所，其特征表现为供他人家庭生活和与外界相对隔离两个方面，前者为功能特征，后者为场所特征。一般情况下，集体宿舍、旅店宾馆、临时搭建工棚等不应认定为“户”，但在特定情况下，如果确实具有上述两个特征的，也可以认定为“户”。二是“入户”目的的非法性。进入他人住所须以实施抢劫等犯罪为目的。抢劫行为虽然发生在户内，但行为人不以实施抢劫等犯罪为目的进入他人住所，而是在户内临时起意实施抢劫的，不属于“入户抢劫”。三是暴力或者暴力胁迫行为必须发生在户内。入户实施盗窃被发现，行为人为窝藏赃物、抗拒抓捕或者毁灭罪证而当场使用暴力或者以暴力相威胁的，如果暴力或者暴力胁迫行为发生在户内，可以认定为“入户抢劫”；如果发生在户外，不能认定为“入户抢劫”。

二、关于“在公共交通工具上抢劫”的认定

公共交通工具承载的旅客具有不特定多数人的特点。根据《抢劫解释》第二条规定，“在公共交通工具上抢劫”主要是指在从事旅客运输的各种公共汽车、大、中型出租车、火车、船只、飞机等正在运营中的机动公共交通工具上对旅客、司售、乘务人员实施的抢劫。在未运营中的大、中型公共交通工具上针对司售、乘务人员抢劫的，或者在小型出租车上抢劫的，不属于“在公共交通工具上抢劫”。

三、关于“多次抢劫”的认定

刑法第二百六十三条第（四）项中的“多次抢劫”是指抢劫三次以上。

对于“多次”的认定，应以行为人实施的每一次抢劫行为均已构成犯罪为前提，综合考虑犯罪故意的产生、犯罪行为实施的时间、地点等因素，客观分析、认定。对于行为人基于一个犯意实施犯罪的，如在同一地点同时对在场的多人实施抢劫的；或基于同一犯意在同一地点实施连续抢劫犯罪的，如在同一地点连续地对途经此地的多人进行抢劫的；或在一次犯罪中对一栋居民楼房中的几户居民连续实施入户抢劫的，一般应认定为一次犯罪。

四、关于“携带凶器抢夺”的认定

《抢劫解释》第六条规定，“携带凶器抢夺”，是指行为人随身携带枪支、爆炸物、管制刀具等国家禁止个人携带的器械进行抢夺或者为了实施犯罪而携带其他器械进行抢夺的行为。行为人随身携带国家禁止个人携带的器械以外的其他器械抢夺，但有证据证明该器械确实不是为了实施犯罪准备的，不以抢劫罪定罪；行为人将随身携带凶器有意加以显示、能为被害人察觉到的，直接适用刑法第二百六十三条的规定定罪处罚；行为人携带凶器抢夺后，在逃跑过程中为窝藏赃物、抗拒抓捕或者毁灭罪证而当场使用暴力或者以暴力相威胁的，适用刑法第二百六十七条第二款的规定定罪处罚。

五、关于转化抢劫的认定

行为人实施盗窃、诈骗、抢夺行为，未达到“数额较大”，为窝藏赃物、抗拒抓捕或者毁灭罪证当场使用暴力或者以暴力相威胁，情节较轻、危害不大的，一般不以犯罪论处；但具有下列情节之一的，可依照刑法第二百六十九条的规定，以抢劫罪定罪处罚；

（1）盗窃、诈骗、抢夺接近“数额较大”标准的；

（2）入户或在公共交通工具上盗窃、诈骗、抢夺后在户外或交通工具外实施上述行为的；

（3）使用暴力致人轻微伤以上后果的；

（4）使用凶器或以凶器相威胁的；

（5）具有其他严重情节的。

六、关于抢劫犯罪数额的计算

抢劫信用卡后使用、消费的，其实际使用、消费的数额为抢劫数额；抢劫信用卡后未实际使用、消费的，不计数额，根据情节轻重量刑。所抢信用卡数额巨大，但未实际使用、消费或者实际使用、消费的数额未达到巨大标准的，不适用“抢劫数额巨大”的法定刑。

为抢劫其他财物，劫取机动车辆当作犯罪工具或者逃跑工具使用的，被劫取机动车辆的价值计入抢劫数额；为实施抢劫以外的其他犯罪劫取机动车辆的，以抢劫罪和实施的其他犯罪实行数罪并罚。

抢劫存折、机动车辆的数额计算，参照执行《关于审理盗窃案件具体应用法律若干问题的解释》的相关规定。

七、关于抢劫特定财物行为的定性

以毒品、假币、淫秽物品等违禁品为对象，实施抢劫的，以抢劫罪定罪；抢劫的违禁品数量作为量刑情节予以考虑。抢劫违禁品后又以违禁品实施其他犯罪的，应以抢劫罪与具体实施的其他犯罪实行数罪并罚。

抢劫赌资、犯罪所得的赃款赃物的，以抢劫罪定罪，但行为人仅以其所输赌资或所赢赌债为抢劫对象，一般不以抢劫罪定罪处罚。构成其他犯罪的，依照刑法的相关规定处罚。

为个人使用，以暴力、胁迫等手段取得家庭成员或近亲属财产的，一般不以抢劫罪定罪处罚，构成其他犯罪的，依照刑法的相关规定处理；教唆或者伙同他人采取暴力、胁迫等手段劫取家庭成员或近亲属财产的，可以抢劫罪定罪处罚。

八、关于抢劫罪数的认定

行为人实施伤害、强奸等犯罪行为，在被害人未失去知觉，利用被害人不能反抗、不敢反抗的处境，临时起意劫取他人财物的，应以此前所实施的具体犯罪与抢劫罪实行数罪并罚；在被害人失去知觉或者没有发觉的情形下，以及实施故意杀人犯罪行为之后，临时起意拿走他人财物的，应以此前所实施的具体犯罪与盗窃罪实行数罪并罚。

九、关于抢劫罪与相似犯罪的界限

1. 冒充正在执行公务的人民警察、联防人员，以抓卖淫嫖娼、赌博等违法行为为名非法占有财物的行为定性

行为人冒充正在执行公务的人民警察“抓赌”、“抓嫖”，没收赌资或者罚款的行为，构成犯罪的，以招摇撞骗罪从重处罚；在实施上述行为中使用暴力或者暴力威胁的，以抢劫罪定罪处罚。行为人冒充治安联防队员“抓赌”、“抓嫖”、没收赌资或者罚款的行为，构成犯罪的，以敲诈勒索罪定罪处罚；在实施上述行为中使用暴力或者暴力威胁的，以抢劫罪定罪处罚。

2. 以暴力、胁迫手段索取超出正常交易价钱、费用的钱财的行为定性

从事正常商品买卖、交易或者劳动服务的人，以暴力、胁迫手段迫使他人交出与合理价钱、费用相差不大钱物，情节严重的，以强迫交易罪定罪处罚；以非法占有为目的，以买卖、交易、服务为

幌子采用暴力、胁迫手段迫使他人交出与合理价钱、费用相差悬殊的钱物的，以抢劫罪定罪处刑。在具体认定时，既要考虑超出合理价钱、费用的绝对数额，还要考虑超出合理价钱、费用的比例，加以综合判断。

3. 抢劫罪与绑架罪的界限

绑架罪是侵害他人人身自由权利的犯罪，其与抢劫罪的区别在于：第一，主观方面不尽相同。抢劫罪中，行为人一般出于非法占有他人财物的故意实施抢劫行为，绑架罪中，行为人既可能为勒索他人财物而实施绑架行为，也可能出于其它非经济目的实施绑架行为；第二，行为手段不尽相同。抢劫罪表现为行为人劫取财物一般应在同一时间、同一地点，具有“当场性”；绑架罪表现为行为人以杀害、伤害等方式向被绑架人的亲属或其他人或单位发出威胁，索取赎金或提出其他非法要求，劫取财物一般不具有“当场性”。

绑架过程中又当场劫取被害人随身携带财物的，同时触犯绑架罪和抢劫罪两罪名，应择一重罪定罪处罚。

4. 抢劫罪与寻衅滋事罪的界限

寻衅滋事罪是严重扰乱社会秩序的犯罪，行为人实施寻衅滋事的行为时，客观上也可能表现为强拿硬要公私财物的特征。这种强拿硬要的行为与抢劫罪的区别在于：前者行为人主观上还具有逞强好胜和通过强拿硬要来填补其精神空虚等目的，后者行为人一般只具有非法占有他人财物的目的；前者行为人客观上一般不以严重侵犯他人人身权利的方法强拿硬要财物，而后者行为人则以暴力、胁迫等方式作为劫取他人财物的手段。司法实践中，对于未成年人使用或威胁使用轻微暴力强抢少量财物的行为，一般不宜以抢劫罪定罪处罚。其行为符合寻衅滋事罪特征的，可以寻衅滋事罪定罪处罚。

5. 抢劫罪与故意伤害罪的界限

行为人为索取债务，使用暴力、暴力威胁等手段的，一般不以抢劫罪定罪处罚。构成故意伤害等其他犯罪的，依照刑法第二百三十四条等规定处罚。

十、抢劫罪的既遂、未遂的认定

抢劫罪侵犯的是复杂客体，既侵犯财产权利又侵犯人身权利，具备劫取财物或者造成他人轻伤以上后果两者之一的，均属抢劫既遂；既未劫取财物，又未造成他人人身伤害后果的，属抢劫未遂。

据此，刑法第二百六十三条规定的八种处罚情节中除“抢劫致人重伤、死亡的”这一结果加重情节之外，其余七种处罚情节同样存在既遂、未遂问题，其中属抢劫未遂的，应当根据刑法关于加重情节的法定刑规定，结合未遂犯的处理原则量刑。

十一、驾驶机动车、非机动车夺取他人财物行为的定性

对于驾驶机动车、非机动车（以下简称“驾驶车辆”）夺取他人财物的，一般以抢夺罪从重处罚。但具有下列情形之一，应当以抢劫罪定罪处罚：

（1）驾驶车辆，逼挤、撞击或强行逼倒他人以排除他人反抗，乘机夺取财物的；

（2）驾驶车辆强抢财物时，因被害人不放手而采取强拉硬拽方法劫取财物的；

（3）行为人明知其驾驶车辆强行夺取他人财物的手段会造成他人伤亡的后果，仍然强行夺取并放任造成财物持有人轻伤以上后果的。

最高人民检察院
《关于强迫借贷行为适用法律问题的批复》

2014年4月17日

以非法占有为目的，以借贷为名采用暴力、胁迫手段获取他人财物，符合刑法第二百六十三条或者第二百七十四条规定的，以抢劫罪或者敲诈勒索罪追究刑事责任。

最高人民法院
《关于审理抢劫刑事案件适用法律若干问题的指导意见》

2016年1月6日　　　　法发［2016］2号

抢劫犯罪是多发性的侵犯财产和侵犯公民人身权利的犯罪。1997年刑法修订后，最高人民法院先后发布了《关于审理抢劫案件具体应用法律若干问题的解释》（以下简称《抢劫解释》）和《关于审理抢劫、抢夺刑事案件适用法律问题的意见》（以下简称《两抢意见》），对抢劫案件的法律适用作出了规范，发挥了重要的指导作用。但是，抢劫犯罪案件的情况越来越复杂，各级法院在审判过程中不断遇到新情况、新问题。为统一适用法律，根据刑法和司法解释的规定，结合近年来人民法院审理抢劫案件的经验，现对审理抢劫犯罪案件中较为突出的几个法律适用问题和刑事政策把握问题提出如下指导意见：

一、关于审理抢劫刑事案件的基本要求

坚持贯彻宽严相济刑事政策。对于多次结伙抢劫，针对农村留守妇女、儿童及老人等弱势群体实施抢劫，在抢劫中实施强奸等暴力犯罪的，要在法律规定的量刑幅度内从重判处。

对于罪行严重或者具有累犯情节的抢劫犯罪分子，减刑、假释时应当从严掌握，严格控制减刑的幅度和频度。对因家庭成员就医等特定原因初次实施抢劫，主观恶性和犯罪情节相对较轻的，要与多次抢劫以及为了挥霍、赌博、吸毒等实施抢劫的案件在量刑上有所区分。对于犯罪情节较轻，或者具有法定、酌定从轻、减轻处罚情节的，坚持依法从宽处理。

确保案件审判质量。审理抢劫刑事案件，要严格遵守证据裁判原则，确保事实清楚，证据确实、充分。特别是对因抢劫可能判处死刑的案件，更要切实贯彻执行刑事诉讼法及相关司法解释、司法文件，严格依法审查判断和运用证据，坚决防止冤错案件的发生。

对抢劫刑事案件适用死刑，应当坚持"保留死刑，严格控制和慎重适用死刑"的刑事政策，以最严格的标准和最审慎的态度，确保死刑只适用于极少数罪行极其严重的犯罪分子。对被判处死刑缓期二年执行的抢劫犯罪分子，根据犯罪情节等情况，可以同时决定对其限制减刑。

二、关于抢劫犯罪部分加重处罚情节的认定

1. 认定"入户抢劫"，要注重审查行为人"入户"的目的，将"入户抢劫"与"在户内抢劫"区别开来。以侵害户内人员的人身、财产为目的，入户后实施抢劫，包括入户实施盗窃、诈骗等犯罪而转化为抢劫的，应当认定为"入户抢劫"。因访友办事等原因经户内人员允许入户后，临时起意实施抢劫，或者临时起意实施盗窃、诈骗等犯罪而转化为抢劫的，不应认定为"入户抢劫"。

对于部分时间从事经营、部分时间用于生活起居的场所，行为人在非营业时间强行入内抢劫或者以购物等为名骗开房门入内抢劫的，应认定为“入户抢劫”。对于部分用于经营、部分用于生活且之间有明确隔离的场所，行为人进入生活场所实施抢劫的，应认定为“入户抢劫”；如场所之间没有明确隔离，行为人在营业时间入内实施抢劫的，不认定为“入户抢劫”，但在非营业时间入内实施抢劫的，应认定为“入户抢劫”。

2. “公共交通工具”，包括从事旅客运输的各种公共汽车，大、中型出租车，火车，地铁，轻轨，轮船，飞机等，不含小型出租车。对于虽不具有商业营运执照，但实际从事旅客运输的大、中型交通工具，可认定为“公共交通工具”。接送职工的单位班车、接送师生的校车等大、中型交通工具，视为“公共交通工具”。

“在公共交通工具上抢劫”，既包括在处于运营状态的公共交通工具上对旅客及司售、乘务人员实施抢劫，也包括拦截运营途中的公共交通工具对旅客及司售、乘务人员实施抢劫，但不包括在未运营的公共交通工具上针对司售、乘务人员实施抢劫。以暴力、胁迫或者麻醉等手段对公共交通工具上的特定人员实施抢劫的，一般应认定为“在公共交通工具上抢劫”。

3. 认定“抢劫数额巨大”，参照各地认定盗窃罪数额巨大的标准执行。抢劫数额以实际抢劫到的财物数额为依据。对以数额巨大的财物为明确目标，由于意志以外的原因，未能抢到财物或实际抢得的财物数额不大的，应同时认定“抢劫数额巨大”和犯罪未遂的情节，根据刑法有关规定，结合未遂犯的处理原则量刑。

根据《两抢意见》第六条第一款规定，抢劫信用卡后使用、消费的，以行为人实际使用、消费的数额为抢劫数额。由于行为人意志以外的原因无法实际使用、消费的部分，虽不计入抢劫数额，但应作为量刑情节考虑。通过银行转账或者电子支付、手机银行等支付平台获取抢劫财物的，以行为人实际获取的财物为抢劫数额。

4. 认定“冒充军警人员抢劫”，要注重对行为人是否穿着军警制服、携带枪支、是否出示军警证件等情节进行综合审查，判断是否足以使他人误以为是军警人员。对于行为人仅穿着类似军警的服装或仅以言语宣称系军警人员但未携带枪支、也未出示军警证件而实施抢劫的，要结合抢劫地点、时间、暴力或威胁的具体情形，依照常人判断标准，确定是否认定为“冒充军警人员抢劫”。

军警人员利用自身的真实身份实施抢劫的，不认定为“冒充军警人员抢劫”，应依法从重处罚。

三、关于转化型抢劫犯罪的认定

根据刑法第二百六十九条的规定，“犯盗窃、诈骗、抢夺罪，为窝藏赃物、抗拒抓捕或者毁灭罪证而当场使用暴力或者以暴力相威胁的”，依照抢劫罪定罪处罚。“犯盗窃、诈骗、抢夺罪”，主要是指行为人已经着手实施盗窃、诈骗、抢夺行为，一般不考察盗窃、诈骗、抢夺行为是否既遂。但是所涉财物数额明显低于“数额较大”的标准，又不具有《两抢意见》第五条所列五种情节之一的，不构成抢劫罪。“当场”是指在盗窃、诈骗、抢夺的现场以及行为人刚离开现场即被他人发现并抓捕的情形。

对于以摆脱的方式逃脱抓捕，暴力强度较小，未造成轻伤以上后果的，可不认定为“使用暴力”，不以抢劫罪论处。

入户或者在公共交通工具上盗窃、诈骗、抢夺后，为了窝藏赃物、抗拒抓捕或者毁灭罪证，在户内或者公共交通工具上当场使用暴力或者以暴力相威胁的，构成“入户抢劫”或者“在公共交通工具上抢劫”。

两人以上共同实施盗窃、诈骗、抢夺犯罪，其中部分行为人为窝藏赃物、抗拒抓捕或者毁灭罪证而当场使用暴力或者以暴力相威胁的，对于其余行为人是否以抢劫罪共犯论处，主要看其对实施暴力或者以暴力相威胁的行为人是否形成共同犯意、提供帮助。基于一定意思联络，对实施暴力或者以暴力相威胁的行为人提供帮助或实际成为帮凶的，可以抢劫共犯论处。

四、具有法定八种加重处罚情节的刑罚适用

1. 根据刑法第二百六十三条的规定，具有“抢劫致人重伤、死亡”等八种法定加重处罚情节的，处十年以上有期徒刑、无期徒刑或者死刑，并处罚金或者没收财产。应当根据抢劫的次数及数额、抢劫对人身的损害、对社会治安的危害等情况，结合被告人的主观恶性及人身危险程度，并根据量刑规范化的有关规定，确定具体的刑罚。判处无期徒刑以上刑罚的，一般应并处没收财产。

2. 具有下列情形之一的，可以判处无期徒刑以上刑罚：

（1）抢劫致三人以上重伤，或者致人重伤造成严重残疾的；

（2）在抢劫过程中故意杀害他人，或者故意伤害他人，致人死亡的；

（3）具有除"抢劫致人重伤、死亡"外的两种以上加重处罚情节，或者抢劫次数特别多、抢劫数额特别巨大的。

3. 为劫取财物而预谋故意杀人，或者在劫取财物过程中为制服被害人反抗、抗拒抓捕而杀害被害人，且被告人无法定从宽处罚情节的，可依法判处死刑立即执行。对具有自首、立功等法定从轻处罚情节的，判处死刑立即执行应当慎重。对于采取故意杀人以外的其他手段实施抢劫并致人死亡的案件，要从犯罪的动机、预谋、实行行为等方面分析被告人主观恶性的大小，并从有无前科及平时表现、认罪悔罪情况等方面判断被告人的人身危险程度，不能不加区别，仅以出现被害人死亡的后果，一律判处死刑立即执行。

4. 抢劫致人重伤案件适用死刑，应当更加慎重、更加严格，除非具有采取极其残忍的手段造成被害人严重残疾等特别恶劣的情节或者造成特别严重后果的，一般不判处死刑立即执行。

5. 具有刑法第二百六十三条规定的"抢劫致人重伤、死亡"以外其他七种加重处罚情节，且犯罪情节特别恶劣、危害后果特别严重的，可依法判处死刑立即执行。认定"情节特别恶劣、危害后果特别严重"，应当从严掌握，适用死刑必须非常慎重、非常严格。

五、抢劫共同犯罪的刑罚适用

1. 审理抢劫共同犯罪案件，应当充分考虑共同犯罪的情节及后果、共同犯罪人在抢劫中的作用以及被告人的主观恶性、人身危险性等情节，做到准确认定主从犯，分清罪责，以责定刑，罚当其罪。一案中有两名以上主犯的，要从犯罪提意、预谋、准备、行为实施、赃物处理等方面区分出罪责最大者和较大者；有两名以上从犯的，要在从犯中区分出罪责相对更轻者和较轻者。对从犯的处罚，要根据案件的具体事实、从犯的罪责，确定从轻还是减轻处罚。对具有自首、立功或者未成年人且初次抢劫等情节的从犯，可以依法免除处罚。

2. 对于共同抢劫致一人死亡的案件，依法应当判处死刑的，除犯罪手段特别残忍、情节及后果特别严重、社会影响特别恶劣、严重危害社会治安的外，一般只对共同抢劫犯罪中作用最突出、罪行最严重的那名主犯判处死刑立即执行。罪行最严重的主犯如因系未成年人而不适用死刑，或者因具有自首、立功等法定从宽处罚情节而不判处死刑立即执行的，不能不加区别地对其他主犯判处死刑立即执行。

3. 在抢劫共同犯罪案件中，有同案犯在逃的，应当根据现有证据尽量分清在押犯与在逃犯的罪责，对在押犯应按其罪责处刑。罪责确实难以分清，或者不排除在押犯的罪责可能轻于在逃犯的，对在押犯适用刑罚应当留有余地，判处死刑立即执行要格外慎重。

六、累犯等情节的适用

根据刑法第六十五条第一款的规定，对累犯应当从重处罚。抢劫犯罪被告人具有累犯情节的，适用刑罚时要综合考虑犯罪的情节和后果，所犯前后罪的性质、间隔时间及判刑轻重等情况，决定从重处罚的力度。对于前罪系抢劫等严重暴力犯罪的累犯，应当依法加大从重处罚的力度。对于虽不构成累犯，但具有抢劫犯罪前科的，一般不适用减轻处罚和缓刑。对于可能判处死刑的罪犯具有累犯情节的也应慎重，不能只要是累犯就一律判处死刑立即执行；被告人同时具有累犯和法定从宽处罚情节的，判处死刑立即执行应当综合考虑，从严掌握。

七、关于抢劫案件附带民事赔偿的处理原则

要妥善处理抢劫案件附带民事赔偿工作。审理抢劫刑事案件，一般情况下人民法院不主动开展附带民事调解工作。但是，对于犯罪情节不是特别恶劣或者被害方生活、医疗陷入困境，被告人与被害方自行达成民事赔偿和解协议的，民事赔偿情况可作为评价被告人悔罪态度的依据之一，在量刑上酌情予以考虑。

二、盗窃罪

最高人民法院
《关于审理扰乱电信市场管理秩序案件具体应用法律若干问题的解释》

2000 年 5 月 12 日　　　　法释［2000］12 号

第七条　将电信卡非法充值后使用，造成电信资费损失数额较大的，依照刑法第二百六十四条的规定，以盗窃罪定罪处罚。

第八条　盗用他人公共信息网络上网账号、密码上网，造成他人电信资费损失数额较大的，依照刑法第二百六十四条的规定，以盗窃罪定罪处罚。

最高人民法院
《关于审理破坏森林资源刑事案件具体应用法律若干问题的解释》

2000年11月12日　　　　　　　　　　法释［2000］36号

第九条　将国家、集体、他人所有并已经伐倒的树木窃为己有，以及偷砍他人房前屋后、自留地种植的零星树木，数额较大的，依照刑法第二百六十四条的规定，以盗窃罪定罪处罚。

第十五条　非法实施采种、采脂、挖笋、掘根、剥树皮等行为，牟取经济利益数额较大的，依照刑法第二百六十四条的规定，以盗窃罪定罪处罚。同时构成其他犯罪的，依照处罚较重的规定定罪处罚。

最高人民检察院法律政策研究室
《关于非法制作、出售、使用IC电话卡行为如何适用法律问题的答复》

2003年4月2日　　　　　　　　　　［2003］高检研究第10号

明知是非法制作的IC电话卡而使用或者购买并使用，造成电信资费损失数额较大的，应当依照刑法第二百六十四条的规定，以盗窃罪追究刑事责任。

最高人民法院
《关于审理未成年人刑事案件具体应用法律若干问题的解释》

2006年1月11日　　　　　　　　　　法释［2006］1号

第九条　已满16周岁不满18周岁的人实施盗窃行为未超过3次，盗窃数额虽已达到“数额较大”标准，但案发后能如实供述全部盗窃事实并积极退赃，且具有下列情形之一的，可以认定为“情节显著轻微危害不大”，不认为是犯罪：（一）系又聋又哑的人或者盲人；（二）在共同盗窃中起次要或者辅助作用，或者被胁迫；

（三）具有其他轻微情节的。

已满16周岁不满18周岁的人盗窃未遂或者中止的，可不认为是犯罪。

已满16周岁不满18周岁的人盗窃自己家庭或者近亲属财物，或者盗窃其他亲属财物但其他亲属要求不予追究的，可不按犯罪处理。

最高人民法院　最高人民检察院
《关于办理盗窃油气、破坏油气设备等刑事案件具体应用法律若干问题的解释》

2007年1月15日　　　　法释［2007］3号

为维护油气的生产、运输安全，依法惩治盗窃油气、破坏油气设备等犯罪，根据刑法有关规定，现就办理这类刑事案件具体应用法律的若干问题解释如下：

第一条　在实施盗窃油气等行为过程中，采用切割、打孔、撬砸、拆卸、开关等手段破坏正在使用的油气设备的，属于刑法第一百一十八条规定的“破坏燃气或者其他易燃易爆设备”的行为；危害公共安全，尚未造成严重后果的，依照刑法第一百一十八条的规定定罪处罚。

第二条　实施本解释第一条规定的行为，具有下列情形之一的，属于刑法第一百一十九条第一款规定的“造成严重后果”，依照刑法第一百一十九条第一款的规定定罪处罚：

（一）造成一人以上死亡、三人以上重伤或者十人以上轻伤的；

（二）造成井喷或者重大环境污染事故的；

（三）造成直接经济损失数额在五十万元以上的；

（四）造成其他严重后果的。

第三条　盗窃油气或者正在使用的油气设备，构成犯罪，但未危害公共安全的，依照刑法第二百六十四条的规定，以盗窃罪定罪处罚。

盗窃油气，数额巨大但尚未运离现场的，以盗窃未遂定罪处罚。

为他人盗窃油气而偷开油气井、油气管道等油气设备阀门排放油气或者提供其他帮助的，以盗窃罪的共犯定罪处罚。

第四条 盗窃油气同时构成盗窃罪和破坏易燃易爆设备罪的，依照刑法处罚较重的规定定罪处罚。

第五条 明知是盗窃犯罪所得的油气或者油气设备，而予以窝藏、转移、收购、加工、代为销售或者以其他方法掩饰、隐瞒的，依照刑法第三百一十二条的规定定罪处罚。

实施前款规定的犯罪行为，事前通谋的，以盗窃犯罪的共犯定罪处罚。

第六条 违反矿产资源法的规定，非法开采或者破坏性开采石油、天然气资源的，依照刑法第三百四十三条以及《最高人民法院关于审理非法采矿、破坏性采矿刑事案件具体应用法律若干问题的解释》的规定追究刑事责任。

第七条 国家机关工作人员滥用职权或者玩忽职守，实施下列行为之一，致使公共财产、国家和人民利益遭受重大损失的，依照刑法第三百九十七条的规定，以滥用职权罪或者玩忽职守罪定罪处罚：

（一）超越职权范围，批准发放石油、天然气勘查、开采、加工、经营等许可证的；

（二）违反国家规定，给不符合法定条件的单位、个人发放石油、天然气勘查、开采、加工、经营等许可证的；

（三）违反《石油天然气管道保护条例》等国家规定，在油气设备安全保护范围内批准建设项目的；

（四）对发现或者经举报查实的未经依法批准、许可擅自从事石油、天然气勘查、开采、加工、经营等违法活动不予查封、取缔的。

第八条 本解释所称的“油气”，是指石油、天然气。其中，石油包括原油、成品油；天然气包括煤层气。

本解释所称“油气设备”，是指用于石油、天然气生产、储存、运输等易燃易爆设备。

最高人民法院　最高人民检察院
《关于办理与盗窃、抢劫、诈骗、抢夺机动车相关刑事案件具体应用法律若干问题的解释》

2007年5月9日　　　　法释［2007］11号

为依法惩治与盗窃、抢劫、诈骗、抢夺机动车相关的犯罪活动，根据刑法、刑事诉讼法等有关法律的规定，现对办理这类案件具体应用法律的若干问题解释如下：

第一条 明知是盗窃、抢劫、诈骗、抢夺的机动车，实施下列行为之一的，依照刑法第三百一十二条的规定，以掩饰、隐瞒犯罪所得、犯罪所得收益罪定罪，处三年以下有期徒刑、拘役或者管制，并处或者单处罚金：

（一）买卖、介绍买卖、典当、拍卖、抵押或者用其抵债的；

（二）拆解、拼装或者组装的；

（三）修改发动机号、车辆识别代号的；

（四）更改车身颜色或者车辆外形的；

（五）提供或者出售机动车来历凭证、整车合格证、号牌以及有关机动车的其他证明和凭证的；

（六）提供或者出售伪造、变造的机动车来历凭证、整车合格证、号牌以及有关机动车的其他证明和凭证的。

实施第一款规定的行为涉及盗窃、抢劫、诈骗、抢夺的机动车五辆以上或者价值总额达到五十万元以上的，属于刑法第三百一十二条规定的“情节严重”，处三年以上七年以下有期徒刑，并处罚金。

第二条 伪造、变造、买卖机动车行驶证、登记证书，累计三本以上的，依照刑法第二百八十条第一款的规定，以伪造、变造、买卖国家机关证件罪定罪，处三年以下有期徒刑、拘役、管制或者剥夺政治权利。

伪造、变造、买卖机动车行驶证、登记证书，累计达到第一款规定数量标准五倍以上的，属于刑法第二百八十条第一款规定中的“情节严重”，处三年以上十年以下有期徒刑。

第三条 国家机关工作人员滥用职权，有下列情形之一，致使盗窃、抢劫、诈骗、抢夺的机动车被办理登记手续，数量达到二辆以上或者价值总额达到三十万元以上的，依照刑法第三百九十七条第一款的规定，以滥用职权罪定罪，处三年以下有期徒刑或者拘役：

（一）明知是登记手续不全或者不符合规定的机动车而办理登记手续的；

（二）指使他人为明知是登记手续不全或者不符合规定的机动车办理登记手续的；

（三）违规或者指使他人违规更改、调换车辆档案的；

（四）其他滥用职权的行为。

国家机关工作人员疏于审查或者审查不严，致使盗窃、抢劫、诈骗、抢夺的机动车被办理登记手续，数量达到五辆以上或者价值总额达到五十万元以上的，依照刑法第三百九十七条第一款的规定，以玩忽职守罪定罪，处三年以下有期徒刑或者拘役。

国家机关工作人员实施前两款规定的行为，致使盗窃、抢劫、诈骗、抢夺的机动车被办理登记手续，分别达到前两款规定数量、数额标准五倍以上的，或者明知是盗窃、抢劫、诈骗、抢夺的机动车而办理登记手续的，属于刑法第三百九十七条第一款规定的“情节特别严重”，处三年以上七年以下有期徒刑。

国家机关工作人员徇私舞弊，实施上述行为，构成犯罪的，依照刑法第三百九十七条第二款的规定定罪处罚。

第四条 实施本解释第一条、第二条、第三条第一款或者第三款规定的行为，事前与盗窃、抢劫、诈骗、抢夺机动车的犯罪分子通谋的，以盗窃罪、抢劫罪、诈骗罪、抢夺罪的共犯论处。

第五条 对跨地区实施的涉及同一机动车的盗窃、抢劫、诈骗、抢夺以及掩饰、隐瞒犯罪所得、犯罪所得收益行为，有关公安机关可以依照法律和有关规定一并立案侦查，需要提请批准逮捕、移送审查起诉、提起公诉的，由该公安机关所在地的同级人民检察院、人民法院受理。

第六条 行为人实施本解释第一条、第三条第三款规定的行为，涉及的机动车有下列情形之一的，应当认定行为人主观上属于上述条款所称“明知”：

（一）没有合法有效的来历凭证；

（二）发动机号、车辆识别代号有明显更改痕迹，没有合法证明的。

最高人民法院　最高人民检察院
《关于办理盗窃刑事案件适用法律若干问题的解释》

2013年4月2日　　　　　　　　　　法释［2013］8号

为依法惩治盗窃犯罪活动，保护公私财产，根据《中华人民共和国刑法》《中华人民共和国刑事诉讼法》的有关规定，现就办理盗窃刑事案件适用法律的若干问题解释如下：

第一条 盗窃公私财物价值一千元至三千元以上、三万元至十万元以上、三十万元至五十万元以上的，应当分别认定为刑法第二百六十四条规定的“数额较大”“数额巨大”“数额特别巨大”。

各省、自治区、直辖市高级人民法院、人民检察院可以根据本地区经济发展状况，并考虑社会治安状况，在前款规定的数额幅度内，确定本地区执行的具体数额标准，报最高人民法院、最高人民检察院批准。

在跨地区运行的公共交通工具上盗窃，盗窃地点无法查证的，盗窃数额是否达到“数额较大”“数额巨大”“数额特别巨大”，应当根据受理案件所在地省、自治区、直辖市高级人民法院、人民检察院确定的有关数额标准认定。

盗窃毒品等违禁品，应当按照盗窃罪处理的，根据情节轻重量刑。

第二条 盗窃公私财物，具有下列情形之一的，“数额较大”的标准可以按照前条规定标准的百分之五十确定：

（一）曾因盗窃受过刑事处罚的；

（二）一年内曾因盗窃受过行政处罚的；

（三）组织、控制未成年人盗窃的；

（四）自然灾害、事故灾害、社会安全事件等突发事件期间，在事件发生地盗窃的；

（五）盗窃残疾人、孤寡老人、丧失劳动能力人的财物的；

（六）在医院盗窃病人或者其亲友财物的；

（七）盗窃救灾、抢险、防汛、优抚、扶贫、移民、救济款物的；

（八）因盗窃造成严重后果的。

第三条 二年内盗窃三次以上的，应当认定为“多次盗窃”。

非法进入供他人家庭生活，与外界相对隔离的住所盗窃的，应当认定为“入户盗窃”。

携带枪支、爆炸物、管制刀具等国家禁止个人携带的器械盗窃，或者为了实施违法犯罪携带其他足以危害他人人身安全的器械盗窃的，应当认定为“携带凶器盗窃”。

在公共场所或者公共交通工具上盗窃他人随身携带的财物的，应当认定为“扒窃”。

第四条 盗窃的数额，按照下列方法认定：

（一）被盗财物有有效价格证明的，根据有效价格证明认定；无有效价格证明，或者根据价格证明认定盗窃数额明显不合理的，应当按照有关规定委托估价机构估价；

（二）盗窃外币的，按照盗窃时中国外汇交易中心或者中国人民银行授权机构公布的人民币对该货币的中间价折合成人民币计算；中国外汇交易中心或者中国人民银行授权机构未公布汇率中间价的外币，按照盗窃时境内银行人民币对该货币的中间价折算成人民币，或者该货币在境内银行、国际外汇市场对美元汇率，与人民币对美元汇率中间价进行套算；

（三）盗窃电力、燃气、自来水等财物，盗窃数量能够查实的，按照查实的数量计算盗窃数额；盗窃数量无法查实的，以盗窃前六个月月均正常用量减去盗窃后计量仪表显示的月均用量推算盗窃数额；盗窃前正常使用不足六个月的，按照正常使用期间的月均用量减去盗窃后计量仪表显示的月均用量推算盗窃数额；

（四）明知是盗接他人通信线路、复制他人电信码号的电信设备、设施而使用的，按照合法用户为其支付的费用认定盗窃数额；无法直接确认的，以合法用户的电信设备、设施被盗接、复制后的月缴费额减去被盗接、复制前六个月的月均电话费推算盗窃数额；合法用户使用电信设备、设施不足六个月的，按照实际使用的月均电话费推算盗窃数额；

（五）盗接他人通信线路、复制他人电信码号出售的，按照销赃数额认定盗窃数额。

盗窃行为给失主造成的损失大于盗窃数额的，损失数额可以作为量刑情节考虑。

第五条 盗窃有价支付凭证、有价证券、有价票证的，按照下列方法认定盗窃数额：

（一）盗窃不记名、不挂失的有价支付凭证、有价证券、有价票证的，应当按票面数额和盗窃时应得的孳息、奖金或者奖品等可得收益一并计算盗窃数额；

（二）盗窃记名的有价支付凭证、有价证券、有价票证，已经兑现的，按照兑现部分的财物价值计算盗窃数额；没有兑现，但失主无法通过挂失、补领、补办手续等方式避免损失的，按照给失主造成的实际损失计算盗窃数额。

第六条 盗窃公私财物，具有本解释第二条第三项至第八项规定情形之一，或者入户盗窃、携带凶器盗窃，数额达到本解释第一条规定的“数额巨大”、“数额特别巨大”百分之五十的，可以分别认定为刑法第二百六十四条规定的“其他严重情节”或者“其他特别严重情节”。

第七条 盗窃公私财物数额较大，行为人认罪、悔罪，退赃、退赔，且具有下列情形之一，情节轻微的，可以不起诉或者免予刑事处罚；必要时，由有关部门予以行政处罚：

（一）具有法定从宽处罚情节的；

（二）没有参与分赃或者获赃较少且不是主犯的；

（三）被害人谅解的；

（四）其他情节轻微、危害不大的。

第八条 偷拿家庭成员或者近亲属的财物，获得谅解的，一般可不认为是犯罪；追究刑事责任的，应当酌情从宽。

第九条 盗窃国有馆藏一般文物、三级文物、二级以上文物的，应当分别认定为刑法第二百六十四条规定的“数额较大”、“数额巨大”、“数额特别巨大”。

盗窃多件不同等级国有馆藏文物的，三件同级文物可以视为一件高一级文物。

盗窃民间收藏的文物的，根据本解释第四条第一款第一项的规定认定盗窃数额。

第十条 偷开他人机动车的，按照下列规定处理：

（一）偷开机动车，导致车辆丢失的，以盗窃罪定罪处罚；

（二）为盗窃其他财物，偷开机动车作为犯罪工具使用后非法占有车辆，或者将车辆遗弃导致丢失的，被盗车辆的价值计入盗窃数额；

（三）为实施其他犯罪，偷开机动车作为犯罪工具使用后非法占有车辆，或者将车辆遗弃导致丢失的，以盗窃罪和其他犯罪数罪并罚；将车辆送回未造成丢失的，按照其所实施的其他犯罪从重处罚。

第十一条 盗窃公私财物并造成财物损毁的，按照下列规定处理：

（一）采用破坏性手段盗窃公私财物，造成其他财物损毁的，以盗窃罪从重处罚；同时构成盗窃罪和其他犯罪的，择一重罪从重处罚；

（二）实施盗窃犯罪后，为掩盖罪行或者报复等，故意毁坏其他财物构成犯罪的，以盗窃罪和构成的其他犯罪数罪并罚；

（三）盗窃行为未构成犯罪，但损毁财物构成其他犯罪的，以其他犯罪定罪处罚。

第十二条 盗窃未遂，具有下列情形之一的，应当依法追究刑事责任：

（一）以数额巨大的财物为盗窃目标的；

（二）以珍贵文物为盗窃目标的；

（三）其他情节严重的情形。

盗窃既有既遂，又有未遂，分别达到不同量刑幅度的，依照处罚较重的规定处罚；达到同一量刑幅度的，以盗窃罪既遂处罚。

第十三条 单位组织、指使盗窃，符合刑法第二百六十四条及本解释有关规定的，以盗窃罪追究组织者、指使者、直接实施者的刑事责任。

第十四条 因犯盗窃罪，依法判处罚金刑的，应当在一千元以上盗窃数额的二倍以下判处罚金；没有盗窃数额或者盗窃数额无法计算的，应当在一千元以上十万元以下判处罚金。

第十五条 本解释发布实施后，《最高人民法院关于审理盗窃案件具体应用法律若干问题的解释》（法释〔1998〕4号）同时废止；之前发布的司法解释和规范性文件与本解释不一致的，以本解释为准。

最高人民法院
《关于审理掩饰、隐瞒犯罪所得、犯罪所得收益刑事案件适用法律若干问题的解释》

2015年5月29日　　　　法释〔2015〕11号

对犯罪所得及其产生的收益实施盗窃、抢劫、诈骗、抢夺行为，构成犯罪的，分别以盗窃罪、抢劫罪、诈骗罪、抢夺罪等定罪处罚。

三、诈骗罪

最高人民检察院法律政策研究室
《关于保险诈骗未遂能否按犯罪处理问题的答复》

（1998 年 11 月 27 日）

河南省人民检察院：

你院《关于保险诈骗未遂能否按犯罪处理的请示》（豫检捕［1998］11 号）收悉。经研究，并经高检院领导同意，答复如下：

行为人已经着手实施保险诈骗行为，但由于其意志以外的原因未能获得保险赔偿的，是诈骗未遂，情节严重的，应依法追究刑事责任。

最高人民法院
《关于审理扰乱电信市场管理秩序案件具体应用法律若干问题的解释》

2000 年 5 月 12 日　　　　法释［2000］12 号

第九条　以虚假、冒用的身份证件办理入网手续并使用移动电话，造成电信资费损失数额较大的，依照刑法第二百六十六条的规定，以诈骗罪定罪处罚。

最高人民检察院法律政策研究室
《关于通过伪造证据骗取法院民事裁判占有他人财物的行为如何适用法律问题的答复》[①]

（2002 年 9 月 25 日）

山东省人民检察院研究室：

你院《关于通过伪造证据骗取法院民事裁决占有他人财物的行为能否构成诈骗罪的请示》（鲁检发研字［2001］第 11 号）收悉经

① 《刑法修正案（九）》第三十五条作出了调整。

研究答复如下：

以非法占有为目的，通过伪造证据骗取法院民事裁判占有他人财物的行为所侵害的主要是人民法院正常的审判活动，可以由人民法院依照民事诉讼法的有关规定作出处理，不宜以诈骗罪追究行为人的刑事责任。如果行为人伪造证据时，实施了伪造公司、企业、事业单位、人民团体印章的行为，构成犯罪的，应当依照刑法第二百八十条第二款的规定，以伪造公司、企业、事业单位、人民团体印章罪追究刑事责任；如果行为人有指使他人作伪证行为，构成犯罪的，应当依照刑法第三百零七条第一款的规定，以妨害作证罪追究刑事责任。

最高人民法院　最高人民检察院
《关于办理预防、控制突发传染病疫情等灾害的刑事案件具体应用法律若干问题的解释》

2003年5月14日　　　　法释［2003］8号

第七条　在预防、控制突发传染病疫情灯灾害期间，假借研制、生产或者销售用于预防、控制突发传染病疫情灯灾害用品的名义，诈骗公私财物数额较大的，依照刑法有关诈骗罪的规定定罪，依法从重处罚。

全国人大常委会法制工作委员会
《对关于公司人员利用职务上的便利采取欺骗等手段非法占有股东股权的行为如何定性处理的批复的意见》

（2005年12月1日）

根据刑法第九十二条的规定，股份属于财产。采用各种非法手段侵吞、占有他人依法享有的股份，构成犯罪的，适用刑法有关非法侵犯他人财产的犯罪规定。

最高人民法院
《关于审理伪造货币等案件具体应用法律若干问题的解释（二）》

2010年10月20日　　　　　　法释［2000］26号

第五条　以使用为目的，伪造停止流通的货币，或者使用伪造的停止流通的货币的，依照刑法第二百六十六条的规定，以诈骗罪定罪处罚。

最高人民法院　最高人民检察院
《关于办理诈骗刑事案件具体应用法律若干问题的解释》

2011年3月1日　　　　　　法释［2011］7号

为依法惩治诈骗犯罪活动，保护公私财产所有权，根据刑法、刑事诉讼法有关规定，结合司法实践的需要，现就办理诈骗刑事案件具体应用法律的若干问题解释如下：

第一条　诈骗公私财物价值三千元至一万元以上、三万元至十万元以上、五十万元以上的，应当分别认定为刑法第二百六十六条规定的“数额较大”、“数额巨大”、“数额特别巨大”。

各省、自治区、直辖市高级人民法院、人民检察院可以结合本地区经济社会发展状况，在前款规定的数额幅度内，共同研究确定本地区执行的具体数额标准，报最高人民法院、最高人民检察院备案。

第二条　诈骗公私财物达到本解释第一条规定的数额标准，具有下列情形之一的，可以依照刑法第二百六十六条的规定酌情从严惩处：

（一）通过发送短信、拨打电话或者利用互联网、广播电视、报刊杂志等发布虚假信息，对不特定多数人实施诈骗的；

（二）诈骗救灾、抢险、防汛、优抚、扶贫、移民、救济、医疗款物的；

（三）以赈灾募捐名义实施诈骗的；

（四）诈骗残疾人、老年人或者丧失劳动能力人的财物的；

（五）造成被害人自杀、精神失常或者其他严重后果的。

诈骗数额接近本解释第一条规定的“数额巨大”、“数额特别巨大”的标准，并具有前款规定的情形之一或者属于诈骗集团首要分子的，应当分别认定为刑法第二百六十六条规定的“其他严重情节”、“其他特别严重情节”。

第三条 诈骗公私财物虽已达到本解释第一条规定的“数额较大”的标准，但具有下列情形之一，且行为人认罪、悔罪的，可以根据刑法第三十七条、刑事诉讼法第一百四十二条的规定不起诉或者免予刑事处罚：

（一）具有法定从宽处罚情节的；

（二）一审宣判前全部退赃、退赔的；

（三）没有参与分赃或者获赃较少且不是主犯的；

（四）被害人谅解的；

（五）其他情节轻微、危害不大的。

第四条 诈骗近亲属的财物，近亲属谅解的，一般可不按犯罪处理。

诈骗近亲属的财物，确有追究刑事责任必要的，具体处理也应酌情从宽。

第五条 诈骗未遂，以数额巨大的财物为诈骗目标的，或者具有其他严重情节的，应当定罪处罚。

利用发送短信、拨打电话、互联网等电信技术手段对不特定多数人实施诈骗，诈骗数额难以查证，但具有下列情形之一的，应当认定为刑法第二百六十六条规定的“其他严重情节”，以诈骗罪（未遂）定罪处罚：

（一）发送诈骗信息五千条以上的；

（二）拨打诈骗电话五百人次以上的；

（三）诈骗手段恶劣、危害严重的。

实施前款规定行为，数量达到前款第（一）、（二）项规定标准十倍以上的，或者诈骗手段特别恶劣、危害特别严重的，应当认定为刑法第二百六十六条规定的“其他特别严重情节”，以诈骗罪（未遂）定罪处罚。

第六条 诈骗既有既遂，又有未遂，分别达到不同量刑幅度的，依照处罚较重的规定处罚；达到同一量刑幅度的，以诈骗罪既遂处罚。

第七条 明知他人实施诈骗犯罪，为其提供信用卡、手机卡、通讯工具、通讯传输通道、网络技术支持、费用结算等帮助的，以共同犯罪论处。

第八条 冒充国家机关工作人员进行诈骗，同时构成诈骗罪和招摇撞骗罪的，依照处罚较重的规定定罪处罚。

第九条 案发后查封、扣押、冻结在案的诈骗财物及其孳息，权属明确的，应当发还被害人；权属不明确的，可按被骗款物占查封、扣押、冻结在案的财物及其孳息总额的比例发还被害人，但已获退赔的应予扣除。

第十条 行为人已将诈骗财物用于清偿债务或者转让给他人，具有下列情形之一的，应当依法追缴：

（一）对方明知是诈骗财物而收取的；

（二）对方无偿取得诈骗财物的；

（三）对方以明显低于市场的价格取得诈骗财物的；

（四）对方取得诈骗财物系源于非法债务或者违法犯罪活动的。

他人善意取得诈骗财物的，不予追缴。

第十一条 以前发布的司法解释与本解释不一致的，以本解释为准。

全国人民代表大会常务委员会
《关于〈中华人民共和国刑法〉第二百六十六条的解释》

（2014 年 4 月 24 日）

以欺诈、伪造证明材料或者其他手段欺骗骗取养老、医疗、工伤、失业、生育等社会保险金或者其他社会保障待遇的，属于刑法第二百六十六条规定的诈骗公私财物的行为。

四、抢夺罪

最高人民法院　最高人民检察院
《关于办理抢夺刑事案件适用法律若干问题的解释》

2013 年 11 月 11 日　　　　法释［2013］25 号

为依法惩治抢夺犯罪，保护公私财产，根据《中华人民共和国刑法》的有关规定，现就办理此类刑事案件适用法律的若干问题解释如下：

第一条 抢夺公私财物价值一千元至三千元以上、三万元至八万元以上、二十万元至四十万元以上的，应当分别认定为刑法第二百六十七条规定的“数额较大”“数额巨大”“数额特别巨大”。

各省、自治区、直辖市高级人民法院、人民检察院可以根据本地区经济发展状况，并考虑社会治安状况，在前款规定的数额幅度内，确定本地区执行的具体数额标准，报最高人民法院、最高人民检察院批准。

第二条 抢夺公私财物，具有下列情形之一的，“数额较大”的标准按照前条规定标准的百分之五十确定：

（一）曾因抢劫、抢夺或者聚众哄抢受过刑事处罚的；

（二）一年内曾因抢夺或者哄抢受过行政处罚的；

（三）一年内抢夺三次以上的；

（四）驾驶机动车、非机动车抢夺的；

（五）组织、控制未成年人抢夺的；

（六）抢夺老年人、未成年人、孕妇、携带婴幼儿的人、残疾人、丧失劳动能力人的财物的；

（七）在医院抢夺病人或者其亲友财物的；

（八）抢夺救灾、抢险、防汛、优抚、扶贫、移民、救济款物的；

（九）自然灾害、事故灾害、社会安全事件等突发事件期间，在事件发生地抢夺的；

（十）导致他人轻伤或者精神失常等严重后果的。

第三条 抢夺公私财物，具有下列情形之一的，应当认定为刑法第二百六十七条规定的“其他严重情节”：

（一）导致他人重伤的；

（二）导致他人自杀的；

（三）具有本解释第二条第三项至第十项规定的情形之一，数额达到本解释第一条规定的“数额巨大”百分之五十的。

第四条 抢夺公私财物，具有下列情形之一的，应当认定为刑法第二百六十七条规定的“其他特别严重情节”：

（一）导致他人死亡的；

（二）具有本解释第二条第三项至第十项规定的情形之一，数额达到本解释第一条规定的“数额特别巨大”百分之五十的。

第五条 抢夺公私财物数额较大，但未造成他人轻伤以上伤害，行为人系初犯，认罪、悔罪，退赃、退赔，且具有下列情形之一的，可以认定为犯罪情节轻微，不起诉或者免予刑事处罚；必要时，由有关部门依法予以行政处罚：

（一）具有法定从宽处罚情节的；

（二）没有参与分赃或者获赃较少，且不是主犯的；

（三）被害人谅解的；

（四）其他情节轻微、危害不大的。

第六条 驾驶机动车、非机动车夺取他人财物，具有下列情形之一的，应当以抢劫罪定罪处罚：

（一）夺取他人财物时因被害人不放手而强行夺取的；

（二）驾驶车辆逼挤、撞击或者强行逼倒他人夺取财物的；

（三）明知会致人伤亡仍然强行夺取并放任造成财物持有人轻伤以上后果的。

第七条 本解释公布施行后，《最高人民法院关于审理抢夺刑事案件具体应用法律若干问题的解释》（法释〔2002〕18号）同时废止；之前发布的司法解释和规范性文件与本解释不一致的，以本解释为准。

五、敲诈勒索罪

最高人民法院　最高人民检察院
《关于办理敲诈勒索刑事案件适用法律若干问题的解释》

2013年4月23日　　　　　　　　法释［2013］10号

为依法惩治敲诈勒索犯罪，保护公私财产权利，根据《中华人民共和国刑法》、《中华人民共和国刑事诉讼法》的有关规定，现就办理敲诈勒索刑事案件适用法律的若干问题解释如下：

第一条 敲诈勒索公私财物价值二千元至五千元以上、三万元至十万元以上、三十万元至五十万元以上的，应当分别认定为刑法第二百七十四条规定的“数额较大”、“数额巨大”、“数额特别巨大”。

各省、自治区、直辖市高级人民法院、人民检察院可以根据本地区经济发展状况和社会治安状况，在前款规定的数额幅度内，共同研究确定本地区执行的具体数额标准，报最高人民法院、最高人民检察院批准。

第二条 敲诈勒索公私财物，具有下列情形之一的，“数额较大”的标准可以按照本解释第一条规定标准的百分之五十确定：

（一）曾因敲诈勒索受过刑事处罚的；

（二）一年内曾因敲诈勒索受过行政处罚的；

（三）对未成年人、残疾人、老年人或者丧失劳动能力人敲诈勒索的；

（四）以将要实施放火、爆炸等危害公共安全犯罪或者故意杀人、绑架等严重侵犯公民人身权利犯罪相威胁敲诈勒索的；

（五）以黑恶势力名义敲诈勒索的；

（六）利用或者冒充国家机关工作人员、军人、新闻工作者等特殊身份敲诈勒索的；

（七）造成其他严重后果的。

第三条 二年内敲诈勒索三次以上的，应当认定为刑法第二百七十四条规定的“多次敲诈勒索”。

第四条 敲诈勒索公私财物，具有本解释第二条第三项至第七项规定的情形之一，数额达到本解释第一条规定的“数额巨大”、“数额特别巨大”百分之八十的，可以分别认定为刑法第二百七十四条规定的“其他严重情节”、“其他特别严重情节”。

第五条 敲诈勒索数额较大，行为人认罪、悔罪，退赃、退赔，并具有下列情形之一的，可以认定为犯罪情节轻微，不起诉或者免予刑事处罚，由有关部门依法予以行政处罚：

（一）具有法定从宽处罚情节的；

（二）没有参与分赃或者获赃较少且不是主犯的；

（三）被害人谅解的；

（四）其他情节轻微、危害不大的。

第六条 敲诈勒索近亲属的财物，获得谅解的，一般不认为是犯罪；认定为犯罪的，应当酌情从宽处理。

被害人对敲诈勒索的发生存在过错的，根据被害人过错程度和案件其他情况，可以对行为人酌情从宽处理；情节显著轻微危害不大的，不认为是犯罪。

第七条 明知他人实施敲诈勒索犯罪，为其提供信用卡、手机卡、通讯工具、通讯传输通道、网络技术支持等帮助的，以共同犯罪论处。

第八条 对犯敲诈勒索罪的被告人，应当在二千元以上、敲诈勒索数额的二倍以下判处罚金；被告人没有获得财物的，应当在二千元以上十万元以下判处罚金。

第九条 本解释公布施行后，《最高人民法院关于敲诈勒索罪数额认定标准问题的规定》（法释〔2000〕11 号）同时废止；此前发布的司法解释与本解释不一致的，以本解释为准。

最高人民法院　最高人民检察院
《关于办理利用信息网络实施诽谤等刑事案件适用法律若干问题的解释》

2013 年 9 月 6 日　　法释［2013］21 号

第六条 以在信息网络上发布、删除等方式处理网络信息为由，威胁、要挟他人，索取公私财物，数额较大，或者多次实施上述行为的，依照刑法第二百七十四条的规定，以敲诈勒索罪定罪处罚。

后　记

财产犯罪与人身犯罪是传统的两大类犯罪。从司法实务来看，前者存在的问题远多于后者。本人虽较长时期扮演一名“二线法官”甚至“三线法官”的角色，不能像“一线法官”① 那样有切身的感受，但通过各种渠道的了解之后对财产犯罪有较深的印象。笔者先前对抢夺罪、敲诈勒索罪做了专题研究，并对侵犯财产罪保护法益及对象进行过比较研究，② 先后出版了《抢夺罪案解》（法律出版社2003年版）和《敲诈勒索罪判解研究》（人民法院出版社2005年版）。转眼十余年过去，期间，侵犯财产罪的许多法律条款均发生了变化，最高司法机关也频繁地出台或者修改司法解释、规范性文件。这促使笔者去跟踪研究这些变化带来的新问题，同时诱发笔者去检讨和审视先前不周全的乃至错误的解释结论，于是也就有了本书。笔者充分利用目前有利的条件，广泛收集具有理论研究意义的案例，继续沿袭既往的研究方法，从案例中发现问题，提炼规则，进而进行论证，其中，着力对那些因宪法修改、市场经济体制建立、网络社会形成和劳动教养制度废止而带来的财产罪解释论新问题加以全面、深入地分析和研究，力图有

① 基于十八届三中全会通过的《关于全面深化改革若干重大问题的决定》提出了“完善主审法官、合议庭办案责任制，让审理者裁判、由裁判者负责”的改革主张，在讨论具体改革方案中论及如何界定“主审法官”时，出现了“一线法官”（即在业务庭直接办理案件的法官）、“二线法官”（即在业务庭承担调研和研究室等综合性审判业务部门承担调研和司法解释起草的法官）、“三线法官”（即在司法改革办公室、审判管理办公室承担司法性业务工作的法官）。

② 参见拙著：《宪政维度的刑法新思考》，北京大学出版社2005年版，第158～182页。

点新意。

本书得以出版，感谢人民法院出版社副总编陈建德君！感谢责任编辑朱鹏伟君细致而认真地工作！一如既往地感谢家人对笔者学术研究的理解与支持！

2014年3月12日初记

2016年3月6日补记

刘树德

最高人民法院西区（办公二区）613室